Seil-Testreihe.
Zwischen Himmel und Erde. Sicherer Halt auf Verlangen. 30 internationale Kletterathleten stellten am Klausenpass die hohe Kompetenz der technischen Klettermarke Mammut unter Beweis. Mit Erfolg: Optimal ausgerüstet mit der neuesten Technical Hardware und den Klettergurten von Mammut durchsteigst du jede Wand mit Leidenschaft. www.mammut.ch
MAMMUT
Absolute alpine.
SWISS TECHNOLOGY
erdmannpeisker / Robert Bösch

VORWORT

Zwischen Wienerwald und Donau-Auen läßt es sich als Kletterer bestens leben. So finden sich im Einzugsgebiet südlich von Wien, vom Thalhofergrat, über die Hohe Wand, bis hin zum Schneeberg über 4000 Kletterrouten und Boulder vom ersten bis zum elften Grad, von denen einige zu den besten Österreichs zählen. Der neu erschienene „Keltenkalk 3" fasst dieses kaiserliche Vertikalangebot zusammen und zeichnet sich durch super Qualität, viele Fotos und präzise Informationen aus.

Sportklettern ist für mich eine totale Leidenschaft, so liebe ich es, beim Klettern meine Grenzen auszuloten und bis ans Limit zu gehen. Beim Durchstieg schwieriger Routen blende ich Müdigkeit und Übersäuerung der Muskulatur im Kopf aus, konzentriere mich ausschließlich auf den nächsten Zug und lasse nur positive Gedanken zu! Ein absolutes Hochgefühl, das süchtig macht!

Es freut mich, dass durch den Einsatz fleißiger Erschließer so viele tolle Gebiete im Süden von Niederösterreich entstanden sind. Ich wünsche allen Lesern des „Keltenkalk 3" viel Motivation beim Klettern und Bouldern! Durchstöbert die Topos und ich bin mir sicher, es findet sich für jeden das passende Gebiet. Gleichzeitig möchte ich aber auch an alle appellieren, ein sensibles Verhalten bei der Ausübung „unseres" Sports in der Natur an den Tag zu legen.

Alles Gute, viel Spaß und wir sehen uns am Fels!
Barbara Raudner

DIE GEBIETE

Aller guten Dinge sind drei - vor euch liegt die 3. Auflage vom „Keltenkalk". Seit dem Erscheinen der 2. Auflage 2008 sind natürlich keine neuen Felsen aus dem Heimatboden gewachsen und somit handelt es sich bei diesem Buch um eine neu überarbeitete und aktualisierte Version.

Einige schon bekannte Klettergärten im Bereich Hohe Wand (Straßenwand und unterer Almfrieden) sowie im Höllental (Schattenreich und Weisse Wand) wurden neu aufgenommen und sogar ein paar richtig „neue", noch nie beschriebene Kletterfelsen sind dazu gekommen - der Gumpoldskirchner Klettergarten, ein bisserl was in der Buckelwelt (Finsterburg) und als Kuriosum der Hölzstein im Land der Burgen.

In vielen „alten" Gebieten wurde saniert und neue Routen sind dazugekommen - insgesamt sind in diesem Führer etwa 4000 Kletterrouten und Boulder vom Stadtrand von Wien bis zum Semmering enthalten.

So wie schon in den vorigen Auflagen sind Peilstein, Hohe Wand, Flatzer Wand und das „höllische Thal" nur auszugsweise enthalten (die Peilsteinhauptwände gar nicht) - für diese Gebiete gibt es ja die schöne Tradition eigener Kletterführer.

So bleibt nur noch, euch viel Spaß zu wünschen.
Euer Keltenkalk-Team: Robert, Thomas und Bernd

Abheben
mit den Slacklines von slackstar!
slackstar®
Braun GmbH • Am Grünberg 8 • 92318 Neumarkt - Pölling • Germany • info@slackstar.de
lackstar.de
Offizieller Ausrüster der Deutschen Ski-Nationalmannschaften
Official supplier of the German ski-teams
DSV®
DEUTSCHER SKIVERBAND
OFFIZIELLER AUSRÜSTER
AUSTRIA SKI TEAM
SNOWBOARD
verband deutschland
SVD
swissski
OFFICIAL POOL SUPPLIER
HESSISCHER TURNVERBAND

Absicherung:

Perfekte Absicherung mit meist geringen Hakenabständen.

Gute Absicherung, es können jedoch sowohl im leichten Gelände wie auch an den Schlüsselstellen weitere Abstände vorkommen. Schlüsselstellen öfters zwingend zu klettern.

Schlecht gesichert! Weite Abstände! Achtung - gefährliche Stürze möglich.

Keine Haken vorhanden! Sicherung von oben oder mit Keile/Friends.

Sollte es in einem mit eingestuften Gebiet einzelne Routen geben die schlechter abgesichert sind, wird dies in der Beschreibung extra erwähnt.

Piktogramme:

W S Westliche + Südliche Wandausrichtung

10min Zustieg etwa 10 Minuten

Familienfreundliches Gebiet (Ebener Wandfuß, bequem erreichbar)

Großteils plattiges, geneigtes Gelände

Senkrechte Wandklettereien

Vorwiegend überhängende Kletterei

bis 18m Wandhöhe in Meter

Anzahl der Kletterrouten:

382	1616	842	2934	1063
1-4	5-7	≥8	Σ UIAA	Σ FB

Bei der Anzahl der Kletterrouten je Gebiet sind die Schwierigkeitsgrade 1-4, 5-7, 8-11, sowie die verhanden Boulder oder Projekte zusammengefasst.

Bewertung:

Kletterrouten sind bewertet nach der UIAA-Skala (Σ UIAA), Boulder nach der Bleauskala (Σ FB).

Stern-Bewertung von Kletterrouten:

✳	Grenzgeniale Route - unbedingt klettern!
✱✱✱	Sehr schön, gute Züge, super Fels
✱✱	Schöne Route, lohnend
✱	Nix besonderes
kein Stern	Brüchig oder erdig - eher unlohnend

aktiv
sicher
mehr erleben
1862-2012
150
jahre alpenverein
ALPENVEREIN
edelweiss
KLETTERN
... in Österreichs
größter Boulderhalle!
IM ZENTRUM VON WIEN!
Walfischgasse 12, 1010 Wien
Tel. +43 (1) 513 85 00
www.edelweiss-center.at

diekletterei.at
Kletterhalle | KLOSTERNEUBURG

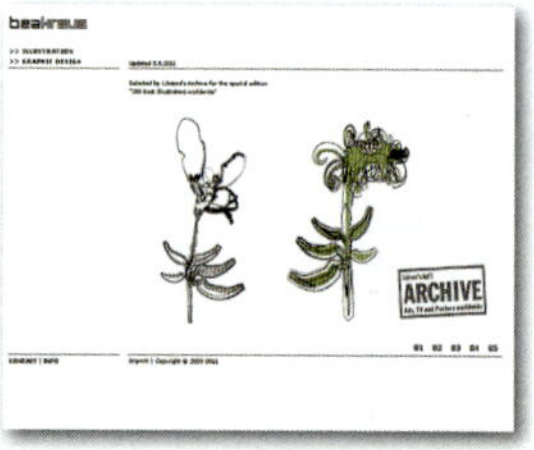

beakraus.com
Bea Kraus | ILLUSTRATIONEN

claudiaziegler.com
Claudia Ziegler | dynamic photography

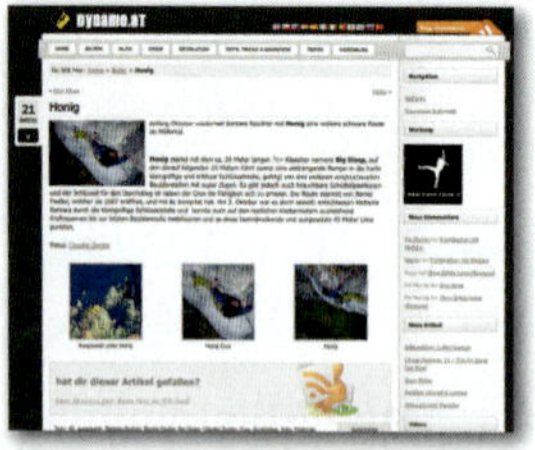

dynamo.at
Florian Murnig | KLETTERBLOG

schroedel.at
Jakob Schrödel | PHOTOGRAPHIE

www.klettercenter.at
Kletterhalle | TRIBUSWINKEL

kletterzentrum-suedwand.at
Kletterhalle | PERCHTOLDSDORF

keltenkalk.at/yoga
FRAGEBOGEN ZU YOGA & KLETTERN

barbararaudner.at
Barbara Raudner | KLETTERN

thamer.at
Florian Thamer | geniales Tourenbuch

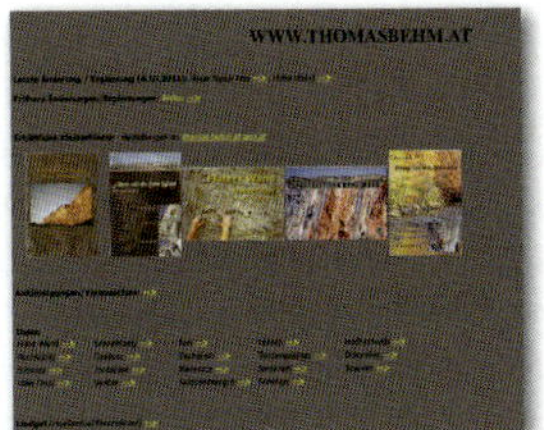

thomasbehm.at
Die Weltnetzpräsenz von Thomas Behm

forster-fotografie.at
Chris Forster | OUTDOOR, PHOTOGRAPHIE

outdoor-team.at
BUCH | REISE | AUSRÜSTUNG

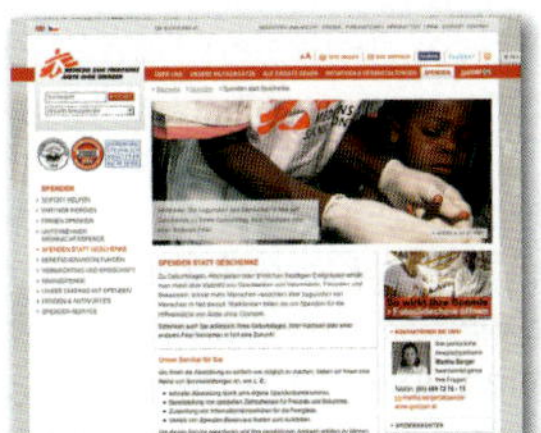

aerzte-ohne-grenzen.at
Durch Spenden unabhängige Hilfe ermöglichen

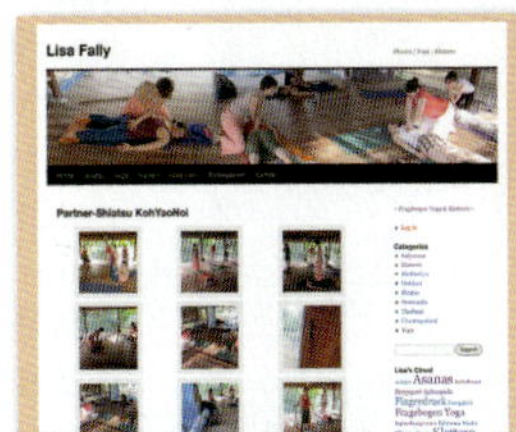

sonnemond.at
Lisa Fally | SHIATSU - YOGA - KLETTERN

felsfetisch.at
BOULDERN | KLETTERN | SLACKEN

koerperarchitektur.at
SPORTKLETTER- & YOGAKURSE

climax-magazine.com
Klettermagazin | ÖSTERREICH

HAFTUNGSAUSSCHLUSS

Die Ausarbeitung aller in diesem Führer beschriebenen Anstiege, Routen und Boulder erfolgte nach bestem Wissen und Gewissen der Autoren. Autoren und Verlag übernehmen jedoch keine Gewähr für die Richtigkeit der Angaben. Die Autoren und der Verlag übernehmen auch keinerlei Haftung für Unfälle oder Schäden, da jeder Kletterer die Verantwortung für die Routenauswahl und das Einschätzen der persönlichen Leistungsfähigkeit selbst übernehmen muss. Achtung, die Meterangaben der Abseilstellen sind geschätzte Werte!

VORSICHT

Durch Sanierung, Hakendiebstahl, Hakenausbruch und nicht zuletzt durch den Zahn der Zeit, der dem Material zusetzt, kann sich der Absicherungszustand ändern. Die vorgenommene Bewertung der Absicherung bezieht sich auf den Stand vom Dezember 2011.

COPYRIGHT

KALTENLEUTGEBNER TAL

Direkt vor den Toren Wiens, gleich an die südliche Stadtgrenze anschließend, liegt das langgestreckte Kaltenleutgebner Tal. Das Tal selbst ist dicht verbaut und wird von zahlreichen Steinbrüchen nicht gerade verschönert, spaziert man aber auf einem der zahlreichen Wanderwege nur ein paar Minuten aus dem Tal heraus, hinein in die Wälder, hinauf in die Hügel, ist von der Großstadt nur mehr wenig zu spüren. So ist es kaum verwunderlich, daß die Gegend rund um Kaltenleutgeben schon immer ein beliebtes Ausflugs- und Naherholungsziel der Großstädter war. Schon in der Zwischenkriegszeit konnte man mit öffentlichen Verkehrsmitteln hierher gelangen, unternahm eine ausgedehnte Wienerwaldwanderung, nächtigte in einer der zahlreichen, auch heute noch sehr rustikalen Hütten oder im Freien, um am Sonntag abend wieder müde und glücklich in die Stadt zurückzukehren. So dauerte es nicht lange, bis die zahlreichen Felsbildungen entdeckt und natürlich auch erklettert wurden. Schon 1929 gab es mit Karl Prusiks Buch „ Ein Wiener Kletterlehrer" einen ersten Führer für das Gebiet des Wienerwaldes. Mizzi Langer Wand, Waldmühle und Streberwände wurden zu den beliebtesten Trainingsgebieten und so mancher Wiener Spitzenkletterer der damaligen Zeit legte hier das erste Mal Hand an den Fels. Das, was man heute „ Bouldern" nennt, wurde auf der Mizzi Langer Wand schon vor Jahrzehnten betrieben. Routen, in denen so mancher Hallenfuzzi in topmodischen Designerbouldershorts alt aussieht, wurden schon in den Urzeiten des Wiener Klettersports mit Nagelschuh und Hanfstrick bewältigt.

Das Rad der Zeit ist aber auch hier nicht stehen geblieben, viele Felsen wurden dem heutigen Standard entsprechend mit Klebehaken und Abseilständen ausgerüstet. Und obwohl es rund um Wien viel bessere Gebiete gibt, die Griffe vom Schweiß vielfach poliert sind und die Toprouten fehlen, zieht es nach wie vor jede Menge Kletterer hierher – vielleicht gerade deswegen …

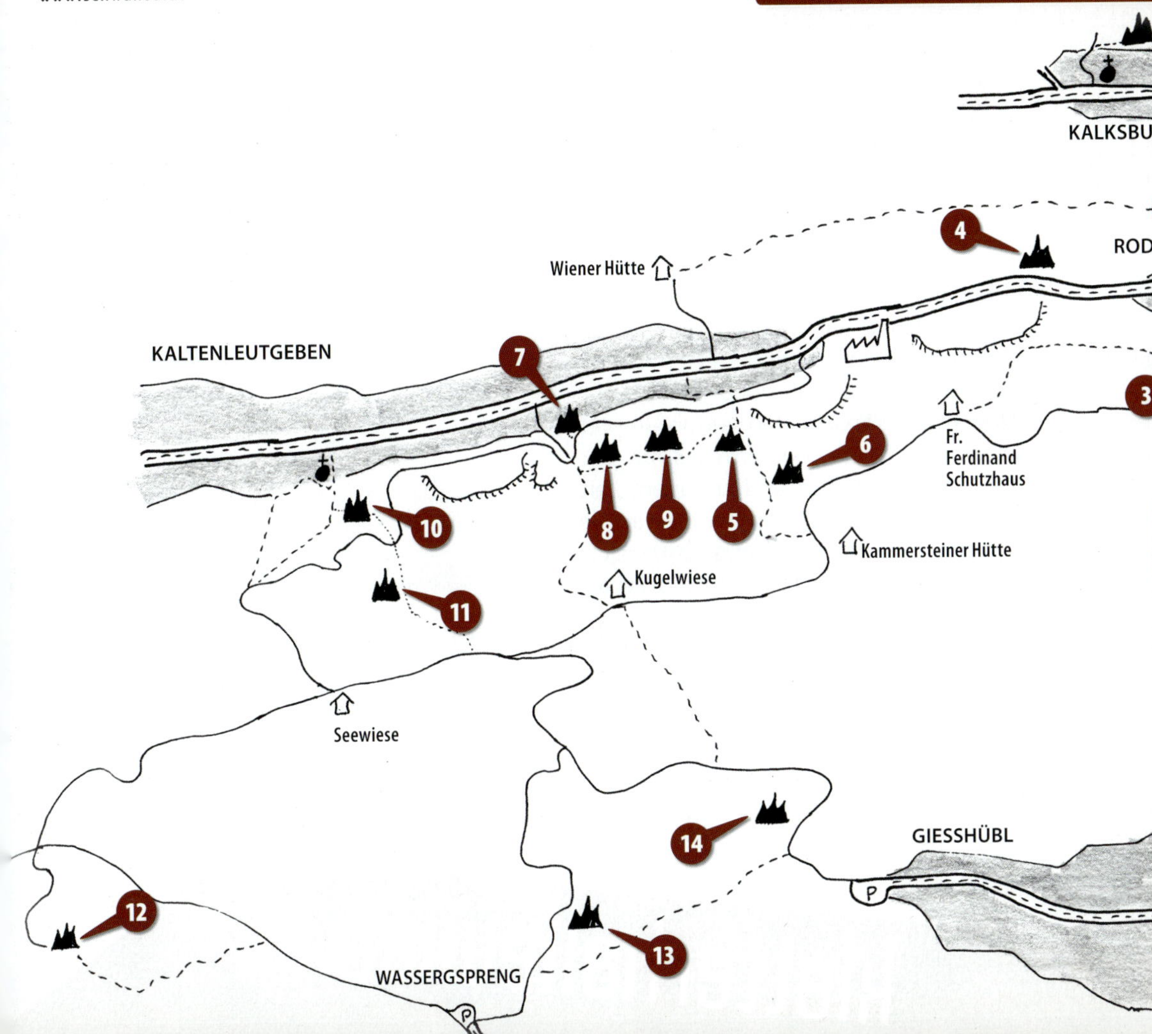

1 KALKSBURGER GRAT
2 MIZZI LANGER WAND
3 LUTTERWAND
4 GÖTTERPLATTE
5 WALDMÜHLE
6 MEIJE
7 LÖWENKOPF
8 KALTENLEUTGEBNER GRAT
9 STREBERWÄNDE
10 LUCKETE WAND
11 JUNGKUNSTSTEIN
12 HÖLLENSTEINE
13 WASSERGSPRENG
14 GIESSWÄNDE

kletterhalle wien.at

An den Gestaden der alten Donau und unweit der sich dezent am Horizont dahinschlängelnden A23 gelegen, befindet sich lieblich eingebettet in den 22. Wiener Gemeindebezirk seit 2006 die Kletterhalle Wien. Neben den knapp 300 Indoor-Routen bis 16 m Höhe kommen auch Boulderfreaks mit Vorliebe für frische Luft, Sonnenlicht und knappem Zeitplan auf ihre Kosten. Dafür sorgt nicht nur die einzige, permanent bekletterbare Weltcupwand Österreichs sondern seit 2008 vor allem auch sieben Blöcke aus edelstem Pauliberger Basalt. Erstbegangen wurden die an ihnen befindlichen, knapp 100 Boulderprobleme im Bereich Fb 4a-7b von Elch Törnström, Matthias Woitzuk und Gefährten. Klein aber fein lautet hier die Devise. Bouldern an echtem Fels und mitten in der Stadt: in der Kletterhalle Wien ist das schon seit Jahren kein Widerspruch mehr.

Routen: 100

Fb Grad 1–4	5 – 6	7
31	34	35

1 the flow who wasn´t there
2 Einstein
3 Apollo 13
4 Bibi Blocksberg
5 Stein der Weisen
6 Medizinball
7 Literatenblock
Weltcup Boulderwand

kletterhallewien.at

KALKSBURGER GRAT

Gut versteckt im Wald oberhalb von Kalksburg – und somit eigentlich nicht im Kaltenleutgebner Tal – wartet dieser Winzling auf seine Besucher. Nicht einmal 10 Meter hoch aber eingebohrt wie eine südfranzösische Felsbastion ist dieser Fels vor allem für blutige Anfänger und durchaus auch für Kinder interessant. Die Felssubstanz ist gut, griffig und rau – wer nur kurz Zeit hat und die Einsamkeit mag wird hier sicher seinen Spaß haben.

ZUFAHRT: Mit dem PKW auf der Breitenfurter Straße bis zum Kalksburger Kirchenplatz (gleich nach der Durchfahrt durchs Tor). Hierher auch mit dem Bus möglich. Hier rechts in die enge Gasse „In der Klausen" und im Bereich Haus Nr. 20 parken.

ZUGANG: Beim Haus Nr. 26 (Forstverwaltung) zweigt ein Wanderweg rechts ab. Hier auf Steigspur zum untersten Gratausläufer und links des Grates, an kleinen Nischen vorbei (bescheidene Bouldermöglichkeiten) zum obersten Gratturm, wo sich die Routen befinden. Gehzeit ca 3min.

BESTE JAHRESZEIT: Der Felsen liegt westseitig, im Wald verborgen und ist somit eher für die warme Jahreszeit zu empfehlen.

1 VERSCHNEIDUNG 2+ ✱ Sehr kurz, sehr henkelig
2 KANTE 4 ✱ Steile Kante mit herrlichen Henkeln
3 HÖHLENBÄR 4+ ✱✱ Gutgriffige, überraschend steile Verschneidung
4 PFEILER 5- ✱✱ Lieber Henkelüberhang
5 RISS 3 ✱ Gutgriffige Rißschuppe
6 RECHTE FLANKE 2 ✱ Großgriffig, etwas grasig

5	1	0	6	0
1-4	5-7	≥8	Σ UIAA	Σ FB

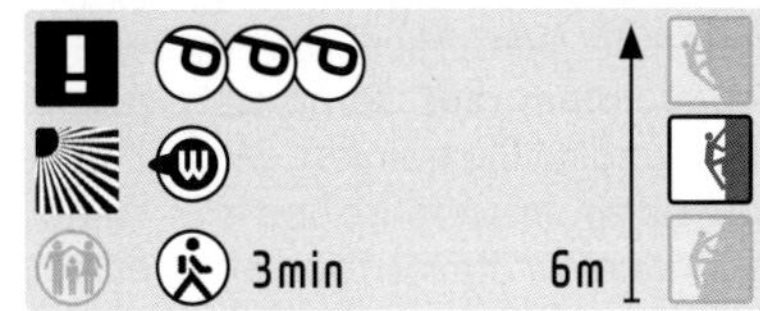

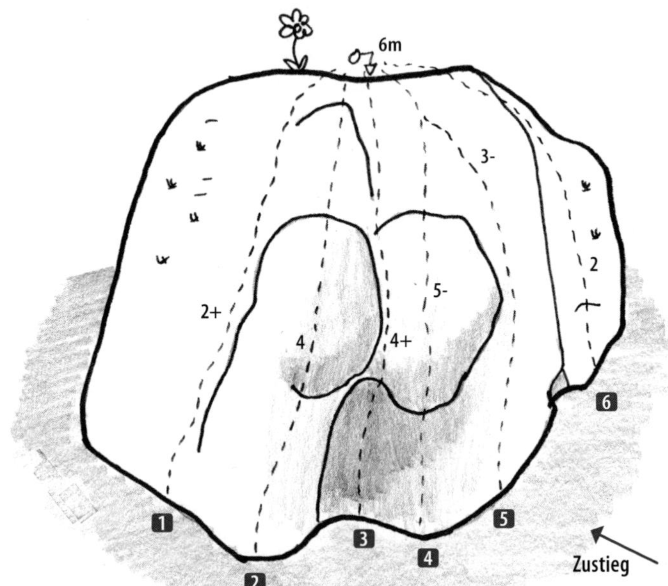

MiZZi LANGER WAND

Es ist heute kaum zu glauben, dass dieser ehemalige Steinbruch einst DER Treffpunkt der Wiener Kletterszene war. Hier wurde gebouldert auf Teufel komm raus, sommers wie winters geklettert und fleißig trainiert. Die Erfolge stellten sich bald ein, im Gesäuse und in den großen Alpenwänden, für die man damals trainierte. In den 1970er Jahren, als plötzlich eine neue Idee, die des Sportkletterns, in den Köpfen der Kletternarrischen zu spuken begann, wurde wiederum auf der Langer Wand trainiert – und am Peilstein entstanden dann die ersten modernen (im damaligen Sinn....) Sportkletterrouten – aber das ist eine andere Geschichte …

1-4	5-7	≥8	ΣUIAA	ΣFB
9	8	0	17	0

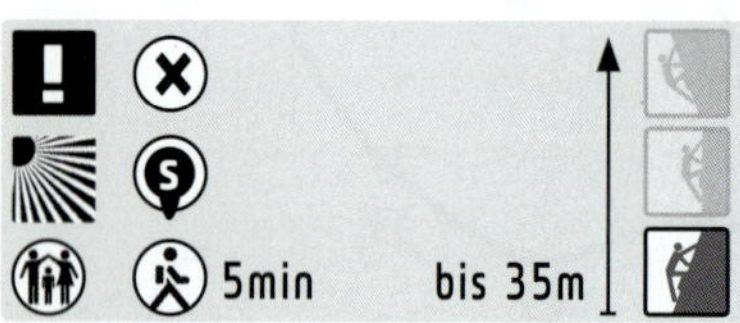

Der Name rührt vom Sportgeschäft Langer her, welches nach dem Ersten Weltkrieg einen Wettbewerb zur Durchsteigung des zentralen Wandteils ausschrieb. In der Zwischenkriegszeit erfüllte die Mizzi Langer Wand sogar eine politische Funktion: Die damals illegalen Sozialdemokraten sowie die Nationalsozialisten trafen sich hier, getarnt als Kletterer, zum Informationsaustausch – ohne jemals aneinanderzugeraten. Im Zweiten Weltkrieg suchten viele Wiener Schutz vor dem Bombenterror im noch sichtbaren Bunker am linken Ende der Akademikerplatte.

Auch heute noch hat die Wand ihre Liebhaber, lässt es sich doch auch im Winter in der Sonne gut klettern und die schnelle Erreichbarkeit ist auch nicht zu verachten. Stecken neuerdings sogar vereinzelt Klebehaken, wird doch meist mit Seilsicherung von oben geklettert. Die Griffe sind teilweise extrem poliert, der Fels ist nicht immer fest, im mittleren und linken Teil sehr brüchig – Helm wird empfohlen!

ZUFAHRT PKW:
Mit dem PKW über Ketzergasse und Hochstraße in die Kaltenleutgebner Straße. Nach 400m rechts in die Willergasse und nach kurzer Steigung zu großem Parkplatz (Parken wird hier neuerdings nicht gerne gesehen, deshalb evtl. schon in der Kaltenleutgebner Straße parken).

ZUFAHRT Öffis:
Mit der Straßenbahn Linie 60 zur Endstation Rodaun. Zu Fuß zur Hochstraße und weiter wie oben.

ZUGANG:
Vom Parkplatz in Kürze westlich auf Weg durch den Wald zur Wand.

BESTE JAHRESZEIT:
Die Felsen sind südseitig ausgerichtet. Da auch die Einstiegsbereiche im schöneren rechten Wandteil sonnig sind, oft auch im Winter gute Bedingungen. Im Sommer wird's oft zu heiß, die polierten Griffe sind dann kaum zu halten.

BESONDERES:
Stark abgeschmierter Fels. Praktisch alle Routen werden von oben gesichert, Sicherung an Bäumen bzw. an Klebehaken, Schlinge mitnehmen! Generell gilt: Je weiter links, desto brüchiger wird's – Helm empfehlenswert.
Wer im höchsten Teil klettert, sollte bedenken dass die Wand hier gut 35m hoch ist.

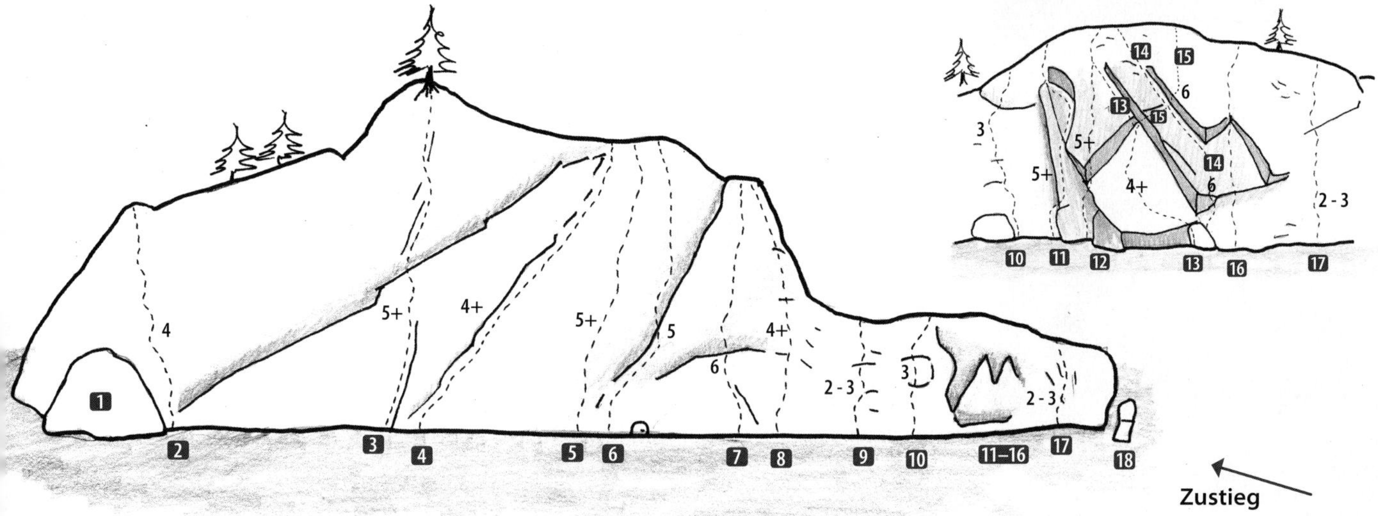

1 SCHWARZE PLATTE ✱ Ca 10m hohe Platte, halbwegs fest aber flechtig. Keine Haken! Verschiedene Möglichkeiten von 3 bis 6-

2 LINKE WAND 4 Sehr brüchig, kein Haken oben!

3 AMEISENPLATTE 5+ ✱ Brüchiger Klassiker mit Helmpflicht, Toprope vom Baum (35m). Der markante, von links nach rechts ziehende Riß, welcher gequert wird, ist der „ Langer Riß“ (sehr brüchig, 4+)

4 GROSSE DIAGONALE 4+ Sehr brüchig, immer rechtshaltend

5 GROSSE PLATTE 5+ Sehr brüchig!

6 SKK – PLATTE 5 ✱ Klassiker, aber auch brüchig. Ohne Haken

7 SEPP – BAUER PLATTE 6 ✱ Alter Klassiker, ziemlich splittrig, in früheren Zeiten ein beliebtes Teststück für diesen Grad.
Die glatte Platte im Einstiegsbereich nennt sich „Akademikerplatte“, hier wird schon seit Urzeiten gebouldert. Besonders beliebt ist die Querung knapp überm Boden.

8 PFEILERWEG 4+ ✱ Klassiker, splittrig, oben im Riß.
Mit Klebehaken gut gesichert!

9 verschiedene Möglichkeiten 2 – 3

10 RHINOZEROSHAUT 3 ✱ Nette, runzlige Platte, schwierigere Varianten möglich. Haken oberhalb

11 SICHEL 5+ Schon ziemlich abgeschmiert...

12 FERSERLÜBERHANG 5+ ✱✱ Polierte linke Begrenzung des Großen Dreiecks. Viele Varianten möglich

13 GROSSES DREIECK 4+ ✱✱ Extrem speckiger Uraltklassiker, am Einstieg auch schwierigere Varianten möglich. Mit Klebehaken bestens abgesichert!

14 RAMPE 6 ✱ Steiler speckiger Hangelriß

15 HANGELRISS 6 ✱

16 KLEINES DREIECK 3+ ✱
Der leichtere Bruder von **13**, aber genauso speckig

17 RINNEN 2 – 3 Leicht brüchig, unbedeutend

18 GENDARM Speckiger Miniturm, unbedeutend

Simonde Findeis | KLETTERKURS LUTTERWAND | Foto: Karin Kavoussi

LUTTERWAND

Genau gegenüber der Mizzi Langer Wand befindet sich ebenfalls ein alter, allerdings in seinen Ausmaßen wesentlich bescheidenerer Steinbruch. Auch hier wird schon lange geklettert, und seit alle Routen übermäßig gut mit Klebehaken und Umlenkhaken abgesichert wurden ist hier sogar mehr los als drüben an der Langer Wand. Der Zustieg ist genauso kurz, am Wandfuß befindet sich eine ebene Wiese mit Tisch und Bank, die Schwierigkeiten übersteigen den 6. Grad nicht – ideal auch für kletternde Familien geeignet. Der Fels ist fester als an der Mizzi Langer Wand, vor allem im linken Teil gibt es sogar richtig schöne Strukturen mit großen Schuppen und tiefen Löchern. Natürlich sind auch hier die Griffe schon ziemlich poliert.

1-4	5-7	≥8	Σ UIAA	Σ FB
13	12	0	25	0

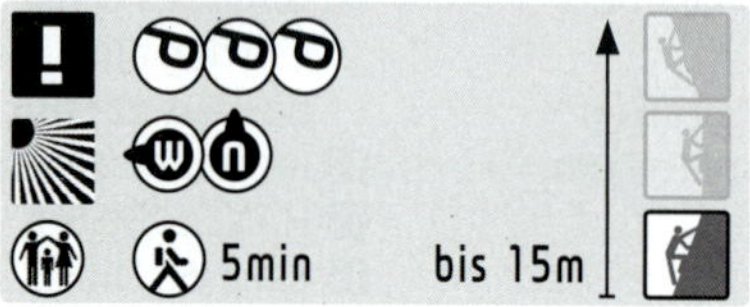

ZUFAHRT KFZ: Über Ketzergasse und Hochstraße in die Kaltenleutgebner Straße. Nach ca 400m links in die Sonnbergstraße, gleich nach dem Bahnübergang rechts in die Waldmühlgasse bis zu ihrem Ende. Vorsicht: Zufahrt ist nur in der kühlen Jahreszeit, sprich von November bis März erlaubt. In der restlichen Zeit schon vorher parken!

ZUFAHRT Öffis: Straßenbahn 60 bis Rodaun, dann zu Fuß wie oben.

ZUGANG: Vom Ende der Waldmühlgasse dem Weg in 3min zur Wand folgen.

BESTE JAHRESZEIT: Die Felsen liegen west- bzw. nordseitig und bekommen im Winter fast keine Sonne ab. Frühling, Sommer und Herbst sind ideal, im Sommer kanns am Nachmittag recht warm werden.

BESONDERES: Hervorragend abgesichert – für Anfänger und Kinder bestens geeignet. Aufgrund des dichten Routennetzes sind beliebige Kombinationen möglich.

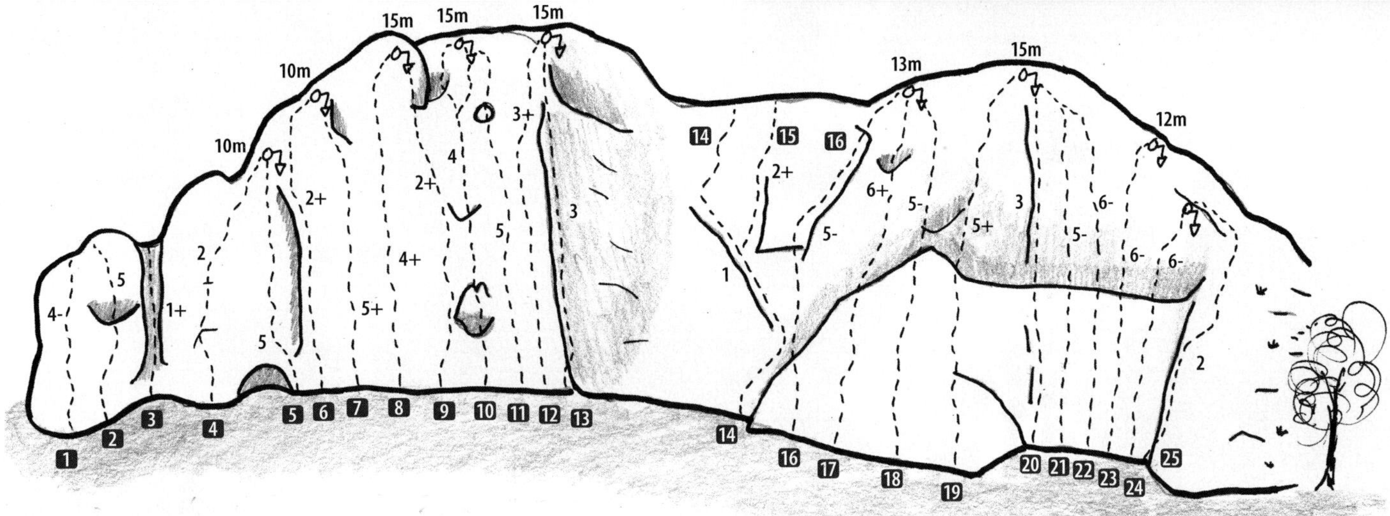

1 DREIECK LINKS 4- Sehr kurz, Haken von **2** verwenden
2 DREIECK RECHTS 5 ✱ Direkt über die Nase
3 KAMIN 1+ Leichte Rinne
4 VORBAU 2 ✱ Leicht an fetten Schwarten
5 HÖHLENÜBERHANG 5 ✱
Etwas brösliger Einstiegsüberhang, oben leicht
6 GROSSE SCHUPPE 2+ ✱✱ Großgriffige tolle Rißschuppe
7 SANDPLATTE 5+ ✱✱
Etwas definiert ohne die Henkel durch die Platte
8 PLATTENSCHLEICHER 4+ ✱✱ Hübsche, oben großgriffige Kletterei
9 KLEINE SCHUPPE 2+ ✱✱✱
Riesige Henkeln, große Sanduhren – sehr schön!
10 LUTTER PLATTE 4 ✱✱ Lohnend, oben Linksvariante möglich
11 PFEILSCHNELL 5 ✱✱ Kleiner Wulst (direkt!) mittendrin
12 SANDUHRENPARADIES 3+ ✱✱✱
Unheimlich großgriffige Genussroute
13 VERSCHNEIDUNG 3 ✱✱ Hübsch mit großen Griffschwarten

14 NORMALWEG 1 Keine Haken
15 2+ Keine Haken
16 DIAGONALE 5- ✱ Knapp links der steileren Wandzone
17 DER URSCHREI 6+ ✱✱ Direkt über den kleinen Überhang, definiert!
18 MAUERBLÜMCHEN 5- ✱✱ Unten Platte, oben kleiner Überhang
19 NEUE WELT 5+ ✱✱ Die Wand links der Verschneidungsrinne
20 WEG DER ERSTBESTREIGER 3 ✱✱ Gutgriffige Verschneidung
21 FRIENDS 5- ✱✱ Übers kleine Dach
22 WILD ENTSCHLOSSEN 6- ✱✱ Auch übers kleine Dach
23 SONNENWENDE 6- ✱✱ Nochmals übers Dach
24 ATHLETEN VORTRETEN 6 ✱✱
Definiert ohne die größeren Griffe rundherum
25 VERSCHNEIDUNG 2 ✱✱ Ohne Haken

BOULDER: „ C' EST LA VIE" 4c trav
Traverse von **4** nach rechts bis in die Verschneidung von **13**

michael meisl
Barbara Zangerl bezwingt den 'Schattenkrieger' 8a,
im Boulder-Paradies Silvapark in Galtür, Österreich.
Get into the spirit at adidas.com/outdoor
adidas
all passion

GÖTTERPLATTE

Ein hochtrabender Name für eine flechtige, splittrige Platte . Die flache Plattentafel, dereinst ebenfalls ein Steinbruch, wird nur selten besucht was dem Besitzer des nebenan befindlichen Hauses sicherlich angenehm ist – herabfallende Steine krachen nämlich bedrohlich nahe an seinem Hab und Gut vorbei. Also Vorsicht! Bei trockenen Verhältnissen werden Liebhaber kurzer Zustiege und flacher Plattenklettereien aber durchaus ihren Spaß haben, zumal die Routen gut abgesichert sind. Und wer im „ Hendlsteig“ einen der vielen Haken klinkt, sollte bedenken dass hier einmal 2 Haken ausreichen mussten...

ZUFAHRT: Von Rodaun über Ketzer- und Hochstraße in die Kaltenleutgebner Straße, bis zum Haus Nr. 12. Hier parken.
ZUFAHRT Öffis: Von Rodaun mit dem Bus zur Haltestelle „Polstermühle“.
ZUGANG: Mit wenigen Schritten zur Platte neben dem Haus.
BESTE JAHRESZEIT: Die Platte ist südwestseitig ausgerichtet, teilweise von den Bäumen beschattet. Klettern ist praktisch ganzjährig möglich, außer bei feuchter Witterung.
BESONDERES: Bei Nässe ist vor allem der Einstiegsbereich unangenehm rutschig! Vorsicht auf Steinschlag!

1-4	5-7	≥8	Σ UIAA	Σ FB
1	3	0	4	0

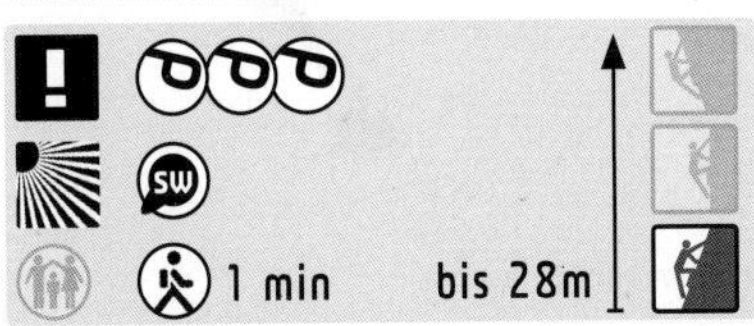

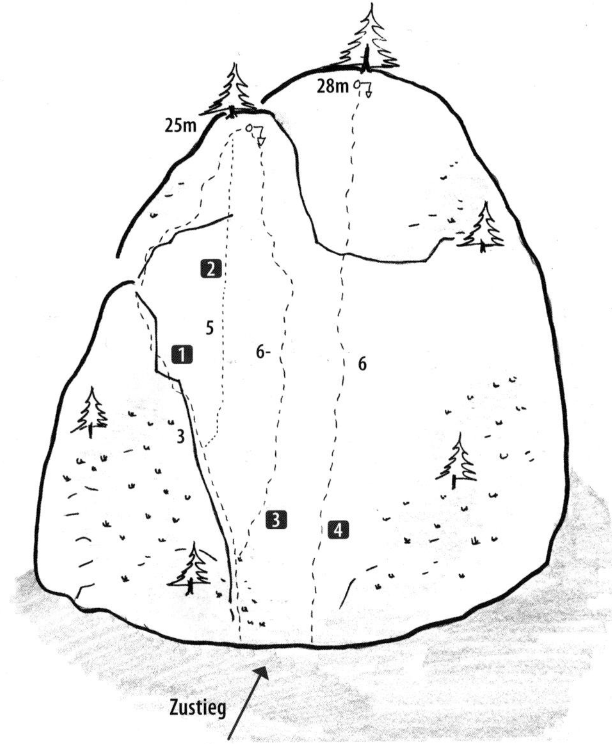

1 RISS 3 ✱ Rissrampe, ganz nett, etwas schottrig
2 ABKÜRZER 5- ✱ Gerade durch die Platte
3 HENDLLEITER 6- ✱ Ganz nette Schleicherei
4 HENDLSTEIG 6- ✱ Vielleicht die lohnendste Route hier

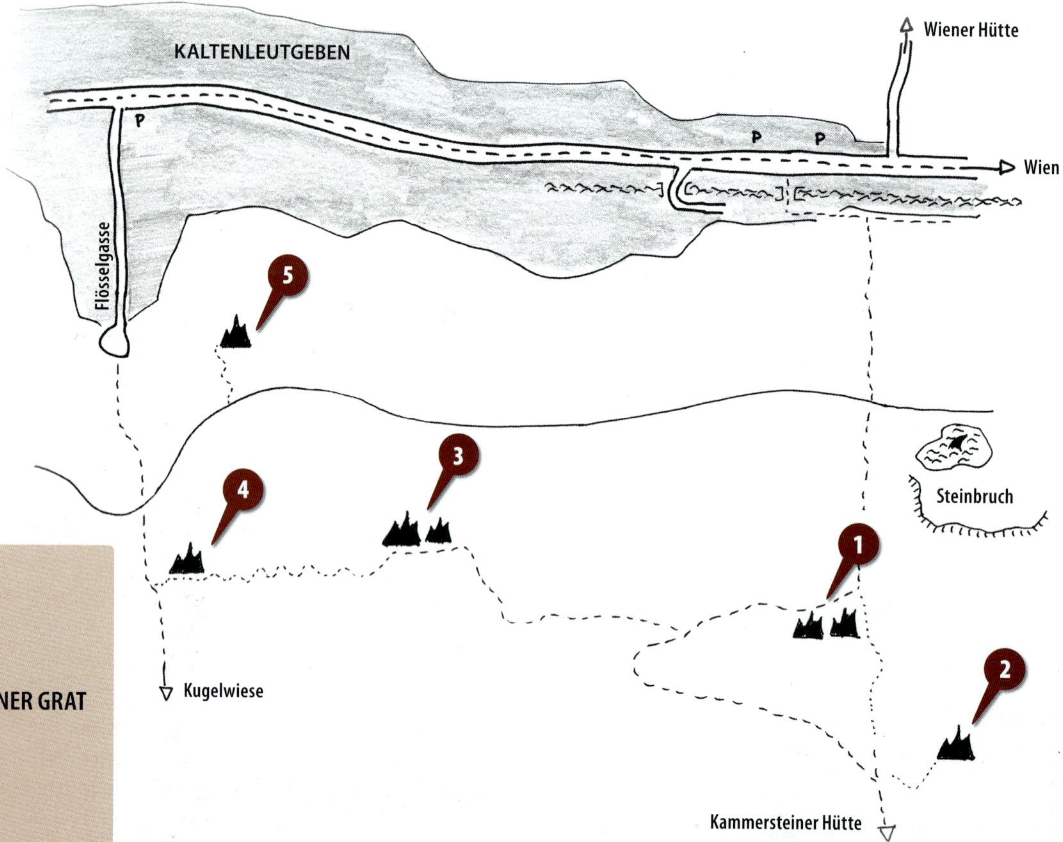

1 WALDMÜHLE
2 MEIJE
3 STREBERWÄNDE
4 KALTENLEUTGEBNER GRAT
5 LÖWENKOPF

WALDMÜHLE

Schattig im Wald gelegene, düstere und von Gelsen bewachte Felsformation. Der glatte und oft recht steile Fels machte anspruchsvolle Anstiege möglich und so wurde die Waldmühle in der Nachkriegszeit zu einem der beliebtesten Treffpunkt für die „ Extremen". Das finstere Ambiente lockt heute deutlich weniger Leute an, und „extrem" sind die Routen nach heutigen Maßstäben auch nicht mehr, höchstens extrem abgeschmiert. Mittlerweile sind fast alle Anstiege mit Klebehaken bestens abgesichert, aufgrund der Glätte des Gesteins bevorzugen dennoch viele Seilsicherung von oben – ausgerutscht ist man hier schnell… Besonders glatte Griffe wurden hier versuchsweise mit Bildhauermeißel, Quarzsand und Kunstharz wieder aufgerauht – viel gebracht hats nicht. Routen wie „ Oberlehrer", „ Wiener Lehrer" und „ Mephisto" sollte aber jeder historisch interessierte Wienerwaldkletterer einmal gemacht haben.

ZUFAHRT: Über Rodaun nach Kaltenleutgeben und gleich nach der östlichen Ortseinfahrt parken (rechts Auffahrt zur „ Wiener Hütte"). Hierher auch mit dem Bus (Station „Wienergraben").
ZUGANG: Zwischen den Gemeindebauten auf der linken Straßenseite beginnt ein markierter Wanderweg, der hinter den Häusern über eine Brücke führt. Über die Brücke und am breiten Weg nach links (Richtung Wien). Bald zweigt rechts ein markierter Weg (zur Kammersteinhütte) ab. Diesem folgen, eine Straße überqueren, in gleicher Richtung neben dem Steinbruch weiter direkt zu den Felsen. Gehzeit ca 10 – 15min.
BESTE JAHRESZEIT: Die Waldmühle liegt nord- bzw. westseitig und wird zudem noch vom dichten Wald beschattet. Nach Regen dauert es recht lange, bis manche Anstiege auftrocknen. Ideal ist somit der Sommer nach längeren Trockenperioden, auch im Herbst kann es recht angenehm sein zumal bei kühleren Temperaturen die Griffe nicht ganz so arg rutschen.
BESONDERES: Stark abgeglätteter Fels! Viele Gelsen!

Karin Kavoussi | KLETTERKURS LUTTERWAND | Foto: Simonde Findeis (www.koerperarchitektur.at)

WALDMÜHLE

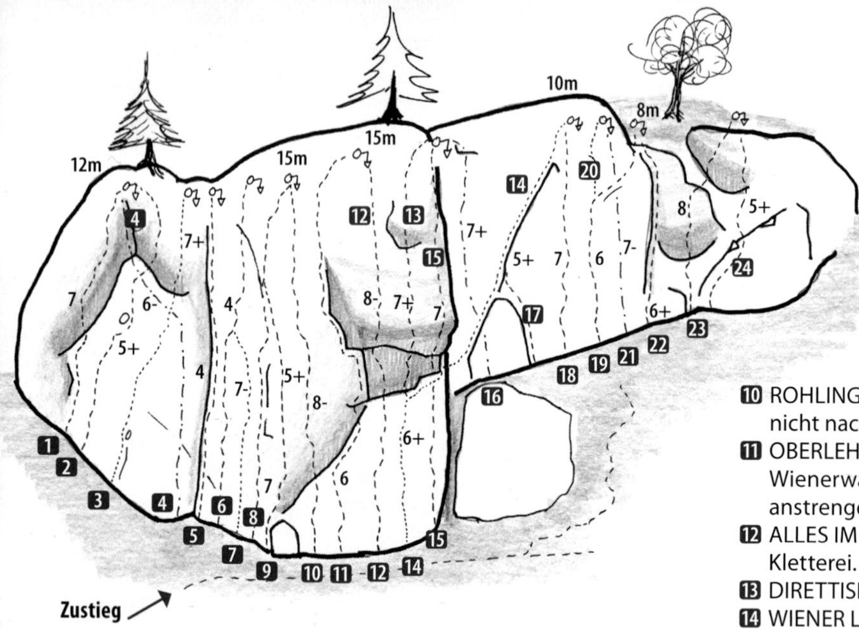

9	37	3	50	1
1-4	5-7	≥8	Σ UIAA	A2

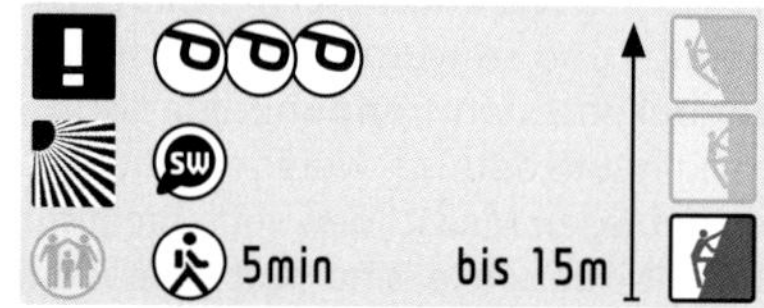

1 WALDKNECHT 7 ✱
Kante, bitte nicht in die Wiese greifen – die Aufleger nehmen

2 SPECKLOCH 5+ ✱✱ Speckiger Klassiker durchs markante Loch

3 STEINMÜHLE 7+ ✱ Speckig und ziemlich definiert

4 POLYP 6- ✱✱
An Untergriffen links zum Überhang und über ihn hinweg

5 VERSCHNEIDUNG 4 ✱✱ Steil und sehr glatt

6 SCHAU, SCHAU 4 ✱
Knapp rechts der Verschneidung an großen Griffen

7 SEHR SCHLAU 6+/7- ✱ Variante zu 6). Nicht zu weit links

8 DIR. RO – KANTE 7 ✱ Sehr glatter, schwieriger Beginn

9 RO – KANTE 5+ ✱ Klassiker mit stark geglätteten Griffen

10 ROHLING 8- ✱ Alte Technoroute, abgeschmiert, nicht nach rechts in den Riß greifen!

11 OBERLEHRER 6- ✱✱ Klassische Route des 6. Grades im Wienerwald! In der guten alten Zeit ein Muß, auch heute noch anstrengende Risskletterei

12 ALLES IM LOT 8- ✱✱ Definierte, kraftraubende, abgeschmierte Kletterei. Riß links gilt nicht!

13 DIRETTISIMA 7+ ✱✱ Dach mit glatter Platte danach

14 WIENER LEHRER 6+ ✱✱ Altklassiker, wurde schon frühzeitig (mit festem Schuhwerk) frei geklettert. Führt ums Eck und mündet in 17

15 NEUE DIRETTISIMA 7 ✱✱ Überhang mit Wand danach

16 STRENGER LEHRER 7+ ✱ Rutschig, diffizil. Start am Abbruch

17 MEPHISTO 5+ ✱✱ Rissklassiker mit deutlichen Abnützungsspuren

18 DRÜCKEBERGER 7 ✱ Ziemlich glatte, nicht leichte Wandkletterei

19 BERGER 6 ✱ Am Ausstieg nach rechts – oben keine Haken! Besser bei 20 raus

20 DIR. BERGER 6+ ✱ Direkter und besserer Ausstieg zu 19

21 TONI / WO DIE TEUFEL WOHNEN 7- ✱ Toprope, glatte Aufleger

22 SCHWARZER ADLER 6+ ✱ Kurzer, kraftraubender Riß

23 PRIMA BALLERINA 8 ✱ Kurzer Boulder, früher war das 8er Zweifingerloch beim 2ten Haken nicht vorhanden und die Tour 9-

24 SEUFZER 5+ ✱ Sehr kurz, dreckiger Ausstieg

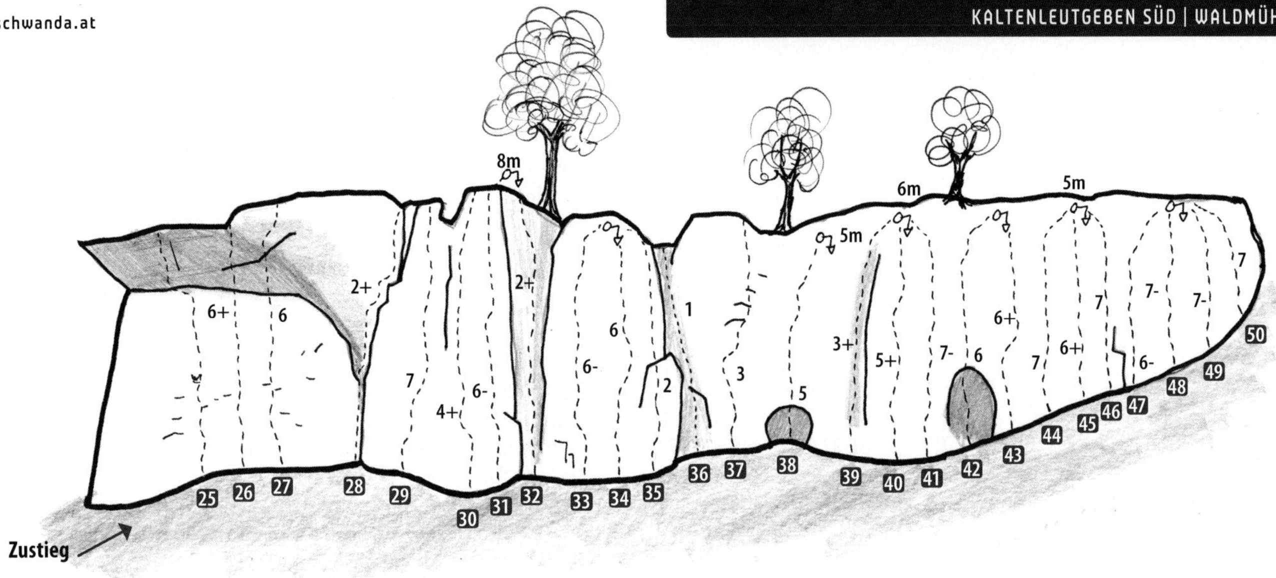

25 A2 – RISS A2 Feiner Technoriß, keine Haken
26 WILDER ÜBERHANG 6+ ✱ Kurzes Dach, unten gestuft. Ohne Haken
27 JOKER 6 ✱ Keine Haken
28 SCHMIERSEIFENVERSCHNEIDUNG 2+ ✱
Der Name ist Programm. Keine Haken
29 18er KANTE 7 ✱
Alte Stichthaken, glatter Einstieg, besser von oben sichern
30 KÖNIG 4+ ✱ Ohne Haken, Einstieg von rechts
31 HERZWEG 6- ✱ Kurze Wandkletterei
32 KAMIN 2+ Leichter Kamin
33 BORIS RISSE 6- ✱ Schmieriger, kurzer Riß
34 ROTE PUNKTE 6 ✱ Sehr kurz, sehr glatt
35 MITTELWEG 2 Keine Haken, gestuft
36 WESTWEG 1 Kraxelei
37 BAUMSTEIG 3 Hakenlose, dreckige Runse
38 SATAN 5 ✱ Kurze Lochkletterei
39 OTHMAR 3+ ✱ Lieb, löchrig, steil
40 TRIGLAV 5+ ✱ Löchrige Kurztour
41 SPEED 7- ✱ Kraftraubend und beengend
42 PONGO 6 ✱✱ Toller, überhängender, leider speckiger Klassiker
43 RABBIT RUN 6+ ✱ Kurz, griffig
44 IDEALIST 7 ✱ Schmierig, glatt
45 A - KILLER 6+ ✱ Schon vor langer Zeit ohne Spezialgummischuh
frei gekletterte Technotour! Name bedeutet „artificial killer"
46 IDEALISTENWAHN 7 ✱ Schmierige Kurztour, definiert ohne Griffe rechts
47 VIA FRAMA 6- ✱ Griffiger als die Routen rundherum
48 MAGNESIASCHREI 7- ✱ Glatte Einzelstelle
49 FIGHT GRAVITY 7- ✱ Keine Haken
50 HOPPALA 7 ✱ Definiert: Ohne Kante rechts - keine Haken

BOULDER: THINK PINK 6a trav Schmierige Querung überm Boden von 37 bis 50, auch in der umgekehrten Richtung möglich.

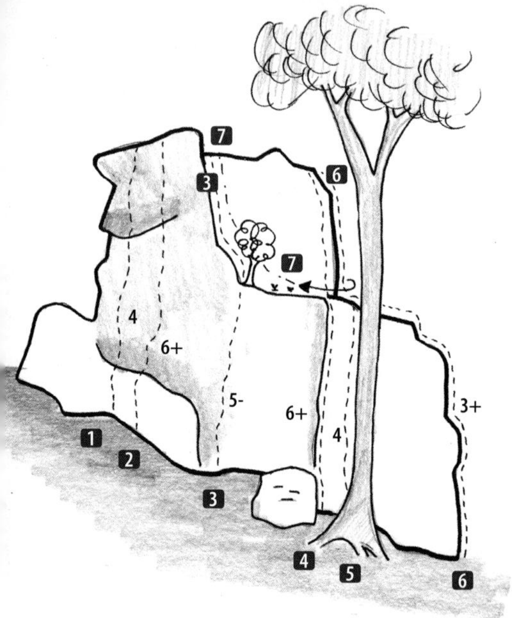

MEiJE

Der Name dieses Felsbrockens mitten im Wald spiegelt die Sehnsucht der Wiener Bergsteiger nach den großen Alpengipfeln wider. Er stammt aus einer Zeit, als es weder üblich noch möglich war am Wochenende schnell einmal nach Osp zu fahren.... Ist unsere Meije auch keine 3900 m hoch und ist sie auch nicht von Firn und Eis bekränzt, überschreiten kann man sie genauso – mit geringerem Risiko, weniger Gepäck und Zeitaufwand. Spaß beiseite: Der Fels ist maximal 10m hoch, rau, gesichert wird von oben. Viel mehr gibt's nicht zu sagen...

ZUFAHRT: Siehe Waldmühle.
ZUGANG: Links steil am Waldmühlfelsen vorbei, dann dem nun flachen Graben ein paar Minuten folgen und links steil zum Fels, der oben am Hang thront (5min ab Waldmühle).
BESTE JAHRESZEIT: Die klettersportlich interessante Seite liegt nach Osten gewandt, durch den Wald ziemlich schattig, also eher für die wärmere Zeit.
BESONDERES: Sicherung von oben! Am Gipfel befinden sich 2 Standhaken, die nicht ganz dem heutigen Standard entsprechen. Auf jeden Fall lange Bandschlinge mitnehmen (Seilreibung).

1-4	5-7	≥8	Σ UIAA
4	3	0	7

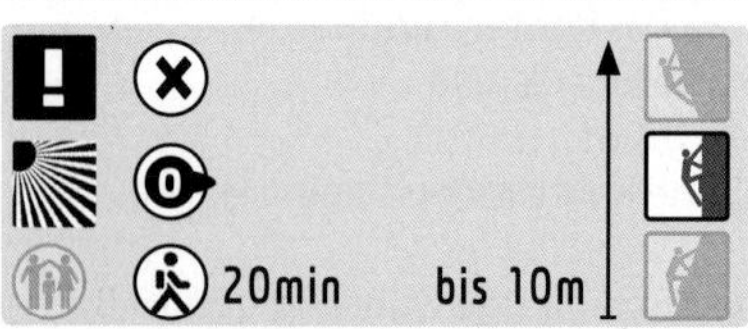

1. VERENASTEIG 4 ✱ Rau, überhängend, großgriffig
2. VERA 6+ ✱ Überraschend schwer am Beginn, versteckte Griffe
3. TEUFELSSTIEGE 5- Na ja....
4. VERSCHNEIDUNG 6+ Ziemlich bröslig und dreckig
5. SCHLITZWAND 4 ✱ Kurz aber schöner Fels
6. GRAT 3+ ✱ Nette Überschreitung des Massivs, am Gipfelgrat alter Bohrhaken
7. SCHICHTPLATTE 4
   Brüchiger Beginn in der Westseite (=Talseite), dann am Band in die Bergseite

BOULDER:
OSTSTURM 5c trav
Quert die Bergseite von unten nach oben, mit Unterbrecherstelle im Mittelteil

STREBERWÄNDE

Die Streberwände sind eine recht einsame Felsformation, versteckt am Kleinen Flösselberg zwischen Waldmühle und Kaltenleutgebner Grat gelegen. Wie an so vielen Felsen im Kaltenleutgebner Tal war in der Nachkriegszeit hier viel los, die zwar kurzen aber steilen Klettereien waren recht beliebt. Heute ist es hier deutlich ruhiger, die 5min Steilanstieg sind für dünne Sportkletterbeinchen offensichtlich zu viel. Die Routen sind nämlich okay, etwas kurz geraten dafür recht steil und anstrengend und auch bestens abgesichert. Die Griffe sind wie überall in dieser Region ziemlich poliert – wer gerne im 6. und 7. Grad klettert kann hier durchaus einen netten Tag verbringen.

1-4	5-7	≥8	Σ UIAA
3	22	2	27

15min
bis 10m

ZUFAHRT:
Siehe Kaltenleutgebner Grat.

ZUGANG:
Am besten vom oberen Ende des Kaltenleutgebner Grates gerade und ziemlich steil und bei Nässe furchtbar rutschig am Steig in ca 15min zu den Felsen.

Auch von der Waldmühle kann man mehr oder weniger weglos durch den seichten Graben Richtung Südwest auf den Flösselberg und etwas absteigend zu den Streberwänden gelangen. Länger und schwieriger zu finden als obiger Zustieg (gute 15min ab Waldmühle).

BESTE JAHRESZEIT:
Die Felsen liegen südseitig und sind im Winter durchaus zu empfehlen. Aber auch im Sommer lässt es sich hier aushalten, da der dichte Wald für Schatten sorgt. Bei starkem Nordwestwind wird's unangenehm!

BESONDERES:
Sehr gute Absicherung, Routennetz sehr dicht.

BOULDER:
SEIFENQUERGANG 5b trav
Querung von 1 bis 15

FÜR STREBER 5c trav
Quert die Obere Streberwand von rechts nach links. Im Bereich des Überhangs Varianten weiter oben möglich, schwieriger aber eher schlechtes Absprunggelände

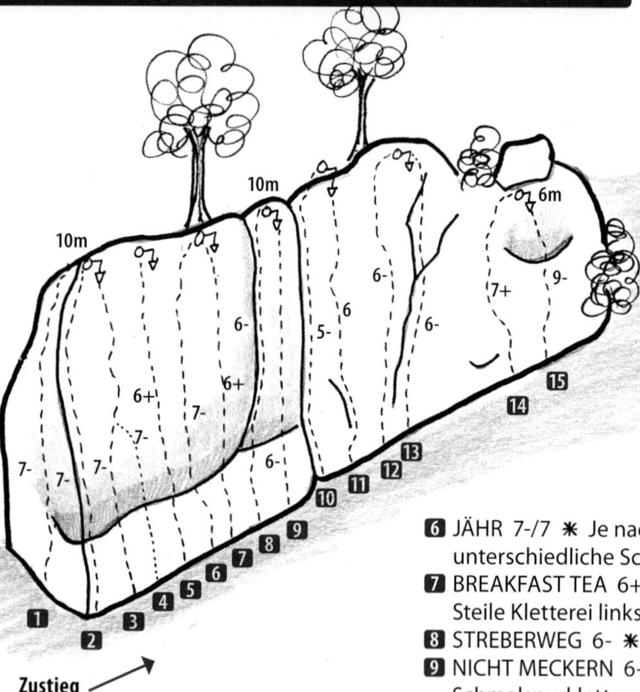

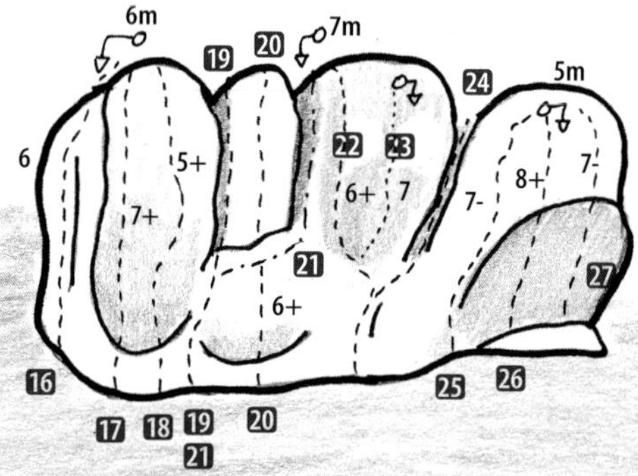

1 WESTWIND 7- ✱✱
Überraschend rau und nett

2 STREBERKANTE 7 ✱✱
Alter, lohnender Klassiker

3 GUTE ALTE ZEITEN 7- ✱ Recht anstrengend, etwas brüchig

4 SCHLECHTE ZEITEN 7- ✱ Variante zu **3**

5 TEATIME 6+ ✱✱ Steile, nette Kletterei, Schlüsselstelle zu Beginn

6 JÄHR 7-/7 ✱ Je nach Eigendefinition unterschiedliche Schwierigkeiten

7 BREAKFAST TEA 6+ ✱
Steile Kletterei links vom Riß

8 STREBERWEG 6- ✱✱ Klassischer Riß

9 NICHT MECKERN 6- ✱
Schmalspurklettern ist angesagt

10 ALTER WEG 5- ✱ Klassisch, gutgriffig

11 SCHWARZE WAND 6 ✱✱ Lohnende Wandkletterei, Schlüsselstelle zu Beginn

12 ZEBRARISS 6- ✱✱ Netter Riß

13 CHIQITA 6- ✱ Oben raus recht schmutzig

14 AQUI AQUA 7+ ✱
Definierte rutschige Kurztour

15 EIN ECHTER WIENER FÄLLT NICHT RUNTER 9-/9 ✱✱ Kurzer Boulder an Einfingerlöchern, ältere Haken

16 ALLER ANFANG IST SCHWER 6 ✱
Abheben in den Riß und diesen rauf

17 FASSLKANTE 7+ ✱✱ Lochkletterei mit schwerem Beginn

18 DIAGONALE 5+ ✱✱ Steil mit Riesengriffen, leider so kurz

19 LINKER RISS 3+ ✱ Risskamin ohne Haken

20 AMEISENWEG 6+ ✱✱ Einstiegswulst, dann Wand, keine Haken

21 SCHLUCHT 2+ ✱ Tiefer Kamin ohne Haken

22 KLEINE MONSTER ZEIGEN MUSKELN 6+ ✱
Kurzer Überhang

23 SCHREI DER ANGST 7 ✱ Kurzer definierter Überhang, am letzten Haken abseilen

24 PLATTIGER RISS 2+
Verwachsen, keine Haken

25 KEIN SAFT 7- ✱ Sehr kurz, Einzelstelle

26 KEINE KRAFT 8+ ✱ Definiert direkt durch den Überhang, keine Haken

27 STEILER WEG 7- ✱ Kurzer Riß

LÖWENKOPF

Der „jüngste" Klettergarten im Tal wurde erst Anfang der 90er Jahre des vorigen Jahrhunderts von Christian Hacker erschlossen. Der Fels bietet auf engstem Raum völlig unterschiedliche Kletterei: Athletisch im linken Teil, plattig und diffizil im rechten Teil. Leider ist der große Überhang ziemlich bröslig und dazu noch recht grifflos – Christian Hacker behalf sich hier mit Plastikgriffen (wurden leider entfernt). Auch im plattigen oberen Wandteil gibt's Kunstgriffe, die stammen aber nicht von Christian sondern von den Steinbrucharbeitern. Alles in allen ein netter Fels, der einen Nachmittagsausflug alle Mal lohnt.

1-4	5-7	≥8	Projekt	Σ UIAA
1	6	0	2	9

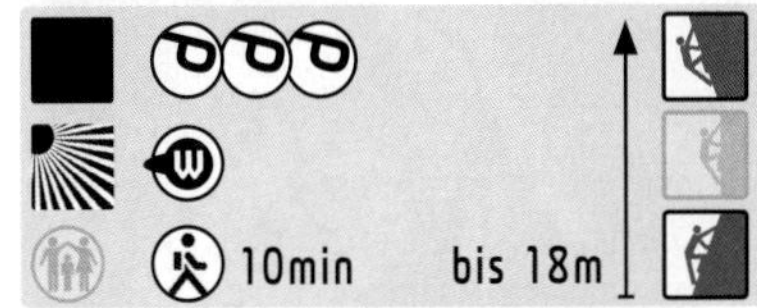

ZUFAHRT: Wie Kaltenleutgebner Grat.
ZUGANG: Vom Ende der Flösselgasse führt ein Weg hinauf zur quer verlaufenden Steinbruchstraße. Hier links bis zu scharfer Rechtskurve in kleinem Sattel. Kurzer steiler Abstieg links hinunter zum Fels. Gehzeit ca 10min.
BESTE JAHRESZEIT: Westseitig. Vormittags Schatten, Nachmittags sonnig. Abgesehen vom Winter ganzjährig möglich. Bei Westwind eher unangenehm.
BESONDERES: Steile, plattige Wandkletterei, sehr gut abgesichert.

1 Projekt
2 KLONEN ERLAUBT (ehemals 8)
Vollkommen künstliche Route (abgeschraubte Kunstgriffe)
3 KÖNIG DER LÖWEN 6+ ✱✱
Nette Route, trickst die Überhänge gekonnt aus
4 JUNGLÖWE 5- ✱ Nette, gemütliche Plattenkletterei, oben leichter
5 KÖNIGSETAPPE 5+ ✱ Unten nette Wand, oben leichte Platte
6 HYÄNENKILLER 6 ✱ Wandkletterei, die leichte Ausstiegsplatte gehört zur Route „Löwenbart" welche über 4 einsteigt aber in dieser Kombination unlogisch ist
7 KÄPTEN DYNAMIT 7 - ✱✱
Gar nicht so leicht, unübersichtlich und etwas diffizil
8 DONARIT 6 ✱✱ Schöne Wand, oben direkt klettern!
9 LÖWENBART 3+ ✱✱ Nette Platte

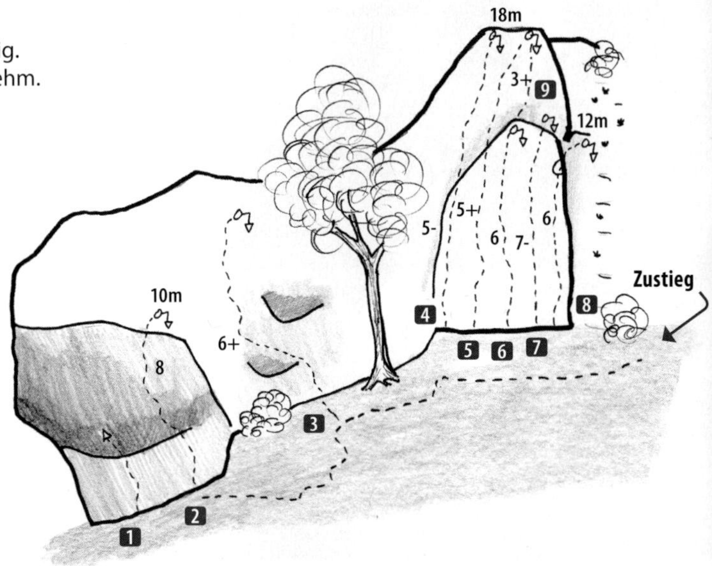

Robert Gruber | POTZ BLITZ 7+/8- | Foto: Andreas Maron

KALTENLEUTGEBNER GRAT

Gratartige Felsformation mit südseitigem, 15m hohen Wandabbruch. Früher wurde fast nur die Gratüberschreitung begangen, das Sichern in der damals hakenlosen Südwand war recht umständlich. Darüber können wir uns heute freuen, denn dadurch sind die Griffe noch halbwegs rau geblieben. Dieser Umstand, gemeinsam mit dem kurzen Zustieg und der hervorragenden Klebehakenabsicherung macht den Kaltenleutgebner Grat wohl zu einem der besten Felsen in dieser Gegend. Noch dazu kann man in den unterschiedlichsten Schwierigkeitsgraden klettern, einziges Manko ist das abschüssige Gelände an den Einstiegen.

1-4	5-7	≥8	Σ UIAA
8	10	0	18

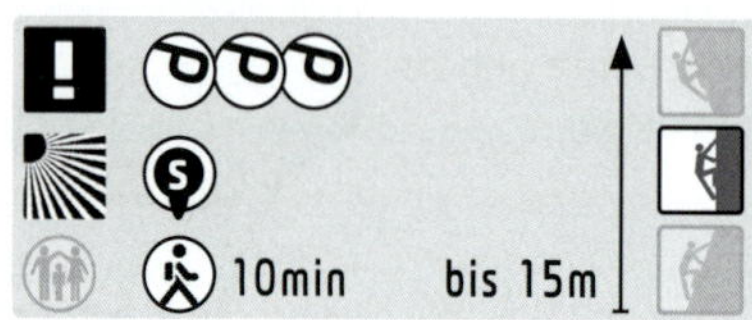

ZUFAHRT:
Mit dem PKW nach Kaltenleutgeben, an der Hauptstraße Ecke Flösselgasse (ca 1,5km ab Ortsbeginn von Wien kommend) parken. *Achtung: Fahrverbot in der Flösselgasse!* Oder von Liesing mit dem Bus nach Kaltenleutgeben-Zettelhof. Zu Fuß die Hauptstraße weiter und die Flösselgasse hinauf.

ZUGANG:
Durch die Flösselgasse hinauf und den hier beginnenden Weg weiter, über die quer verlaufende Steinbuchstraße drüber und gleich links über die Böschung zum Wanderweg am Hang. Dem Weg oberhalb der Straße kurz folgen und gleich links steil ein paar Meter zum Gratbeginn. Gehzeit ca 10min.

BESTE JAHRESZEIT:
Im Sommer wird es hier meist zu heiß, dafür kann es im Winter bei Sonne zu Mittag recht angenehm sein. Frühjahr und Herbst sind meist optimal. Nach Regen recht schnell wieder trocken.

BESONDERES:
Sehr gute Klebehakenabsicherung.
Routen recht steil und griffig.

BOULDER:
QUERGANG 6a trav
Netter, ansteigender Quergang von 3 immer knapp überm Boden bis ganz ans Gratende

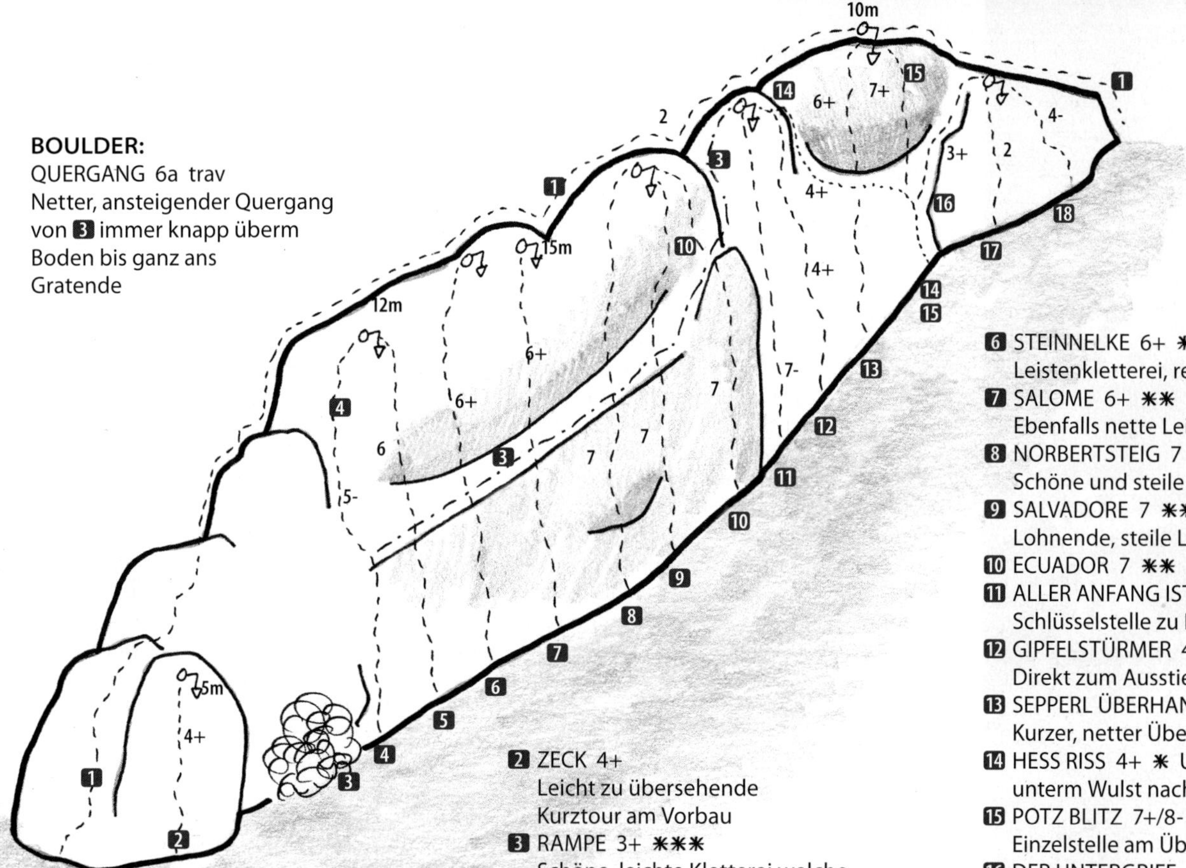

1 GRATÜBERSCHREITUNG 2 ✱✱
Wunderhübscher Wienerwaldklassiker. Immer am Grat entlang, im oberen Teil schmal, letztes Stück lustiger Reitgrat

2 ZECK 4+
Leicht zu übersehende Kurztour am Vorbau

3 RAMPE 3+ ✱✱✱
Schöne, leichte Kletterei welche die markante Rampe schräg rechts durch die Wand benützt

4 SOMBRERO 5- ✱ Rechts der Rinne

5 KUHSCHELLE 6 ✱ Nette Wandkletterei

6 STEINNELKE 6+ ✱✱
Leistenkletterei, recht steil

7 SALOME 6+ ✱✱
Ebenfalls nette Leistenkletterei

8 NORBERTSTEIG 7 ✱✱
Schöne und steile Wand, Klassiker

9 SALVADORE 7 ✱✱
Lohnende, steile Leistenkletterei

10 ECUADOR 7 ✱✱ Auch schön - Leisten

11 ALLER ANFANG IST SCHWER 7- ✱
Schlüsselstelle zu Beginn

12 GIPFELSTÜRMER 4+ ✱
Direkt zum Ausstieg von 14 empor

13 SEPPERL ÜBERHANG 6+ ✱✱
Kurzer, netter Überhang

14 HESS RISS 4+ ✱ Uralter Anstieg, quert unterm Wulst nach links

15 POTZ BLITZ 7+/8- ✱✱
Einzelstelle am Überhang

16 DER UNTERGRIFF 3+ ✱
Der Riß rechts vom Überhang

17 SKOTTYSTEIG 2 ✱
Sehr kurze Henkelplatte

18 ANNYPLATTE 4- ✱ Ultrakurze Platte

Simonde Findeis | MIT SANFTER HAND 7+ | Foto: Karin Kavoussi

LUCKETE WAND

Versteckt im Wald gelegen, langgestreckt und durchlöchert wie ein Schweizer Käse erfreut die Luckete Wand schon seit jeher unzählige Kletterer. Wäre die Wand doch nur höher, werden sich schon viele ob der schönen, überhängenden und unheimlich griffigen Klettereien gedacht haben. Jeder Quadratmeter ist hier kletterbar, und das auch noch in moderaten Schwierigkeiten. Gepaart mit der übermäßig guten Absicherung ergibt das ein ideales Anfängergebiet, und auch Kinder die schon über eine gewisse Grundkraft verfügen kommen hier auf ihre Rechnung. Der viele Handschweiß hat natürlich auch seine Spuren hinterlassen, das stört bei den guten Löchern aber kaum. Noch wirklich rauen, unverbrauchten Fels findet man am Aussichtsfels gegenüber – wahrscheinlich klettert hier niemand weil er aufgrund seiner imposanten Ausmaße meist übersehen wird...

1-4	5-7	≥8	Σ UIAA
25	23	0	48

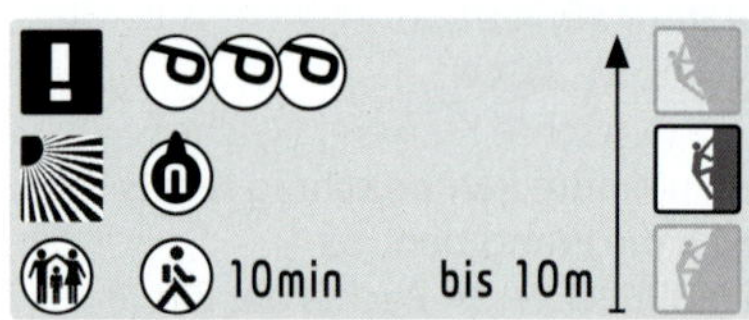

ZUFAHRT: Mit dem PKW oder dem Bus bis zum großen Parkplatz bei den gelben Häusern am Hauptplatz von Kaltenleutgeben.

ZUGANG: Auf der Hauptstraße kurz Richtung West, dann links in die Pfarrgasse abzweigen und zur großen Wiese bei der Kirche. Hierher auch auf einem Gehweg parallel zur Hauptstraße .
Am rechten Wiesenrand aufwärts, an ihrem Ende bei kleinem Haus in den Wald. Gleich danach (Tafel „Kaisersteig") biegt ein markierter Weg scharf rechts ab, hier im Graben gerade weiter. Linkshaltend über einen Schlag (oder den Graben weiter zu Querweg und dann links) zu Querweg. Gleich links der Aussichtsfels oder gerade zur Lucketen Wand noch ein Stück hinauf. Gehzeit ca 10min.

BESTE JAHRESZEIT: Schattige Nordwand! Nach Regen lange feucht. Bei Westwind unangenehm. Also besser für die wärmere Zeit geeignet. Der Aussichtsfels zwar südseitig, durch den Wald aber trotzdem schattig.

BESONDERES: Beste Klebehakenabsicherung. Für Anfänger und schon etwas geübte Kinder gut geeignet. Das Gelände am Wandfuß ist recht abschüssig, für Kleinkinder eher ungeeignet. Die haben ihren Spaß am Spielplatz auf der Wiese unten.

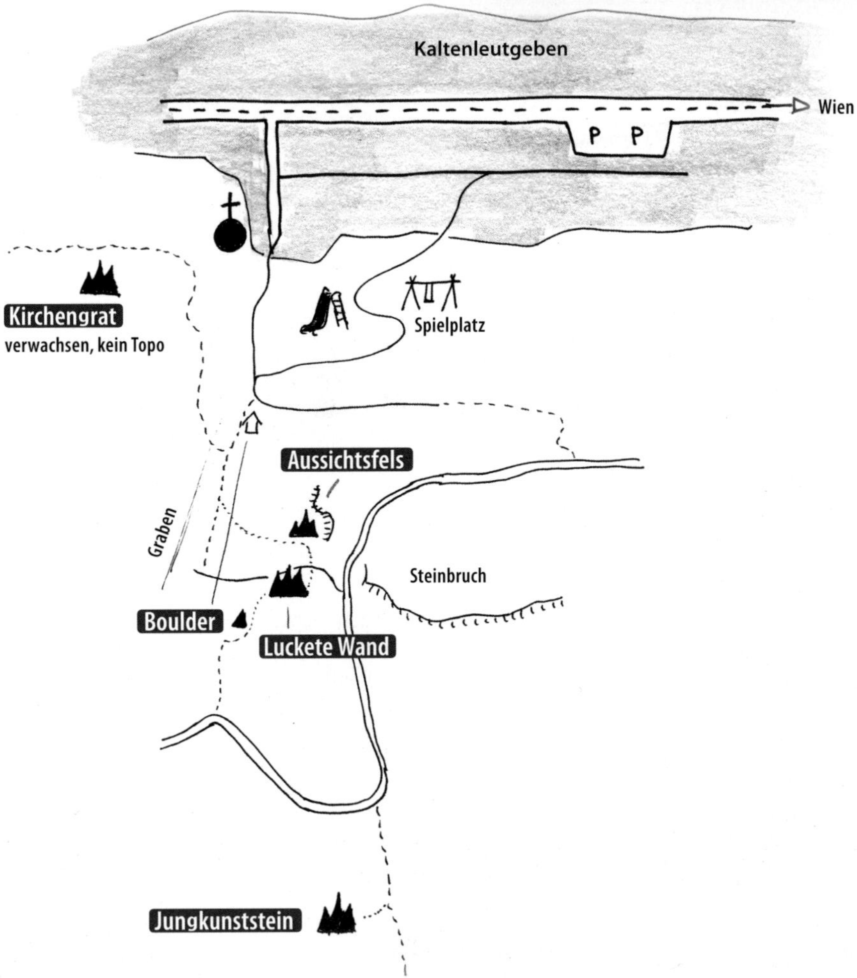
Kaltenleutgeben
Wien
P P
Kirchengrat
verwachsen, kein Topo
Spielplatz
Aussichtsfels
Graben
Steinbruch
Boulder
Luckete Wand
Jungkunststein

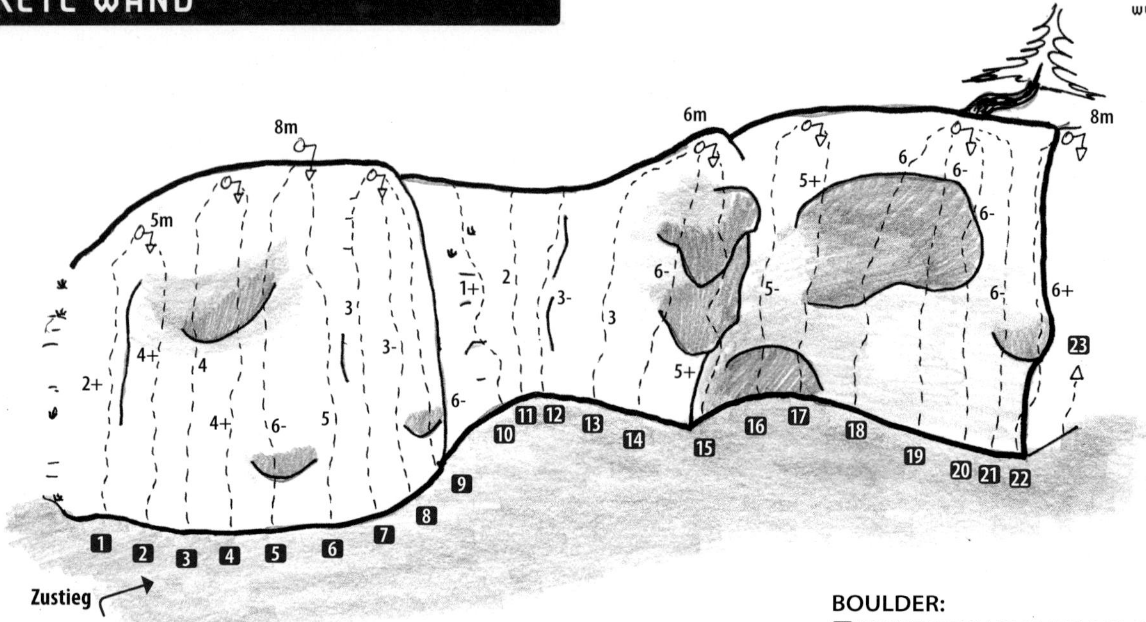

1 KLEINER RISS 2+ ✱ Schuppe ganz links
2 SOSO 4+ ✱ Etwas dreckig
3 KLARER FALL 4+ ✱ Hübsch
4 AUS ALTEN ZEITEN 4+ ✱✱ Steil und schön
5 DRAGON 6- ✱ Schmieriger Beginn
6 TP 5 ✱ Ebenfalls speckiger Einstieg
7 RIESENLOCH 3 ** Schöne Henkeltour
8 BUCHENLOCH 3- ✱ Riesenlöcher
9 KANTENREITER 6- ✱ Schlüsselstelle unten, oben erdig
10 NORMALWEG 1+ Keine Haken
11 NICHT NORMAL 2 ✱ Gestuft
12 UNSCHLÜSSIG 3+ ✱ Gute Griffe
13 LANGE RAMPE 3 ✱ Oben nach rechts
14 SCHIEFER ÜBERHANG 6- ✱✱ Überhängend an großen Henkeln
15 NASE 5+ ✱✱ Superhenkelklassiker
16 RUACHL 5 ✱ Durch die Verschneidung
17 NUR ZU 5+ ✱ Durch die Nische
18 WOHIN 6 ✱ Oben kurz rechts, etwas erdig
19 ATHLET 6- ✱ Auch hier erdiges Finale
20 BANANENFÖHRE 6- ✱✱ Steil zum krummen Baum
21 KRAFTAKT 6- ✱✱ Steil und schön
22 HENKERS DESSERT 6+ ✱✱ Steil, oben leichter

BOULDER:

A LUCKETE WAND QUERUNG 4c trav
Die ganze Wand knapp über dem Boden von links nach rechts oben. Schlüsselstelle zu Beginn.

Geht man vom rechten, oberen Wandende kurz steil bergauf, erreicht man einen auffallend glatten kleinen Block:

B TRAVERSE OBEN 4c Quert mit der oberen Blockkante von rechts nach links

C TRAVERSE UNTEN 6b
Nur mit den kleinen Griffen von rechts nach links Etwas weiter rechts am Waldkamm oben noch ein etwas brösliger Turm mit einem Boulder.

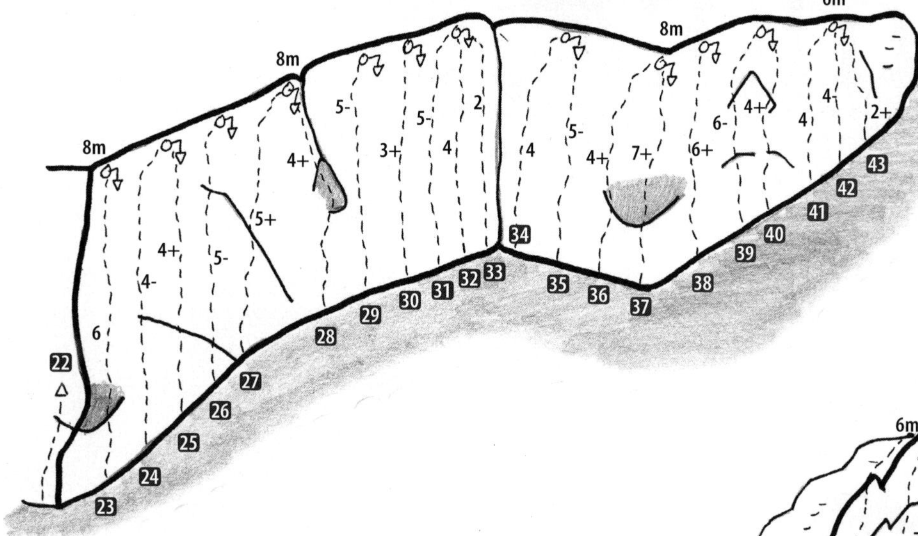

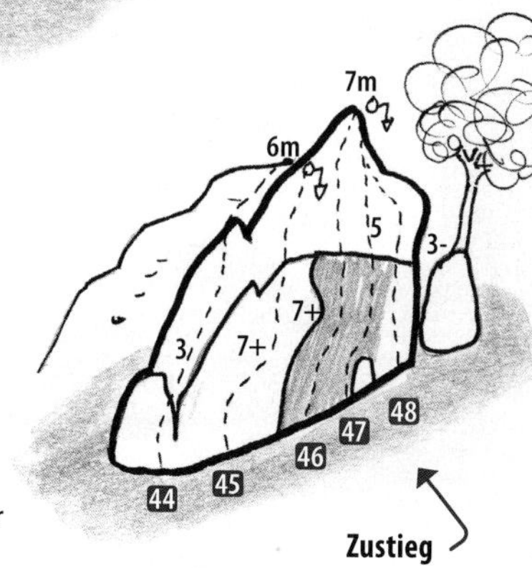

23 MACHS SCHWIERIGER 6 ✱✱
Definierter Beginn ohne Griffe rechts
24 FÜR ALLE 4 ✱✱ Schöne Henkelei
25 GANZ LUSTIG 4+ ✱✱ Tausende Henkel
26 FELSZACKEN 5- ✱✱ Auch super
27 ROTE PUNKTE 5+ ✱✱ Hier gibt's kleinere Griffe und rutschige Tritte
28 DREIECK 4+ ✱✱ Oben abdrängend
29 FINALE 5 ✱✱ Henkelei
30 IMMER MEHR 3+ ✱ Nett
31 DIAGONALE 4- ✱✱ Riesengriffe
32 KLEINER PFEILER 4 ✱✱ Gutgriffig und steil
33 VERSCHNEIDUNG 2 ✱ Ganz leicht
34 OSKAR STEIG 4 ✱✱
Henkelei rechts der Verschneidung
35 POLARISATION 5- ✱✱ Frankenjuralöcher
36 KLASSIKER 4+ ✱✱ Schlüsselstelle unten
37 MIT SANFTER KRAFT 7+ ✱✱ Definiert ohne alle guten Griffe links und rechts, sonst um einiges leichter (und sinnvoller...)
38 CROATDANCE 6+ ✱✱ Schon recht glatt
39 DREAMER 6- ✱✱ Hübscher Überhang
40 DREIECK 4+ ✱✱ Tolle Löcher
41 ROTE PUNKTE 4 ✱✱ Superhenkelroute
42 TRAUM 4- ✱✱ Total durchlöchert
43 SERPENTINE 2+ ✱ Lieb

AUSSICHTSFELS:

44 DACHRINNE 3 ✱
Schlüsselstelle zu Beginn
45 LITTLE JUMPS 7+/8- ✱✱
Definiert: Ohne die Kante links
46 BLÄTTERRAUSCHEN 7+ ✱✱ Definierte Passage (ganz direkt) in gutem, rauem Fels
47 ROTER ZECK 5 ✱ Minihenkelwulst
48 GEGENLICHT 3- ✱ Wand plus Platte

Climax
DAS Klettermagazin für Deutschland, Schweiz und Österreich
A FRESH VIEW
ON CLIMBING
WWW.CLIMAX-MAGAZINE.COM
WWW.FACEBOOK.COM/CLIMAXMAGAZINE

www.schwanda.at

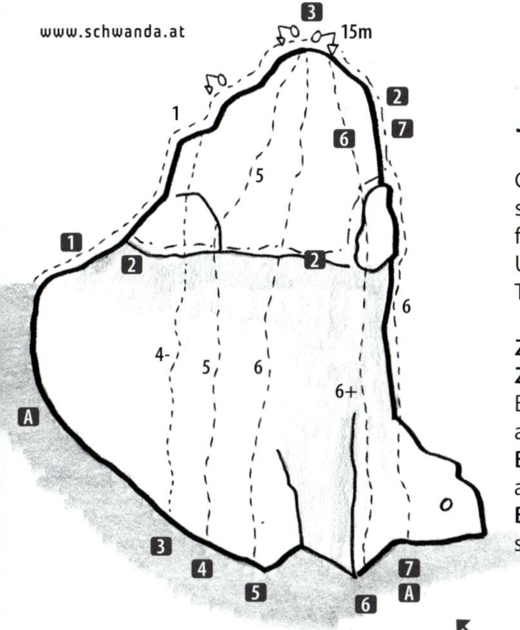

JUNGKUNSTSTEIN

Gut versteckt im lichten Buchenwald, hoch oben am Berghang, fristet der Jungkunststein sein Dornröschendasein. Völlig zu unrecht, denn die bis 15m hohen Anstiege warten mit festem und vor allem rauem Fels auf und glänzen noch dazu durch sehr gute Absicherung. Und der Zustieg hält sich mit 20min auch in Grenzen. Seinen Namen bekam der formschöne Turm vom Bergsteiger A. Jungkunst, der hier die ersten Routen kletterte.

ZUFAHRT: Siehe Luckete Wand.
ZUGANG: Östlich der Lucketen Wand führt eine Forststraße flach bergwärts.
Bei scharfer Rechtskurve gerade im Waldgraben weiter, nach ca 300m steht der Fels rechts oben am Hang. Gehzeit ca 20min. Siehe Übersichtsskizze auf Seite 31.
BESTE JAHRESZEIT: Auch wenn es eine Ostseite gibt, liegt der Fels sehr schattig am Nordhang, ist also besser für wärmere Tage geeignet. Im Winter und bei Westwind ist es in der Regel ungemütlich.
BESONDERES: Gute Absicherung mit Klebehaken, steile aber griffige Wandkletterei. Durch die seltenen Besuche sind manche Griffe leider etwas schmutzig.

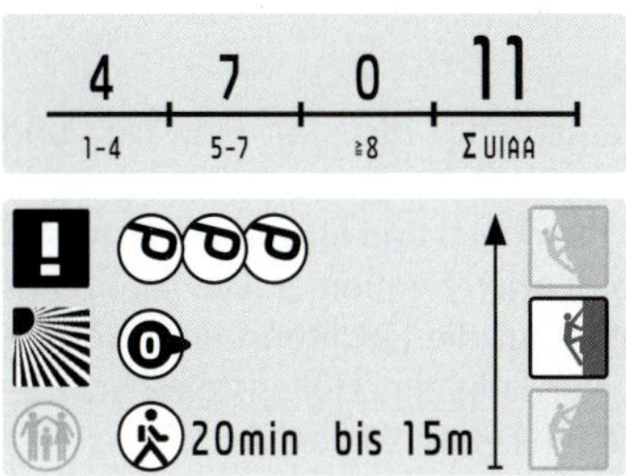

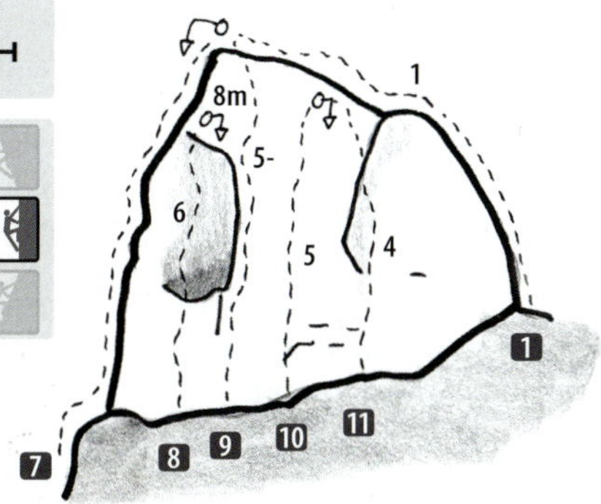

1 GRATANSTIEG 1 Quasi der Normalweg
2 GIPFELSTÜRMER 4- ✱✱ Klassische Linie: Querung an Rissen nach rechts und über die oberste Kante gipfelwärts
3 ZOTTELBÄR 4- ✱ Nett, großgriffig, etwas dreckig
4 MEISTER PETZ 5 ✱ Oben rechtshaltend zum Gipfel
5 GROSSER BÄR 6 ✱ Nette Wand ohne den Schuppenriß
6 PROBLEMBÄR 6+ ✱✱ Schöne, steile Wandkletterei
7 BÄRENFALLE 6 ✱✱✱ Steile und lohnende Kante
8 TANZBÄR 6 ✱ Kurzroute an der Nordseite
9 NORDWANDRISS 5- ✱ Rauer, kurzer Riß
10 DIREKTE NORD 5 ✱ Alter Klassiker
11 FÖRSTERWEG 4 Ziemlich moosig

BOULDER:

A EIERBÄR 5a trav
Netter Quergang, startet rechts von 7 und endet ganz links oben

HÖLLENSTEINE

Am Gipfel des 645m hohen Höllenstein liegt die gleichnamige Felsengruppe idyllisch im lichten Buchenwald. Von der nahe gelegenen Aussichtswarte des 2007 abgebrannten Schutzhauses kann man seinen Blick über die Hügel des Wienerwaldes schweifen lassen. Für Wanderer und Mountainbiker ist der Höllenstein ein beliebtes Ziel, Kletterer verirren sich nur selten hierher.

Das liegt wohl am doch recht langen Zustieg und den eher bescheidenen Klettermöglichkeiten. Die Felsen sind maximal 10m hoch, gesichert wird von oben über Bäume, der Fels ist recht kompakt aber leider stellenweise auch etwas splittrig. Ein Besuch lohnt sich am ehesten in Kombination mit einer Wanderung oder Radtour oder für kletternde Romantiker, welche die Stille des Waldes genießen wollen.

BESTE JAHRESZEIT: Die Felsen liegen südwestseitig ziemlich exponiert am Gipfelkamm. Bei Wind und in der kühleren Jahreszeit besser meiden, ideal sind Sommer und Herbst.

BESONDERES: Keine Haken vorhanden! Sicherung von oben über Bäume gut möglich, Schlingen mitnehmen. Meist steile Wandkletterei an Löchern, rau! Das Schutzhaus ist im Sommer 2007 leider abgebrannt und im Wiederaufbau, also genügend Proviant einstecken.

ZUFAHRT A:
PKW oder Bus bis Gasthof „Kaiserziegel" in Kaltenleutgeben.

ZUGANG A:
Am rot markierten Wanderweg vom „Kaiserziegel" zur Liechtenstein – Höhenstraße, diese entlang Richtung Westen zu markanter Weggabelung und links Richtung Höllenstein – Schutzhaus. Die Felsen liegen im Bereich des Höllensteingipfels links neben dem Weg (45min).

ZUFAHRT B:
PKW bis Weißenbach bei Mödling, von hier auf schmale Straße ins Wassergspreng abzweigen. Am Ende der Straße großer Parkplatz.

ZUGANG B:
Vom Wassergspreng das Tal einwärts und entweder steil links zum Höllenstein – Schutzhaus (markiert) und kurz abwärts zu den Felsen (45min) oder, bequemer: Das Tal bis ans Ende, wo man auf die Liechtenstein – Höhenstraße trifft. Nun links zum Höllenstein – Schutzhaus und zu den Felsen wie bei **A.**

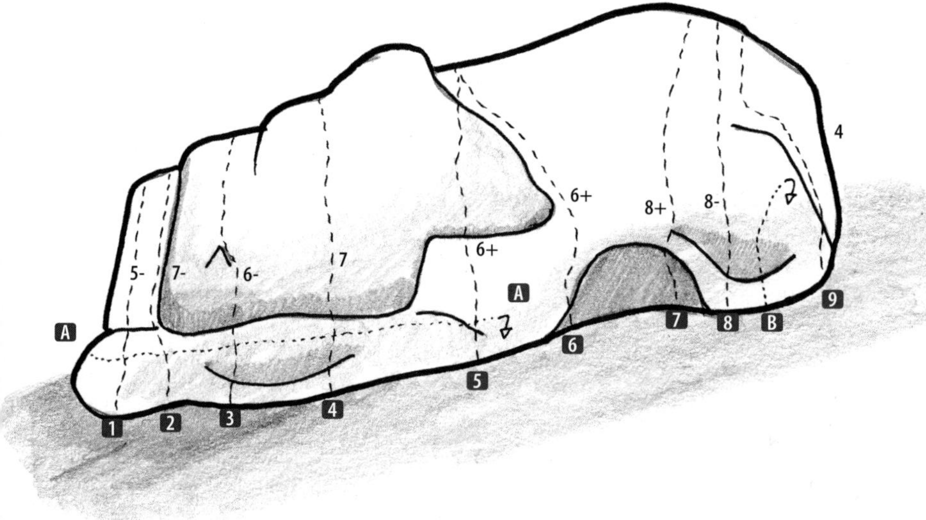

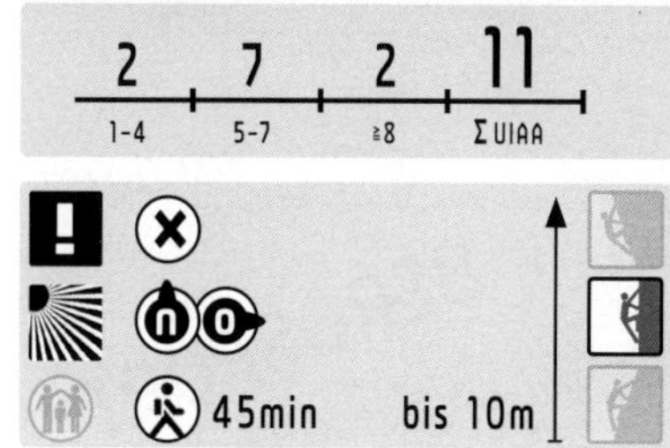

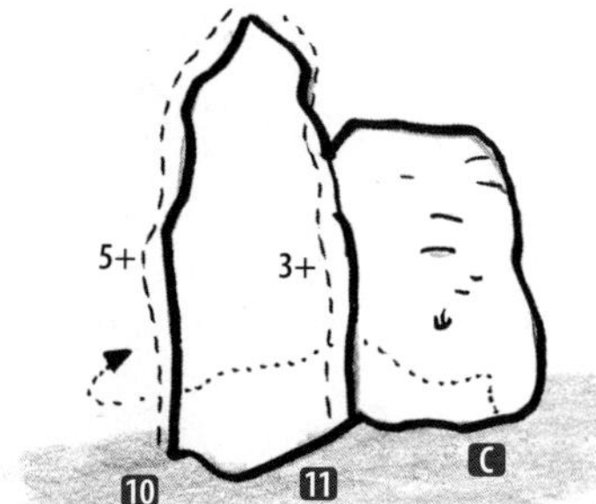

GROSSER HÖLLENSTEIN:

1 NORDWESTKANTE 5- * Kurz, gute Löcher
2 KARL RISS 7- * Piazriß mit überraschend schwerem Beginn
3 KARINWEG 6- ** Klassiker übers markante Horn
4 OH TEUFEL 7 Splittrig und kleingriffig
5 LOCHGEIST 6+/7- * Schwerer Einstiegszug
6 HÖLLENGEIST 6+ * Aufsteher in der Nische
7 HOLTER DI BOULDER 8+ **
Harter Beginn an kleinen, scharfen Löchern
8 WARMER TEUFEL 8- ** Ebenfalls knackige Lochkletterei
9 HÄNSEL 4 * Gute Griffe

HÖLLENSTEINTURM: Abstieg am Nordgrat (1+, 3m)
10 SÜDKANTE 5+ * Scharfe Kante, kurz aber lohnend
11 SÜDRISS 3+

BOULDER:

A QUERGANG 5b trav, Hangelquergang von 1 bis vor die rußgeschwärzte Höhle - Schön!
B FANATICS 6a Definierter Lochboulder rechts von 8
C ALLER ANFANG IST SCHWER 6a trav
Etwas dreckige Querung am Höllensteinturm, beginnt rechts von 11 und führt um die Kante herum

WASSERGSPRENG

Im dichten Buchenwald gelegener Felsklotz, der von drei Seiten beklettert werden kann und recht unterschiedliche Anforderungen stellt: An der Stirnseite ein markanter Überhang, nordseitig eine steile Wand und südseitig gestuft und griffig. Vor allem die Südseite ist für Anfänger und Kinder interessant. Die restlichen Anstiege bewegen sich meist im 6. Grad, die Absicherung ist sehr gut, die Wandhöhe beträgt maximal 12m.

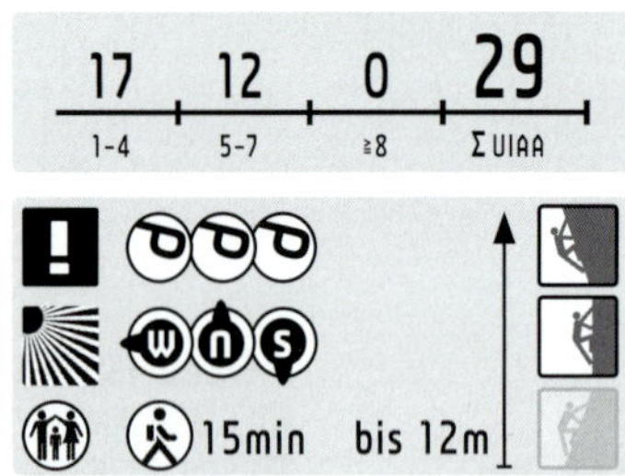

ZUFAHRT: Mit dem PKW bis Weißenbach bei Mödling, hier ins enge Tal Wassergspreng bis zum großen Parkplatz.

ZUGANG: Vom Parkplatz der Markierung Richtung Gasthof Seewiese folgen, bis rechts der Forststraße der Felsen liegt (nicht vom Parkplatz geradeaus weiter Richtung Höllenstein!). Gehzeit ca 10min.

Wer öffentlich unterwegs ist, fährt am besten mit dem Bus nach Gießhübl. Vom großen Parkplatz (Endstation) am Ortsende links der Wiese, am Waldrand, ins Tal hinunter. Hier auf der Forststraße nach rechts (Richtung Seewiese) bis zu den Felsen. Gehzeit ca 15min.

BESTE JAHRESZEIT: Nach Regen lange feucht! Der dichte Wald sorgt für viel Schatten, der nahe Bach für jede Menge Gelsen. Wenn kein Laub auf den Bäumen ist, lässt es sich an der Südseite auch in der kühlen Zeit gut klettern.

BESONDERES: Die meisten Routen sind bestens mit Klebehaken gesichert. Südseite für Anfänger und auch Kinder gut geeignet. Teilweise ist der Fels recht glatt.

1 NORDRISS 4+ Ziemlich schmutzig
2 DIREKTE NORDWAND 5 * Recht schmierige Wandkletterei
3 ROSARISS 6 * Gar nicht so leichte Rißkletterei
4 HEISSE SOHLEN 7 * Diffizile, ziemlich schleimige Kletterei ohne Haken, Sicherung von oben!
5 LINKER RISS 7 ** Toller überhängender Riß
6 WASTL IM WALD 6+ * Gutgriffige Toprope- Kletterei

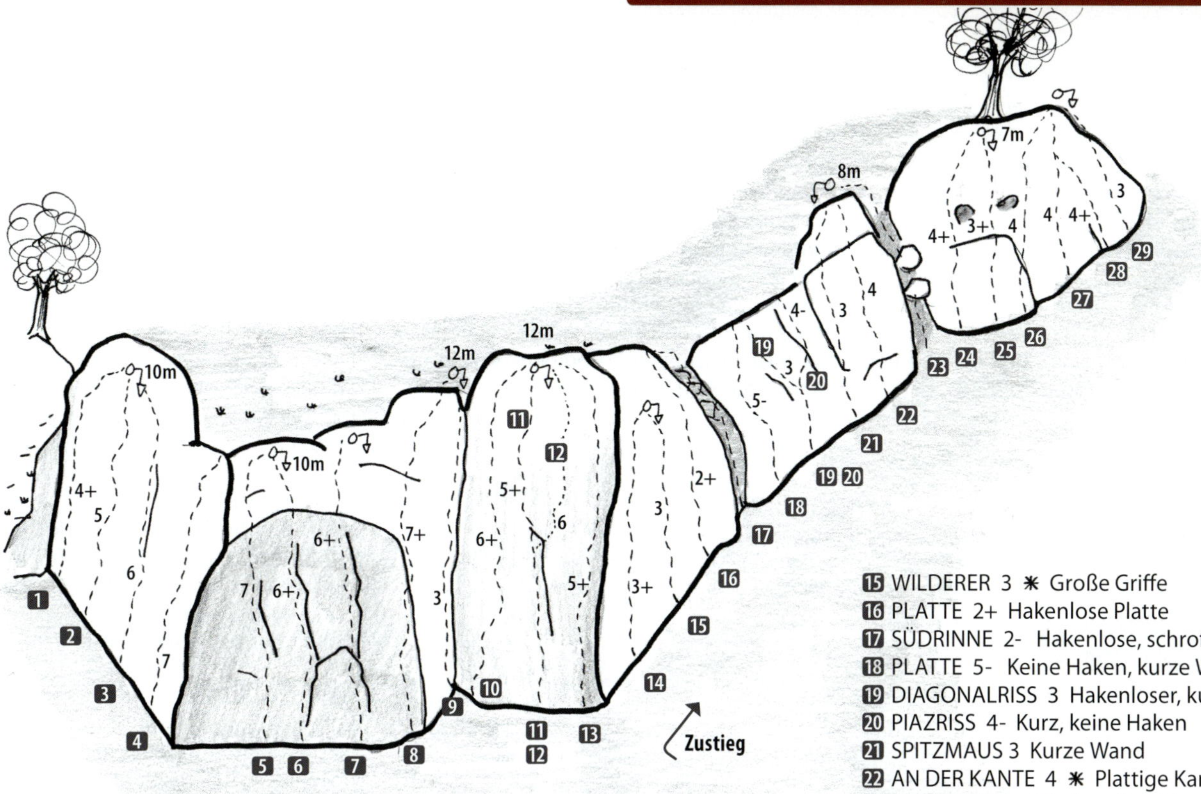

7 RECHTER RISS 6+ ✱✱
Schöner, überhängender, gutgriffiger Riß

8 PLATTENPANZER 7+ ✱
Definiert: Nicht nach rechts rausgreifen – dann recht interessante Leistenkletterei

9 SÜDWESTKAMIN 3 ✱✱
Schöner, klassischer Kamin

10 SÜDWESTKANTE 6 ✱
Steil und abgeschmiert, anstrengend

11 BLUTSAUGER 5+ ✱ Die linke Variante

12 GELSENPLATTE 5+ ✱ Die rechte Variante

13 SÜDKANTE 5+ ✱✱
Plattige, hübsche Kletterei

14 WILDI 3+ ✱ Leichte Platte

15 WILDERER 3 ✱ Große Griffe

16 PLATTE 2+ Hakenlose Platte

17 SÜDRINNE 2- Hakenlose, schrofige Rinne

18 PLATTE 5- Keine Haken, kurze Wandstelle

19 DIAGONALRISS 3 Hakenloser, kurzer Riß

20 PIAZRISS 4- Kurz, keine Haken

21 SPITZMAUS 3 Kurze Wand

22 AN DER KANTE 4 ✱ Plattige Kante

23 ROTE RINNE 1 Tiefe erdige Rinne

24 WIESEL 4+ ✱ Plattig

25 HÖHLENWEG 3+ ✱
Direkt über die kleine Einbuchtung

26 WASSERKANTE 4 ✱ Gutgriffige Platte

27 HOHLRIPPEN 4 ✱ Plattig und griffig

28 SPECKJAUSE 4+ Variante zu **27**

29 STEFFL 3 Etwas verwachsen

GiESSWÄNDE

Die Gießwände zählen zu den klassischen Wiener Kletterfelsen, deren Beliebtheit nach wie vor ungebrochen ist. Sie erinnern ein wenig an einen Peilstein im Miniformat: Genauso wie dieser schauen sie nach Westen in eine schöne Hügellandschaft und auch der plattige, glatte Fels mit seinen runden Löchern lässt an den großen Bruder denken.
Die Wände erreichen eine Höhe bis 35m und sind in 3 Sektoren gegliedert:

Der Präsident mit schon sehr glatten Routen und antiquierter Absicherung, die Hauptwand mit 35m Höhe und Anstiegen unterschiedlicher Schwierigkeit (und derzeit nur einer eingebohrten Route, der Rest wird mit Sicherung von oben geklettert) sowie der komplett eingebohrten Plattigen Wand mit steilen, löchrigen peilsteinartigen Klettereien. Ein paar bescheidene Bouldermöglichkeiten runden das Angebot ab.

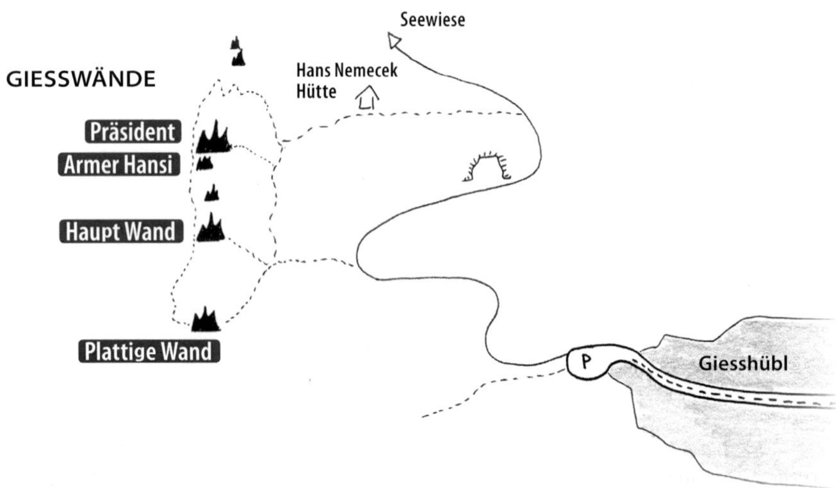

ZUFAHRT:
Mit PKW oder Öffis bis zum großen, für die Kraftfahrer gebührenpflichtigen Parkplatz am oberen Ortsende.

ZUGANG:
Vom Parkplatz am besten über die Wiese zur Hans-Nemecek-Hütte hinauf. Bei der Hütte links in den Wald und abwärts zum Gipfel des Präsidenten. Rechts herum absteigen zum Wandfuß und am Wandfuß querend zu den anderen Sektoren. Siehe Skizze. Ab Parkplatz 10 – 15min.

BESTE JAHRESZEIT:
Westseitig. Im Winter meist zu kalt, im Sommer am Nachmittag meist zu heiß. Frühling und Herbst sind ideal. Bei starkem Westwind wird's ebenfalls rasch ungemütlich. Nach Regenfällen sind die Einstiegsbereiche länger feucht.

BESONDERES:
Komplett eingerichtet ist im Moment nur die Plattige Wand, hier ist die Absicherung bestens, der Fels schon recht glatt. Am Präsidenten stecken sehr alte Haken, besser von oben sichern. Hier ist der Fels schon besonders abgeschmiert! An der Hauptwand stecken nur vereinzelt Haken; die leichteren Anstiege lassen sich aber gut mit Klemmkeilen sichern. Wer toprope sichert (Haken am Gipfel vorhanden), sollte ein 70m Seil besitzen!

8	36	3	47
1-4	5-7	≥8	Σ UIAA

bis

15min bis 35m

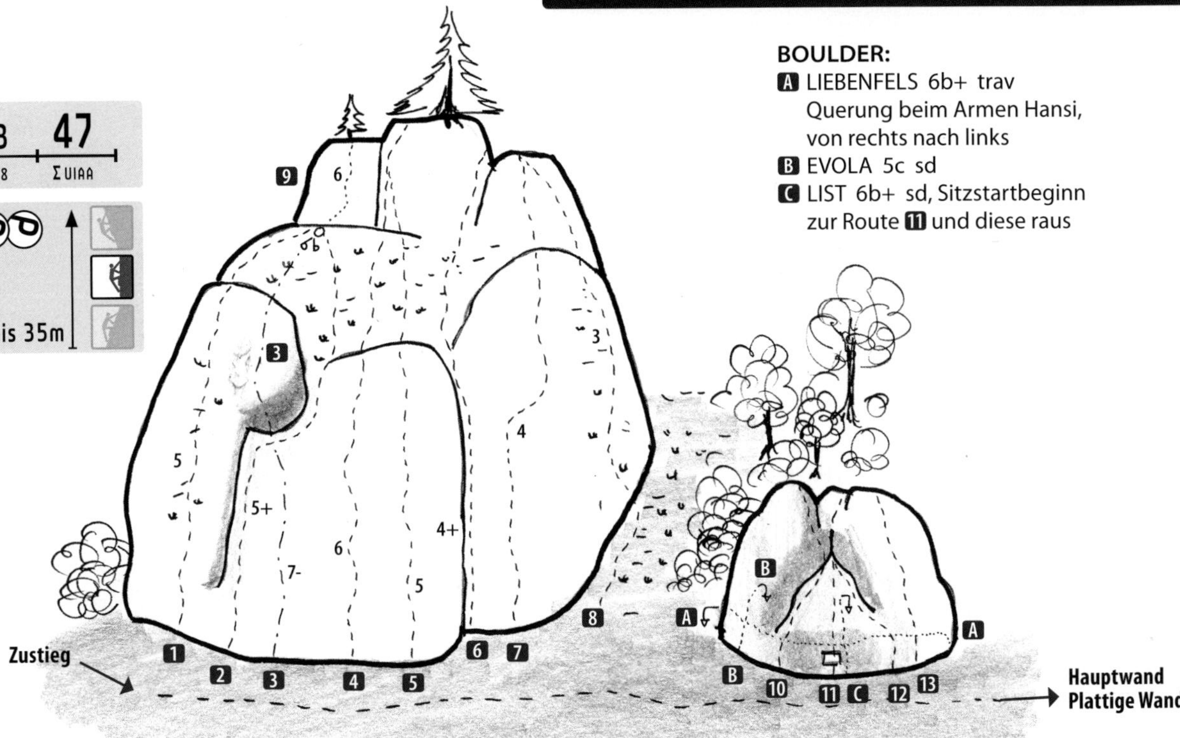

BOULDER:

A LIEBENFELS 6b+ trav
Querung beim Armen Hansi, von rechts nach links

B EVOLA 5c sd

C LIST 6b+ sd, Sitzstartbeginn zur Route **11** und diese raus

PRÄSIDENT:

1 PRÄSIDENTENBUCKEL 5
Verwachsen, ohne Haken

2 PRÄSIDENTENRISS 5+ ✱
Etwas brüchig, glatt, keine Haken

3 PRÄSIDENTENNASE 7- ✱
Einstieg direkt schwer, oben über den Überhang. Sehr glatt, alte Haken!

4 PRÄSIDENTENPLATTE 6 ✱ Sehr glatt!

5 PRÄSIDENTENPFEILER 5 ✱ Abgeschmierter schwieriger Beginn, oben leichter

6 PRÄSIDENTENVERSCHNEIDUNG 4+ ✱
Sehr glatt und hakenlos

7 HAKENPLATTE 4+ ✱✱
Schöne Henkelroute mit alten Haken

8 ? 3 ✱ Grasig aber griffig, ohne Haken

9 IN DER KÜRZE LIEGT DIE WÜRZE 6-
Miniplatte vom Absatz weg, alter Haken

ARMER HANSI:

Oben kein Stand, Sicherung von oben (Baum). Der kleine Fels gleich neben dem Präsidenten.

10 ARMER HANSI 6- ✱ Sauglatter Riß

11 FLASCHENHALS 8- ✱
Schwerer Aufrichter, abgeschmiert

12 REICHER FRITZI 5+ ✱ Glatt!

13 LEICHTER FRITZI 5 Verwachsen

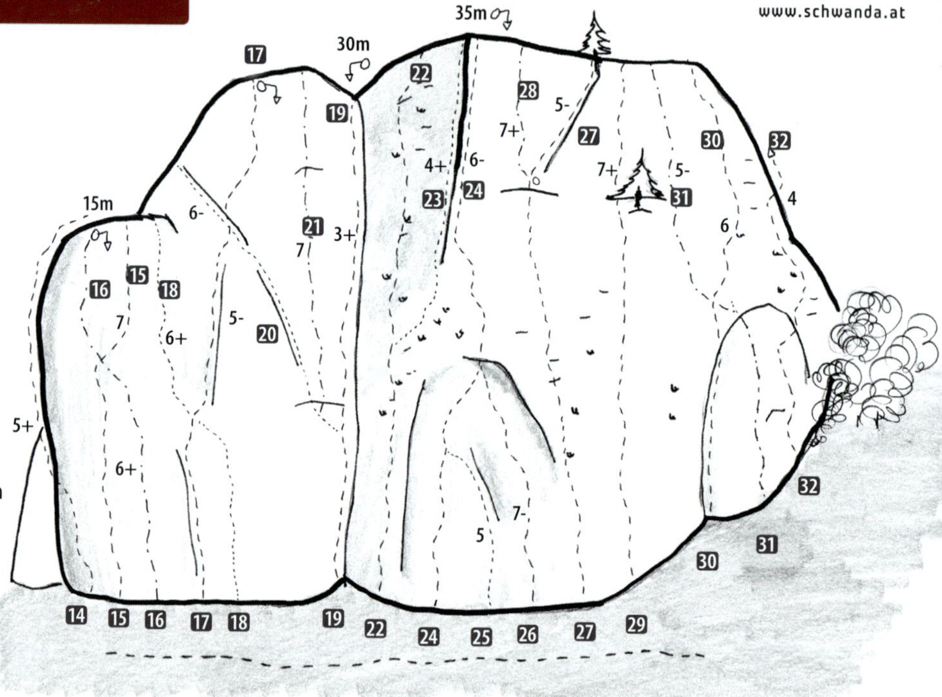

HAUPTWAND:

35m hoch, Vorsicht! Route 16 mit Klebehaken gesichert! In den Routen 17 19 23 27 und 31 stecken nur an den neuralgischen Stellen Klebehaken. Alle anderen Routen besser von oben sichern!

14 FRICKKANTE 5+ ✱
Nette Kante - Der ganz direkte Einstieg ist 7+

15 NACHTWIND 7 ✱✱
Lohnende Platte, oben rechtshaltend.
Direkt bei der Punktmarkierung schwieriger.

16 GINO 6+ ✱✱ Überraschend griffig, steil, gut gesichert!

17 TRIOGRATRISS 5- ✱✱ Lohnender Klassiker,
1 alter sowie 1 neuer Haken, Keile empfohlen

18 DIE RATTE 6+ ✱✱ Schöne Wandkletterei

19 BREITE RIES 3+ ✱✱ Klassiker

20 THE COLD ONE 6- ✱✱ Nett, linkshaltend, guter Fels

21 AUS ALT MACH NEU 7 ✱✱ Nur in der Platte ohne die Henkel gedacht, alte Haken

22 DIREKTE BREITE RIES 3+ ✱ Grasig

23 BREITE RIES KANTE 4+ ✱✱✱ Knapp links der markanten Kante - Sehr schön! Spärlich saniert, zusätzlich Keile empfehlenswert.

24 TRY 6- ✱✱✱ Unten glatt, oben direkt an der Kante

25 VARIANTE 5 ✱ Variante zu 24

26 VARIANTE 7- ✱ Glatte Variante zu 24

27 DIAGONALRISS 5- ✱✱ Unten gestuft, oben kurzer Riß,
1 Klebehaken, zusätzlich Keile empfehlenswert.

28 CAN ELECTRIC GARGLE GFRASTER 8- ✱✱
Kurze, definierte Wandstelle - Haken alt

29 E=MC² 7+ ✱✱ Einzelstelle im oberen Teil

30 BRUCE 6 ✱

31 SÜDWESTPFEILER 5- ✱✱ Hübsche, griffige Kletterei, spärlich saniert, zusätzlich Keile empfehlenswert.

32 ROSA 4 ✱ Griffig, etwas grasig

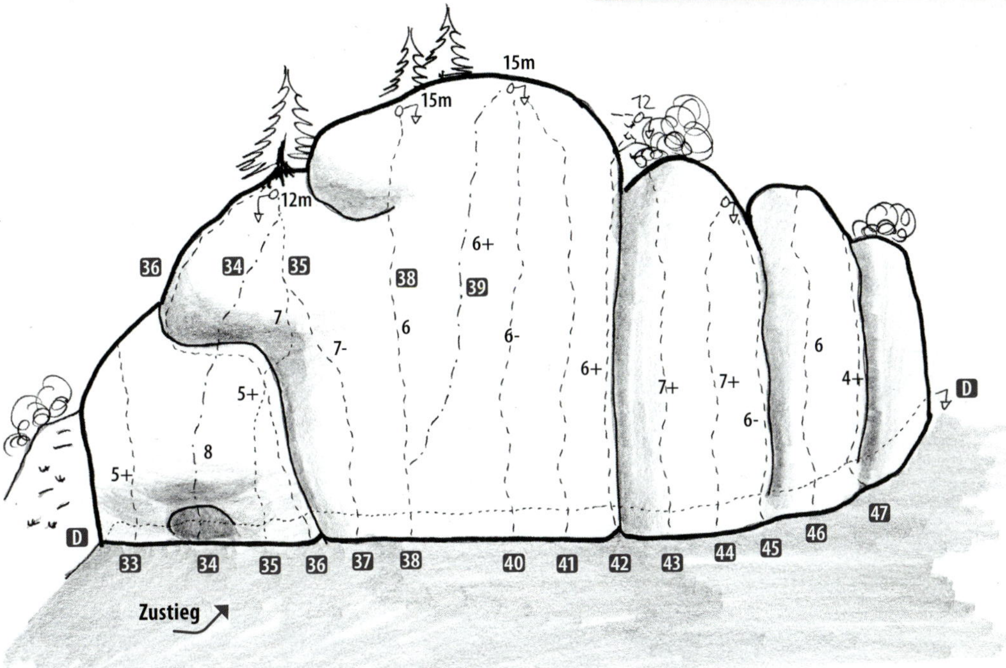

PLATTIGE WAND:

33 SCHRIFTENMÖRDER 5+ ✱ Kurze Lochkletterei ohne Haken
34 POWER ON THE MAUER 8 ✱✱ Harter Fingerlocheinstieg
35 KINDERNACHTHEMD 7 ✱✱
Eigentlich nur eine Variante, 1 Haken zu Beginn
36 LINKER RISS 5+ ✱✱ Anstrengender, glatter Untergriffriß
37 BODY CHIP 7- ✱✱ Schöne, glatte Lochkletterei
38 UNIKUM 6 ✱✱ Steile Lochwand mit guten Griffen
39 UNICODA 6+ ✱✱ Lochvergnügen, auch glatt
40 CONY DAVID 6- ✱✱ Schöne, gutgriffige Lochroute
41 KING SALOMON 7- ✱✱ Rutschig knapp links von 42
42 DAVID RISS 6+ ✱✱ Klassiker, glatt und kraftraubend
43 SCHACH 7+ ✱✱
Kleingriffig und peilsteinartig, Sicherung von oben
44 MATT 7+ ✱✱ Wie 43
45 GOLIATH 6- ✱✱ Unangenehme, rutschige Rißkletterei
46 GRIND 6 ✱ Sicherung von oben
47 RECHTER RISS 4+ ✱ Brüchig, keine Haken

BOULDER:

D POWER DIE MAUER 7a+ trav
Lange Querung, Schlüsselstelle zu Beginn

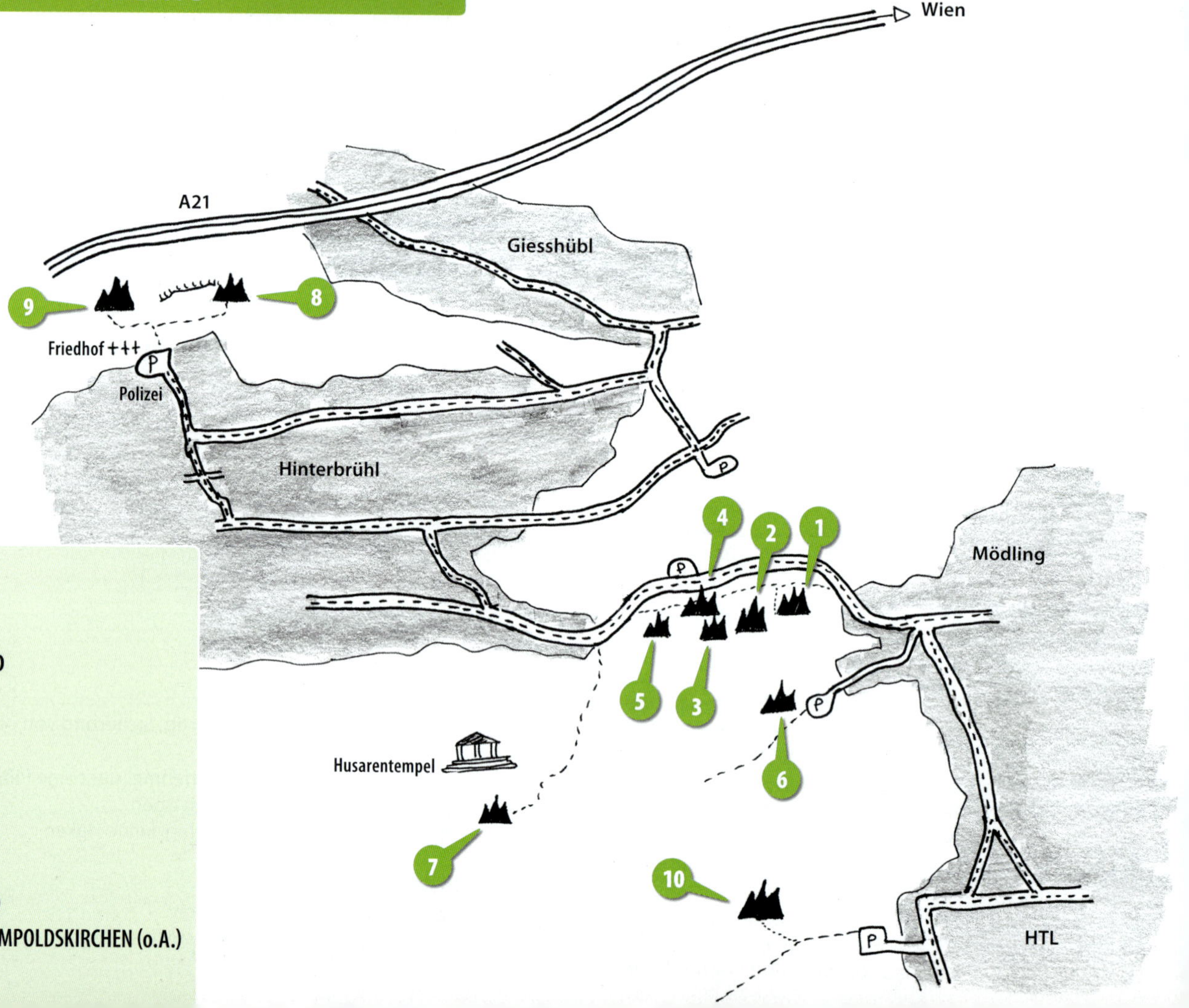

1 GLOCKNER GRAT
2 ERIKA GRAT
3 LAUSBUBENWAND
4 EFEUGRAT
5 RITTERFELS
6 RAUE PLATTE
7 MATTERHÖRNDL
8 ROTER OFEN
9 WEISSES KREUZ
10 FRIEDRICHSWAND
KLETTERGARTEN GUMPOLDSKIRCHEN (o.A.)

MÖDLING

Das Gebiet rund um Mödling umfaßt die Felsen in der Klause zwischen Mödling und Hinterbrühl, den neu erschlossenen Klettergarten Roter Ofen und das Weiße Kreuz oberhalb von Hinterbrühl, die kleinen Felsbildungen Matterhörndl und Rauhe Platte sowie die mächtige Friedrichswand am Anningerstock. Die für den Sportkletterer interessantesten Klettergärten liegen in der Klause. An den gratartigen Felsformationen wird schon sehr lange geklettert, schon um 1870 wurde von A. von Böhm und seinen Gefährten nicht nur das Matterhörndl erstbestiegen sondern für die Felsen der Hinterbrühl erstmals der Begriff „Klettergarten" eingeführt. Damals war die Klause auch ein beliebtes Kurgebiet, die Kurgäste flanierten unter den Felsen herum und fühlten sich von den „narrischen Kraxlern" belästigt.

So kam es wohl zu einem der ersten Kletterverbote in der Geschichte – die Kletterer juckte das jedoch wenig. So gab es in einem Buch von Eduard Pichl, dem umstrittenen Gründer des „Alpinen Wehrturnverein Edelweiß", genaue Anleitung wie der Kletterer vor Eintreffen der Polizei über den Glocknergrat flüchten und sich an im Wald verborgenen Felsen verstecken solle. Heute haben sich die Spaziergänger längst ans bunte Klettervolk gewöhnt, das in Scharen Glockner- und Efeugrat heimsucht.

Wer Ruhe und Einsamkeit schätzt ist hier fehl am Platz. Fester Fels, beste Absicherung und äußerst kurze Zustiege locken die Massen. Auch die Genußrouten im sonnigen Roten Ofen sind längst kein Geheimtip mehr. Der angehende Alpinist findet Betätigungsfeld in der bis 70m hohen, langsam vor sich hinbröselnden Friedrichswand, und wer ausgedehnte Spaziergänge und alte Kultplätze mag, sollte sich einmal das Matterhörndl anschauen.

Lisa Fally | ROUTE 23 7+ | Foto: Bernd Schwanda

1 GLOCKNER GRAT
2 ERIKA GRAT
3A UNTERE LAUSBUBENWAND
3B LAUSBUBENPFEILER
3C OBERE LAUSBUBENWAND
4A EFEUGRAT
4B STURMWANDL
5 RITTERFELS
6 RAUE PLATTE

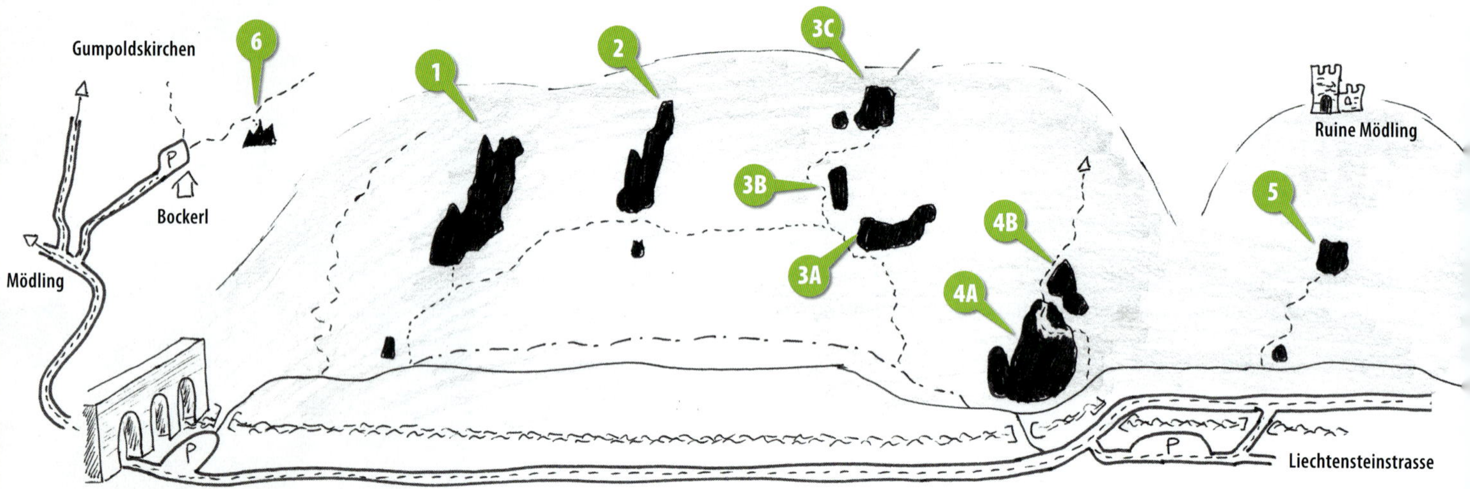

GLOCKNERGRAT

Schöne, gratartige Felsformation mit zahlreichen Klettermöglichkeiten in den Flanken und an den Türmen. Landschaftlich besonders schön und für Wienerwaldverhältnisse lang ist die Gratüberschreitung, eine tolle Genusskletterei im 3. Grad. Ansonsten gibt es abwechslungsreiche Routen bis maximal zum 8. Schwierigkeitsgrad. Überhänge, Kanten, Risse, Platten, was das Herz begehrt. Der Fels ist solide, meist hält man sich an Leisten oder auch überraschend guten Löchern fest. Auch die Absicherung ist bestens, die Routen erreichen Längen bis zu 30m – deshalb kann es schon vorkommen, dass an schönen Nachmittagen ein ziemliches Gedränge herrscht.

7	18	2	27
1-4	5-7	≥8	Σ UIAA

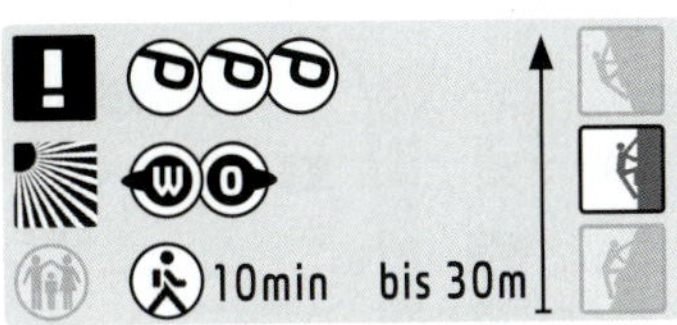

ZUFAHRT PKW: Mit dem PKW am besten über die Umfahrung Mödling Richtung Hinterbrühl bis zum Beginn der Klause (Aquädukt). Am Beginn der Klause, beim Aquädukt, parken. Hierher auch über die A21, Ausfahrt Gießhübl, weiter nach Hinterbrühl und links Richtung Mödling in die Klause bis zum Aquädukt, hier parken.

ZUFAHRT Öffis: Bus vom Bahnhof Mödling in die Klause, auch mit dem Fahrrad gut möglich!

ZUGANG: Beim Aquädukt den Bach überqueren und auf den Promenadenweg an der südlichen Talseite. Diesen nach rechts, in die Klause hinein, bis links hinter einem Felsturm (hier befinden sich eine Route im 6. Grad sowie 2 Boulder: Torture Garden 7a trav und Painkiller 7b trav, schräges Absprunggelände) Steigspuren zum Grat abzweigen. Kurz aber steil zum Gratfuß. Gehzeit ca 10min.

BESTE JAHRESZEIT: Der Grat ist ost- bzw. westseitig ausgerichtet und sehr windexponiert. Nach Regen schnell trocken! Im Sommer klettert man am besten vormittags oder in der Abendsonne, im Herbst oder Frühjahr besser nachmittags. Im Winter kann es recht frisch werden.

BESONDERES: Gute Absicherung mit Klebehaken. Wenn viel Betrieb ist, kann ein Helm nicht schaden.

Lisa Fally | GRATÜBERSCHREITUNG 3+ | Foto: Bernd Schwanda

1 FRÜHLING 8- ✱✱
Rau, Einzelstelle zu Beginn, dann leicht

2 FIAKER 6+ ✱✱
Überhängender Riß unten, oben scharfe Kante

3 THE EDGE 6+ ✱✱✱
Überhängender Beginn, oben die Kante knapp rechts von **2**

4 GRATÜBERSCHREITUNG 3+ ✱
Beliebter und toller Wienerwaldklassiker. Folgt der leichtesten Linie, unten im Kamin, in der 2. Länge nach der Scharte an der stumpfen Gratkante. Oben links um den Überhang herum und immer am Grat bis zum „Gipfel". Meist werden 3 Längen gesichert, gesamt ca 120 Klettermeter, gut gesichert

5 VARIANTE 4 ✱✱
Schöne Plattenvariante nach dem Kamin

6 ? 6+ ✱ (Simek, Hristovski) Kleiner Überhang

7 FRÜHSCHOPPEN 6+/7- ✱
(Patlik) Einzelstelle am Minidach

8 ? 4 ✱✱ Hübsche, griffige Kletterei

9 KLEINER GERHARD 8+/9- ✱✱ (Riedl)
Kurz aber hart an Auflegern – und die sind schon schmierig!

10 SOMMER 6 ✱✱ (Riedl) Schon sehr abgeschmiert, endet am Band

11 AIDS ODER GEHT'S 6+ ✱✱ (Riedl)
Unterer Teil speckig, nach dem Band tolle Platte

12 ZU EINFACH 6 ✱✱ (Riedl)
Unten schlatzig, oben wieder eine herrliche Platte

13 NOCH EINFACHER 4+ ✱ Kurze Henkelvariante zu **12**

14 KLEINER HANSI 6 ✱✱ (Schürz, Simek)
Toll, rau und selten geklettert. Beginnt links am Band beim Busch

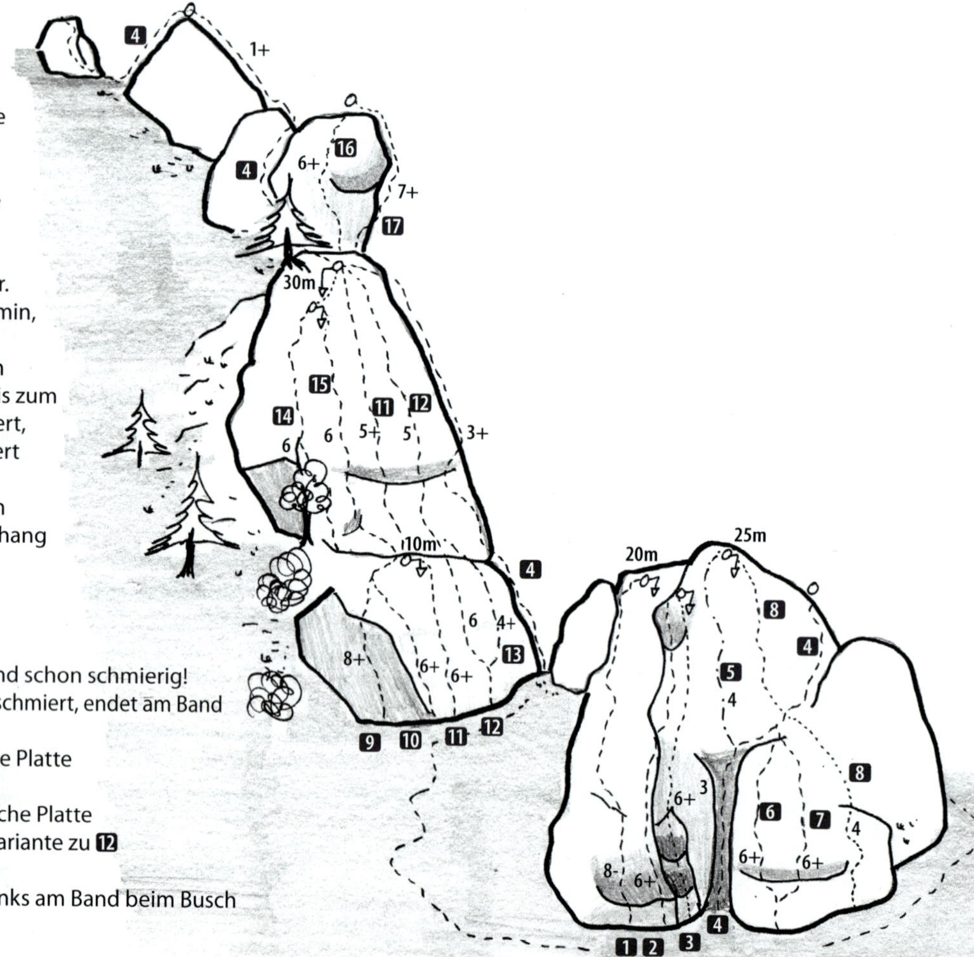

15 PFERDEHÖLLE 6 ***
(Hacker) Sehr schöne, steile Platte

16 BLAUER PORTUGIESER 6+ ** (Hacker)
Kleiner Überhang am markanten Gratturm

17 WINTER 7+ ** (Riedl)
Klassischer Anstieg über den überhängenden Grataufbau

18 ? 6 ** Schöne, unten etwas plattige Route
rechts der klassischen Gratüberschreitung

19 ? 5 ** Hübsche Platte mit goldenen Bohrhaken.
Folgt in etwa einer alten Keilroute von Boris Hristovski
und Martin Simek

20 WESTWANDDIAGONALE 2 *
Verschneidung, leicht und gutgriffig,
verliert sich oben im Gehgelände

21 DUO links 6, rechts 4 Variante zu **20**,
kurz und unlohnend, alter Haken

22 ? 5 **
Plattenroute, kreuzt **20**, oben kleine Kante

23 ? 7+ ** Einzelstelle vorm Überhang,
gute Fortsetzung zu **22**

24 UNBEKANNT 7+/8- **
(Patlik) Einzelstelle an kleiner Leiste,
sonst viel leichter

25 WINTERRISS 5+ ** (Thurner)
Kurze, hübsche Rißkletterei

26 ZEITGEISTERFAHRER 4+ * (Jascha)
Klemmkeile ev. brauchbar

27 ? 3 * Nette Platte, dann kleiner Grat
– keine Haken aber rote Punkte

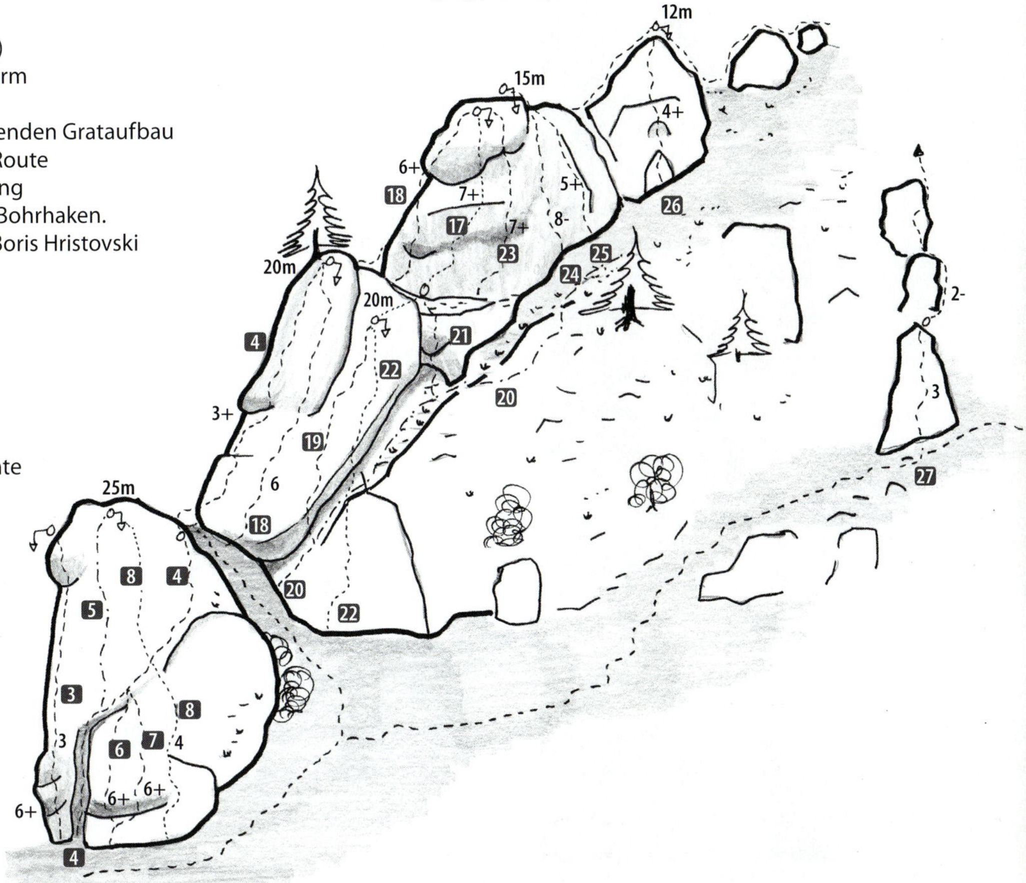

Bernd Schwanda | LAUSBUBENKANTE 6 | Foto: Andy

ERIKAGRAT

Der Erikagrat liegt etwas versteckt zwischen Glockner- und Efeugrat. Der Zustieg ist etwas länger, es gibt deutlich weniger Routen und somit halten sich auch die Besucherzahlen in Grenzen. Die Klettereien sind aber durchwegs sehr schön, bestens gesichert und der Fels ist noch recht rau. Auch hier gibt es eine Gratüberschreitung, die kürzer und abgesehen vom Beginn deutlich leichter als die des Glocknergrates ist und aufgrund der hervorragenden Absicherung auch Anfängern, die einmal eine Mehrseillängentour probieren wollen, empfohlen werden kann.

1-4	5-7	≥8	Σ UIAA
6	9	3	18

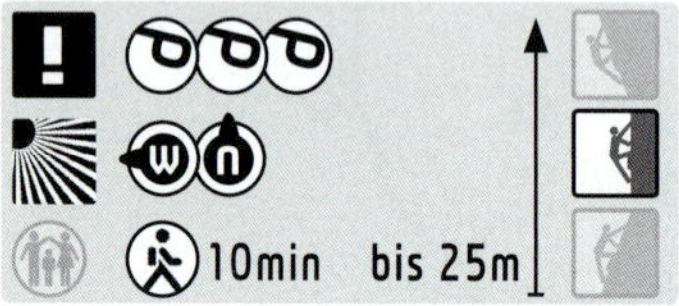

ZUFAHRT: Von der Südautobahn über die Umfahrung Mödling Richtung Hinterbrühl. Durch das Aquädukt in die Klause bis man linkerhand in einer Rechtskurve den Felsen erblickt. Gleich nach der Kurve rechts in eine Seitengasse, hier Parkmöglichkeiten. Hierher auch mit dem Bus oder mit dem Fahrrad von Mödling direkt am Promenadenweg zum Fels.

ZUSTIEG: Vom Efeugrat ein kurzes Stück den Promenadenweg Richtung Mödling, dann im Wald schräg links haltend einer der zahlreichen Steigspuren folgend unter die Lausbubenwand. Nun links auf schmalem aber deutlichem Weg waagrecht zum Erikagrat (ca 10 Minuten). Oder vom Glocknergratfuß ziemlich waagrecht auf Steigspuren rechts hinüber zum Grat.

BESTE JAHRESZEIT: Außer im Winter ganzjährig, die Sportklettereien an der Basis sind nicht so windanfällig wie der Glocknergrat. West- und nordseitige Orientierung. Sonne erst am Nachmittag.

BESONDERES: Gute Klebehakenabsicherung. Gratüberschreitung ideal geeignet um den Seilschaftsablauf in Mehrseillängenrouten zu üben.

1 KAMIN 3- ✱ Ohne Haken, kurz

2 OZON GO HOME 7- ✱ (Fasching) Toprope, sehr kurz

3 RENNSCHNECKE 7+ ✱✱ (Fasching) Kleingriffiger Boulder, Sicherung von oben

4 GRATÜBERSCHREITUNG 3 ✱✱✱
Sehr schön, folgt der leichtesten Linie, nach dem 1. Gratturm (Schlüsselstelle) ganz leicht immer am Grat entlang. Abstieg zu Fuß. In der 1. SL nicht über die Eisenbänder.

4a EINSTIEGSVARIANTE 3 ✱✱
Schöne Hangelrampe von rechts nach links knapp überm Boden

5 ÜBUNG MIT ERIKA 6+ ✱✱ (Riedl) Kurze Henkelkletterei

5a LISTIG 5+ ✱✱ (Jascha) Überlistet den Ausstigsüberhang von **5** über links

6 STEIG GENAU 8- ✱✱ (Riedl) Überraschend kleingriffige Einzelstelle

7 STEIRER BUA 6 ✱✱ (Pucher) Etwas seltsamer Riß

8 SALZSTANGERL 8 ✱✱✱ (Riedl) Lohnende, nicht so leichte Kurzroute

9 TIROLER BUA 4+ ✱✱ (Jascha) Hübsche, henkelige Kurzroute

10 ROLFISTEIG 2+ ✱ Leicht und lieb

11 ERIKA AKTUELL 6 ✱✱ (Riedl)
Plattig und hübsch. Aufschrift „Die Helden sind müde"

11a DIE HELDEN SIND MÜDE 6- ✱✱ (Jascha) Zwischen **11** und **12**

12 WOTAN WARTET NICHT 8- ✱✱ (Zang, Schmid)
Unten toller Überhang, dann gutgriffig, lang!

13 ERIKA VERSCHNEIDUNG 3 ✱✱ (Jascha)
Nette, leichte und griffige Kletterei

14 I AM SOLO 6+ ✱✱ (Riedl) Kurze, etwas versteckte Tour

15 SUNSHINE 5 ✱✱ (Riedl) Ganz rechts oben versteckt

15a KALTFRONTERL 4+ Ausstiegsvariante oben rechts

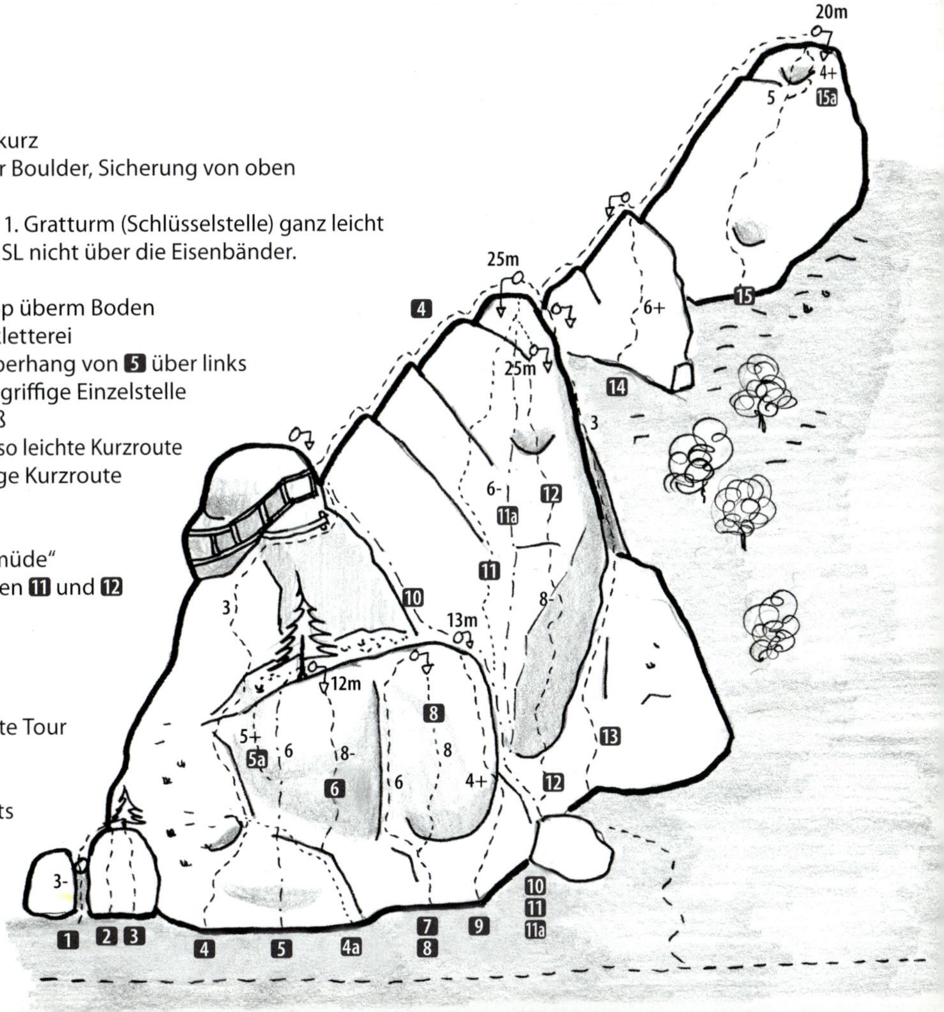

Benützt man den Zustieg vom Efeugrat, führt knapp vor dem Erikagrat eine Steigspur den Hang abwärts zu einem Boulderblock mit dem Quergang „Fangoboy" 6c+ trav (Querung von rechts nach links, Schlüsselstelle an Auflegern am Schluß)

LAUSBUBENWÄNDE

Oberhalb des Efeugrates liegen noch drei recht große Felswände, welche vor allem für Liebhaber von Routen des 6. und 7. Schwierigkeitsgrades interessant sind.

Die unterste Felsformation, die Untere Lausbubenwand wird am häufigsten besucht und bietet schon recht abgeschmierte Leistenklettereien, manchmal über kleine Dächer. Im rechten Wandteil gibt es gute Bouldermöglichkeiten.

Gleich links oberhalb steht der steile Lausbubenpfeiler mit wenigen aber durchwegs lohnenden Touren.

Ganz oben und deshalb deutlich weniger besucht steht schließlich die Obere Lausbubenwand, an deren steiler Wand es sich vor allem in der Abendsonne schön klettern und genießen lässt.

ZUFAHRT: Wie Efeugrat Seite 56.

ZUGANG: Vom Efeugrat am Promenadenweg ganz kurz Richtung Mödling, dann auf Steigspuren in Kürze im Wald rechts aufwärts zur Unteren Lausbubenwand. Links ums Eck und schon steht man vor dem Lausbubenpfeiler. Nochmals links ums Eck, dann steil leicht rechts ansteigend auf Steigspuren zum schrofigen Vorbau der Oberen Lausbubenwand. Gehzeit ca. 5 – 10min.

BESTE JAHRESZEIT: Die Felsen liegen nordseitig. Im Winter ist es meist zu kalt, im Sommer bei hohen Temperaturen schmieren die Leisten ganz schön. Frühjahr und Herbst sind meist ideal. Bei Wind kann es auf der Oberen Lausbubenwand unangenehm werden.

BESONDERES: Die meisten Routen sind mit Klebehaken gut abgesichert, manche Griffe sind schon recht glatt.

1-4	5-7	≥8	ΣUIAA
4	30	11	45

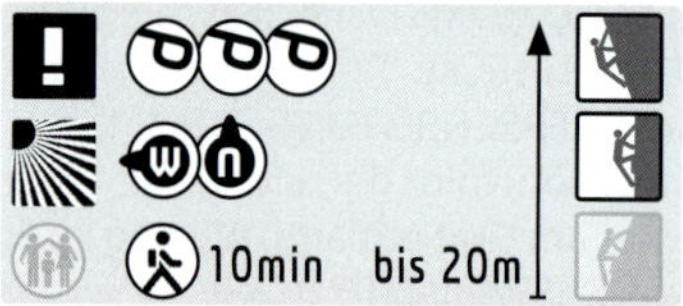

UNTERE LAUSBUBENWAND:

1 EXCITATION 9+ ✱ (Bacher)
Beinharter Untergriffumsetzer – und dann dreckiger Ausstieg

2 Projekt

3 BERGFÜHRERRISS 5+ ✱ (Thurner)
Schmutzige Rissverschneidung, keine Haken

4 ? 8-/8 ✱✱ (Riedl) Weiter Zug im Überhang, interessant

5 STRECK DICH 7+ ✱✱ (Riedl)
Lohnende Kletterei durchs Dachl

6 ? 7+/8- ✱✱ (Riedl)
Gute Kletterei mit versteckten Griffen

7 AU SO RAUH 7- ✱✱ (Riedl)
Klassiker, überraschend gutgriffig

8 ? 6+ ✱ Nette, noch recht raue Leistenkletterei

9 STURMTAG 7 ✱ (Riedl)
Recht unübersichtlich im mödlingtypischen Leistenfels

10 ASTERIX 6+/7- ✱✱ (Riedl)
Klassiker, typische Mödlinger Leisten

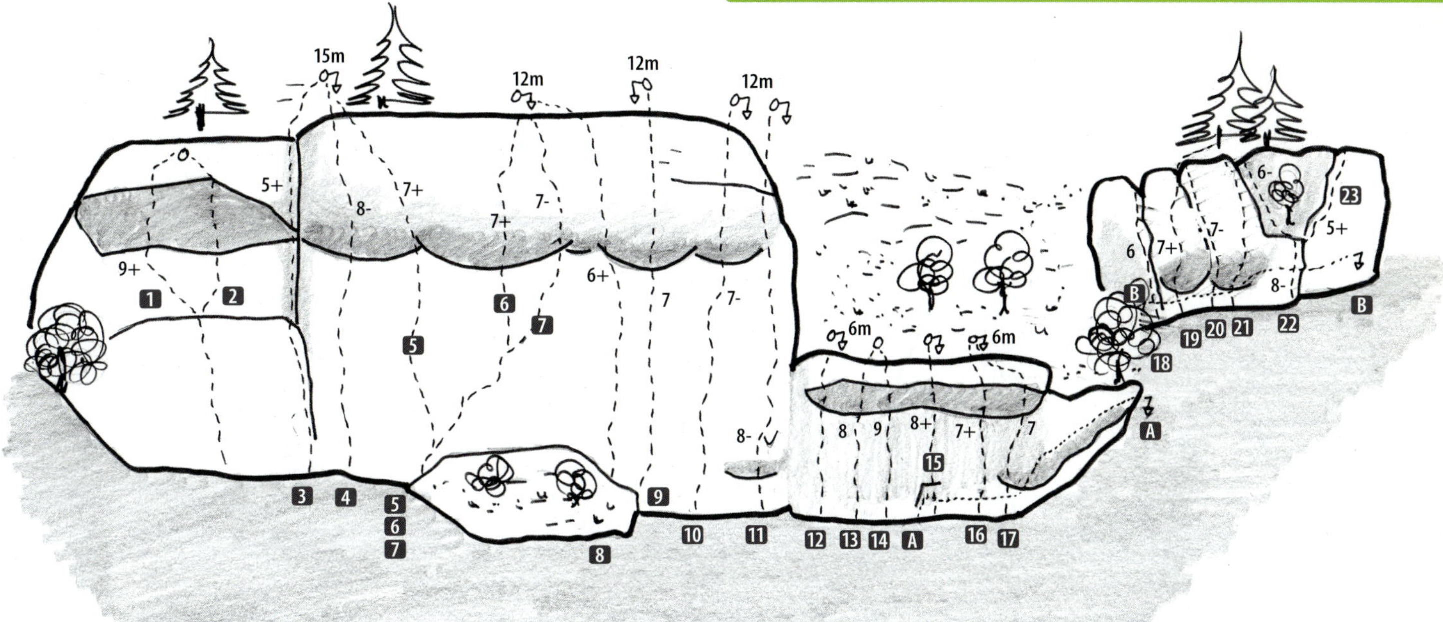

11 PROLO 8- ✱ (Riedl)
Unangenehme Stelle zu Beginn

12 RHEUMATIC FEVER ???

13 OBELIX 8 ✱✱ (Fachet)
Kurze Boulderroute, Einzelstelle

14 ? 9+ ✱✱ (Bacher) Harte Einzelstelle

15 ALFIS ÜBUNG 8+ ✱✱ (Fachet)
Untergriffzug und übers Dach, extrem schmieriger Beginn

16 VIA ENTE 7+ ✱ (Winkler)
Einzelstelle, Saniert!

17 IDEFIX 7 ✱ (Winkler)
Einzelstelle, dreckiger Ausstieg, Saniert!

18 MIST 6 ✱ (Patlik)
Kurzer Riß, keine Haken

19 VOLLMOND 7+ ✱
Ein weiter Zug von Knopf auf Leiste.

20 RISS 7- ✱
Schwere Rissspur zu Beginn, lohnend!

21 DIE LETZTEN BEISSEN DIE HUNDE 8-
Boulderstelle, schwierig und schmierig vom Boden weg. Sicherung von oben

22 OHO 6- (Patlik) Kurzer Riß ohne Haken

23 ÖHA 5+ (Patlik)
Ebenfalls ohne Haken und noch dazu verwachsen

BOULDER:

Im Bereich der Routen **12** bis **17** gibt's unzählige, teils auch ganz schön schwierige (und schmierige...) definierte Boulder. Bestes Absprunggelände!

A KLASSIKER 5a trav
Schmierige Henkelquerung

B HIDDEN HOLE 6b trav
Etwas ungute Querung von links nach rechts

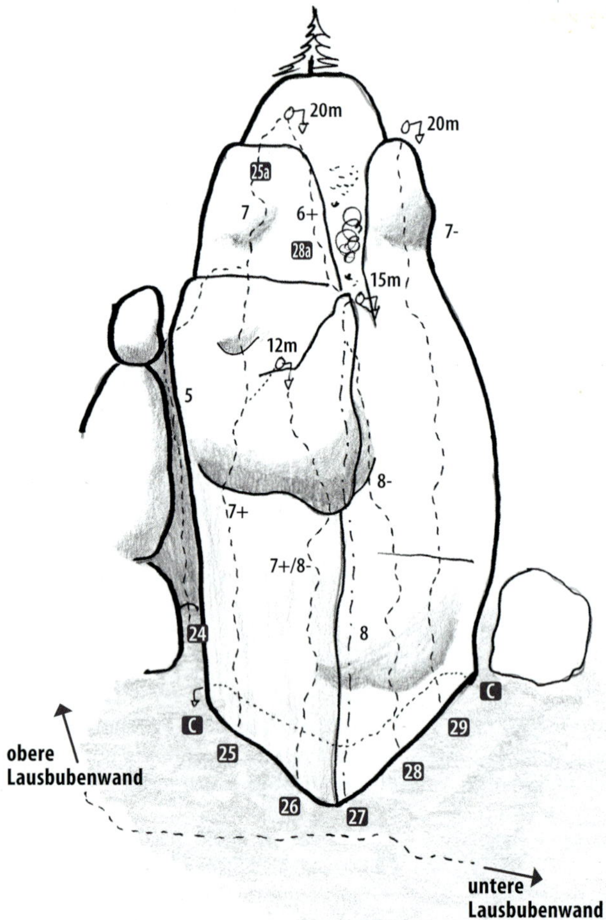

LAUSBUBENPFEILER

24 VERSCHNEIDUNG 5 ✱
Originell, oben am Band Abseilmöglichkeit.
Ausstieg auch möglich über **25a** (7).

25 PSYCHO I 7+ ✱✱ (Fachet)
Gute, leider schon abgeschmierte Leistenkletterei,
wird meist beim Stand von **26** beendet. Gebohrter Griff!

25a GIPFELAUSSTIEG 7 ✱
Etwas wackelige, raue Kletterei ganz hinauf

26 TRÄNEN FÜR IRENE 7+/8- ✱✱ (Fachet)
Schon ziemlich abgeschmierte, nicht leichte Kante

27 REICHTVARIANTE 8 ✱✱ (Reicht)
Schwer direkt an der Kante

28 MORALIST 8- ✱✱ (Riedl)
Noch recht rau, ganz oben nochmals schwer

28a VERLÄNGERUNG 6+ ✱
Etwas flechtiges Finale zu **28**

29 ULKNUDEL 7- ✱✱ (Riedl)
Rau, nett, direkt bei den Haken bleiben

BOULDER:

C BEYOND THE EDGE 6b+ trav
Kurzer, kleingriffiger Quergang am Wandfuß

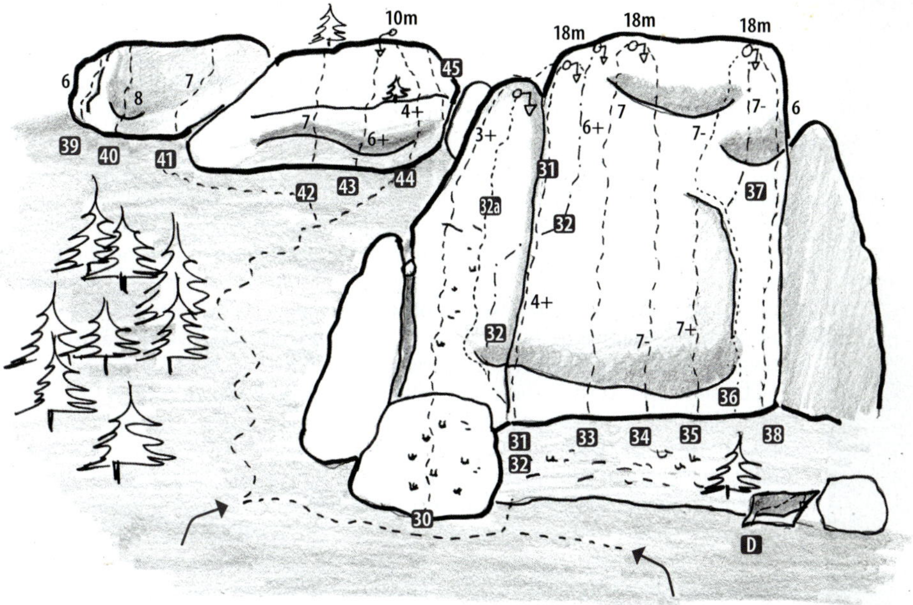

BOULDER:

D STEINZEIT 6c+ Kurzer Boulder im Dach, Füße oben

OBERE LAUSBUBENWAND:

30 GRAT 3+ ✱✱ Gutgriffig und nett, unten Schlingen und Keile verwenden, ganz oben 2 Bühler an der Kante

31 LAUSBUBENVERSCHNEIDUNG 4+ ✱✱✱ Wirklich schöner Schuppenriß

32 HIN UND HER 6+ ✱✱ (Hacker) Lohnend, unten links, oben rechts vom Riß

32a PFEILER 5+ ✱ Einstieg mit 32, den Überhang links umgehen und nun leichter den Pfeiler hinauf

33 MACHS DOCH SCHWER 7 ✱✱ (Riedl) Direkt klettern, sonst leichter

34 ABENDSONNE 7 ✱✱ (Riedl) Schön, schwer unten und ganz oben

35 TAPE DICH DIREKT 7+ ✱✱ (Riedl) Schwieriger Einstiegsüberhang

36 TAPE DICH 7- ✱✱ (Riedl) Leichterer Einstieg zu 35

37 HORROR 7- ✱✱✱ (Riedl) Steiler, sehr schöner Direktausstieg zu 36

38 LAUSBUBENKANTE 6 ✱✱✱ (Riedl) Tolle, scharfe Kante

39 RISS 6 ✱ Rauer Riß, Sicherung von oben

40 DAS OMEN 8 ✱✱ (Bacher) Hohe Boulderstelle, überhängende Kante, Sicherung von oben

41 FALTEN UND STRECKEN 7 ✱ Sicherung von oben

42 HANSISTEIG 7 ✱ Alte Technotour, Sicherung von oben

43 ZWERG 6+ ✱ Kurz aber nett

44 BERGBARON 4+ ✱✱ Sehr kurz aber Superfels! Ev. Keile verwenden!

45 RISS 4 ✱✱ Keine Haken, Keile verwenden!

EFEUGRAT

Der markante Felsklotz des Efeugrates liegt unübersehbar direkt neben der Straße. In früherer Zeit vom Efeu überwuchert, kam nach Entfernung desselben wunderschöner, griffiger Fels zum Vorschein. Fast alle Routen gehen auf das Konto von Alfred Riedl, sowohl der Anfänger als auch der ambitionierte Sportkletterer sollte hier etwas Passendes finden. Die leichteren Touren führen oft über überraschend auftauchende Henkel, die schwierigeren verlangen etwas Fingerkraft an abschüssigen Leisten. Wer ein 70er-Seil mithat, kann tolle lange Seillängen bis zum Gipfel klettern. Die Lage praktisch neben der Straße, mit kleinem Spielplatz, WC und das große Routenangebot locken natürlich sehr viele Kletterer an. Wem das Gedränge zuviel wird, der sollt einmal den Klettersteig bis zum nächsten Turm hinaufkraxeln und sich dort das Sturmwandl ansehen. Die Wandhöhe ist zwar mickrig, der Fels aber noch sehr rau!

ZUFAHRT: Von der Südautobahn über die Umfahrung Mödling Richtung Hinterbrühl. Durch das Aquädukt in die Klause bis man linkerhand in einer Rechtskurve den Felsen erblickt. Gleich nach der Kurve rechts in eine Seitengasse, hier Parkmöglichkeiten. Hierher auch mit dem Bus oder mit dem Fahrrad von Mödling direkt am Promenadenweg zum Fels.

ZUGANG: Die Straße überqueren zum Felsen.

BESTE JAHRESZEIT: Der Efeugrat bekommt erst ab dem Nachmittag Sonne. Im Winter ist es meist zu kalt. Nach Regen sind die Einstiege, der rechte Wandteil und die Dachverschneidung länger naß.

BESONDERES: Alle Routen sind gut mit Klebehaken abgesichert. Zu beachten ist die Wandhöhe (und somit auch das Seilende) wenn vom Boden weg bis zum Gipfel geklettert wird. Aufgrund der Infrastruktur und des praktisch nicht vorhandenen Zustieges auch für Kinder und Kinderwagen geeignet. Absolut nicht geeignet für alle, welche beim Klettern ihre Ruhe haben wollen.

Hans Plank | ... AUF SEINER 53M LANGEN LONGLINE IN DER MÖDLINGER KLAUSE | Foto: felsfetisch.at

1 DER GALGEN 5 ✱✱
Überraschend raue Platte oben

2 DIREKTER EINSTIEG 5+ ✱
Abgeschmierte Variante zu 1

3 DORNRÖSCHEN 9 ✱✱ (Fachet)
Etwas schmerzhafte Lochkletterei mit weiten Zügen

4 SNÖF 7- ✱✱ (Eigler) Unten abgeschmierte Platte, dann steiler Riß

5 CO-KG 7 ✱ Diffizile Variante zu 4

6 BLACK SHADOW ON THE WALL 8- ✱✱ (Fachet) Boulderartiger Überhang

7 WINKLER EMPOR 8 ✱✱ (Winkler)
Definierte (nicht rechts!) Einzelstelle

8 FEDERNELKENWEG 6+ ✱✱ (Riedl)
Unten gutgriffig, oben gar nicht so leicht

9 RAMPE 4 ✱✱ Nette Kletterei über die linksziehende Rampe

10 BIER FIA`N HIAS 6 ✱✱ (Riedl)
Abgeschmierte Wampe ober der Rampe

11 KANTENFLUG 6+ ✱✱ (Riedl)
Etwas unübersichtliche Kante

12 VARIANTE 6+ ✱✱ (Riedl)
Auf der dunklen Seite bleiben

13 KAMIN 4 ✱✱
Steiler Kamin, etwas spärlich gesichert

14 SCHWEISSTREIBER 9- ✱✱ (Riedl)
Anspruchsvolle Wandkletterei neben dem Kamin, Aufpassen beim Sichern

15 DIAGONALVERSCHNEIDUNG 6- ✱✱✱
Klassiker! Nach dem abgeschmierten Beginn sehr schön, besser rechts des Verschneidungsgrundes klettern

16 RECHTSDRALL 7 ✱✱✱ (Riedl) Klassiker!
Beliebter, toller, schon recht abgeschmierter Henkelüberhang

17 PLAY 9- ✱ (Kleindienst)
Kurze Boulderstelle, na ja

18 EIERTANZ 7 ✱ (Riedl) Schon sehr glatte Kurzvariante zu 19

19 DIREKTER HIAS 7+ ✳ (Riedl)
Platte bis zum Dach, eindrucksvoll darüber hinweg zum Gipfel – ohne Zwischenstand geklettert ganz schön lang. Klassiker!

20 SCHLANGE 7+/8- ✱✱ (Riedl)
Schlangenartiges Verwinden in der Nische, dann athletisch. Beginnt in der Diagonalverschneidung!

21 DIAGONALRISS 7 ✱✱✱ (Riedl) Beginnt mitten in der Wand und zieht luftig nach links, dann gerade hoch. Super in Kombination mit 23, dann 70m-Seil zum Ablassen nötig!

22 SCHROFFENWEG 4 ✱✱✱ (Riedl)
Unheimlich griffige Plattenwand, Stand bei Kette oder darunter möglich

23 EFEU ADE 4 ✱✱✱ (Riedl)
Einstieg kraftraubend, dann Genußhenkelei

24 FINGERBEISSER 8/8+ ✱✱✱ (Riedl)
Kleingriffige Leistenkletterei im steilen Teil

25 EIN HERZ FÜR ANFÄNGER 4 ✱✱ (Gauster)
Nett, endet vor dem steilen Wandteil

26 FUCH HEAD 8+/9- ✱✱ (Finsterer) Harte Einzelstelle an kl. Leisten

27 SONDEREINSATZ 10- ✱✱✱ (Mannhart)
Kleinstgriffige, anspruchsvolle Wandkletterei

28 VERSCHNEIDUNG 4 ✳ Fantastische Genußroute mit natürlicher Linie

29 LUIS 7- ✱✱✱ (Kleinschuster)
Abwechslungsreich –Platte, Dächlein, griffige Wand

30 NÄHMASCHINE 6 ✱✱ (Riedl)
Nicht anspruchslos, interessant

30a NÄHMASCHINENFUSSERL 7+ (Kleinschuster, Berthold) Dir. Einstieg zur Nähmaschine

31 DECHANT MÜLLER 7 ✱✱ (Riedl)
Schon recht abgeschmierte Leistenkletterei

32 ERNAS ANGST 6 ✱✱ (Riedl)
Abgeglätteter Klassiker

33 SARKAS PRÜFUNG 4+ ✱✱ (Berthold)
Etwas glatt neben dem Drahtseil

34 ? 2 Bestens gesicherter Schrofenanstieg

35 MUTPROBE 6- ✱✱ (Riedl) Beginnt am Stand von 13, Rechtsquerung, kleiner Wulst, Platte und oben noch ein Henkelüberhang (=2-FREUNDE-DACH)

36 AMEISENSTEIG 5
Rechts vom Klettersteig, unlohnend

1-4	5-7	≥8	Σ UIAA
8	21	8	37

3min

bis 35m

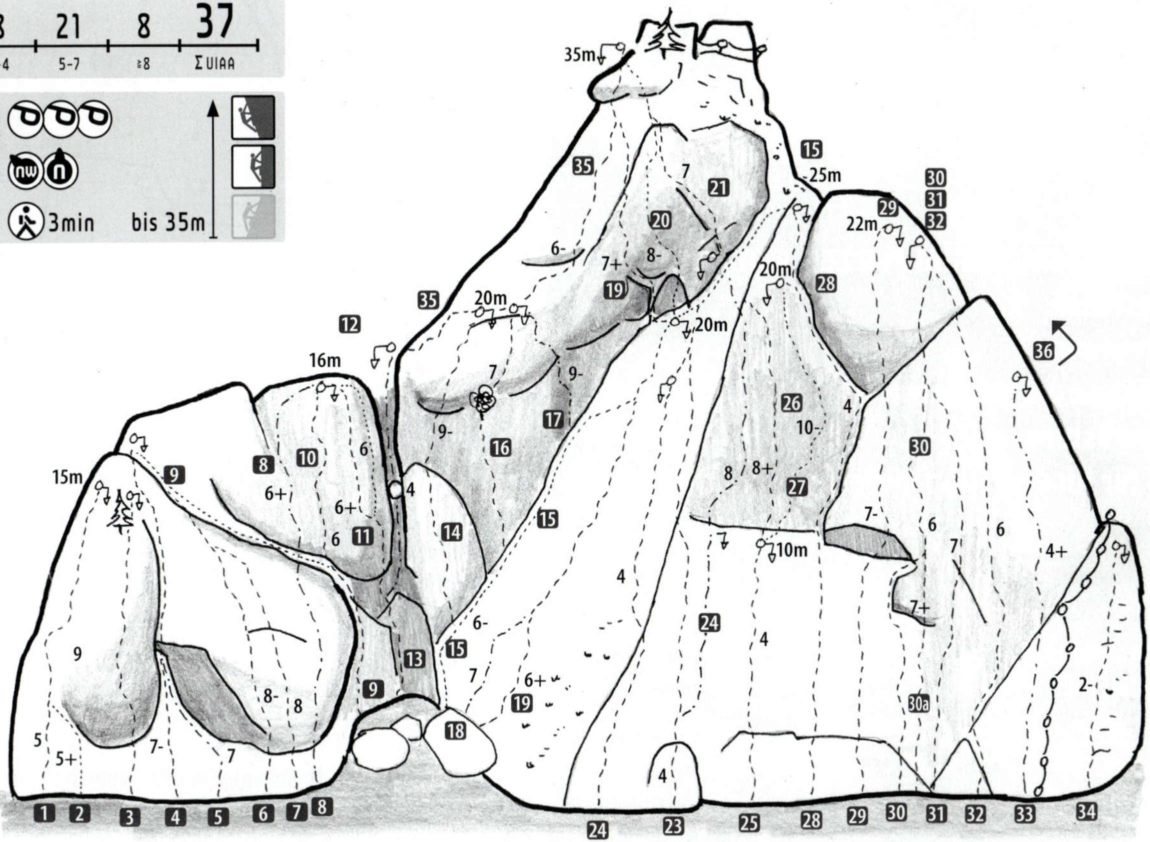

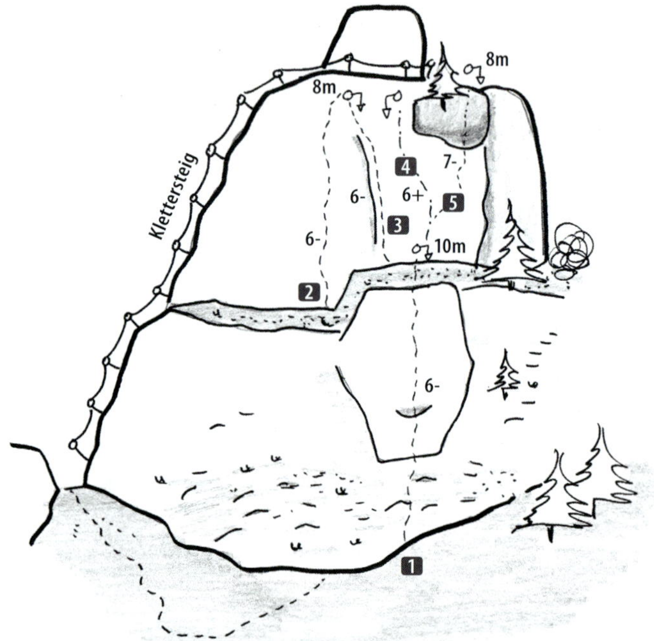

STURMWANDL wird der nächste Turm ober dem Efeugrat genannt. Der Zustieg erfolgt entweder auf Steigspuren in die Scharte hinter dem Efeugrat oder über den Klettersteig hierher. Nun am Klettersteig zu Absatz und rechts auf bewachsenem Band um`s Eck zu den Einstiegen. Zur Tour **1**: Schon vor der Scharte rechts zur Wand, Einstieg etwa in der Gipfelfallinie des Turms unter grasigem Vorbau. Alle Routen (außer **2**) von Hacker, Gansch, Brauner

1 SEITENWIND 6- ✱ Grasiger Beginn, dann nett und rau
2 DIE LANGE ENTSCHEIDUNG 6- ✱✱ Hübsch, rau. Einzelstelle
3 FRÜHJAHRSPUTZ 6- ✱✱ Kurzer, rauer Riß
4 ROGER RABBIT 6+ ✱✱ Raue Platte, direkt klettern
5 ORKAN 7- ✱✱ Kurzer, kräftiger Überhang mit Untergriff

RITTERFELS

Im steilen Wald unter der Ruine Mödling gut versteckter Felsen mit wenigen, aber empfehlenswerten Routen. Die Griffe sind noch angenehm rau und die leicht überhängende Kletterei fordert schon ein wenig die Ausdauer – wer sich im 7. Grad zu Hause fühlt sollte hier einmal vorbeischauen. Alle Routen stammen von Alfred Riedl.

ZUFAHRT: Siehe Efeugrat.
ZUGANG: Zum Efeugrat und am Promenadenweg Richtung Hinterbrühl. Bei einem Fels mit Bank beginnt eine Steigspur, welche steil in einer Rechts-Links-Rechts Schleife zum Felsen führt. Gehzeit ca 5 – 10min.
BESTE JAHRESZEIT: Nordseite, also immer wenn es nicht zu kalt ist. Nach Regen Einstiegsbereich länger naß.
BESONDERES: Gute Absicherung.

1-4	5-7	≥8	Σ UIAA
0	4	0	4

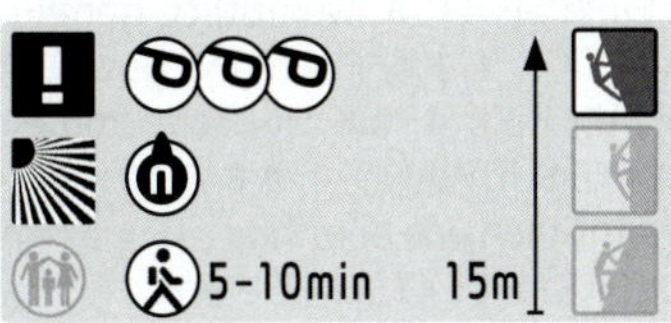

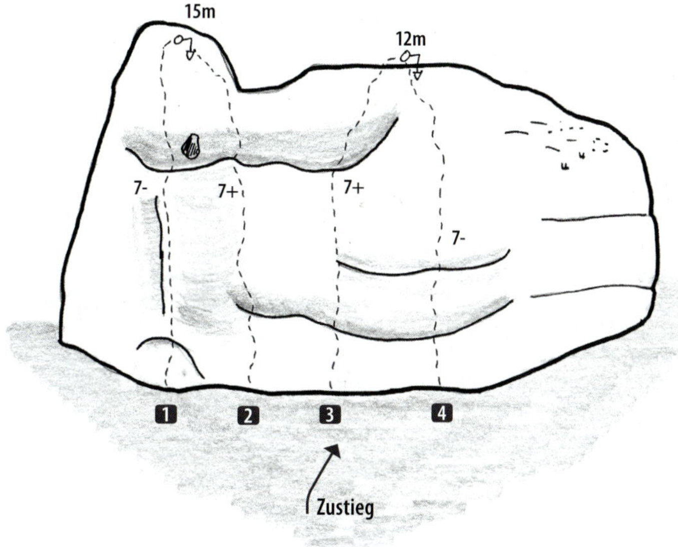

1 RITTERFRÄULEIN 7- ✱✱
Ausdauer an guten Griffen

2 RAUBRITTER 7+ ✱✱✱
Schön mit Schlüsselstelle oben

3 BURGHERR 7+/8- ✱✱✱
Die schwerste Route hier, etwas unübersichtlich

4 HOFNARR 7- ✱✱
Etwas splittrig, nicht so schön wie der Rest

RAUE PLATTE

Ruhiggelegene,flacheundsüdseitigorientierte Plattentafel mit sehr guter Absicherung. Die Schwierigkeiten erreichen maximal den 5. Grad und somit ist dieses Gebiet für Anfänger aber auch für Kinder gut geeignet. Kraft in den Armen oder Fingern benötigt man hier keine, wohl aber etwas Vertrauen in die Sohlen der Kletterschuhe. Links von der Hauptwand befindet sich noch eine, allerdings flechtige und nicht eingerichtete Platte.

ZUFAHRT: Von Mödling Richtung Hinterbrühl, knapp vor der Klause an der Kreuzung Schillerstraße/Neusiedler Straße schräg links in die „Goldene Stiege" abzweigen und zum großen Parkplatz am Ende der Straße. Auch mit dem Bus kann man vom Bahnhof Mödling bis zur „Goldenen Stiege" fahren und zu Fuß zum Parkplatz gehen.

ZUGANG: Der große Steinbruch links vom Parkplatz hat mit unserem Klettergebiet nichts zu tun! Wir gehen am markierten Weg gerade in das kleine Tal hinein („Anninger, Goldene Stiege") und sehen nach ca 250m rechts die Rauhe Platte hinter Bäumen hervorlugen. Gehzeit ca 3min.

BESTE JAHRESZEIT: Die Wand liegt südseitig und trocknet sehr schnell auf. Im Sommer ist es zu heiß, dafür kann man auch im Winter an sonnigen Tagen hier gut klettern.

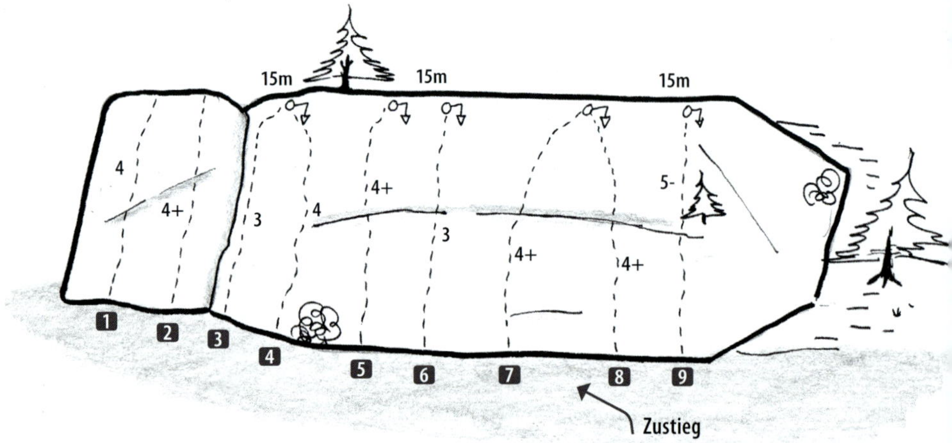

1-4	5-7	≥8	Σ UIAA
8	1	0	9

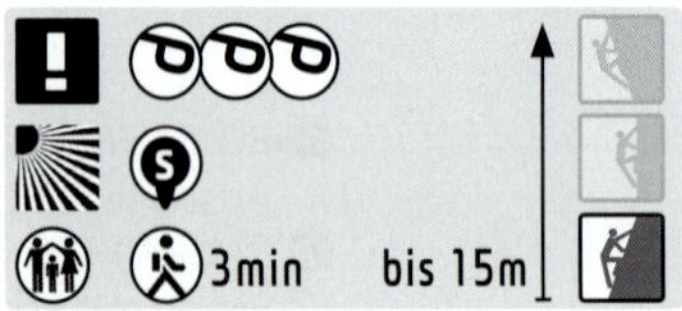

BESONDERES: Sehr dichte Absicherung. Flache Reibungsklettereien, auch für Kinder und Anfänger gut geeignet. Ebene Wiese am Wandfuß für die Kleinen zum Spielen.

1 ANDREA THE CROAT 4 ✱ Hakenlose Platte
2 BLACK HOLE 4+ ✱ Hakenlose Platte
3 PILLE 3 ✱ Etwas splittrige Runse
4 SILICON VALLEY 4 ✱ Leicht splittrige
5 ENTERPRISE 4+ ✱ Gemütlich geneigt
6 MR. SPOCK 3 ✱✱ Flach und gutmütig
7 CAPTAIN KIRK 4 ✱✱ Hübsche Reiberei
8 DIREKTE SÜDWAND 4 ✱✱
So gemütlich wie alles hier
9 SAUERKRAUT EXTREM 5- ✱✱
Direkt klettern – sonst leichter

MATTERHÖRNDL

Das Matterhörndl war vermutlich ein alter keltischer Kultstein – kein Wunder, wenn man das Felsgebilde mit der Durchschlupfhöhle sieht. Wer durch das Felstor hindurch schlüpft, richtigerweise der Sonne entgegenblickend, dem Licht des Eingangs zu, wie bei einer Geburt- streift an den Wänden seine Sorgen ab. So erzählen es die alten Mythen. Einer Sage nach soll das Durchkriechen auch ein Fruchtbarkeitsritus gewesen sein. Daher auch der ursprüngliche Name „Muatterhörndl".
Die Bezeichnung Matterhörndl stammt von uns Kletterern. Der Gipfel wurde angeblich um 1870 das erste Mal von August von Böhm erklommen. Heute ist der Fels fast nur mehr das Ziel von Wanderern, Esoterikern und Naturliebhabern – Kletterer verschlägt es nur selten zu diesem knapp 10m hohen Felsgebilde.
ZUFAHRT: Von Vorderbrühl in die Meiereigasse und zum Föhrenhof, großer Parkplatz. Mit dem Bus zur Haltestelle Vorderbrühl und weiter zum Föhrenhof.

1 NORDKANTE 5- ✱✱ Überhängende Kante
2 NORDWESTWAND 5 ✱ Kleiner Überhang
3 RAMPE 3 ✱✱ Gutgriffig und nett
4 WESTKAMIN 4 ✱
Witziger Kamin überm Spalt
5 WESTRISS 6- ✱✱
Kurzer anstrengender Riß
6 SÜDWESTRISS 4+ ✱ Etwas splittrig

ZUGANG: Am gelb markierten Wanderweg am rechten Wiesenrand in den Wald. Bei Wegkreuzung Richtung „Grenzweg, Matterhörndl" gelb markiert gerade weiter, bei der nächsten Kreuzung ebenfalls gerade weiter (Holztafel „Anninger"). Ein kleines Tal aufwärts, eine Forststraße überqueren, gerade im Tal weiter und in einen kleinen Sattel. Hier nun nach rechts, Richtung Husarentempel, auf breiter Forststraße in einem Bogen zu einer Rastbank und rechts weg zum erst zuletzt sichtbaren Fels. Gehzeit ca 30min.

BESTE JAHRESZEIT: Solange es nicht zu kalt und zu windig ist, ganzjährig. Das Matterhörndl kann von allen Seiten bestiegen werden.

BESONDERES: Keine Haken vorhanden, auch kein Standhaken am Gipfel. Wer mit Seilsicherung von oben klettern will benötigt lange Bandschlingen und eventuell Keile zum Standplatzbau. Der Fels ist fest.

7 SÜDKANTE 2 ✱✱
Leichtester Anstieg, fester Fels
8 RECHTE SÜDKANTE 3 ✱ Variante zu 7)
9 SÜDOSTRISS 4+ ✱ Staubiger Riß
10 OSTKANTE 4+ ✱ Etwas dreckige Kante
11 OSTKAMIN 3 + Muffiger Kamin
12 LINKE NORDWAND 6- ✱✱ Kleingriffig
13 RECHTE NORDWAND 5 ✱

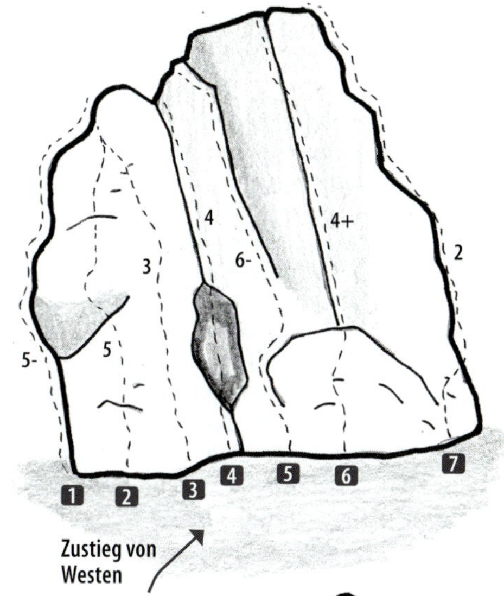

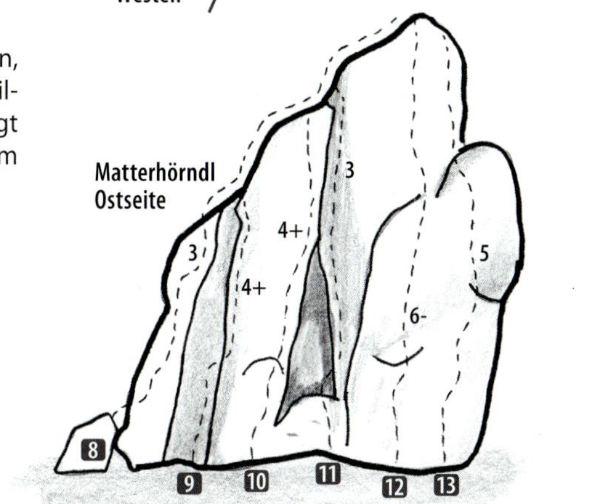

ROTER OFEN

Wer hätte gedacht, dass sich in dieser Gegend ein neuer Klettergarten mit kurzem Zustieg, gutem Fels, südseitiger Ausrichtung, superbequemen Einstiegsplatz und genussträchtiger Schwierigkeitsverteilung finden lässt? Nun, Alfred Riedl hat es geschafft und mit Unterstützung der Gemeinde im rechten Bereich des weithin sichtbaren Steinbruches oberhalb vom Hinterbrühler Friedhof ein neues Genußsportkletterparadies geschaffen. In kürzester Zeit sind die sonnigen, bestens abgesicherten Wandklettereien populär geworden und der Rote Ofen zählt mittlerweile zu den am meist frequentierten Klettergärten im Nahbereich von Wien. Und obwohl es sich um einen ehemaligen Steinbruch handelt, ist die Felsqualität erstaunlich gut und solide – dies liegt wohl auch an der aufwändigen, vorbildhaften Putzarbeit. Die Kletterei ist jedenfalls recht abwechslungsreich und Dank der immer wieder anzutreffenden flachen (Seit-) Leisten auch nicht ganz anspruchlos. Eine wirkliche Bereicherung!
Erstbegeher aller Routen: Alfred Riedl.

ZUFAHRT:
Nach Hinterbrühl und hinauf zum Friedhof (ausgeschildert), wo sich ein großer Parkplatz befindet.

ZUGANG:
Vom Parkplatz beim Friedhof direkt auf den großen Steinbruch zu und über die Wiese nach rechts zum Klettergarten. Die Routen befinden sich alle im rechten Teil des Steinbruchs. Gehzeit ca 5min.

BESTE JAHRESZEIT:
Der Klettergarten liegt südseitig. Oft auch im Winter gute Bedingungen. Im Sommer wird es gnadenlos heiß. Nach Regen trocknen die Routen rasch wieder auf.

BESONDERES:
Übermäßig gute Absicherung. Auch für beginnende Vorsteiger zu empfehlen. Es kann sogar mit dem Kinderwagen vorgefahren werden! Es sollte aber nicht vergessen werden dass in einem ehemaligen Steinbruch geklettert wird und außerhalb der geputzten Bereiche schon einmal der eine oder andere Stein locker ist!
Spielplatz und WC in unmittelbarer Nähe!

1-4	5-7	≥8	Σ UIAA
9	20	2	31

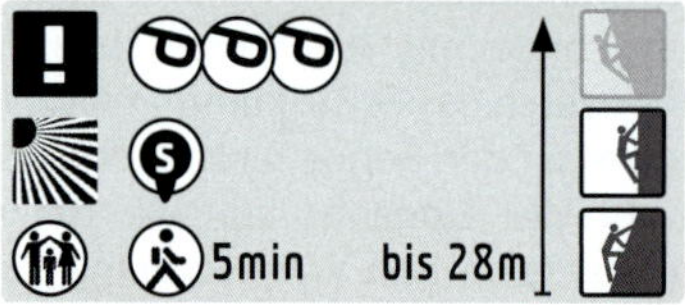

1 BERGMILCH 7+ ✱✱ An sich schön, leider auch bröslig. Toller Kristallausstieg nach rechts, kreuzt 2
2 SÜDWESTKANTE 6+ ✱✱✱ Geniale, technisch anspruchsvolle Kante mit Seitgriffen
3 TERRASSENSTEIG 5- ✱✱ Hübsch, große Leisten
4 AUTOBAHN 4+ ✱✱ Sieht schwieriger aus
5 SPORTLOCKE 6/6+ ✱✱ Einzelstelle oben
6 PUTZTEUFEL 7- ✱✱ Einzelstelle
7 BESENHÜPFER 7 ✱✱ Einzelstelle, direkt klettern, sonst leichter
8 ALTE VERSCHNEIDUNG 6+ ✱✱✱ Tolle, echte Verschneidung
9 ZWERGNASE 2 ✱ Saukurz
10 ZWERGENSPRUNG 2 ✱ Kurze Platte
11 PLATTENTANZ 4 ✱✱✱ Zuerst aufs Band, dann rechts in die geniale Platte klettern. Eventuell Zwischenstand machen, Vorsicht aufs Seilende beim Runterlassen – wer alles in einer Länge klettert macht mehr als 35m!

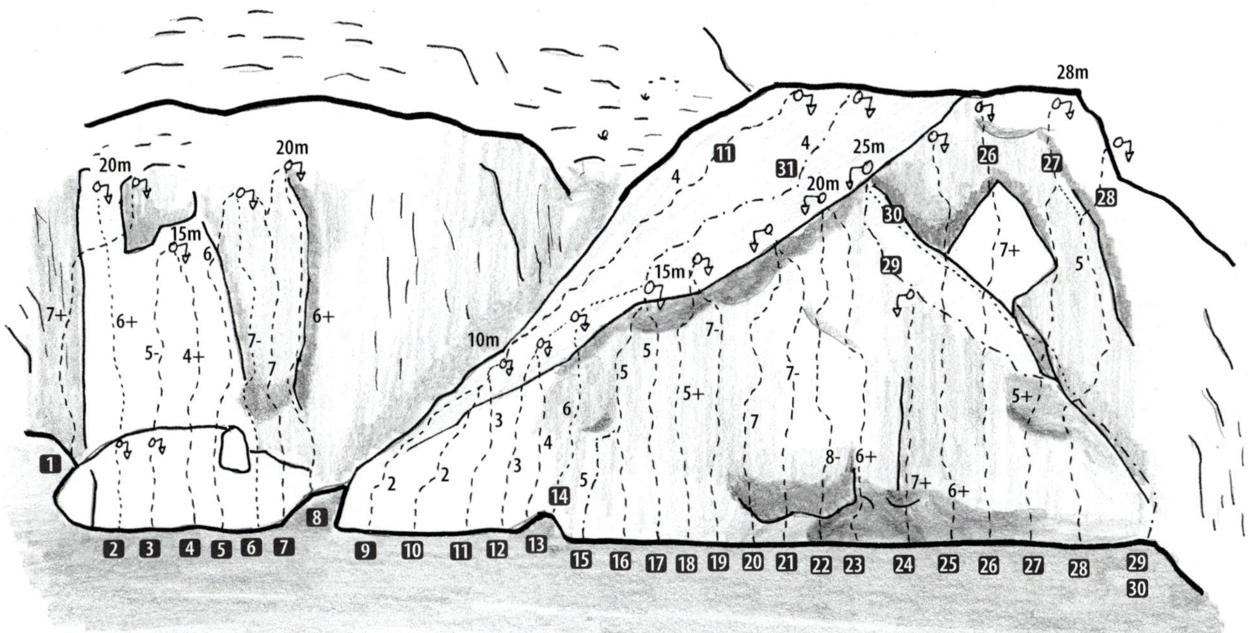

12 ZWERG HINKEBEIN 3 ✱✱ Lieb, kurz
13 ZWERGENECK 4 ✱✱ Nett
14 GECKO ZWERG 6 ✱ Kurz, etwas seltsam
15 VARIANTE 5 ✱
16 SONDERZUG 5 ✱
17 WESPENTANZ 5 ✱✱ Etwas bröslig und unübersichtlich
18 WASSERLAUF 5+ ✱✱ Schöne, gutgriffige Wandkletterei
19 GUCKLOCH 7- ✱✱ Aufleger oben
20 SCHWANENSEE 7 ✱✱
Angepickte Einstiegsgriffe, dann recht technisch
21 SONNENKIND 7-/7 ✱✱ Glatte Platte mittendrin
22 RUCKI ZUCKI 8- ✱✱ Kräftiger Start, mittendrin nochmals Aufleger
23 WESPENRISS 7- ✱✱ Origineller Beginn, dann schöner Riß
24 KRAFTRISS 7+ ✱✱ Einstiegsblocker, dann toller Riß
25 MÜRBTEIG 6+ ✱✱ Mürber Einstieg, oben schöne Wand
26 SPRENGMEISTER 7/7+ ✱✱✱ Oben ein Aufrichter mit Auflegern danach
27 ALPENVEREINSSTEIG 5+ ✱✱
Schöne, lange und abwechslungsreiche Route
28 GEMEINDEWEG 5 ✱✱
Ebenfalls lang und abwechslungsreich, Variante zu **27** möglich
29 1936er STEIG 3+ ✱✱ Querung entlang der unteren Leiste
30 STEINERDIAGONALE 4 ✱✱ Querung oben entlang
31 PLATTENKANTE 4 ✱✱✱ Die große Platte am rechten Rand klettern. Einstieg ideal über **18** oder eine Nachbarroute

WEISSES KREUZ

Ziemlich in Vergessenheit geratene und auch zu vergessende Felswand unterhalb des großen Kreuzes, welches markant nach Hinterbrühl hinabblickt. Die Wand ist verwachsen, teilweise brüchig und liegt außerdem noch nordseitig und damit dem Lärm der oberhalb befindlichen Autobahn ausgesetzt. Am Wandfuß liegt zudem noch jede Menge Müll.
ZUFAHRT: Siehe Roter Ofen.
ZUGANG: Vom Friedhofsparkplatz wie beim Roten Ofen Richtung Steinbruch und in das kleine Tal hinein. Den Steinbruch rechts liegen lassen, auf Steig talaufwärts bis man links die Felsen erkennt. Links über den Bachlauf und noch kurz aufwärts zum Wandfuß (10min). **BESTE JAHRESZEIT:** Nordseite, also in der warmen Jahreszeit. Aber nicht nach Regenfällen, da es dort nur langsam trocknet!
BESONDERES: Sicherung von oben! Keine Haken vorhanden, Bandschlingen mitnehmen. Fels teilweise ziemlich zugewuchert, vor allem die Ausstiege oft saudreckig! Teilweise brüchig!

1-4	5-7	≥8	Σ UIAA
6	8	0	14

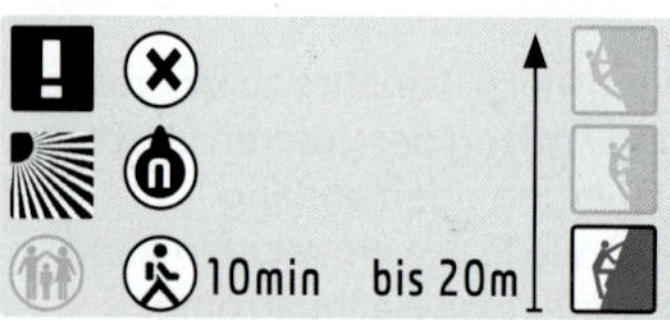

1 OSTGRAT 1 Komplett verwachsener Grat
2 QUARTETTSTEIG 4 Brüchig und zugewuchert
3 DIREKTER EDELWEISS 7 Brüchig und steil
4 EDELWEISS STEIG 6 * Steile, nicht so schlechte Kletterei
5 ARBEITSLOSENSTEIG 5- * Verschneidung mit dreckigem Ausstieg
6 GLATTE PLATTE 6+ * Überraschend lohnende Variante zu 5 mit versteckten Henkeln
7 WEG DER ÜBERHÄNGE 4+ * Ganz okay, gutgriffig
8 VERSCHNEIDUNG 5 Dreckig …
9 BLOCKSTEIG 3
10 WHITE REALITY 7+ * Nicht leichter Beginn, oben brüchig und dreckig
11 WHITE CRACK 7 * Interessanter Riß mit saudreckigem Ausstieg
12 RISS 5- 13 ? 4-
14 BLOCKVERSCHNEIDUNG 4

FRIEDRICHSWAND

Gut versteckt in einem Seitengraben des Prießnitztales bröselt diese mächtige, langgestreckte und bis zu 70m hohe Plattenwand langsam vor sich hin. Schon Alois Wildenauer, der bekannte Früherschließer der Hohen Wand war hier unterwegs und errichtete einen Klettersteig, welcher heute nicht mehr existiert. Nur selten verirrten sich bis jetzt Kletterer in das splittrige Gemäuer welches leichte, plattige Anstiege meist im 4. Bis 6. Grad zu bieten hat. Vielleicht wird sich das in Zukunft ein wenig ändern, denn in jüngster Zeit wurden die lohnendsten Routen liebevoll saniert und so weit möglich auch geputzt. Sogar ein paar neue Touren wurden erschlossen. Mit einem Massenansturm ist trotzdem nicht zu rechnen, die Friedrichswand wird mit ihrer sich permanent verändernden Felsstruktur weiterhin "Plaisir"- und "Nur"-Sportkletterer erfolgreich abwehren. Wer sich aber vor den Toren Wiens einmal in bröslìger Plattenkletterei üben will oder eh schon mit brüchigem Fels umzugehen weiß, der sollte einmal hier vorbeischauen – wenn im Herbst die Büsche grell verfärbt aus der Wand leuchten oder im Frühling die Kuhschellen blühen wird man mit der richtigen Einstellung einen schönen Klettertag erleben.

ZUFAHRT: Von Mödling Richtung Hinterbrühl, knapp vor der Klause an der Kreuzung „Schillerstraße/Neusiedler Straße" in die Neusiedler Straße einbiegen. Über Neusiedler Straße und Grutschgasse zur HTL, rechts an dieser vorbei in die Gumpoldskirchner Straße Richtung Gumpoldskirchen. Nach einer scharfen Linkskurve rechts in die Prießnitzgasse und diese bis an ihr Ende (großer Parkplatz). Mit dem Bus vom Mödlinger Bahnhof ebenfalls in die Prießnitzgasse und weiter wie oben.

ZUGANG: Am Spielplatz vorbei taleinwärts, bei der Weggabelung nach rechts in den Seitengraben. Gleich rechts liegt die markante, langgestreckte Wand. Über Steigspuren zum schottrigen Wandfuß.

BESTE JAHRESZEIT: Die Wand liegt ziemlich südseitig und trocknet nach Regen schnell wieder auf. Im Sommer wird es sehr heiß, Frühling und Herbst sind gut geeignet.

BESONDERES: Der Fels ist durchwegs splittrig und erfordert umsichtiges Klettern. Ein Helm ist Pflicht! Mittlerweile sind die meisten Routen mit Klebehaken gut gesichert, die Abstände sind aber weiter als am z.B. am Roten Ofen... Abseilstellen sind vorhanden, ein 70m-Seil ist zu empfehlen. Beim Abseilen Vorsicht auf Steinschlag, bei den Touren die ganz oben aussteigen ist der Abstieg zu Fuß besser. Klemmkeile können praktisch nirgends zusätzlich verwendet werden! Im Bereich der Routen 10 – 15 Punktmarkierungen – das sind keine eingerichteten Routen, Obacht!

Gerhard Mair | AB DURCH DIE MITTE 5- | Foto: Robert Gruber

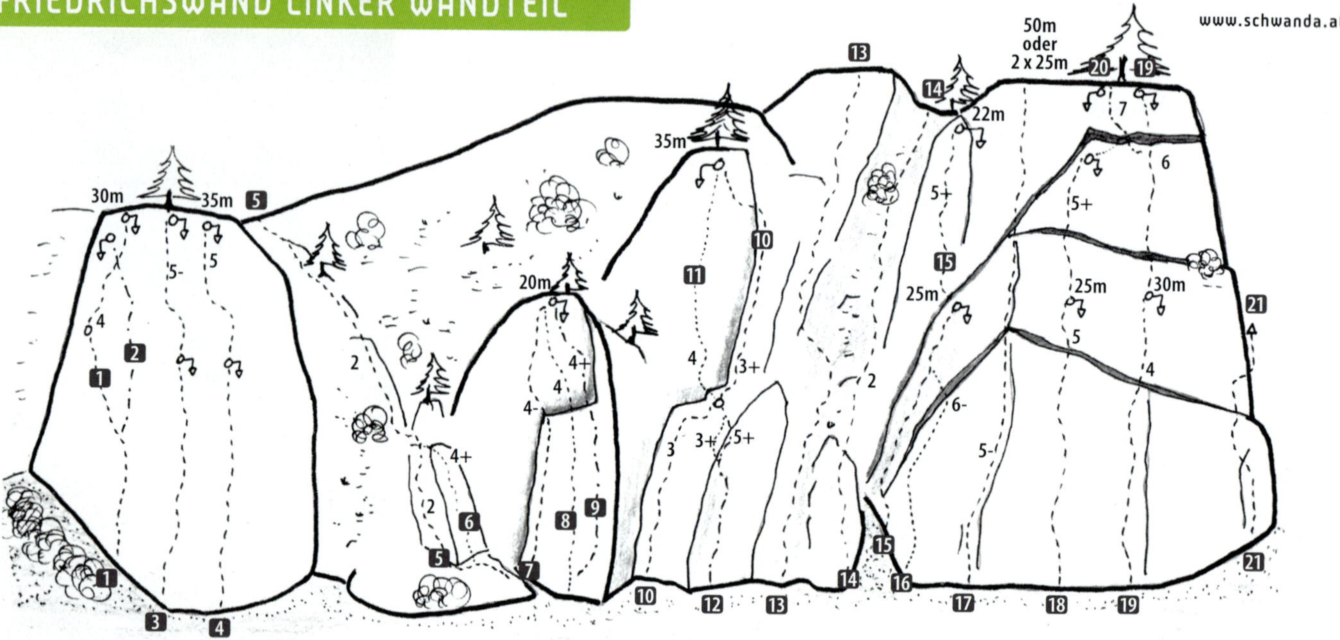

1 KOBALTKOBOLDE 4/4+ (Berthold) Flache Plattenkletterei, nach dem Zwischenstand recht brüchig. Oben rechts raus!

2 NEUE WESTLICHE PLATTE 4/4+ ✱ (Berthold, Jascha) Flache Platte, teils splittrig

3 AB DURCH DIE MITTE 5- ✱ (Berthold) Vor allem zu Beginn recht brüchig, oben aber fester hübscher Runzelfels. 70m-Seil zum Abseilen!

4 RECHTER ANSTIEG 5 ✱ Teils splittrig, oben recht fest und nette Reibungskletterei an Runzelwellen. 70m-Seil zum Abseilen

5 WILDERERSTEIG 2 Leichter, etwas geputzter Wanddurchstieg. 3 Klebehaken, Schlingen mitnehmen. Abstieg zu Fuß!

6 SIMONAPLATTE 4+ ✱✱ (Jascha) Kurze Reibungsvariante zu **5**

7 VIA FRATELLI KAMMLANDER 4 ✱ (Jascha) Recht splittrige Platte mit Schotterausstieg

8 DIREKTE SCHWIBBOGENPLATTE 4+ ✱ (Jascha) Splittrige und feste Passagen wechseln

9 NEUE SCHWIBBOGENPLATTE 4 ✱ (Jascha) Am Wulst recht brüchig...

10 SCHWARZE VERSCHNEIDUNG 3+ ✱✱✱ Der Klassiker hier und – Überraschung – dunkler, fester Plattenfels. Bestens gesichert. Zwischenstand möglich, oben am besten links zum Abseiler (="Via Maria") queren (70m-Seil zum Abseilen) oder gerade in den Schutt und zu Fuß runter

11 KUHSCHELLE 4 ✱✱ (Jascha) Lohnende, recht feste Direktvariante zu **10**. Nach dem Zwischenstand von **10** gerade weiter

12 ONKEL KARL 3+ ✱ Direktvariante rauf zum Zwischenstand von **10**. Am Aufschwung links 3+, rechts 5+

13 PLATTIGER PFEILER 3 Ziemlich brüchige Kletterei am schwach ausgeprägten Pfeiler. Vorsicht: Keine Bohrhaken, Schlingen evtl. brauchbar

14 GÜNTHER 2 Zickzack durch die Schotterrinnen, keine Haken

17	11	0	28
1-4	5-7	≥8	Σ UIAA

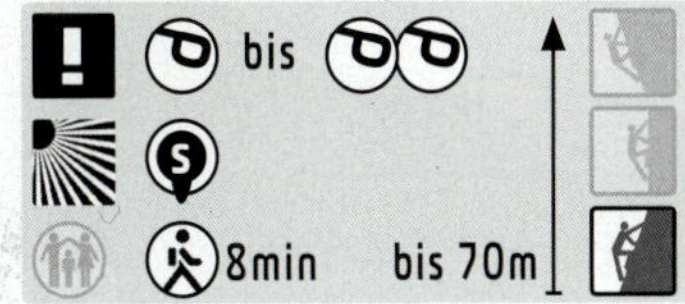

15 VIA DIMENTICATA 5+ ✱ (Berthold, Jascha)
1. SL nach dem Schutt kompakt,
2. SL nur für Bruchliebhaber!
Lockere Blöcke, Vorsicht!

16 STATIKMISCHERPUSTER 5+/6- ✱ (Berthold, Jascha) Nach dem Splitterbeginn feste und schöne Steilstufe

17 HAUPTRISS 5- Grindiger, saubrüchiger Riß. Hakenlos, Helden vor!

18 IM HERZEN JUNG – MARIA 5 ✱ (Jascha) Platte mit 2 kleinen Aufschwüngen, recht splittrig. Vor dem Splitterwulst abseilen!

19 WEG DER JUGEND 6 ✱✱ (Simek, Hristovski) Nach der letzten Sanierung stressfrei kletterbarer Klassiker. Am Einstieg Standhaken, Aufschrift. 1. Länge splittrig und leicht, Schlüsselstellen in der 2. Länge an den Steilaufschwüngen an Calcitkristallgriffen

20 DIREKTER AUSSTIEG 7- ✱ Kurze Variante übers Ausstiegsdach. Unterm Dach gelb und grauslich, dann fest mit Seitgriffen über das Dachl. Zustieg über **18** oder **19** möglich.

21 KARWENDELPFEILER 4 Furchtbar brüchige, hakenlose Kante. Der oberste Teil wird nun von **22** mitbenutzt.

22 TERRASSENDIAGONALE 4+ ✱✱ (Jascha) Neue Route mit 3 kurzen Seillängen. Einstieg ca. 50m rechts von **19** unter einer hellen Platte mit Bohrhaken (knapp überm Wandfuß kleine Föhre mit Schlinge). Verbindet mit Querungen und kurzem Gehgelände dazwischen die lohnendsten Platten in diesem Bereich, bestens gesichert. Evtl. Schlingen für Stände an Bäumen mitnehmen, Abstieg zu Fuß

23 RINNE 1-2 Bruchrinnen

24 WESTLICHE VERSCHNEIDUNG 3 Brüchig, keine Haken

25 OSTVERSCHNEIDUNG 4 Verwachsen und brüchig. Keine Haken, Sicherung mit Schlingen evtl. möglich

26 TEILS...TEILS 5- ✱✱ (Hacker, Simek, Hristovski) Eindrucksvolle, teils splittrige Kante, gut in 1 Länge zu klettern. 70m-Seil zum Abseilen notwendig!

27 WEBERKNECHT 5 ✱✱ (Hacker, Simek) Feste, schöne Reibungsplatte

28 ZWA ZÜGE 5 (Hacker, Simek) Splittriger Beginn, dann recht feste Reibungsplatte

KLETTERGARTEN GUMPOLDSKIRCHEN | Foto: Bernd Schwanda

GUMPOLDSKIRCHNER KLETTERGARTEN „HIMMELREICH"

Die Gumpoldskirchner Naturfreunde machen es möglich: Klettern in den Weingärten, mit hübscher Aussicht ins pannonische Flachland und mit Aussicht auf ein gutes Tropferl Wein nach der Anstrengung... Zu groß ist die Anstrengung aber nicht, dafür sind die Routen zu kurz und der überraschend zerfressene und feste Fels zu griffig. Die Absicherung ist bestens, der Einstiegsbereich bequem, die Lage sonnig, der Zustieg kurz, einen Miniklettersteig gibt's auch – Anfänger und gemütliche Genusskletterer kommen hier sicherlich auf ihre Kosten

BESONDERES: Sehr gute Absicherung mit Klebehaken. Fester, teils erstaunlich zerfressener Fels mit vielen Zangen und Seitgriffen. Trocknet nach Regen schnell auf. Ja nicht in die Weingärten trampeln und den beschilderten Zugang benutzen! Ein Kuriosum ist der „Boulderklettersteig" in der künstlichen Höhle... Die Erschließer mögen bitte nicht böse sein, aber die Routenverläufe sind hier etwas anders dargestellt als im Originaltopo auf der Heimseite der Gumpoldskirchner Naturfreunde – bei den Recherchearbeiten erschienen unseren Mitarbeitern die hier eingezeichneten Routenverläufe etwas logischer. Originaltopo: www.gumpoldskirchen.naturfreunde.at

ZUFAHRT:
Über die B17 oder über die Verbindung Mödling-Baden (Weinbergstrasse) in die Ortschaft Gumpoldskirchen. Knapp vor dem südlichen Ortsende befindet sich an der Straße Richtung Baden ein großer Parkplatz. Die Felswand mit Höhle ist von hier sichtbar.

ZUGANG: Beschildert mit kleinen roten Tafeln mit der Aufschrift „Klettergarten" und mit roten Punkten! Vom Parkplatz Richtung Baden gehen, vor dem südlichen Ortsende rechts Richtung Anninger in den Asphaltweg einbiegen (Fahrverbot! Kleine rote Tafel „Klettergarten"). Den Weg aufwärts, die erste Abzweigung rechts („Weinweg") ignorieren, etwa 50m danach gelangt man zu Wegkreuzung mit Kreuz und Bank. Hier rechts in den Wald abbiegen (rote Tafel „Klettergarten"), waagrecht weiter (Abzweig links ignorieren) und am Rand (!) des Weingartens zur Felswand hinauf. Zustieg: ca: 10 Minuten.

BESTE JAHRESZEIT:
Südostseitig. Im Sommer nur am späteren Nachmittag, am besten im Frühjahr und Herbst und auch vormittags an sonnigen Wintertagen. Trocknet schnell auf

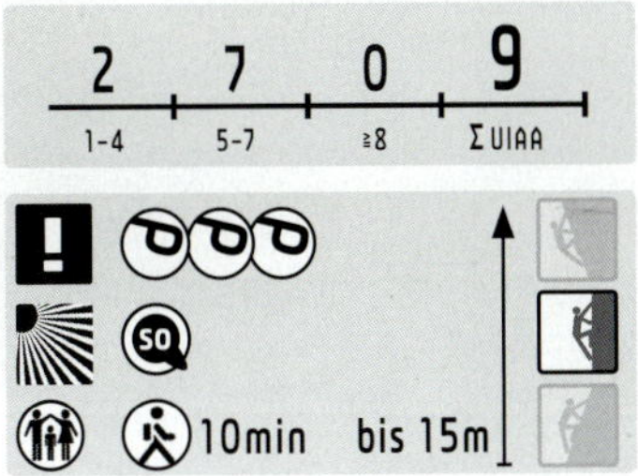

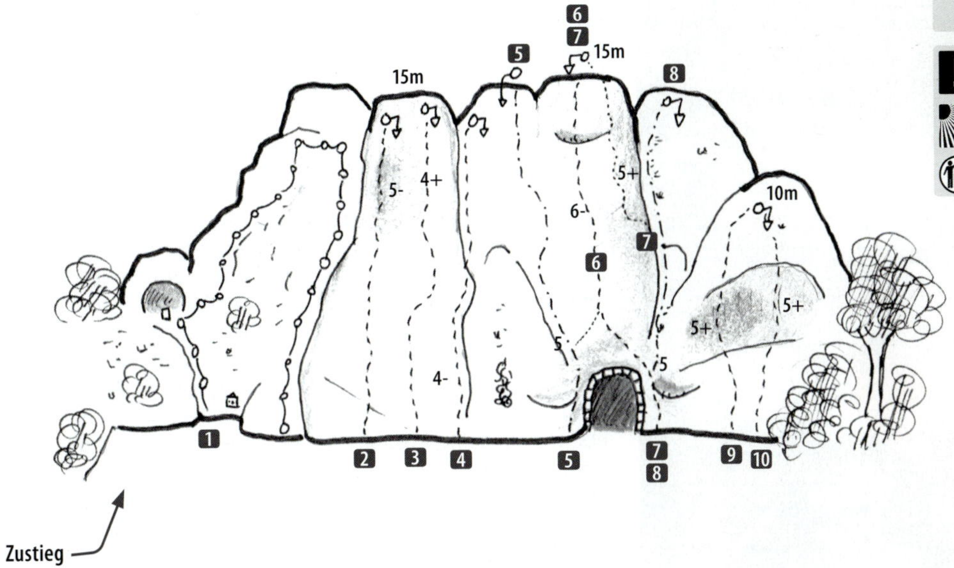

1 KLETTERSTEIGRUNDE B

2 FLITZER 5- ✱✱ Hübsch, oben ohne die linke Kante (sonst leichter)

3 BLAUBARSCHBUBI 4+ ✱✱ Nett und zerfressen

4 FLUMMI 4- ✱ Etwas erdig, dem schwachen Riß folgen

5 PRUTSCHURDL 5 ✱✱ Start links der Höhle, Wulst und griffige Wand

6 DANCING SUSI 6- ✱✱ Start rechts der Höhle, dann Schritt nach links in die Platte und diese in tollem Fels zum Abseiler. Kann auch über **5** eingestiegen werden

7 FERDIS THRON 5+ ✱✱ Einstieg rechts der Höhle, dann in die Verschneidung. Oben links an die Kante und zum Abseiler von **6**

8 5 ✱ Unten wie **7**, dann in der Verschneidung etwas grasig weiter

9 OLE 5/5+ ✱✱ Henkeliger Miniwulst, direkt klettern

10 ANDI LOS MI OWA 5+ ✱✱ Miniwulst, nett

Michael Karner | KINDERFEST BEI PUMUCKL 8+ | Foto: felsfetisch.at

HELENENTAL

Von der Stadt Baden im Osten bis weit in den Westen nach Mayerling erstreckt sich das Helenental, in Liedern besungen, von unzähligen Wanderern, Spaziergängern und Joggern besucht und leider auch von lärmenden und stinkenden Autos durchfahren. Trotz der dicht befahrenen Straße ist die Landschafteineschönegeblieben, und auch für uns Kletterer hat der Allvater gesorgt und zahlreiche Kalkfelsen, große und kleine, in der Landschaft verstreut. Der Genußsportkletterer kommt hier ebenso auf seine Kosten wie der Anfänger, auch für die wirklich Starken gibt`s was zu tun und auch die Mattenträger können hier die Griffbürste schwingen.

Die Felsen sind sowohl nord- als auch südseitig ausgerichtet, und somit kann man hier praktisch das ganze Jahr klettern. Einige Klettergärten liegen praktisch neben der Straße, zu anderen latscht man ganz schön lange hin. Somit sollte hier eigentlich jeder seinen Spaß haben.

Wo so viel Licht ist, gibt's auch Schatten: Geklettert wird hier natürlich schon lange, und gerade die traditionellen Gebiete wie Badener Kletterschule, Helenentaler Blöcke aber auch das Jammerwandl sind naturgemäß schon ganz schön poliert.

Rauen Fels gibt's noch am entlegenen Badener Turm, oben am Vogelwandl, bei den Bouldern in der Königshöhle. Die Elite der Kletterer zieht es an die Beethovenwand mit ihren anspruchsvollen und leider auch oft feuchten Leistenklettereien. Wer gerne mit der Matte durch den Wald streift, sollte den Klassiker „Fraaanz", den „Highway Star" und natürlich auch die Königshöhle besuchen. Und wer alleine sein will, ist am Badener Turm gut aufgehoben.

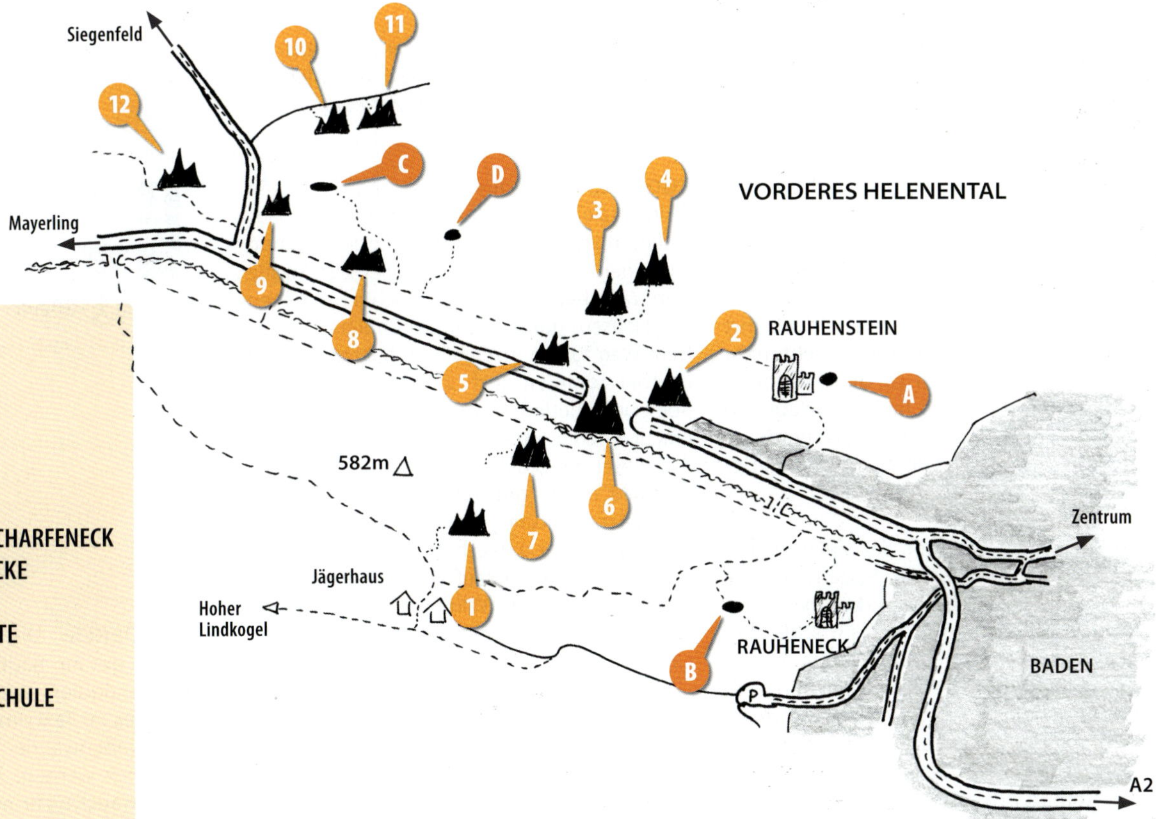

1 BADENER TURM
2 JAMMERWANDL
3 DACHS-, OSPWANDL
4 VOGELWANDL
5 ZWERGWANDL
6 ENGELSTEIN
7 BEETHOFENWAND SCHARFENECK
8 HELENENTALER BLÖCKE
9 BRÜCKENFELS
10 SIEGENFELDER PLATTE
11 ÖTZI TURM
12 BADENER KLETTERSCHULE

BOULDER

A RAUHENSTEIN
B KÖNIGSHÖHLE
C FRAAANZ
D KLEINES VERDON

BADENER TURM

An den Abhängen des Badener Lindkogels gut verstecktes, langgestrecktes Felsmassiv mit zahlreichen kurzen Routen in noch schön rauem Fels. Der recht lange und auch nicht ganz einfach zu findende Zustieg hält die Massen ab, so mancher soll schon vom Gestrüpp zerkratzt ohne Felskontakt wieder abgezogen sein... Am Namensgebenden Turm selbst sind praktisch alle Routen mit Klebehaken sehr gut abgesichert, an den Nebenwänden ist nicht alles eingebohrt und so mancher Bohrhaken zählt nicht mehr zur neuesten Generation. Da diese Anstiege selten geklettert werden, findet man auch so manches Pflänzlein im Griffloch. Neuerdings sind am Wandfuß noch einige nette Boulder dazugekommen.

ZUFAHRT: Am besten von der Südautobahn kommend die Umfahrung Baden wählen. Am Beginn des Helenentales, bei markanter Verkehrsinsel, rechts ins Zentrum abbiegen. Gleich nach dem Aquädukt rechts in die Weilburgstraße, über die Schwechat und nach der Brücke gleich wieder rechts. Nächste, gleich darauffolgende Abzweigung links in die Jägerhausstraße. Bei der nächsten Kreuzung rechts unterm Aquädukt durch und links die Steinbruchgasse bergauf. Nach dem letzten Haus, noch vor dem Fahrverbot, bescheidene Parkmöglichkeiten an der Straßengabelung. Wer mit dem Bus unterwegs ist, wählt besser einen anderen Zustieg. Mit dem Bus bis zur Cholerakapelle im Helenental. Von hier auf markiertem Wanderweg bis zum Jägerhaus, weiter wie unten.

ZUGANG: Vom Fahrverbotsschild die Straße weiter taleinwärts. Knapp vorm Jägerhaus verlässt man die Straße und folgt der Markierung auf einen Waldweg, der parallel zur Straße zum Jägerhaus führt. Nun rechts, zwischen den Häusern durch (Richtung Cholerakapelle). Dem Weg folgen, nach einem kurzen Anstieg (hierher kommen auch die Busbenützer wie oben beschrieben) rechts abzweigen und kurz hinauf zu einer querverlaufenden Forststraße. Auf dieser ein Stück nach links bis zu einem im Wald rechts gut verstecktem Hochstand vor einer Lichtung. Am rechten Rand der langsam wieder zuwachsenden Lichtung auf schwachem Steig hinauf zum Waldrand. Nun im ziemlich dichten Wald leicht rechtshaltend zu den erst zuletzt sichtbaren Felsen. Gehzeit ca 30min.

BESTE JAHRESZEIT: Die Felsen liegen süd-westseitig und bekommen am Nachmittag Sonne, wobei manche Routen von den Bäumen beschattet werden. Im Sommer ist es am Nachmittag meist zu heiß, im Winter –vor allem bei Westwind- meist recht frisch. Nach Regenfällen sind die Routen recht schnell wieder trocken.

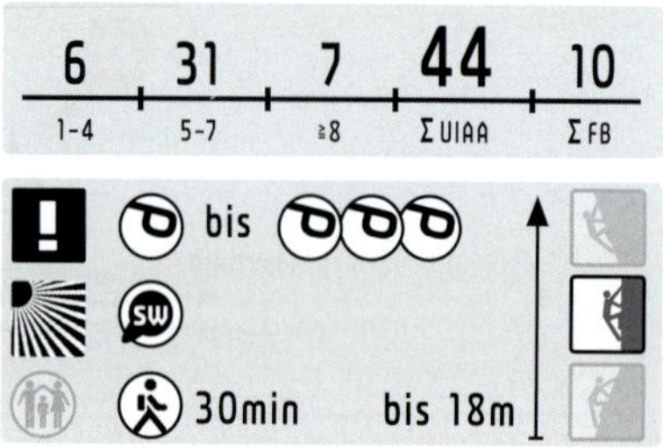

BESONDERES: Die Absicherung variiert von sehr gut am Badener Turm bis zu schon etwas antiquiert an den Nebenwänden. Genaueres im Text, im schlimmsten Fall kann an den Nebenwänden aber ein Seil von oben eingehängt werden. An den Nebenwänden existieren auch nicht immer gute Abseilstände, hier eine Schlinge für Bäume mitnehmen. Der Fels ist recht kompakt und meist fest, neben Wandklettereien findet man auch Verschneidungen und Risse.

BADENER TURM RÜCKWAND:

1 SYPHON 8+ ✱✱✱ (Patlik)
Trickreiche Züge in bestem Fels -sehr gut! Ältere Bohrhaken

2 AUFERSTEHUNG 8 ✱✱ (Patlik)
Etwas unrund und diffizil. Für Linkslastige oben schwieriger. Ältere Bohrhaken

3 ZWISCHENRUF 5- ✱
Leichter Vorbau, dann Platte. Nur 1 Haken und etwas grasig

4 KLEMMSCHWEIN 7- ✱✱ (Patlik)
Tolle Rissverschneidung ohne Haken dafür mit Dornbusch

5 RÄUBERLEITER 6+ ✱ (Patlik)
Schon recht grüne Wand und Platte, alte Haken

6 DACHDECKER 6+ ✱✱ (Patlik)
Lohnend, guter Fels, oben leider grasig und alte Haken

7 KUM A HIN 8+/9- ✱
Schwere Stelle mit alten Bohrhaken

8 REHRATTLER 6- ✱ (Patlik) Oben dreckig

9 HOHLER ZAHN 5+ ✱✱ (Hacker)
Mit linker Schuppenkante, oben Überhang, gut gesichert

10 HOHLE SCHUPPE 5 ✱✱ (Hacker)
Über die dröhnende Schuppe, oben kleiner Wulst, gut gesichert

11 RISSEINSTEIGER 4+ ✱ (Hacker)
Kamin rechts der Schuppe, Klebehaken

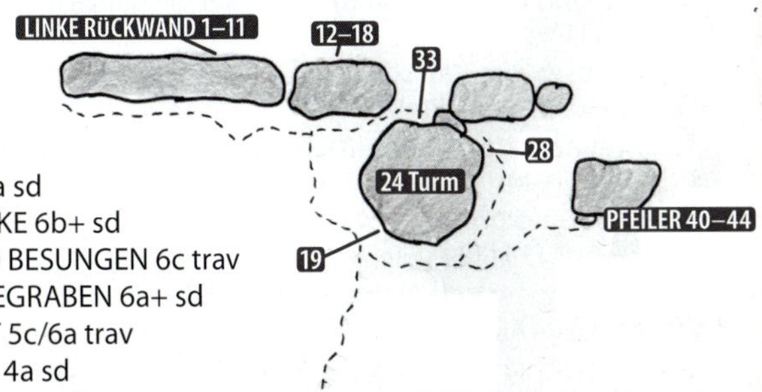

BOULDER:

A SCHUFT 6a sd
B LINKE ZECKE 6b+ sd
C STERBEND BESUNGEN 6c trav
D LEBEND BEGRABEN 6a+ sd
E EIGEN ART 5c/6a trav
F EINSTAND 4a sd
G AUFSTAND 6a sd

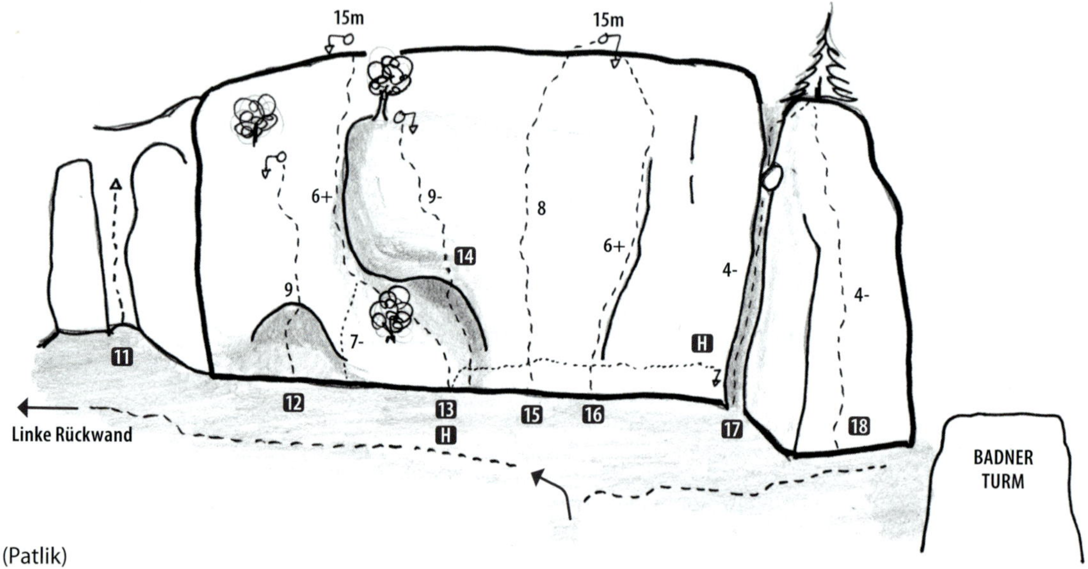

12 TUMOR 9 ✱✱ (Patlik)
Sehr schwieriger Beginn, auch oben nicht leicht, Klebehaken

13 KLASSIKER 6+ ✱✱ Schön, steil und griffig –leider mit Dornbusch unten, Gras oben und alten Haken auf die ganze Länge

13a DIREKTER EINSTIEG 7- ✱
Hakenloser Direkteinstieg zu **13**

14 MELMAC 9- ✱✱ (Patlik)
Schwer nach der Untergriffschuppe –bester Fels! Ältere Haken

15 ABER BITTE MIT SAHNE 8/8+ ✱✱✱ (Enserer)
Geniale Untergriffpassage!

16 NACHT UND NEBEL 6 ✱✱
Steiler, schöner und gut gesicherter Riß

17 RUACHLERKAMIN 4- ✱
Etwas brüchig und hakenlos

18 RUACHLERPFEILER 4- ✱ Nett, keine Haken

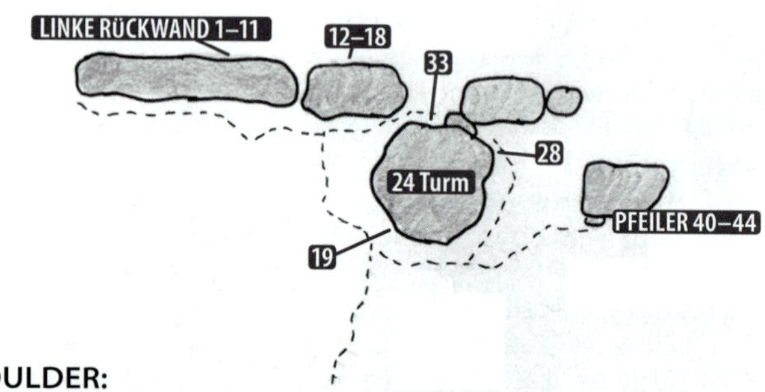

BOULDER:
H LICHTSCHEIBE 6c+ trav

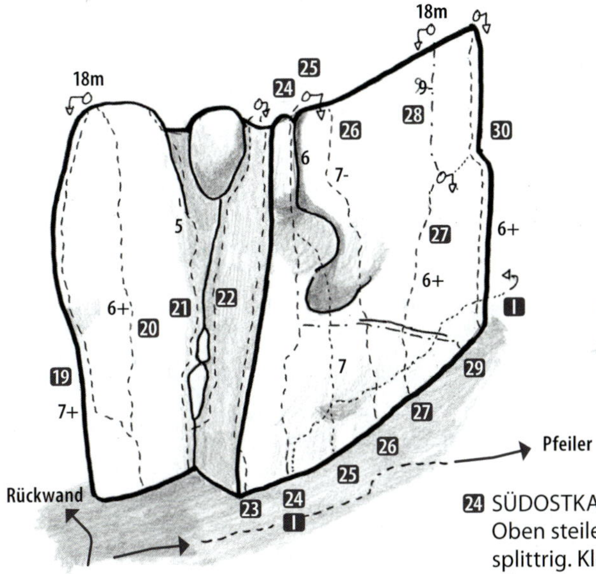

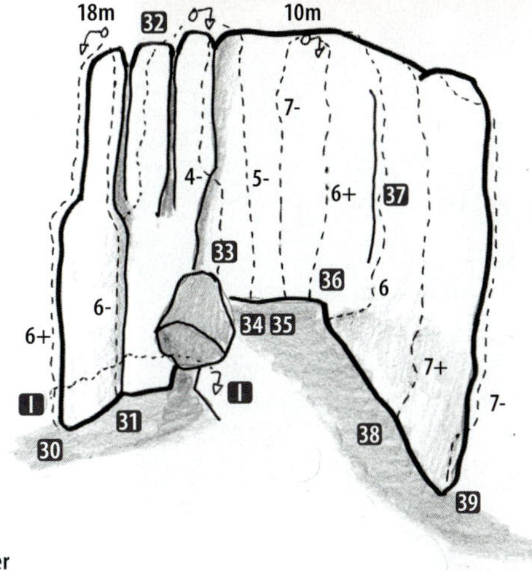

BADENER TURM:

19 BADENER WASCHL 7+ ✱
(Patlik) Definiert, sonst maximal 7-

20 BÄH – PLATTE 6+ ✱
Keine Haken, Sicherung von oben

21 LINKER SÜDRISS 5 ✱
Der linke Riß, oben ohne Haken

22 RECHTER SÜDRISS 6- ✱✱
Rechter Riß –vor allem oben toll!
Klebehaken

23 IS SO 6+ ✱✱ (Patlik)
Schöne, steile, gut gesicherte Kante

24 SÜDOSTKANTENRISS 6 ✱✱
Oben steiler und genialer Riß, mittig etwas splittrig. Klebehaken

25 SÜKA-ORI 7 ✱ Variante zu 24,
Überhang etwas brüchig. Klebehaken

26 SEHR SUPER 7- ✱✱ (Hacker) Steile, konstante, gut gesicherte Wandkletterei

27 DIREKTE OSTWAND 6+ ✱✱ Superfels mit Löchern, Klebehaken. Endet in Wandmitte, gut mit 28 oder 30 zu kombinieren

28 LUFTBUDERANT 9- ✱✱ (Patlik)
Boulderstelle an kleinen Griffen –ohne auf den Abseiler zu greifen! Bestens gesichert

29 DIAGONALE 5+ ✱✱
Lochhangel nach links zu 24

30 NORDOSTKANTE 6+ ✱✱
Scharfe, steile Kante, Klebehaken

31 NORDOSTRISS 6- ✱
Steil, etwas brüchig, Klebehaken

32 AUSSTIEGSVARIANTE 4- ✱

33 NORMALWEG 4- ✱✱ Leichtester Turmaufstieg, sehr kurz, Klebehaken

34 TURMFALKE 5- ✱✱
Sieht schwerer aus, kurz, Klebehaken

35 THE STAND 7- ✱✱
Kurze Wandkletterei. Kleber

36 THE BELL 6+ ✱✱
Ebenfalls kurz aber schön, Klebehaken

37 GRINDULA 6 ✱✱ (Gruber, Holy) Vom Block in die Wand und den Riß hinauf, Kleber

38 DIREKTE WESTWAND 7+/8- ✱ Etwas brüchig, Schlüsselstelle zu Beginn

39 B.E.- KANTE 7- ✱✱ Schwieriger Einstieg

BOULDER: I PESTTANZ 6a+ trav

Mathias Kulich | WILDE BESTIE 8 | Foto: felsfetisch.at

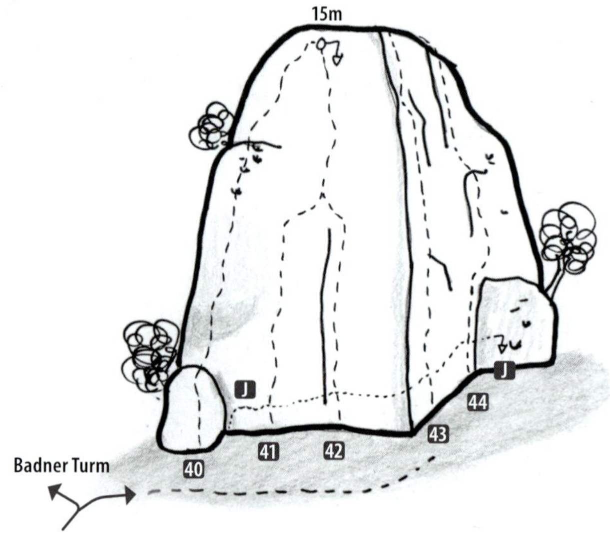

PFEILER:

40 ARIEL FUTUR 6+ ✱ (Patlik)
Moralisch, oben verwachsen, Haken alt

41 WILDSCHWEIN 7 ✱✱ (Patlik)
Schöne Wandkletterei, Vorsicht alte Haken

42 BÜGELBRETT 6+/7- ✱✱ (Patlik)
Ebenfalls lohnend, alte Haken

43 SÜDOSTRISS 6- ✱ (Patlik)
Oben Keile oder Mut, etwas grasig, Haken alt

44 OSTRISS 4- ✱ Grasiger Riß ohne Haken

BOULDER:

J GILBHART 5b trav

RAUHENSTEIN

Neben der Ruine Rauhenstein (schöner Ausblick vom Burgturm) befindet sich eine kleine Halbhöhle mit eher bescheidenen Bouldermöglichkeiten. In den Anfängen des Wienerwaldboulderns war der Quergang von Hans Mairgruber aber recht beliebt und so soll er wieder aus dem Vergessen geholt werden. Die vielen Felstürme unterhalb der Ruine sind übrigens recht brüchig, obwohl natürlich auch hier schon geklettert wurde und der eine oder andere Anstieg nicht gar so schlecht ist.

ZUFAHRT: Von Baden Richtung Helenental, am Beginn des Helenentales (die Burg ist am nördlichen Berghang bereits sichtbar) im Bereich des Hotel Sacher parken (natürlich nicht auf den Hotelparkplätzen!). Hierher auch mit dem Bus, Station vor dem Hotel.
ZUGANG: Gegenüber dem Hotel bei der Ampel führt eine kurze Zufahrtsstraße und daran anschließend ein Hohlweg zur Ruine. Die Bouldernische befindet sich ein wenig rechts der Ruine. Gehzeit ca 8min.

BESTE JAHRESZEIT: Eigentlich ganzjährig. Nach Regen länger feucht.
BESONDERES: Der Fels ist nicht ganz fest. Leider ist die Nische manchmal zugesch... Außer der Traverse gibt es aus dem Loch heraus noch definierte Boulder.

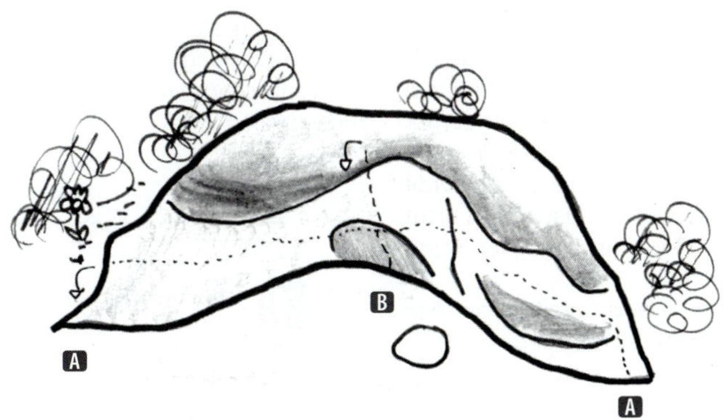

BOULDER:

A RITTER KUNIBERT DER RAUHE 6c+ trav
Quert von rechts nach links. Die Bewertung bezieht sich auf eine Begehung ohne Ausspreizen im Verschneidungswinkel

B Verschiedene Möglichkeiten aus dem dreckigen Loch heraus

JAMMERWANDL

Gleich am Eingang des Helenentales, über dem letzten Haus befindet sich diese südseitige langgestreckte Wandflucht. Sie wurde erst relativ spät, nämlich im Sommer 1987 von Christian Hacker und seinen Freunden fürs Klettern entdeckt. Wer heute mit dem Klettern beginnt, kann es sich gar nicht vorstellen dass gebohrte Haken in Meterabständen, solide Abseilstände sowie Routen in 2-Meter-Abständen damals nicht zum Standard gehörten (und das war vielleicht gar nicht so schlecht, hört man böse Zungen sagen...). Christian schuf mit dem Jammerwandl eigentlich den ersten Klettergarten moderner Prägung im Wienerwald. Der Erfolg sollte ihm Recht geben – das Jammerwandl wurde gleich extrem beliebt und so dauerte es nicht lange, bis andere Felsen in ähnlicher Weise erschlossen wurden.

Mittlerweile hat die Wand bereits eine erste Sanierungswelle über sich ergehen lassen müssen, und die Griffe sind auch schon ziemlich abgeglättet. Nichtsdestotrotz zählt das Jammerwandl nach wie vor zu den beliebtesten Felsen im Wienerwald – kein Wunder bei dem kurzen Zustieg und dem abwechslungsreichen Routenangebot.

ZUFAHRT: Von Baden Richtung Helenental. Parken am Straßenrand knapp vor Ortstafel. Weitere Parkmöglichkeiten bei der Busumkehrstelle hinter Hotel Sacher. Parkverbote beachten!

ZUGANG: Die Wand steht neben der Straße ins Helenental gleich hinter der Ortstafel. Zustieg je nach Parkplatz 2 - 5 Minuten.

BESTE JAHRESZEIT: Südseitig und schnell trocknend. Im Sommer ist es sehr heiß, am besten im Frühling und Herbst aber auch an sonnigen Wintertagen ab Mittag.

BESONDERES: Bis auf ganz wenige Routen mit älteren Bohrhaken mit Klebehaken saniert und bestens gesichert. Wer Kinder mithat Obacht, da das Einstiegsband recht abschüssig ist. Abwechslungsreiche Kletterei an Platten, kleinen Dächern und Rissen, leider schon recht abgeschmiert.

1-4	5-7	≥8	Σ UIAA
2	31	3	36

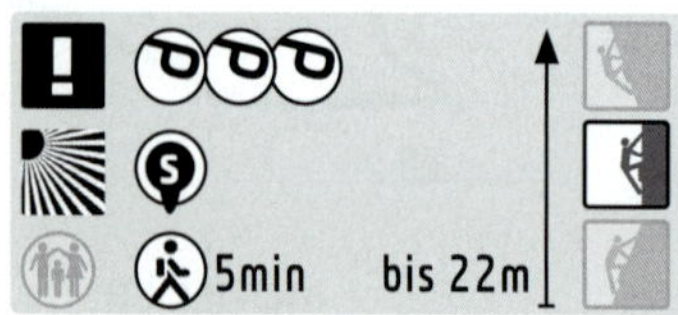

1 LAUBFROSCH 6+ * (Hacker)
Alte Haken, kaum begangen

2 BERTA 7- * (Hacker)
Platte mit alten Haken, wenig begangen

3 BERTL 6- * (Hacker) Kurze Platte, alte Haken

4 DAS GROSSE AUFWÄRMEN 7- * Hübsche, etwas definierte Kurzroute (Hacker, Burkhard)

5 DAS KLEINE AUFWÄRMEN 5 ** (Hacker, Zinsmeister) Hübsche, gutgriffige Kletterei. Ideal in Verbindung mit **7**, eventuell Zwischenstand beim Baum (Schlinge mitnehmen)

6 LUEG EMOL ES BITZELI 4+ * (Schimanek, Eichelter) Nix Besonderes. Oben kein Abseiler, Schlinge für Baum mitnehmen

7 DACQUIS 5+ ** (Schimanek)
Noch rau, gutgriffiger Riß und Platte. Kein Abseiler, Baumschlinge!

8 BUNTE KUH 7 ** (Hacker)
Plattig, endet in Wandmitte

9 JUNGE RÖMER 7+ ** (Hacker, Simek)
Schon recht glatte, markante Einzelstelle

10 DAS COMEBACK 7- *** (Hacker, Simek)
Schön, abwechslungsreiche Platten- und Wandkletterei

11 GOLDEN AMBROSIA 7 ** (Hacker, Simek)
Schlüsselstelle direkt klettern, sonst leichter

12 JAMMER PEPI 6+ *** (Hacker)
Klassiker mit überhängendem Rißfinale

13 UNSCHLÜSSIG 8- ** (Jentzsch, Hacker)
Kleingriffige Stelle oben, unten plattig

14 MAYFLOWER NR. 1 5+ ** (Hacker, Hauger)
Griffige, gemütliche Kletterei mit Kaminbeginn

15 DIREKTER EINSTIEG 5+ ** (Hacker)

16 PLATTENZAUBER 6 ** (Hacker)
Leider schon speckiger Beginn. Variante: Über links einsteigen, rau aber ohne Haken!

17 TOPSTAR 7 ✱✱✱
(Hacker) Fotogene Kletterei übers Dach

18 VARIANTE 6+/7- ✱✱
Nach dem 1. Dach von **17** links weg

19 KURZE KAMINE 5- ✱✱
(Hacker) Kaminkletterei, beginnt rechts von **17**

20 SAI NED FAAAD 9- ✱✱
(Fachet) Schmerzhafte Einzelstelle am Dach

21 FAADE NOCKEN 6+ ✱✱
(Zinsmeister) Schöne Route, kreuzt **22** nach rechts

22 TESTSTRECKE 6 ✱✱ (Hacker, Zinsmeister)
Steile, lohnende Rißkletterei

23 OHNE BAUM 6+ ✱✱ (Hacker, Simek)
Ohne Baum klettern!

24 SCHUPPE DER ZWEIFEL 6 ✱✱ (Hacker, Simek) Plattenkletterei, etwas rechts geklettert: 5

25 SCHOKOPALATSCHINKE 6+ ✱ (Hacker)
Variante zu **24**

26 HEXALOTTE 7- ✱✱ (Hacker, Zinsmeister)
Platte mit kleinen Leisten

27 WILDER SCHNITTLAUCH 5 ✱✱ (Hacker)
Gutgriffig

28 TERASSENDIAGONALE 5+ ✱✱
(Zinsmeister, Hacker) Originalroute:
In Wandmitte rechts zum Kamin

29 AMEISENBÄR 6+ ✱✱ (Sperlich, Hristovski, Hacker) Interessante Plattenkletterei

30 TANTE EMMA 7 ✱✱ (Hacker)
Hineingezwängte, plattige Kletterei

31 PUTZTEUFEL 5+ ✱✱ (Hacker, Zinsmeister)
Lohnender Riß, in Wandmitte nach links zur Verschneidung

32 EFEUTEUFEL 8 ✱✱ (Hristovski, Burkhard)
Schwere Einzelstelle oben

33 EFEUZORN 7 ✱✱ (Hacker, Miller, Simek)
Ziemlich abgeschmiert und diffizil

34 INVASION DER AMEISEN 7- ✱✱ (Hristovski)
Speckige Leisten- und Plattenkletterei

35 AMEISENMORD 7 ✱✱ (Hacker)
Auch hier: Speckige Leisten, diffizil

36 SONNENKANTE 4+ (Hacker, Simek)
Hübsch, 2011 saniert!

ENGELSTEIN

Der Engelstein auch Urtelstein genannt- stellt eigentlich die Eintrittspforte ins Helenental dar. Er war schon immer eine Barriere an der wichtigen Straße von Baden nach Heiligenkreuz. Die Fuhrleute mussten früher den steilen Weg über den Felsen nehmen und noch dazu Maut bezahlen. 1826 wurde dann der Startschuß zum Bau des ersten Wienerwaldtunnels gegeben, und 1827 zuckelten die ersten Fahrzeuge durch den Tunnel. Die steile Südseite des Felsen bricht direkt in die Schwechat ab und weckte so das Interesse der Kletterer.

So einzigartig das Ambiente über dem Wasser zu klettern auch ist, richtig beliebt wurde der Engelstein nie. Dazu ist das Seilhandling zu mühsam, der kompakte Fels ist leider von Natur ziemlich glatt und der 7. Grad in technisch recht anspruchsvollen Routen sollte schon beherrscht werden. Da außerdem in einigen Touren das Hakenmaterial auch nicht mehr das beste ist, erhält der Fels nur selten Besuch – und wenn dann wird eher mit Seilsicherung von oben geklettert, wobei der Sichernde am leicht zu erreichenden Ausstieg steht.

ZUFAHRT: Siehe Jammerwandl.

ZUGANG: Von der Bushaltestelle direkt vor dem Tunnel (auf der Badener Seite) führt ein kleiner Steig runter zur Schwechat und zu den Routen im rechten Wandteil (1min). Zum linken Wandteil besser auf Steig über den Gipfel drüber, in einem Bogen um den Fels herum (rechts das Zwergwandl, linkerhand vor der Straße die Route1) sowie ein Boulderprojekt) zur Straße absteigen. Vorsichtig über die Straße und zur Schwechat (5min). Je nach Wasserstand lassen sich die Routen knapp überm Wasserspiegel querend kletternd erreichen. Oder vom Gipfel her mittels abseilen, Haken sind vorhanden und die Routen teilweise zur besseren Orientierung angeschrieben.

BESTE JAHRESZEIT: Im Winter zu kalt, im Sommer trotz der Nähe zum Wasser heiß. Der glatten Felsbeschaffenheit wegen sollte es eher kühl sein.

BESONDERES: Das Seilhandling knapp über der Wasseroberfläche ist besonders bei Vorstiegssicherung mühsam! Wer von oben sichern will, findet zur besseren Orientierung einige Ausstiege angeschrieben. Durch die seltenen Besuche wachsen einige Touren an den Ausstiegen schön langsam zu. Die Absicherung ist sehr unterschiedlich, von sehr gut mit Klebehaken bis zu kriminell mit sehr altem Material – siehe die Beschreibung im Text! Der Fels ist von Natur aus ziemlich glatt, kompakt und von Leisten durchsetzt.

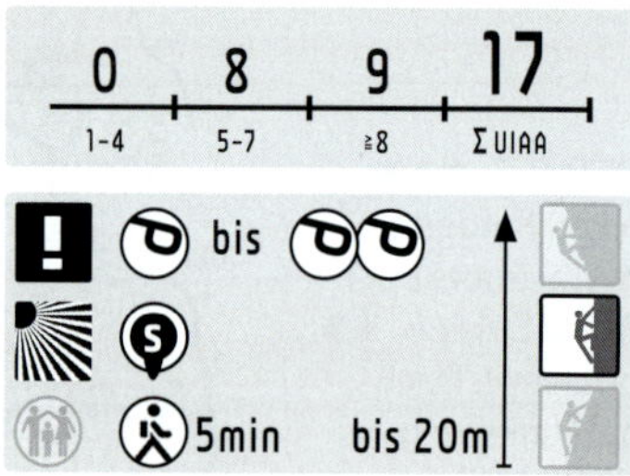

1. SCHLEUDERGEFAHR 8- ✱ (Gruber, Holy)
   Kurzroute neben der Straße. Daneben ein altes Quergangsprojekt von Christoph Helma, als Boulder: A ca 8a
2. DRUM DREAM 7 (Hacker, Hauger)
   Alte Haken, verwachsen
3. ADOLFONS 8 ✱ (Fachet)
   Gute Züge, gefährliche Haken, oben verwachsen, Vorsicht
4. KATZENJAMMER 8 ✱✱ (Simek, Burkhard)
   Einzelstelle, Rest leichter – Vorsicht alte Haken. Blau markiert

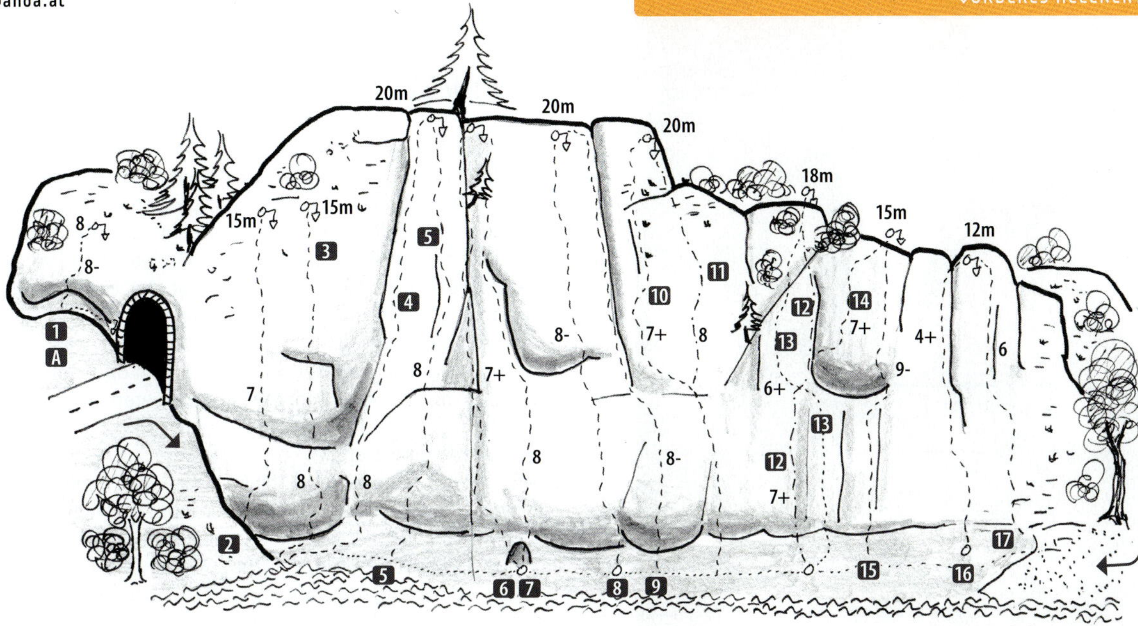

5 SCHLICHTWEG 8 ✱ (Hacker, Hristovski)
Etwas undurchsichtige Kletterei, Klebehaken

6 HEAVEN AND HELL 7+ ✱✱ (Hacker)
Unübersichtlicher Beginn, oben an der Kante. Alte Haken

7 WEG AUS DEM FISCH 8 ✱✱ (Fachet)
Gute, diffizile Route mit miesen, alten Doppelbohrhaken

8 HAPPY DAY 8- ✱✱✱ (Hacker, Simek)
Vielleicht die beste Route hier! Schöne Platte oben, mit Klebehaken gut gesichert

9 YELLOW SUBMARINE 8- ✱✱ (Hacker, Simek)
Unten schwer, oben grasig, alte Haken

10 TOLLWUT 7+ ✱✱ (Helma, Hacker, Fachet)
Oben links an die Kante, dann rechts grasig im Riß

11 ONSIGHT ADELHEID 8 ✱ (Enserer) Variante zu **10**, Einzelstelle , Ausstieg verwachsen

12 KABANOSSI 7+ ✱ (Hacker) Unten links, oben rechts im Riß. Klebehaken

13 BISSIGE KREUZSPINNE 6+ ✱ (Hacker)
Unten Verschneidung, dann nach links, Ausstieg verwachsen und alte Haken

14 OSSIKABA 7+ ✱ (Hacker)
Quert vom Riß von **12** rechts in die Platte. Klebehaken

15 GICHTFINGER 9- ✱✱ (Bacher)
Schwere Einzelstelle

16 AMEISENFLIPP 5+ ✱ (Hacker, Simek, Hauger) Netter, grüner Riß mit Klebehaken

17 KURZER MURX 6- ✱ (Hacker)
Nett, grün, Klebehaken

BOULDER:
A ca 8a trav, Quergang neben der Straße

Robert Gruber | FLAMINGO ROAD 7+ | Foto: Andreas Maron

DACHSWANDL, OSPWANDL, VOGELWANDL

Etwas oberhalb des Jammerwandls fernab vom Straßenlärm und schön sonnig am Berghang gelegene Felsformationen mit recht unterschiedlichen Charakteren. Das Ospwandl hat mit dem gleichnamigen hochkarätigen Sportklettergebiet nur den Namen und vielleicht noch die braune Felsfarbe gemein. Trotzdem sind die 5 Routen hier nicht schlecht und vor allem recht kräftig, wenn auch kurz. Links daneben liegt das Dachswandl mit sehr kurzen, bestens gesicherten und auch für Anfänger interessanten Routen. Nochmals links befindet sich ein Boulderwandl mit wirklich schönem, Fels. Das Vogelwandl liegt schließlich am höchsten oben und hat auch die längsten Touren in schönem, löchrigem Fels zu bieten.

ZUFAHRT: Wie Jammerwandl.
ZUGANG: Unterm Jammerwandl, hinter dem Haus, beginnt ein Wanderweg. Diesen helenentaleinwärts, nach der kurzen Steigung kommt eine Wegkreuzung. Hier rechts, wieder talauswärts, ein kurzes Stück zurück und links auf Steiglein im Wald steil zum Ospwandl (8min). Links ums Eck zum Dachswandl. Vom Ospwandl schräg rechts bergauf zum Vogelwandl. Wer nur zum Vogelwandl will, geht an der Abzweigung Ospwandl vorbei und ein kleines Stück weiter. Kurz bevor man oberhalb des Jammerwandls angelangt ist, zweigt man links auf Steigspur ab und steil geht's direkt zum Vogelwandl hinauf. Gehzeit ca 10min.
BESTE JAHRESZEIT: Die Felsen liegen südseitig und südwestseitig, durch die dichte Bewaldung im Sommer trotzdem meist im Schatten. Die Hitze kann im Sommer dennoch unerträglich werden. Dafür lässt es sich im Frühjahr und Herbst meist gut klettern, eventuell auch im Winter. Vor allem oben am Vogelwandl wird starker Wind schnell als störend empfunden. Das Boulderwandl beim „Rum" ist nach Regen gerne feucht, die restlichen Felsen trocknen schnell auf.
BESONDERES: Am Ospwandl bereits etwas ältere Bohrhaken. Das Dachswandl sowie das Vogelwandl sind mit Klebehaken sehr gut abgesichert. Das Absprunggelände bei den Bouldern ist sehr gut.

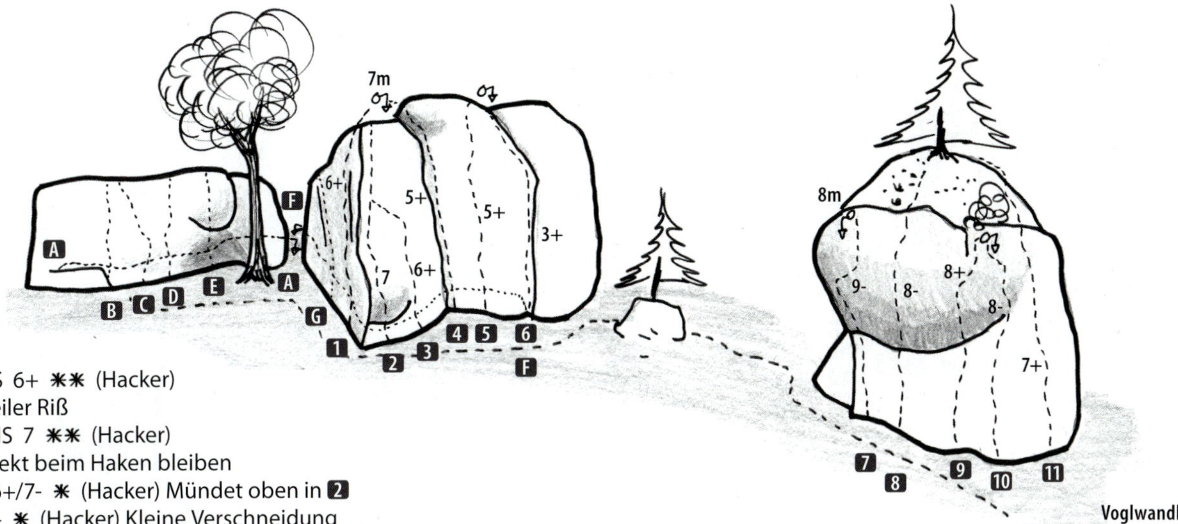

DACHSWANDL:

1. WILDER DACHS 6+ ✱✱ (Hacker)
   Sehr kurzer, steiler Riß
2. BISSIGER DACHS 7 ✱✱ (Hacker)
   Einzelstelle, direkt beim Haken bleiben
3. DACHSFALLE 6+/7- ✱ (Hacker) Mündet oben in 2
4. DACHSFELL 5+ ✱ (Hacker) Kleine Verschneidung
5. DACHSBEUTE 5+ ✱ (Hacker)
   Ohne Verschneidung links!
6. BRÖSELRISS 3+ ✱ Keine Haken

OSPWANDL:

7. LITTLE OSP 9- ✱✱ (Patlik)
   Kleingriffige Einzelstelle ganz oben
8. SAFT 8-/8 ✱ (Patlik) Brauner Überhang,
   oben bis zum Baum (Schlinge mitnehmen)
9. PRIMORKA 8+/9- ✱ (Patlik) Schwer am Ende
   des Überhangs –und dann rein in die Botanik!
10. COOPER HARD 8- ✱✱ (Patlik) Schön und rau,
    versteckter Griff
11. COOPER 7+ ✱ Etwas splittrig, oben bis zum Baum
    (Schlinge mitnehmen)

BOULDER von Roman Patlik:

- A RUM 6b trav
- B 5a
- C 5c/6a
- D 5c
- E PEZI BÄR 7a
  Erdiger Ausstieg –
  eventuell von oben sichern
- F BIER 6a+ trav
- G UNTERARMALARM 4c
  relativ hoch

1	6	4	11	7
1-4	5-7	≥8	Σ UIAA	Σ FB

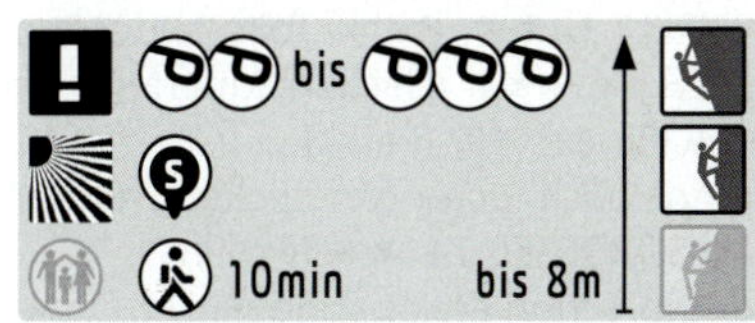

1-4	5-7	≥8	Σ UIAA
4	17	0	21

10min bis 18m

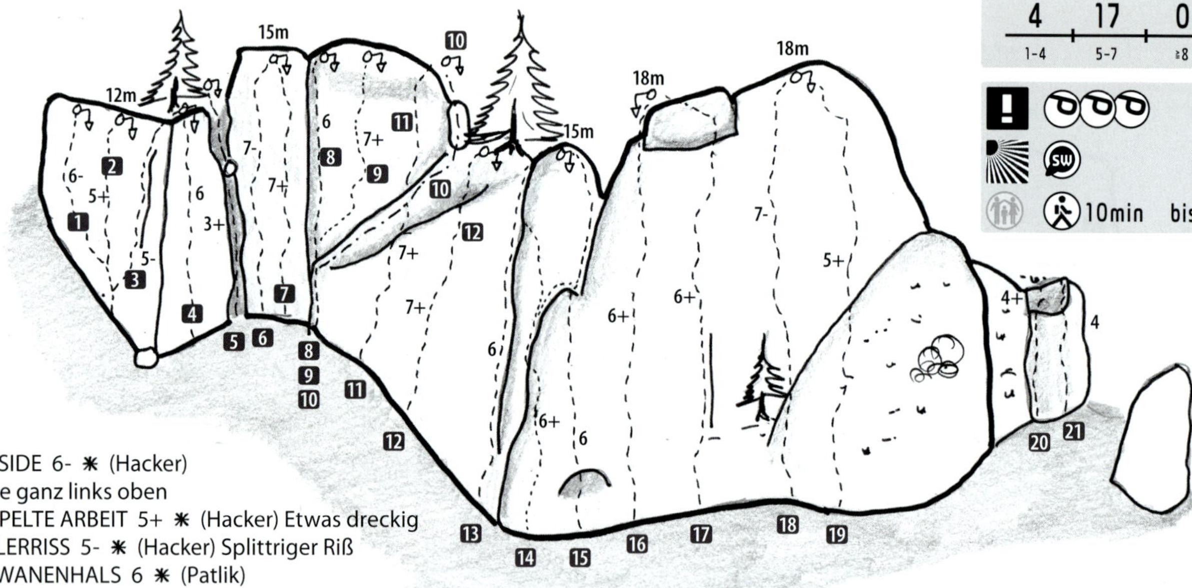

1 OUTSIDE 6- ✱ (Hacker)
Platte ganz links oben

3 DOPPELTE ARBEIT 5+ ✱ (Hacker) Etwas dreckig

3 PFEILERRISS 5- ✱ (Hacker) Splittriger Riß

4 SCHWANENHALS 6 ✱ (Patlik)
Entlang der Kante den Pfeiler rauf

5 VOGELVERSCHNEIDUNG 3+ ✱ (Patlik)
Leichte Rinne mit Schlüsselstelle oben

6 SALLY 7-/7 ✱✱ (Hacker) Etwas definiert in steiler Wand

7 FLAMINGO ROAD 7+ ✱✱ (Patlik)
Schöne, leicht überhängende Wand, direkt klettern

8 GEIERWALLY 6 ✱✱ (Patlik) Tolle, leider kurze Verschneidung

9 AASGEIER 7+ ✱✱✱ (Hacker) Superfels –direkt klettern!

10 WIEDEHOPF 4+ ✱✱ (Patlik)
Die Rampe nach rechts (versteckter Normalhaken), schön

11 SCHNAPSDROSSEL 7+ ✱✱ (Patlik)
Kleingriffig, schon etwas abgeglättet. Ohne Rampe!

12 CONDOR 7+ ✱✱ (Patlik) Einzelstelle zur Rampe hin

13 VOGERLTANZ 6 ✱✱ (Hacker) Links vom Riß –etwas weiter gesichert

14 GRÜNSPECHT 6+ ✱✱ (Hacker)
Läßt sich über **13** oder **15** rausklettern

15 VOGERLKANTE 6 ✱ (Hacker) Oben etwas dreckig

16 VÖGELN ERLAUBT 6+ ✱✱✱ (Patlik) Sehr schöne Platte

17 MAUERLÄUFER 6+ ✱✱ (Patlik)
Tolle Platte –nach oben hin steigern sich die Schwierigkeiten

18 KOLIBRI 7- ✱✱✱ (Patlik) Steile Platte, etwas diffizil

19 SPATZENHIRN 5+ ✱✱ (Patlik) Griffiger Fels

20 JUNGMEISE 4+ Keine Haken

21 GIMPEL 4 Keine Haken

ZWERGWANDL

An sich eine schöne, steile Plattenwand mit interessanten, teilweise recht diffizilen Klettereien – aber leider steht sie am falschen Platz: Direkt neben der vielbefahrenen Helenentalbundesstraße. Durch die eher seltenen Besuche wachsen manche Anstiege bereits wieder zu, in den Fingerlöchern beginnen wieder Blumen zu wachsen. Wer peilsteinartige Wandklettereien mag sollte hier trotzdem einmal vorbeischauen, spätestens an der Schlüsselstelle von „Nichts für schwache Geister" bekommt man vom Straßenlärm nichts mehr mit.

ZUFAHRT: Wie zu Jammerwandl

ZUGANG: Am Wanderweg, der unterm Jammerwandl beginnt, helenentaleinwärts gehen und nach der Steigung über den Engelstein links hinunter zur Straße und weiter zur Wand. 5 bis 10 Minuten.

BESTE JAHRESZEIT: Südlage, trotzdem schattig wenn Laub auf den Bäumen ist. Im Sommer heiß, nach Regen lange feucht.

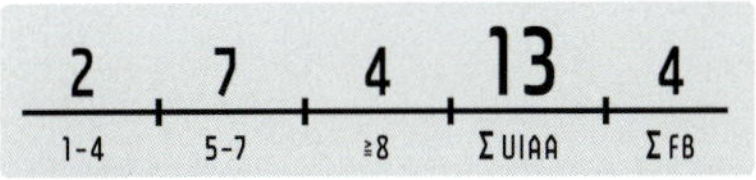

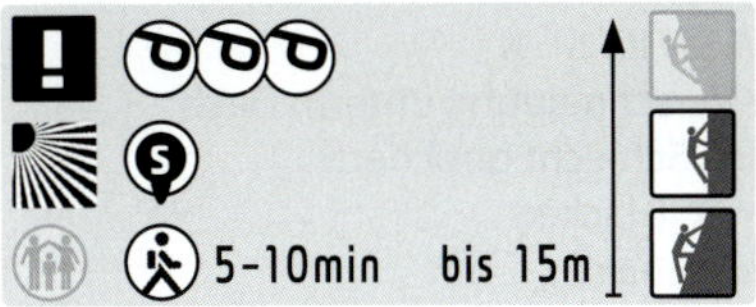

BESONDERES:
Nichts für Lärmempfindliche! Von Natur aus glatter, plattiger Fels mit teilweise unerwartet guten und tiefen Löchern. Durch die seltenen Besuche wachsen vor allem die leichteren Touren langsam zu. Absicherung mit Klebehaken.

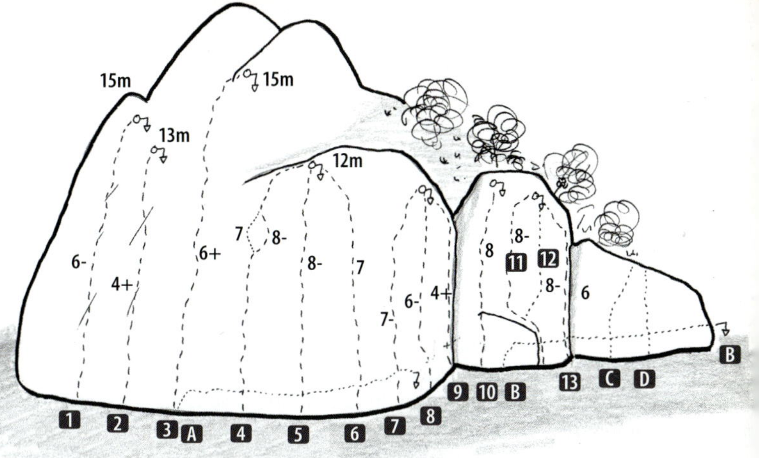

1 BUMBLE BEE 6- ✱ (Hacker) Ein- und Ausstieg verwachsen
2 SEVEN POINTED LADYBIRD 4+ ✱✱ (Hacker) Lohnend, riesige Löcher!
3 EASY RIDER 6+ ✱✱ (Hacker) Direkt klettern, schön
4 LEUTNANT WEBRI 7+/8- ✱✱ (Hacker) Rutschige Plattenstelle, über links leichter
5 NICHTS FÜR SCHWACHE GEISTER 8- ✱✱ (Gauster) Platte welche auch am Peilstein stehen könnte
6 STAND UP AND FIGHT 7 ✱✱ (Hacker) Lustiger Aufrichter
7 GREENHORN 7- ✱ (Hacker) Grüne, botanische Platte
8 MOONLIGHTNING 6- ✱ (Hacker) Ziemlich dreckig
9 VERSCHNEIDUNG 4+ ✱ (Hacker) Schmutzig
10 AALGLATT 8 ✱ (Hacker) Boulderstelle
11 ZWERGENFALLE 8- ✱ (Hacker) Boulderstelle
12 FALLSCHNEE 8- ✱ (Hacker) Hier gab es früher den Boulder „Fingerbeisser" von Roman Patlik –ohne Haken!
13 SCHNEEWITWE 6- ✱ Dreckig

BOULDER:
A ZWERGDIAGONALE 5a trav
B ARSCHGLATT 6b+ trav
C GLATTARSCH 5c
D MOOSZWERG 4a

1-4	5-7	≥8	Σ UIAA	Σ FB
8	12	13	33	2

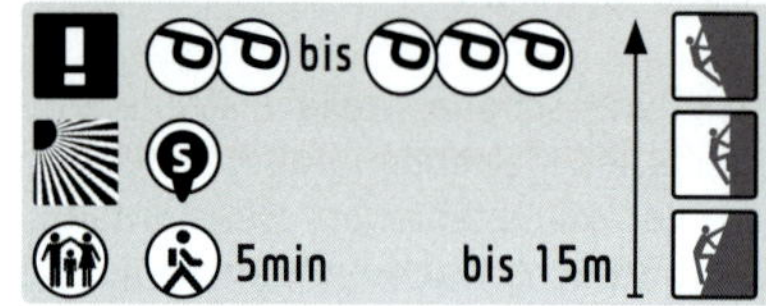

HELENENTALER BLÖCKE

Niedrige und langgezogene Felsformation, an der schon lange geklettert wird. Teilweise ist der Fels stark strukturiert und ermöglicht auch viele leichtere Anstiege, daneben gibt es aber auch überhängende und mauerglatte Bereiche, an denen ganz schön schwere Routen entstanden sind.

Die Kletterei ist also recht abwechslungsreich, die Absicherung auch: Von sehr gut mit Klebehaken bis hin zu schon in die Jahre gekommenen Bohrhakenmodellen. Der Einstiegsbereich direkt am Wanderweg ist sehr bequem und kinderwagentauglich.

ZUFAHRT:
Wie Badener Kletterschule.

ZUGANG:
Vom Parkplatz der Badener Kletterschule über das Brückerl und am Wanderweg Richtung Baden. Die Felsen stehen direkt am Weg. Gehzeit ca 5min.

BESTE JAHRESZEIT:
Südseite. Im Sommer durch die dichte Bewaldung schattig aber oft recht schwül. Sonst eigentlich ganzjährig. Der Überhang im linken Teil bleibt nach Regen lange nass.

BESONDERES:
Stark unterschiedliche Absicherung von sehr gut bis schlecht, einigen Haken ist nicht blindlings zu vertrauen, also schauen was man da klinkt. Eventuell Schlingen mitnehmen da nicht alle Abseilstände optimal eingerichtet sind. Schon ziemlich abgeschmierter Fels. Kinderfreundliches Einstiegsgelände, aber bitte nicht den Wanderweg blockieren!

1. RIESENGROSSES AUFWÄRMEN 8- ✱ (Hacker)
   Kurzer Anreißer
2. GROSSES AUFWÄRMEN 7 ✱✱ (Enserer)
   Polierter Dachklassiker, kurz, griffig, schlatzig
3. ? 9+ ✱✱ (Bacher) Weite Züge
4. SWEET CITY WOMAN 10- ✱✱ (Bacher)
   Kleine Löcher und Leisten, 1. BH fehlt!
5. MÄNNERTRÄUME 8+ ✱✱ (Enserer)
   Fingerlöcher unten, interessant oben im Dach...
6. BLOC INFERNAL 9+ ✱✱ (Bacher) Kleinstgriffig in Platte
7. WILDE ZÜGE 8 ✱ (Hacker)
   Bouldereinstieg - dann leicht, 1. BH fehlt!
8. NON PLUS ULTRA STEIG 5- ✱
   Von rechts in die Verschneidung unterm Dach queren und hinauf. Schlecht gesichert!
9. GRÜNMANDL 5- ✱ (Hacker)
   Blockige Kletterei, saniert
10. ZEPHIR 4 ✱ (Hacker) Etwas schmutzig, saniert
11. STOJA STEIG 5 ✱✱ Verschneidung
12. DIE LAST DES ERBES 9 ✱ (Bacher) Seltsam
13. HELMUT 9+ ✱✱✱ (Würzl)
    Interessante Einzelstelle am Aufleger
14. WHITE EDGE 9- ✱✱ (Meder)
    Glatte, technisch wertvolle Kante

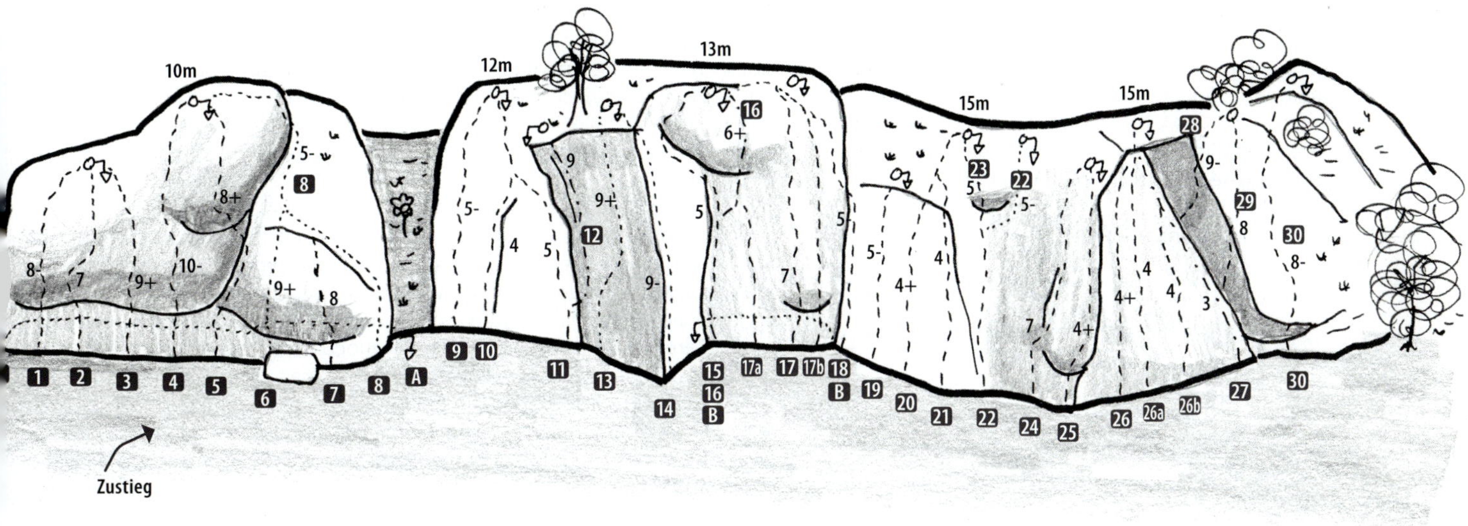

15 HEIMOVERSCHNEIDUNG 5 ✱
Klassiker, gar nicht so leicht und schon sehr glatt, alte Haken

16 DIREKTER AUSSTIEG 6+ ✱ (Hacker)
Etwas eigenartig, alte Haken

17 BEISSZANGE 7 ✱ (Hacker, Rainer)
Nicht so tolle, überraschend schwere Route. Alte Haken

17a HEINI 8 ✱✱ harter Beginn

17b 5+ ✱✱

19 RUCK ZUCK 5- ✱ (Hacker)
Plattig und dreckig, alte Haken

19 KASU 5- ✱ (Miller) Kurze Platte, Haken alt

20 ATLAS 4+ ✱ (Hacker) Warzige Platte

21 MARIANNENKANTE 4 ✱ Netter, alter Klassiker

22 KEINE WAHL 5- ✱ (Hacker) Unterm Überhangerl nach rechts

23 DIREKTER AUSSTIEG 5 ✱ (Hacker, Miller)

24 LITTLE CRACK 7 ✱ (Hacker, Miller)
Überraschend schwere Stelle unten

25 OHMEIER 4+ ✱ Blockiger Überhang, dann leichter

26 BLAUER FRITZ 4+ ✱ Nette Platte

26a 4 ✱✱ Liebe Platte

26b 4 ✱✱ Liebe Platte

27 FRITZLPROMENADE 3 ✱✱
Klassiker, nett, gemütlich

28 ? 9- ✱ (Bacher)

29 ? 8 (Bacher)
Nach dem Überhang ins Gemüse

30 ? 8- (Bacher) Verwachsen

BOULDER:

A MUTTIS LIEBLING 6c+ trav

B SCHEISSZANGE 6a

BOULDERGEBIET FRAAANZ

Am sonnigen Südhang hoch über den Helenentaler Blöcken liegen eine Menge Boulderfelsen im lichten Buchenwald verstreut. Hier gibt es viele Quergänge, leichte und schwere, in gutem aber meist recht glattem Fels. Roman Patlik hat die Blöcke gefunden und nach vielen Versuchen mit dem „Fraaanz" einen Klassiker geschaffen, der lange Zeit auch der schwierigste Boulder im Wienerwald war.

ZUFAHRT: Wie zur Badener Kletterschule.

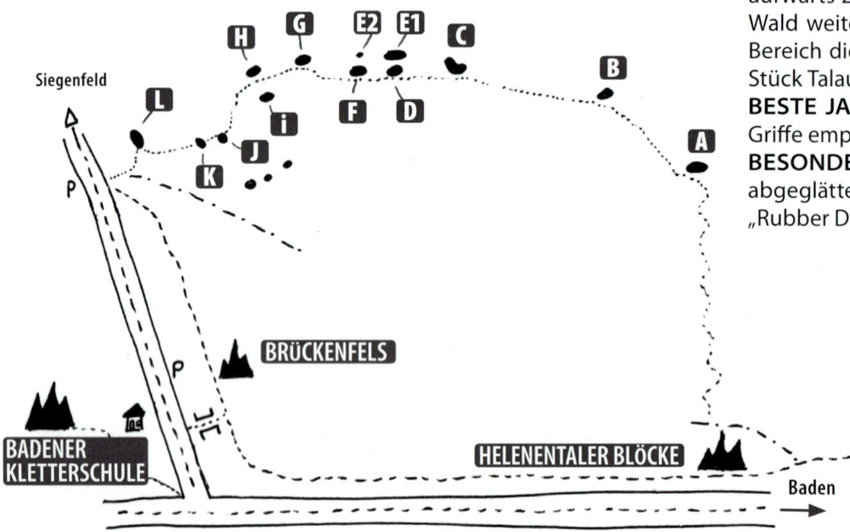

ZUGANG: Es gibt 2 Zustiegsmöglichkeiten.
1) Zu den Helenentaler Blöcken. Am Weg Richtung Baden daran vorbei, dann führt ein Steig am Hang wieder links zurück. Man gelangt über die Helentaler Blöcke. Nun weglos im schon ziemlich zugewucherten Wald aufwärts zu Block A. Von hier schräg links aufwärts zu den anderen Blöcken.
2) Vom Brückenfels am Wanderweg Richtung Siegenfeld. Wo der Weg die Straße erreicht (Brücke, Parkmöglichkeit gegenüber) erblickt man eine langgestreckte Felsformation – Block L. Vom Block L rechts weglos aufwärts zu Block K. Links vorbei und rauf zu Block J. Nun weglos im Wald weiter hinauf auf eine Art Hangterrasse, an deren bergseitigen Bereich die Blöcke I bis C liegen. Block B liegt etwas unscheinbar ein Stück Talauswärts, zu Block A kurz absteigen. Gehzeit ca. 10-15min.
BESTE JAHRESZEIT: Die Felsen liegen recht sonnig, für die glatten Griffe empfiehlt sich eher die kühlere Jahreszeit.
BESONDERES: Meist gutes Absprunggelände. Griffe schon teilweise abgeglättet, beim „Fraaanz" leider auch künstliche Löcher. Für den Riß „Rubber Duck" Tape mitnehmen.

BLOCK A (ohne Skizze):
A1 SILENT BREED 9+ ✱✱ Nette Züge, aber kurz, 2 Bolts
A2 WERWOLFI 6a+ sd

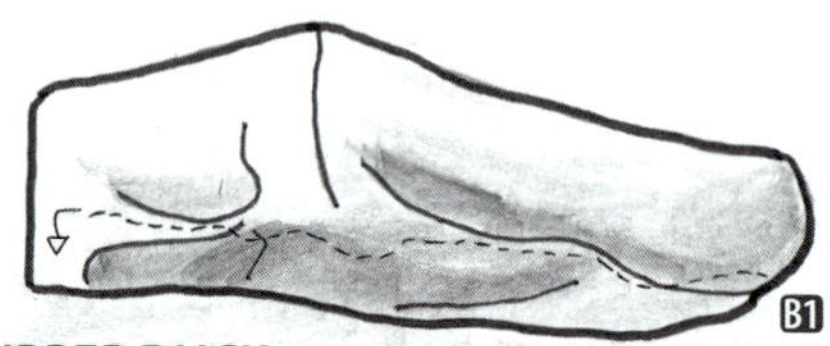

BLOCK B: RUBBER DUCK
B1 RUBBER DUCK 7a+ trav, Interessante Rißhangel, meist erdig – Bürste mitnehmen

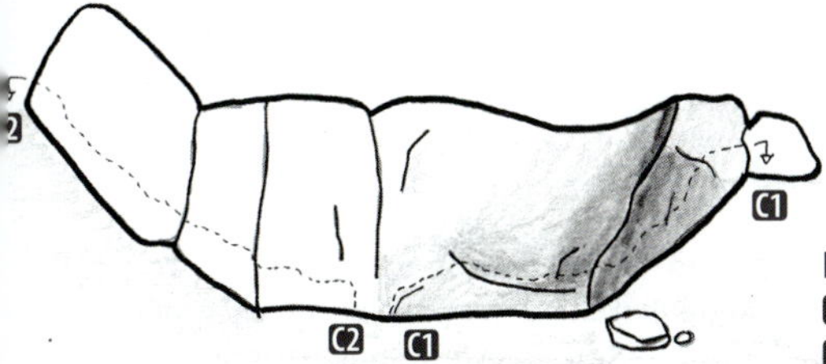

BLOCK C: FRAAANZ

C1 FRAAANZ 7b+ trav
Der Klassiker – leider gebohrte Griffe

C2 LÖCHLIS 6a trav

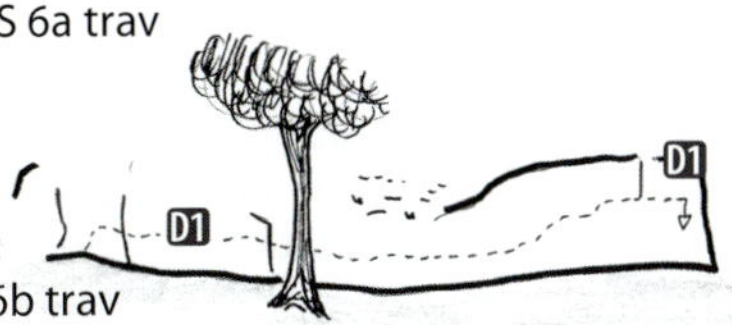

BLOCK D:

D1 KOTZE 6b trav

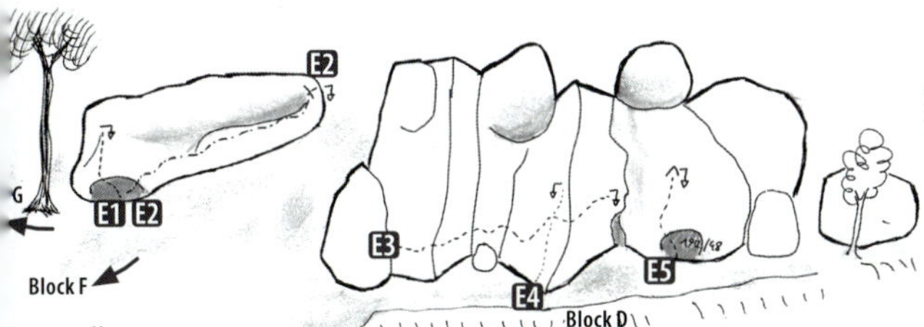

BLÖCKE E1+E2:

Oberhalb von MINI ZIB

E1 10 JAHRE: BLAD UND HANNA 7a sd Start bei 2 Untergriffen und leicht links über Nische heraus.

E2 WIE GEIL! 7a+ sd
Start wie E1 und nach rechts. 2. Hälfte oft feucht.

E3 GOTTLIEB 6a Quergang mit ungutem Absprunggelände

E4 ? 7a sd ? Definiert

E5 POPPSTAR 7a sd Start in brauner Nische mit Aufschrift: 1912/48

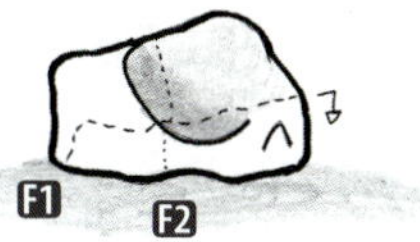

BLOCK F: MINI ZIB

F1 MINI ZIB 6a+ sd

F2 5a sd

BLOCK G: HALS & STEINBRUCH

G1 HALS- UND STEINBRUCH 6c trav

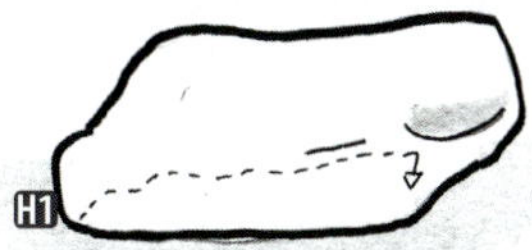

BLOCK H: FLORA

H1 FLORA 6a trav

BLOCK i:

i1 LUSTIG UND RUTSCHIG 6a
Traverse

BLOCK J: TIGERTRAUM

J1 TIGERTRÄUME 6a trav

J2 TIGERLILLY sd
Schwierigkeit je nach Eigendefinition

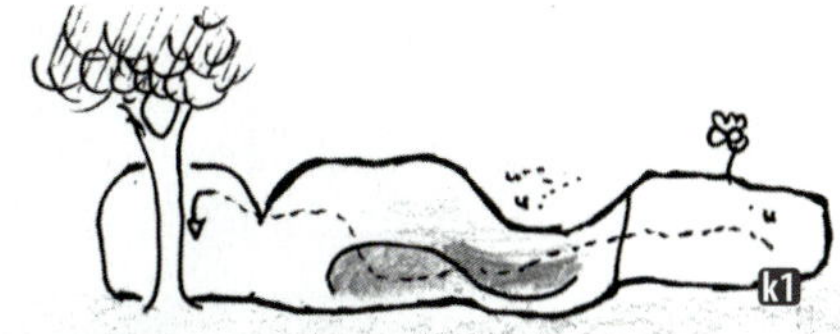

BLOCK K: LITTLE TIGER

K1 LITTLE TIGER SIEHT ALLES 6c+/7a trav
Querung von rechts nach links, Beginn schmutzig, zum Schluß gute Züge an scharfen Löchern

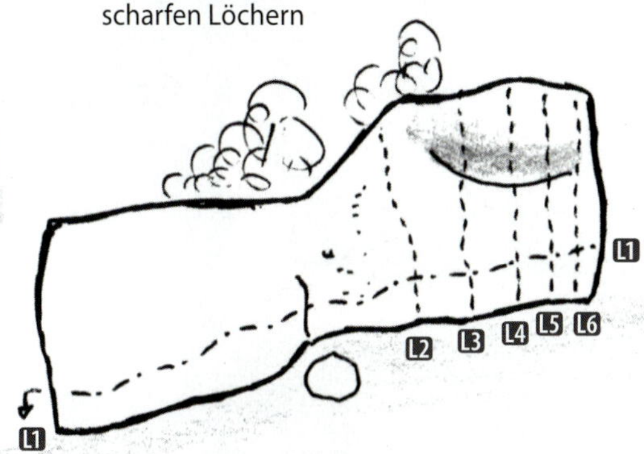

BLOCK L: TIGERBLOCK:

Nach Regen lange feucht, teilweise recht hoch und etwas schmutzig

L1 TIGERENTENBLUES 6b+ trav

L2 ENTENBAUCH 4c

L3 AUFWÄRMTIGER 4b

L4 TIGERDACH 6a+

L5 TIGERKANTE 5c

L6 AUFWÄRMENTE 4b

Robert Gruber | DACHSWANDL, BIER 6A+ TRAV | Foto: Andreas Maron

BOULDERGEBIET KLEINES VERDON

Zwischen dem Bouldergebiet „Fraaanz" und dem Dachswandl liegen noch einige Felsen im Wald herum. Diese werden hier unter dem Begriff „Kleines Verdon" zusammengefasst. So heißt der Block mit dem schönsten Fels hier. Eher selten besucht, aber durchaus lohnend.

ZUFAHRT: Wie zur Badener Kletterschule.

ZUGANG:
Zuerst zu den Helenentaler Blöcken. Nun dem Wanderweg ein Stück Richtung Baden folgen, bis links oben ein Felsturm sichtbar wird. Hier zweigt auch ein Steiglein ab, welches in spitzem Winkel wieder taleinwärts führt. Wir gehen aber direkt zum Felsen (=Block A). Schräg rechts weglos zum Block B. Von hier wieder linkshaltend, um eine verwachsene Felswand herum (hier ein unlohnender Boulder, Einstiegsaufschrift noch lesbar) und hinauf zum Block C. Zum Block D mühsam waagrecht durch den Wald hinüberqueren. Siehe auch die Skizze. Zustieg ca. 10 – 15min.

BESTE JAHRESZEIT:
Sonnige Lage, die Bäume spenden im Sommer Schatten. Ideal meist im Frühjahr und Herbst.

BESONDERES: Gutes Absprunggelände, einige Boulder etwas höher (vor allem am Block A). Teilweise glatte Leisten, aber auch Züge an scharfen Fingerlöchern.

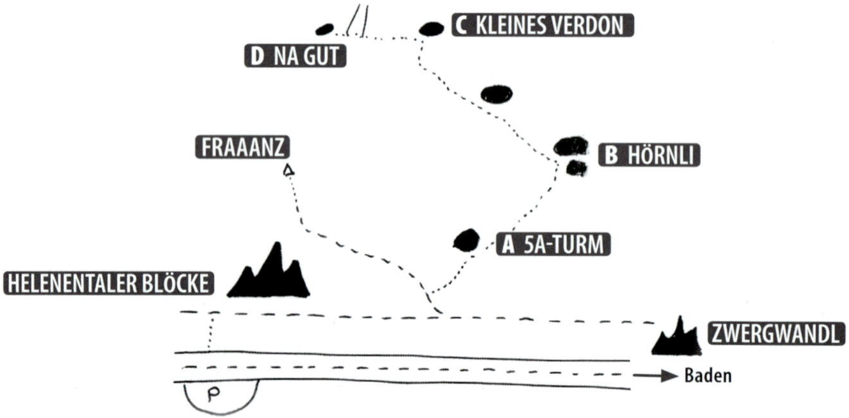

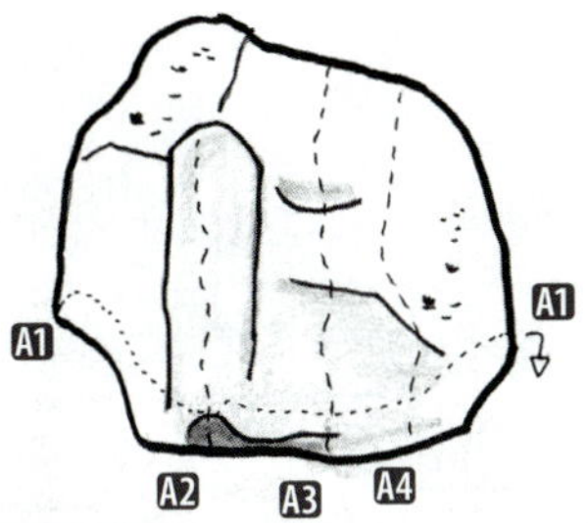

BLOCK A: 5A-TURM

- A1 HADERSDORF IST DER TOD 6a+ trav
- A2 WARM UP 3
- A3 WONDERFUL LIFE 5c
- A4 THANK`S PIA 5c

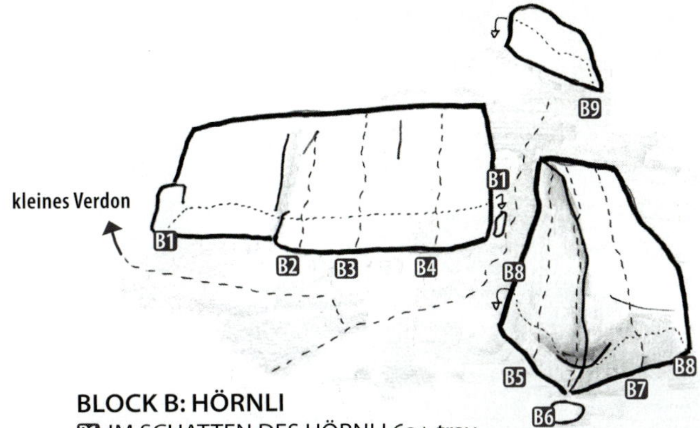

BLOCK B: HÖRNLI

- B1 IM SCHATTEN DES HÖRNLI 6a+ trav
- B1 5c
- B3 5a
- B4 5a
- B5 HOBO HEAVEN 5c/6a
- B6 KANTE 6b Hoch!
- B7 SÜD WAND 5a
- B8 7b trav Quergang um den Block
- B9 5b trav

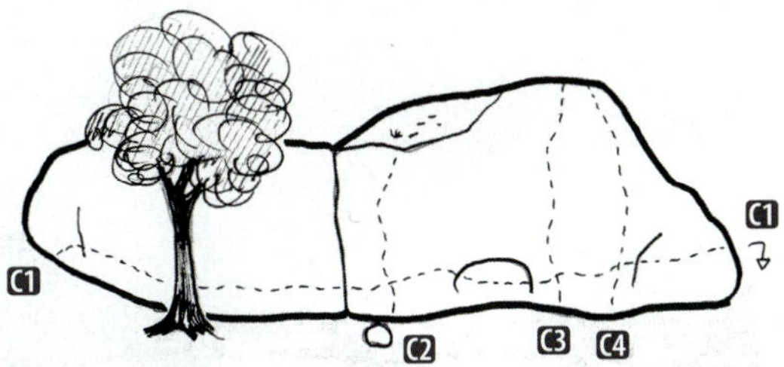

BLOCK C: KLEINES VERDON

- C1 LITTLE VERDON 7a trav
- C2 HERZBLATT 6b
- C3 METAMAGICA 7a
- C4 5c

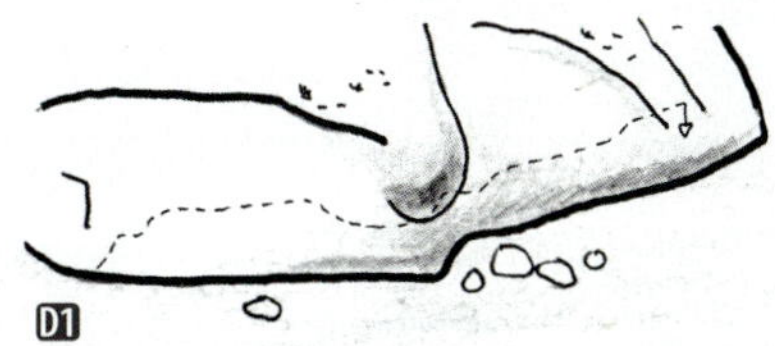

BLOCK D: NA GUT

- D1 NA GUT 6a trav

Thomas Schifer | MEHR ALS DIE SUMME DER EINZELNEN TEILE ... FB 8B+ BLOC | Foto: Hannes Raudner

BOULDERGEBIET KÖNGISHÖHLE

Die Königshöhle ist eine eindrucksvolle, im Hauptdolomit liegende Felsformation. Eigentlich besteht sie nur aus einem Raum mit einer weiten Lichtöffnung anstatt einer Decke. Wer hier klettert sollte sich bewusst sein, daß die Höhle schon in der Kupfer- und frühen Bronzezeit zumindest zeitweise bewohnt war.
1892 startete der Badener Lokalhistoriker Gustav Calliano eine Ausgrabung, in deren Zuge die Sedimente im Inneren der Höhle bis zum darunter liegenden Fels abgetragen wurde (Danke, denn sonst wären unsere Boulder wohl um einiges niedriger). Es wurden zahlreiche Tongefäße und auch Skelettreste eines Höhlenbären gefunden – die Funde waren so bedeutsam, daß sogar eine eigene Epoche der Kupferzeit, die „Badener Kultur" danach benannt wurde.
Zurück in die heutige Zeit: Die Boulderer entdeckten die Höhle für ihre Zwecke, und es entstanden zahlreiche kurze Probleme und lange Traversen auf engstem Raum.
Einige der Boulder zählen zumindest derzeit zu den schwersten in unserer Gegend! Die bedeutendsten Erschließer sind Thomas Schifer, aber auch Christoph Würzl und Martin Jansenberger waren hier erfolgreich.

ZUFAHRT:
Wie beim Boulderfels Rauhenstein zum Hotel Sacher am Eingang ins Helenental. Hier parken, aber bitte nicht auf den Hotel- bzw. Tennisplatzparkplätzen (das kann teuer werden!). Auch mit dem Bus gelangt man hierher.

ZUGANG:
Für Ortskundige gibt es mehrere Zustiege, hier sei der am einfachsten zu findende beschrieben. Vom Busumkehrplatz beim Hotel Sacher über die Brücke auf die andere Seite der Schwechat. Am breiten Weg nach links bis zur Villa, dann am Wanderweg der links von der Villa beginnt, den Graben aufwärts (rot markiert). Nach einiger Zeit zweigt links ein blau bezeichneter Weg zur Höhle ab. Gehzeit ca 15min.

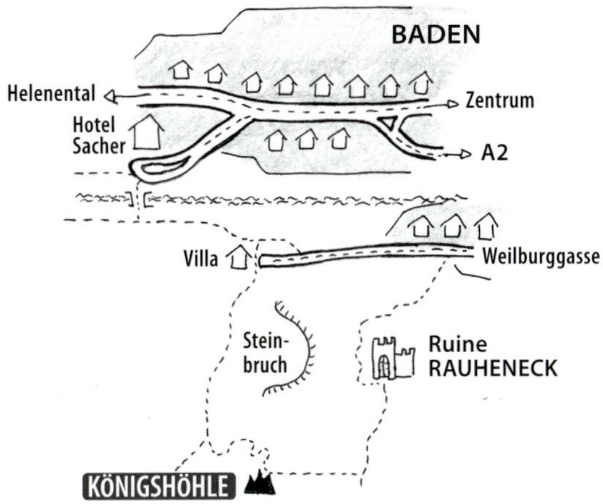

BESTE JAHRESZEIT:
Nordseite, im Winter recht frisch aber für die Aufleger natürlich gut! Im Prinzip das ganze Jahr, nach der Schneeschmelze oder heftigen Regenfällen drückt es das Wasser durch und viele Boulder bleiben lange naß. Auch im Herbst bei Nebel habe ich die ganze Höhle schon waschelnass gesehen.

BESONDERES:
Sehr gutes, ebenes Absprunggelände. Meist überhängende bis dachartige Boulder mit Auflegern aber auch ganz schön scharfen Löchern. Übrigens: Geht man bei der beim Zustieg erwähnten Brücke über die Schwechat noch gute 200m flussabwärts (auf der Rauheneck-Seite, also orographisch rechts) findet man am Ufer der Schwechat einen ordentlichen Felsbrocken mit 2 Bouldern: „Riverdance" 7a+ trav, quert von links nach rechts und endet kurz nach der Schlüsselstelle sowie „Frau Knackal 6b+" ganz rechts und mit Sitzstart.

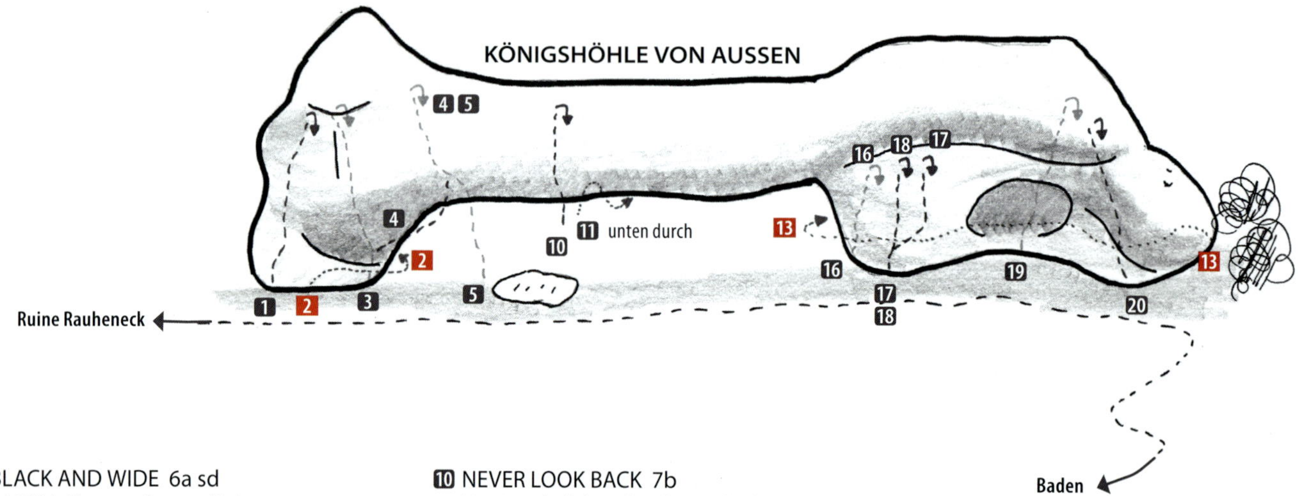

1 BLACK AND WIDE 6a sd
2 EASILY 6b trav Startet links, unter Brücke durch bis 6
3 ABKANTPRESSE 7b Stehstart in Verschneidung hinein
4 HORMONREGLER 7c sd Komplizierter Sitzstart zu 5
5 VULTURE CULTURE 6b Aufleger!
6 TOMBSTONE 6b+ sd Oben hohler Griff!
7 KINGSTONE 6c Schmerzhafte Schlitze bis zum Loch
8 GOLDEN GATE BRIDGE 7b+ trav Start über 7, am Torbogen weiter
9 REGALIA 7a+ trav Querung an der Rückwand von links nach rechts
10 NEVER LOOK BACK 7b Von Henkel draußen hinauf. Obacht!
11 12 FEET UNDER 8a Von Henkel draußen unterm Torbogen durch
12 EINMAL UND NIE WIEDER 7b Hinterm Opferstein
13 RECHTE QUERUNG 7a/7a+ trav
14 MEZZA DA LUNA 6a+ sd
15 7b+ sd
16 DENKMALSCHUTZ 6c+ sd
17 MYSTIC 6b sd
18 MYSTIC DIREKT 7a sd Sprung ins Loch
19 MOONSPELL 6b+
20 LOVE IS NOT A GAME 6c sd Definiert, leichtere Varianten möglich, endet wie 19

KOMBINATIONEN:

21 EAU ROUGE 7c+ trav 9 in Gegenrichtung, 8 und 13 weiter – komplette Höhlenquerung!
22 HORMONSTAU 8a+ sd 4 zu Aufleger, dann rechts rüber und über 10 weiter
23 ...MEHR ALS DIE SUMME DER EINZELNEN TEILE 8b+ 4 zu Aufleger, dann rechts rüber und über 11 weiter, dann über 8, endet in der Gufel. Bravo Herr Schifer!
24 COLLIDING HORMONE WARZONE 7c+ sd 4 plus 3

KÖNIGSHÖHLE VON INNEN, AUFGEKLAPPT

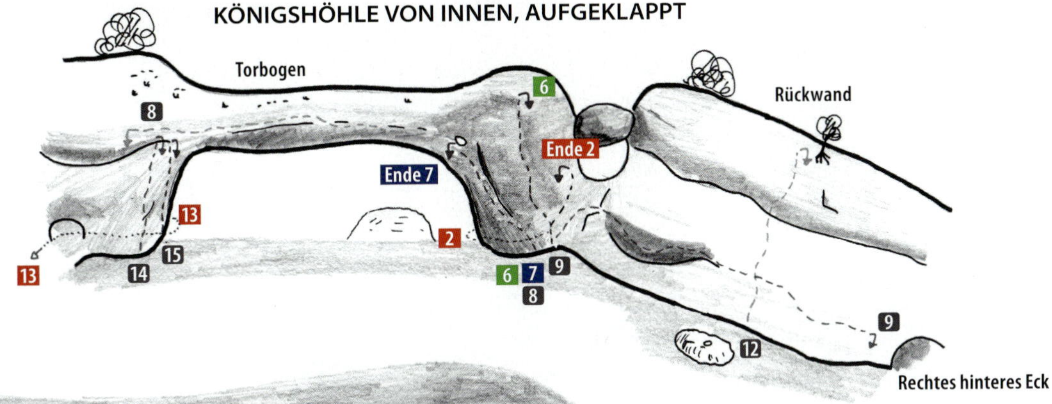

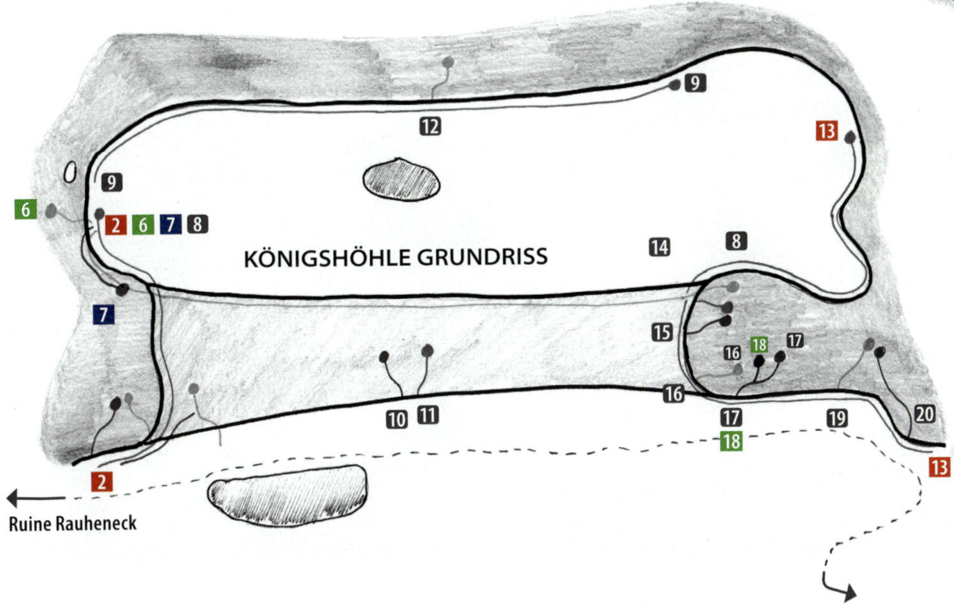

Lukas Starka | SCHUBUMKEHR 10- | Foto: felsfetisch.at

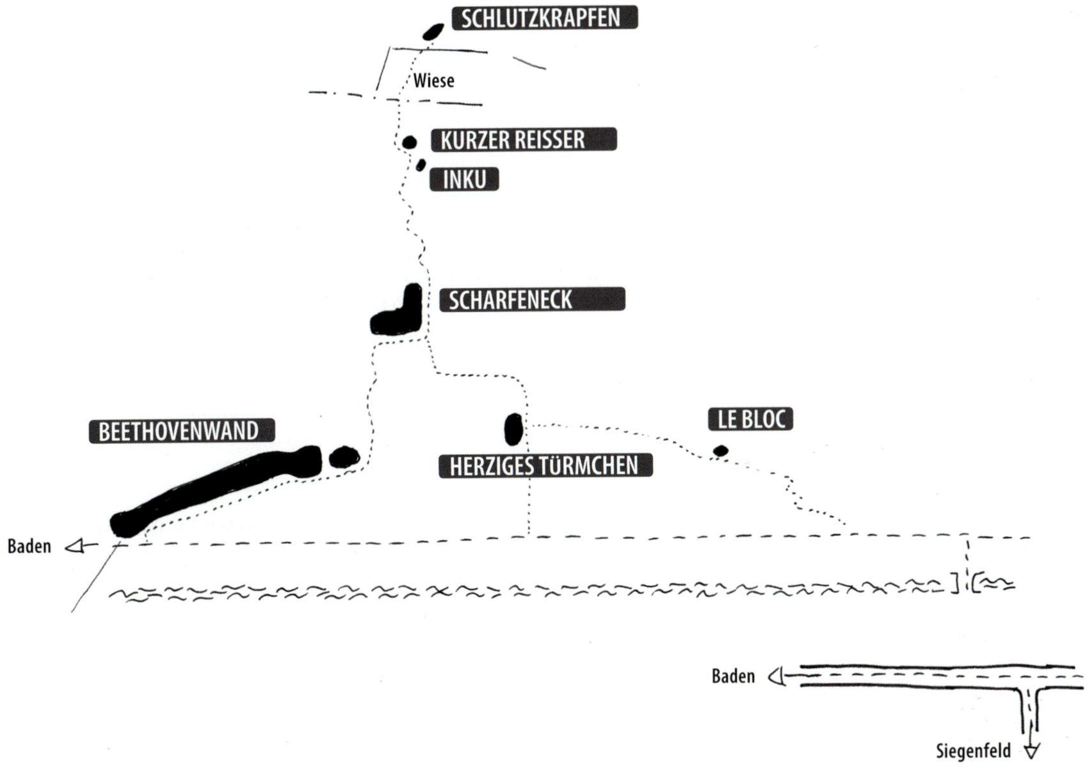
SCHLUTZKRAPFEN
Wiese
KURZER REISSER
INKU
SCHARFENECK
LE BLOC
BEETHOVENWAND
HERZIGES TÜRMCHEN
Baden
Baden
Siegenfeld

BEETHOVENWAND

Mächtige, düstere Felswand mit sehr kompaktem Fels, von großen Dächern durchzogen und ehrfurchtgebietend. Wer nicht mindestens den 8. Schwierigkeitsgrad beherrscht wird hier wenig Freude haben. Zusätzlich sind die Routen auch noch technisch sehr anspruchsvoll, somit ist der komplette Kletterer gefordert. Alfred Fachet hat mit der Erschließung begonnen und mit "Sterben ist zu wenig" 9+/10- einen ersten Höhepunkt gesetzt. Aber erst Christoph Würzl erkannte so richtig das Potential für ganz schwere Touren. Seine unheimlich maximalkräftigen Kreationen im linken Wandteil zählen nach wie vor zu den schwersten Routen unserer Gegend. Leider ist die Wand durch die schattige Lage oft feucht. Die Routen sind allesamt mit Bohrhaken abgesichert, vor allem im rechten Wandteil ist das Hakenmaterial aber schon älter.

1-4	5-7	≥8	Σ UIAA	Projekt
0	1	21	27	5

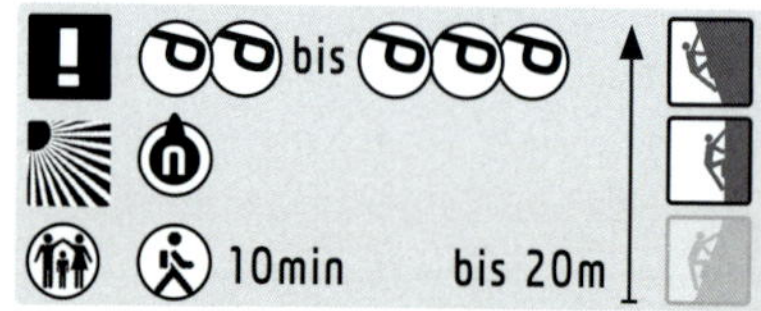

ZUFAHRT: Siehe Königshöhle Seite 95.
ZUGANG: Vom Busumkehrplatz über die Schwechat und rechts (flußauswärts) zur Wand und am breiten Weg Richtung Baden. Nach ca 8min steht die Wand unübersehbar neben dem Weg.
BESTE JAHRESZEIT: Immer dann wenn es lange nicht geregnet hat. Nach Regen und auch im Frühjahr dauert es oft sehr lange, bis manche Routen auftrocknen. Dafür braucht man bei einsetzendem Regen nicht gleich zu flüchten. Im Sommer ist es oft zu schwül, ein trockener Herbst schafft meist ideale Verhältnisse.

BESONDERES: Das Hakenmaterial ist teilweise schon etwas älter, die Abstände sind oft weiter als man vom Peilstein gewöhnt ist (traurig, daß so etwas erwähnt werden muß...). Bequemer Wandfuß mit Tisch und Bank. Im ganz linken Bereich gibt es einige schon sehr glatte Boulder.

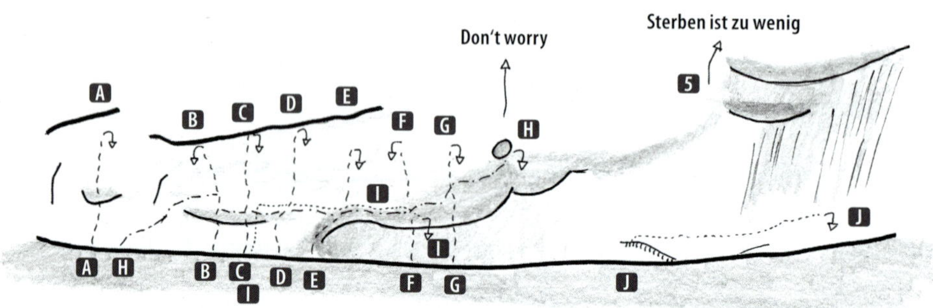

BOULDER: Gutes, ebenes Absprunggelände!
A B1 5b **B** B1 5c/6a **C** B2 6b
D LEISTENBRUCH 7b Definiert
E B3 6c+ **F** B1 6b **G** FÜSSE WOZU? 7a
H ZIELPUNKT 7c trav Von ganz links bis zum Loch von "Don`t worry"
I BITTE KLINGELN 7b trav Von **C** bis **F**
J GRIND 6a trav

Etwas weiter links oberhalb im Wald liegt übrigens noch ein Block mit dem Quergang "Megamonster" 6c+/7a trav, leider ziemlich dreckig

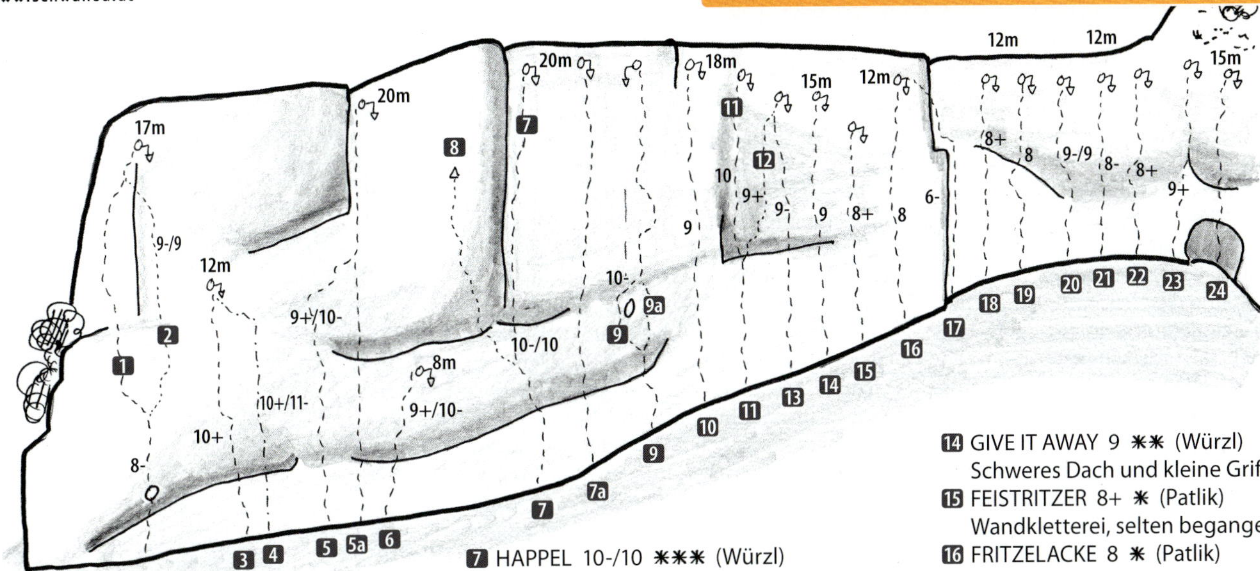

1 DON`T WORRY 8- ✱✱ (Hacker)
Speckiger Überhang unten, Wandstelle oben

2 ÖKM –KANTE 9-/9 ✱✱ (Würzl)
Kleingriffige, anspruchsvolle stumpfe Kante

3 SCHWERE AUSSTATTUNG 10+ ✱✱✱
(Würzl) Beinharte Boulderei an kleinen Leisten

4 Lü 10+/11- ✳ (Würzl) Christophs
Meisterwerk an kleinsten Griffen

5 STERBEN = ZU WENIG 9+/10- ✱✱✱
(Fachet) Oft nasser Klassiker an teilweise geschlagenen Griffen, etwas eigen gesichert

5a ?

6 EWING 9+/10- ✱✱ (Jansenberger)
Übler Schulterzug

7 HAPPEL 10-/10 ✱✱✱ (Würzl)
Erste Hälfte Dach mit Kunstgriff und Faustklemmer, zweite Hälfte leichter im Riß

7a ?

8 Projekt WÜRZL

9 SURPRISE 10- ✱✱ (Reicht) Technisch anspruchsvoll mit komplizierter Linie

9a Projekt

10 SIDDHARTA 9 ✱✱ (Fachet) Klassiker vom Horror – Alfi, markante Schlüsselstelle

11 kVp 10 ✱✱ (Würzl)
Technisch sehr anspruchsvoll

12 ROMANS KANTE 9+ ✱✱ (Wolschek)
Rechtshaltend zum Abseiler von 13)

13 ROSEGARDEN FUNERAL OF SORES 9- ✱✱
(Würzl) Dach mit kleingriffiger Platte danach

14 GIVE IT AWAY 9 ✱✱ (Würzl)
Schweres Dach und kleine Griffe danach

15 FEISTRITZER 8+ ✱ (Patlik)
Wandkletterei, selten begangen

16 FRITZELACKE 8 ✱ (Patlik)
Kaum begangen

17 AUS SPASS WIRD ERNST 6- ✱
Verwachsener, schlecht gesicherter Riß

18 DEPRESSION 8+ ✱✱ (Würzl)
Technisch wertvolle Kletterei

19 IT`S HARD TO BE A MAN 8 ✱ (Fachet)
Eigenartig, diffizil

20 STEPPENWOLF 9-/9 ✱ (Fachet)
Schwere Einzelstelle oben, miese BH

21 VERGANGENHEITSBEWÄLTIGUNG 8- ✱✱
(Fachet) Kurz und anspruchsvoll

22 IN: WIE SCHUPPEN VON DEN AUGEN 8+ ✱ ✱ (Fachet) Kleingriffig und diffizil

23 DON`T FLY IN EXTRA DRY 9+ ✱ (Bacher)
Wenn trocken ganz guter Boulder

24 Projekt

SCHARFENECK

Rechts oberhalb der Beethovenwand steht der Felsen des Scharfeneck, mit deutlich leichteren Routen und deshalb auch für den Genußkletterer interessant. Der Fels ist wesentlich kletterfreundlicher als unten am Beethovenwandl, die Felsoberfläche aber auch recht glatt und die Absicherung mancher Routen auch schon etwas in die Jahre gekommen. Noch ein Stückchen weiter oben liegen ein paar kleine Boulderblöcke, nichts besonderes aber der "Schlutzkrapfen" ist ein netter Quergang.
Ebenfalls in der Nähe befindet sich das Herzige Türmchen mit drei eher unlohnenden Routen sowie noch ein ganz unscheinbarer Boulderblock, der auch erwähnt sein soll.

ZUFAHRT: Siehe Königshöhle Seite 95.

ZUGANG: Wie zur Beethovenwand.
Dann folgt man dem Wandfuß der Beethovenwand rechts aufwärts, ums Eck und steil und rutschig zum Scharfeneck (5min ab Beethovenwand).
Zu den Boulderblöcken wie auf der Skizze gerade weiter aufwärts zu den ersten Blöcken. Der "Schlutzkrapfen" liegt noch weiter oben, etwas versteckt am anderen Ende einer Lichtung.
Zum Herzigen Türmchen: Von der Beethovenwand nach etwa 300m helenentaleinwärts, dann steil auf Steigspur (rutschig!) zur schon sichtbaren Felsformation oben am Hang (5min ab Beethovenwand).
Quert man vom Herzigen Türmchen den Hang in etwa auf gleicher Höhe in Richtung helenentaleinwärts (schwaches Steiglein) gelangt man zum un scheinbaren "Le Bloc".

BESTE JAHRESZEIT: Nord- und westseitige Orientierung. Im Winter ist es zu kalt, Westwind wirkt sich hier besonders unangenehm aus. Die Felsen liegen recht schattig, also eher für wärmere Tage geeignet.

BESONDERES: In einigen Routen stecken schon sehr alte Bohrhaken. Es sind auch nicht alle Abseilstände optimal ausgerüstet, also Bandschlinge für Bäume mitnehmen.

1-4	5-7	≥8	Σ UIAA	Σ FB
1	15	5	23	7

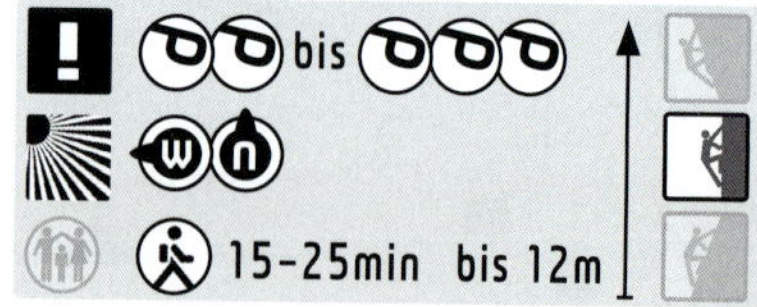

1. STANDARD 7+ (Hacker)
   Verwachsen, schlechte Haken
2. KUSCHELECKE EXTREM 6+ ** (Gruber, Holy) Nette Wandkletterei mit Klebehaken
3. ? 6+ **
   Einzelstelle zu Beginn, gut gesichert
4. ? 6- ** Schöne, großgriffige Kletterei mit Klebehaken
5. TUMOR 7+ ** (Patlik)
   Lohnende Leistenkletterei, oben kein Abseiler – nach links ausweichen

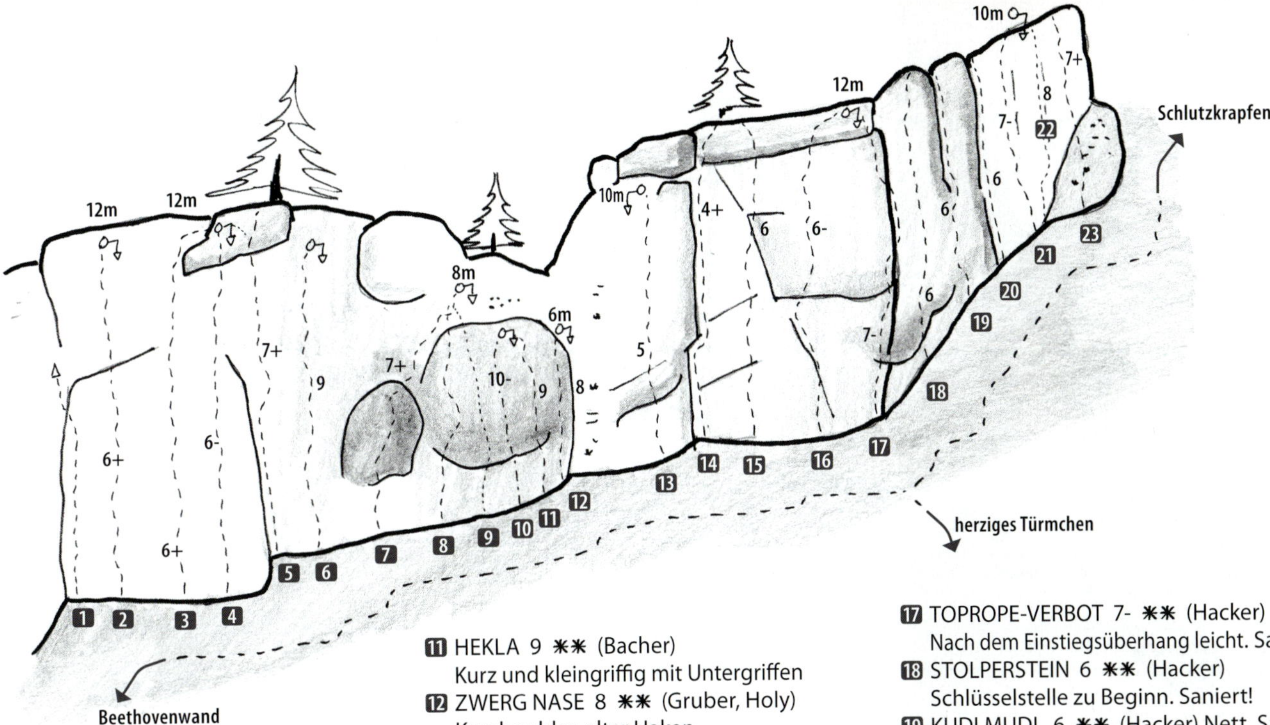

6 LEBEN UND LEBEN LASSEN 9 ✱✱ (Reicht)
Glatte Wand mit sehr alten Haken

7 A LURCH 7+ (Hacker)
Unlohnend, nie begangen

8 Projekt, **9** Projekt

10 SCHUBUMKEHR 10- ✱✱ (Bacher)
Schwer von Untergriff zu Henkel

11 HEKLA 9 ✱✱ (Bacher)
Kurz und kleingriffig mit Untergriffen

12 ZWERG NASE 8 ✱✱ (Gruber, Holy)
Kurzboulder, alter Haken

13 UNTEN HUI, OBEN PFUI 5 (Gruber, Holy)
Verwachsen und alte Haken

14 SCHUPPENRISS 4+ ✱✱
Netter Riß ohne Abseiler, Haken alt

15 WALDGNOM 6 ✱✱ (Hacker)
Steile, griffige Wand. Saniert!

16 NORDWEST 6- ✱✱ (Hacker)
Gutgriffig. Saniert!

17 TOPROPE-VERBOT 7- ✱✱ (Hacker)
Nach dem Einstiegsüberhang leicht. Saniert!

18 STOLPERSTEIN 6 ✱✱ (Hacker)
Schlüsselstelle zu Beginn. Saniert!

19 KUDLMUDL 6 ✱✱ (Hacker) Nett. Saniert!

20 DIE KLASSISCHE 6 ✱✱ (Hacker)
Runder Riß. Saniert!

21 MILDE BESTIE 7- ✱✱ (Hacker, Burkhard)
Seichte Löcher. Saniert!

22 WILDE BESTIE 8 ✱✱ (Burkhard)
Schwerer Zug an Einfingerloch. Saniert!

23 ENTBESTIALISIERUNG 7 ✱ (Gruber, Holy)
Seichte Griffe, Haken alt

Matthias Woitzuck | SCHWERE AUSSTATTUNG 10+ | Foto: Tom Bartl

HERZIGES TÜRMCHEN:

1 ...UND DIE KLEINEN VERRECKEN 7 ✱ (Gruber, Holy) Größenstelle – von 6+ aufwärts... Haken alt

2 DSCHUNGELDACH 5+ (Gruber, Holy) Verwachsen, kurz, alte Haken

3 HERZIGES TÜRMCHEN 7- ✱ (Hacker) Alte Haken

LE BLOC:

A LE BLOC 6c+

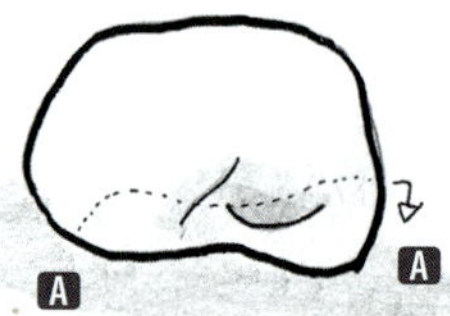

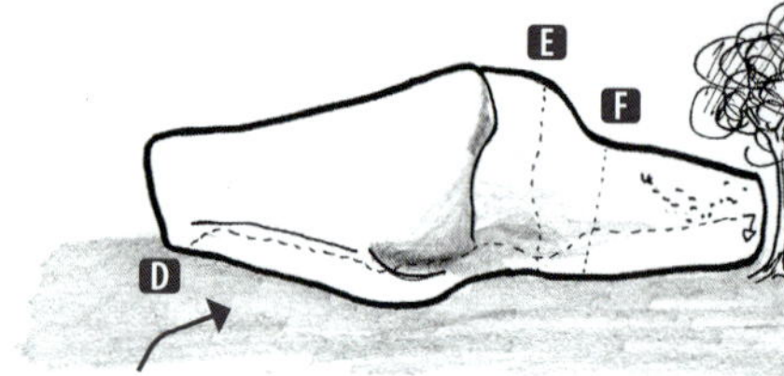

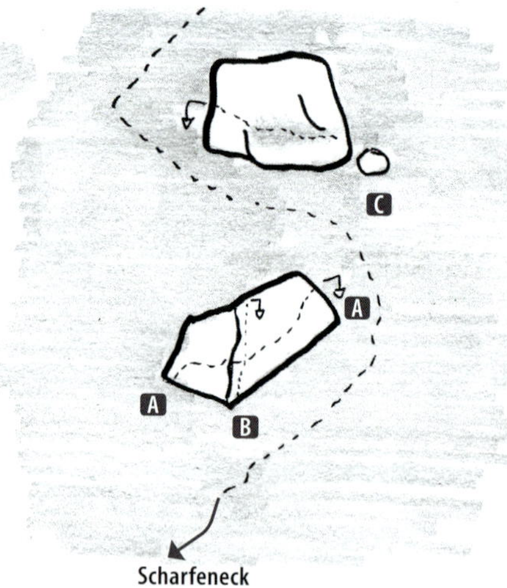

BOULDERBLÖCKE OBERHALB DES SCHARFENECKS:

A INKU 6a trav

B FACHBERATUNG 5c sd

C KURZER REISSER 6a+

D SCHLUTZKRAPFEN 6b trav

E FASCHINGSKRAPFEN 6a+

F PUNSCHKRAPFEN 5a

BRÜCKENFELS

Etwas unscheinbarer Felsen dessen Routen viel besser sind als es den Anschein hat. Er ist knapp 15m hoch und bietet steile, leicht überhängende Kletterei an überraschend guten, leider schon etwas rutschigen Griffen. Die Absicherung ist sehr gut und somit ist sein Besuch absolut lohnend.

ZUFAHRT: Wie Badener Kletterschule.

ZUGANG: Bei der Abzweigung nach Siegenfeld gegenüber des Hauses (Hier nicht parken!) über die Brücke und gleich links zum Felsen. Gehzeit ca 2min vom Parkplatz.

BESTE JAHRESZEIT: Frühling, Sommer, Herbst.

BESONDERES:
Kraftraubende, gutgriffige, schon etwas abgeschmierte und bestens gesicherte Klettereien. Nach Regen länger feucht.

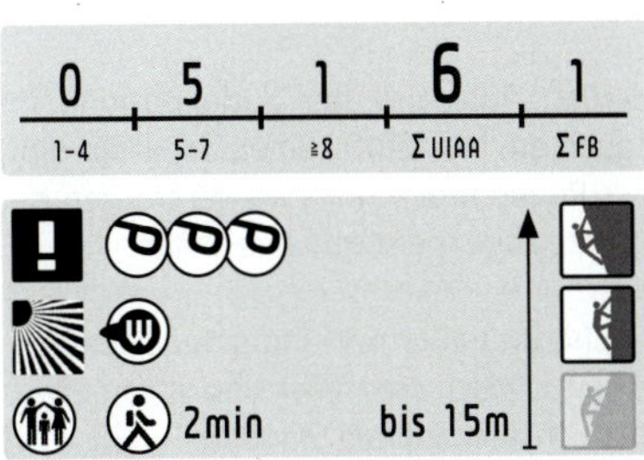

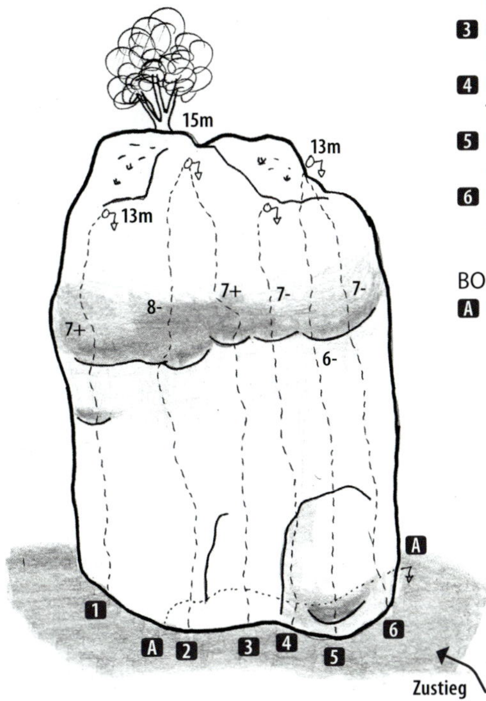

1 AUDREYS DANCE 7+ ✱✱ (Hacker) Schöner als es aussieht. Kraftraubend, nicht zu weit links klettern

2 HIROSHIMA 8- ✱✱✱ (Jentzsch) Lohnend mit schwerer Stelle am Überhang

3 HIROSH 7+ ✱✱✱ (Hacker, Sperlich) Überraschend gutgriffig, Einzelstelle

4 HIT C100 7- ✱✱ (Hacker) Ziemlich glatte Tritte aber gute Griffe

5 HUJ, HUJ 6- ✱✱ (Hacker, Rainer) Steil, gutgriffig, abgeschmiert

6 UJ 7- ✱ (Hacker, Rainer) Nicht ganz so gut wie der Rest

BOULDER:

A DICKES ENDE 6b trav

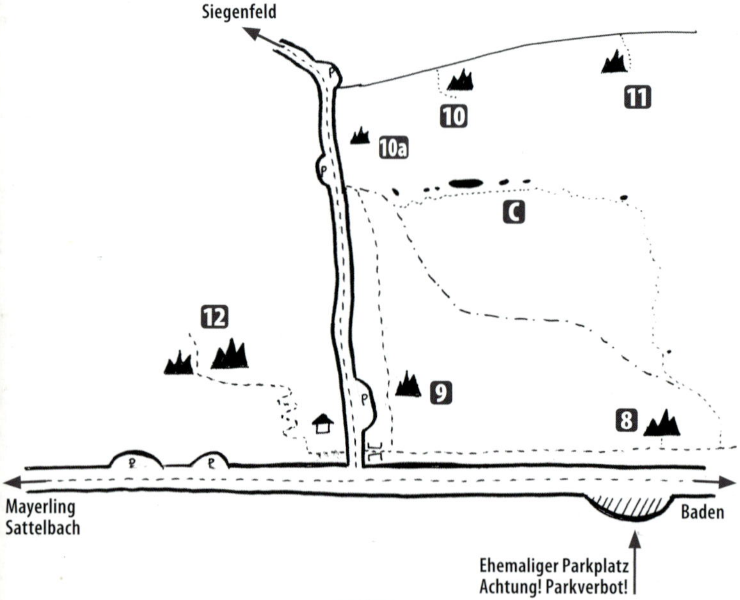

8 HELENENTALER BLÖCKE
9 BRÜCKENFELS
10 SIEGENFELDER PLATTE
10a SIEGENFELDER DACH (exestiert nicht mehr)
11 ÖTZI TURM
12 BADENER KLETTERSCHULE

C FRAAANZ

SIEGENFELDER PLATTE

In einem alten Steinbruch versteckte, sonnige und flache Platte mit vielen leichten, gutmütigen Anstiegen. Der Hakenraster ist extrem dicht, weniger wäre hier mehr gewesen. Somit lassen sich die Routen auch beliebig kombinieren. Aufgrund der moderaten Schwierigkeiten und des kurzen Zustieges auch bestens für Kinder geeignet. An der steileren Rückseite der Platte finden sich noch zwei selten begangene, aber hübsche Routen. Sämtliche Touren wurden von Christian Hacker eingerichtet und nochmals von einem alten Bekannte nachsaniert.
Das in der ersten Auflage an dieser Stelle beschriebene SIEGENFELDER DACH wurde nach schweren Regenfällen eines Tages Opfer der Schwerkraft und purzelte auf die darunter befindliche Straße... Derzeit existieren an der linken, noch verbliebenen Dachseite eine Route ("Simml-Hagl", 5+, sehr kurz) sowie rechts davon zwei Projekte, alles mit Klebehaken gesichert.

ZUFAHRT: Von Baden ins Helental bis zur Abzweigung nach Siegenfeld. Kurz weiter, bis in einer Linkskurve an der rechten Seite eine Forststraße abzweigt, Parkplatz. Nicht die Forststraße reinfahren! Mit dem Bus: Von Baden bis zur Haltestelle "Abzweigung Siegenfeld", nun zu Fuß in 7 Minuten Richtung Siegenfeld bis zur rechts abzweigenden Forststraße.

ZUGANG: Die Forststraße taleinwärts verfolgen, nach ca 300m rechts in den Steinbruch. Die markante Platte befindet sich an der linken Steinbruchseite.

BESTE JAHRESZEIT: Frühjahr, Herbst. Aufgrund der Südexposition im Sommer meist zu heiß – zumal es auch am Wandfuß keinen Schatten gibt. Im Winter nur relativ kurz Sonne. Nach Regen sehr schnell wieder trocken, bei starkem Wind ist es durch die geschützte Lage meist gut auszuhalten.

BESONDERES: Übermäßig gute Absicherung, auch mit Kinderwagen erreichbar. Vorsicht! Manche Sauschwänze bzw. Zwischenabseiler sind schon etwas runtergearbeitet. Die Klebemasse löst sich an manchen Ständen.

Quadraturausklettern | SIEGENFELDER PLATTE | Foto: Simone Findeis + Karin Kavoussi (www.koerperarchitektur.at)

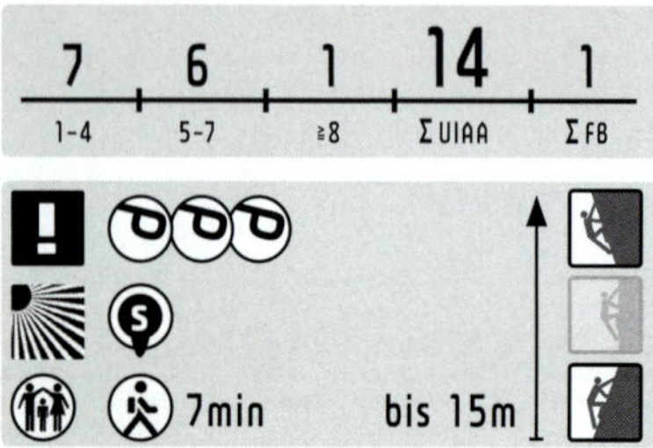

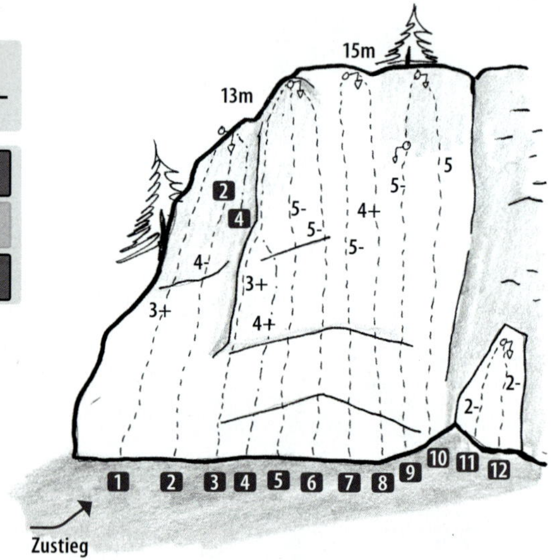

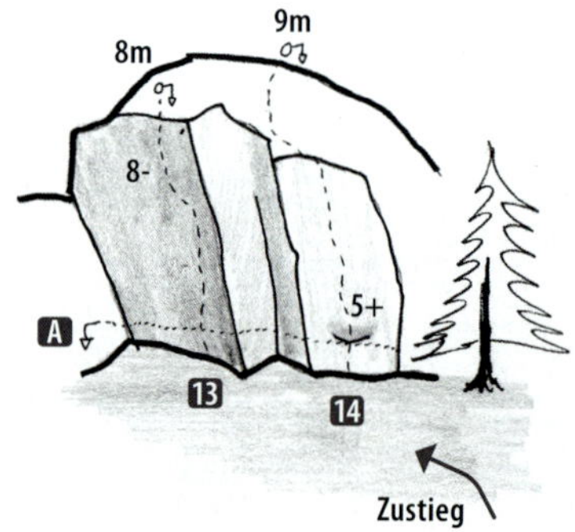

1 VERGESSENER GRAT 3+ ✱✱
Mehr oder weniger am Grat entlang. Vorsicht, keine Steine in die Platte runterwerfen!

2 WEISSER PFEILER 4- ✱✱

3 PLATTIGER RISS 3+ ✱✱

4 STREITSPUR 4+ ✱✱ Kreuzt oben **3**

5 THE FOX 5- ✱✱

6 ROZARIO 5- ✱✱

7 KURZ & BÜNDIG 5- ✱✱

8 PRINZ 4+ ✱✱

9 BLAUPUNKT 5- ✱✱

10 WAITING 5 ✱✱

11 NAMENLOS 2- ✱

12 NAMENLOS 2- ✱

13 ZOOROPA 8- ✱✱ (Hacker)
Definiert.
Im Überhang bleiben!

14 NUMB 5+ ✱✱ (Hacker)
Nette Kurzroute

BOULDER:

A LITTLE FOOT 6a+ trav

ÖTZI TURM

Im gleichen Tal wie die Siegenfelder Platte liegen noch ein paar schattige, glatte Blöcke im Wald. Der Quergang "Ötzi" war eine Zeit lang recht beliebt, heute werden die Felsen eher selten besucht. Daran ändert auch die Tatsache nichts, daß hier mittlerweile auch Routen zum Vorsteigen eingebohrt wurden.

BESONDERES:
Glatter Fels, Absprunggelände meist gut. Routen gut gesichert.

ZUFAHRT:
Wie zur Siegenfelder Platte.

ZUGANG:
Wie bei der Siegenfelder Platte die Forststraße taleinwärts, an der Platte vorbei bis man rechter Hand die Blöcke im Wald erblickt. Gehzeit ca 8 Minuten.

BESTE JAHRESZEIT:
Nordseite, im Winter kalt. Am besten Frühjahr und Herbst, im Sommer meist zu schwül für das glatte Gestein. Nach Regen lange feucht!

ÖTZI TURM:

1 SASKARI 7- ✱ (Machovec)
2 ORANGE CRUSH 9+/10- ✱✱ (Bacher) Harter Beginn, harter Ausstieg
3 ORANGE CRUSH RECHTS 9+ ✱ (Bacher)
Harter Beginn, oben dreckiger schmaler Riß

BOULDER:

A AUF`S LOCH RETOUR 7a
B 1,2,3 6a+ Die Kante
C LANGFINGER 7b+ trav
Üble Querung von rechts nach links
D NERVENKANAL 6b+
Name! Hoch! Eventuell Seilsicherung von oben
E 5c Hoch!
F ÖTZI 7a trav
G AUFWÄRMRUNDE 4b
H EDZY 3
I MILY 5a Hoch!
J FOR GOOD SHOES 6c+ trav
Versteckt rechts ums Eck

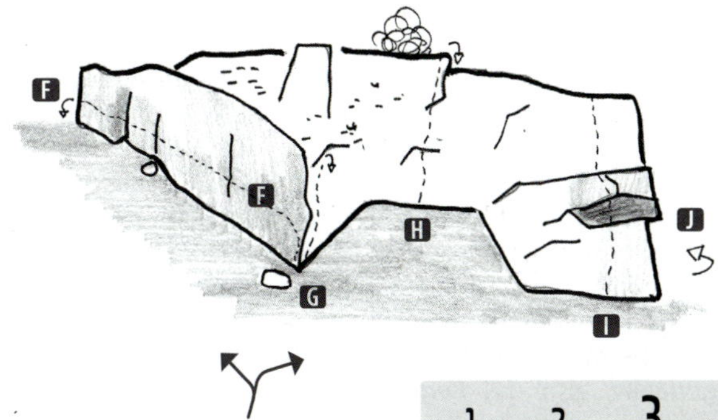

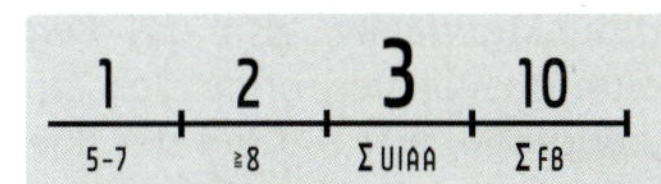

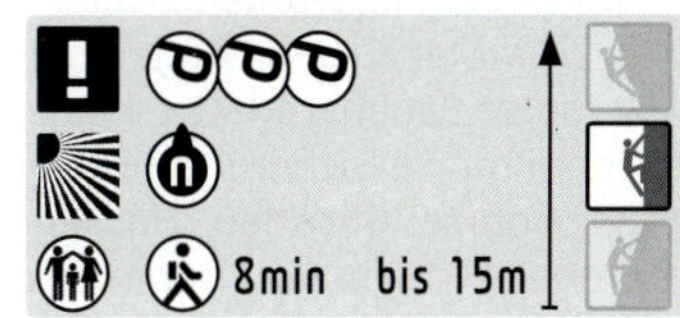

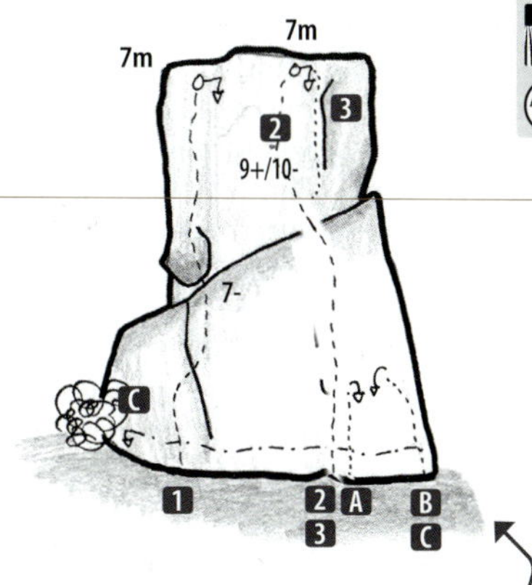

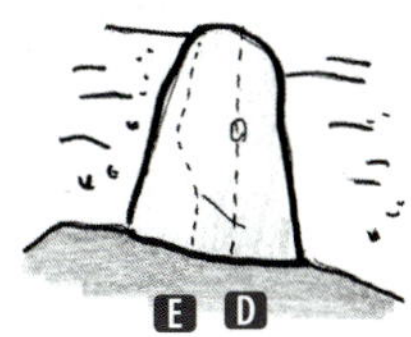

BADENER KLETTERSCHULE

Die Badener Kletterschule mit ihren drei Felsformationen ist ein traditionsreicher Klettergarten mit historischer Bedeutung für das Sportklettern in der Wiener Umgebung. Für heutige Kletterer kaum mehr vorstellbar, war es früher nicht üblich auch an 10m hohen Felsen Routen mit 5 Zwischensicherungen, 1 Stand- sowie 1 Umlenkhaken vorzufinden. Gesichert wurde meist von oben, und der Rotpunktgedanke, also das Begehen einer Route im Vorstieg ohne sich an den Haken auszuruhen, war Anfang der 80er Jahre erst im Entstehen. Es wurden zwar schon Routen wie "Marantana" und "Bügeleisen", beide 8-, hier in der Badener Kletterschule begangen, aber nur mit Seilsicherung von oben.
1984 bohrte Christian Hacker die Route "Adrenalin" 7- ein und beging sie Rotpunkt, entfernte die Laschen jedoch wieder. Erst Christian Enserer, der Plattentüftler vom Peilstein, setzte die Rotpunktidee konsequent um. Er befreite alte hakentechnische Touren und kreierte neue Probleme – und sicherte seine Touren mit Bohrhaken ab und kletterte sie natürlich auch Rotpunkt. Aus dem "Nieberlriß" A2 wurde "Kaffee mit Kuchen" 8. Der sportliche Gedanke trat in den Vordergrund, das Bezwingen von möglichst schwierigen Routen wurde zum Selbstzweck. Nun wurde im Klettergarten nicht mehr für die großen, "richtigen" Wände trainiert, sondern man begann für die Routen im Klettergarten zu trainieren. Christian Hacker begann im Jahre 1988 mit der Erschließung der Badener Kletterschule und bohrte kurzerhand gleich 40 neue Anstiege ein.
Dies ist lange her, seitdem hat sich viel verändert, der Handschweiß der vielen Kletterer hat die Griffe der Kletterschule ganz schön poliert, aber noch immer kommen viele Leute hierher und freuen sich über das breitgefächerte Routenangebot und abwechslungsreichen Klettereien.
Von der rutschigen Plattenstelle über Rampfkamine bis zu überhängender Lochkletterei ist alles vorhanden. Die Absicherung ist größtenteils gut, die meisten Anstiege sind mit Klebehaken bestens abgesichert, nur vereinzelt klinkt man noch alte Bohrhaken. Die Einstiegsbereiche sind bequem, der Zustieg ist kurz, und für die Boulderer gibt es auch einige bescheidene Möglichkeiten.

ZUFAHRT:
Von der Südautobahn die Abfahrt Baden wählen, auf der Umfahrung ins Helenental. Durch den Tunnel, bald danach rechts Richtung Siegenfeld abbiegen. Parkmöglichkeit für wenige KFZ neben der Straße nach der Bushaltestelle (Nicht bei der Brücke parken - Privatgrund!). Bzw. gibt es weiter talaufwärts Parkmöglichkeit links der Straße. Weitere Parkmöglichkeiten an der Helenentalstraße (Richtung Sattelbach/Mayerling) nach ca. 100m neben der Strasse. Mit dem Bus vom Badener Bahnhof ins Helenental bis zur "Abzweigung Siegenfeld".

ZUGANG:
Zurück zur Kreuzung mit der Abzweigung nach Siegenfeld. Zwischen der Kreuzung und dem Haus beginnt ein Wanderweg, welcher in Kürze zu den Felsen führt (je nach Sektor 5 – 10min).

BESTE JAHRESZEIT:
Südseitige Lage, durch die Bäume aber trotzdem eher schattig. Im Sommer wird es ab Mittag meist zu heiß und zu schwül, Frühjahr und Herbst sind meist ideal. Die Routen im Bereich "Tolle Biene" sind nach Regen oft länger naß!

BESONDERES:
Generell gute Absicherung mit Klebehaken, im rechten Wandteil (Efeuwand) sowie an der mittleren Wand (Breite Wand) aber auch noch alte Absicherung die etwas Vorsicht verlangt. Viele Griffe sind schon ziemlich abgeschmiert. Immer wieder brechen vor allem im leichteren Gelände erstaunlich große Blöcke aus, die schon abgeschmiert sind und jahrzehntelang belastet wurden – ab und zu am Griff anklopfen schadet im Zweifelsfalle nicht.

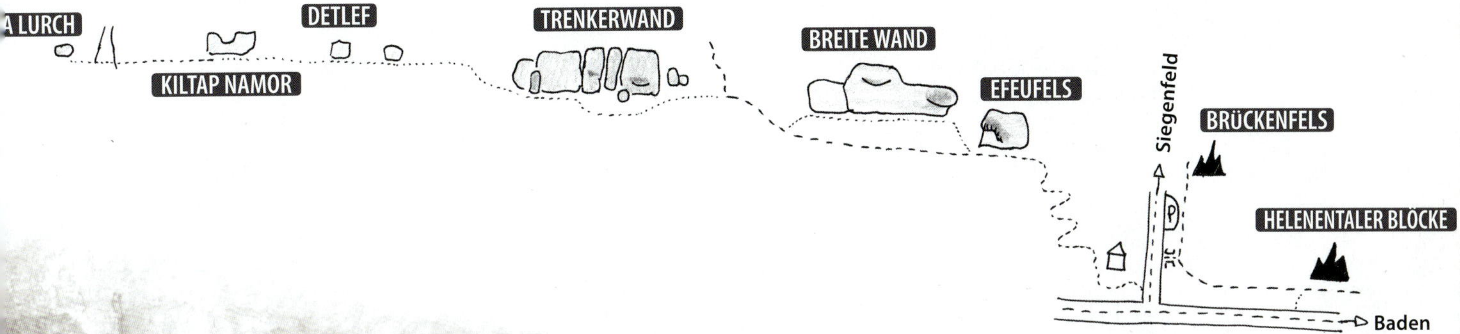

Christoph Würtzl bei der Erstbegehung von LÜ 10+/11-

1-4	5-7	≥8	Σ UIAA	Σ FB
11	68	23	103	10

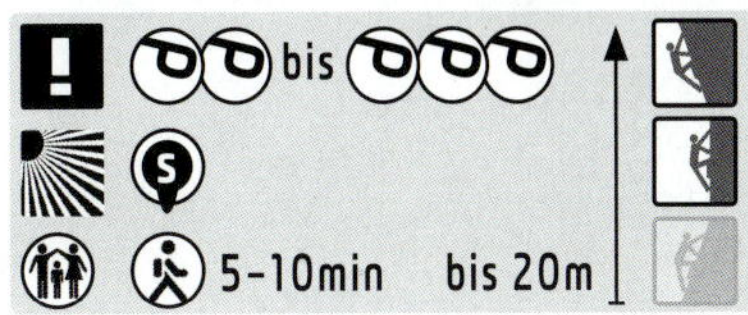

Christoph Zink | STECKENPFERD 6 | Foto: Thomas Behm

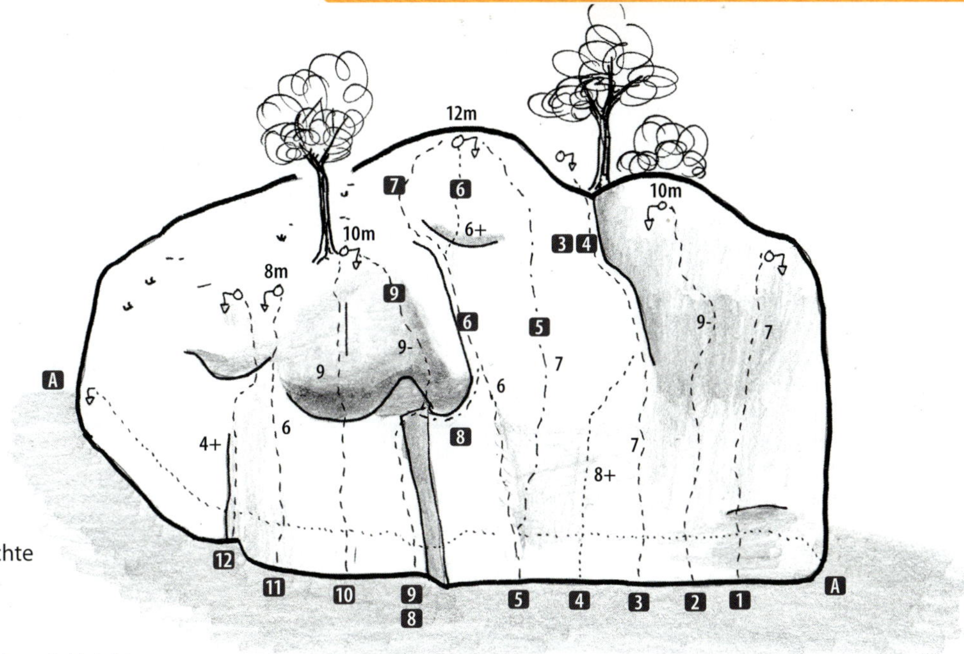

EFEUFELSEN:
Neu saniert, technisch wertvolle senkrechte und abgeschmierte Wandkletterei!

1 DON`T FLY 7 ✱✱ (Hacker)
Einzelstelle oben. Einstieg von rechts her viel leichter

2 TESTPILOTEN VORTRETEN 9-/9 ✱✱ (Enserer) Technisch wertvoll, schon ziemlich abgeschmiert –deshalb etwas aufgewertet

3 EMPTY GARDEN 7+ ✱✱ (Hacker, Hauger)
Lohnende, leider schon recht glatte Lochkletterei

4 REICHTVARIANTE 8+ ✱✱ (Reicht)
Harter Bouldereinstieg wahlweise zu **3** oder **5**

5 HEAVY METAL PEPI 7 ✱✱ (Bilik, Matasovsky)
Interessante, leider schon sehr abgeschmierte Wandkletterei

6 GELBER STEIG 6 ✱✱ (Hacker, Simek)
Steiler Riß mit schwerem Beginn

7 DIREKTER AUSSTIEG 6+ ✱✱ (Hacker) Idealer Ausstieg zu **6**

8 TEUFELSPROMENADE 8- ✱ (Hacker) Alte Technotour, quert beim Überhang ums Eck zu **6**, selten begangen

9 PENSIONISTENFICK 9- ✱✱ (Würzl)
Boulderstelle an kleinen Leisten, Finger weg vom Riß!

10 IM SCHATTEN DER BURENWURST 9 ✱✱ (Helma)
Schwer über den Überhang

11 EFEULAUS 6 ✱ (Hacker, Simek) Mäßig lohnend

12 ARTISTENSTEIG 4+ ✱ Nett aber etwas verwachsen

BOULDER:

A LONG DRIVE 6b trav

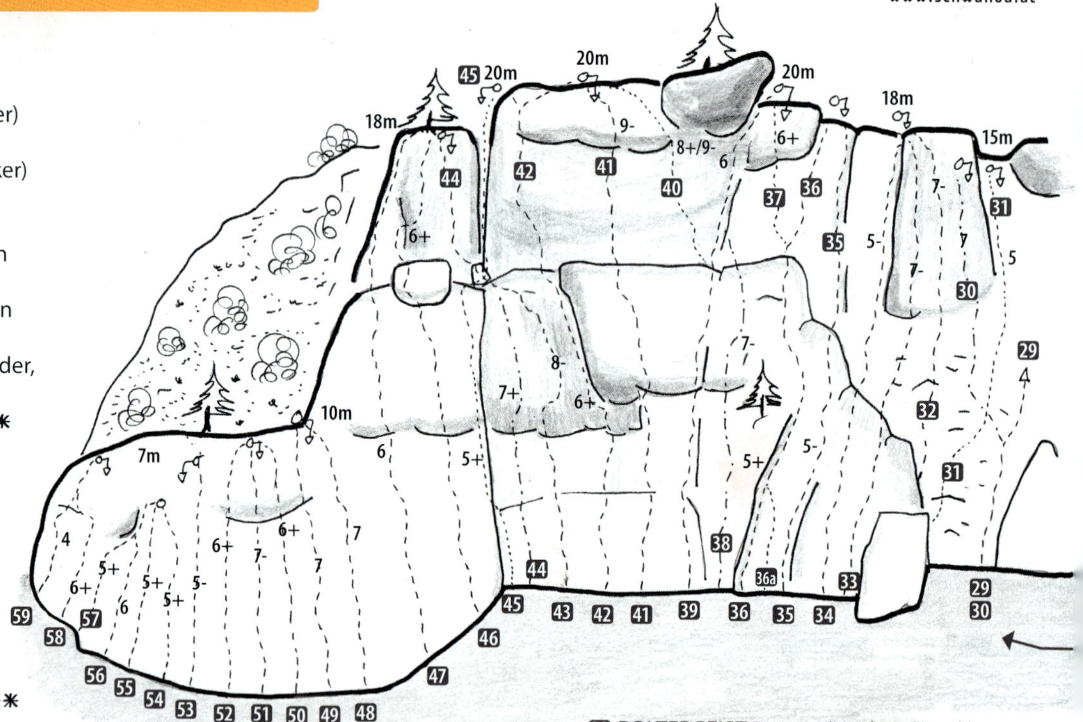

BREITE WAND:

13 ZUM DRÜBERHAU`N 6+ ✱ (Hacker)
Äußerst kurz, alte Haken

14 WILDE MEXIKANERIN 5+ ✱ (Hacker)
Miniverschneidung, Haken alt

15 MIXER 6 ✱ (Hacker) Alte Haken

16 WHISKEY 6 ✱ (Hacker) Alte Haken

17 EISZUNGE 7- ✱ (Hacker)
Oft nasse Kurzkletterei, Alter Haken

18 SPEZIFISCH DYNAMISCH 9- ✱✱
(Enserer) Schmerzhafter Lochboulder, oft feucht, alter Haken

19 MORD AM DRITTEN FINGER 9- ✱✱
(Enserer) Ebenfalls schmerzhafte Fingerlöcher mit wenig zum Steigen. Alte Haken

20 Projekt

21 KAFFEE MIT KUCHEN 8 ✱✱
(Enserer) Toller Klassiker mit diffizilem Beginn und Abschlußüberhang. Abgeschmiert

22 KINDERFEST BEI PUMUCKL 8+ ✱✱✱
(Enserer) Direkter Ausstieg zu **21**. Weiter Zug!

23 MON AMOUR PHYSIQUE 9+/10- ✱✱✱
(Sonnleitner) Klassiker! Bouldereinstieg, dann weite Züge –sehr glatt!

24 TOLLE BIENE 8+ ✱✱✱ (Enserer)
Ebenfalls ein Klassiker, tolle Fingerlochkletterei –abgeschmiert

25 DOWN UNDER SHOW 8/8+ ✱✱ (Kromer, Enserer) Etwas weiter gesichert, für die Kürze überraschend ausdauernd

26 HEILFROH 4+ ✱✱ (Hacker)
Die Verschneidung links der glatten Wand

27 BLACK OUT 8- ✱✱ (Hacker) Rutschige Platte –sieht leichter aus. Alte Haken

28 SELBSTMÖRDERRISS 5+ ✱✱
Markanter Handriß, lohnend. Man kann auch von rechts her den Einstieg umgehen.

29 POLTERGEIST 7- ✱✱ (Hacker, Simek)
Griffiger Überhang oben. Alte Haken

30 PINKEL FLINK 7 ✱✱ (Hacker, Hauger)
Zweigt von **29** links in die glatte Wand ab. Oben gar nicht so leicht. Alte Haken

31 DACHRINNE 5+ ✱✱ (Hacker, Simek)
Genüßliche Kletterei mit Klebehaken

32 REINBOLTZ 7- ✱✱ (Hacker, Hauger)
Leider schon recht abgeglättete Wandkletterei. Oben nach links, gerade viel schwieriger!

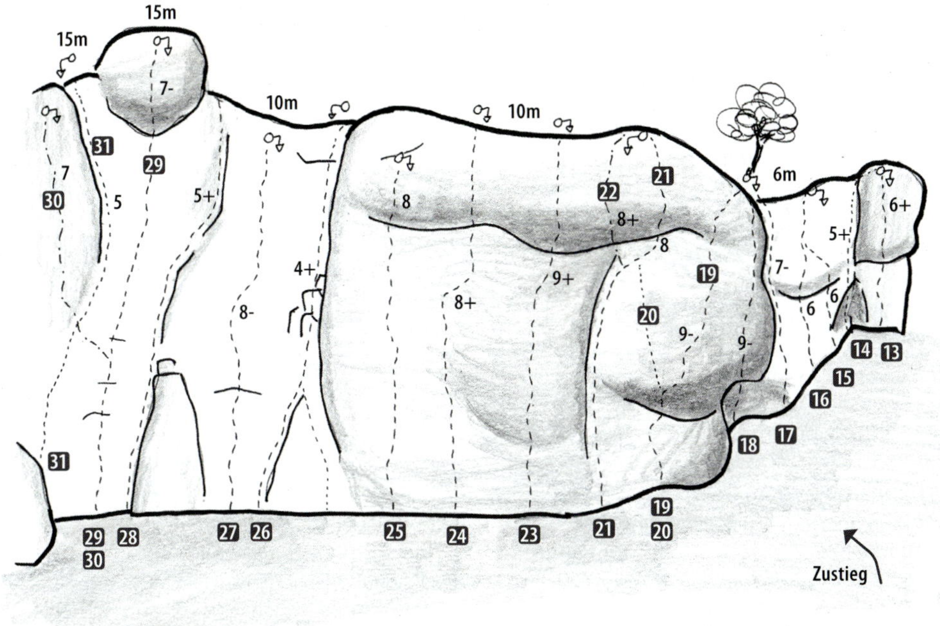

33 TRIPLIX 7- ✱✱ (Hacker, Hauger)
Wandkletterei, schöner aber abgeschmierter Fels. Alte Haken

34 NEUER R-STEIG 5- ✱✱ Nette, griffige Genußkletterei, Klebehaken

32 NEUE BLOCKRAMPE 5- ✱✱ Ebenfalls lohnende, griffige Kletterei mit alten Haken

36 NEUER EFEUSTEIG 5+ ✱✱ Markanter Riß und Verschneidung, alte Haken

36a EINSTIEGSVARIANTE 5+ ✱✱ Für alle die keine Risse mögen. Variante zu **36**

37 DIREKTER EFEUSTEIG 6+ ✱✱ (Hacker)
Lohnende Überhangvariante zu **36**.
Alte Haken, alter Abseiler

38 FINGERHUT 7- ✱✱ (Hacker, Miller)
Eine der ersten 7er – Routen hier.
Dzt. keine Haken, interessanter Aufsteher

39 PRÜGELKNABE 6 ✱✱ Riß

40 8+/9- ✱✱ (Bacher)
Klebehaken, Ausstiegsvariante, noch rau

41 EXCALIBUR 9-/9 ✱✱ (Fachet)
Einzelstelle ganz oben – für Große leichter

42 NEUER DIAGONALRISS 6+ ✱✱✱
(Kromer) Toller Riß, dann leicht überhängende Wand mit Henkeln

43 THE BOXER 8- ✱✱ (Hacker, Simek)
Kurze, kleingriffige Schlüsselstelle

44 CHEYENNE 7+/8- ✱✱ (Hacker)
Sehr beengende, definierte Route.
Oben links des Spalts

45 ALTE VERSCHNEIDUNG 5+ ✱✱✱
Schöne, lohnende Verschneidung

46 WASSERMANN 6+ ✱✱ (Hacker)
Abwechslungsreich, guter leider schon abgeschmierter Fels

47 WASSERFALL 6+ ✱✱ (Hacker, Hauger)
Lohnend aber auch schon sehr glatt

48 HUNDEWETTER 7 ✱✱ (Hacker, Simek)
Etwas unübersichtliche Wandkletterei

49 GRRR 7 ✱✱ (Hacker, Hauger)
Wackeliger Aufrichter, schon sehr glatt

50 PFARRER ASSMANN 6+ ✱✱
(Hacker, Simek)
Glatte, etwas kraftraubende Kurzroute

51 TOCCATA 7- ✱✱ (Hacker, Simek)
Kurze Wandkletterei

52 VIVALDI 6+ ✱ (Hacker, Simek)
Ganz nett

53 ANDANTE 5- ✱ (Hacker) Saniert!

54 RATTE 5+ ✱ (Hacker) Saniert!

55 ADAGIO 5+ ✱ (Hacker) Saniert!

56 LULU 6 ✱ (Hacker) Saniert!

57 ALTE FÜHRE 5 ✱ (Hacker) Saniert!

58 SCHAS IM WALD 6+ ✱ (Hacker) Saniert!

59 FÜR ANFÄNGER 4 ✱ (Hacker) Saniert!

BOULDER:
Von der Trenkerwand waagrecht links haltend zu den Blöcken. (Ca 3min)
B DETLEF 5c trav, C KILTAP NAMOR 7a+ trav
D TICK 6b+ Nicht nach links steigen!
E PICK 6a+, F TRICK 5b, G LA GLATT 6b+
H TRACK 5b, I A LURCH 5c trav

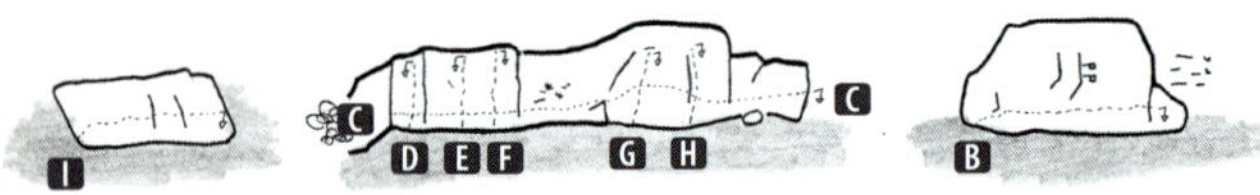

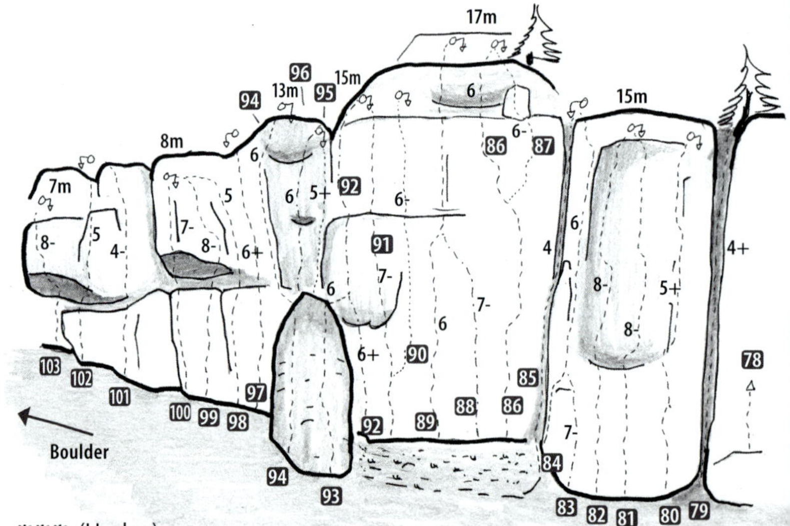

TRENKERWAND:

60 MAUSI 4 (Hacker) Schas

61 HASI 4+ (Hacker) Schas

62 ALFI 5+ (Hacker) Schas

63 RATTI 5- (Hacker) Schas

64 HILDESTEIG 4- Verwachsene, alte Route mit schlechten Haken

65 VARIANTE 6+ (Hacker) Rechter, leichterer Einstieg zu 66. Alte Bohrhaken

66 BALLETT VOLTA 8- ✱✱ (Hacker, Simek) Schwerer Beginn (direkt klettern), oben leichter. Alte Haken

67 LUIS TRENKER VERSCHNEIDUNG 6+ ✱✱✱ Steiler Klassiker mit anstrengendem Beginn, ziemlich abgeschmiert

68 WOLFSBLUT 7+ ✱✱ (Hacker) Interessant, Schlüsselstelle zu Beginn direkt klettern

69 INGRID W. VERSCHNEIDUNG 6+ ✱✱✱ Schöne Verschneidungskletterei, tolle Linie

70 ADRENALIN 7- ✱✱✱ (Hacker) 1984 erstbegangen, erste eingebohrte Route hier! Schwerer Beginn, lohnend

71 SLIP SLIDE AWAY 7- ✱✱ (Horvath, Szerelem) Alte Haken

72 LBH-RISS 7 ✱✱ Gar nicht so leicht, schon recht abgeschmiert, Haken alt

73 MÜSLIMAN 6+ ✱✱ (Hauger) Variante zu 72 mit alten Haken

74 RECHTER BABYKAMIN 4- ✱✱ Alter, gemütlicher Kaminklassiker

75 LINKER BABYKAMIN 4 ✱✱ Tiefer Kamin, etwas anspruchsvoller als der rechte Nachbar

76 ALICE IN WONDERLAND 8 ✱✱✱ (Enserer) Interessante, etwas definierte Wandkletterei an Leisten

77 MARANTANA 8- ✱✱✱ (Enserer) Technisch anspruchsvolle Kante

78 DOCTOR AND THE MANIAC 8 ✱✱✱ (Enserer) Technisch wertvoll an seichten Löchern im oberen Teil!

79 BAUMKAMIN 4+ ✱✱ Interessant! In Zeiten wie diesen kaum begangen

80 HOFFMANNSTEIG 5+ ✱✱ Gutgriffige, steile Kletterei

81 MORDSVERGNÜGEN 8- ✱✱ (Hacker) Der Übergang in die Platte läßt so manchen verzweifeln...

82 BÜGELEISEN 8- ✱✱✱ (Hacker) Schöne Leistenkletterei, original oben kurz nach links. Wer gerade weiterklettert, muß mit dem vollen 8.Grad rechnen

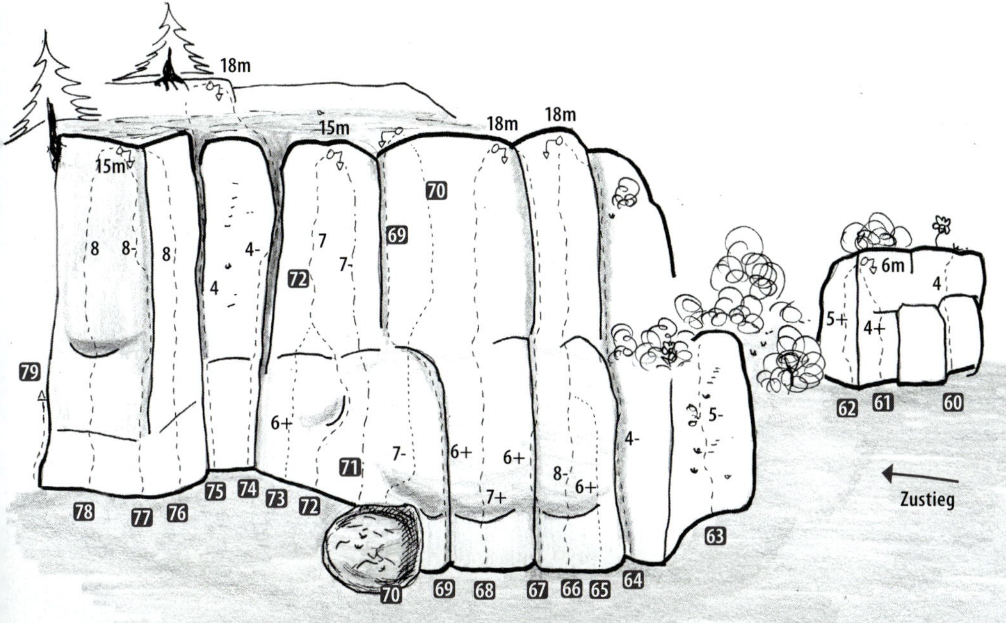

83 NEUE PROMMERLKANTE 7- ✱✱
Nicht leichter Platteneinstieg zu 84

84 PROMMERLKANTE 6 ✱✱
Steil und interessant

85 KAMINVERSCHNEIDUNG 4 ✱✱
Hübscher dunkler Winkel

86 KOTTAN 6 ✱✱ (Hacker) Lohnend, einstmals schön rau, Schlüsselstelle oben

87 PILCH 6- ✱✱ (Hacker) Rechte Ausstiegsvariante zu 87, interessanter Riß

88 TEUTSCHER TEUTONE 7- ✱✱ (Hacker) Mündet oben in 89, genau bei den Haken bleiben

89 WARRIOR 6 ✱✱ (Hacker)
Griffige Wand- und Rißkletterei

90 STECKENPFERD 6 ✱✱ (Hacker)
Dem Riß nach rechts folgen, oben hohler Block im Riß!

91 HENGST 7- ✱✱ (Hacker) Direkt hinauf, lohnend aber schon sehr eng

92 PALMKATZERL 6+ ✱✱✱ (Hacker)
Griffig und steil und speckig, oben Riß

93 SPREIZER 6 ✱✱ (Hacker)
Zuerst aufs vorgelagerte Türmchen, dann Spreizschritt zu 92

94 VINZENZ 6 ✱✱ (Hacker, Hauger)
Links aufs Türmchen, dann durch die Verschneidung links

95 NACHSCHULUNG 5+ ✱✱
(Hacker) Beginnt in der Scharte hinterm Turm - Verschneidung

96 FRATER CALIDUS 6 ✱✱ (Hacker)
Kurz und steil

97 CENTO 6+ ✱✱ (Hacker)
Hübsch aber ziemlich hineingezwängt

98 OTHELLO 5 ✱ (Hacker)

99 MUS MUSCULUS 8- ✱ (Hacker)
Kurze, schwere Einzelstelle, alte Haken

100 GROSSER ÜBERHANG 7- ✱ (Hacker)
Sehr kurz, aber interessanter Riß mit alten Haken

101 QUATTRO 4- ✱ (Hacker)
Verschneidung ohne Haken

102 FLICKFLACK 5 ✱ (Hacker) Alte Haken

103 DIE WIDERSPENSTIGE ZÄHMUNG
8- ✱ (Hacker) Schwer übers Dachl - Alte Haken

An der Breiten Wand soll es im rechten Teil noch die Traverse “Auf die Schnelle” geben: Startet bei 26 (Heilfroh) in den Schrofen und quert nach rechts, Ausstieg über 19 (Mord am 3. Finger), 7b+/7c

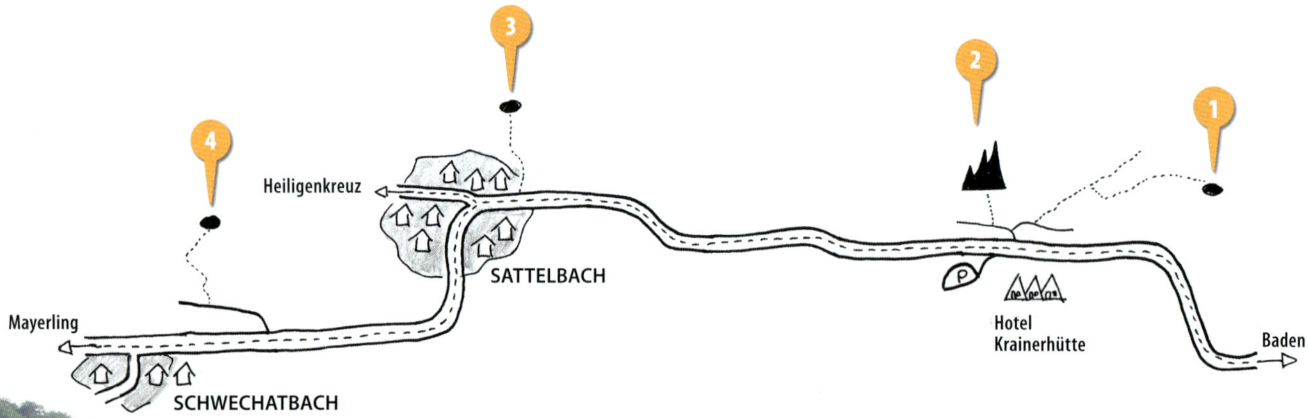

1 EXSTATISCHER STURM
2 KRAINER NADELN
3 CHAINSAW CHARLY
4 HIGHWAY STAR

BOULDERGEBIET EXSTATISCHER STURM

Landschaftlich schön gelegenes Bouldergebiet mit langen Quergängen – und leider mit recht splittrigem Fels. Mittlerweile ist aber alles gut abgeklettert und ein Besuch lohnt sich auf jeden Fall. Das Absprunggelände ist sehr gut, im rechten Bereich des "Exstatischen Sturm" kann man sich auch viele Boulder selbst definieren. Gefunden hat diesen Block wie so viele andere Roman Patlik.

ZUFAHRT:
Im Helenental bis zum Hotel Krainerhütte, ein kleines Stück weiter Richtung Alland befindet sich ein großer Parkplatz auf der linken Seite. Hierher auch mit dem Bus.

ZUGANG:
Vom Parkplatz ganz kurz Richtung Krainerhütte bis zur Abzweigung mehrerer Forststraßen. Man wählt die rechte, hintere, welche leicht ansteigend und schon etwas verwachsen in ein kleines Tal führt. Wenn man rechts oben am Hang einen Felsen erblickt, rechts den Hang auf den Waldkamm hinauf (Steigspur) und immer dem Kamm folgen, bis er sich im Wald verläuft. Hier rechts zum erst zuletzt sichtbaren Block (ca 15min). Zum "Tittenfick" verfolgt man das Tal weiter und gelangt direkt zum Block (ca 10min).

BESTE JAHRESZEIT: Frühjahr und Herbst.

BESONDERES: Fels nicht immer ganz fest.

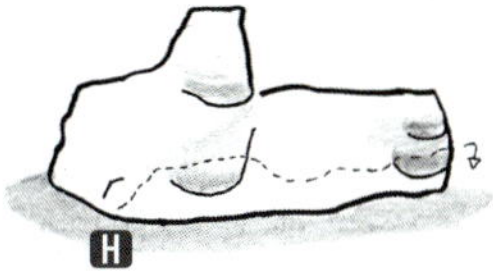

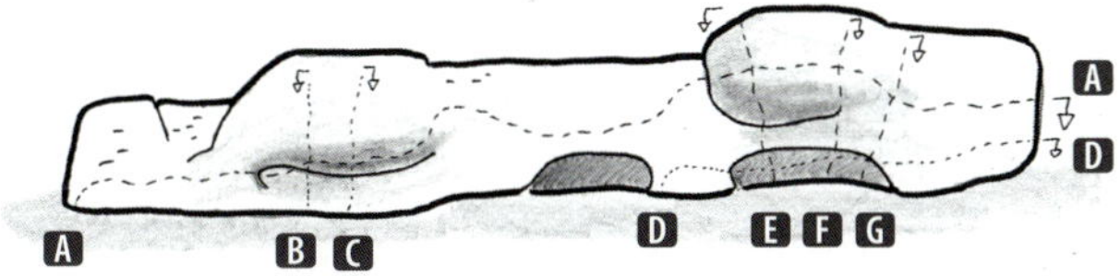

BOULDER:

- **A** EXSTATISCHER STURM 7a+ trav
  Etwas definierter Quergang: Bei der 1.Schlüsselstelle ohne Henkel links oben, bei der 2. Schlüsselstelle ohne die Henkel ganz oben!
- **B** 5a sd
- **C** 5c/6a sd
- **D** UNTERWELT 6a trav
  Knapp überm Boden
- **E** NOKK 5b sd
- **F** ABSINTH 6b sd definiert
- **G** 5b/c sd
- **H** TITTENFICK 6c+ trav

KRAINER NADELN | Foto: Bernd Schwanda

KRAINER NADELN

Die markanten und optisch eindrucksvollen Felstürme ober der Krainerhütte laden so richtig zum Klettern ein. Doch wer dann Hand an den Fels legt, wird enttäuscht feststellen daß das Gestein sehr splittrig ist und der Schein trügt. Auch wenn mittlerweile vom Trio Blecha, Sypniewski und Göb einige Routen eingebohrt wurden, so richtig beliebt sind die Krainernadeln trotzdem nicht geworden. Roman Patlik hat 2 Boulder hergeputzt, welche ebenfalls so gut wie nie begangen werden. Viel mehr gibts nicht zu sagen, außer daß wer einen Besuch plant vielleicht besser in der eher vegetationslosen Zeit hier vorbeischaut, da zu allem Überfluß der Zustieg und auch die Einstiege recht stark zuwuchern.

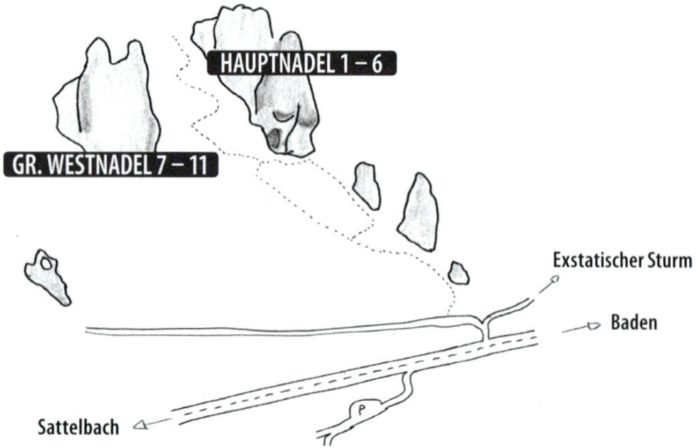

0	9	2	11	2
1-4	5-7	Projekt	Σ UIAA	Σ FB

5min

bis 20m

ZUFAHRT:
Im Helenental bis zum Hotel Krainerhütte, ein kleines Stück weiter Richtung Alland befindet sich ein großer Parkplatz auf der linken Seite. Hierher auch mit dem Bus.

ZUGANG:
Die Krainer Nadeln sind vom Parkplatz bereits sichtbar. Steil und je nach Jahreszeit mehr oder weniger verwachsen direkt zu den Felsen. Gehzeit ca 5min.

BESTE JAHRESZEIT:
Wie schon erwähnt, ist der Zustieg im Sommer recht verwachsen und zeckenreich. Also besser im zeitigen Frühjahr oder späten Herbst.

BESONDERES:
Brüchiger, splittriger Fels, eventuell Helm. Die eingebohrten Routen sind alle mit Klebehaken gut gesichert.

HAUPTNADEL-WEST:
1 GAT SCHO, BETTI 7 ✱
Kleingriffige Schlüsselstelle
2 DRAGONS TAIL 7- ✱
Unübersichtlicher Beginn
3 ONLY FOR EBENERDIGE 5- ✱
4 Projekt
5 FRAGMENTAL AGRESSION 7 ✱
Besser an der Dachkante aufhören, danach sehr brüchig
6 Projekt

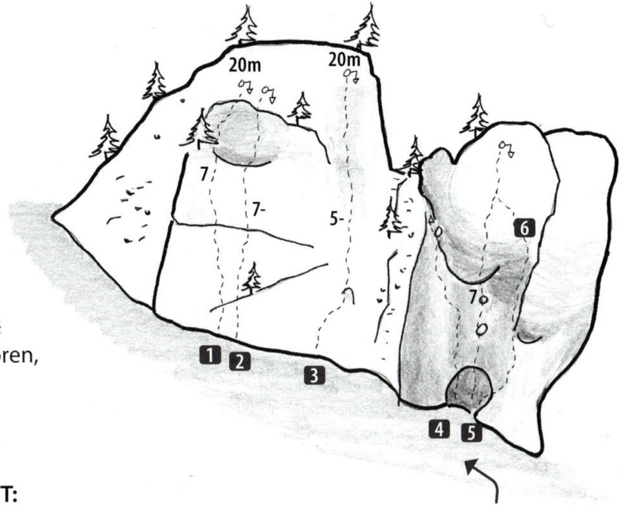

GROSSE WESTNADEL SÜD, OST:
7 GRÜNER SCHATTEN 5+ ✱
8 ATOMIC FORCE MICROSCOPY 5+ ✱✱ Nett
9 GEFAHR VON RECHTS 7- ✱
10 HALBE SACHE 6+ ✱ Etwas eigenartig
11 BEGINNERS MIND 7- ✱✱ Schön

BOULDER:
A JEIN 5c trav
B BLECH ODER BLUME 6b trav

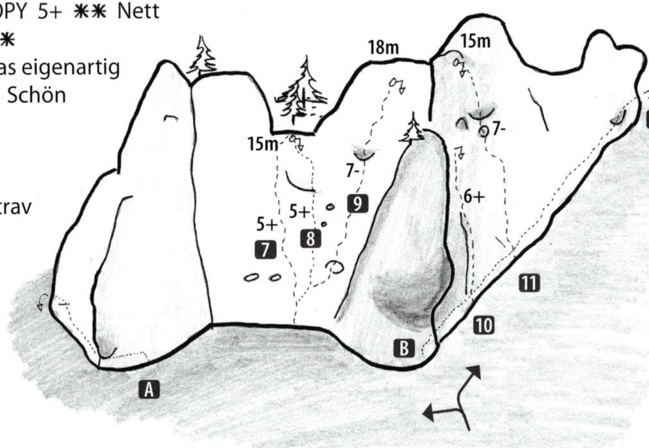

BOULDERGEBIET CHAINSAW CHARLY

Oberhalb der kleinen Ortschaft Sattelbach befindet sich dieser lange und sehr beliebte Quergang. Die Leisten sind schon recht abgeschmiert, das Absprunggelände ist bestens, der Zustieg hält sich in Grenzen. Roman Patlik hat diesen mittlerweile zum Klassiker gewordenen Quergang erschlossen und im Nahbereich noch einige weitere, kurze Traversen geputzt welche sich gut zum Aufwärmen eignen. Der Boulder "Dead Bull" liegt sehr entlegen, ist jedoch originell und sei deshalb hier erwähnt.

ZUFAHRT:
Durchs Helenental bis Sattelbach, parken beim Kalkofen am östlichen Ortsende.

ZUGANG:
Hinterm Kalkofen den steilen Waldgrat (deutliche Steigspur) links des Steinbruchs in 3min direkt zum Fels. Bei Nässe sehr rutschig! Zu den anderen Blöcken siehe Skizze. Beim "Dead Bull" parkt man bei einer Forststraßenabzweigung östlich von Sattelbach, weiter siehe Skizze. Gehzeit ca 15min.

BESTE JAHRESZEIT:
Durch die südseitige Lage oft auch im Winter gute Bedingungen. Ansonsten Frühjahr und Herbst, im Sommer ist es zu schwül und die Leisten rutschen fürchterlich.

BESONDERES:
Kletterei an schon schmierigen Leisten. Im linken Bereich gute Möglichkeiten zum Selbstdefinieren. Teilweise etwas brüchig.

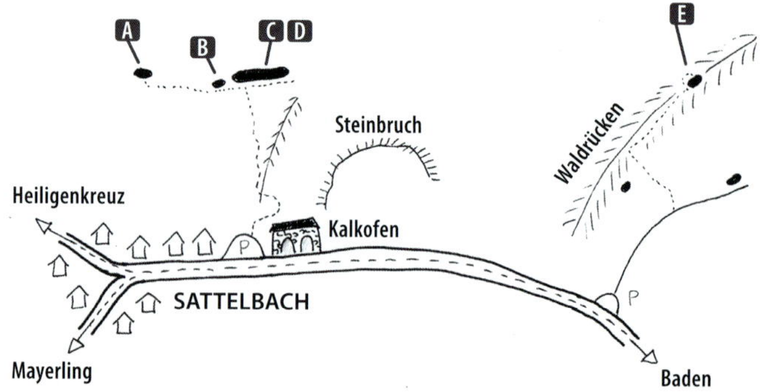

BOULDER:
A MIST 5b trav, B DURST 5a trav
C CHAINSAW CHARLY 6b+ trav (40m!!!)
D CHAINSAW CHARLY VARIANTE 6c trav
Schlüsselstelle unten geklettert
E DEAD BULL 6a trav,
Zustieg siehe Skizze

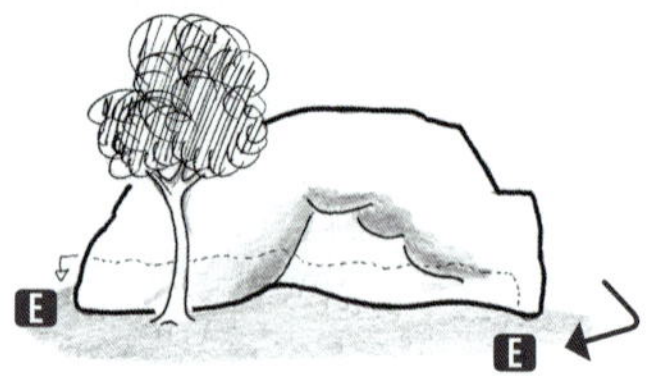

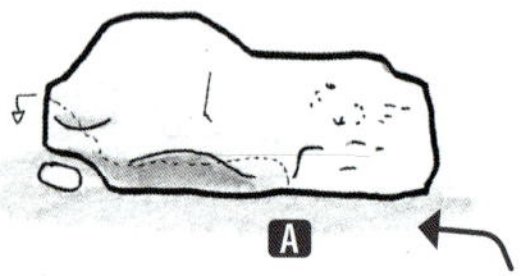

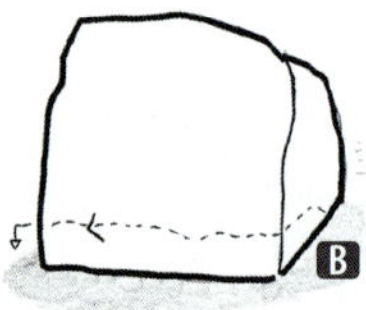

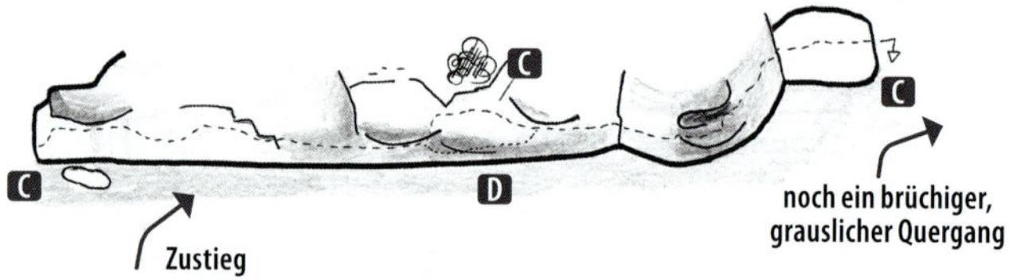

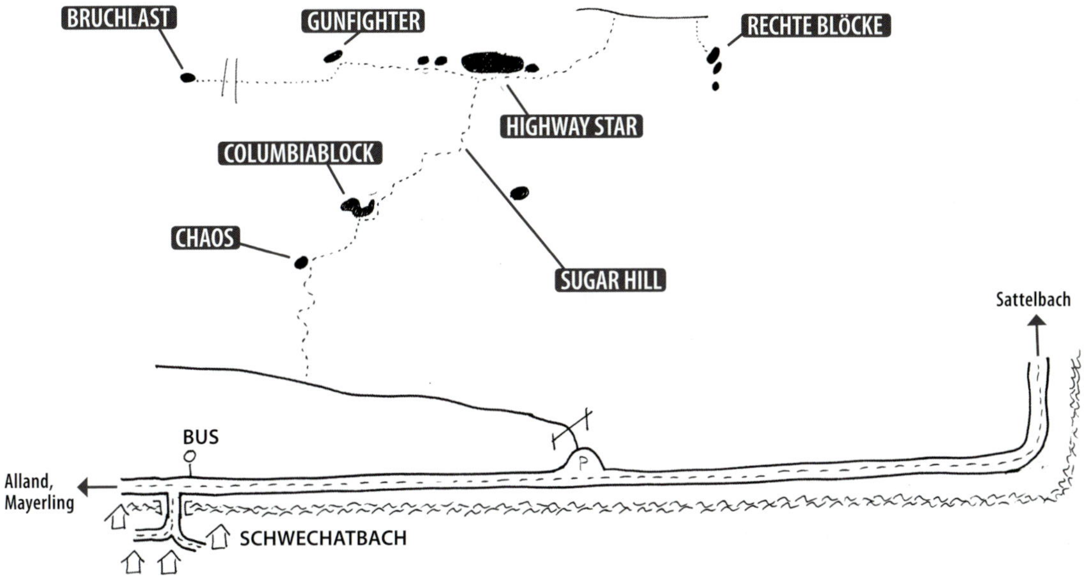

HIGHWAY STAR

Oberhalb des Weilers Schwechatbach befinden sich viele kleine Blöcke und eine größere Wand am dicht bewachsenen Südhang. Die größte Felsbildung heißt eigentlich Ungarstein, allerdings wurde das gesamte Gebiet unter dem Namen "Highway Star" bekannt. Der "Highway Star" von Roman Patlik ist sicher nach wie vor eine der besten Traversen im Wienerwald, die zahlreichen anderen Boulder hier werden deutlich seltener geklettert. Am Ungarstein selbst gibt es auch eingebohrte Routen und es wäre noch Potential vorhanden, da die Kletterer hier aufgrund eines Jagdschutzgebietes aber ohnehin nicht gerne gesehen sind sollte man davon Abstand nehmen, neue Touren einzubohren.

ZUFAHRT: Im Helenental nach Sattelbach, hier links Richtung Alland weiter. Nach markanter Kurve folgt ein gerades Straßenstück, bald zweigt rechts eine Forststraße ab (Schranken). Hier parken. Mit dem Bus nach Schwechatbach und ein Stück die Straße zurück.

ZUGANG: Die Forststraße ca 200m verfolgen, dann rechts steil den Hang hinauf. Die Blöcke liegen sehr verstreut, siehe Skizze. Zustieg bis zu 15min.

BESTE JAHRESZEIT: Winter, Frühling, Herbst. Der "Highway Star" trocknet nach Regen schnell wieder auf, die Blöcke darunter bleiben oft länger feucht.

BESONDERES: Jagdschutzgebiet, bitte um Ruhe. Hunde anleinen! Das Absprunggelände ist meistens gut.

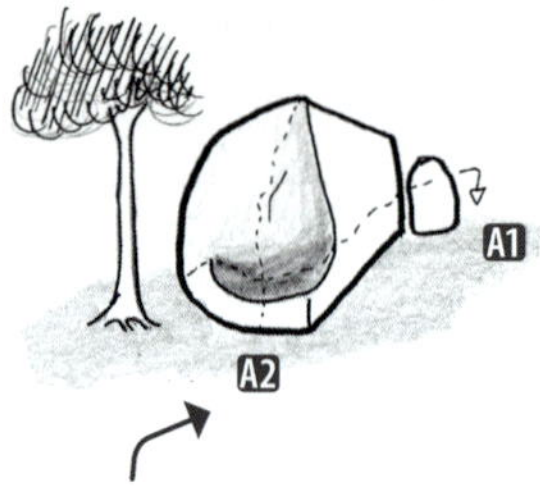

CHAOS: Schon etwas verwachsen

A1 KRIECHENDES CHAOS 6b+ trav sd
Ganz unten queren

A2 4 PFOTEN 5c sd

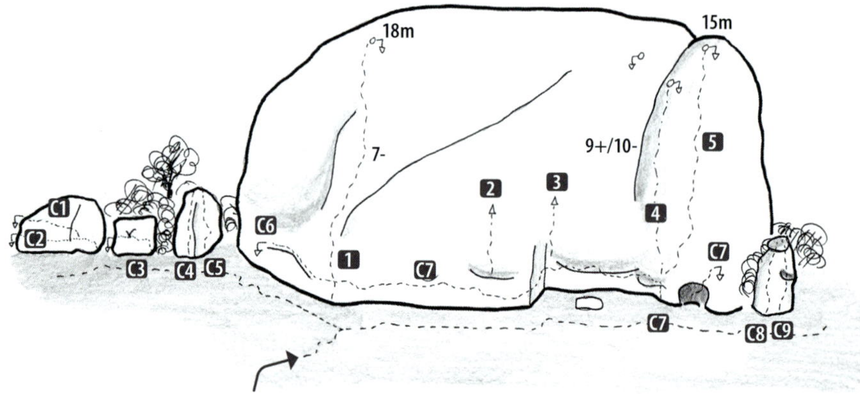

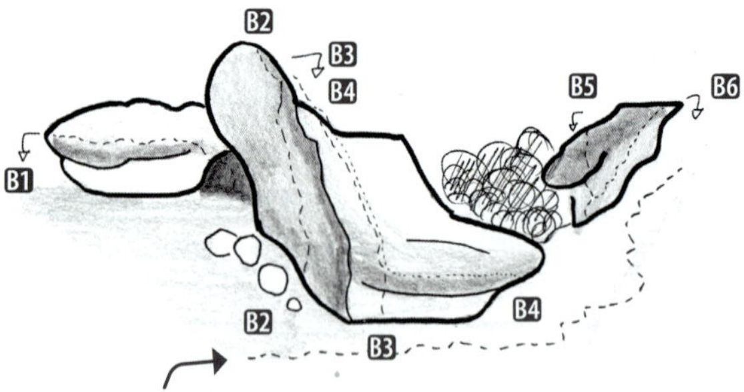

COLUMBIABLOCK:

B1 UNDERGROUND 6a+ trav

B2 LÖWENBÄNDIGER 6c+/7a sd

B3 COLUMBIA 5c/6a

B4 BIRNE HELENE 7b trav

B5 PO MANN 5c sd

B6 RATLIK 5b sd

HIGHWAY STAR (UNGARSTEIN):

1 DEAD BUHL 7- ✱✱ (Schmid) Schöne, raue Kletterei

2 keine Haken

3 keine Haken

4 ? 9+/10- ✱✱ (Reicht) Technisch sehr anspruchsvoll

5 Projekt

BOULDER:

C1 5c trav

C2 DON KARLOS 7a trav Unten bleiben wo es schwer ist

C3 SPUTNIK 6a trav

C4 ABSTIEG 3

C5 ARIANE 5a hoch

C6 HIGHWAY STAR 7b+ trav Topklassiker!

C7 verschiedene Möglichkeiten aus dem Loch heraus

C8 UNT`N 4b Brüchig, C9 OB`N 5b Brüchig

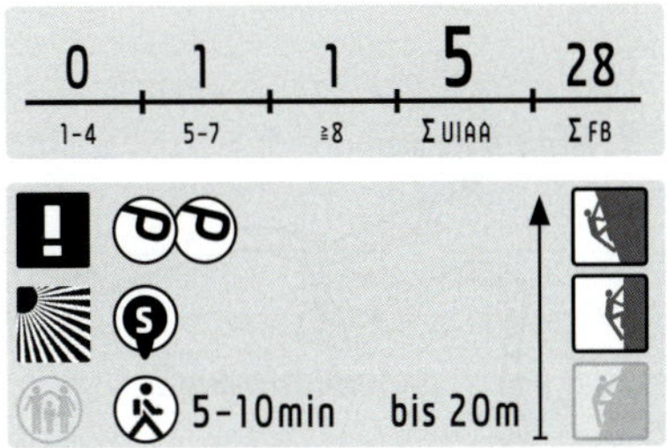

RECHTE BLÖCKE:

D1 TRAVERSE ?
D2 EIGER SÜD 5a
D3 SCHMAROTZER 6b+
D4 ELEFANTEN IM SCHLAFROCK 4c
D5 4c
D6 4c
D7 THE FOX 5c trav
D8 DRU 5b
D9 FOOTHOOK 6a+ trav

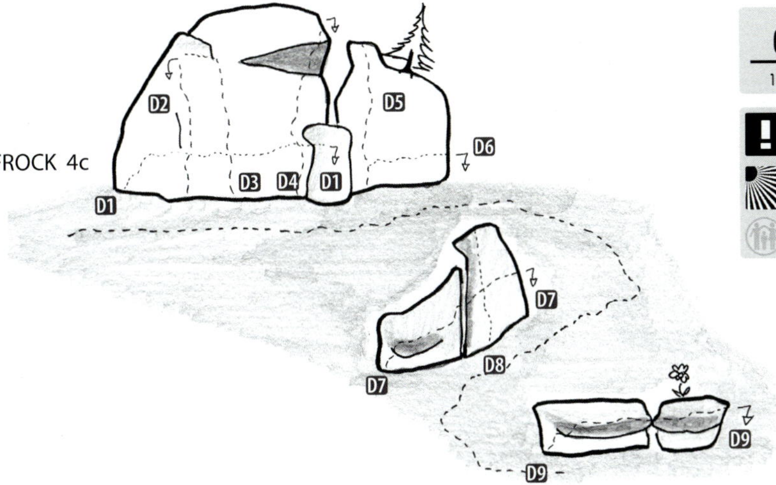

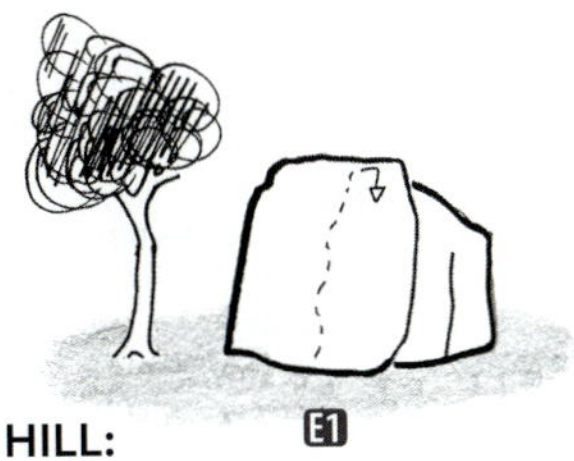

SUGAR HILL:

E1 SUGAR HILL 6c+

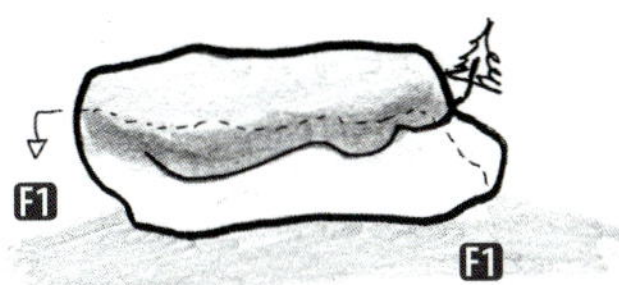

GUNFIGHTER:

F1 GUNFIGHTER 6c+

BRUCHLAST:

G1 MAXIMALE BRUCHLAST 6b trav Brüchig

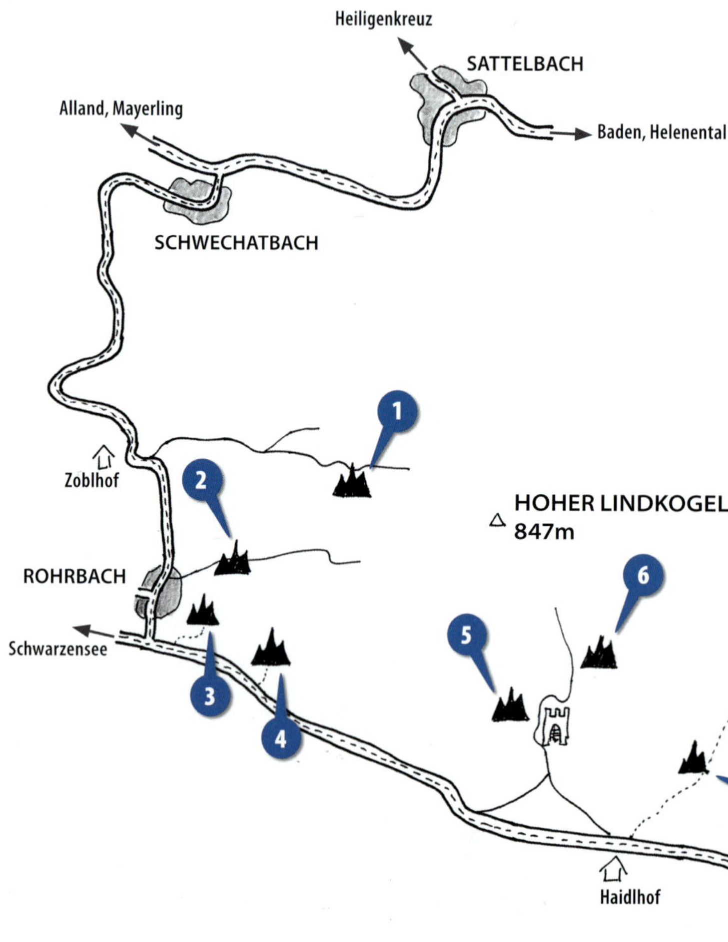

1 ARSCH DER WELT
2 SCHEITERGRABEN
3 KUHHÜGEL
4 BUM BUM WANDL
5 MERKENSTEIN HAUPTGEBIET
6 UGA LAND
7 KIESEL
8 KLETTERGARTEN BAD VÖSLAU
9 KAISERSTEIN

LINDKOGEL

Der Lindkogel ist ein langgestreckter Bergrücken zwischen Schwechat- und Triestingtal. Im dichten Wald seiner Abhänge verbergen sich eine Menge Felsbildungen, nur selten größere Wände aber viele, viele Blöcke zum Bouldern. Rund um die geschichtsträchtige Ruine Merkenstein liegt das größte Bouldergebiet des Wienerwaldes mit vielen Problemen in allen Schwierigkeitsgraden.

Jede Menge Blöcke liegen hier im Wald verstreut, wobei sich im Hauptgebiet rund um die Ruine die schwierigsten Boulder befinden. Etwas weiter oberhalb und viel sonniger liegt das Uga-Land, wo es gemütlicher zugeht.

Schließlich zählen wir auch noch den Kiesel zum Merkensteiner Gebiet, obwohl dieser Fels auf einem anderen Zustieg erreicht wird. Weitere reine Bouldergebiete sind noch der Kuhhügel sowie der Scheitergraben, beide in der Nähe von Rohrbach gelegen. Es soll nicht verschwiegen werden, dass es auch noch andere Gebiete wie etwa den Rotzgraben, Waluliso oder den Kalkgraben gibt –die sind jedoch bei weitem nicht so lohnend und werden kaum besucht.

Wer längere Zustiege nicht scheut und sich nicht entscheiden kann ob er Bouldern oder Vorstiegsklettern will, kann sich einmal den Arsch der Welt anschauen. Dieses Gebiet liegt nordseitig hoch über dem Helenental und bietet schöne, steile Routen in gutem Fels. Sonniger liegt das Bum-Bum-Wandl und noch dazu in Straßennähe. Auch hier gibt es eine Handvoll nicht so schlechter Routen und ein paar Boulder.

Rund um Bad Vöslau finden wir noch den eher unlohnenden Klettergarten der Naturfreunde sowie das Felsdach des Kaisersteines, wo die Grenzen zwischen Boulder und Route verschwimmen.

Lucki Zipper | TARZAN 6A+ TRAU | Foto: Herbert Mayerhofer

ARSCH DER WELT

Der Arsch der Welt erhielt seinen Namen nach der zumindest für Wienerwaldverhältnisse weltentrückten Lage. Die Hauptwand ist nicht ganz 20m hoch und bietet überraschend schöne, teilweise recht ausdauernde Klettereien in gutem Fels. Daneben gruppieren sich noch einige Boulderwandln welche auch gute Felsqualität aufweisen. Zu Unrecht wird dieses Gebiet eher selten besucht, obwohl die Absicherung der Routen in Ordnung und das Absprunggelände bei den Bouldern ebenfalls gut ist. Meist klettert man hier an Leisten, der Fels ist durchwegs noch schön rau. Vor allem an warmen Tagen lässt es sich an dieser sehr schattigen Wand gut aushalten.

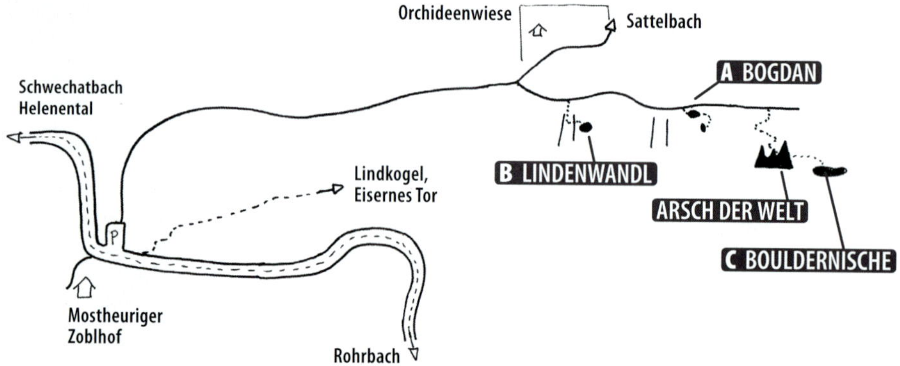

ZUFAHRT: Von Sattelbach im Helenental Richtung Mayerling fahren. In Schwechatbach links abbiegen und auf schmaler, kurviger Straße zum „Zobelhof", Mostheuriger und Parkplatz. Mit öffentlichen Verkehrsmitteln gelangt man nicht hierher, höchstens mit dem Fahrrad.

ZUGANG: Vom Zoblhof nicht dem Weg zum Hohen Lindkogel bzw. Eisernes Tor folgen, sondern auf der Forststraße eben mit schönem Blick ins Helenental Richtung Orchideenwiese. Bei der ersten Weggabelung der rechten Straße folgen. Beim ersten markanten Grabeneinschnitt findet man das Lindenwandl: Kurz den Graben hinauf und links zum Fels. Folgt man der Straße weiter, passiert man nach dem zweiten markanten Graben den Boulderblock Bogdan direkt neben der Straße. Noch kurz weiter, rechts über die Böschung und in Kürze steil zur Wand. Gehzeit ca 25min.

BESTE JAHRESZEIT: Nordseitig! Eher an warmen Tagen zu empfehlen. Nach Regen trocknet das Lindenwandl nur langsam auf.

BESONDERES: Die Routen sind mit Expressankern gut abgesichert. Bei den Bouldern ist das Absprunggelände gut. Am Lindenwandl links plattig, rechts überhängend und recht hohe Boulder. Bogdan mit rauen Leisten, auch an der Hauptwand steile Kletterei meist an Leisten.

1-4	5-7	≥8	Σ UIAA	Σ FB
4	9	0	13	47

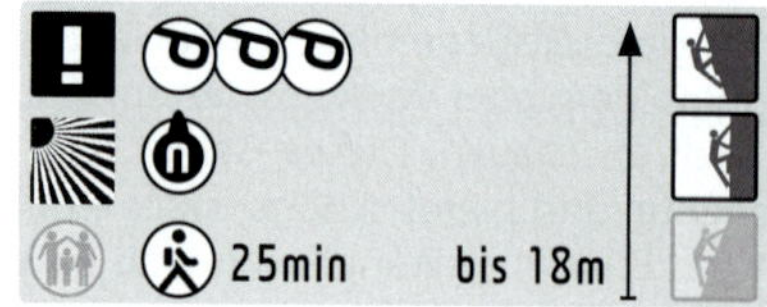

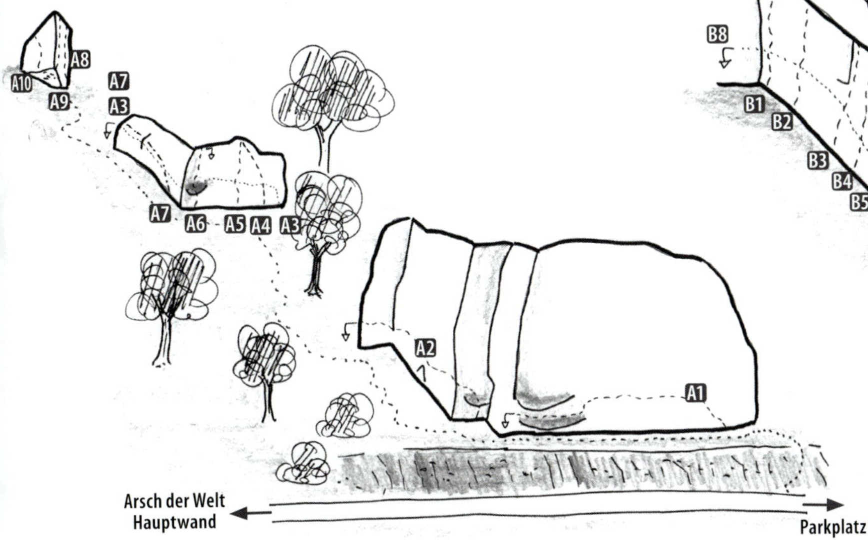

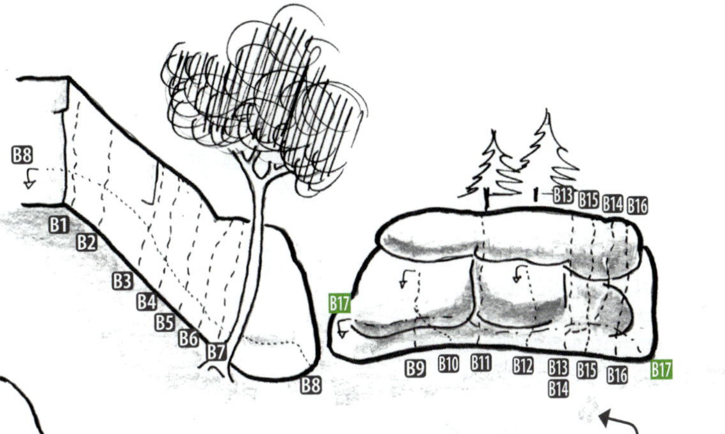

B - LINDENWANDL:

B1 3, B2 5b, B3 BAUMBART 1
B4 IN MEMORIAM LINDENWIRT 2
B5 3, B6 4b, B7 4c,
B8 WIENER SCHNITZEL 5c trav
B9 DACHS 5b Stehstart
B10 FRECHDACHS 6b sd zu B9, von rechts
B11 A PALA 6a+, B12 7a, B13 LINDENRISS 6a+
B14 PAPA WANT LEAVE YOU 6c sd
Start bei B13, nach rechts und Ausstieg zwischen B15 und B16
B15 STATE OF GRACE 7a+ sd
Direkt klettern. Sprung!
B16 6b sd
B17 ZUM LINDENWIRT 7a+ trav
Für Große leichter

A - BOGDAN:

A1 BOGDAN 7a+ trav
A2 SPASSKONTROLLE 6c+/7a sd
A3 LE COLLISION 6b+ trav,
A4 5b sd, A5 6a sd,
A6 WESTWIND 7a sd
Mit Stehstart 6b
A7 6a sd Steigt über A3 aus
A8 4c, A9 KANTE 3, A10 PLATTE 4c

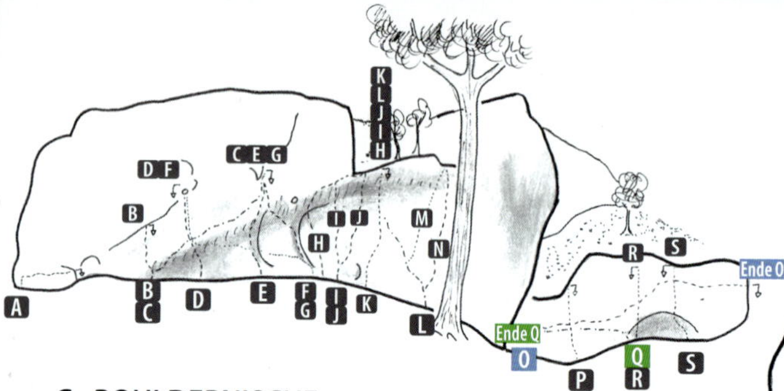

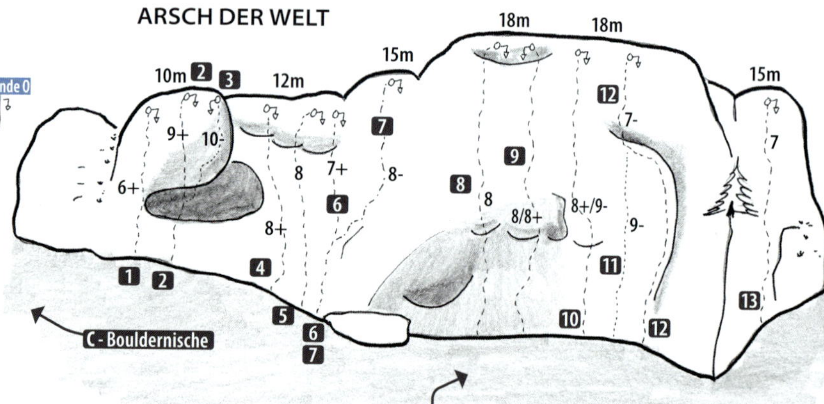

C - BOULDERNISCHE:

Von der Hauptwand waagrecht weiter nach links, gelangt man zur Bouldernische.

A 4
B AUF 6c sd Mit Stehstart 5c
C MENTAL 8a/8a+ Hockstart mit Auflegerdelle und Seitgriff rechts
D 7c sd Mit Stehstart 6c+
E ROCKPALAST 8a/8a+ sd Gerade zum Aufleger an die Überhangkante, Größe!
F TUTTO CIODO 7c+ sd Beginn bei Kante
G 7c/7c+ sd Stehstart 7a
H Projekt, **I** 7a+ sd
J GRÄTSCHE 7b-7c Größenproblem
K FRITZ 6b sd, **L** ECHT FETT 7a sd
M Projekt, **N** Projekt
O BUSSARD 6c trav
P SALAMANDER 6b sd
Q Weinbergschnecke 5 sd
R HABICHT 6b sd
S KRA 6c sd Rechts mit Zange starten
Bei **1** links ums Eck eine glatte Traverse, 7b-7c

ARSCH DER WELT:

1 RAGNAR 6+ ✱ (Gruber) Aufwärmroute
2 KRIEGSKUNST 9+/10- ✱✱ (Würzl) Kurze, harte Boulderroute
3 BENSON ARIZONA 10- ✱✱✱ (Würzl) Sehr interessant durch die ganze Wuchtel
4 DEFINATOR 8+ ✱ (Gruber, Holy) Definierte Einzelstelle (nicht nach links)
5 NACHTHEXE 8 ✱✱ (Gruber) Lohnende Wandkletterei
6 NEBELHEXE 7+ ✱✱ (Gruber)
7 RAUHNACHT 8- ✱✱ (Holy) Unübersichtliche, etwas technische Kletterei
8 HOHL IN DER BIRN 8 ✱✱ (Gruber) Ausdauerroute an Leisten
9 GEMISCHTWARENLADEN 8/8+ ✱✱✱ (Gruber) Abwechslungsreiche, steile Ausdauerkletterei
10 DA OASCH 8+/9- ✱✱ (Gruber) Einzelstelle an kleinen Leisten
11 KRÄTZENKÖNIG 9- ✱✱ (Gruber) Definierte Einzelstelle an kleiner Leiste, mündet in **12**
12 ERDNUSS 7- ✱✱ (Gruber) Nette Verschneidung mit Linksquerung, oben etwas splittrig
13 SCHOKOBANANE 7 ✱ (Schmid) Gar nicht so leicht, versteckt rechts ums Eck. Zu Beginn brüchig

Robert Gruber | NEBELHEXE 7+ | Foto: Thomas Behm

SCHEITERGRABEN

Nördlich der kleinen Ortschaft Rohrbach liegt der Scheitergraben. Hier liegen mehrere Blöcke verstreut im Wald herum, meist recht schattig und durch die seltenen Besuche leider langsam wieder zuwachsend. Die Boulder sind zwar nichts Besonderes, so schlecht aber auch wieder nicht und die Schwierigkeiten moderat. Wer in Ruhe technisch durchaus anspruchsvolle Boulder in eher glattem Fels klettern mag, sollte hier einmal vorbeischauen und vielleicht auch eine Bürste einstecken.

ZUFAHRT: Es gibt mehrere Möglichkeiten um nach Rohrbach zu gelangen. Entweder vom Helenental aus und über Schwechatbach-Zoblhof hierher, oder auch von der Verbindungsstraße Gainfarn/Bad Vöslau-Schwarzensee hierher. Am nördlichen Ortsende von Rohrbach, an der Straße zum Zoblhof, befindet sich ein markanter Parkplatz mit großen Steinblöcken bei der Einfahrt. Hier parken.

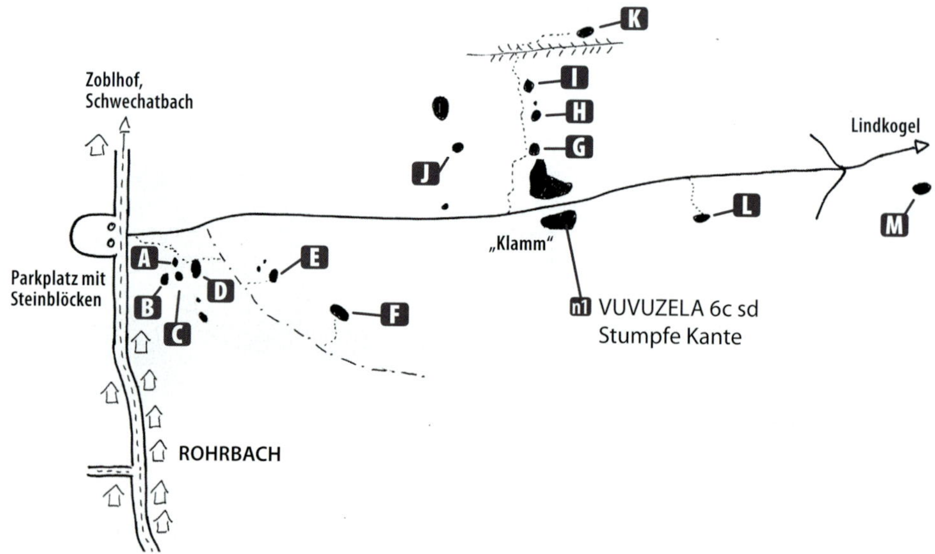

ZUGANG: Gegenüber dem Parkplatz führt eine Forststraße in den Scheitergraben und in weiterer Folge auf den Lindkogel bzw. zum Eisernen Tor. Zu den Blöcken A bis F geht man gleich vom Beginn der Forststraße schräg rechts in den Wald, genaueres siehe Skizze (ca. 5min). Zu den anderen Blöcken folgt man der Forststraße bis zu einer markanten, klammartigen und felsigen Engstelle.

Die Blöcke G bis I erreicht man, wenn man vor der Klamm den Felsen entlang aufwärts geht. Block J liegt weiter rechts am Hang.
Geht man bis auf den Kamm, erreicht man Block K, welcher auf der anderen Seite des Kammes etwas versteckt liegt (15min).
Zum Block L geht man durch die Klamm auf der Forststraße durch, ca 100m danach rechts in den Wald zum Fels (15min).

BESTE JAHRESZEIT: Eher schattiges Gebiet, west- und nordseitig. Nach Regen lange naß! Am besten Frühjahr, Sommer, Herbst.

BESONDERES: Selten besuchtes Gebiet, die ganz leichten Boulder wachsen schnell zu. Absprunggelände gut. Der Block F ist sehr hoch, für „Ab durch die Mitte“ wird Seilsicherung von oben dringend empfohlen.

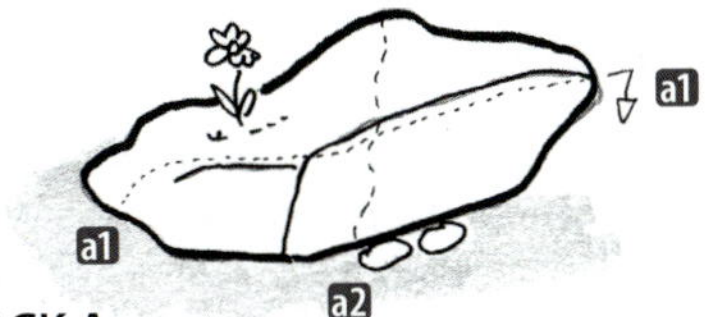

BLOCK A:

a1 STAUBSAUGER 5b trav

a2 SAUBSTAUGER 5a sd

BLOCK B:

b1 WALD- UND WIESENBOULDER 5c trav
Verwachsen

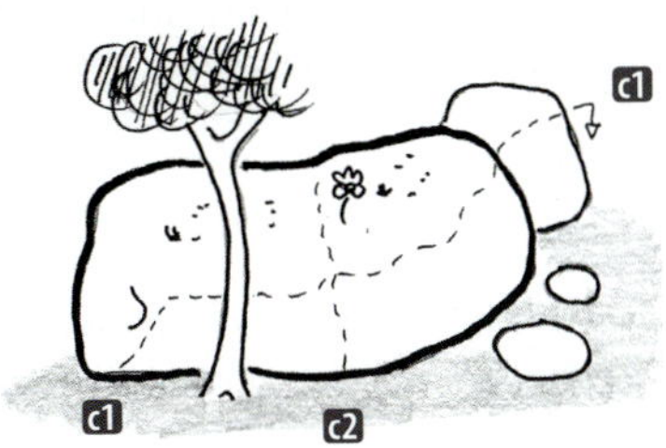

BLOCK C:

c1 ZUM WACHOLDER 5c trav sd

c2 leichte Möglichkeiten, auf jeden Fall mit Sitzstart

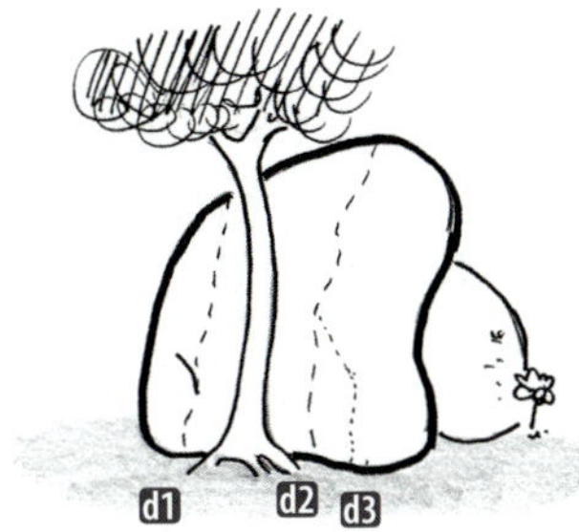

BLOCK D:

d1 SCHUPPENSUPPE 4a sd

d2 BUCKELWAL 5a Stehstart

d3 BUCKELQUAL 6a sd Sitzstart zu d2

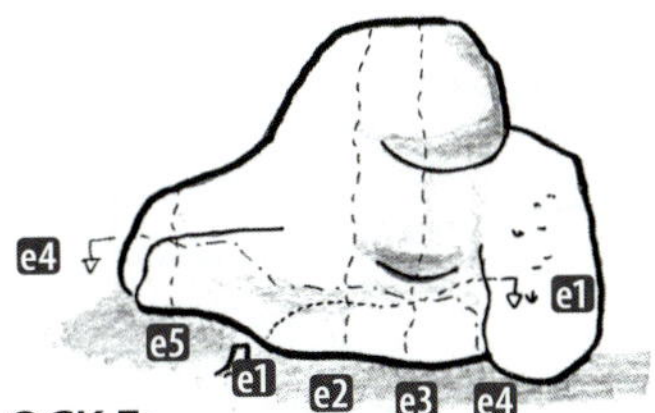

BLOCK E:

e1 GROD RICHTIG 6b sd

e2 EVOLA 6c sd

e3 ZU LEICHT 5a
Mit Sitzstart deutlich schwerer! 6c

e4 SPIRIT OF EVIL 6b

e5 MESSI LIKE 7b Ganz links über Aufleger

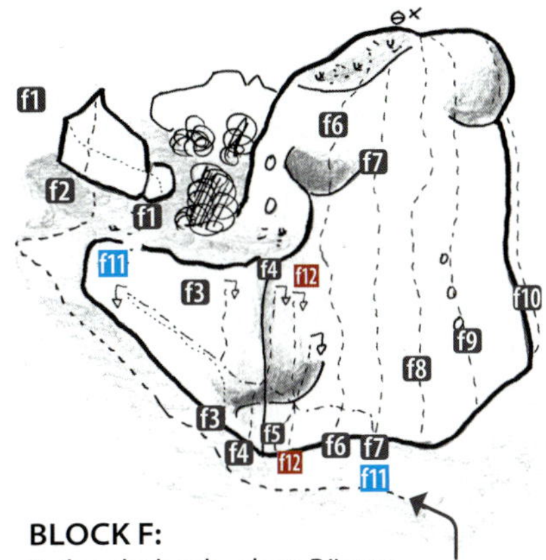

BLOCK F:

Teils sehr hoch, oben Bäume
und auch ein Haken zum Sichern

f1 DIREKTE NORD 5b

f2 ULTRANORD 5c sd

f3 BLUT 6a sd

f4 EISEN 6b+ sd Definiert

f5 IN DIE LÖCHER 6b sd

f6 5b, f7 DOLCH 5a

f8 AB DURCH DIE MITTE 7a Definiert:
Nur mit den kleinen Krätzen, ganz direkt!

f9 5a, f10 LO RHINO 3

f11 CHAOS A.D. 6c+ trav

f12 EASY CHEESY 7a sd Direkt durch die
Wuchel rechts von f4

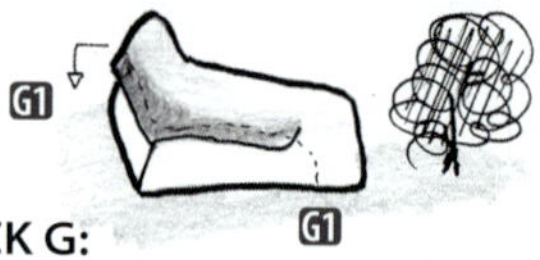

BLOCK G:
G1 FROHLOCKE 6a trav

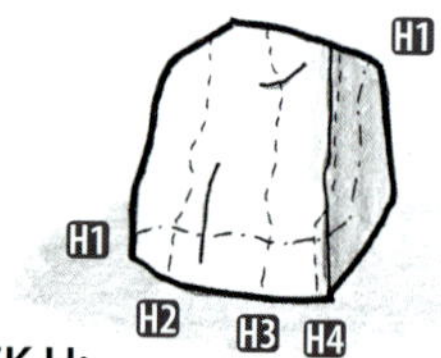

BLOCK H:
Abschüssiges Absprunggelände
H1 BIG LISTLE 7a trav
H2 3
H3 GRAUER MORGEN 6c+
H4 LISTLE 5a

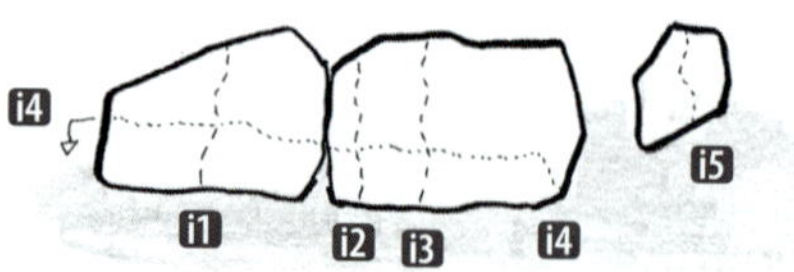

BLOCK I:
i1 BAU MAX 4b
i2 ALAUL 6a
i3 BAU SAU 4
i4 BAU 5b trav
i5 VERZWICKT 6b+/6c sd

BLOCK J:
J1 BURENHÄUTL 4b
J2 EI 4b

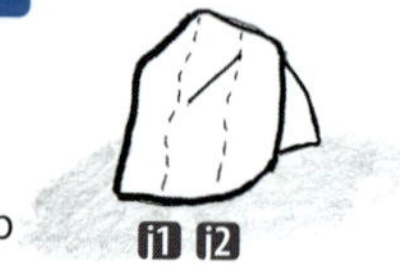

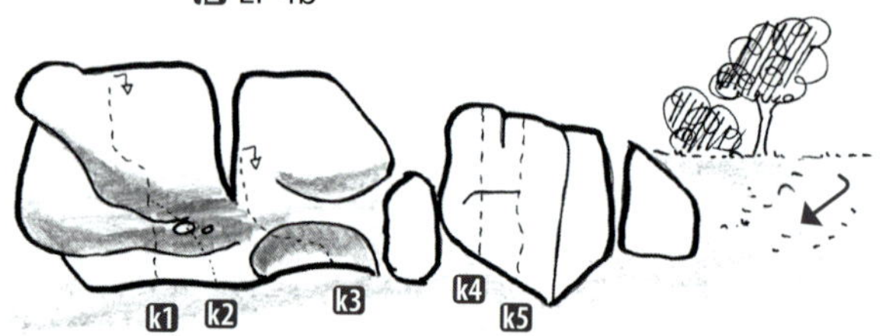

BLOCK K:
K1 1911-86 6a
K2 GERMAN WINGS 6a+ sd rechts von K1
K3 GERMANISCHE WIEDERGEBURT 6b+ sd
K2 + K3 FEINDFLUG 6c sd
K4 GUTE FEE 6a
K5 DÄMON 4a

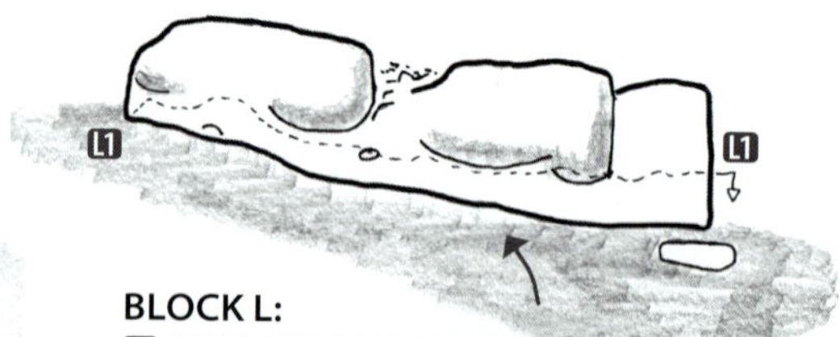

BLOCK L:
L1 BADLANDS MASSACRE 6b trav

BLOCK M: Keine Skizze
M1 EDGE OF SANITY 6a Kante links
M2 MONTESINO 7a sd
M3 DRECK-ECK 5c Kante rechts
M4 PENETRALIA 7a+ trav Querung von li. n. re.

KUHHÜGEL

Versteckt auf einem Hügel über der Rohrbacher Straßenkreuzung liegt ein kleines Wandl mit wirklich schönem, bombenfestem Fels. Wieder einmal war es Roman Patlik, welcher das Potential erkannte und neben einigen anderen Bouldern den tollen Quergang „Spiral Tribe" kletterte. Es gibt hier auch einige hohe Boulder, welche mit Seilsicherung von oben begangen werden.
Und eines sei denen, die gerne die Bohrmaschine schwingen, gesagt: Wenn auch dieses Wandl eingebohrt wird, gibt es hier ein Kletterverbot und von uns Boulderern eins aufs Maul! Der Fels liegt nämlich auf Privatgrund, bis jetzt gab es keine Probleme, aber wir sind hier nur geduldet und wenn beim Zustieg die Weide zertrampelt wird und Hunde bellend zwischen den Kühen herumlaufen dann können wir nur mehr wehmütig zum Kuhhügel aufblicken...

ZUFAHRT:
Von Bad Vöslau über Gainfarn Richtung Schwarzensee. An Merkenstein vorbei erreichen wir die Abzweigung nach Rohrbach. Ganz kurz davor zweigt links eine Forststraße im schrägen Winkel ab, hier parken. Hierher auch aus dem Helenental über Schwechatbach, Zoblhof und durch Rohrbach durch bis zur Abzweigung. Links Richtung Bad Vöslau und sofort rechts bei Forststraßenabzweigung parken.

ZUGANG:
Über den Bach und im Wald neben(!) der Weide auf den Hügel. Die Felsen stehen nordseitig direkt am Gipfel. Gehzeit ca 5min.

BESTE JAHRESZEIT:
Nordseitig, bei Westwind ist es hier äußerst unangenehm. Frühling, Sommer und Herbst sind gut geeignet, im Winter ist es zu kalt.

BESONDERES:
Privatgrund! Nicht durch die Wiese latschen, Weidevieh nicht stören, Hunde anleinen oder besser gleich zu Hause lassen, kein Lärm und kein Einbohren! Ansonsten: Kompakter Fels mit Löchern und Leisten, sehr gutes Absprunggelände. Für die hohen Boulder kurzes Seil und Schlinge für Baum mitnehmen.

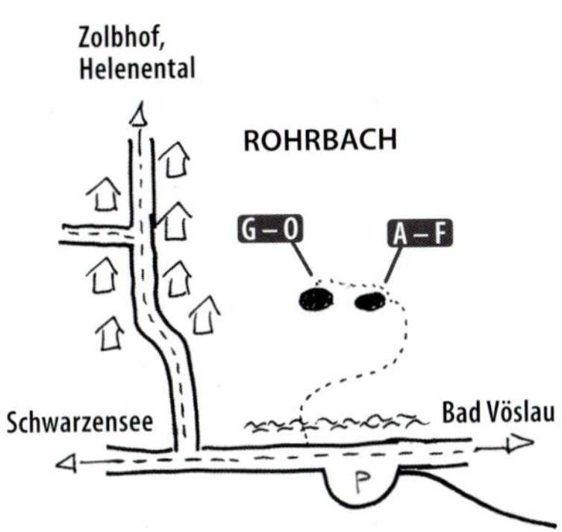

1. BLOCK:
A KIRK 3, B SPOCK 4c
C 4b, D SCHEISSERL 4c
E POIDL 5a
F SHIT HOPPING 5c trav

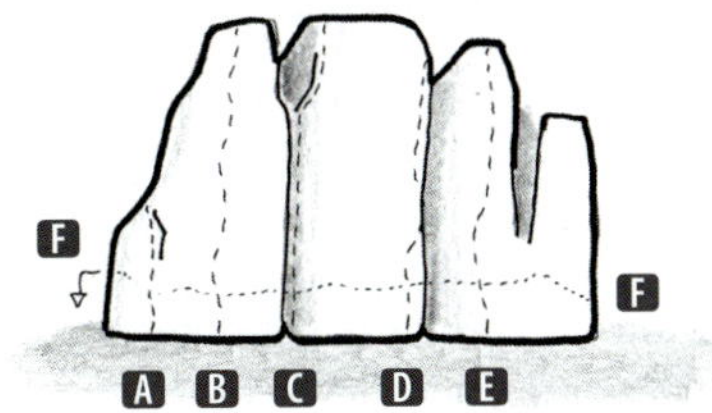

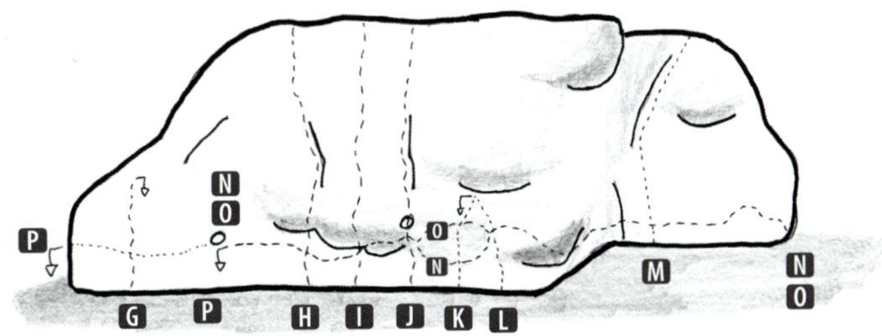

2. BLOCK:
G MILKA 6c Mit Sitzstart 7b
H GUARANA 5c I DA MADA 5b
J ENTERPRISE 6a+
K ELVIS JUST HAS LEFT THE BUILDING 6c+/7a
L 4a M DIE SCHUPPIGE 5a
N SPIRAL TRIBE 7a+ trav
O SPIRAL TRIBE OBEN 7c+ trav
P LINKE TRAVERSE 7c/7c+ trav

BUM BUM WANDL

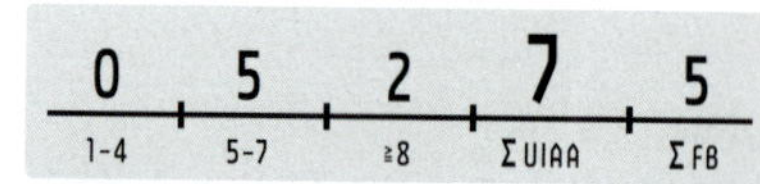

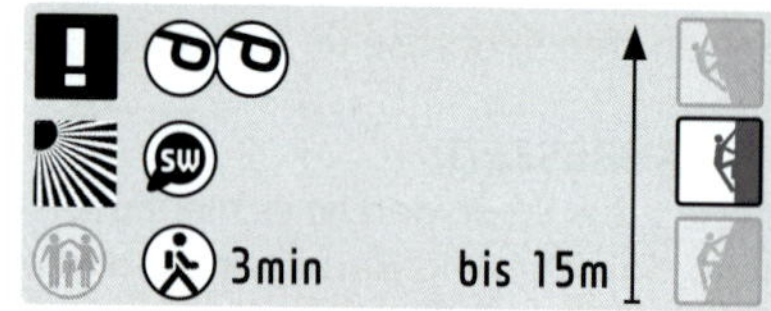

Trotz des minimalen Zustiegs und der durchaus sonnigen Lage hat sich das Bum-Bum-Wandl nie großer Beliebtheit erfreut. Der Fels ist ziemlich kompakt, streckenweise sehr gut und schön löchrig, dann aber auch wieder splittrig und verwachsen. Roman Patlik hat in alter Manier Boulder erschlossen und gemeinsam mit Alexander Schmid auch ein paar hübsche Routen eingebohrt. Mit etwas Putzaufwand ließen sich hier durchaus noch ein paar hübsche Sachen einbohren.

ZUFAHRT: Von Bad Vöslau her über Gainfarn Richtung Schwarzensee. Kurz vor der Abzweigung nach Rohrbach befindet sich auf der rechten Seite eine große, markante Parkbucht.

ZUGANG: Von der Parkbucht auf der Straße 100m zurück Richtung Vöslau, dann (vor kleinem Felsblock neben der Straße) im anfangs dichten Wald kurz steil zur Wand. Gehzeit ca 3min.

BESTE JAHRESZEIT: Südwestseite, Frühjahr und Herbst sind am besten, im Sommer am Vormittag.

BESONDERES: Die Routen sind mit Expressankern gut, aber nicht übertrieben abgesichert. Ein bisserl muss zwischen den Haken schon geklettert werden. Aufgrund der seltenen Besuche wächst so manches Pflänzlein in den Griffen. Bei den Bouldern ist das Absprunggelände gut, beim „Blauen Bumbum" Vorsicht auf die Blöcke!

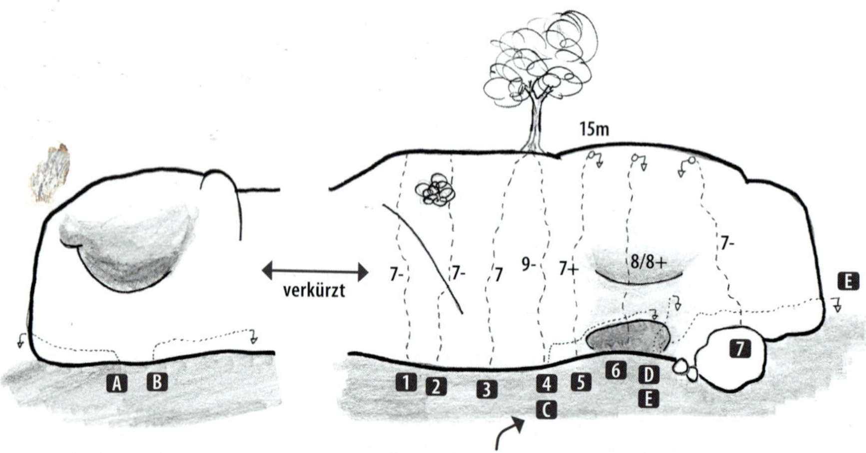

1 KLEINOD 7- (Schmid)
Schon recht verwachsen

2 WEG DER ERSTERSTEIGER 7- ✱
(Schmid, Patlik) Recht grün...

3 MATSCHBIRN 7 ✱ (Schmid, Patlik)
Plattige, seltsame Route

4 NEVERDRY 9- ✱✱ Gute, oft nasse steile Platte, schwere Stelle

5 WÜRSTL MIT SAFT 7+ ✱ (Schmid)
Etwas splittrig und gar nicht so leicht

6 HÄGAR 8/8+ ✱✱✱ (Schmid, Patlik)
Wirklich toller Lochwulst, guter Fels!

7 NONSEXMONKROCK 7- ✱✱ (Schmid)
Plattig, verwächst leider wieder

BOULDER:

A REINFALL 6a+

B BILLA HEUTE 5c trav

C ARTHUROGONAL 7a+ trav

D MORBID ANGEL 6b+ sd
Bis zum großen Loch

E DER BLAUE BUM BUM 7a trav sd

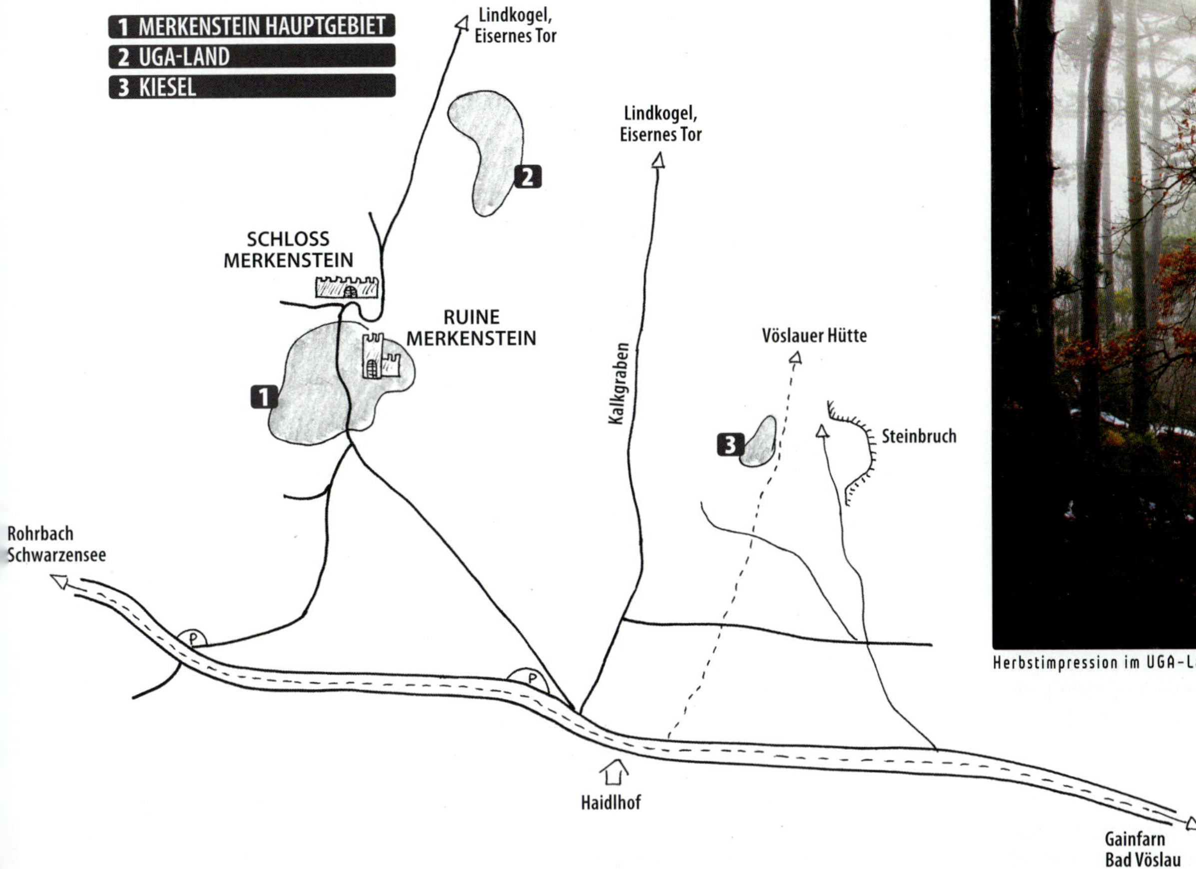

Herbstimpression im UGA-Land | Foto: felsfetisch.at

MERKENSTEIN

Rund um die Ruine Merkenstein, an der Südseite des Hohen Lindkogels, liegen im Wald zahlreiche Felsblöcke mit oft skurrilen Formen herum. Roman Patlik war der erste, der das Potential der Felsentore, Nischen und kleinen Höhlen, die da im Märchenwald herumlagen, entdeckte. Freudestrahlend erzählte er von seinem Fund und mit „Uga Aga Iga“ schuf er den ersten Klassiker. Gemeinsam mit Alex Schmid und Robert Gruber ging die erste Erschließungsphase weiter : „Totem“, damals noch mit Stehstart, „Stiegergasse“ und „Minas Morgul“ waren die Hochlichter in einer Zeit, als Bouldern noch nicht salonfähig und trendig war. Wir wurden milde belächelt, wenn wir mit unseren Strohmatten und Teppichen (Crashpads gab es damals noch nicht) zu unseren „Brunzfelsen“ in den Wald marschierten...
Doch plötzlich erschienen in den Hochglanzmagazinen Fotos und Berichte über die kleinen Felsen, das Bouldern war plötzlich modern und auch in Merkenstein begann eine neue und wesentlich intensivere Erschließungsphase.
Thomas Schifer sowie die Brüder Gerald und Michael Poharez waren die treibenden Kräfte, aber auch so bekannte Namen wie Klem Loskot tauchen in den Erstbegehungsannalen auf. So wurde Merkenstein zum bedeutendsten und größten Bouldergebiet im Wienerwald. Meist klettert man an kleinen, scharfen und nicht gerade hautfreundlichen Leisten und Auflegern in leicht bis stark überhängendem Gelände. Das Absprunggelände ist meist sehr gut, die Blöcke liegen dicht beieinander, ihre Lage ist der Übersichtsskizze zu entnehmen.
Leider zogen in jüngster Zeit dunkle Wolken über den Merkensteiner Wald: Das gesamte Gebiet liegt nun in der Kernzone des „Biosphärenpark Wienerwald“ – und schon gibt es die ersten Kletterverbote.

Die Blöcke im „Sperrgebiet“ dürfen nicht mehr besucht werden da sie in einem Versuchsgelände der BOKU liegen (das sind die Blöcke O, P und R in der Übersichtsskizze welche sich hinter dem Zaun befinden).

Wie es weitergeht steht in den Sternen, auf jeden Fall sind folgende einfache Regeln zu beachten:

¤ Gebiet erst 1 Stunde nach Sonnenaufgang betreten bzw. schon 1 Stunde vor Sonnenuntergang auf ein Bier gehen
¤ Kein Mist ¤ Kein Lärm ¤ Hunde anleinen
¤ Keine neuen Blöcke putzen, kein Moos und keine Pflanzen entfernen
¤ Auf den Wegen bleiben
¤ Sperrgebiet hinterm Zaun nicht betreten. Verbot wird kontrolliert und geahndet

ACHTUNG: Die Blöcke O - R im „Sperrgebiet“ hinter dem Zaun sind seit 2011 wirklich gesperrt. Bitte nicht mehr über den Zaun klettern.

BESONDERES: Meist maximalkräftige Boulder an kleinen scharfen Leisten und Auflegern. Das Absprunggelände ist meist sehr gut, nur bei einigen Blöcken im Sperrgebiet ist Vorsicht geboten.

ZUFAHRT: Von Bad Vöslau über Gainfarn, kurz vor Großau abzweigend Richtung Schwarzensee. Ca 200m nachdem man linker Hand den Haidlhof passiert hat, befinden sich rechts bei abzweigender Forststraße Parkmöglichkeiten (großes Feld, die Ruine Merkenstein ist von hier sichtbar, markierter Wanderweg über Merkenstein zum Eisernen Tor/ Lindkogel). Oder man folgt der Straße noch einen knappen Kilometer und parkt dann bei rechts abzweigender Forststraße.

ZUGANG: In beiden Fällen verfolgt man die Forststraße (ja nicht mit dem Auto reinfahren!). Sie vereinigen sich bei einem alten Gedenkkreuz. Gleich dahinter führt eine deutliche Steigspur zu den ersten Blöcken. Die Lage der einzelnen Blöcke entnehme man bitte der Skizze. Gehzeit 10 bis 15 Minuten.

BESTE JAHRESZEIT: Wie es sich beim Bouldern geziemt sollte es nicht zu warm sein. Ein trockener Herbst oder auch das Frühjahr sind meist gut geeignet, im Winter erreicht die Sonne manche Blöcke am Vormittag. Im Sommer ist es für die kleinen Leisten zu heiß, außerdem gibt's viele Gelsen. Generell liegen die Blöcke sehr schattig. Nach Regen kann es bei einzelnen Blöcken recht lange dauern, bis sie auftrocknen.

Florian Murning | ANTWORTTRAVERSE 8A+ FB | Foto: Thomas Schifer

UGA-Land im Nebel | Foto: felsfetisch.at

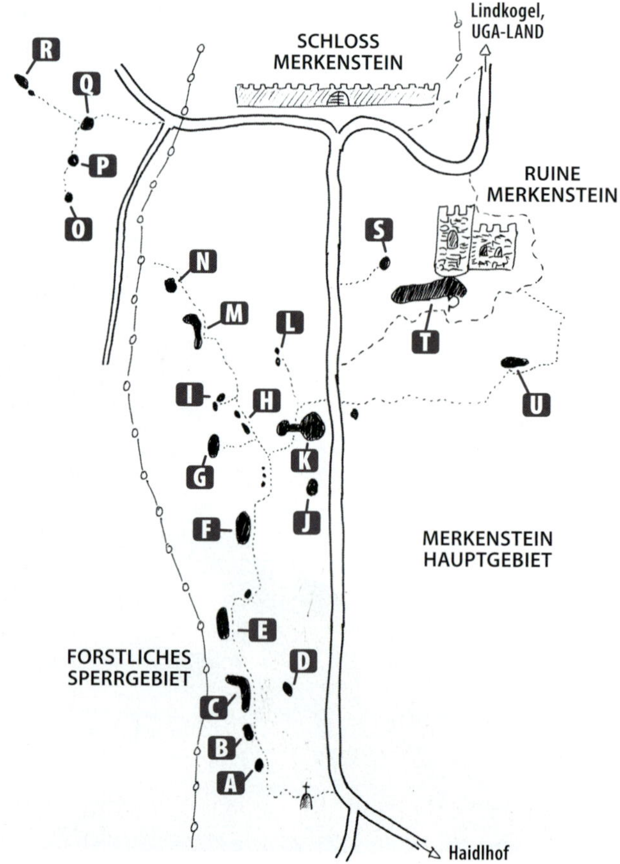

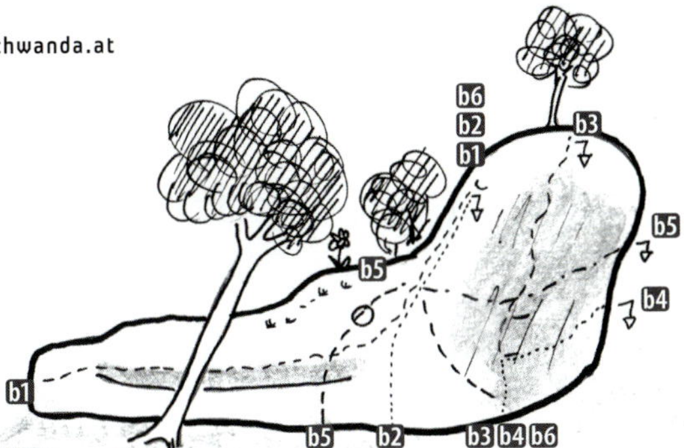

BLOCK B:

b1 ZEPPELIN 7a trav Steigt über b2 aus

b2 MILA SUPERSTAR 7a sd Sitzstart in Henkelloch, ohne Kante hoch

b3 TOTEM 7c+ Stehstart. Mit Sitzstart: 8a

b4 WALAMIRADALMAI 7c sd Sitzstart von b3, dann rechts weg

b5 OXISTISCHER WAHNSINN 8a sd Von links nach rechts

b6 KUNG FU BETA 7c sd Start wie b3, links in b2 rein

BLOCK A:

a1 HOMA GLEI 5c

a2 58er 6a

a3 MÜLLSCHLUCKER 4a trav

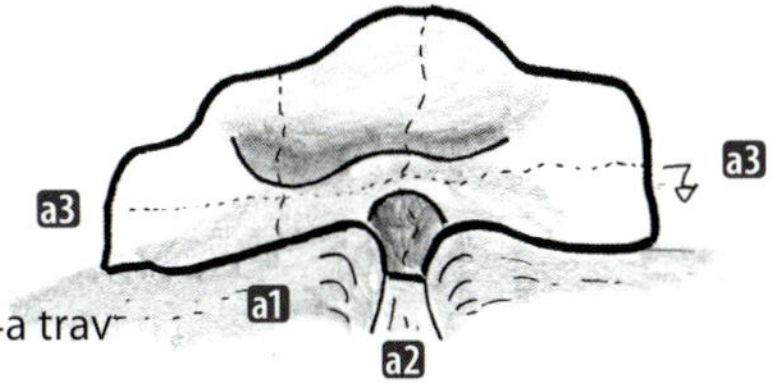

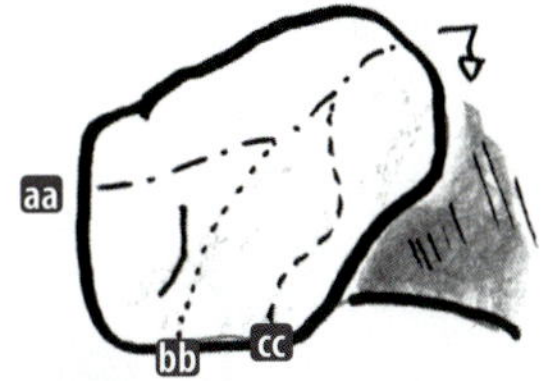

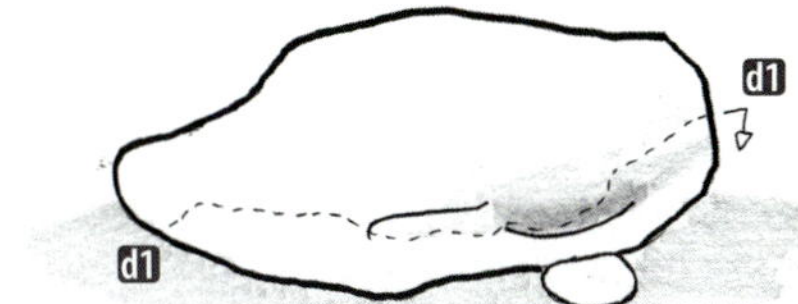

BLOCK AA:

aa 6a sd Kurze Traverse

bb 6b sd Links Seitgriff, rechts Leiste

cc 2005er 6a+ sd

BLOCK D:

d1 WEGELAGERER 7a+ trav

BLOCK C:

c1 BASE SESSION 8a sd Ende an 2 guten Löchern

c2 AMBIVALENZ VON GUT UND BÖSE 8b+ sd
Start bei Henkelloch in Brusthöhe, links zu Schalen und über Bauch zu Schlußhenkel (Th. Schifer)

c3 LEVITATION 7c+, c4 BEPANTHEN 6c Mit sd 7c

c5 BEPANTHEN PLUS 7b+ sd
Ohne die großen Griffe von c6

c6 TARZAN 6a+ trav Kurz, endet bei Henkel

c7 ENERGY RUSH 8a trav
Kombination aus c9 verkehrt, c13, T und U

c8 SIDEWINDER 7c+ sd Kante

c9 STIEGERGASSE 8B 7c Wird oft über c7 ausgestiegen, Linksquerung

c10 SLOW MODE 6c Mit Sitzstart 7b+

c11 UGA AGA IGA 6c sd

c12 KEEP THE PACE 7c+ sd
Rechtsausstieg von c11 über Wampe.

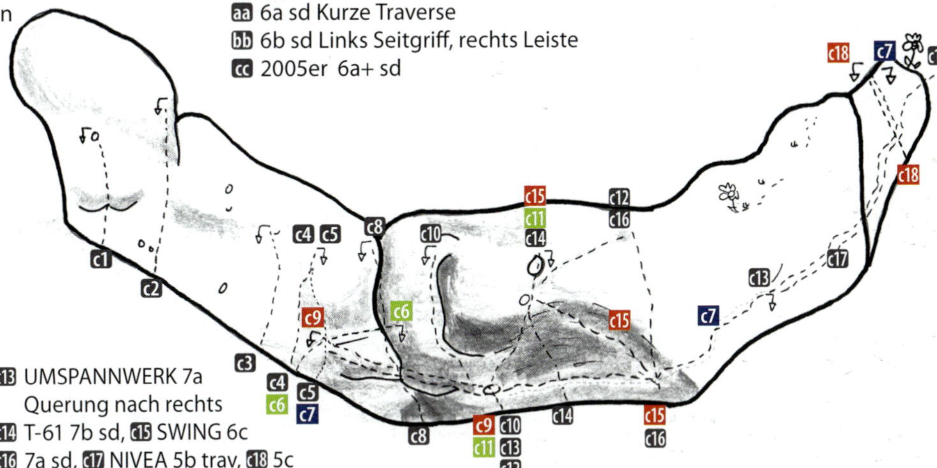

c13 UMSPANNWERK 7a
Querung nach rechts

c14 T-61 7b sd, c15 SWING 6c

c16 7a sd, c17 NIVEA 5b trav, c18 5c

Kombinationen: STIEGERGASSE DIREKT 8a Start wie c9, dann c8 rauf
STIEGERGASSE EXTENSION 8a+ Start wie c9, dann über c5 raus

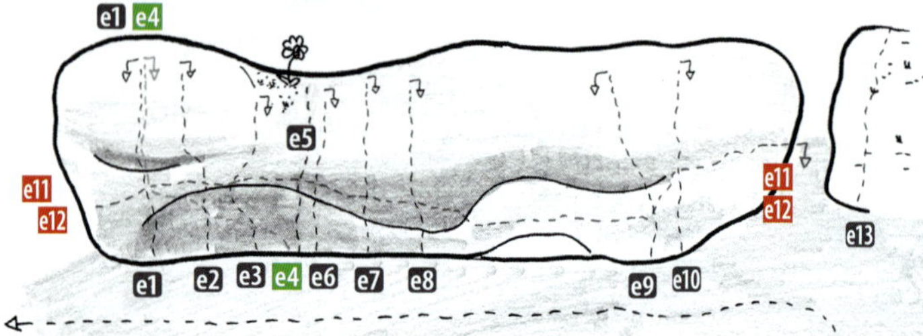

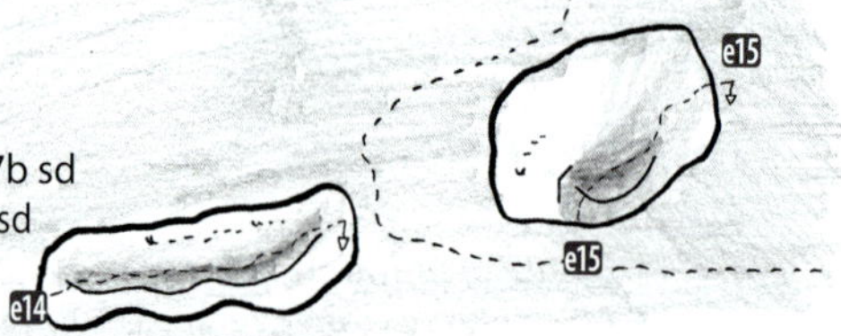

BLOCK E:

e1 SPULDISUNG 7a sd
e2 ENGLISCHER GARTEN 6b
e3 BASE JUMPER 6c+ sd
e4 SPULDISUNG VON RECHTS 7b sd
e5 FLUCH DER ROTEN SOCKEN 7c sd
Tiefer Sitzstart mit 2 Leisten, von hier in 2-Fingerloch
e6 EMANZE 6a mit sd 7a+/ 7b
e7 ABRUPTUM 6c sd
Auch als „Generation X“ bekannt
e8 ÜBLER KÜBEL 6b sd
e9 NO EXIT 6b
e10 WEISSER RIESE 6b
e11 MINAS MORGUL 7b+/7c trav
e12 MINAS MORGUL Var 8a trav
Ohne Trittbank am Ende
e13 MUTZI KOTZI BÄH 5b
e14 LES PAULS 6a+ trav, e15 FATBOY 7b trav
e16 RAGNAROCK 8a e11 retour, Ausstieg über e2

BLOCK G: Kratzige Querung von links nach rechts am Fuß des hohen Turmes
G1 BLADERUNNER 7b+ Kretziger Kurzquergang
G2 ? Highball

BLOCK H und BLOCK I:
h1 HEFTIG 6a+ sd
h2 FLOOR IT 6c trav
h3 OST STATT WEST 7b+ Definiert: Rechts kleine Seitleiste, links Delle, ohne Henkel links
h4 DO HÄNG I UND ZWÄNG I 7b+ sd Ohne Kante

i1 IMI 6b+ sd
i2 SCHLITZOHR 6a+ sd
i3 ZUZLA 5b

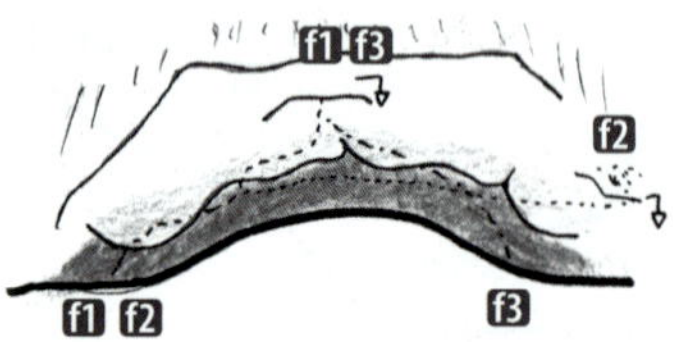

BLOCK F:
Am Fuß der Hohen Wand in der Höhle
f1 HÄUSLDACH 6a sd
K1 HÄUSLQUERGANG 5b trav
f3 1911/10 6b Start bei Riß

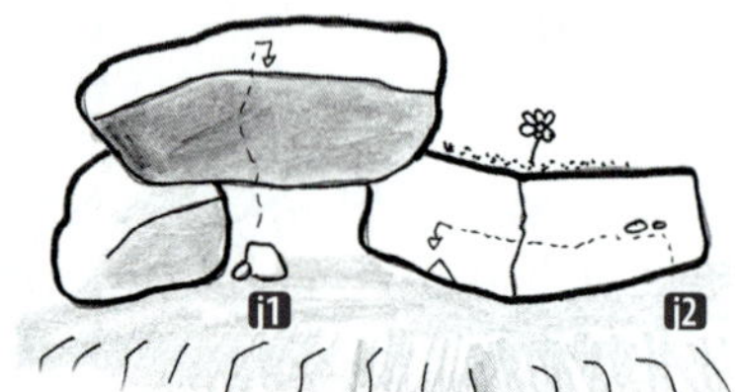

BLOCK J:
f1 PRINZIP HOFFNUNG 6c
f2 TUPPER TALIBAN 6a trav

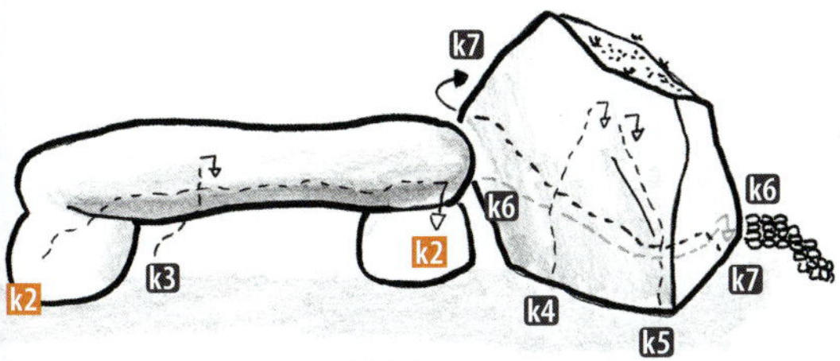

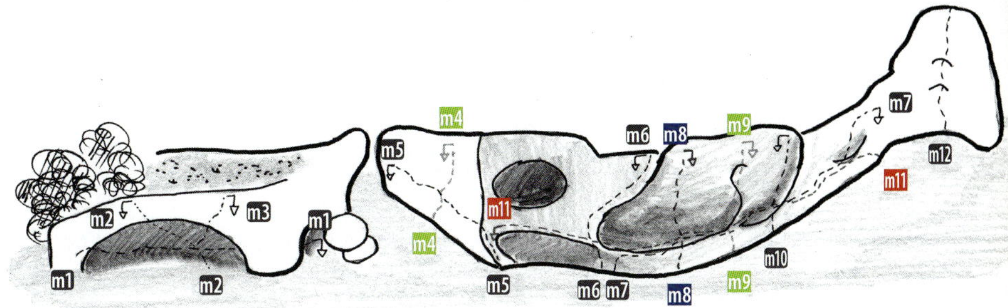

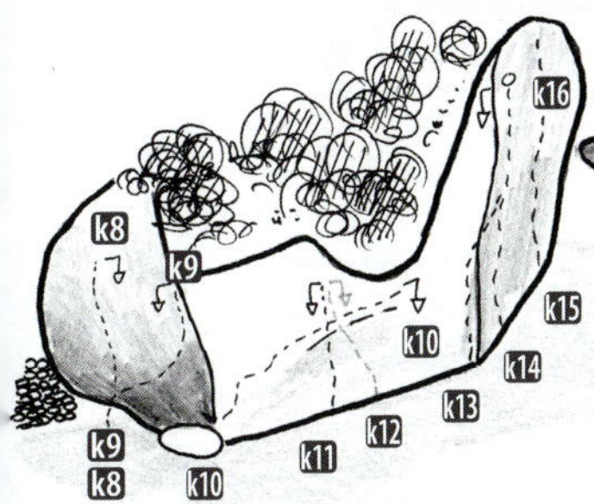

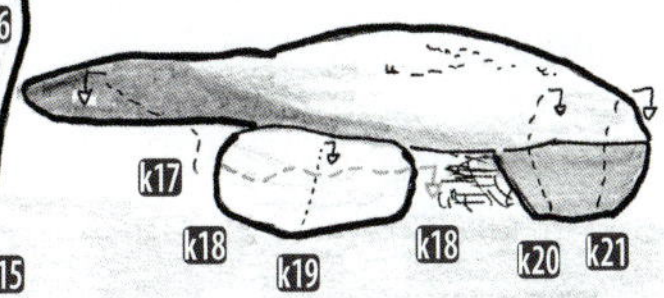

BLOCK M:

m1 RUBRI 6b+ trav
m2 PERSONALBESPRECHUNG 6a+ sd
m3 CHEFSACHE 7b sd
m4 FREI SCHWEBEND 7a+ sd
m5 7a+ trav
m6 BIGFFOOT 5b
m7 NADELSTREIF 6b+ trav
m8 CHELSEA 6c+
m9 TUMULT 5c
m10 STEINSTARK 5b
m11 FIERTSLEDAN 6c trav von rechts nach links
m12 HALFPIPE 3

BLOCK K:

k2 STONEHENGE 7a+ trav Nicht die neu aus dem Moos gegrabenen Henkel benutzen!
k3 CHALKHOUSE 7c+ sd
k4 TESLA 6c+ Mit sd 7c
k5 MESHEN 6a+ sd
k6 PATHFINDER 7b+ trav
k7 HELL`S AROUND THE CORNER 7c+ trav Ums Eck
k8 Projekt
k9 GELA 6c+ sd
k10 HEXI 5b trav
k11 MAXI 6a+ sd
k12 DO HOCK I UND FROG MI 7b sd
k13 DO SITZ I UND SCHWITZ I 7b+ sd
k14 MDMA 5c Mit Sitzstart: BULLSHIT & PARTY 7c
k15 RAUM & ZEIT 7a sd
k16 MADATOR 7c sd Kombi aus k14 + k15
k17 Geklebte Griffe entfernt
k18 5b trav
k19 6a+ Definiert
k20 MERKEN 6c sd
k21 STEIN 6b sd

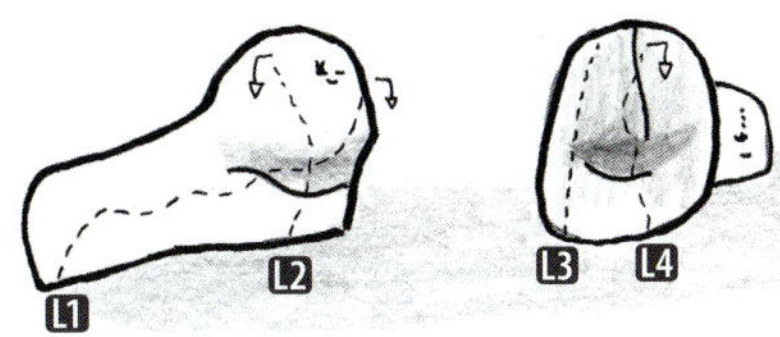

BLÖCKE L:

L1 6a, L2 6a+ sd
L3 5b sd, L4 PIMPF 6b sd Kante

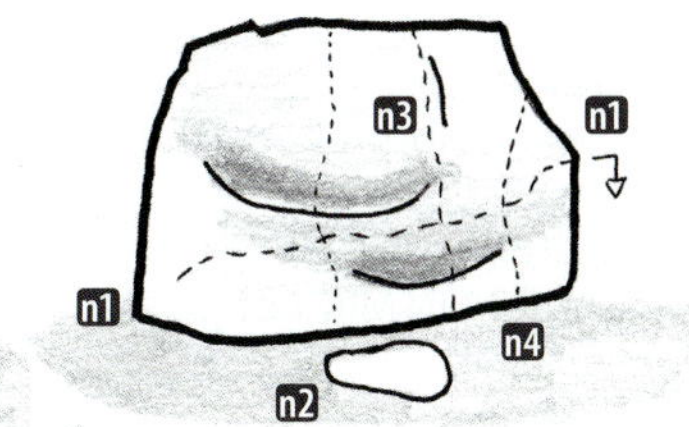

BLOCK N:

n1 FÜR RAUCHER SCHWER 6b+ trav
n2 UFF 5b
n3 MS 5c/6a
n4 SM 7a sd

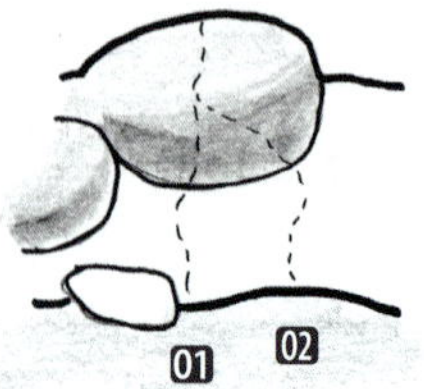

BLOCK O:
Mieses Absprunggelände
O1 DER TRAUM GEHT WEITER 6a
O2 EINE REAL BEGEHRENSWERTE FOLGE 6c

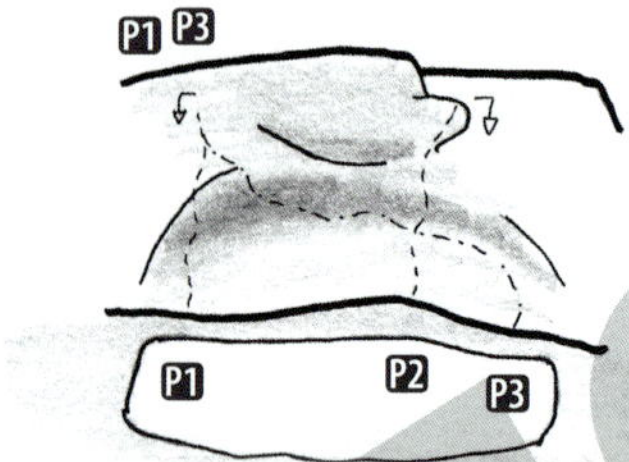

BLOCK P:
Schlechtes Absprunggelände
P1 SHORE UP 6a+
P2 BEO BEO 6a+
P3 SANDRA IN MIR 6c trav

BLOCK Q:
Q1 SPERRGEBIET 5c
Q2 ESCALOPE 7b+ mit sd 7c
Q3 TRUE FORCE 7c mit sd 7c+
Q4 MÜSLI 6a+
Q5 WASWASI 6c+
Q6 ? 7b
Q7 IN DIE ANTWORT HINEIN 7b sd
Q8 LE RISS 6a+
Q9 SILENCE 6b
Q10 SLOOPER PARTY 6b+ sd
Q11 EIERSTOCK 5b
Q12 MILY LA PÜREE 5c Mit Sitzstart 6c
Q13 LE PLATE 5b
Q14 LÄ WÄ 5a
Q15 2
Q16 KOPPOPHAGENTRAIL 7a sd trav
Q17 TRAVERSE MIT ANTWORT 8a+ trav
Q18 FREEDOM`S JUST ANOTHER WORD FOR NOTHING LEFT TO LOOSE 7b trav Querung oben
Q19 YABO WOULD HAVE DONE IT 7a Von Ausstiegsgriff schräg li über Wulst - Achtung sehr hoch!!!

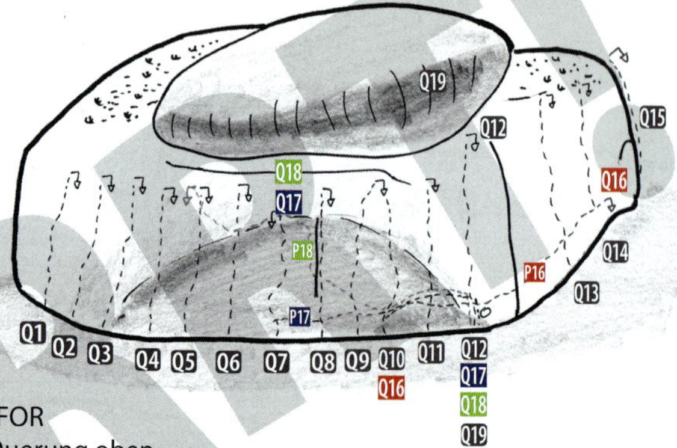

VARIANTEN:
FUCK BITCH 6c Start Q12, Austieg über Q11
FINGERLING 7c+ sd Start Q7, Austieg über Q6
RESI'TANT 7b sd Start Q7 Austieg über Q8

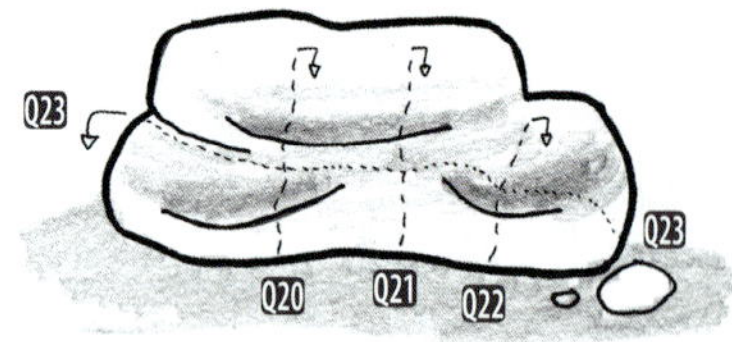

BLOCK Q Rückseite:
Q20 MICK D 4a, Q20 DRIVE IN 5c, Q22 5c
Q23 MC DRIVE 5c trav

BLÖCKE R:
R1 ?
R2 BABYLONSYNDROM 6b
R3 SO WERTVOLL WIE EIN KLEINES STEAK 5b
R4 SOLO IM DUETT 6b sd
R5 OM 6b sd
R6 STICK IT 6c

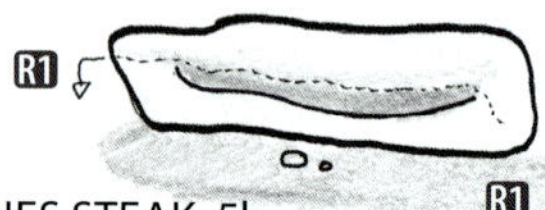

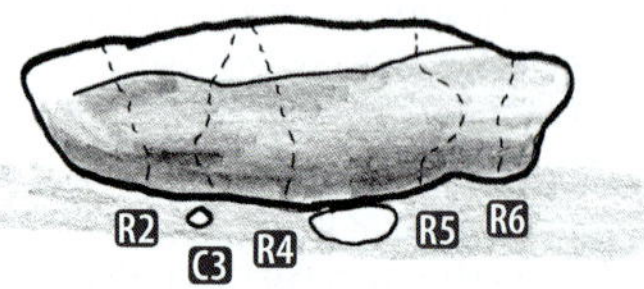

GESPERRT!

E9

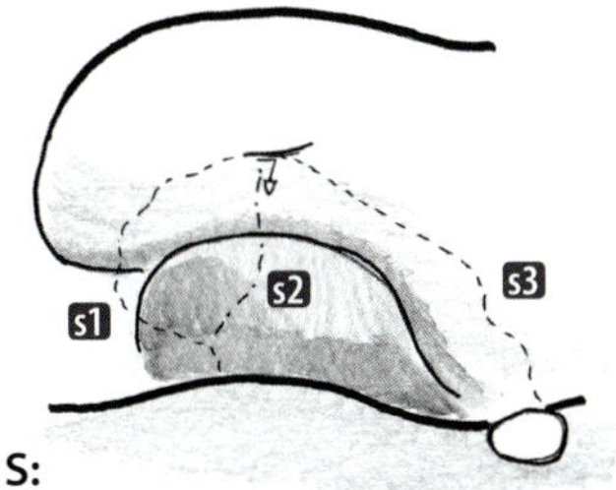

BLOCK S:

s1 ROCKHOUSE 6a+ sd
s2 GELBES EDELWEISS 7a+ sd
s3 GNOM 6a

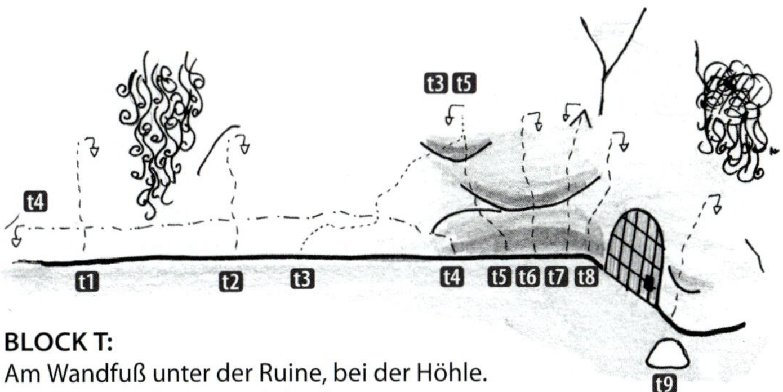

BLOCK T:

Am Wandfuß unter der Ruine, bei der Höhle.
Rechter Teil oft nass und dreckig

t1 6a Mit Sitzstart 6c
t2 SEX 6a sd
t3 OBI UMI 6a trav
t4 BURGVERLIES 6a+ trav
t5 WODANS FREUNDE 6a sd
t6 THE PINCH 6c+ sd
t7 THE PAIN 6c sd
t8 KEEP THE FAITH 6b sd
t9 Up 6a

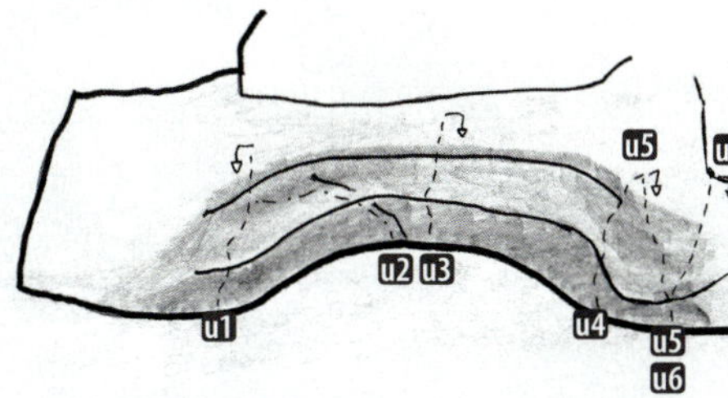

BLOCK U:

u1 6b sd
u2 6c+ sd
u3 TOO HOOK OR NOT TO BOOK 7a+ sd
u4 GO HARD OR GO HOME 7b sd
u5 SWEET BITTER TEARS 7b sd
u6 EDELKNECHT 7b sd
Start wie u5 dann rechts raus

Lukas Kornfeind | SLOW MODE 7B+ SD | Foto: Jakob Schrödel

BOULDERGEBIET UGA LAND

Das UGA Land liegt ca 10min Gehzeit vom Merkensteiner Hauptgebiet entfernt und stellt eine optimale Ergänzung dazu dar. Durch die südwestliche Lage am Hang und den etwas lichteren Wald sind die Blöcke viel sonniger und freundlicher. Die Boulder sind allgemein leichter und meist recht kurz, es überwiegt Kletterei an kleinen, scharfen Leisten aber es gibt auch einige gutgriffige Hangeltraversen entlang von Blockkanten. Roman Patlik hat hier so gut wie alle Boulder erschlossen und dereinst mit Nummern versehen und einen Parcours geschaffen – alle Uga-Land Boulder hintereinander geklettert sind für den Normalverbraucher ein durchaus anstrengendes Programm. Das Absprunggelände ist durch die Bank gut, die genaue Lage der vielen kleinen Blöcke entnehme man bitte der Skizze.

ZUFAHRT: Siehe Merkenstein.
ZUGANG: Wie in Merkenstein am Forstweg zur Ruine. An der Ruine vorbei auf eine Lichtung und zum Schloß Merkenstein. Hier rechts, abkürzend gleich neben der Schlossmauer (markiert) oder auf der Forststraße eine große Kehre ausgehen. In beiden Fällen dann die Forststraße weiter, eine Linksabzweigung (Zaun mit Überstieg) bleibt unberücksichtigt. An einer kleinen brösligen Höhle vorbei, bald danach zweigt rechts ein verwachsener Hohlweg ab. Über diesen gelangt man zu den linken (nördlichen) Blöcken. Alles weitere siehe Skizze. Vom Parkplatz weg ca 25min. Wer nur zu den Blöcken T, U will tut sich leichter wenn er nach der Einmündung der erwähnten Abkürzung gleich den Hang zu den Blöcken emporsteigt. Das Queren hinüber zu den restlichen Blöcken ist wegen eines dicht gepflanzten Waldstreifens vor allem mit der Bouldermatte sehr mühsam!
BESTE JAHRESZEIT: Südwestlage, am Nachmittag Sonne. Frühjahr und Herbst gehen am besten, außer bei starkem Wind.
BESONDERES: Rauer, kleingriffiger Fels. Absprunggelände gut, hübscher Schneebergblick vom Kamm oberhalb.

Auch das „UGA-Land“ befindet sich im Biosphärenpark Wienerwald. Um hoffentlich noch lange hier klettern zu können, halten wir uns an folgendes Regelwerk:

¤ Gebiet erst 1 Stunde nach Sonnenaufgang betreten bzw. schon 1 Stunde vor Sonnenuntergang auf ein Bier gehen
¤ Kein Mist
¤ Kein Lärm
¤ Hunde anleinen
¤ Keine neuen Blöcke putzen, kein Moos und keine Pflanzen entfernen
¤ Auf den Wegen bleiben

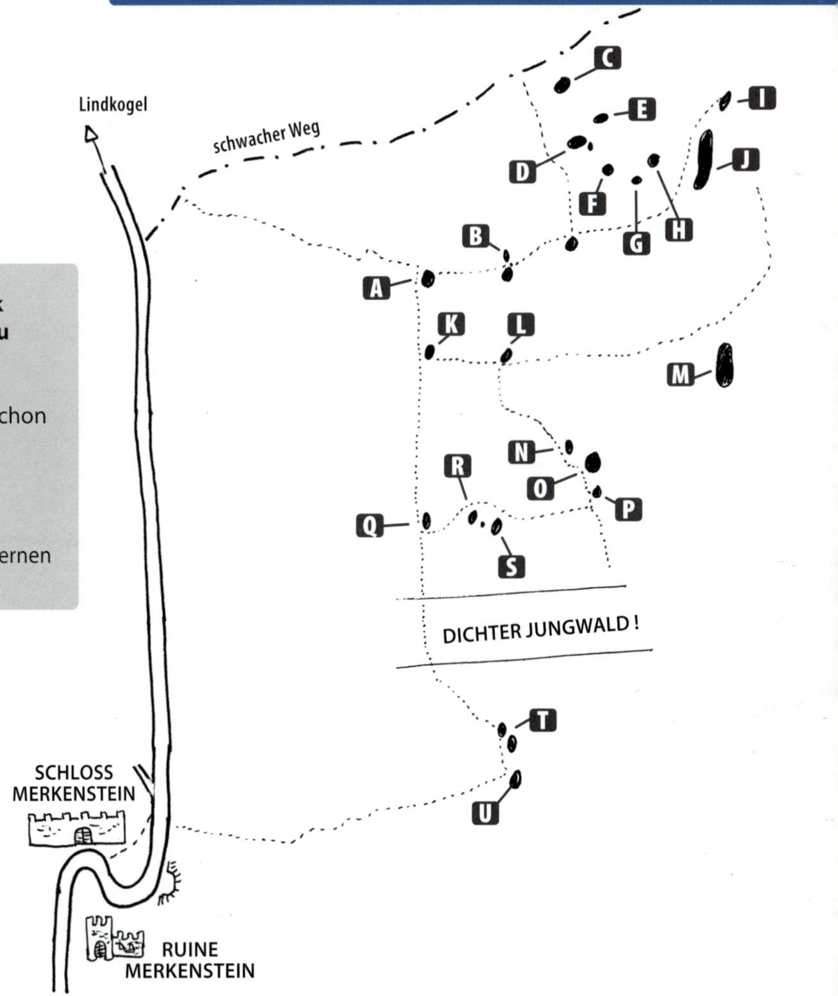

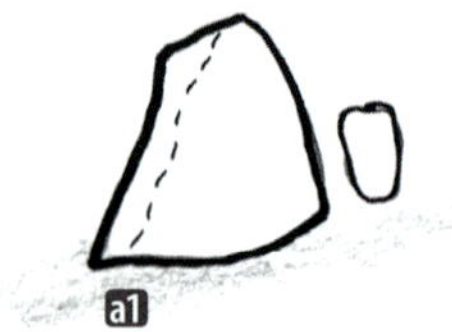

BLOCK A:
a1 3

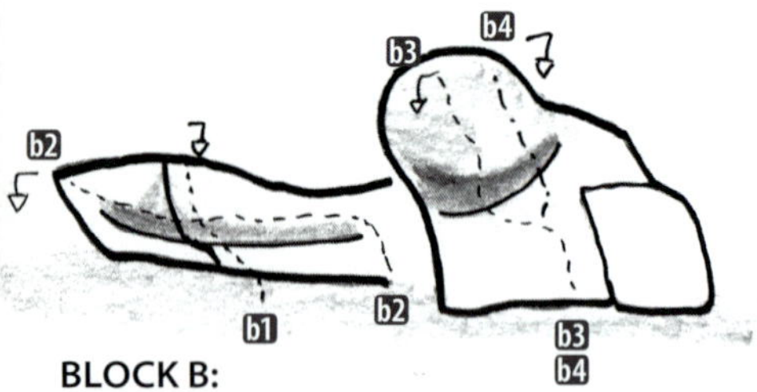

BLOCK B:
b1 GEMMA 5 sd
b2 6a trav
b3 6a
b4 ZWEI 6b sd

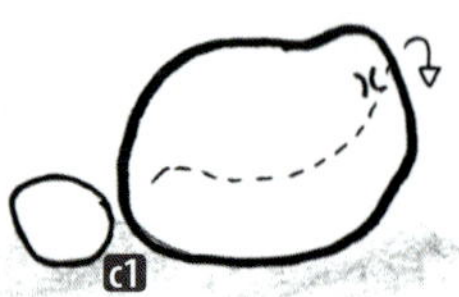

BLOCK C:
c1 MÖBUS 6b+/6c

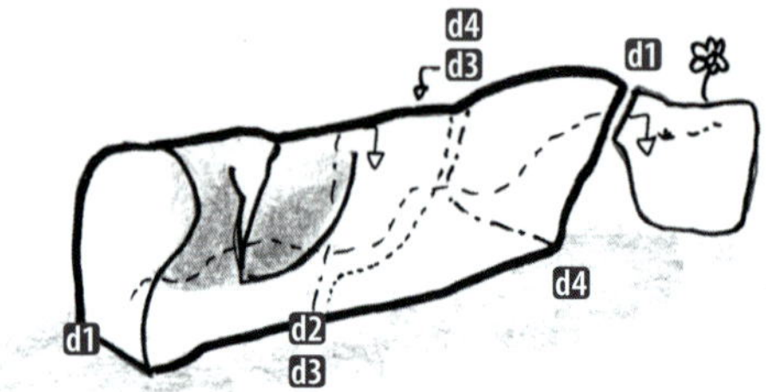

BLOCK D:
d1 6a trav, d2 5a sd, d3 MÖRTEL 5c sd
d4 MAUSI 5c sd
Rückseite:
d5 Quergang 6a trav, d6 4 sd

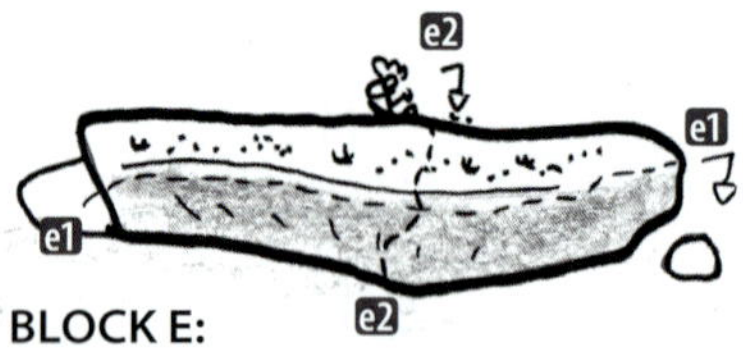

BLOCK E:
e1 FLOWER POWER 5c trav
e2 DAS BÜRGERTUM SCHLÄGT ZURÜCK 6b+ sd
Rechts Seitgriff, links Auflegerleiste

BLOCK F:
f1 3

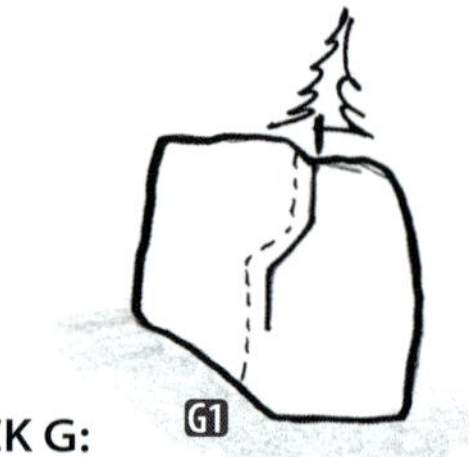

BLOCK G:
G1 3 In der Westseite

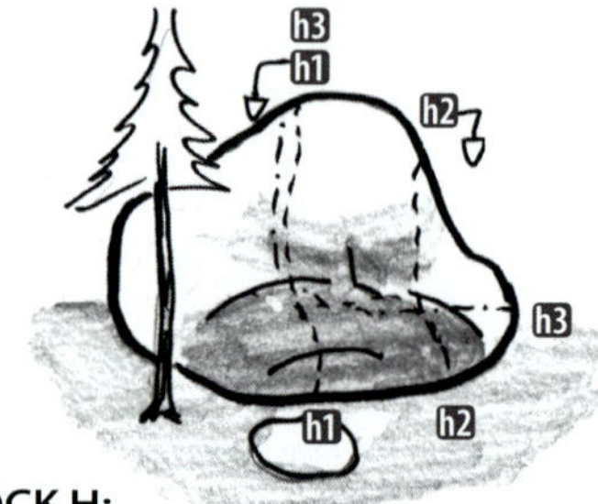

BLOCK H:
h1 RÜCKKEHR DES BÜRGERTUMS 6c sd
h2 THE FACE 6a sd
h3 PLASTICPLANET 6c sd

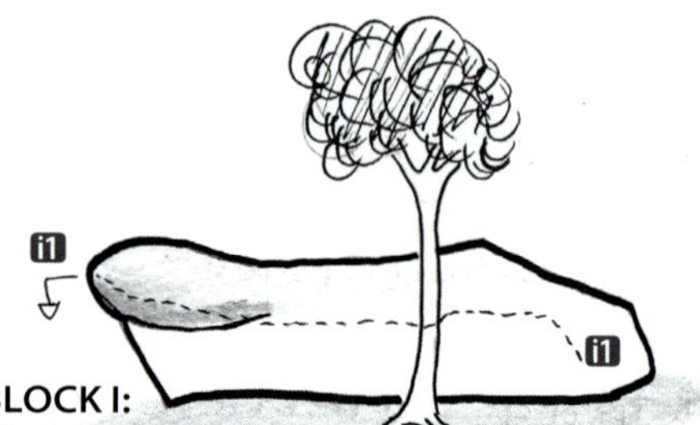

BLOCK I:
i1 5b trav

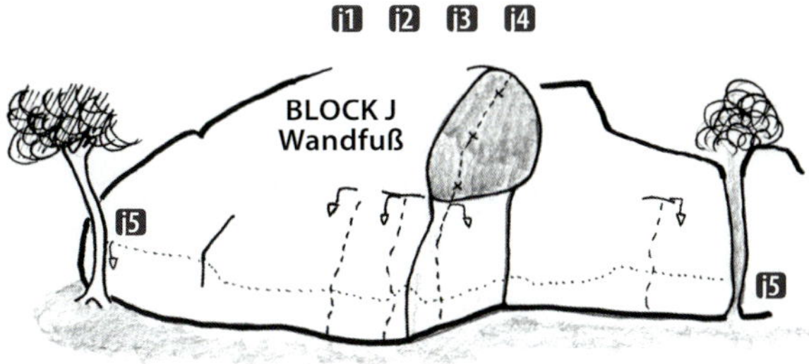

BLOCK J:
j1 ? 4 sd
j2 BOULDERGEIST 6b sd
j3 KLIMAWANDEL 6a sd
j4 5c/6a, j5 6a trav

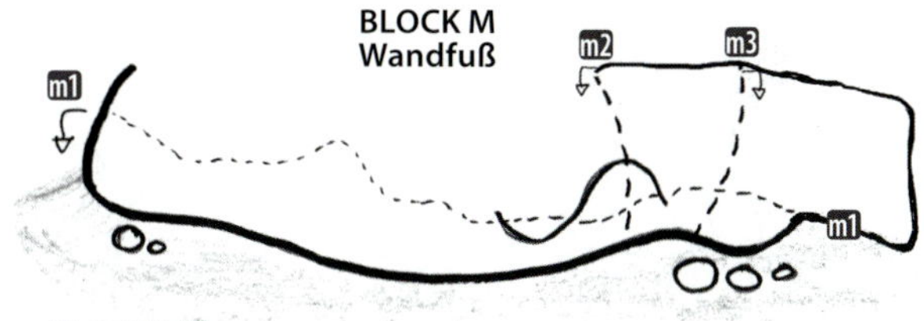

BLOCK M:
m1 6b+/6c trav
m2 HERR KLEE oB Mit Sitzstart aus der Nische rauswurschteln und zu großem Henkel. Seltsam - ohne Bewertung?
m3 FRAU SCHMITZ 6a+ sd Sitzstart bei schrägem Untergriff und gerade zu Querband

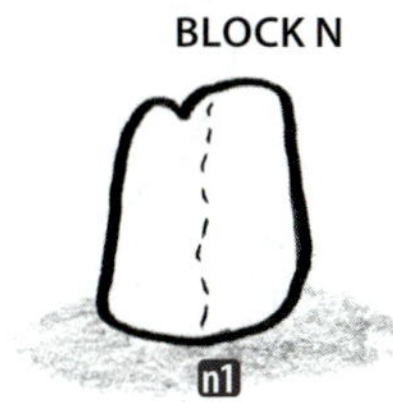

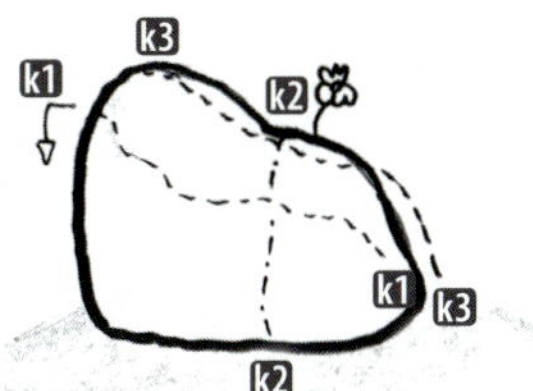

BLOCK K:
k1 6c+ sd
k2 DAS MARKANTE NICHTS 7a sd
k3 KANTE 6a

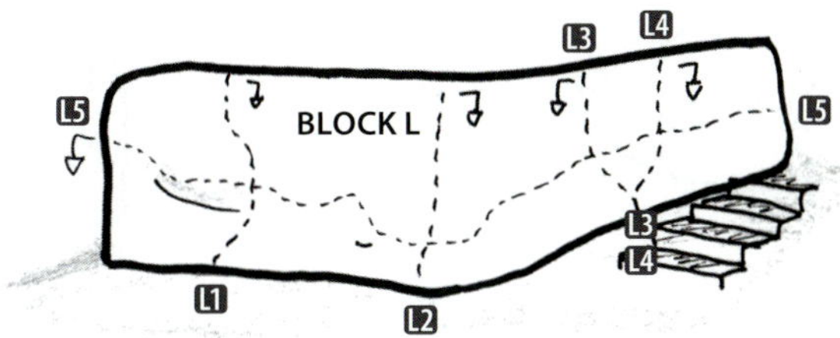

BLOCK L:
L1 A EITRIGE 6b+ sd
L2 A16a BLECH 5sd
L3 OBA 5 sd
L4 JENNIFA 5 sd
L5 6c trav

BLOCK N:
n1 4b

BLOCK O (o. A.):
Höheres Wandl mit Fuchsbau, bitte hier nicht klettern

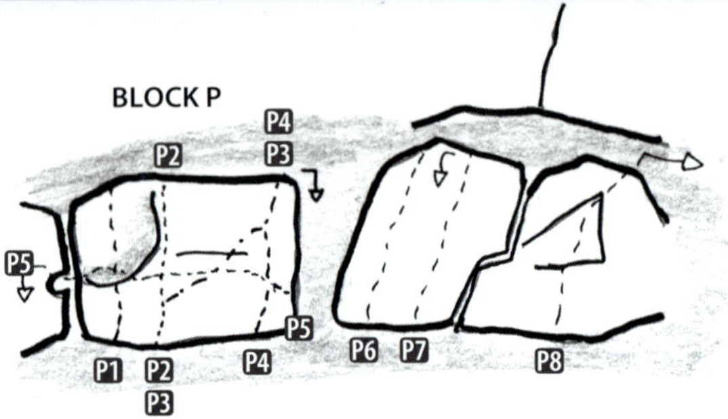

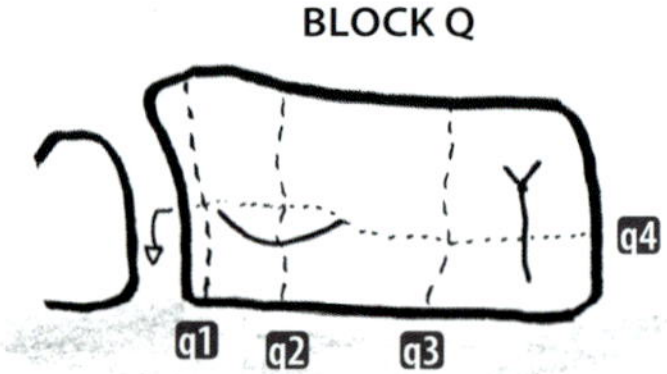

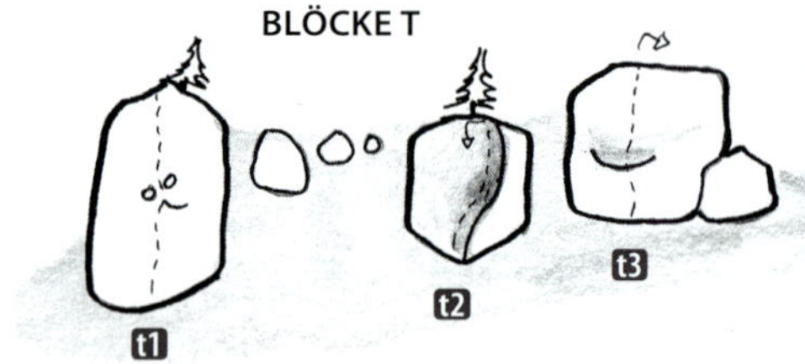

BLOCK P:

P1 LINK(S) 6b+ sd 2 Seitleisten
P2 PLANLOS 6a+ sd
P3 UGA 6a+ sd
Ausstieg über P4
P4 5 sd, P5 6a+
P6 3, P7 4a, P8 4b

BLOCK Q:

q1 5 sd
q2 6c sd
q3 6b sd
q4 6a+

BLOCK T:

t1 2
t2 ÖDSTEINKANTE 6a+ sd
t3 4c

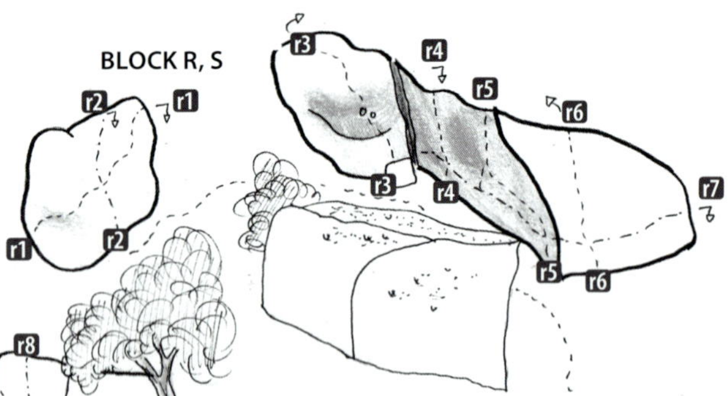

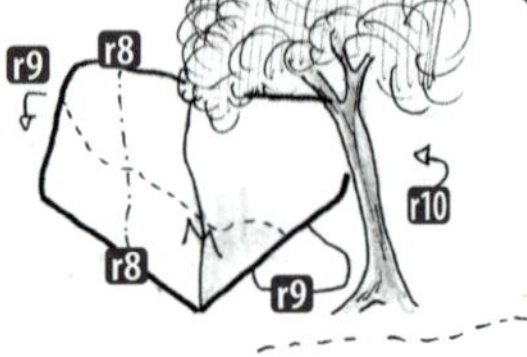

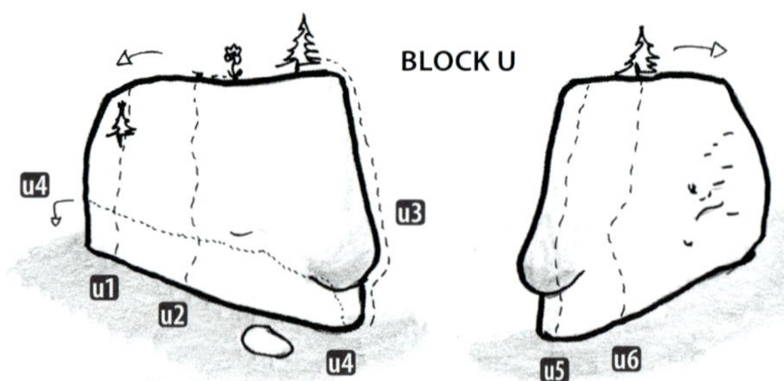

BLOCK R, S:

r1 6b sd, r2 6a+ sd
r3 6b Ohne den Bolck, ohne
rechte Wand!
r4 MERKENSTEIN GOLD 7c+ sd
Start mit Leiste rechts, links
2-Finger-Delle. Mit Stehstart 7a
r5 KATAKLASID 6c+ sd
Start an überhängender Kante
r6 4c, r7 Projekt Quergang
r8 5 sd, r9 6a
r10 6a sd An der Rückseite des
Blocks

BLOCK U:

u1 4b
u2 4c
u3 4c
u4 NA SEHR ARG 7a trav
u5 4b
u6 4c

Patrick Gaisberger | UGA-AGA-IGA 6C | Foto: Flo Stabl

KIESEL

Etwas östlich von Merkenstein, leider im Hörbereich eines Steinbruches entdeckte Roman Patlik noch eine kleine Blockansammlung.
Die Felsstruktur entspricht der von Merkenstein. Kleine, raue Leisten. Der namensgebende Quergang ist eine lässige, kleingriffige Traverse und auch die anderen Boulder sind ganz nett und lohnen einen Besuch durchaus. Das Absprunggelände ist wieder einmal bestens, wer die Stille sucht sollte wegen des nahen Steinbruchs nur am Wochenende vorbeischauen.

Auch hier befinden wir uns im Biosphärenpark Wienerwald.
Um hoffentlich noch lange hier klettern zu können, halten wir uns an folgende Regeln:

- Gebiet erst 1 Stunde nach Sonnenaufgang betreten bzw. schon 1 Stunde vor Sonnenuntergang auf ein Bier gehen
- Kein Mist
- Kein Lärm
- Hunde anleinen
- Keine neuen Blöcke putzen, kein Moos und keine Pflanzen entfernen
- Auf den Wegen bleiben

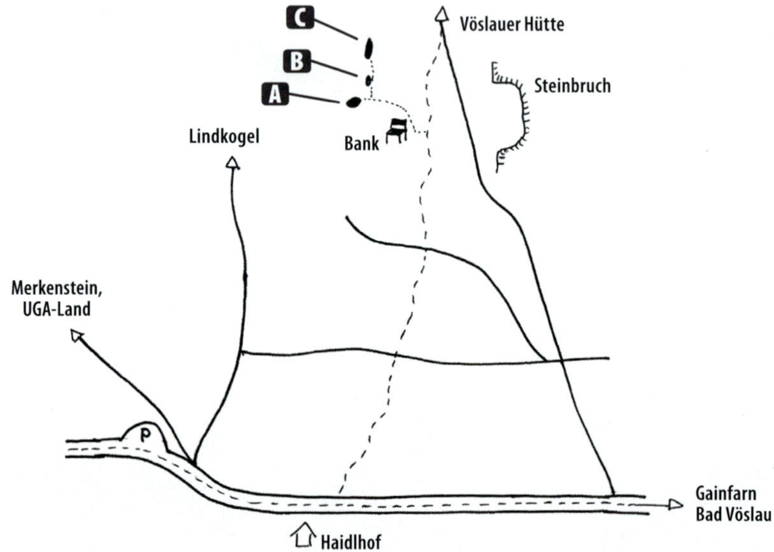

ZUFAHRT:
Wie Merkenstein. Nicht beim Haidlhof parken, das wird offenbar nicht gerne gesehen.

ZUGANG:
Nicht Richtung Merkenstein, sondern die „Kalkgrabenstraße" (führt über die „Opfersteine" (nix zum Bouldern) auf den Lindkogel) durch die Allee bis zum Waldrand. Hier rechts abzweigen und am Waldrand entlang, bis der markierte Weg vom Haidlhof kreuzt. Diesem folgen wir nun (Richtung Vöslauer Hütte) bis zu einer Sitzbank links. Hier links ab zu den Blöcken. Gehzeit ca 15min.

BESTE JAHRESZEIT:
Ost- bzw. Südostseite. Im Sommer kann es sehr warm werden, am besten sind wohl Frühjahr und Herbst.

BESONDERES:
Lärm vom nahen, gegenüberliegenden Steinbruch.

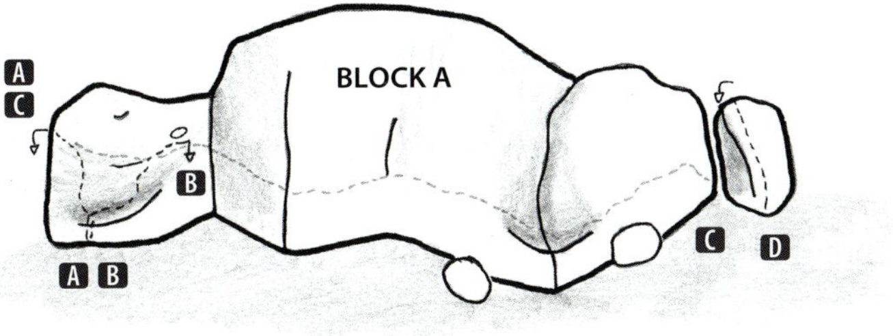

BLOCK A:

- A SIT UP 6b+ sd
- B CHO OYU 6c+ sd
- C MELMAC 6b trav
- D PEARL

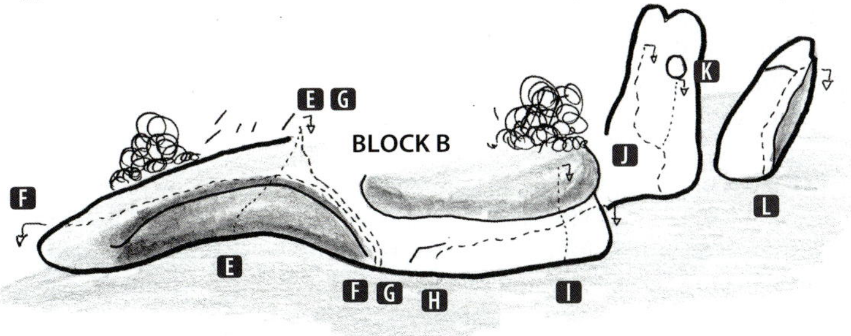

BLOCK B:

- E DER SEXTE TIBETER 6a+ sd
- F BERGWERK 6c trav sd
- G BERGWERKS UNGLÜCK 6b sd
- H 2
- I BLOND 5c
- J UFO 6a sd
- K D2O 5c
- L M`S EDGE 4a

E9

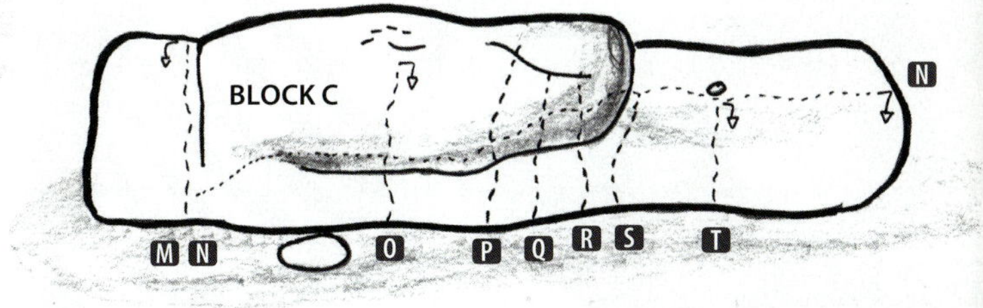

BLOCK C:

- M WIESEL 4c
- N KIESEL 7c trav
- O WITCHCRAFT 6a+ sd
- P Projekt
- Q DAS WUNDER VON WIEN 7b sd Moosiger Abschlusshenkel
- R HEY HEY HICKE 6b+ bis 7a sd Größe!
- S CORDOBA 6b+ sd Definiert mit den Füßen im Überhang
- T ORKUS 6c+ sd Definiert

Michael Karner | STIEGERGASSE 7C FB | Foto: felsfetisch.at

KLETTERGARTEN BAD VÖSLAU

Am Harzberg am Weg zur Vöslauer Hütte liegt ein Felsen, an dem es einige markierte und auch mit Haken abgesicherte Anstiege gibt. Der Fels ist zweitklassig, die Absicherung auch recht eigen, die Schwierigkeiten liegen im gemütlichen Bereich. Sicherlich einer der am wenigsten interessanten Felsen in diesem Führer und nur denen zu empfehlen, die wirklich jeden Fels kennen lernen wollen. Eingerichtet wurden die Anstiege von den Naturfreunden.

ZUFAHRT:
Nach Bad Vöslau, am Hauptplatz Richtung Berndorf (zuerst durch die Hochstraße, dann die Hauptstraße). Schließlich rechts in die Steinbruchgasse (die Fortsetzung dieser Gasse führt zur Vöslauer Hütte) bis zu Parkplatz etwas rechts oberhalb. Mit dem Bus vom Bahnhof Bad Vöslau nach Gainfarn in die Steinbruchgasse. Zu Fuß weiter zum Parkplatz.

ZUGANG:
Ganz kurz die Straße weiter, dann rechts (Vöslauer Hütte) der grünen Markierung folgen und gleich wieder rechts der blau/gelben Markierung nach. Einen Querweg überschreiten und noch ein Stück bis zum Felsen rechts. Gehzeit ca 10min.

BESTE JAHRESZEIT:
Westseite, Nachmittags Sonne. Frühjahr, Sommer, Herbst.

BESONDERES:
Oft brüchiger Fels. Eigenartig eingebohrt und auch nicht überall Abseilstände vorhanden, also Schlingen für Bäume mitnehmen. Trotz der leichten Anstiege für Kinder oder Anfänger nicht zu empfehlen.

1-4	5-7	≥8	Σ UIAA	Σ FB
12	3	0	15	0

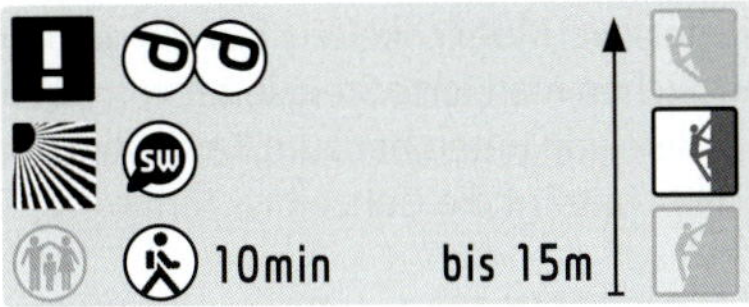

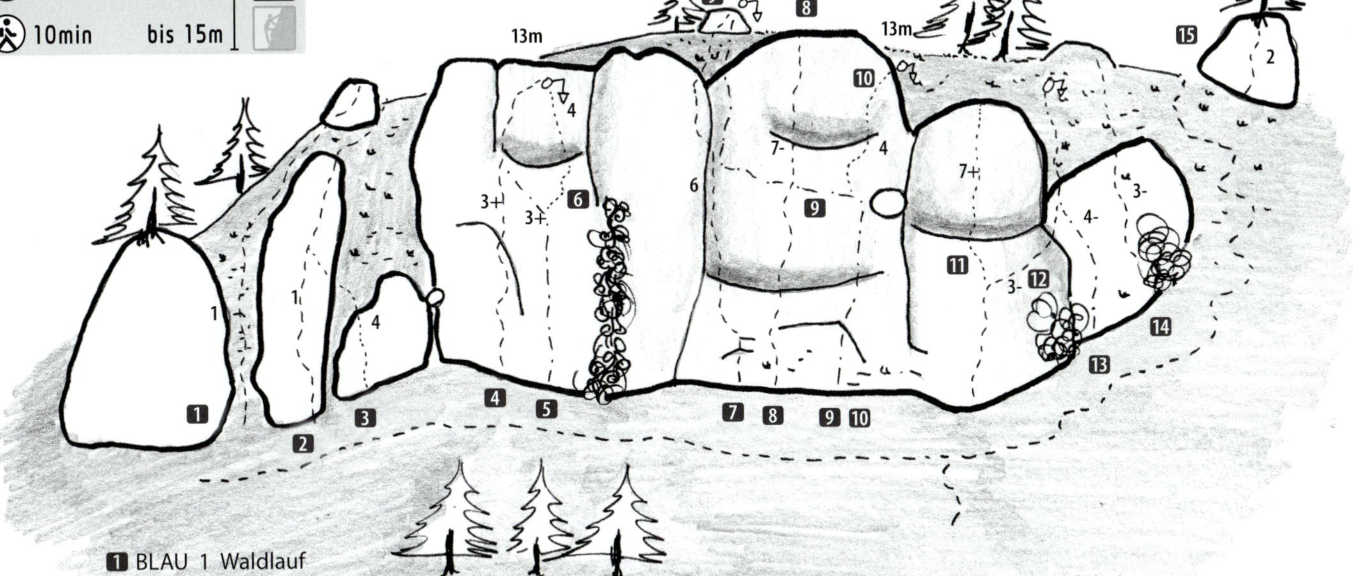

1 BLAU 1 Waldlauf
2 BLAU 1 Spaziergang
3 VARIANTE 4
4 GELB LINKS 3+
5 GELB MITTE 3+
6 GELB RECHTS 4
7 TVN 6 ✱ Ganz nett, steil, Fels nicht immer fest
8 DÄCHER 7- ✱ Steile und etwas bröslige Kletterei
9 GELBE QUERUNG 4+ ✱ Quert nach links
10 ROT 4 ✱ Direkter Ausstieg zu 9
11 WULST 7+ ✱ Schwierige, kleingriffige Einzelstelle
12 BLAU 3- Ober dem Busch
13 VARIANTE 4- Im Busch
14 GELB 3- Durch den Busch
15 BLAU 2 Versteckter Block oben im Wald

KAISERSTEIN

Ein durchaus imposantes Felsdach in landschaftlich hübscher Lage, welches eine unangenehme Höhe aufweist:
Zum Bouldern fast zu hoch, zum Klettern mit Seil eigentlich zu niedrig. Roman Patlik hat den Felsen entdeckt und ihm in altbekannter Manier einen Quergang abgerungen. Martin Bacher hat dann die Kurzrouten eingebohrt. Nun, ein großes Routenangebot gibt es gerade nicht aber der tolle löchrige, ein wenig an Konglomerat erinnernde Fels ist einen Besuch schon wert, vorausgesetzt man ist den Schwierigkeiten gewachsen und man mag kurze Anreißertouren.

ZUFAHRT: Von Baden über Sooß nach Bad Vöslau und rechts hinauf zur „Waldesruh", großer Parkplatz.

ZUGANG: Vom Parkplatz nicht ins Tal hinein, sondern rechts (Wirtshausseite) den Steig hinauf. Bei der nächsten Abzweigung links, dann gibt es gleich wieder zwei Möglichkeiten: Der mit gelben Raiffeisenzeichen markierte Steig leitet von oben her, der andere von unten her zum Kaiserstein. In beiden Fällen beträgt die Gehzeit ca 10min.

BESTE JAHRESZEIT: Der Fels liegt südseitig, im Sommer wird es warm. Frühling und Herbst sind wohl am besten geeignet.

BESONDERES: Scharfe Löcher! Gut abgesichert bzw. bei den Bouldern gutes Absprunggelände.

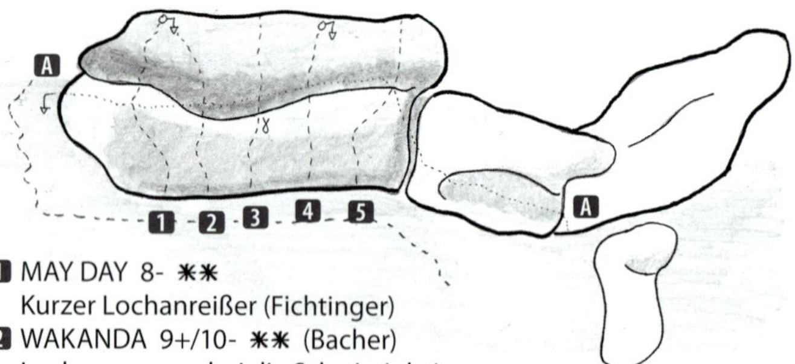

1 MAY DAY 8- ✱✱
Kurzer Lochanreißer (Fichtinger)
2 WAKANDA 9+/10- ✱✱ (Bacher)
Lochwampe wobei die Schwierigkeit je nach Schuhgröße leicht variiert
3 Projekt
4 WOMBAT 9 ✱✱ (Bacher) Harte Lochkletterei
5 WHY 8- ✱✱ (Pfaffenlehner)
Eigentlich ein Boulder (6a+ bloc). Keine Haken!

A HUSQUARNA 7b trav Traverse mit einfachem Beginn, dann Dachquerung an scharfen, guten Löchern

Mischa Bachner | BASE JUMPER 6C+ SD FB | Foto: Chris Forster

OBERE THALHOFERWAND | Foto: Bernd Schwanda

PEILSTEIN

Am langen Bergrücken des Peilsteins liegen die größten und höchsten Wandbildungen des Wienerwaldes. Die Felswände am Peilstein-Hauptgipfel stellen einen der bedeutendsten, größten und auch beliebtesten Klettergärten Österreichs dar. Eines gleich vorweg: Die Peilstein- Hauptwände findet ihr hier nicht beschrieben, sie sind ausführlich und bestens im Peilstein-Kletterführer von Ewald Gauster und Kurt Schall (erschienen im Schall-Verlag (www.schall-verlag.at) beschrieben.

Aber der Peilstein hat noch viel mehr zu bieten: Im Norden die Arnsteinwand, welche mit ihrem fragilen Wahrzeichen Arnsteinnadel weit ins Land grüßt und gemeinsam mit den um sie herum gruppierten kleineren Felsbildungen mittlerweile ein eigenständiges und sehr beliebtes Kletterziel geworden ist. Hier gibt es weit über 100 Routen, lange und kurze, schwere und leichte, alles bestens abgesichert. Der Fels ist hier etwas rauer und griffiger als am Peilstein selbst. Das schöne Plätzchen am Wandfuß mit der mächtigen Arnsteinhöhle ist auch für Kinder ideal und so ist es kein Wunder das sich hier an den Wochenenden zahlreiche Leute tummeln. Ruhiger geht es an den Arnsteinblöcken unterhalb und an den netten Boulderblöcken am Arnsteinkamm zu.

Oberhalb des Peilstein-Parkplatzes liegen die Blöcke von Holzschlag. Obwohl mittlerweile eingebohrt und bestens gesichert fristen sie nach wie vor ein eher stiefmütterliches Dasein. Zu groß ist die Konkurrenz des Peilsteins, und mit ihren knapp über 50 Routen und einer Wandhöhe von maximal 15m können die Blöcke da nicht mithalten. Trotzdem sollte man einmal vorbeischauen, es ist schön ruhig und es gibt sowohl leichte als auch sauschwere Touren und auch ein paar Boulderprobleme.
Mächtig Konkurrenz macht aber der Thalhofergrat den Peilsteinwänden. Ultrakurzer Zustieg, Touren in allen Graden (und die schweren Routen nicht so undankbar technisch wie am Peilstein und für die „Hallenzieher“ schneller abzuhaken...), beste Absicherung, Routen im 1m-Abstand, bequeme Einstiege. Nicht selten sind die Parkmöglichkeiten überfüllt und bei den beliebten Routen muß man schon mal Schlange stehen...

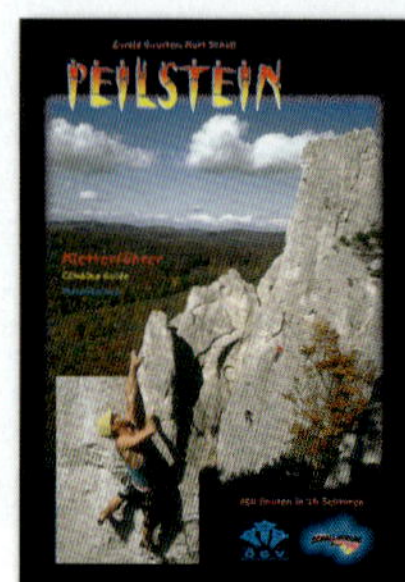

Peilstein Kletterführer
von Ewald Gauster und Kurt Schall
Für 2012 ist eine Neuauflage geplant. Diese wird neben den Peilsteinwänden auch Arnstein und den Thalhofergrat einschliessen. Mit dreidimensionalen färbigen Topos inkl. Absicherungs- und Felsbewertung.

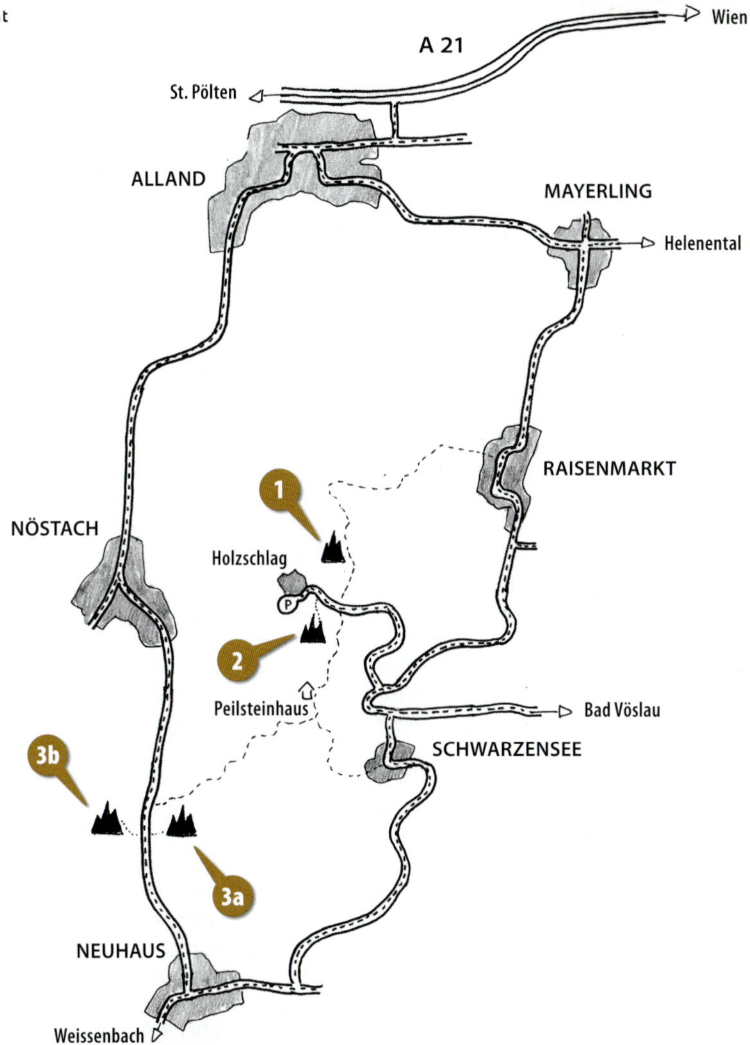

1 ARNSTEINWAND
2 HOLZSCHLAG
3a THALHOFERGRAT OST + WEST
3b THALHOFERGRAT NORD
BERNDORFER KLETTERFELS (o.A.)

ARNSTEIN

Die durchaus mächtige Arnsteinwand mit ihrer großen Höhle am Wandfuß und der zerbrechlichen Arnsteinnadel obendrauf lag klettersportlich gesehen lange Zeit im Schatten der Peilstein-Hauptwände und wurde fürs Klettern kaum wahrgenommen. Nur die Höhle war interessant, hier schlugen zahlreiche Kletterer vor allem in der Zwischenkriegszeit auf dem langen Marsch von Wien zum Peilstein ihr Nachtlager auf. Eine interessante Beschreibung der damaligen Zeit findet sich in Fritz Kaspareks Buch „Vom Peilstein zur Eiger-Nordwand". Historische Bedeutung hat die Arnsteinwand jedoch durch die einstmals große Burganlage, deren kümmerliche Reste kaum noch zu sehen sind, erhalten. 1170 erbaut, erlebte die Burg stürmische Zeiten, bis sie 1529 von den Türken schließlich erobert und gnadenlos niedergebrannt wurde.

Zurück zum Klettern: Anfang der 1990er Jahre wurden die ersten Sportkletterrouten eingebohrt und die Höhle erstmals zum Klettern entdeckt. Roman Patlik machte sich auf die Suche nach Bouldermöglichkeiten und fand viele Blöcke am Arnsteinkamm aber auch sonst überall im Wald. Dann wurde es wieder stiller, die Höhle wurde zum beliebten Schlaf- und Meditierplatz für Esoteriker und Naturliebhaber. Aber in unserem Jahrtausend wurde es noch einmal laut in den Wänden von Arnstein. Ewald Gauster – am Peilstein mittlerweile haknstad- brauste wie ein Stahlgewitter über das Gebiet hinweg und legte alle Felsen in Nirostaketten. Nun, sein Werk kann sich sehen lassen, herausgekommen ist ein Sportklettergebiet nach EU-Norm, übermäßig gut abgesichert mit möglichst geringem Routenabstand und damit verbundener maximaler Routenzahl. Dabei sind natürlich viele neue Routen entstanden, darunter auch einige sehr schöne und vor allem auch lange. Für den zentralen Wandteil ist ein 70m-Strick sehr angenehm um wieder auf den sicheren Boden zurückzukehren. Die steilen Routen in diesem Bereich sind alle noch schön rau, manchmal sogar zerfressen, teilweise leider (noch) splittrig. Im Bereich der Höhle gibt's diverse, auch bei Regen kletterbare Dach- und Überhangprobleme. Im linken Teil dominiert gemütlichere Lochkletterei, rechts der Hauptwand wurden noch zahlreiche Wandln mit Kurzrouten eingerichtet. Am Arnsteinturm existieren steile, interessante Anstiege unterschiedlicher Felsqualität, weiter unten im Wald stehen noch ein paar kleine Felsen mit Kurzrouten und Bouldern. Die beliebtesten Boulderblöcke liegen aber am sogenannten Arnsteinkamm, welcher sich vom Gipfel der Arnsteinwand Richtung Süd erstreckt. Dank des bequemen Einstiegsplatzes, der doch vorhandenen leichten Routen und der tollen Spielmöglichkeiten in der Höhle (Lampe mitnehmen) ist die Arnsteinwand auch ein lohnendes Familienkletterziel.

ZUFAHRT: A21 bis zur Abfahrt Mayerling, über Alland nach Mayerling, hier rechts abbiegen und bis ins Ortszentrum von Mayerling. Entweder hier parken oder noch weiter Richtung Peilstein, bis kurz vor Schwarzensee in einer Linkskurve eine Straße rechts nach Holzschlag abzweigt.

Dieser folgen wir, bis der markierte Weg zum Peilsteinhaus die Straße überquert. Gleich danach, bevor die Straße sanft bergab führt, befindet sich rechts eine kleine Parkmöglichkeit in einer Art Sattel. Auch neben der Straße begrenzte Parkmöglichkeit. Wer mit dem Bus kommt, kann bis Raisenmarkt fahren.

ZUGANG A: Von Raisenmarkt am markierten Weg Richtung Peilsteinhaus. Nach ca. 20min erreicht man die Wand, bzw. knapp vorher schon die Arnsteinblöcke, siehe Skizze.

ZUGANG B: Von der Straße nach Holzschlag kehren wir vom Parkplatz zum markierten Weg Richtung Peilsteinhaus zurück. Nun am Weg abwärts, Richtung Raisenmarkt, in ca. 15min zu den Wänden, welche man von oben her erreicht. Rechts herum zum Wandfuß.

Zu den Blöcken am Arnsteinkamm siehe Skizze, alle Blöcke liegen auf der Westseite gleich unter dem Kamm oder ein Stück darunter.

BESTE JAHRESZEIT: Die Felsen liegen westseitig orientiert und somit am Nachmittag in der Sonne. Im Winter ist es meist zu kalt, Frühjahr und Herbst sind meist optimal, im Sommer eher am Vormittag. Westwind ist hier

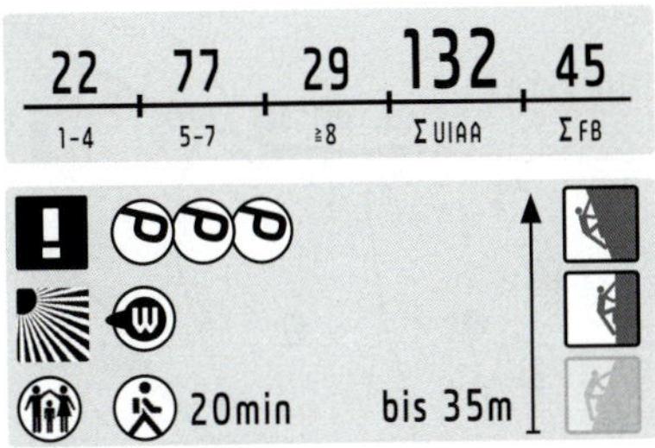

unangenehm zu spüren, bei Regen kann man in der Höhle klettern. Bei hoher Luftfeuchte plus hohen Temperaturen sind die Griffe in der Höhle aber oft unangenehm rutschig.
BESONDERES: Absicherung mittels Klebehaken in geringen Abständen, Abseilstände überall vorhanden.

AUSNAHME: Die gesamte Arnsteinnadel wurde nicht saniert. Hier steckt kein bzw. uraltes Material. Insgesamt dominiert steile aber griffige Wandkletterei, an Leisten oder Löchern. Die Felsoberfläche bietet oft mehr Reibung als am Peilstein, die Griffe sind meist noch recht rau. Manche der neuen Routen sind noch etwas splittrig, ein Helm kann nicht schaden. Beim Sichern in der Hauptwand VORSICHT, da die Wand 35m hoch ist und bei vielen Routen durch die Linienführung noch etwas Seil verloren gehen kann –unbedingt Knoten ins zweite Seilende machen oder es bindet sich auch der Sichernde ein.

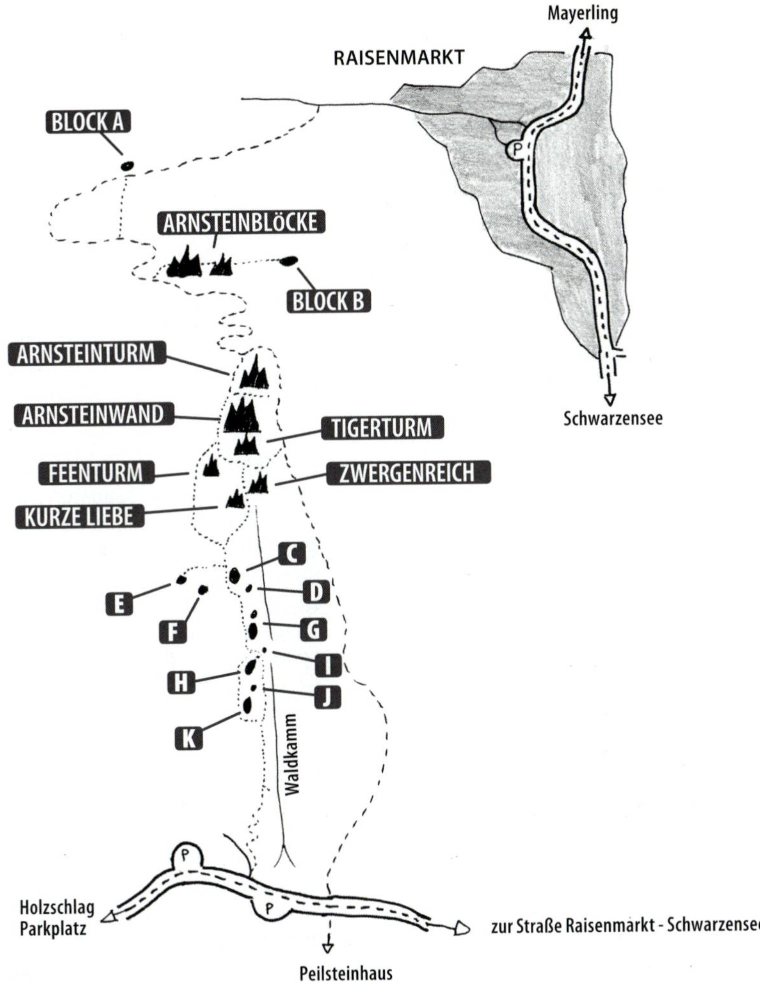

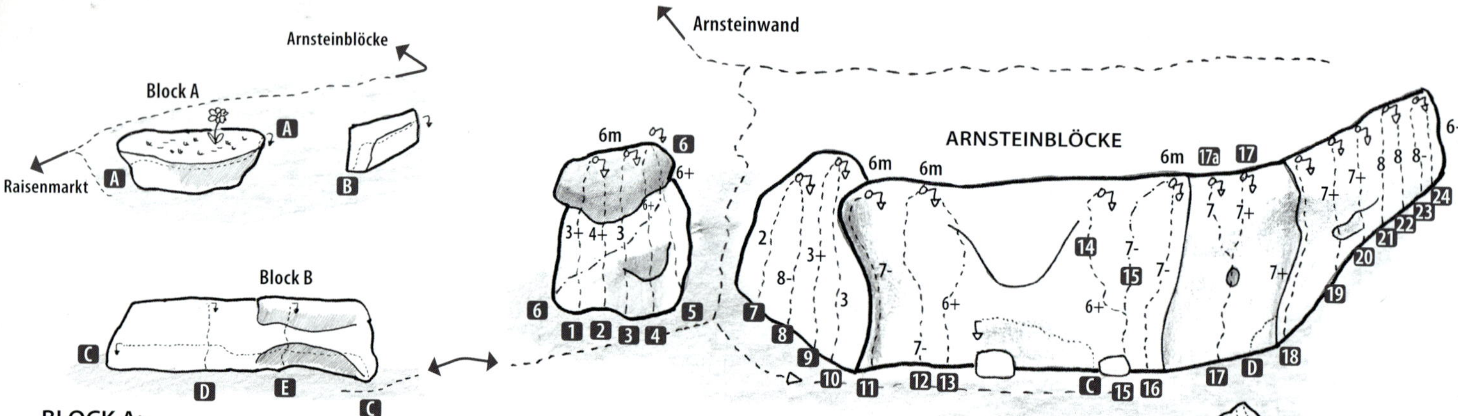

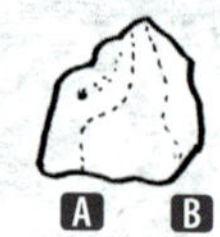

BLOCK A:

A FLOOR IT 6a+ trav

B FÜR MEIN BABY 3

BLOCK B:

C KREUZWEG 6c+/7a trav

D BEAVIS 6c+ sd

E BUTT-HEAD 6a+ sd
Vorsicht, oben ein hohler Griff

ARNSTEINBLÖCKE:

1 DIREKTER SCHOCK 3+ * (Gruber, Holy)
Riesengriffe

2 KREISLAUFSTILLSTAND 4+ * (Gauster)
Steil, gute Löcher

3 SCHOCK 3 * (Gruber, Holy)
Auch kurz und steil

4 EISWIND 6+ * (Gruber, Holy) Minidach

5 POLARSTURM 6+ * (Gauster) Minidach

6 SÜDFÖHN 7- * (Gauster)
Diagonale – möglichst im Überhang bleiben

7 GEENTERT 2 (Gauster) Kein Kommentar

8 GEKENTERT 8- (Gauster) Definierte Boulderstelle. Echt tolle Ausdauertour

9 STEUERBORD 3+ * (Gauster) Henkelei

10 NEBELHORN 3 * (Gauster) Henkelei

11 SCHIFFSBUG 7- ** (Gruber)
Schöne, markante nur leider kurze Kante

12 RELING 7- ** (Gauster) Einstiegsszug

13 BACKBORD 6+ ** (Gauster) Henkelei

14 BEZIEHUNGSKRISE 6+ * (Gauster)
Linkshaltend

15 GESPALTENE BEZIEHUNG 7- * (Gauster)
Etwas seltsam gerade hinauf

16 FELSKAMASUTRA 7- * (Gauster)
Sieht schwieriger aus, links klettern

17 HOT SEX MOVIE 7+ * (Gruber, Holy)
Direkt übers Loch, schwerer Ausstieg

17a HEISSE LIEBE 7-/7 **
Hübsche Variante mit Doppelhenkel

18 SELBSTBETRUG 7/7+ * (Gauster)
Etwas rechts der Haken klettern

19 TJA 7+ ** (Gauster) Steil und gutgriffig

20 HM 7+ ** (Patlik) Komischer Ausstieg

21 VERGNÜGEN PUR 8/8+ ** (Gauster)
Knackig mit Untergriffzug

22 SCHRECK PUR 8 ** (Patlik)
Leisten und Aufleger

23 UNDERTACKER 8- ** (Patlik)
Schlüsselstelle an schleimigen Griffen

24 QUERTACKER 6- * (Gauster)

BOULDER:

A SCHERBENDIAGORAUF 4a

B GIGANT 4a, C GRIFFLIS 6b+, D 7a sd?

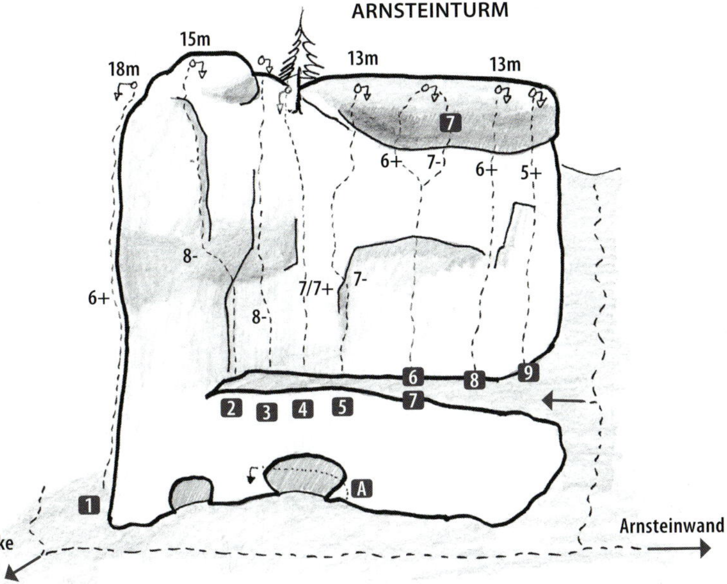

Andrea Weghofer | HEISSE LIEBE 7-/7 | Foto: Chris Forster

ARNSTEINTURM:

1 NORDWESTKANTE 6+ ✱
Steil und brüchig aber auch im Vorstieg Dank der vielen Haken mit Sicherung von oben begehbar (im Vorstieg quasi Toprope ;-).

2 DER FLUG DES ROTEN DRACHEN 8- ✱✱ (Gruber, Holy)
Steil mit gar nicht leichter, unangenehmer Schlüsselstelle

3 FLUCH DER KARIBIK 8- ✱ Gauster, Danzer)
Kleingriffiger und kleinsplittriger Beginn

4 SEIFENBLASE 7/7+ ✱ (Gauster, Danzer)
Nur Mut –die Splitterleisten halten schon

5 MASSA BUANA 7-/7 ✱✱ (Gruber, Holy) Abwechslungsreich

6 ZWEI HERZEN AUS STEIN 6+ ✱✱ (Gruber, Holy)
Schöner, rauer Henkelüberhang

7 TRÄUME SIND SCHÄUME 7- ✱✱ (Gauster) Griffiges Dachl

8 DAS 1. MAL TUT IMMER WEH 6+/7- ✱✱ (Swoboda)
Schlüsselstelle oben

9 MAUERLÄUFER 5+ ✱ (Gauster, Danzer) Etwas brüchig

BOULDER:

A ROUTE 55 5c Mehrere definierte Boulder im leider als Abort benutzten Loch möglich

1 KINDERVIA 2+ ** (Gauster)
Gestuft und leicht, schön fest!

2 MAYERFÄHRTE 2+ ** (Meletzky, Mayer)
Griffige Genussroute

3 ZIGEUNERQUERGANG 4 **
Hübscher Klassiker mit langer Rampenquerung und steiler Schlusswand, wegen Seilreibung besser in 2 Längen klettern. Wird in Zeiten der mit dem Lineal gezogenen Normrouten am Originalweg praktisch nicht mehr geklettert

4 BURGFRÄULEIN 4 ** (Gauster)
Löchrige Genussroute

5 BRUDER BAUM 5 ** (Gruber, Holy)
Löchriger Genuß am runden Pfeiler

6 BURGHERR 6- *** (Gauster)
Sehr schöne Lochkletterei, rechtshaltend auf die Rampe von 3

7 LINKE LÖCHER 5+ ** (Tobler)
Steile Henkelkletterei, schon speckig

8 VORSICHT MAX 7- ** (Richter)
Etwas diffizile Verlängerung zu 6 oder 7

9 OH MUTZ! 6 ** (Schall, Steidl)
Schon etwas glatt an großen Löchern

10 TRICERATOPS 6+ *** (Gruber, Holy)
Henkelkletterei, die Platte direkt ohne Löcher links 7+

11 ROCK BALLETT 9/9+ ** (Sykora)
Beliebte Kurzroute mit harter Einzelstelle für Hallenfreunde

12 DIREKTER ZIGEUNER 6- * (Gauster)
Variante in würfeligem Fels von der Rampe weg

13 MUTZSTEIG 5 * Vielbegangene, tolle Route an Riesenlöchern

13a PAUSENFÜLLER 6 ** (Gauster)
Ganz nett, eventuell in Verbindung mit 13

14 MOJITO 8 ** (Bacher) Klimmzugbeginn, oben greift man links um die Kante

15 UNDER PRESSURE 10 ** (Bacher)
Harte Boulderei an Einfingerlöchern

16 ?

17 ?

18 SCHNELLER ALS DIE SCHWERKRAFT
Nach Griffausbrüchen wohl nicht mehr 10-

19 Projekt

20 ZUSTIEG 5 * (Gauster)
Gestufte Kletterei aufs Band, wer eine der oberen Touren weiterklettert muss auf das Seilende aufpassen!

21 HOFNARR 5 * (Gauster)
Netter Zustieg aufs Band, beim Weiterklettern aufs Seilende aufpassen

22 MINIMUNDUS 7+ * (Gruber, Holy)
Kleingriffiges Boulderwandl

23 KLEINIGKEITEN 7+ * (Gruber, Holy)
Kurzer Boulder

24 NICHTIGKEITEN 7 * (Gauster)
Kurzer Anreißer

Die folgenden Routen 25 - 36 beginnen am Band ober der Höhle und lassen sich über 20, 21 oder von rechts über ein Fixseil erreichen. Beim Ablassen bis zum Boden Vorsicht aufs Seilende! 70m-Seil empfehlenswert. Route 37 wird bereits besser vom Tigerturm her erreicht.

25 MELANGE 6+ *** (Gauster)
Schöne raue Kletterei mit Einstiegswulst, bei den letzten 2 Haken bei ganz direkter Begehung etwas schwerer

26 CAFE`BEQUEM 6 ** (Gruber, Holy)
Nette, griffige Wandkletterei

27 HALS UND STEINBRUCH 7+ ** (Gauster)
Steile, stellenweise splittrige Leistenkletterei

28 DER WEITE HORIZONT 8- ** (Gauster)

29 SERPENTINEN 7+ ** (Gauster)

30 UNMITTELBARE WESTWAND 7+ ** (Gauster) Alte Technoroute welche nun in nicht ganz festem Fels frei geklettert wird

31 LEBENSFADEN 8+ ** (Gauster)

32 SONNENKÖNIG 8- ** (Gruber, Holy)
Abwechslungsreich und rau aber nicht ganz fest

33 SCHATTENREICH 7/7+ ** (Gauster)
Bei sanftem Zugreifen oben interessante Leistenkletterei, unten rau

34 IM VOLLRAUSCH 6+ ** (Gruber, Holy)
Griffig, steil, rau, abwechslungsreich, oben splittrig

35 STOCKNÜCHTERN 7 *** (Gauster)
Schöne, raue Route, unten athletisch, oben diffiziler

36 BATZENFETT 6/6+ ** (Gauster)
Steile und abwechslungsreiche Genussroute, plattige Einzelstelle

A ZGONC 6a trav
Querung im Bereich von 22 - 24

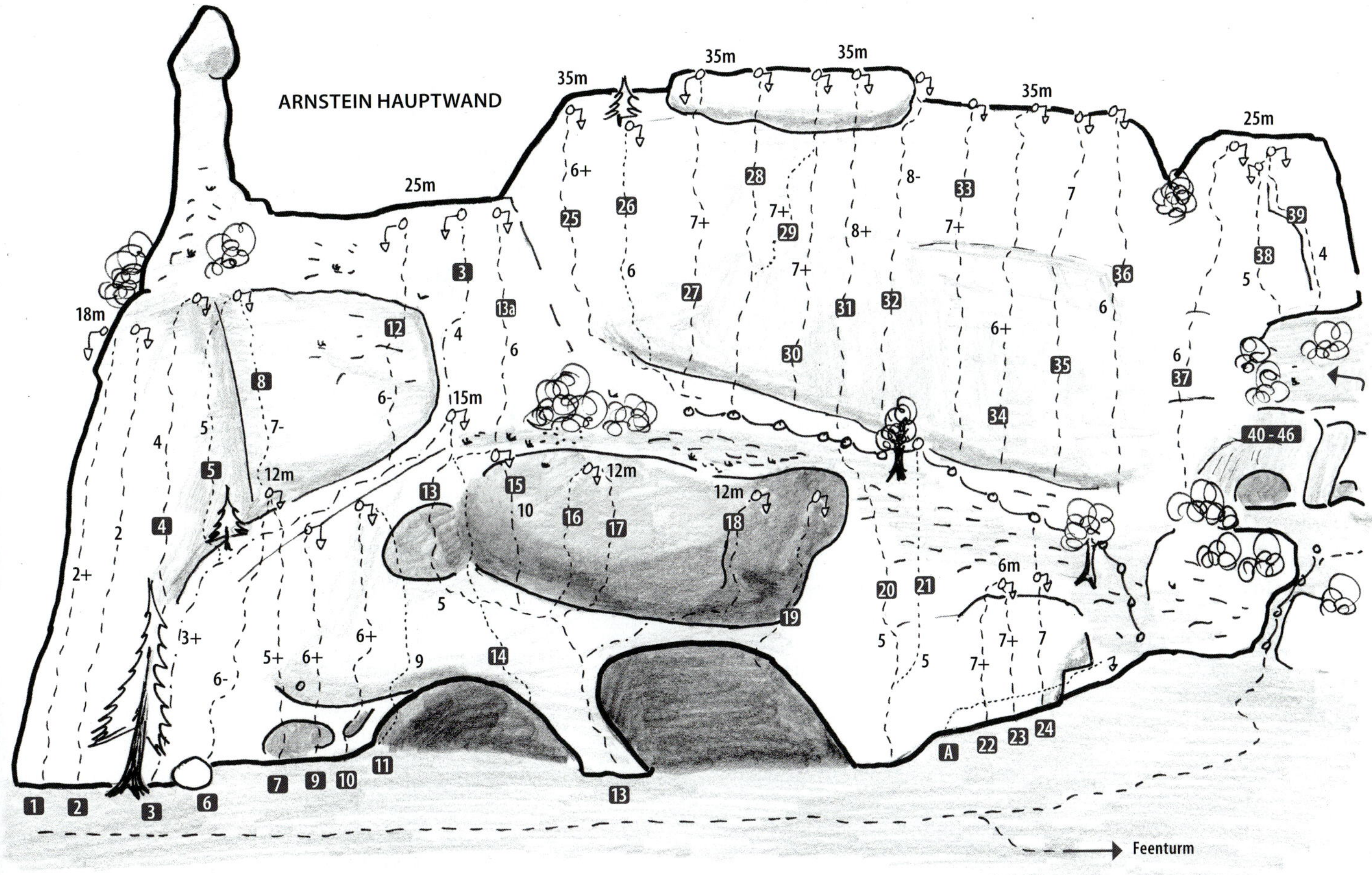
ARNSTEIN HAUPTWAND
18m
25m
35m
35m
35m
35m
25m
15m
12m
12m
12m
6m
1
2
3
4
5
6
7
8
9
10
11
12
13
13a
14
15
16
17
18
19
20
21
22
23
24
25
26
27
28
29
30
31
32
33
34
35
36
37
38
39
40 - 46
A
Feenturm

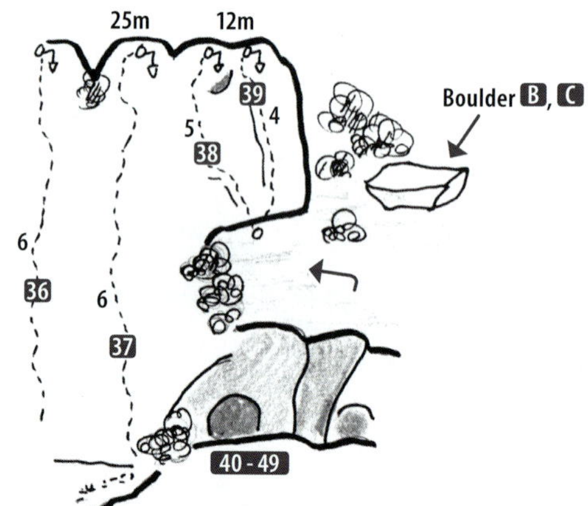

Die nun folgenden Touren befinden sich im rechten, oberen Teil der Arnsteinwand und werden über eine kleine Felsstufe erreicht. Der Turm mit den Routen 50 - 58 wird „Tigerturm" genannt. Zugang zu 38 und 39: Beim Tigerturm ums Eck, nach der letzten Tour links hinauf und auf der Rasenstufe über dem Turm (hier ein Boulderblock) wieder zurückqueren zur Wand, Standhaken.

37 SONNE, MOND UND STERNE 6+ ✱✱ (Gruber, Holy) Die rechteste der langen Routen, oben Vorsicht: hohler Block! Nicht ganz fest
38 METEORITENSCHWEIF 5 ✱✱ (Gauster) Nette Kurzroute mit Platte
39 SÜDWESTRISS 4 ✱✱ (Peterka) Kurzer, rauer Riß

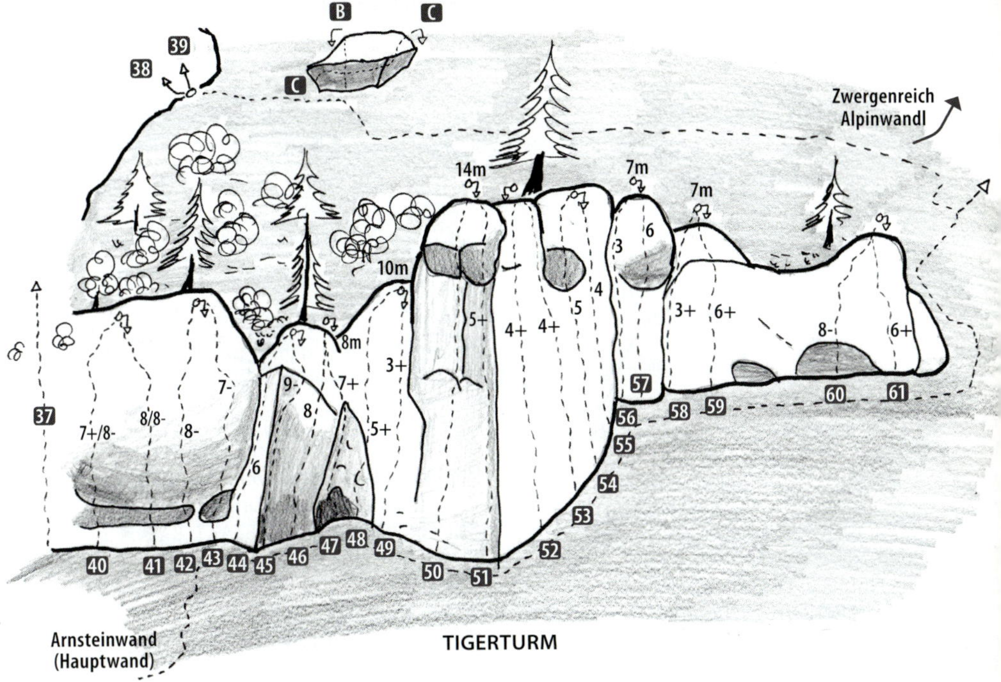

40 SUPERNOVA 7+/8- ✱✱ (Gauster)
Steiler, rauer Beginn und schwierig in die Platte

41 SCHWARZES LOCH 8/8+ ✱✱ (Gauster)
Rauer Überhang, dann an Fingerlöchern in die Platte

42 KOMETENSCHWEIF 8- ✱✱ (Gauster)
Raue Kurzroute mit Einzelstelle

43 STERNSCHNUPPE 7- ✱✱ (Gauster)
Kurz und rau

44 TIGER SIND GELENKIG 6 ✱✱ (Gauster, Bauer) Kleine aber feine Verschneidung

45 TIGER SCHNAPP ZU 9-/9 ✱✱ (Gauster)
Links glatt, rechts rau. Interessante Kante!

46 TIGER KATZI-TATZI 8 ✱ (Gauster)
Kurz, kräftig, etwas schmerzhaft

47 DER HANGELNDE TIGER 7+ ✱
(Gauster, Bauer) Definiert ohne Rückwand, immer links hangelnd und so weiter...

48 TIGERSPALT 5+ ✱ (Gauster, Bauer)
Gelbbrüchiger Beginn, dann nett

49 TIGERKAMIN 3+ ✱ Hübscher Kamin

50 WESTRIISS 6 ✱✱ (Danzer, Gauster)
Schlüsselstelle am Rissdach

51 TIGERNASE 5+ ✱ (Danzer, Gauster)
Unten brüchig, oben netter Wulst

52 TIGERKANTE 4+ ✱
Etwas brüchige, nette und steile Kante

53 TIGER AUF STREIFGANG 4+ ✱
(Gauster, Danzer) Beengend zwischen den Nachbartouren

54 FRAGILER TIGER 5 ✱ (Danter, Gauster)
Schlüsselstelle oben am Dachl

55 SÜDWESTKANTE 4 ✱ Etwas brüchig

56 SÜDWESTRISS 3 ✱ Minirissverschneidung

57 TIGERBISS 6 ✱ (Gauster, Danzer)
Die Erstbegeher haben es geschafft, an diesem monumentalen Pfeiler 2 weitere Varianten zu klettern

58 SÜDWESTKAMIN 3+ ✱
Für Kaminfreunde, oben plattig

59 TIGERLAND 6+/7- ✱ (Gauster)
Verstecktes Fingerloch

60 D(YN)AMISCHER TIGER 8- ** (Gauster, Bauer) Athletischer Beginn, kurz aber gut

61 TIGERSPRUNG 6+ ✱ (Gauster, Bauer)
Ohne den Riß schwieriger (7)

BOULDER:

B KRUZITÜRKEN 6a sd

C TÜRKENSTURZ 7a trav sd

ARNSTEINHÖHLE INNENANSICHT

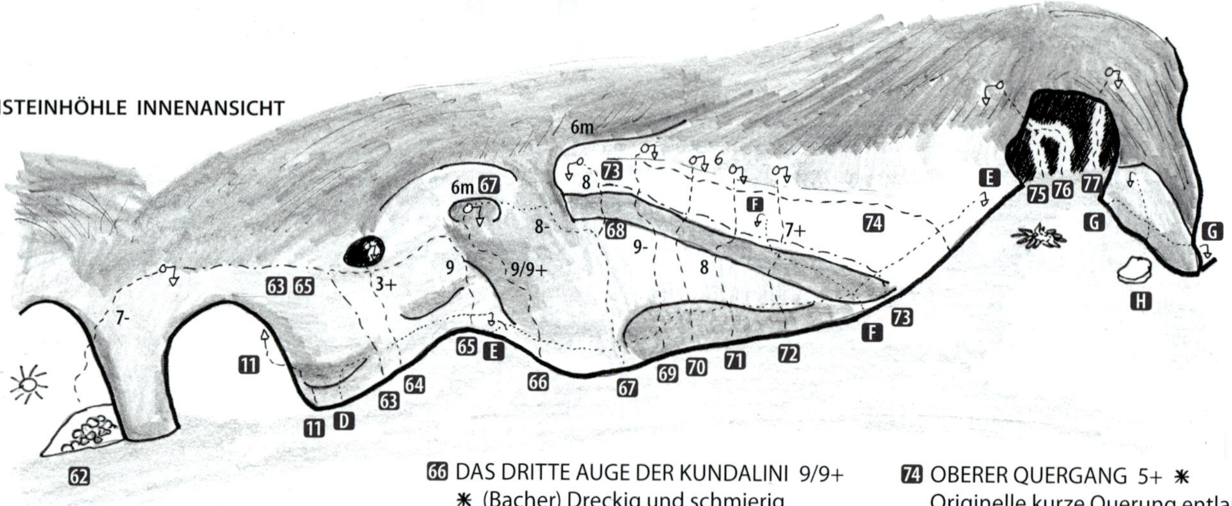

Die nun folgenden Routen befinden sich alle in der Höhle und sind regensicher. Teilweise können die Routen beliebig kombiniert werden, der Fantasie sind (fast) keine Grenzen gesetzt.

62 INNERER MUTZ 7- ✱ (Gauster)
Gut versteckt an der Innenseite des Torbogens. Quert nach rechts zu Abseiler, kann mit 63 oder 64 kombiniert werden

63 TORBOGEN 6+/7- ✱ (Gauster)
Originelle aber dreckige Route über dem Höhleneingang, Verlängerung über 62 gut möglich

64 SANTA KLAUS 3+ ✱ (Gauster)
Ins Loch hinein...

65 DESIRE 9 ✱ (Bacher) Dreckiger Überhang

66 DAS DRITTE AUGE DER KUNDALINI 9/9+ ✱ (Bacher) Dreckig und schmierig

67 HORIZONTALER KRAFTAKT 8- ✱✱ (Gruber, Holy) Kurzer Dachklassiker

68 OUTLAW 8 ✱✱ (Sykora) Das horizontale Kraftdach

69 KRAFTLOS UND NICHT SCHWERELOS 9- ✱✱ (Gauster)
Schwere Züge übers Dach

70 VON DER HOHEN KANTE FLIEGEN 9-/9 ✱ (Gauster) Größenstelle

71 AUF DIE HOHE KANTE LEGEN 8 ✱ (Gruber, Holy) Einzelstelle, alte goldene Ringe

72 ROT VOR WUT 7+ ✱ (Gauster)
Strengst definiert, sonst leichter

73 DIAGONALKANTE 8 ✱✱ (Sykora)
Hangelei an der Dachkante, Füße unterm Dach! In Kombination mit 67 „DOING THE SENSELESS" 8+ (Sykora)

74 OBERER QUERGANG 5+ ✱
Originelle kurze Querung entlang der Abseiler von 72 - 68

75 FULL PULL 8+/9- (Richter)
Kohlrabenschwarze Kurzroute

76 ENERGIEEMBARGO 9- (Richter)
Startet 2m weiter hinten als 75 und ist genauso schwarz

77 Projekt

BOULDER:

D FÜSSE RUNTER 5a trav

E EVERDRY 6a trav

F BLUE IN THE FACE 6c Definiert

G HYÄNE 7a

H ?

I OMO 4c trav Ohne Skizze, quert vom Baum bei 3 bis zum Beginn von D

Paula Hufnagl in der ARNSTEINHÖHLE | Foto: Jakob Schrödel

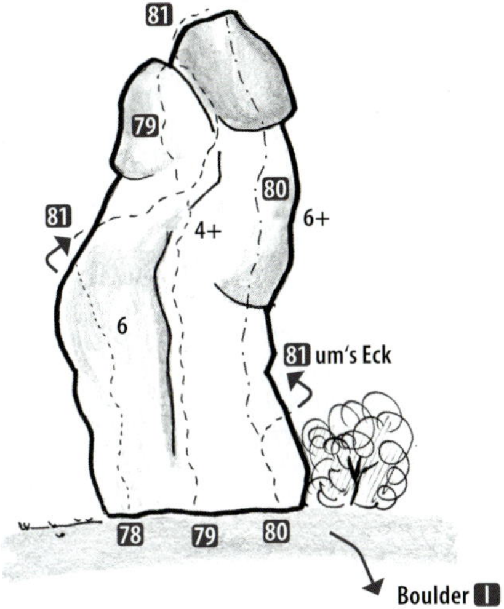

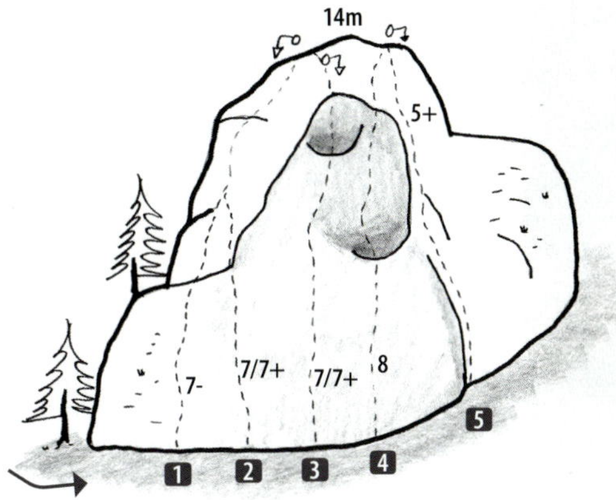

ARNSTEINNADEL:

Alle Routen auf die imposante, luftige Arnsteinnadel welche 1914 schon ein Stück kleiner wurde, sind NICHT eingerichtet. Am Gipfel steckt nur ein alter Normalhaken zum Abseilen, eventuell wieder abklettern. Keile mitnehmen, Obacht!

78 SÜDWESTWAND 6 ✱ Steil, splittrig

79 SÜDWAND 4 ✱✱ Lohnend, steil, mit Keilen gut abzusichern

80 SÜDOSTKANTE 6+ ✱✱ (Tobler) Hakenlose, abenteuerliche Route

81 NORMALWEG 3+ ✱✱ Ausgesetzt spiralenförmig um die Nadel auf den Gipfel – Keile!

FEENTURM:

1 FEENWALD 7- ✱ (Gauster, Danzer) Schlüsselstelle zu Beginn, oben leicht

2 DIE STEILE FEE 7/7+ ✱ (Gauster, Danzer, Niedrist) Schlüsselstelle unten

3 OH, IT`S A FEE 7/7+ ✱✱ (Gauster, Danzer, Niedrist) Auch hier: Unten schwer

4 BÜCK DICH, FEE! 8 ✱ (Richter) Übler Einstieg, Überhang etwas brüchig

5 DIE AUFRECHTE FEE 5+ ✱ (Danzer, Gauster) Liebe Genusstour

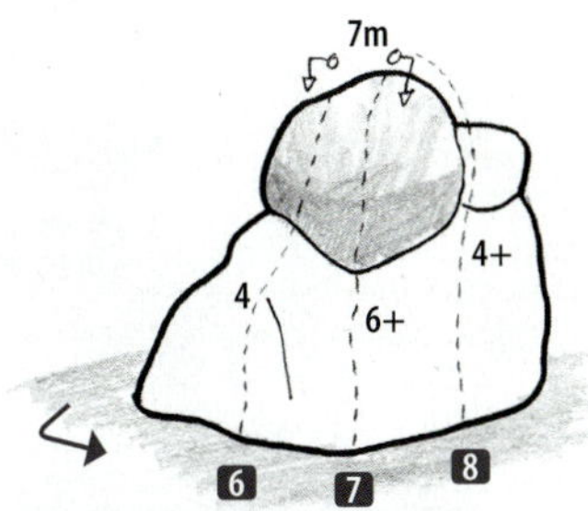

KURZE LIEBE:

6 MORGENFRUST 4- ✱ (Gauster)

7 KURZE LIEBE 6+ ✱ (Gruber, Holy) Miniaturdach

8 HEISSE NÄCHTE 4+ (Gauster)

Mathias Kulich | VON DER HOHEN KANTE FLIEGEN 9-/9 | Foto: felsfetisch.at

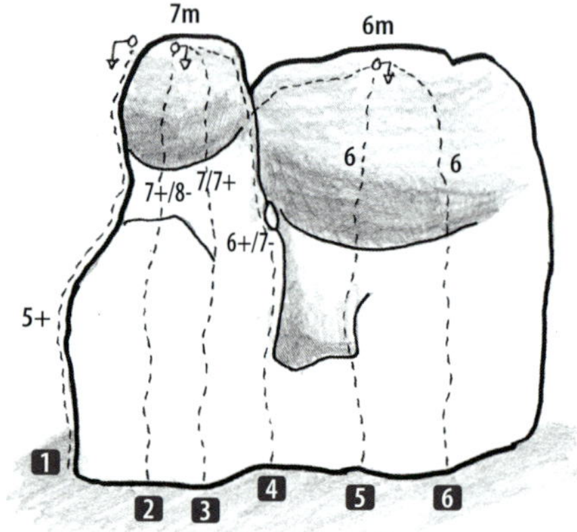

ZWERGENREICH:

1 AUSSENSEITERZWERG 5+ ✱ (Gauster) Griffe prüfen!

2 GIFTZWERG 7+/8- ✱✱ (Gauster) Direkt klettern!

3 ZWERGENAUFSTAND 7/7+ ✱✱ (Gauster) Raue Leisten

4 DER 7. ZWERG VON LINKS/RECHTS 6+/7- ✱ (Gauster) Überraschend ungriffiger Riß, 2 Ausstiege möglich, laut Ewald Gauster sind das auch 2 Routen

5 ZWERGENK(R)AMPF 6 ✱ (Gauster) Henkelei mit bröslige m Beginn

6 ZWERGENMARATHON 6 ✱ (Gauster) Brüchig

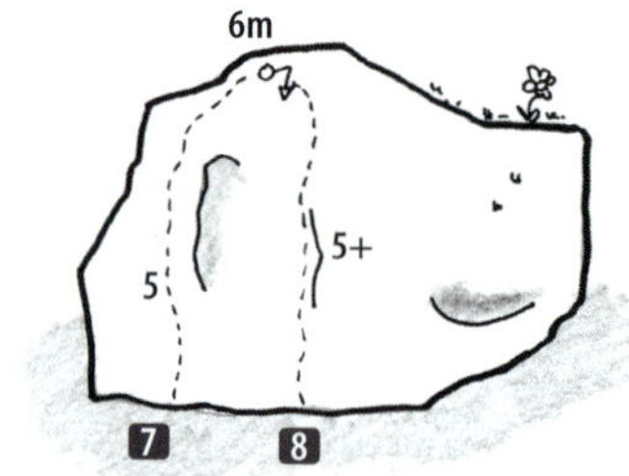

ALPINWANDL:

7 ALPINE MEISTERPRÜFUNG 5 ✱ (Gauster, Bauer) Kurz, rau, steil, griffig

8 ALPINE AUFNAHMEPRÜFUNG 5+ ✱ (Gauster, Bauer) Wie oben

BLÖCKE C - K:

Nun werden die Boulderblöcke am Arnsteinkamm beschrieben, ausgehend von der Arnsteinwand:

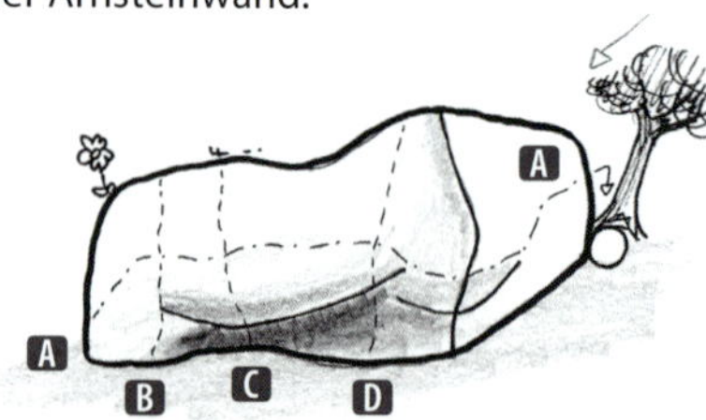

BLOCK C: COPA CAGRANA

A COPA CAGRANA 6c+/7a Klassiker

B BELTANE 6a sd

C PRONDO SAURUS 6b sd

D 5b/c

BLOCK D: MINIMUNDUS

E MINIMUNDUS 5a trav

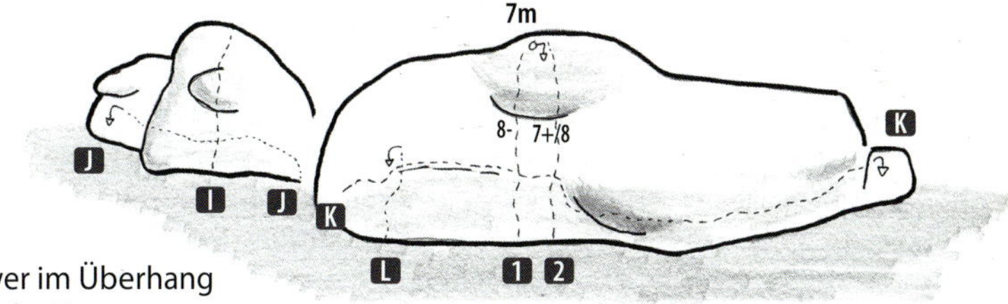

BLOCK G: MONSTER MAGNET

1 8- ✱ (Bacher) Schwer im Überhang

2 VARIANTENREICH links 7+, rechts 8 ✱ (Gauster, Danzer) Kurz und maximal, mehrere Varianten möglich, schon mehr als 10 Jahre zuvor von A. Schmid geklettert

I 4c

J AAS 5b trav

K MONSTER MAGNET 6b+ trav

L ZEITAUSGLEICH 6a sd

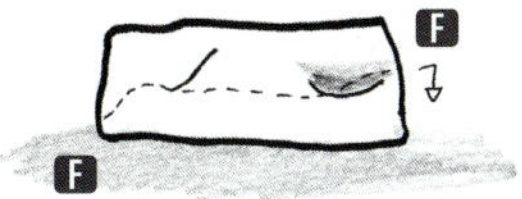

BLOCK E: FUCK

F FUCK 5c trav

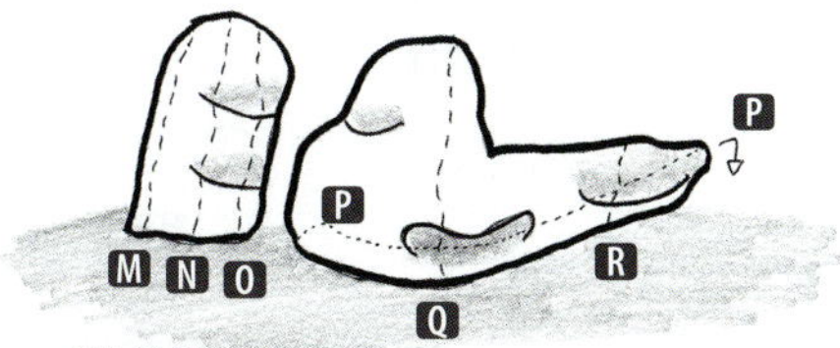

BLOCK H: NAGWATZ

M 2, N 4b, Ö 4c

P NAGWATZ 5b trav

Q 4c, R WIDAR 5c sd

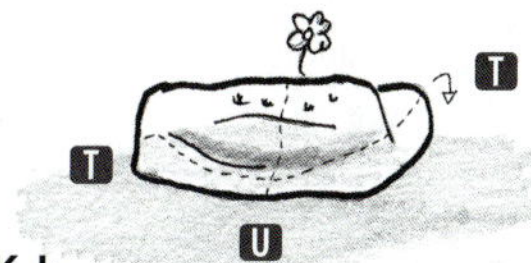

BLOCK J:

T UNTERMENSCH 5c trav

U 4c

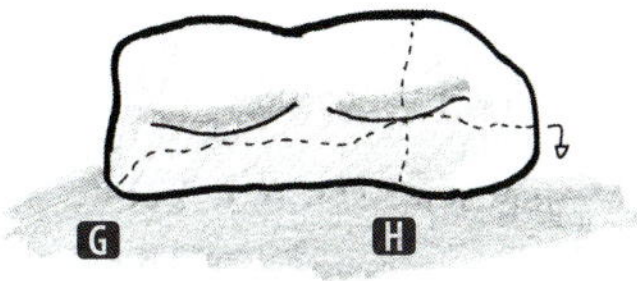

BLOCK F: PIG BLOOD

G PIG BLOOD 6b trav

H FETISCH 5b

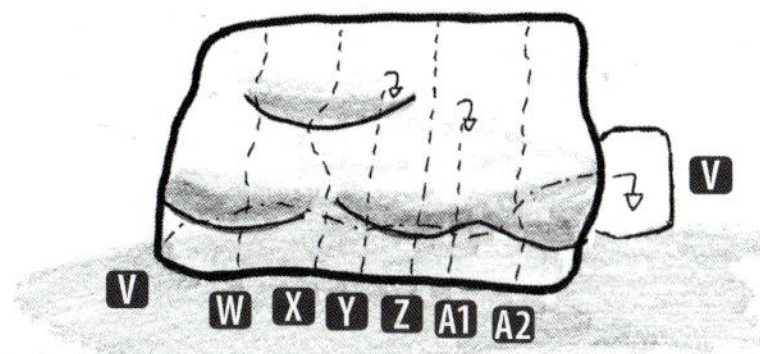

BLOCK K:

V GEWUSST WIE 5c/6a trav

W 3, X 3, Y 5c/6a

Z 5a, A1 5b

A2 CHEFPARTIE 6b+

BLOCK I:

S 4b

HOLZSCHLAG

1-4	5-7	≥8	Σ UIAA	Σ FB
12	30	10	55	23

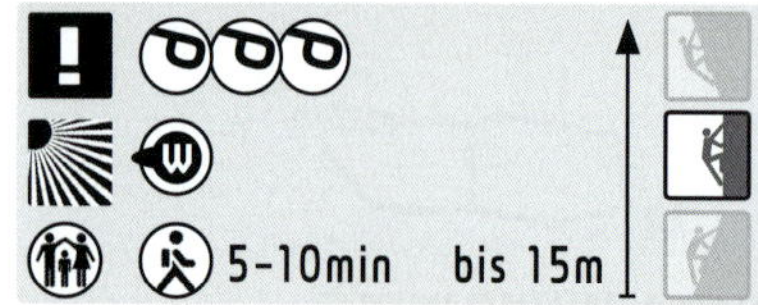

Obwohl direkt oberhalb des viel frequentierten Peilsteinparkplatzes gelegen, waren (und sind es teilweise noch immer) die Felsblöcke von Holzschlag den meisten Kletteren gänzlich unbekannt. Roman Patlik war es wieder einmal, der die Felsen entdeckte und gemeinsam mit Alex Schmid etliche Boulder säuberte und kletterte. Ein paar granitartige Risse wurden mit Keilen gesichert begangen, Christoph Helma kletterte mit "Laika" die wohl beste Linie hier und Alex und Roman begingen noch den optisch tollen Riß "Stone Free". Dann wurde es still hier heroben...Lärm machte erst wieder Ewalds Bohrmaschine, als er im Zuge der systematischen Peilstein-Gesamterschließung auch die Holzschlagblöcke einrichtete – leider waren auch einige Boulder und die "Granitrisse" dabei...

Der Sturm der damaligen Entrüstung hat sich gelegt, nun präsentiert sich Holzschlag als ein kleines, perfekt eingerichtetes Klettergebiet. Die Nähe zu den Peilstein-Hauptwänden hält die Besucherzahlen des Gebietes in Grenzen, bei vielen Touren dauert das Schuhanziehen ja länger als das Klettern. Trotzdem gibt's nette Sachen zu entdecken: Der Fels ist wie am Peilstein recht glatt und oft reibungsfeindlich. In den leichten Touren findet man erstaunlich tiefe Henkelschlitze. Die schweren Touren erfordern den komplettern Kletterer, der auch mit Auflegern und seichten Löchern umzugehen weiß. Auch für die Boulderer gibt es ein paar diffizile Sachen zu knacken – einfach mal vorbeischauen.

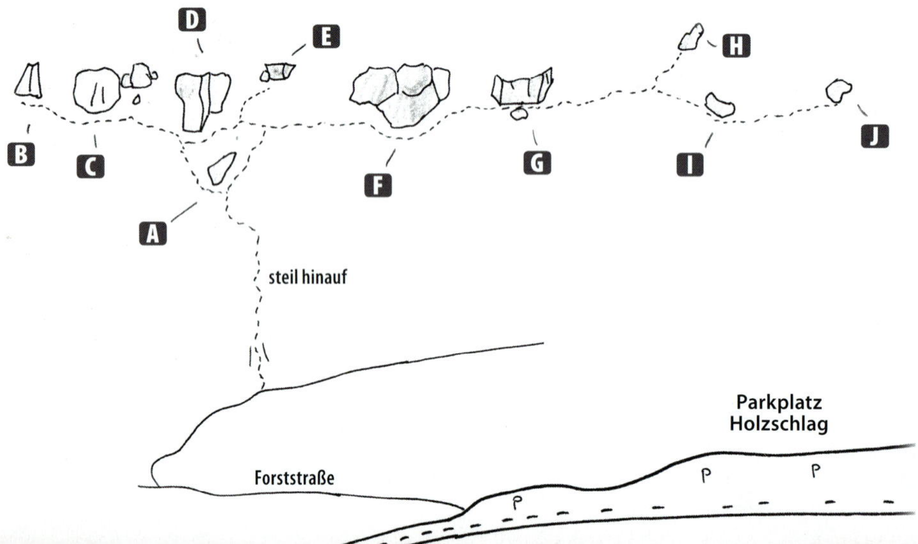

ZUFAHRT: Wie bei der Arnsteinwand beschrieben und weiter bis zum Beginn der großen Parkplatzes von Holzschlag. Gleich am Anfang parken!

ZUGANG: Vom Parkplatzbeginn auf Forstweg ein Stück zurück, nach der Rechtskurve auf Steiglein über Schutt direkt zu den Felsen hinauf (5min), welche beim Boulderblock A bzw. beim hohen Felsen D erreicht werden.

BESTE JAHRESZEIT: Die Felsen sind westseitig orientiert und bekommen erst am Nachmittag Sonne. Bei starkem Westwind kann es hier ziemlich unangenehm werden. Für die schweren Routen ist es im Sommer trotzdem meist zu heiß, ideal sind wohl Frühjahr und Herbst.

BESONDERES: Enge Absicherung mittels Klebehaken. Abseilstände vorhanden. Auch einige leichte Routen für Anfänger vorhanden.

Stefan Pointner | CRACKLESS 10- | Foto: Jakob Schrödel

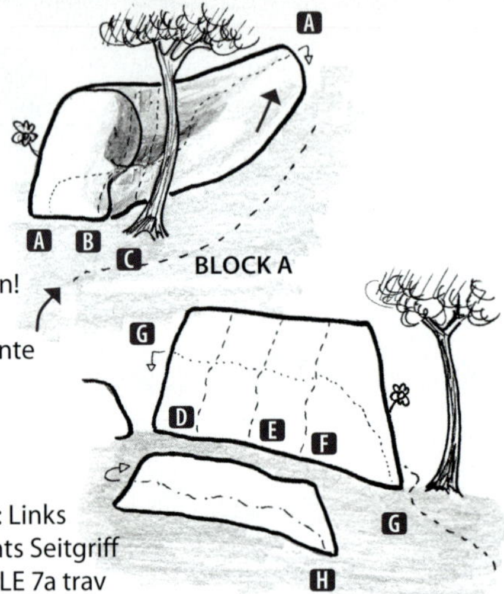

BLOCK A VORNE:

A BLEAU 5b trav Schön!

B CELTIC 6a+ sd
Definiert, nur die Kante

C 4c sd

BLOCK A HINTEN:

D 6b+

E 6a Mit Hockstart 7a: Links
Untergriffleiste, rechts Seitgriff

F 6a+, G DOGGY STYLE 7a trav

H 3 trav Um den Block herum

BLOCK B:

1 GEGENWIND 4- ✱
(Gauster) Kurze Platte

2 KILLERKRÄHEN 5 ✱
(Patlik) Schlitzkante,
früher ein Boulder

3 SCHMAZO PIAZO 8- ✱✱
(Patlik) Schweres Abheben
vom Boden. Einst als (hoher)
Boulder mit der Kante
gedacht

4 MÖRDERMÜCKEN 6- ✱
(Patlik) Unten kleine, oben
große Schlitze. Ex-Boulder

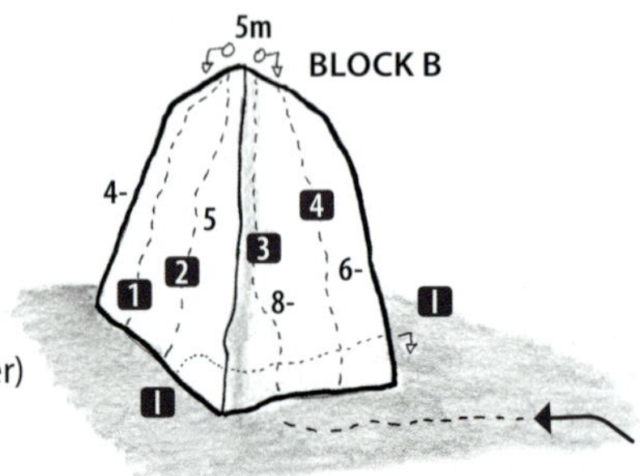

BOULDER:

I SLIMY 6c+ trav

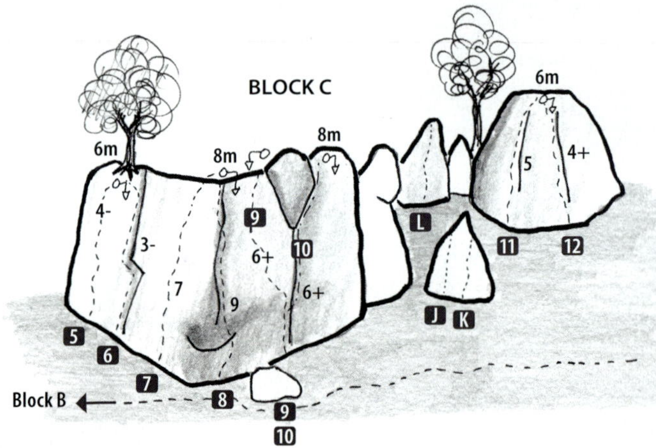

BLOCK C:

5 4- ✱ (Gauster)
Liebe Reibungsplatte

6 3- ✱ (Gauster)
Granitartiger Riß mit Wurzel

7 NIX BOULDER 7- ✱✱ (Patlik)
Ohne Riß links! Weiter Zug,
ehemaliger Boulder

8 MYSTIC WAY 9 ✱✱ (Richter)
Diffizile Kante mit
Abhebeproblem. Gut!

9 RATTENSCHWANZ 6+ ✱
(Gauster) Typische Route für
den derzeitigen Erschließer-
geist. Keine natürliche Linie,
Haken parallel zur Nachbar-
tour im 100cm Abstand,
Schwierigkeit variabel: Mit Riß,
ohne Riß, wo in den Riß...

10 RAT`S EYES 6/6+ ✱✱ (Patlik)
Schöner, nicht anspruchsloser
und unten runder Riß. Früher
ohne Haken begangen

11 SMOKE CRACK 5 ✱ (Patlik)
Schmale Risse, früher ohne
Haken

12 4+ (Gauster) Miniriß mit
schlechten Tritten

BOULDER:

J BRÖSEL 4a

K 4c

L HINKELSTEIN 5b

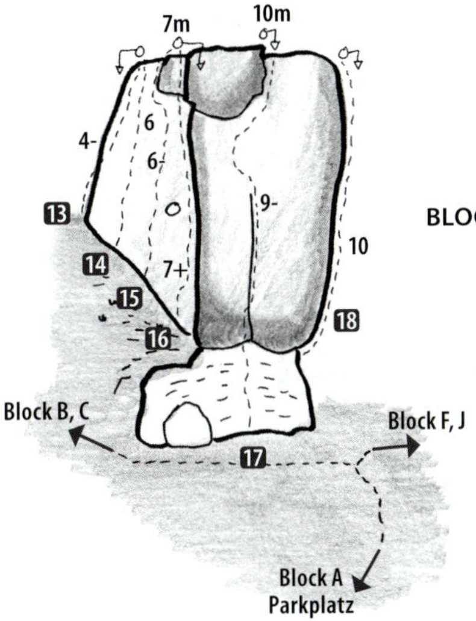

BLOCK D

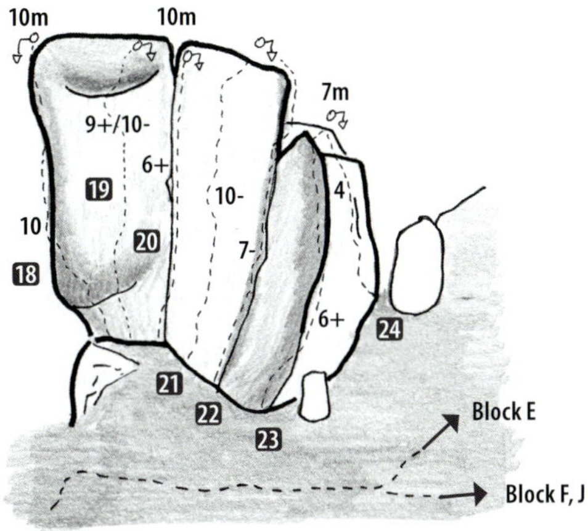

BLOCK E

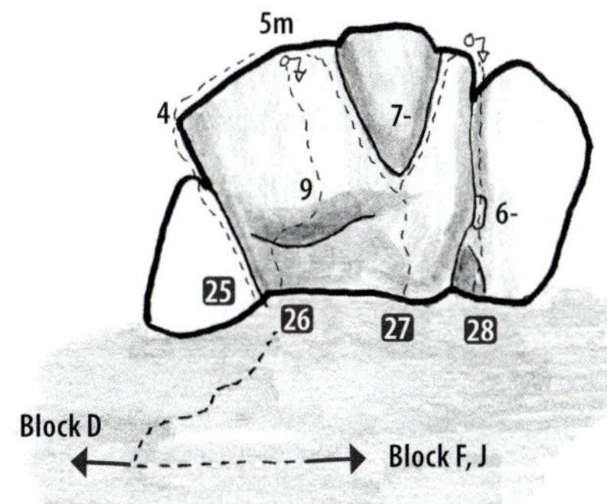

BLOCK D:

13 4- * (Gauster) Henkelroute

14 SCHERZ-WAND 6 ** (Gauster)
Bei direkter Begehung oben ein Plattenaufsteher

15 DAWN WALL 6- ** (Patlik) Glatte Platte mit tiefen Schlitzen, ehemaliger Boulder

16 ROLLERBALL 7+ ** (Mayer)
Glatte, plattige Kante

17 STONE FREE 9- *** (Patlik, Schmid)
Superlinie, anspruchsvolle Rissspur plus Einzelstelle

18 LAIKA 10 ✳ (Helma)
Toproute für Könner! Kante mit wildem Beginn, Aufleger und Seitgriffe

19 CRACKLESS I 9+/10- ** (Mannhart)
Kleine, scharfe Leisten – ohne den Riß rechts

20 DER ZECK 6+ *** (Patlik)
Perfekter, mit Klebehaken vergewaltigter Keilriß

21 CRACKLESS II 10- ** (Mannhart)
Harte kleingriffige Boulderei –ohne Risse links und rechts

22 DOPE CRACK 7- ** (Patlik)
Fantastischer Riß, eine Seltenheit im Kalk. Leider auch brutal vergewaltigt …

23 KANTE 6+ * (Gauster)
Kann man sich nach Lust und Laune schwerer oder leichten

24 4 (Gauster) Ultrakurzer runder Riß

BLOCK E:

25 4 (Gauster) nur bei Hangelei zum Abseiler, sonst leichter

26 SIE BADEN GERADE IHRE HÄNDE DARIN 9 ** (Bacher) Irgendwie arge, abdrängende Boulderstelle in glattem Fels

27 7- (Bacher) Oben rauer Fingerriß rechts oder glatter Fingerriß links

28 DAMOKLES-BLÖCKE 6- (Gauster)
Am Block anreißen

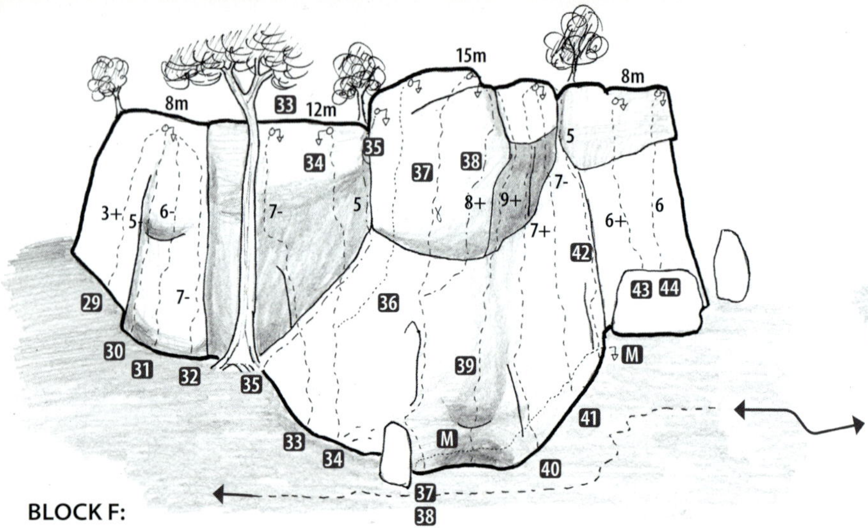

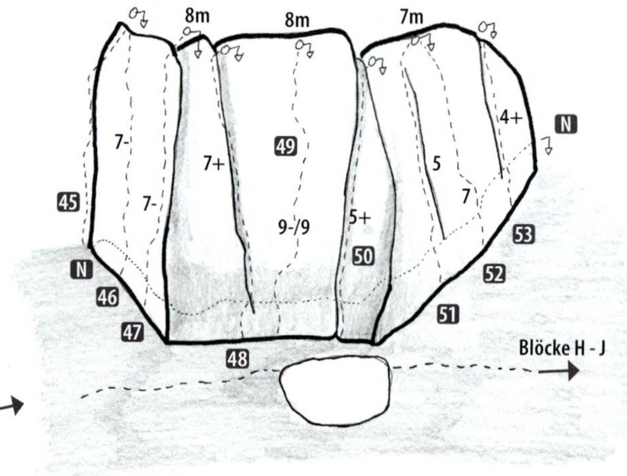

BLOCK F:

29 3+ ✱ (Gauster) Dreckig, gutgriffig
30 5- ✱ (Gauster) Kurze Kante
31 6- ✱ (Gauster) Schmaler Pfeiler mit rutschigen Griffen
32 JENSEITIG 7-/7 ✱✱ (Gauster) Interessante Kante, direkt klettern!
33 6+/7- ✱✱ (Gauster) Hübsch mit Einzelstelle nach der Rampe
34 ? (Gauster) Einzelstelle an Schleimgriffen
35 5 ✱✱ (Gauster) Rampe plus Riß
36 37 Projekt
38 MEIN HUND BLONDIE 8+ ✱✱✱ Geniale, raue Kletterei an Seit- und Untergriffen. Wieso die ansonst so eifrigen Sanierer den unguten Einstieg nicht auch nachgebessert haben bleibt ein Rätsel. Deshalb: Unten Vorsicht
39 ENERCHI 9+ ✱✱ (Bacher) Einstieg mit weitem Zug, oben schwere Kante mit runden Löchern
40 PAN TAU 7+ ✱✱ (Schmid) Unten diffizil, oben athletisch
41 PETER PAN 7- ✱✱ (Gauster) Hübsch mit löchriger Einzelstelle
42 5 ✱ (Gauster) Nett, oben tiefer Riß
43 6+ ✱ (Bacher) Größenstelle
44 6 ✱ (Bacher) Ohne Riß schwerer

BOULDER:

M MOONLIGHT 6b+ trav

BLOCK G:

45 3 (Gauster) Dreckig, griffig
46 JO MEI 7- ✱✱ (Patlik) Diffizil, ohne die linke Kante!
47 ROMARIO 7- ✱✱ (Patlik) Schön
48 PEPETO 7+ ✱✱ (Patlik) Runder Riß mit rutschigem Finale
49 9-/9 ✱ (Bacher) Rutscherei an seichten Löchern
50 5+ ✱✱ (Patlik) Griffiger, steiler Riß
51 5 ✱✱ (Patlik) Genauso
52 BRAZIL 7 ✱✱ (Patlik) Glatte Platte mit scharfen, versteckten Löchern, alter Boulder
53 4+ ✱ (Patlik)

BOULDER:

N STARKE SUSI 7a+ trav

BLOCK H:

54 4+/5- ✱ (Gauster)
Kleiner Wulst oben

55 DER SCHMALE GRAT 3+ ✱ (Gauster) Henkelkante

BLOCK I:

O 5c sd
P 4a
Q ANDERSWELT 6a sd
R 3
S KANTE 6a sd
T 5c sd
U HO HO 5b trav

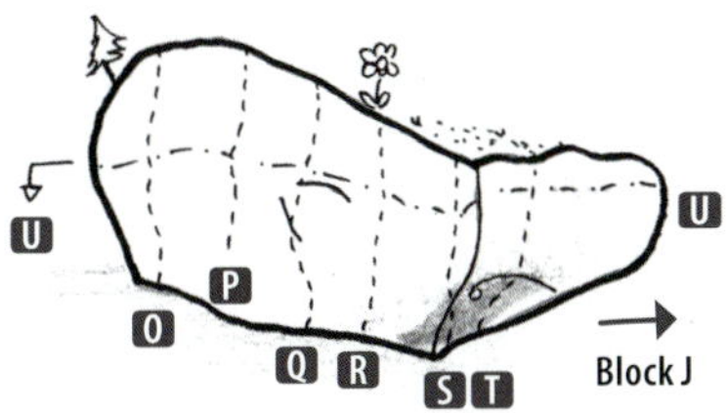

BLOCK J:

V 4b
W 6a+
X 4c

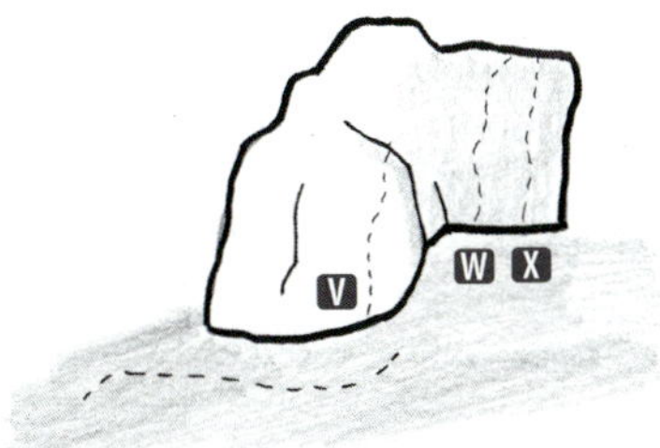

Andrea Weghofer | DER ZECK 6+ | Foto: Chris Forster

THALHOFERGRAT

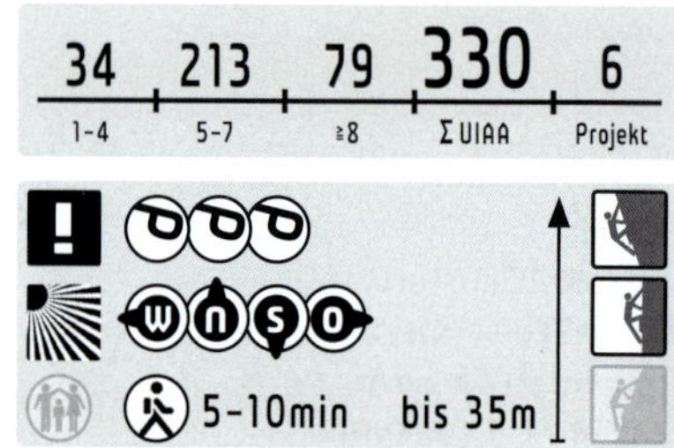

Unübersehbar an der Straße gelegen, mit ultrakurzem Zustieg und teilweise sehr schönen Fels, wurde der Thalhofergrat jahrzehntelang nicht beachtet und diente hauptsächlich unserem Bundesheer als Verteidigungsbollwerk. Nur ab und zu verirrten sich Kletterer hierher, obwohl ein "Drei-Freunde-Steig" oder ein "Himmelsfinger" den benachbarten Routen am Peilstein durchaus Paroli bieten können. Die Kraxler pilgerten aber brav auf den größeren und mächtigeren Peilstein, und auch als Christian Hacker mit seinen Gefährten ab Mitte der 80er Jahre des vorigen Jahrhunderts begann, die ersten Sportkletterrouten einzurichten, änderte sich daran wenig.

Christian war der erste, der den Thalhofergrat konsequent erschloß und bohrte sowohl äußerst kurze (was damals absolut unüblich war!) als auch lange Routen ein. Mit "Malaria" wurde auch eine Tour in den braunen, optisch abweisendsten Teil der Westwand gelegt – Peter Gasser sprang auf den Zug auf und erkannte so richtig das Potential das sich hier darbot – die "Krankheiten" und die Touren in der Unteren Westwand zählen heute zu den beliebtesten Ausdauerklettereien im Wiener Raum! Arthur Kubista und Christoph Helma war es vorbehalten, die derzeit nach wie vor härtesten Nüsse zu knacken. Und obwohl es 1995 schon über 200 Routen gab, schrieb Christian in seinem damals erschienenen Kletterführer: „Der Thalhofergrat ist vieles... nur eines ist er aber sicher nicht: Ein Mode-klettergebiet." Nun, das sollte sich mit dem Erscheinen seines Führers ändern. Der "Thaligrat" wurde weithin bekannt und schon bald waren an schönen Tagen die Parkplätze Mangelware.

Einige Jahre änderte sich nicht viel am Fels, bis Ewald Gauster vom Peilstein herüberschielte und zuerst einmal das Potential der bis dato eher unbeachteten (sieht man von Christoph Helmas Toptouren ab) Ostseite erkannte und nützte. Und nachdem Ewalds seine Erschließungs- und Sanierungsarbeiten am Peilstein mehr oder weniger beendet hatte, widmete er sich mit vollem Einsatz dem Thalhofergrat. Systematisch sanierte er alte Touren, bohrte Varianten ein, begradigte Routenverläufe und wo sich noch Platz fand entstanden neue Routen. Leider wurde das Routennetz manchmal ein bissi sehr dicht und unübersichtlich, es ist in manchen Bereichen nicht ganz leicht die "richtige" Tour zu erwischen...

Auch vergessene Felsformationen wie den Triestingtalturm, die Thalhoferkanzel und den Oberen Nordgrat holte er aus dem Dornröschenschlaf. Der ÖGV, in dessen Arbeitsbereich der Thalhofergrat liegt beauftragte Martin Simek mit dem Wegebau und somit präsentiert sich der "Thaligrat" nun als moderner Klettergarten mit allem was dazu gehört:

Perfekte Absicherung, Anstiege in den unterschiedlichsten Schwierigkeitsgraden, sonnige und schattige Wandbereiche, lange und kurze Touren. Die Vielseitigkeit ist wohl auch ein Grund für die außerordentliche Beliebtheit: Liebhaber leichter Genusstouren finden an der Unteren Ostwand ein reiches Betätigungsfeld, die Plattentüftler haben ihren Spaß ein Stockwerk höher. Wer lange Ausdauerrouten mag ist an der Westseite genau richtig. Rauhen wasserzerfressenen Fels findet man im Bereich der "Schrecksekunde", glatten Fels an der Unteren Thalhoferwand, Lärm gibt's am Klapf, Ruhe am Philosophenzahn, Schatten am Nordgrat....

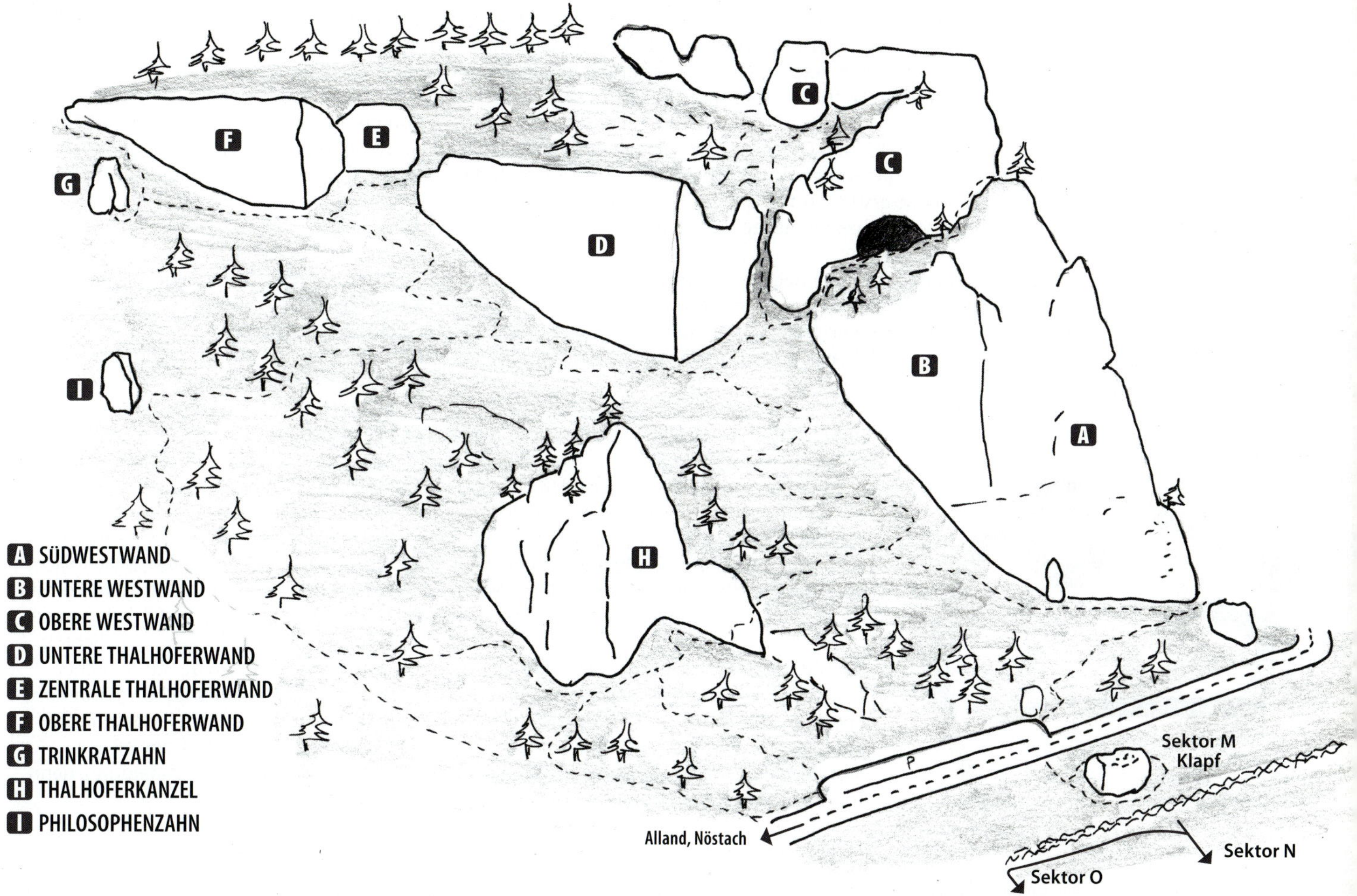
C
C
F
E
G
D
B
I
A
H
P
A SÜDWESTWAND
B UNTERE WESTWAND
C OBERE WESTWAND
D UNTERE THALHOFERWAND
E ZENTRALE THALHOFERWAND
F OBERE THALHOFERWAND
G TRINKRATZAHN
H THALHOFERKANZEL
I PHILOSOPHENZAHN
Sektor M
Klapf
Alland, Nöstach
Sektor N
Sektor O

ZUFAHRT: Über die A21 nach Alland und hier Richtung Nöstach/Hafnerberg. In Nöstach linkshaltend durch den Ort Richtung Neuhaus. Vom Ortsende noch knapp 2km weiter, bis links der Peilstein sichtbar wird (großer Parkplatz). Noch kurz weiter, dann befindet sich links der Straße ein Parkplatz (rechts neben der Straße ein Felsblock, der „Klapf").

ZUGANG: Siehe Übersichtsskizze. Die Sektoren N und O befinden sich an der anderen Talseite. Zum Sektor N hinter dem Klapf über den Bach und weiter zum sichtbaren Fels. Zum Sektor N den Wiesenrand nach rechts (Nord) bis zu den untersten Ausläufern des Nordgrates. Am Wandfuß entlang aufwärts in dem Wald zu den Routen. Gehzeiten: 10sec bis 10min.

BESTE JAHRESZEIT: Am Thalhofergrat lässt es sich je nach Wandausrichtung fast ganzjährig klettern. An der Ostseite ist es auch in der kühleren Jahreszeit zumindest am Vormittag angenehm warm, die Westseite ist im Sommer vormittags angenehm kühl. Im Bereich der Durchgangshöhle bläst oft ein angenehmes Lüftchen. Der Nordgrat liegt, wie der Name schon sagt, sehr schattig, hier sind die Routen oft lange nass.

BESONDERES: Perfekte Absicherung, meist mit Klebehaken. Für manche Wandbereiche ist ein 70er Strick nötig, im Bereich der Südwestwand geht sich bei manchen Routenkombinationen ein Ablassen zum Boden auch mit 70m-Seil bzw. ohne Zwischenstand manchmal nicht aus! Es dominiert Wandkletterei an Leisten, Auflegern und seltener an Löchern.

Die Felsqualität ist meist gut, die älteren Routen bzw. manche Klassiker setzen schon Speck an. Vor allem an der Thalhoferkanzel, aber auch an der Ostseite und am Nordgrat gibt es einige felsqualitätsmäßig abfallende Touren mit splittrigen Passagen.

SEKTOR A: SÜDWESTWAND

Hoher Wandbereich, im linken unteren Teil steile Wandklettereien. Sonst eher gestuftes Gelände mit leichteren Routen.Vorsicht- Routen bis 35m Länge bzw. wenn bis aufs Annyplatzerl geklettert wird sogar noch länger. Das heißt: Aufs Seilende aufpassen!

1 WELCOME TO THALIGRAT 6 ✱✱ (Hacker, Sperlich)
Steile, kurze und nette Willkommenstour

2 SEITENSPRUNG 4+ ✱ (Schall)
Kurze Rißkletterei

3 5- ✱ (Gauster) Kurz mit grasigem Ausstieg

4 QUICKY 5- ✱ (Gauster)
Kleiner Bauch mit guten Griffen

5 KEIN HÖHEPUNKT 2+ (Gauster)
So unnötig wie ein Kropf

6 MAULWURF 4 ✱ (Gauster)
Erdige und gestufte Krabbelei zum Einstiegsplatzerl des „Himmelsfinger"

7 WÜHLMAUS 6+ ✱ (Hacker, Miller) Nicht so leichter Beginn, dann leicht und grasig

8 THY (RANNOSAURUS) REX 6 ✱✱ (Gauster)
Sehr lange Genußhenkelei mit leichtem Zwischengelände. In der Mitte rechts halten ins etwas Botanische, mündet oben in **12**. Vorsicht: Fast 50m Kletterstrecke

9 CHRISTASTEIG 5 ✱✱ (Gauster)
Unten in der Spreizverschneidung, dann schöne Wandkletterei

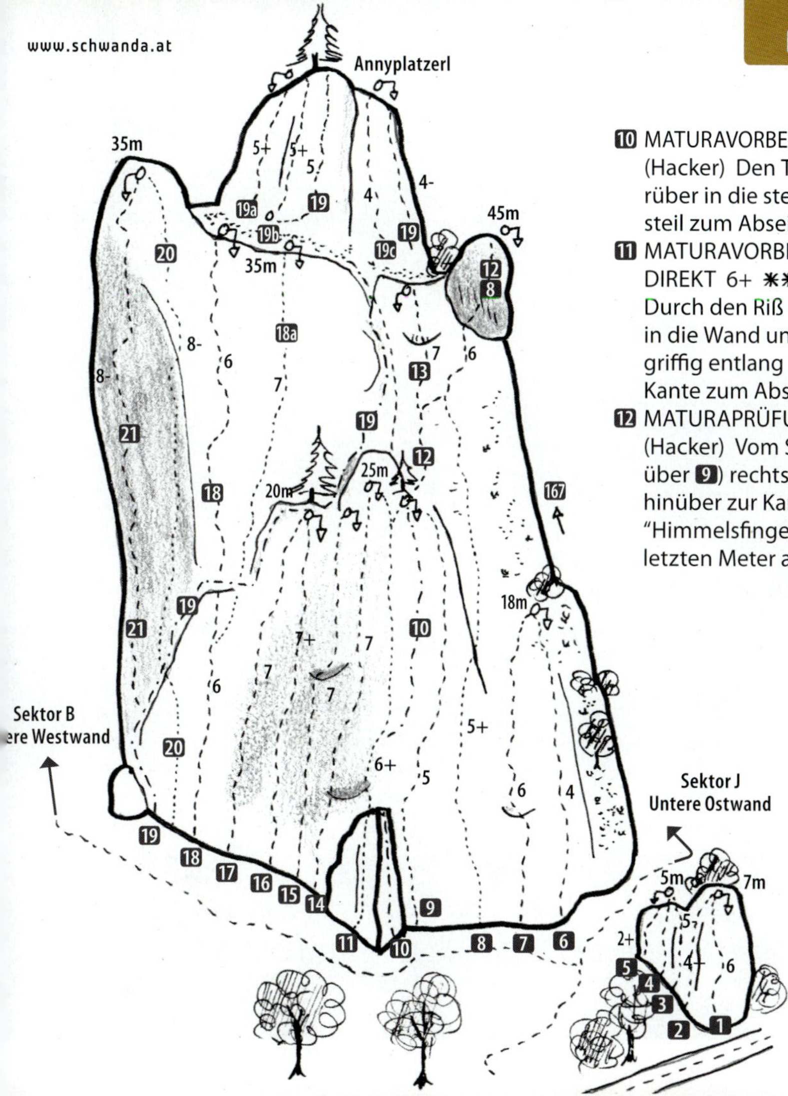

10 MATURAVORBEREITUNG 6+ ✱✱ (Hacker) Den Turm hinauf, rüber in die steile Wand und steil zum Abseiler

11 MATURAVORBEREITUNG DIREKT 6+ ✱✱ (Gauster) Durch den Riß aufs Türmchen, in die Wand und steil und griffig entlang der stumpfen Kante zum Abseiler

12 MATURAPRÜFUNG 6 ✱✱ (Hacker) Vom Stand (Zustieg über **9**) rechts haltend hinüber zur Kante des "Himmelsfinger" und die letzten Meter an ihr empor

13 BACHELOR-ARBEIT 7 ✱✱ (Gauster) Von Route **9** gerade weiter, Schlüsselstelle ganz oben zur Spirale hin

14 TROUBADOUR 7 ✱✱ (Reicher) Steile, etwas unübersichtliche Kletterei, interessant

15 AUFI MUASS I 7 ✱✱ (Schall, Enserer) Klassiker mit schon recht glatten Griffen

16 HERBSTTRAUM 7+ ✱✱✱ (Schall, Steidl) Diffizile, anspruchsvolle Wandkletterei

17 FASTEN SEAT BELTS 7 ✱✱ Ebenfalls diffizile Wand, oben ohne der Kante links – dann eher 7+

18 DIREKTER ANNYSTEIG 6+ ✱✱✱ (Schall, Steidl) Langer, begradigter, abwechslungsreicher Anstieg

18a STRUMA ADE 7 ✱✱✱ (Gauster) Schön und lang, startet mit **18**, dann rechts davon durch die Wand

19 ANNYSTEIG 5, 4 ✱✱ (Kazele, Kurz) Alte Route welche sich die leichteste Linie durch die Wand sucht. In Sportkletterzeiten wie diesen kaum begangen aber lohnend. Führt vom Annyplatzerl über **186** auf den Gratfirst

19a HÖHENLUFT 5+ ✱✱ (Gauster)

19b DIR. ANNYSTEIG, 2.LÄNGE 5+ ✱✱

19c SEITENWIND 4

20 CHOLERA 8- ✱✱ (Gauster) Lange Route mit Einzelstelle weit oben – direkt klettern, rechts herum deutlich leichter

21 THYPHUS 8- ✱ (Gasser) Geniale Ausdauerroute durchs Braune mit markanter Einzelstelle

Lisa Fally | OSTEREI 8- | Foto: Bernd Schwanda

SEKTOR B: UNTERE WESTWAND
Besonders beliebter Wandbereich mit wirklich guten, langen Ausdauerklettereien. Im rechten Wandteil 70m-Strick von Vorteil!

22 MALARIA 8-/8 ✳ (Hacker, Hristovski, Fachet)
Klassiker, tolle Ausdauerroute an Leisten

23 UNGEDULD DES HERZENS 8+ ✳✳ (Gasser)
Etwas unübersichtliche Variante zu **22**, zweigt links ab

24 DER SAUSTALL 9- ✳✳ (Enserer, Var. Gauster)
Auch bekannt als "Kinderzimmer", wurde begradigt. Einstieg nun direkt, die Schlüsselstelle bleibt in der Mitte und kann "umschummelt" werden (dann nur 8), Ausstieg nun direkt (alter Ausstieg nach links)

25 SAXIFRAGA 9+/10- ✳✳✳
(Kubista) Lange und komplizierte, anspruchsvolle Kletterei

26 ZEN 9+/10- ✳ (Kubista, Gasser)
Kleingriffiger Einstieg, oben leichter, sehr beliebt für diesen Grad

27 ZEN LIGHT 8 ✳ (Gasser) Von links über Leisten in die Route **26** und die schöne Schlusswand zum Abseiler

28 UM EIN HAAR 8+ ✳✳ (Fachet)
Schwere Einzelstelle an Leisten

29 COMPLEMENT FOU 8 ✳✳ (Hacker, Sperlich) Einzelstelle, oben dann leichter

30 NOVEL DESIGN 8+/9- ✳✳ (Neumüller)
Sehr definiert, etwas für Hallenkletterer

31 TRACTATUS LOGICO 8/8+ ✳✳ (Gasser)
Interessante, leider schon recht abgeschmierte Einzelstelle

32 SOIT, SOIT 6+ ✳✳✳ (Sperlich, Hristovski) Tolle Piazschuppe!

33 TOMMY IS BAD 7+ ✳✳
(Hacker) Kleingriffige Wandkletterei

34 TOMMY CAN YOU HEAR ME? 7- ✳✳
(Hacker) Kleiner Wulst und Wand

35 TOMMY BE NICE 7-/7 ✳✳ (Hacker)
Nette Wand mit kleinem Überhang

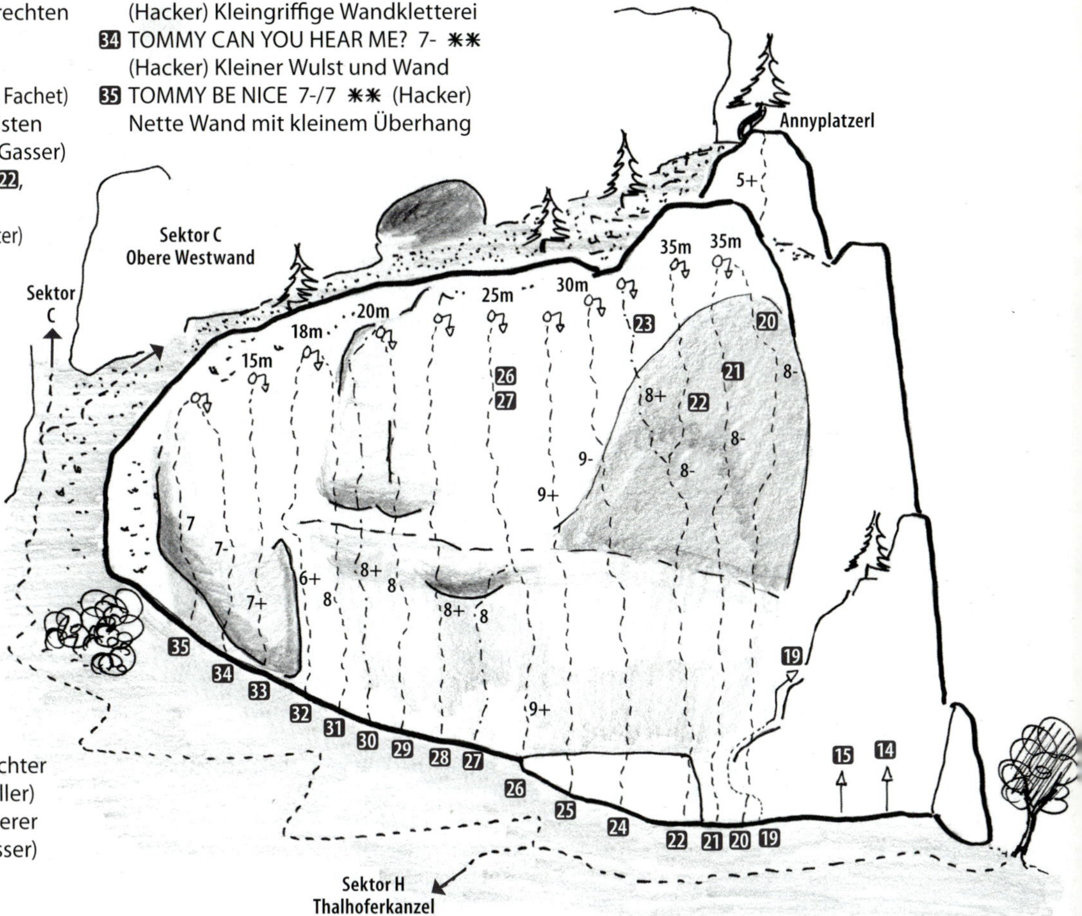

SEKTOR C: OBERE WESTWAND

Abwechslungsreicher Sektor mit Toptouren im stark überhängenden Gelände genauso wie mit gemütlichen Henkelleitern in herrlich zerfressenem und rauen Fels. Die Routen 36 bis 52 starten am Band, welches die Westwand von links unten schräg nach rechts oben bis zum „Annyplatzerl" durchzieht. Vorsicht, keine Steine lostreten da sich unterhalb Routen befinden! Durch die Höhle kann man bequem an die Ostseite wechseln. Die Einstiege der Routen 53 bis 65 werden durch eine Rinne mit Fixseil erreicht. Im Einstiegsbereich der Routen abschüssiges Gelände, ja keine Steine runter schmeißen da sich unterhalb viele Routen befinden!

36 LEHRLING 4 ✱ (Gauster)
Ziemlich brüchig und dreckig

37 GESELLE 6- ✱ (Gauster) Überraschend diffizil, leider auch dreckig und splittrig

38 MEISTER 6+ ✱✱ (Gauster) Steiler und rauer Beginn, dann leider bröslig

39 SCHABERNACK 7+ ✱✱ (Hacker, Sperlich)
Schwere Stelle an Leisten zu Beginn, dann leichter

40 TAKTIKER 7+ ✱✱ (Gauster)
Einstieg wie 41, dann links weg

41 TECHNIKER 7/7+ ✱✱ (Hacker)
Etwas eigene aber nicht uninteressante Kletterei in altem Technoriß

42 LOVE ME TENDER 9+/10- ✱✱✱ (Helma)
Leistenzüge zu Beginn, dann ein Untergriffaufrichter

42a LOVE THE WIND 10 ✱✱✱ (Kubista) Kombi aus A (die Stimme des Windes) und 42

43 AIOLOS 10/10+ ✳ (Kubista)
Harte Maximalkraftausdauer an kleinen Leisten. Mit Sitzstart vom Block eher 10+, mit "normalem" Start eher 10

43a ÄOLSHARFEN 11- ✳ (Kubista)
Kombination aus dem Boulderquergang „Die Stimme des Windes" und der Route 43. Startet am Höhleneingang an der Ostseite, quert die Höhle und mündet schließlich in 43

44 Projekt, 44a Projekt

45 SOULTIME 8+ ✱✱ (Bacher) Kleingriffiger Beginn, dann griffige Genusskletterei

46 3-FREUNDE SPEZIAL 5+ ✱ (Hacker)
Mäßig lohnende Kletterei

47 3-FREUNDE-STEIG 5- ✱✱
(Sikora, Kazele, Zettl) Diese Seillänge gehört zur Route 170, welche den ganzen Grat überschreitet und an der Ostseite, neben dem „Himmelsfinger", beginnt

48 WINDHOSE 7 ✱✱ (Hacker)
Steile, lohnende Wandkletterei

49 WIRBELWIND 6+ ✱✱ (Hacker)
Schöner, rauer Fels!

50 MALARIA 6+ ✱✱ (Hacker)
Fortsetzung der Route 22 auf den Grat hinauf

51 STURMWARNUNG 7+ ✱✱✱ (Hacker)
Schwerer Beginn an rauen Leisten, toller Fels

52 MEIN GOTT, ANNY! 7 ✱✱✱ (Schall)
Luftige, tolle und leider zu kurze Kante

53 BIERWAMPE 8- ✱✱ (Gauster)
Kurzer Anreißer mit Dachausstieg, rau!

54 BRAUHAUSKANTE 7- ✱ (Gauster) Kann man sich schwerer oder leichter machen, seltsam auf jeden Fall

55 MALZRISS 5- ✱✱ (Schall)
Abdrängender Riß mit der Schlüsselstelle oben

56 GOTT-ERHALT´S-PLATTE 4+ ✱✱
(Schall) Kurze, hübsche Henkelei

57 HOPFENRISS 3+ ✱✱ (Schall, Ladenbauer)
Tiefer, kurzer Riß

58 KAKADUS 6- ✱✱ (Gauster) Etwas weniger griffig als die Touren links, Fels etwas glatter. Der untere Teil hieß früher „Bierhenkeldiagonale" und führte dann links auf den Turm

59 KLETTERSARDINE 5 ✱✱✱ (Simek)
Supergriffige Wand

60 MAUERLÄUFER 6+ ✱✱✱ (Gauster)
Geniale Schuppen und Löcher, überhängend, rau, Schlüsselstelle in der Mitte

61 GECKO 8+/9- ✱✱ (Gasser, Jentzsch)
Etwas definierte Einzelstelle oben im Überhang

62 SCHRECKSEKUNDE 6+ ✱✱✱
(Simek, Miller, Hacker) Raue, lohnende Wand mit kleinem Dächlein

63 GLÜCKSTAG 7- ✱✱ (Gauster) Kleingriffige Stelle in Wandmitte plus Ausstiegsüberhang, rau!

64 ABSEITS ALLER ÄNGSTE 5 ✱✱ (Gauster)
Luftige Kletterei in würfeligem Fels

65 5+ ✱✱ Hübsche raue Kletterei mit lustigem Schlusswulst. Startet links der Scharte

66 5+ ✱✱ Grasiger Beginn, dann henkeliger Fels - befindet sich am obersten Gratturm

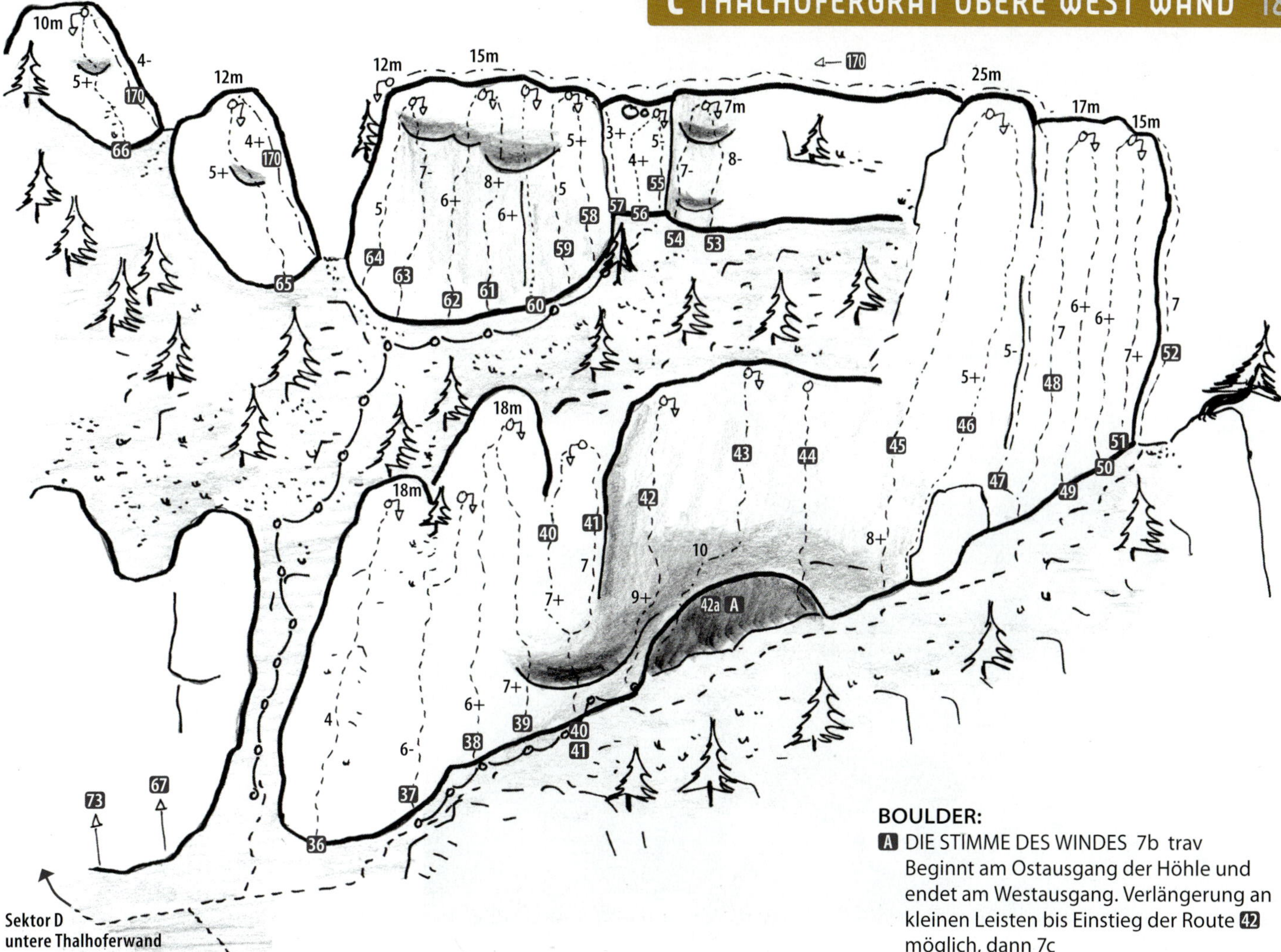

BOULDER:

A DIE STIMME DES WINDES 7b trav
Beginnt am Ostausgang der Höhle und endet am Westausgang. Verlängerung an kleinen Leisten bis Einstieg der Route **42** möglich, dann 7c

Christian Egger | AIOLOS 10/10+ | Foto: Jakob Schrödel

SEKTOR D: UNTERE THALHOFERWAND

Beliebter Sektor mit vielen, recht steilen Touren vom 6. bis unteren 8. Grad.

67 RATATOUILLE-VERSCHNEIDUNG 5 ✱ (Gauster) Erdige und splittrige Verschneidung, Schlüsselstelle zu Beginn

68 MÄUSEKÖNIG 5 ✱ (Hacker) Brüchiger Beginn, dann nette Platte

69 MÄUSEJAGD 5 ✱ (Gauster) Splittrig und dreckig, oben nette Platte

70 MÄUSEFUTTER 6 ✱✱ (Gauster) Splittriger Beginn und rauer Lochwulst oben

71 MÄUSEFALLE 5- ✱✱ (Gauster) Hübsch und gutgriffig, abruptes Ende

72 AUF DIE MAUS GEKOMMEN 5+ ✱✱ (Gauster) Steil und nett an guten Griffen, aber sehr knapp bei 73

73 MÄUSEHOCHZEIT 6 ✱✱ (Hacker) Steile Wandkletterei

74 SAURER REGEN 6+ ✱✱ (Hacker) Gar nicht so leichte Wand- und Risskletterei

75 ÖKOPOLI 7/7+ ✱✱ Steile, leicht splittrige Wandkletterei

76 MIT NEUER KRAFT 7+ ✱✱ (Hacker) Wandkletterei mit Schlüsselstelle oben

77 GOTTARDI RISS 6+ *** (Schall) Lohnende, gutmütige Risskletterei mit Unterbrecherstelle

78 FALCO LIVE 7+ ✱✱ (Hacker) Steile und etwas unübersichtliche Kletterei

79 AMERIKA 8- ✱✱✱ (Hacker) Klassiker. Schon etwas glatte Griffe, aber empfehlenswert. Schlüsselstelle in der Mitte

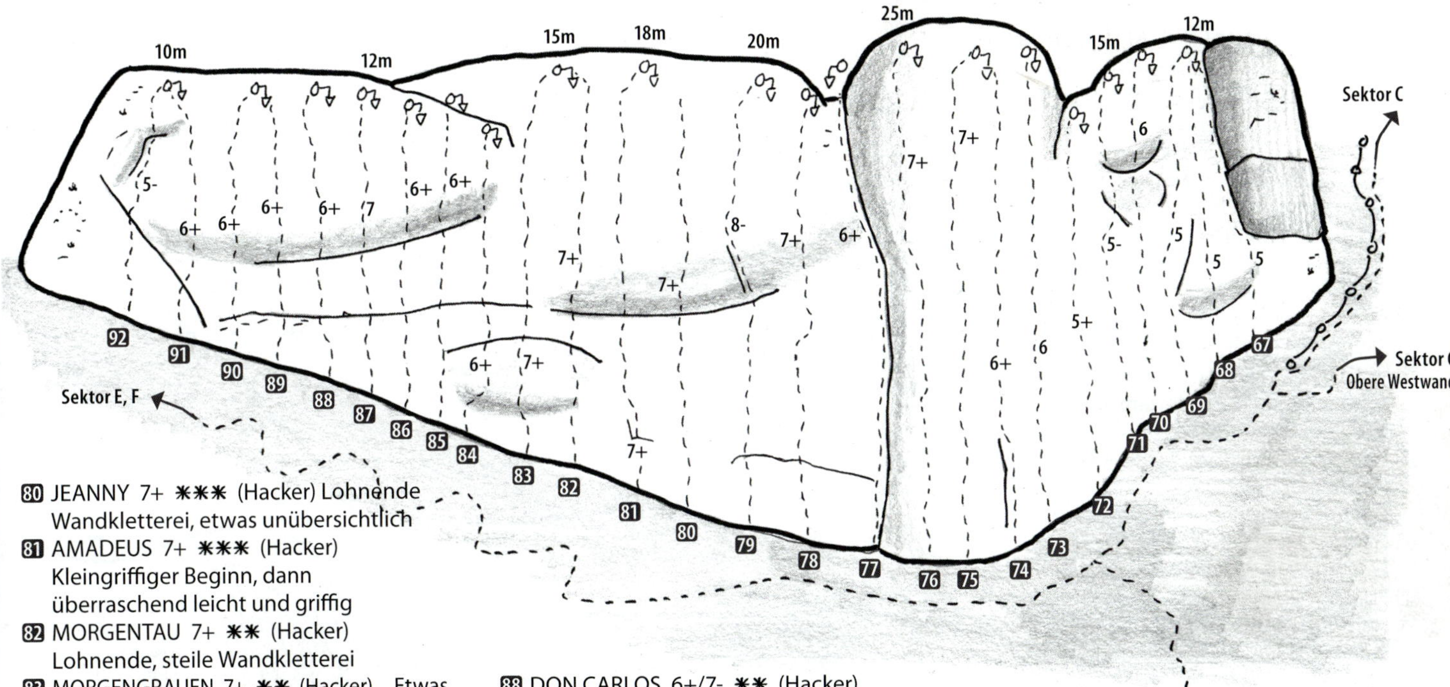

80 JEANNY 7+ ✱✱✱ (Hacker) Lohnende Wandkletterei, etwas unübersichtlich

81 AMADEUS 7+ ✱✱✱ (Hacker) Kleingriffiger Beginn, dann überraschend leicht und griffig

82 MORGENTAU 7+ ✱✱ (Hacker) Lohnende, steile Wandkletterei

83 MORGENGRAUEN 7+ ✱✱ (Hacker) Etwas unangenehmer Einstieg, dann steil und schön

84 HULMEISTER 6+/7- ✱✱ (Gruber, Holy) Komischer Beginn, dann griffig

85 DON ALBATROS 6+/7- ✱✱ (Hacker) Abwechslungsreich über die Wülste

86 DON ROBERTO 6+ ✱✱ (Hacker) Henkelig über die kleinen Überhänge

87 DON ROS'L 7 ✱✱ (Hacker) Etwas kleingriffiger als die umliegenden Touren

88 DON CARLOS 6+/7- ✱✱ (Hacker) Griffige Überhänge

89 KUH ROS'L 6+/7- ✱✱ (Hacker) Einzelstelle am Überhang

90 EINE KUH... 6+ ✱✱ (Hacker) ...macht Muh...

91 COMING HOME 6+/7- ✱✱ (Hacker) Plattig zu Beginn, beim Haken bleiben

92 DER KOMMISSAR 5- ✱✱ (Hacker) Nette, gutmütige Kletterei

BOULDER:

A HOMERUN 6b+ trav
Quert von 79 links aufwärts bis 88, am Schluß etwas weiter oben

B HOMERUN PLUS 7a+ trav
Am Ende von A unten bleiben

SEKTOR E: ZENTRALE THALHOFERWAND
Zurückversetzter Wandbereich mit interessanten, auch technisch anspruchsvollen Routen an oft kleineren Griffen.

93 KURZE GAUDE 7 ✱✱ (Hacker)
Überraschend schwieriger Riss

94 STERNSCHNUPPE 7- ✱✱ (Hacker)
Gemütlicher von links her zur Vereinigung mit 93

95 MÄNNER! 7 ✱✱ (Hacker)
Kleingriffige, schöne Wandkletterei

96 VOGELSTIMMEN 7+/8- ✱✱✱ (Hacker)
Schöne, steile Wandkletterei mit schwerer Einzelstelle

97 ENGPASS-SYNDROM 7+/8- ✱✱ (Gruber, Holy)
Definiert ganz direkt bei den Haken

98 GLÜHWÜRMCHEN 7 ✱✱ (Hacker)
Lohnend mit diffiziler Schlüsselstelle

99 FULMEN EX MENTE 8- ✱✱✱ (Gruber, Holy) Recht konstante, kleingriffige Wandkletterei an Löchern und Leisten

100 STARTBAHN 7+/8- ✱✱ (Hacker) Recht diffizile Schlüsselstelle im oberen Teil

101 ZAUBERFLÖTE 6 ✱✱ (Gruber, Holy)
Hübsche, griffige Wandkletterei

102 PAPAGENO 5 ✱✱ (Gauster)
Nett mit kleiner Piazschuppe

103 SARASTRO 5 ✱✱ (Gauster)
Hübsche Kletterei an großen Auflegern

104 TAMINO 4 ✱ (Gauster)
Leichte Verschneidung

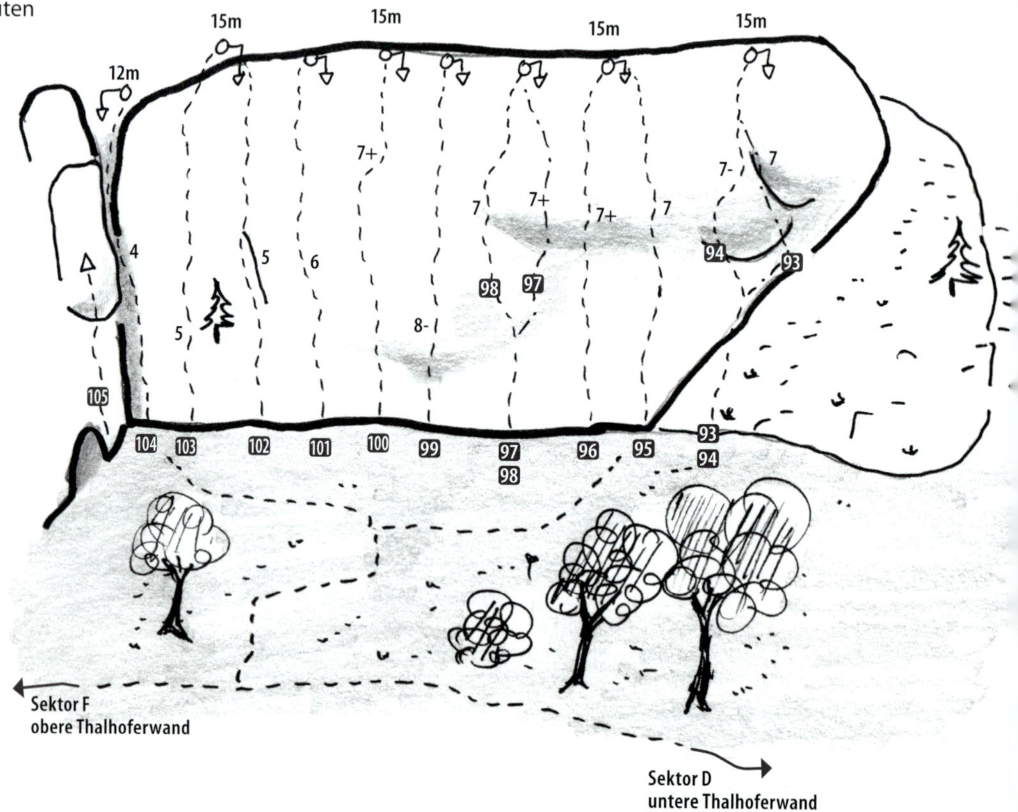

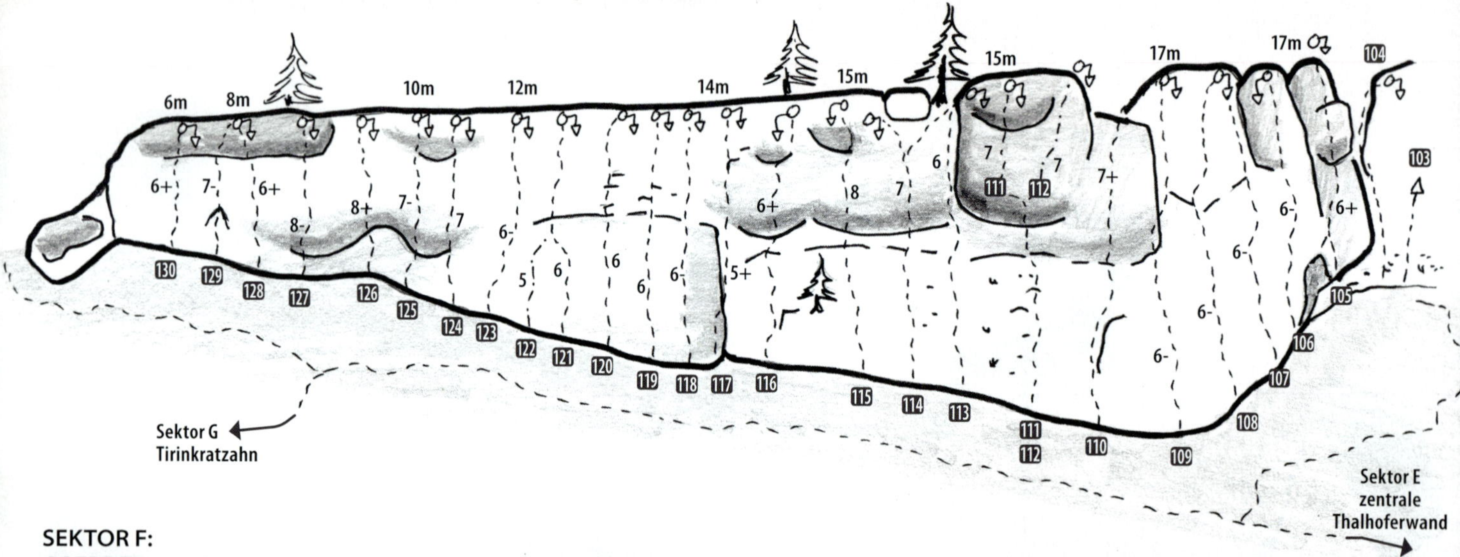

SEKTOR F:
OBERE THALHOFERWAND

Langestreckte, nach oben hin immer niedrigere Wand mit lohnenden, meist griffigen Routen im Genussbereich.

105 ENDE GUT, ALLES GUT 6+/7- ✱✱ (Hacker)
Über den kleinen Pfeiler

106 VOM STURM VERWEHT 6- ✱✱ (Hacker)
Unten steil und griffig, oben Platte

107 VENUS 6- ✱✱ (Hacker)
Gutgriffige, steile Kletterei

108 JUPITER 6- ✱✱ (Hacker)
Steiler Beginn, leichtes Ende

109 MORGENSTERN 6- ✱✱ (Gruber, Holy)
Nett und abwechslungsreich

110 ABENDSTERN 7+ ✱✱ (Hacker)
Gemütlicher Beginn, oben glatte und abgeschmierte Wandstelle

111 ABEL 7 ✱✱ (Schall, Steidl)
Leichter Beginn, dann flache Griffe

112 FIVE FINGER EXERCISE 7 ✱✱
(Gruber, Holy) Leichter Beginn, dann links von 111 über die Wand und den kleinen Überhang

113 KAIN 6 ✱✱ (Schall, Steidl)
Nach dem leichten Beginn gibt's einen steilen, griffigen Riss

114 PLATZANGST 7 ✱✱ (Gruber, Holy)
Auch hier ein leichter Beginn und eine Wandstelle oben

115 ALPIN AKTUELL 8 ✱✱ (Reicher)
Splittriger, leichter unterer Teil und technisch anspruchsvolle Einzelstelle an seichtem Riss

116 WANDERBARE HEIMAT 6+ ✱✱
(Gruber, Holy) Abwechslungsreiche Genussroute

117 KRAMPFHAFT 5+ ✱✱ (Hacker)
Steiler Beginn, dann leichter

118 KLETTERN LIGHT 6- ✱✱ (Hacker)
Schlüsselstelle unten, dann leichter

119 FRÜHJAHRSMÜDIGKEIT 6 ✱✱ (Hacker)
Schlüsselstelle im steilen unteren Teil

120 IM WINTER VERBLÖDET 6 ✱✱ (Hacker)
Gleicher Charakter wie die Nachbarrouten

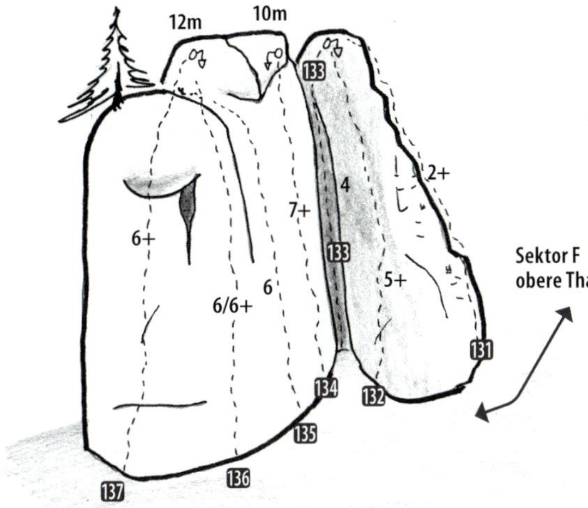

121 DAS MÄDCHEN AUS 1001 NACHT 6 ✱✱
(Gruber, Holy) Unten steil, oben gemütlich

122 FÜR KLEINE MÄDCHEN 5 ✱
(Gruber, Holy) Einstiegsvariante zu 121

123 PACEM 6- ✱✱ (Hacker, Miller)
Plattige Genussroute

124 PLATZANGST IM HENDLSTALL 7 ✱✱
(Hacker) Steil mit Einzelstelle

125 HACKERLING 7- ✱✱ (Hacker) Interessant über den Untergriff

126 SUPERFEUCHT 8+ ✱✱ (Bilik, Matasovsky)
Schwerer Beginn und Aufsteher in die Platte

127 FÜR DICH, KLAUSI 8- ✱✱ (Hacker)
Schwerer Einstieg, welcher links leichter umschummelt werden kann

128 DAMOKLES 6+ ✱✱ (Hacker)

129 OHNMACHT IN MIR 7- ✱✱ (Hacker)
Über die Schuppe

130 NIX 6+ ✱ (Hacker)

BOULDER:

A HENKEL TROCKEN 7a+ trav
Startet bei 126 und quert knapp über dem Boden nach links zum Wandende

SEKTOR G: TRINKRATZAHN

Felsturm mit kurzen, aber durchaus interessanten Routen

131 SKORPIONGRAT 2 ✱ (Ladenbauer)
Grasig und gestuft

132 SKORPIONWAND 5+ ✱✱
An der rechten Kaminwand gutgriffig hinauf

133 SILVANAKAMIN 4 ✱✱✱
Toller, richtiger Kamin

134 UFERLOS 7+ ✱✱ (Hacker)
Überraschend schöne, steile Kletterei

135 TANZ DER 1000 REGENTROPFEN 6 ✱✱
(Gruber, Holy) Nette, plattige Kante

136 DONNERWETTER 6+ ✱✱ (Hacker)
Kante mit Riss, direkt klettern

137 NEUE TRINKRATPLATTE 6+ ✱✱ (Gauster)
Platte mit Auflegern

SEKTOR H: THALHOFERKANZEL
Bis zu 35m hoch, Fels nicht immer ganz fest – vor allem im rechten Teil tolle, lange und steile Ausdauerrouten
Zustieg: am besten vom linken Rand des Parkplatzes auf Steigspur in einem Linksbogen zur Wand. Oder von der Westwand auf Höhe der Route 27 das Schuttfeld waagrecht queren und über seilgesicherte Wandstufe hinunter zum Beginn von Route 140

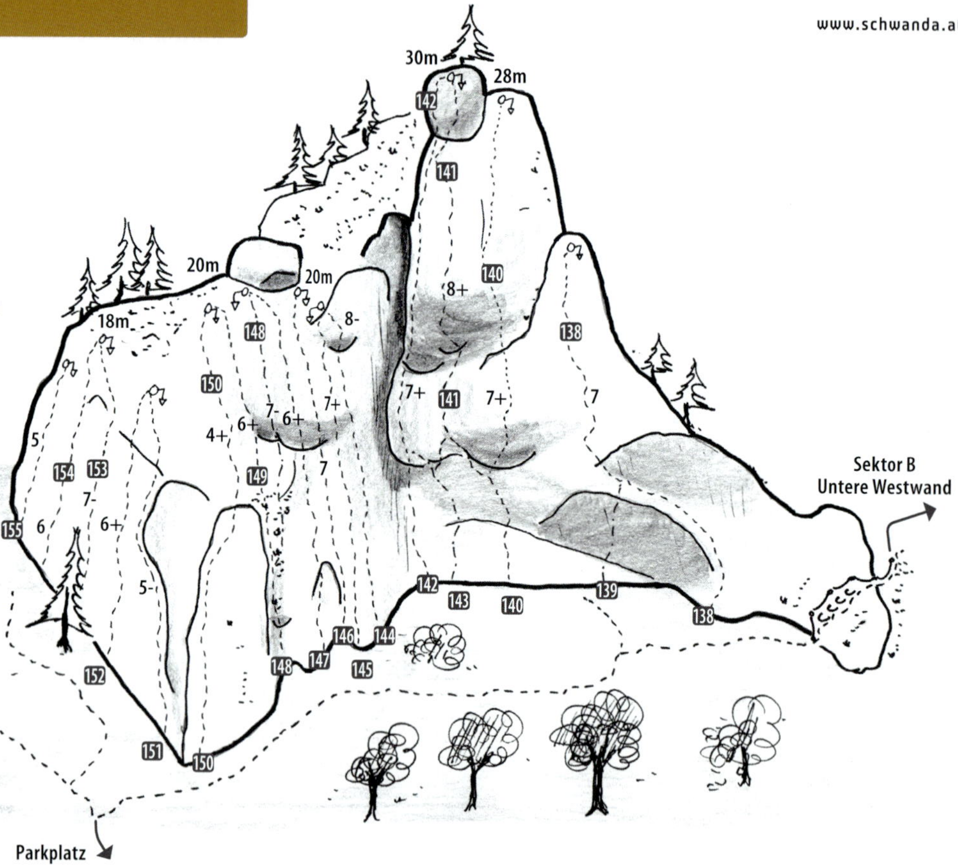

138 LET IT BE 7 ✱✱
(Simek, Hacker) Gar nicht schlechte, ältere Route mit kompliziertem Routenverlauf – auf Seilreibung achten

139 YELLOW SUBMARINE 8+/9- ✱✱
(Kubista, Gauster) Überhängender Kretzeneinstieg zu 138

140 TRES DURE-DREHTÜR 7+ ✱✱✱
(Sperlich, Hacker) Braune Ausdauerroute an guten Griffen

141 KEEP SMILING 8+ ✳
(Gasser) Lange, abwechslungsreiche Kletterei mit harter Stelle und luftigem Ausstiegspfeiler

142 WER DAS GRAUEN SUCHT 7+ ✱ (Gauster) Sieht eindrucksvoll aus ist jedoch ziemlich grauslich und vor allem brüchig. Einzelstelle im Braunen, oben unnötig nahe an 141

143 6+ ✱✱ (Gauster) Direkter Einstieg zu 141, vermeidet auch den Splitterbruchbeginn von Route 142

144 BIN SCHON WIEDER WEG 8- ✱ (Gauster) Kleinsplittrig mit schwerer Stelle oben

145 WER SUCHET DER FINDET 7+ ✱ (Gauster) Kleinsplittrig mit Auflegern und seichten Schlitzen, gut steigen

146 7 ✱ (Gauster) Kleinsplittrig, mittendrin unübersichtlich an flachen Schlitzen, griffiger brauner Ausstieg

147 RACKERLING 6+ ✱✱ (Gauster) Überraschend schön und henkelig mit Überhang mittendrin

148 BLUTIGER SAMSTAG 7- ✱✱ (Hacker) Grindiger Beginn, oben aber schön mit versteckten Griffen

149 DIE SCHMALE VERSCHNEIDUNG 6+/7- ✱✱ (Gauster) Gleicher grindiger Beginn wie 148, oben dann nicht so schlecht

150 DER SCHMALE GRAT 4+ ✱ (Gauster) Brüchiger Grat und ein paar feste Meter zum Schluß

151 HO-RUCK-VERSCHNEIDUNG 5- ✱ (Gauster) Noch sehr bröslige Verschneidung

152 SONNTAGSPREDIGT 6+/7- ✱ (Gauster) Noch splittrig, ohne den Riß rechts!

153 MORALPREDIGT 7- ✱✱ (Gauster) Besser als die Optik vermuten lässt. Abschüssige Leisten und versteckte Löcher, direkt klettern

154 BEICHTSTUHL 6 ✱✱ (Gauster) Kleingriffiger Beginn, oben gute Griffe

155 DIE KOLLEKTE 5 ✱ Griffige, leider noch erdige Henkelroute

SEKTOR I: PHILOSOPHENZAHN

Gut im Wald versteckter Felsturm mit kurzen aber recht hübschen Routen. **Zustieg:** Am besten wie zur Thalhoferkanzel vom linken Parkplatzrand auf Steigspur den Hang hinauf. Nicht rechts zur Kanzel, sondern leicht links haltend der schwachen Steigspur weiter hangaufwärts folgen, bis man direkt vor dem Turm steht. Man kann auch vom unteren Ende der Oberen Thalhoferwand (Bereich der Route 110) im Wald weglos abwärts zum Turm gehen.

156 LEISTEN-SCHNAPP-QUÄLGEIST 7- ✱✱ (Gauster) Koksiger Einstiegsüberhang mit kleinen Leisten

157 OSTRISS 5+ ✱✱ Einstiegswulst mit Aufrichter

158 PRUSIKANSTIEG 5- ✱✱ (Gauster) Steiler Riss

159 ORIGINELL 7- ✱✱ (Gauster) Bei direkter Begehung schöne, interessante Kante

160 S` ORIGINAL 6+/7- ✱✱ Von rechts her abdrängend zur Kante, gute Griffe

161 EICHKATZERL LACHEN DOOF 8 ✱✱ (Gauster) Kleingriffig links des Baumes empor, links der Haken halten

162 BACKENZAHN 6- ✱✱✱ (Gauster) Wirklich schöne Henkelkletterei in Superfels

163 ECKZAHN 6- ✱✱ (Gauster) Abdrängender Beginn, dann schöne Wand

164 REDEN IST SILBER... 6- ✱✱ (Gauster) Henkelwulst mit plötzlich kleinen Griffen danach

165 HÄTTEST DU GESCHWIEGEN 5+ ✱✱ (Gauster) Hübsche Wand

166 LÖCHER-BLOCKIER-QUÄLGEIST 8 ✱✱ (Gauster) Kurz, flach, hart, untrendig

■ ANNYANSTIEG 3- ✱✱ Leichteste Möglichkeit über die Plattenrampe und die Wand, kreuzt mehrere Anstiege. (Nicht eingezeichnet!)

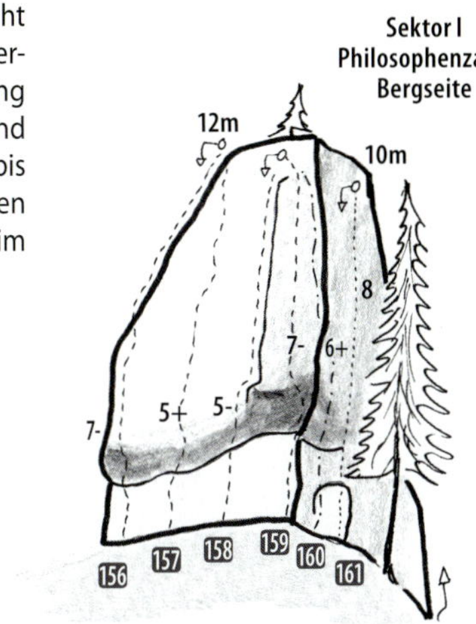

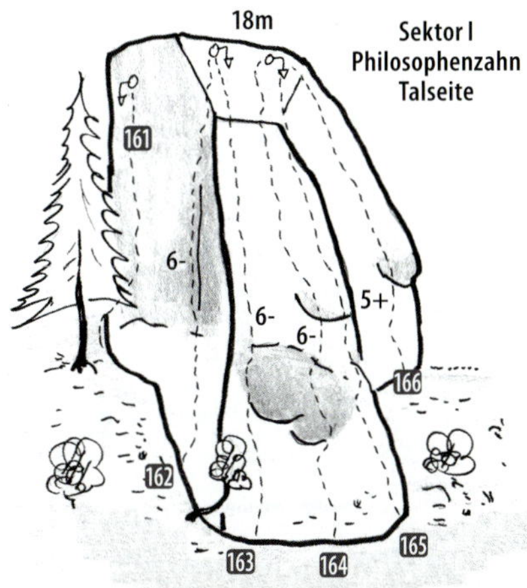

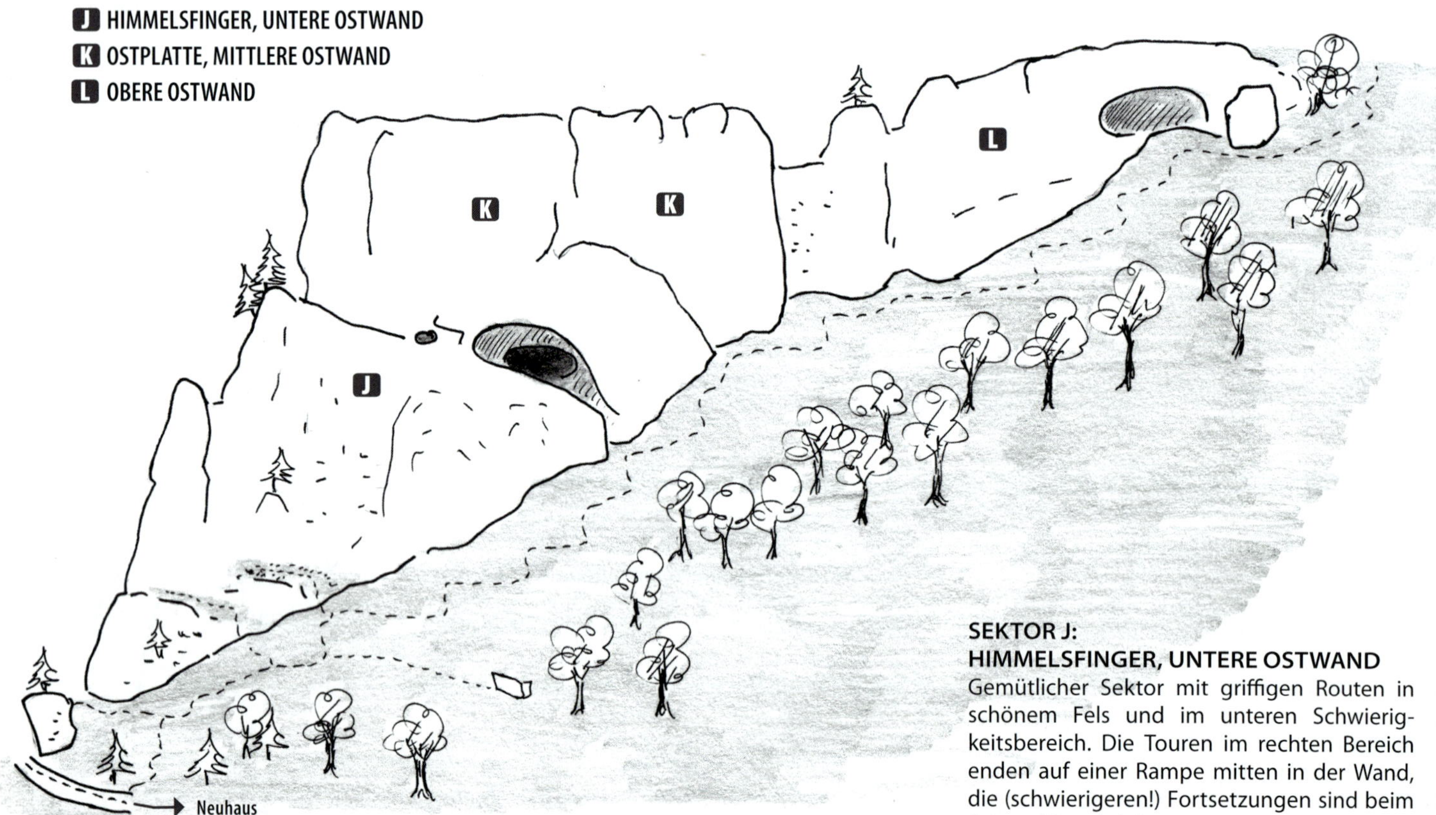

SEKTOR J:
HIMMELSFINGER, UNTERE OSTWAND

Gemütlicher Sektor mit griffigen Routen in schönem Fels und im unteren Schwierigkeitsbereich. Die Touren im rechten Bereich enden auf einer Rampe mitten in der Wand, die (schwierigeren!) Fortsetzungen sind beim Sektor K beschrieben.

167 DIREKTER HIMMELSFINGER 6+ ✳ (Hacker)
Die direkte Linie an der Kante, sehr schön, Schlüsselstelle am Überhang

168 HIMMELSLEITER 6 ✱✱ (Jentzsch, Hacker)
Immer knapp rechts der Gratkante empor

169 HIMMELSFINGER 5+ ✱✱ (Skone, Hauger)
Der klassische, „alte" Himmelsfingeranstieg. Startet rechts der Kante und führt dann links mittels großem Loch über den Überhang

170 3-FREUNDE-STEIG 4+ ✱✱ (Sikora, Kazele, Zettl)
Klassischer Anstieg aus dem Jahr 1930. Erste Länge neben dem Himmelsfinger in einer Art Rinne, dann aufs Annyplatzerl. Fortsetzung in der Westseite (Route 47) auf den Grat. Am waagrechten Grat weiter zu Abbruch, kurz abseilen in eine Scharte und über 2 Grattürme (siehe Sektor C bzw. Sektor L) zum Ausstieg

171 SESAMJOINT 6- ✱✱ (Hacker)
Genusskletterei, im oberen Teil leichter

172 SESAMBACKSTUBE 5+ ✱✱ (Hacker)
Nette, abwechslungsreiche Kletterei

173 SESAM ÖFFNE DICH 4+ ✱✱ (Simek)
Gutgriffige, etwas gestufte Kletterei

174 ALIBABA UND DAS SESAMBRÖTCHEN 4 ✱✱ (Gauster) Griffig, noch etwas erdig

175 ALIBABAS RÄUBERGESCHICHTEN 4+ ✱✱ (Gauster) Hübsch, Erdstufe in der Mitte, oben liebe Platte

176 HOTZENPLOTZ 5- ✱✱ (Gauster) Immer an der schmalen, kleinen Kante, Beginn am schwersten

177 POTZ BLITZ 4 ✱ (Gauster)
Knapp neben der Rinne

178 ZUBRINGER 4+/5- ✱✱ (Gauster)
Große Schuppen, kleiner Wulst

179 HERBSTNACHT 4+ ✱✱✱ (Hacker, Hauger)
Schöne Henkelkletterei

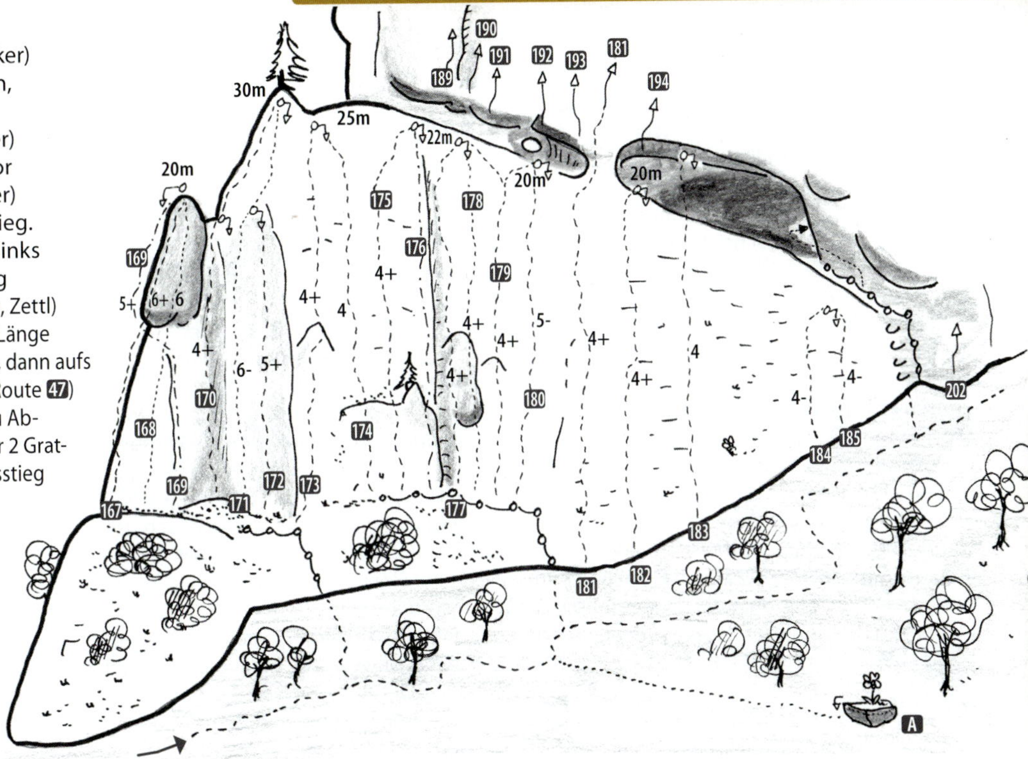

180 FRÜHLINGSMORGEN 5- ✱ (Gauster)
Gestuft und noch etwas erdig

181 BETTHUPFERL 7 ✳ (Hacker, Miller)
Klassiker, leichter Beginn dann steile leicht rechts ziehende Plattenkletterei. Immer den rosa Pünktchen nach

182 BETTSTEIGERL 4+ ✱ (Gauster)
Zerklüfteter, brüchiger Fels

183 OJEMINE DES IS NET SCHE 4 ✱ (Gauster) Steiler Kartoffelacker

184 FLUCH ZUM BRUCH 4- ✱ (Gauster)

185 BRUCH ZUM LOCH 4- ✱ (Gauster)

BOULDER:

A FITZE FATZE 6a+/6b trav, Traverse von rechts nach links am vorgelagerten Block

SEKTOR K:
OSTPLATTE UND MITTLERE OSTWAND

Hier werden die schönen, technisch anspruchsvollen steilen Plattenklettereien in der markanten grauen Ostplatte sowie die teils recht schweren Routen ober und rechts der Durchgangshöhle beschrieben. Die Einstiege der Routen 186 – 189 erreicht man vom Annyplatzerl. Auf diesen Gratabsatz gelangt man entweder über das Band in der Westwand, welches an der Höhle vorbei etwas ausgesetzt hierher führt oder über eine der leichten Routen (z.B. 173, 174) von der Ostseite her.

Die Routen 190 – 193 beginnen in Wandmitte und werden über eine der leichten Routen 177 – 180 erreicht.

Vorsicht beim Ablassen, wer ohne Zwischenstand klettert braucht hier unbedingt ein 70m Seil und sollte trotzdem das Seilende im Auge behalten! Der Rest der Touren beginnt im Bereich der Höhle (erreichbar über eine Art Klettersteig) oder rechts davon

186 OBERER ANNYSTEIG 5+ ✱✱
(Kazele, Kurz) Fortsetzung der Route 19, steiler schöner Riss

187 ANNY'S DELIKTI 7- ✱✱✱ (Sperlich, Hacker) Steile schöne Platte mit Schlüsselstelle am Einstiegsüberhang

188 GRANTIGE LAUS 7 ✱✱✱ (Hacker)
Schlüsselstelle zu Beginn, ganz direkt geklettert schwieriger aber mit den guten Griffen schöner

189 GRIZZLY-GOG-HAKITAL 6+/7- ✱✱✱
(Hacker, Hauger)
Klassiker von 1983!
Einstiegsüberhang plus tiefer Riss

190 DIE WAHRE KOMPLIZIERTE 7 ✳
(Hacker, Schall) Sehr schöne, steile löchrige Plattenkante, Superfels

191 AB DURCH DIE MITTE 8-/8 ✳
Diffizile, technische, unmoderne Plattenkletterei, toller Fels

192 SINGLE MAN 7+ ✱✱✱ (Miller, Hacker)
Schöne, abwechslungsreiche Platten- und Wandkletterei in bestem Fels

193 AUGENBLICK DES GLÜCKS 7+ ✱✱✱
(Hacker) Platte, dann steiler Abschluss

194 RUMPELSTILZCHEN 8-/8 ✱✱✱ (Hacker)
Steiler Einstiegsriß, dann anspruchsvolle Platte

195 GRISU 7 ✳ (Simek, Sperlich, Hacker)
Einstiegsüberhang, dann plattig, toller Fels

196 VOODOO 8+/9- ✱✱✱ (Bacher)
Schwerer Einstiegsüberhang

197 WILD PALMS 9 ✱✱✱ (Bacher)
Schwieriger, kleingriffiger Beginn, dann leichter

198 UTA-STEIG 9- ✱✱ (Reicht)
Alte Technotour. Schlüsselstelle am Rechtsquergang unterm Dach, oben leichter aber besserer Fels

199 THALIDACH 9- ✱✱ (Kubista)

200 THALIDYNAMISCH 9 ✱✱ (Kubista)

201 THALIFFIZIL 8+/9- ✱✱ (Gauster)
Schwieriger Beginn, dann splittrig zu Rampe, Überhang und schöne Schlusswand. Insgesamt mäßige Felsqualität

202 THALISTROPHAL 7 ✱✱ (Gauster)
Zu Beginn rechts der Haken (direkt 8-), Mittelteil mäßig, schöne raue Schlußwand

203 THALITASTISCH 7- ✱✱✱ (Gauster)
Schöne Kletterei mit griffigem Beginn und rauer Schlusswand

204 THALIRISS 7- ✱✱ (Simek, Schürz, Hacker)
Gar nicht so leichter, glatter Riss im oberen Teil

205 THALIPLATTE 7 ✱✱ (Simek)
Bis auf eine Plattenstelle mittendrin gemütlich

206 SCHOKOLADENBAUER 7 ✱✱✱ (Gauster)
Gemächlicher Beginn, oben im Überhang plötzlich anstrengend

207 SCHOKOKAMIN 6+ ✱ (Gauster)
Noch recht brüchige Verschneidung, abwärts geschichtete Griffe

208 SCHOKO INTENSIV 6+ ✱✱ (Gauster)
Schlüsselstelle in der Mitte, noch splittrig

209 ES GEHT WEITER, SCHOKO 6 ✱✱ (Gauster)
Schöne, griffige Kantenkletterei

K1 SHOKOLADENPUDDING 5 ✱ (Gauster)
Gemüsig in die Scharte und nett über die Kante weiter

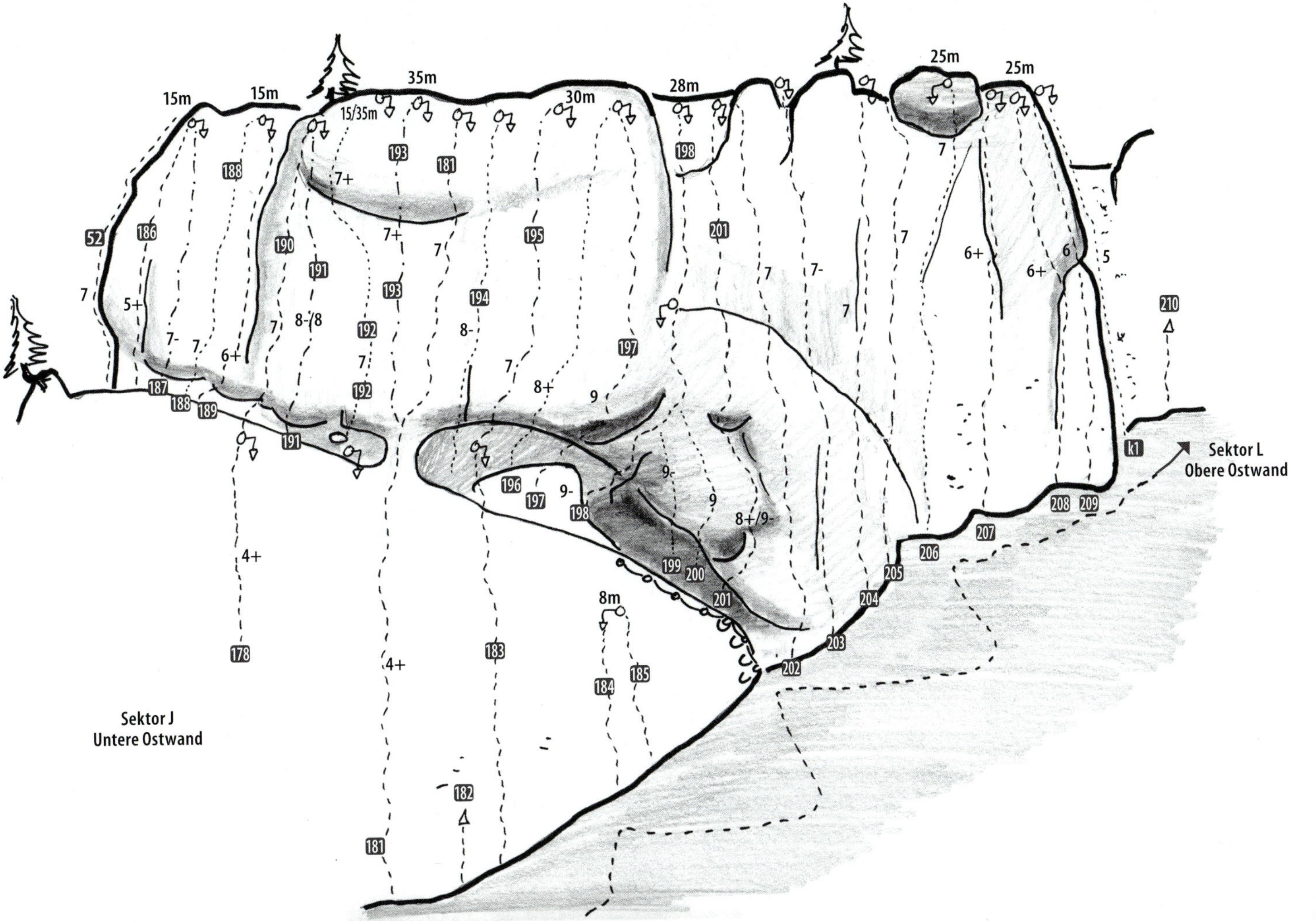
15m
15m
35m
15/35m
30m
28m
25m
25m
52
188
186
190
191
193
181
193
192
192
194
195
197
198
201
191
187
188
189
196
197
198
199
200
201
202
203
204
205
206
207
208
209
210
k1
178
181
182
183
184
185
8m
7
5+
7-
7
6+
7
8-/8
7+
7+
7
7
8-
7
8+
9
9-
9-
9
8+/9-
7
7-
7
7
7
6+
6+
6
5
4+
4+
Sektor L
Obere Ostwand
Sektor J
Untere Ostwand

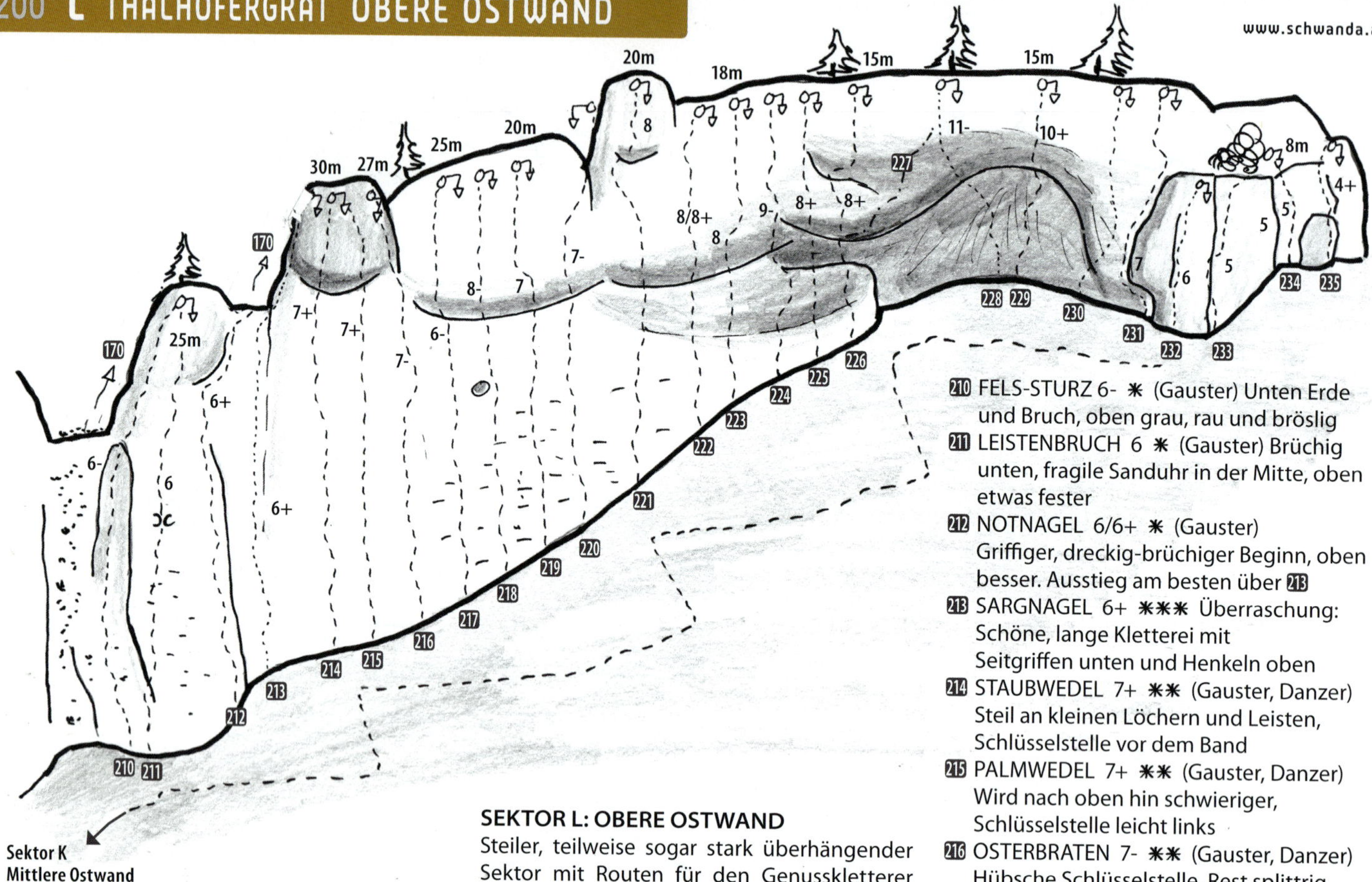

SEKTOR L: OBERE OSTWAND

Steiler, teilweise sogar stark überhängender Sektor mit Routen für den Genusskletterer genauso wie für den Topathleten. Der Fels sieht zwar eher grauslich aus, die Touren sind aber mittlerweile schon ganz gut abgeklettert und teilweise erstaunlich schön.

210 FELS-STURZ 6- ✱ (Gauster) Unten Erde und Bruch, oben grau, rau und bröslig

211 LEISTENBRUCH 6 ✱ (Gauster) Brüchig unten, fragile Sanduhr in der Mitte, oben etwas fester

212 NOTNAGEL 6/6+ ✱ (Gauster) Griffiger, dreckig-brüchiger Beginn, oben besser. Ausstieg am besten über 213

213 SARGNAGEL 6+ ✱✱✱ Überraschung: Schöne, lange Kletterei mit Seitgriffen unten und Henkeln oben

214 STAUBWEDEL 7+ ✱✱ (Gauster, Danzer) Steil an kleinen Löchern und Leisten, Schlüsselstelle vor dem Band

215 PALMWEDEL 7+ ✱✱ (Gauster, Danzer) Wird nach oben hin schwieriger, Schlüsselstelle leicht links

216 OSTERBRATEN 7- ✱✱ (Gauster, Danzer) Hübsche Schlüsselstelle, Rest splittrig

217 OSTERHASI 6- ✳ (Hacker) Erstaunlich schöne Route an riesigen Henkeln

218 OSTEREI 8- ✱✱ (Gauster, Danzer) In der Mitte weite Züge, oben plattig

219 GÄNSEHAUT 7 ✱✱ (Hacker)
Markante Einzelstelle an scharfen Löchern

220 GRUSELKABINETT 7- ✱✱ (Gauster, Danzer)
Überraschend griffig mit Einzelstelle

221 OSTWANDSCHOCKER 8 ✱
(Gauster, Danzer) Mäßige Route, Schlüsselstelle ganz oben (direkt klettern, ohne Kante)

222 TEAMARBEIT 8+ ✱✱ (Gauster) Athletischer, rauer und leider auch splittriger Überhang

223 GASTARBEITER 8 ✱✱ (Gauster)
An sich schöne Überhangzüge in leider nicht sehr vertrauenerweckendem Fels

224 ABYSS 9- ✱✱ (Winkler?)
Weite Züge im Dach, oben Plattenstelle

225 SPHERE 8+ ✱✱ (Gauster) Brüchig

226 NICHTRAUCHERZONE 8+ ✱✱ (Gauster) Etwas verzwackte Verschneidungskletterei an Leisten

227 Projekt

228 HOBBY EXTRA 11- ✳ (Helma) Toproute mit harten Zügen, weit überhängend

229 EIN WIXER IN DER ARKTIS 10+ ✳ (Helma)
Beinharte Boulderstelle

230 Projekt

231 GROTTENDOLM 7 ✱✱ (Gauster, Danzer)
Untergriffeinstieg, oben schöne Schlusswand

232 GROTTENMOLCH 6 ✱ (Winkler) Kurzer Riss

233 S' KANTELE 5 ✱ (Gauster, Danzer)
Kurze raue Kante

234 TURMLOS 5 ✱ (Gauster, Danzer)
Am Block links vorbei

235 TURMSTEIGVERSCHNEIDUNG 4+ ✱
(Gauster, Danzer) na ja...

Flo Murnig | HOBBY EXTRA 11- | Foto: Tom Bartl

Claudia Ziegler | AMERIKA 8- | Foto: Florian Murning

SEKTOR M: KLAPF

Direkt an der Straße liegender Felsblock mit maximal 10m Höhe, welcher von allen Seiten erklettert werden kann. Die Felsqualität ist gut, wer kurze Touren mag wird hier durchaus Spaß haben. Erstbegeher werden hier nicht angegeben, da die Anstiege schon vor dem Einrichten solo oder mit Seilsicherung von oben geklettert wurden. Die ersten Haken setzte Christian Hacker, Ewald Gauster sanierte bzw. bohrte den Rest ein.

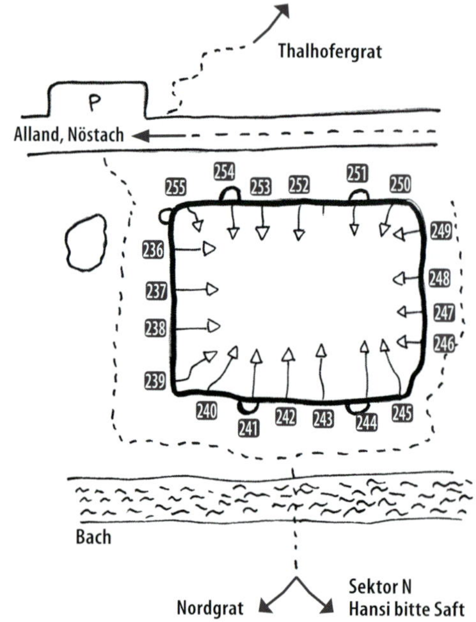

236 NOSE 6+ ✱✱ Schwierigkeit gilt bei ganz, ganz direkter Begehung

237 SCHEISSWIND 6 ✱✱ Steil mit guten Griffen

238 PROST 6+/7- ✱✱ Schwieriger Einstiegszug an schon speckigem Griff

239 HEUSCHRECKE 5+ ✱ Schlüsselstelle zu Beginn

240 LAUBFROSCH 4- ✱✱ Großgriffig

241 KRÖTE 3+ ✱✱ Henkel

242 BLINDSCHLEICHE 3- ✱✱ Im kompakten Fels bleiben

243 NORMALWEG 2- ✱✱ Grasig aber fester Fels

244 BACHMÜCKE 4- ✱✱ Nett, griffig

245 BACHSTELZE 4+ ✱✱ Griffig links der Kante

246 A KUAH 6+/7- ✱✱ Steil und rau

247 ERBSENSUPPE 7 ✱✱ Ein weiter Zug

248 FAULE ERBSEN 6+/7- ✱✱ Scharfe Löcher

249 FAULENZER 6+ ✱✱ Interessant an Seitgriffen

250 AUTOSTOPPER 6 ✱✱ Steil, Griffe etwas versteckt

251 BLECHSCHADEN 6 ✱✱ Flache, schon etwas glatte Griffe

252 AUSLAGE 6 ✱✱ Steil mit eher flachen Griffen

253 DIE WILDE HETZ 6+ ✱✱ Steil, etwas unübersichtlich

254 CRASH 6- ✱ Schlüsselstelle unten

255 5+ ✱ Abdrängend knapp links der Kante

BOULDER:

A Traverse um den Klapf 6a trav

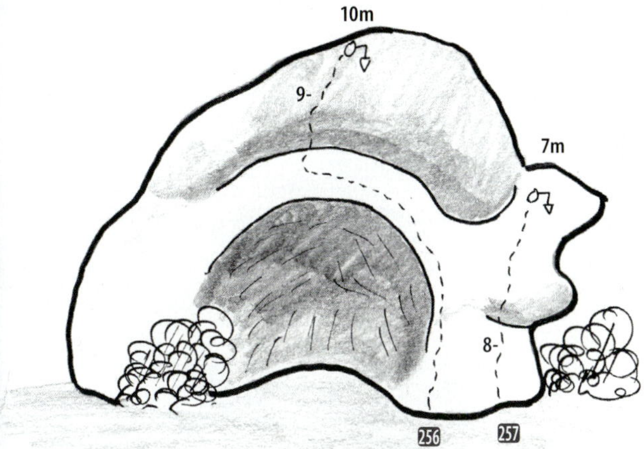

SEKTOR N:
HANSI BITTE SAFT

Gegenüber vom Klapf (Sektor M) befindet sich am anderen Bachufer sowie am Waldrand dieser markante Fels mit höhlenartiger Nische.

256 HANSI BITTE SAFT 9- ✱✱✱ (Fachet)
Interessante, anspruchsvolle Kletterei mit schwerer Stelle oben

257 BORN TO BE BAD 8- ✱✱ (Gruber, Holy)
Kurz, direkt klettern

Florian Murning | EIN WIXER IN DER ANTAKTIS 10+ | Foto: Claudia Ziegler

SEKTOR O: NORDGRAT

Langestreckte, schattige, von Gelsen belagerte und gerne feuchte Felsformation im Wald auf der dem Thalhofergrat gegenüber liegenden Talseite. Die Routen sind kurz, steil bis dachartig überhängend, die Felsqualität lässt leider teilweise zu wünschen übrig, es gibt aber auch einige wirklich gute Touren.
Zustieg siehe Übersichtsskizze.

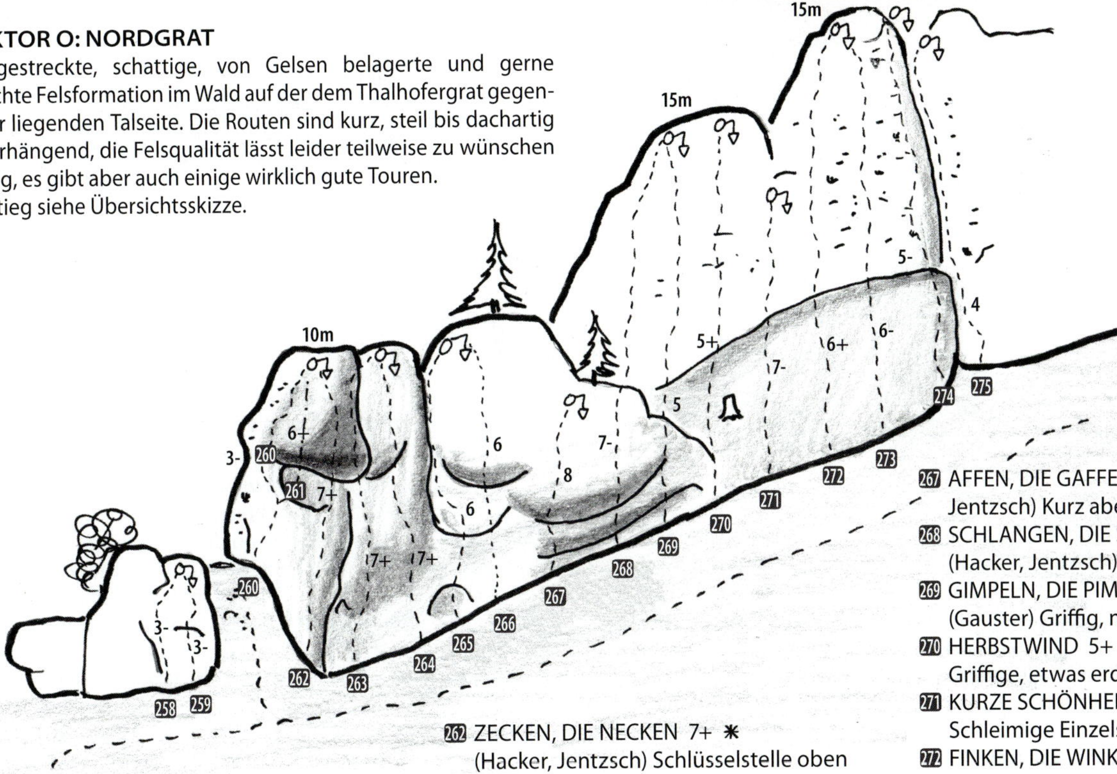

258 SPINNEN, DIE SINGEN 3- ✱ (Gauster)
Kurz und gestuft

259 GEISSEN, DIE SCHEISSEN 3- ✱ (Gauster)
Gestuft und kurz

260 SCHNECKEN, DIE SCHLECKEN 3 ✱
(Gauster) Links am Überhang vorbei

261 ZIEGEN, DIE LIEGEN 6+ ✱ (Gauster)
Ganz direkt über das kleine Dach

262 ZECKEN, DIE NECKEN 7+ ✱
(Hacker, Jentzsch) Schlüsselstelle oben

263 ASSELN, DIE RASSELN 7+ ✱✱ (Hacker, Jentzsch) Nett, Schlüsselstelle in der Mitte

264 WANZEN, DIE TANZEN 7+ ✱✱ (Hacker, Jentzsch) Ganz gute Überhangkletterei

265 HASEN, DIE GRASEN 6 ✱✱ (Hacker, Jentzsch) Einstiegswulst plus Riss

266 MÄUSE MIT LÄUSE 6 ✱ (Hacker, Jentzsch)
Etwas schmutzig

267 AFFEN, DIE GAFFEN 8 ✱ (Hacker, Jentzsch) Kurz aber harte Stelle

268 SCHLANGEN, DIE SANGEN 7- ✱
(Hacker, Jentzsch)

269 GIMPELN, DIE PIMPELN 5 ✱✱
(Gauster) Griffig, noch etwas dreckig

270 HERBSTWIND 5+ ✱✱ (Hacker, Jentzsch)
Griffige, etwas erdige Kletterei

271 KURZE SCHÖNHEIT 7- ✱
Schleimige Einzelstelle

272 FINKEN, DIE WINKEN 6+/7- ✱ (Gauster)
Etwas größenabhängige Einzelstelle unten, dann erdig

273 RAKETENPFEILER 6- ✱✱
(Hacker, Jentzsch) Griffige, nette Tour

274 OTTERN, DIE STOTTERN 5- ✱✱
(Gauster) Henkelei

275 24 STUNDEN ARBEIT=2 MIN KLETTERN 4
✱✱ (Hacker, Jentzsch) Großgriffig

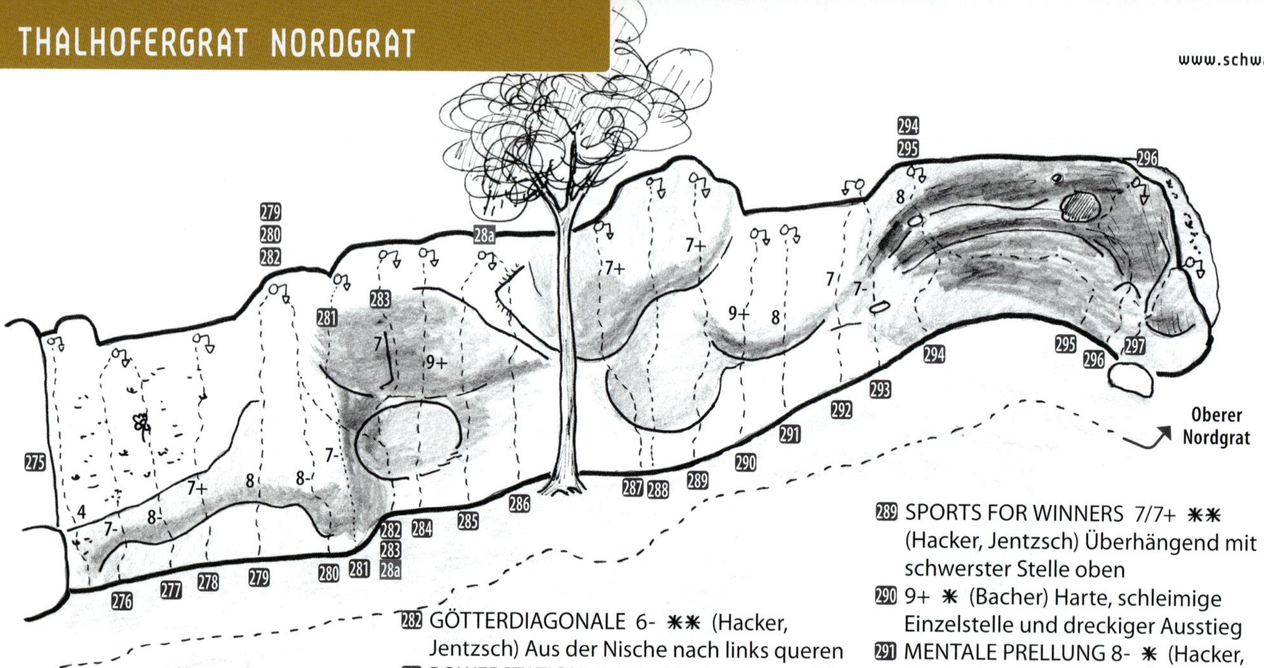

276 ARCHEO CLIMB 7- ✱ (Hacker, Jentzsch) Schlüsselstelle unten

277 AO=OO 8- ✱ (Hacker, Jentzsch) Splittrig, na ja

278 TORIDONIA 7+ ✱ (Hacker, Jentzsch) Schwieriger, splittriger Beginn

279 HILFE ERWÜNSCHT 8- ✱ (Hacker, Jentzsch) Einstiegsüberhang, mäßig

280 HENNEN, DIE RENNEN 8 ✱ (Gauster) Schlüsselstelle am 2. Haken mit Linksschleife

281 WONDERFUL WORLD 7- ✱✱ (Hacker, Jentzsch) Kantenartige Kletterei

282 GÖTTERDIAGONALE 6- ✱✱ (Hacker, Jentzsch) Aus der Nische nach links queren

283 POWERSTATION 7 ✱✱ (Hacker, Jentzsch) Stark überhängender Riss

284 SPACE COWBOYS 9+ ✱✱ (Bacher) Fränkisches Dach

285 KATZEN, DIE KRATZEN 8+ ✱ (Gauster) Etwas größenabhängig

286 ABKÜRZUNG 6 ✱ (Gauster)

28a MEISEN, DIE KREISEN 6 ✱✱ (Gauster) Beginn bei 283, leichteste Möglichkeit nach rechts und an der leichtesten Stelle über den Überhang

287 SPORTS FOR SPINNERS 7+ ✱✱ (Hacker, Jentzsch) Überhängende, etwas unübersichtliche Kletterei, Schlüsselstelle oben

288 Projekt

289 SPORTS FOR WINNERS 7/7+ ✱✱ (Hacker, Jentzsch) Überhängend mit schwerster Stelle oben

290 9+ ✱ (Bacher) Harte, schleimige Einzelstelle und dreckiger Ausstieg

291 MENTALE PRELLUNG 8- ✱ (Hacker, Jentzsch) Schwer an der Überhangkante

292 INDIANA JONES 7 ✱ (Hacker, Jentzsch) Fels nicht ganz fest

293 WEIRD NIGHTS 7- ✱ (Hacker, Jentzsch) Überhängend und splittrig

294 MORE JUNKIE THAN MONKEY 8 ✱ (Hacker, Jentzsch) Dachkletterei in zweitklassigem Fels

295 HÖLLISCH 9- ✱ (Gauster) Querung aus dem Loch entlang der Dachfuge, Ausstieg mit 294 Seilreibung!

296 HÖHLISCH 9+/10- ✱✱ (Kubista) Harte Dachkletterei in zweitklassigem Fels

297 FOOLISH 8 ✱ (Gauster) Kurz, bröslig. 1. Haken vom Block einhängen

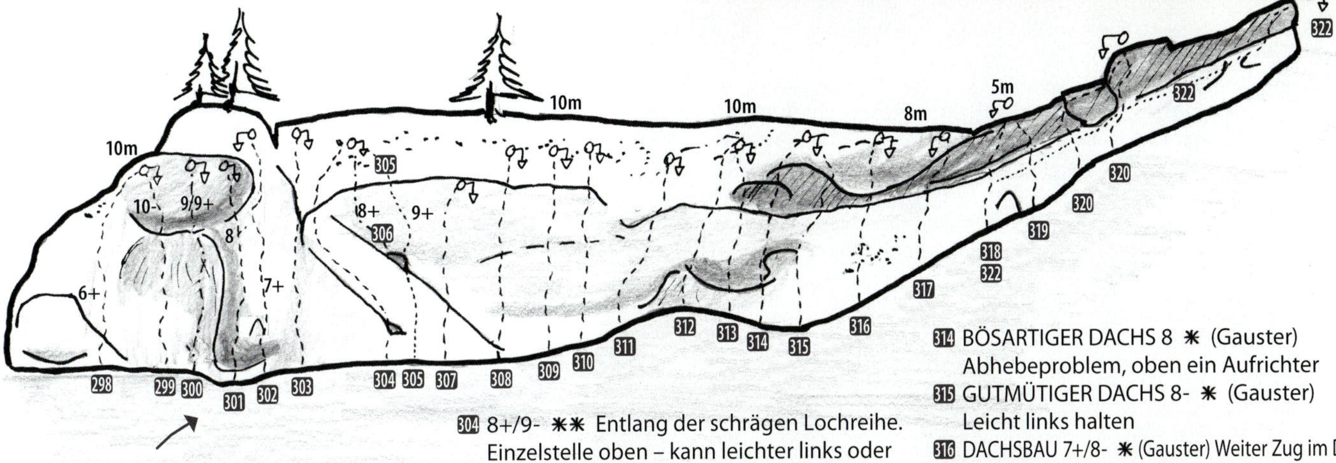

SEKTOR O: OBERER NORDGRAT

Geht man bei Route 297 rechts ums Eck und ein Stück bergauf, gelangt man zu den folgenden Routen:

298 SONDEREINSATZ 6+ ✱✱ (Gauster) Henkelkletterei mit erdigem Ausstieg

299 SUPPORT ACT 10- ✱✱ (Bacher) Harte Einzelstelle , nicht ausspreizen!

300 NIMM IHN SCHLECHT 9/9+ ✱✱✱ (Bacher) Oben am Wulst schwere Stelle

301 CRUX EINER FREUNDSCHAFT 8 ✱✱✱ (Meder) Lohnende Kletterei zuerst an Untergriffen, dann weite Züge an guten Löchern

302 STONE HEAD 7+ ✱✱✱ (Meder) Gutgriffige, überhängende Kante. Sehr schön!

303 FINGERSCHMALZ 9 ✱✱ Kräftige Loch- und Leistenzüge, ohne die großen Löcher rechts!

304 8+/9- ✱✱ Entlang der schrägen Lochreihe. Einzelstelle oben – kann leichter links oder schwerer direkt übers seichte Loch am Wulst geklettert werden. Leider oft feucht...

305 SUMITO 9+/10- ✱ (Bacher) Einstieg wie 306, dann gerade über die glatte Wand. Seichte Griffe, schlechte Tritte

306 HAUSBESETZUNG 8+ * (Bacher, Gauster) Staubiger, rutschiger und komischer Einstieg, dann nach links hangeln und leicht aber dreckig zum Abseiler

■ FUGENLÄUFER 8+ ** (Gauster) Einstieg bei 308, Rampe bis zum 3. Haken, mit den Händen auf Rampe runter und 306 raus

307 WIE WIRD IHNEN DENN 9 ✱✱ (Bacher)

308 10- ✱✱ (Bacher), 309 Projekt, 310 Projekt

311 HANNES 7 ✱ (Gauster) Schaut leichter aus

312 JÄGER UND SAMMLER 8- ✱✱ (Gauster) Schaut auch leichter aus...

313 SCHLANGENMENSCH 8+/9- ✱✱ (Gauster) Bewegungstechnisch interessante Kletterei

314 BÖSARTIGER DACHS 8 ✱ (Gauster) Abhebeproblem, oben ein Aufrichter

315 GUTMÜTIGER DACHS 8- ✱ (Gauster) Leicht links halten

316 DACHSBAU 7+/8- ✱ (Gauster) Weiter Zug im Dach

317 SCHADENFREUDIGER DACHS 8- ✱ (Gauster)

318 IM ANGESICHT DES DACHSES 8 ✱ (Gauster)

319 TIEFBLICK ZUM DACHS 7- ✱ (Gauster)

320 HALBER DACH(S)LIPPENQUERGANG 8 ✱ (Gauster) Einstieg 319, 1m nach rechts, Verschneidung rauf und Dachkante zum Abseiler

321 FLUCHTSTOLLEN 7 ✱ (Gauster)

322 GANZER DACH(S)LIPPENQUERGANG 8 ✱ (Gauster) 319 klettern, dann entlang der Dachkante zum Abseiler

323 SCHRÄGER MELES MELES 8+ ✱ (Gauster) Undefinierbar definierte Querung von 319 entlang der Fuge nach rechts...

A TEPPENTRAFERSE 7a trav Von 263 nach rechts bis ins leichte Gelände

B 90 000lbs 7c trav

C SHORTY 6c+ Am oberen Nordgrat, beginnt links von 298 am Wandrand

Lisa Fally | DAMOKLES 6+ | Foto: Bernd Schwanda

BERNDORFER FELS

Dieser Felsen liegt im Triestingtal, nahe der Ortschaft Berndorf. Er ist nichts Besonderes, sei jedoch aufgrund der guten Erreichbarkeit erwähnt. Der Klettergarten liegt direkt am Radweg, und „Garten" ist zumindest in der warmen Jahreszeit auch der richtige Ausdruck. Bei allen Routen klettert man irgendwo ins Gemüse hinein, im linken Teil holt sich der Efeu den Felsen wieder zurück... Sonst ist der Ausdruck „Klettergarten" nicht ganz richtig, zumindest nicht im modernen Sinn. Der Fels ist ziemlich splittrig, die Absicherung antiquiert, die Routenzahl gering. Lediglich die 8-Route sticht aus dem Routenangebot heraus: Hier ist die Absicherung nämlich perfekt, der Fels ist auch okay, die Züge gut – ganz ohne Grünzeug geht's aber auch nicht ab.

ZUFAHRT:

Von der A2 in Leobersdorf abfahren und über Hirtenberg nach Berndorf. In Berndorf biegt man bei der ersten Kreuzung (Ampel) links Richtung Hernstein/Piesting ab. Man überquert die Bahn, dann sofort wieder links und zu einem Parkplatz rechts. Hierher auch mit der Bahn.

1-4	5-7	≥8	Σ UIAA	Σ FB
0	5	1	6	1

8min

bis 15m

ZUGANG:

Vom Parkplatz folgt man der Straße, welche gleich in den Radweg (Richtung Hirtenberg) übergeht. Nun am Radweg, neben der Bahn, in ca. 8 Minuten bis zu Felsen.

BESTE JAHRESZEIT:

Der Fels liegt nordseitig, im Sommer wegen des dichten Bewuchses aber nur eingeschränkt zu empfehlen. Herbst und Frühjahr sind wohl etwas besser.

BESONDERES:

Einer der am schlechtesten abgesicherten Klettergebiete im Führer! Alte NH, nur die Route **5** ist bestens mit Klebehaken gesichert. Sonst stecken nur ganz vereinzelt Kleber zwischen den Rostgurken. Zudem ist der Fels auch oft splittrig und leider vor allem an den Ausstiegen ziemlich botanisch.

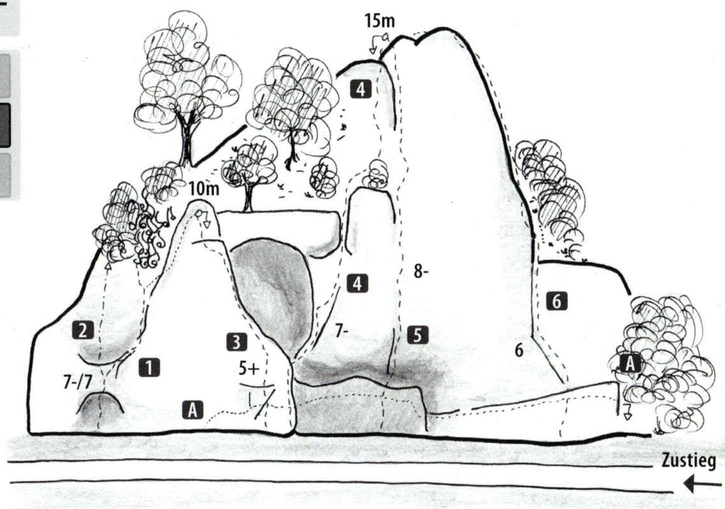

1 7-/7 ✱ Interessanter Beginn in Nische bei altem roten Bohrhaken, dann Rissspur nach rechts (alte Haken, evtl. Keile). Ausstieg am besten rechts zu Klebehaken, gerade rauf nur Gemüse

2 7 Beginn wie **1**, dann gerade in den Efeu (Normalhaken)

3 5+ ✱ Über alten Haken in Nische, dann links (Klebehaken)

4 7- ✱ Steiler Riß mit alten Haken. Schlüsselstelle am 1. NH, darunter evtl. Klemmblockschlinge. Ganz oben Klebehaken

5 8- ✱✱ Kräftiger Beginn, dann Wand. Oben leider auch dreckig. Mit Klebehaken bestens gesichert

6 6 ✱ Alte Haken unten, oben ins Gebüsch, dort auch Klebehaken

A Bernfotze 5b trav

1 WÖLLERSDORF HART
2 LORELEI FELSEN
3 WÖLLERSDORF STEINBRUCH
4 HOHE STUBE
5 GAMSWANDL
6 SCHATZINSEL
7 KLEINE KLAUSE
8 HIRSCHWÄNDE
9 KALKOFENWAND + KINDERKLETTERWAND
10 KRAFTWANDL
11 SHADOW WALL
12 HAUSSTEIN
13 STEINWANDKLAMM

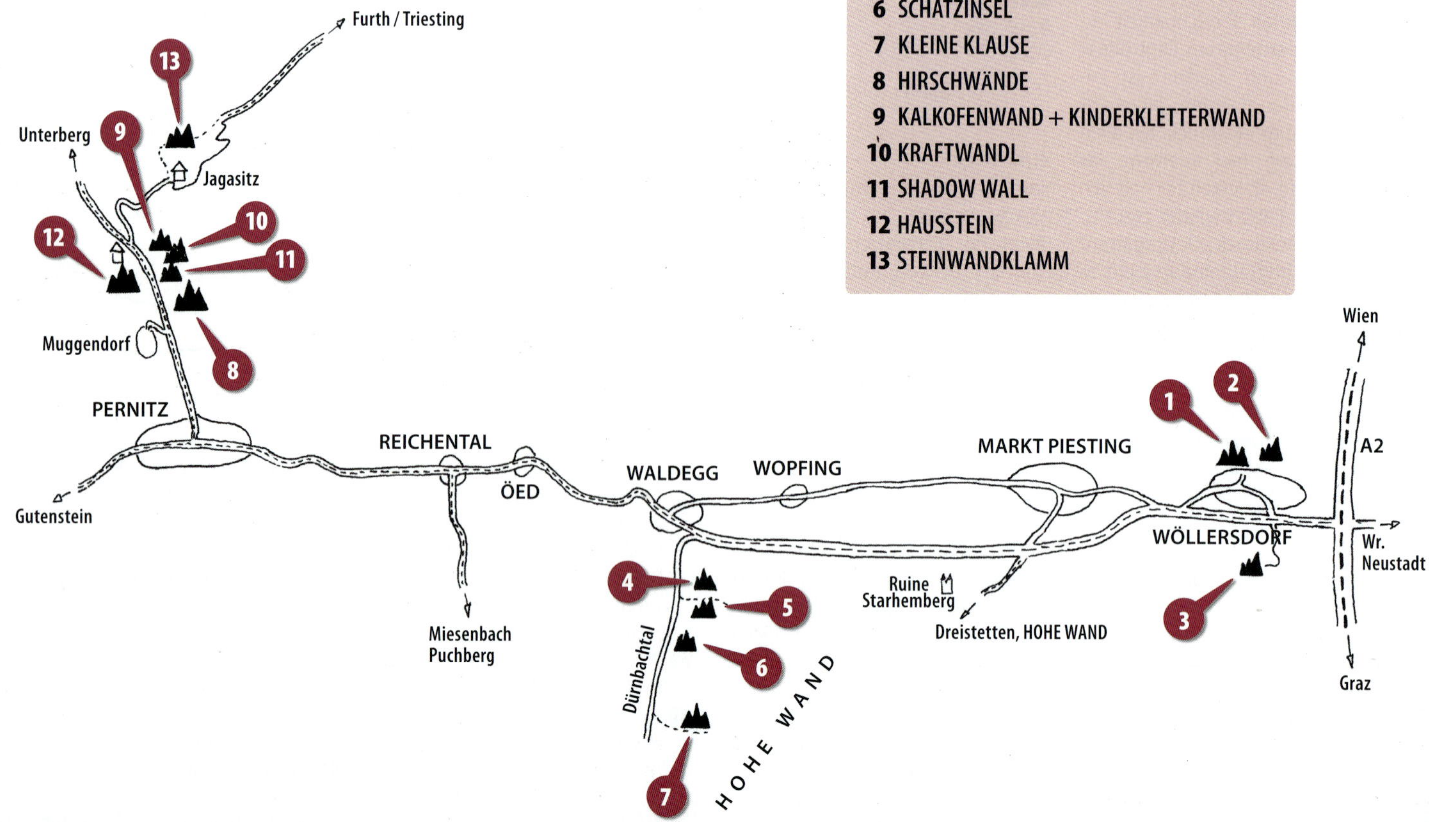

WÖLLERSDORF HART

Knapp oberhalb der Ortschaft Wöllersdorf am Eingang des Piestingtales finden sich kleine, im lichten Föhrenwald versteckte Kalkfelsen. Mit 15m Höhe ragen die Felsen kaum über die Baumwipfel, der Fels ist aber durchwegs fest und von guter Qualität. Die Routen wurden fast alle von Thomas Schifer, in dessen jungen Jahren eingerichtet, da sie sich quasi vor seiner Haustür befanden, und sind allesamt bestens mit Klebebohrhaken abgesichert. Freilich sind die Anstiege nichts allzu Besonderes, durch die geringe Meereshöhe und die Südlage sind sie aber rasch schneefrei und oft auch im Winter zu beklettern. Pluspunkte sind der bequeme Wandfuß, die rasche Erreichbarkeit von der Autobahn und die Tatsache, daß einige nette Bouldermöglichkeiten das Kletterangebot optimal abrunden. 2011 kamen noch einige Anfängerrouten hinzu.

ZUFAHRT: Mit dem PKW von der Südautobahn bei Wöllersdorf abfahren, bei der Ampel nach rechts in die Ortschaft abbiegen und weiter wie Skizze.

1-4	5-7	≥8	Σ UIAA	Σ FB
5	18	10	33	15

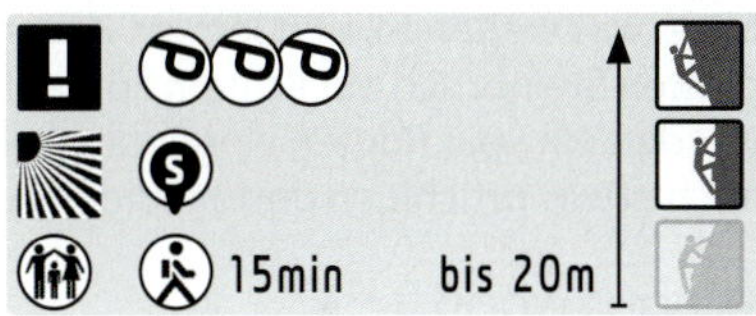

ZUGANG:
10min - siehe Skizze auf der nächsten Seite. Zum linken Wandteil 15min.

BESTE JAHRESZEIT:
Die Felsen sind südseitig ausgerichtet und liegen auf etwa 300 Meter Meereshöhe, dadurch herrscht eine klimatische Begünstigung. Allerdings sind nur wenige Einstiegsplätze voll der Sonne ausgesetzt, die meisten befinden sich im lichten Föhrenwald, das heißt, das an wirklich kalten Tagen das Klettern hier nicht zu empfehlen ist.

Bernd Schwanda | PUTZORGIE 5- | Foto: Robert Holoubek

Robert Holoubek | HUGH 6C TRAU | Foto: Bernd Schwanda

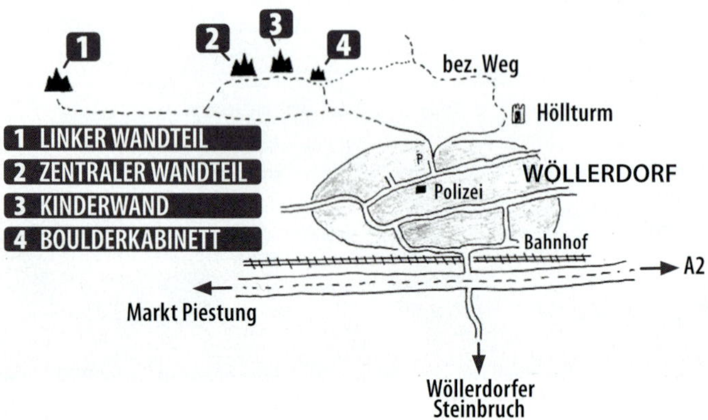

LINKER WANDTEIL

Mit etwas weiterem, bequemem Zugang erreicht man einen recht großen Steinbruch mit lichtem Föhrenbestand. In dessen rechten Teil wurden ein paar Routen eingebohrt, die tw. guten, schwarzen, aber auch etwas brüchigen und sandigen Fels aufweisen.

1 HOLLYWOOD 7+ ✱
Senkrechte anspruchsvolle Route an glattem Fels

2 BEVERLY HILLS 9- ✱✱
Etwas glatter, aber tw. sogar etwas sintriger Fels

3 KAUI 7- ✱✱ Schwarze, raue Steilplatte

4 HAWAI 6+ ✱✱ Ebenso

5 MAUI 4 ✱✱ Gutgriffige schwarze Steilplatte

6 WIZO 9- ✱ Kurze, ungute Kletterei

7 Projekt

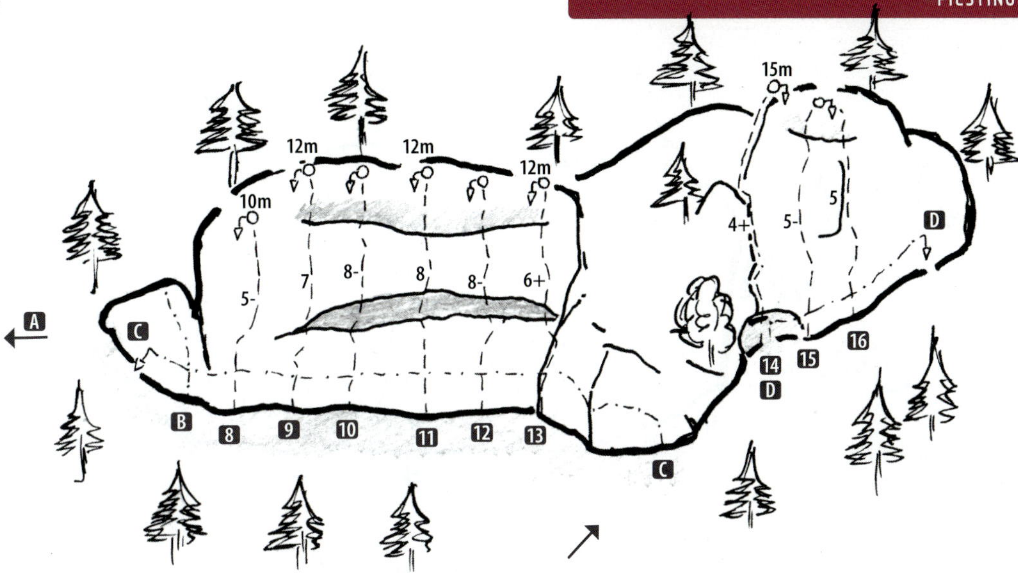

ZENTRALER WANDTEIL

Die Hauptwände werden oft und gerne besucht und bieten einige wirklich schöne Klettereien. Im linken Teil dominiert ein markantes Felsdach mit trickreichen und kräftigen Routen, rechts davon einige sonnige Genußrouten in schönem grauem Fels. Am rechten Wandl dominieren 6er und 7er in grauem Fels mit tw. recht scharfen Griffen.

8 PUTZORGIE 5- ✱ Nicht ganz fest, aber rau

9 FISTFUL OF POWER 7 ✱✱ Zwei Einzelstellen an den Dachkanten

10 DAS KNIE IST HIE 8- ✱✱
Ebenfalls zwei Einzelstellen, oben direkt klettern

11 IL GUFO 8 ✱✱ Schwere Einzelstelle am Dach,
zuletzt ohne die großen Griffe rechts

12 LE CHAMP DE CHANVRE… 7+/8- ✱✱
Unten Ausdauer, oben Aufleger

13 RETURN OF TANGRAM 6+/7- ✱✱
Überhängender Riß, zuletzt noch ein dummer Aufrichter

14 IT`S A PLEASURE 4 ✱✱ Sehr schöne, griffige Anfängerroute

15 WEPSENSTICH 5- ✱✱
Sehr schöne, griffige und raue Wandkletterei!

16 A BEDA`S PLACE IS ON THE TOP 5+ ✱✱
Ebenfalls schöne graue Wandkletterei!

BOULDER:

A CRASH PAD TEST 6a+ Zw. linkem Wandteil und Hauptwand.
10m Höhe in nicht ganz festem Fels, Topropesicherung angeraten

B STEALTH 5c def Hübsche Aufleger, ohne die Verschneidung!

C HUGH trav 6c Langer Boulderquergang, crux zu Beginn

D GRÜNER QUERGANG trav 5b Führt von „It`s a Pleasure“ nach rechts

17 WOP EBENE 6 ✱✱
Tolle Platte, die gute Fußtechnik erfordert

18 KASPERLTHEATER 5 ✱
Trotz der Kürze ganz ok

19 CONFETTI SHOW 4 ✱
Komische Rißkletterei, ungut gesichert

20 CHIEMSEE 7+ ✱✱
Kurz, aber knackig

21 MAKE YOUR WAY TO THE MATURA 6- ✱✱
Technische Einzelstelle in Verschneidung, schön!

22 FUCK THE ARMY 6 ✱✱ sehr schön

23 VOLLRAUSCH 7- ✱✱
Unten Ausdauer, oben Boulderstelle - sehr schön!

24 BLEDE GSCHICHT 6+ ✱✱
Anhaltende Wandkletterei in tollem rauem Tropffels!

25 THE NOSE 7+ ✱
Unangenehme Einzelstelle über die „gigantische" Kante

26 HÖHLENBÄR 8 ✱✱
Hartes Abheben aus dem schwarzen Loch,
weiter athletisch und braun

27 XTC 8 ✱ Kurzes Dach, weniger lohnend

BOULDER:

E QUERGANG 5c

F MIRACULIX 4a

G FLASHPOINT 5b Etwas moralisch, aber schön

H STRUCK A NERVE 5a Schiacher, hoher Riß

I FLOODS 4c Unnötig

J NO END IN SIGHT 6c (nicht eingezeichnet), ca 100m langer
Quergang von „Floods" nach rechts. Crux bei der „Höhlenbärhöhle"

K NUR DIE KANTEN 6b def (nicht eingezeichnet) Definierte Spielerei

L SPACE AVENUE 5c (nicht eingezeichnet)
Komischer Quergang, unnötig

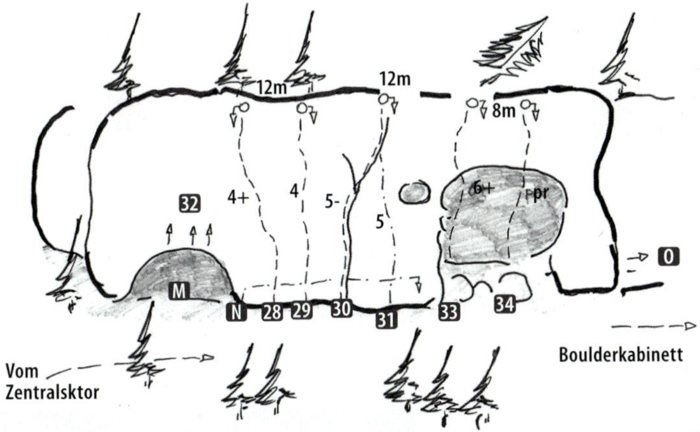

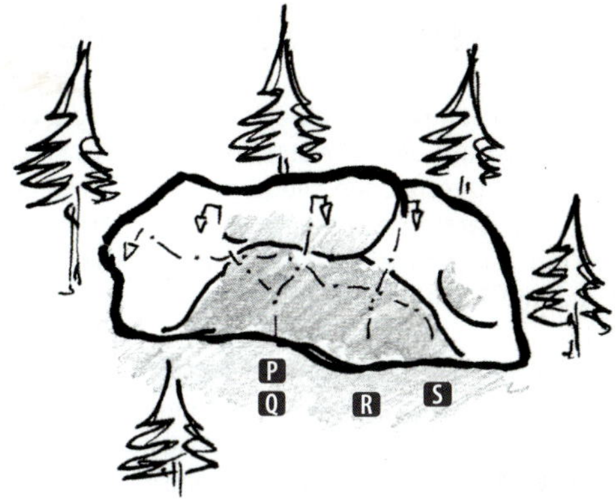

KINDERWAND:
Neuer Anfängersektor etwa 100m rechts des Zentralen Sektors: In der etwa 10m hohen Wand mit den markanten künstlichen Höhlen wurden 2010 und 2011 von Peter Puchecker einige Anfänger- bzw. Kinderrouten eingerichtet, die ganz guten Fels aufweisen; anzumerken sei vielleicht, das für Kindervorstiege der 1. Haken etwas hoch steckt, aber man kanns ja vorhängen. Rundherum kann in dem Sektor auch (tw. in mittelmäßigem Fels) etwas gebouldert werden.

28 HALLO KITTY 4+ ✱ nett und steil
29 MAMA MUH RÄUMT AUF 4 ✱ ebenso
30 BIMBULLI 5- ✱ netter steiler Riß
31 DIREKTES BIMBULLI 5 ✱ nur toprope-keine BH vorhanden!
32 TOPROPE MÖGLICHKEITEN
33 WICKIE 6+ ✱ steil am linken Rand des Loches
34 Projekt ca 7+

M BOULDERMÖGLICHKEITEN
N TRAVERSE 4a
O BOULDERMÖGLICHKEITEN

BOULDERKABINETT:
Etwa 200m rechts liegt eine kleine Höhle mit 4 guten Dachbouldern:

P HIGHLY OFFICIOUS 5b sd
Für diesen Grad ungewöhnlich überhängend
Q FRINGE BENEFITS 6b sd Zwei Längenzüge über die Dachkante
R AFTERBURNER 6c+ sd
Serie von weiten Körperspannern übers Dach
S SHRINK TO FIT 6b+ Ausdauer - an der Dachlippe entlang

Links oberhalb, noch vor der Kinderwand gibt es noch ein kleines Wandl mit leichten Bouldern in tollem, griffig-rauem Kalk:

T LÖCHRIGES VERGNÜGEN 5a Schöner Quergang
X SCHARFES ECK 4b Wenn man ganz tief quert: 5a
Y TINTIFAX 5a Die Variante nur mit dem Fingerloch ist 6a

LORELEI FELSEN

Unweit des bekannten Klettergebietes „Hart", nahe (und gut hörbar) an der Autobahn und daher sehr flott zu erreichen, liegt in den duftenden Schwarzföhrenwäldern noch der kleine, bei Einheimischen schon lange bekannte „Lorelei Felsen", ein hübscher Aussichtspunkt.

Geklettert wird an den maximal 10m hohen, verstreuten Felsen schon lange – auf den beiden „höchsten Gipfeln" finden sich (etwas versteckt) einzementierte Ringhaken, die einst den Soldaten der nahen und berüchtigten Kaserne (ich spreche aus Selbsterfahrung) zum Kletter- und Abseiltraining dienten. Viel Wasser ist die Piesting hinabgeflossen, die Kaserne steht gespenstisch leer, aber dem Loreleifelsen scheint neues Leben eingehaucht: M. Pöttschacher und M. Gruber haben etliche Boulder geputzt und irgendein Unbekannter hat sogar 3 kurze Routen eingebohrt (Vorsicht bei den Klebehaken, die im sehr weichen Gestein stecken – im Selbstversuch hielten sie, aber hiermit dennoch: Absoluter Haftungsausschluss!)

Und da sind wir schon beim Fels: Hier gibt es keinen Kalk wie am nahen „Hart", sondern Schotterkonglomerat wie in Bad Fischau – das heisst man klettert an löchrigem bzw. kieseligem Kalksandstein, der zwar toll strukturiert und schön zu Klettern, aber sehr weich ist und von der Festigkeit keineswegs mit Kalk verglichen werden kann.

Fazit: Nix für Sportfanatiker, aber gut geeignet für Kletterübungen und ein paar schnelle Züge an kälteren Tagen!

Neuerdings finden sich hier E-Aufschriften, die nicht die genannten Routennamen aufweisen - nicht beirren lassen!

ZUFAHRT: A2 Abfahrt Wöllersdorf, 500m auf der Bundesstrasse Richtung Gutenstein und gleich rechts nach Wöllersdorf abbiegen (Bahnübergang). Unmittelbar nach dem Bahnübergang 200m nach rechts zum Bahnhof, knapp vor diesem links hinab zur Steinabrücklerstrasse. Diese wenige Meter nach rechts (Richtung Steinabrückl) und sofort nach links in die Tirolerbachgasse abzweigen. Diese bis an ihr Ende zur kreuzenden Anna Steurer Gasse und auf dieser nach rechts bis vor eine Fahrverbotstafel; davor parken.

ZUGANG: In der Verlängerung der Anna Steurer Gasse weiter auf einem Feldweg ca 300m. Richtung Osten und vor einem Hochsitz einen weiteren Feldweg ca. 50m links aufwärts. Hier zweigt nach rechts (versteckte Tafel „Loreleifelsen") ein Steiglein ab, das in wenigen Minuten zu den Felsen führt (5min).

BESTE JAHRESZEIT: Winter, Frühling, Herbst – die Wandln liegen im lichten Wald, sind absolut südseitig und „nehmen gut die Wärme auf".

1	5	0	6	12
1-4	5-7	≥8	Σ UIAA	Σ FB

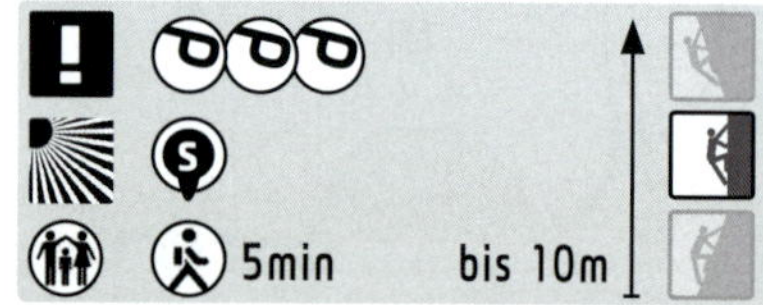

1 SCHWEINSKROPF 6 ✱✱ Keine Haken vorhanden! Topropesicherung an zementiertem Ring; steile Lochwand
2 MEUCHLER 7 ✱✱ Ebenso
3 SPOTTGEBURT 6+ ✱✱ gute weiche Loch- und Leistenzüge zu seltsamem Abseilhaken
4 SCHLUCHTENSCHEISSER 6- ✱ kurze Lochkletterei zu schwierig zu klinkendem Abseilhaken
5 FURCHENGÄNGER 6 ✱✱ gutgriffige Lochkletterei und kleingriffiger, unangenehmer Ausstieg
6 SCHRUBBER 2+ ✱ keine BH! Hübscher Kamin

BOULDER:

A GEILE LORELEI 5b trav lässige Lochkletterei, Schlüsselstelle am Eck
B BRUNZWANDL 4a trav Brüchig
C VERSCHWENDE DEINE JUGEND 4b trav Kamin und Lochkletterei
D HAB DEN HUF LIEB 4b trav 20m langer toller Lochquergang
F MARKUS ALLWISSEND 4a tolle Lochzüge, endet beim ovalen Loch
F PENDELHINTERN 4b tiefes Loch an der Kante; gem. mit „Spottgeburt"
G BRÖSELER 3 trav Kacke
H FÜR EINE HANDVOLL BRUST 4c trav 15m langer Lochquergang
I LULU PRINZ 4a sd toller Fels, aber hält er?
J ALLES WAS HÄLT 4a trav leicht unfest
K REGENPRINZESSIN 4a sd Witziger griffiger Wulst
L TEIFLSZUNGERL 5a sd Fingerlöcher, dann direkt über die geniale Felsnase

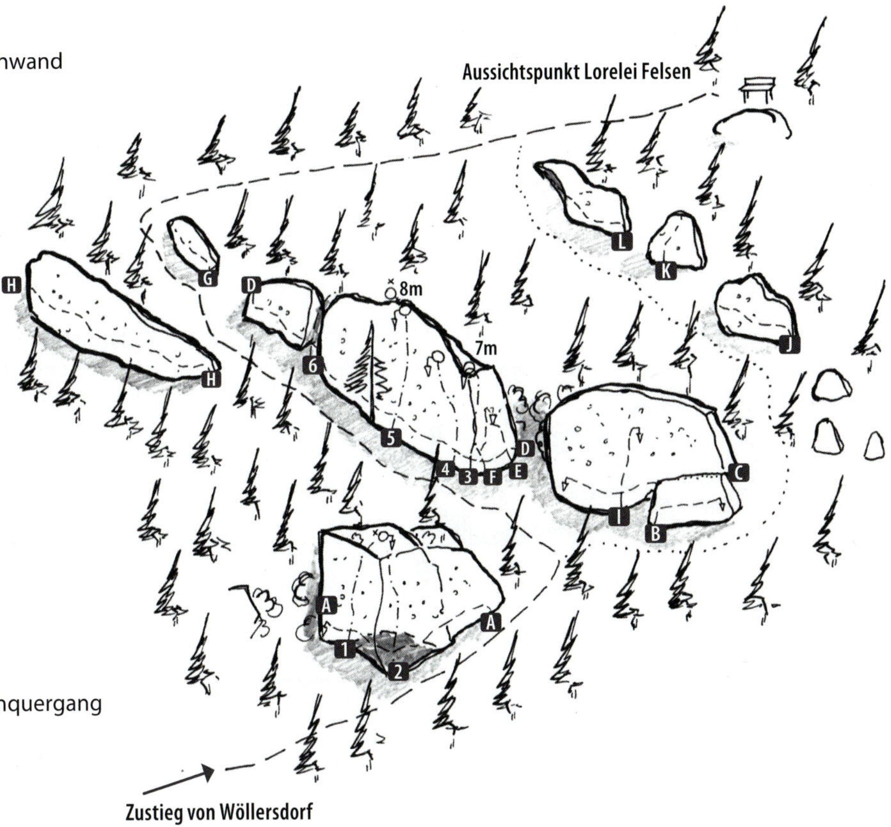

WÖLLERSDORF STEINBRUCH

Genau gegenüber vom Klettergarten am Hart befinden sich, im dichten Schirmföhrenwald der nördlichen Fischauer Vorberge versteckt, unzählige alte Steinbrüche aus - wie auch der Klettergarten in Bad Fischau - Kalksandstein mit Konglomerateinschlüssen. In einem davon, nur einen Katzensprung von Wöllersdorf entfernt, hat Hans Müller einige kurze Routen eingerichtet. Ideal im Sommer, weil nordseitig. Der Fels ist zwar nicht der Allerschönste, die Routen sind jedoch durchaus anfängertauglich und bestens abgesichert, dazu gibt es in dem wildromantischen Steinbruch auch noch ein paar interessante Bouldermöglichkeiten.

1-4	5-7	≥8	Σ UIAA	Σ FB
0	14	1	15	7

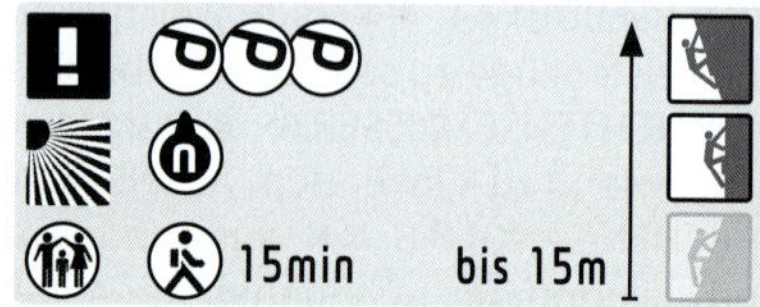

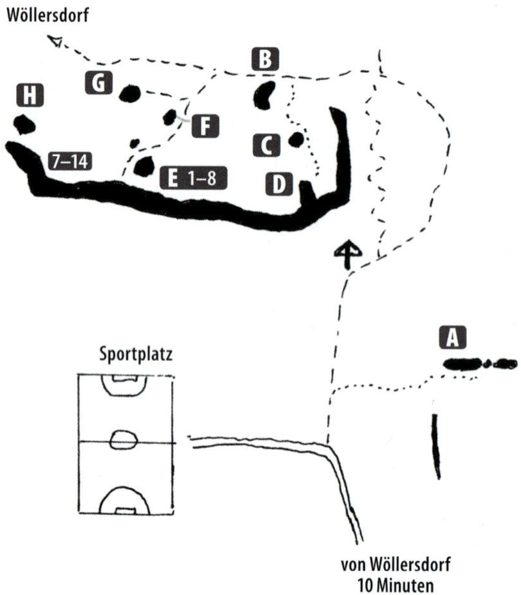

ZUFAHRT PKW: Von Wien kommend über die A2 (Südautobahn) bei Wöllersdorf abfahren und nach rechts etwa 300m zu einer Ampel. Rechts geht es ins Ortsgebiet von Wöllersdorf (und zum Klettergarten am Hart), wir jedoch biegen links ab Richtung Sportplatz und gelangen in Kürze zu einer Fahrverbotstafel. Vor dieser Parken.

ZUFAHRT Öffis: Mit der Bahn nach Wr. Neustadt. Von Wr. Neustadt mit der Bahn nach Wöllersdorf. Vom Bahnhof mit wenigen Schritten zur oben beschriebenen Ampel und in wenigen Minuten zum oben beschriebenen Parkplatz.

ZUGANG: Der Straße weiter Richtung Sportplatz folgen. Durch den Wald in einer Rechtskehre aufwärts, bis die Straße nach links zum bereits sichtbaren Sportplatz führt. Hier gerade (markiert) weiter und dem Weg anfangs flach, dann leicht bergab, folgen. Er führt schließlich nach links in den Steinbruch, den man beim ersten Boulderblock erreicht. 15min.

BESTE JAHRESZEIT: Der Wöllersdorfer Steinbruch liegt absolut nordseitig und im Wald gut versteckt. Allerdings befinden sich die Felsen im „dampfenden“ Schwarzföhrenwald auf nur etwa 300m Seehöhe, das heißt, das es hier trotz Schatten im Hochsommer oft sehr schwül sein kann. Beste Jahreszeit: Frühling und Herbst.

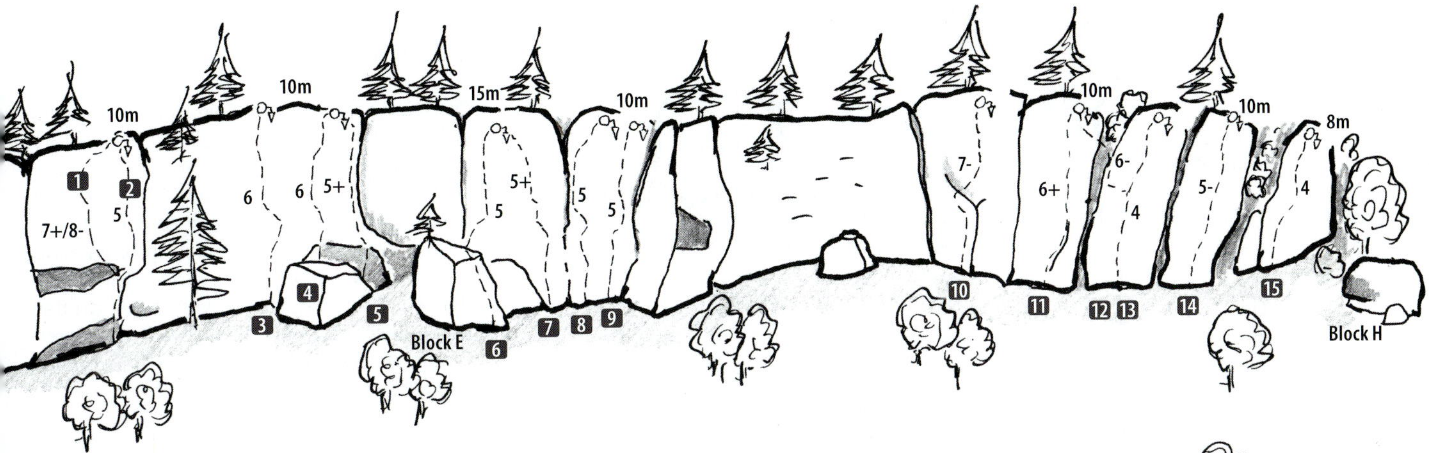

1 ANDREA VARENNTS 7+/8- ✱✱
Nach dem kl. Dach gar nicht leicht, rauer Fels

2 SPIEGEL 5 ✱ Netter Riß

3 OH TANNENBAUM 6 ✱
Brüchiger Beginn, oben ok

4 DR. TOM 6 ✱ Crux am Beginn

5 PIAZ PIAZ 5+ ✱

6 GAS GAS 5 ✱ Guter Fels

7 KTM 5+ ✱ Steil

8 SCHRÄGER ZACHI 5 ✱ netter Riß

9 ZACHI DIREKT 5 ✱

10 TRICKY 7- Sandig und unlohnend

11 MUTPROBE 6+ ✱
Schwerer Einstieg - recht nett

12 FEIGE SAU 6- Naja

13 FEIGE SAU DIREKT 4 Erdig und unlohnend

14 PAULI MORRISON 5- ✱ Nett

15 FLUCHTWEG 4 Erdig

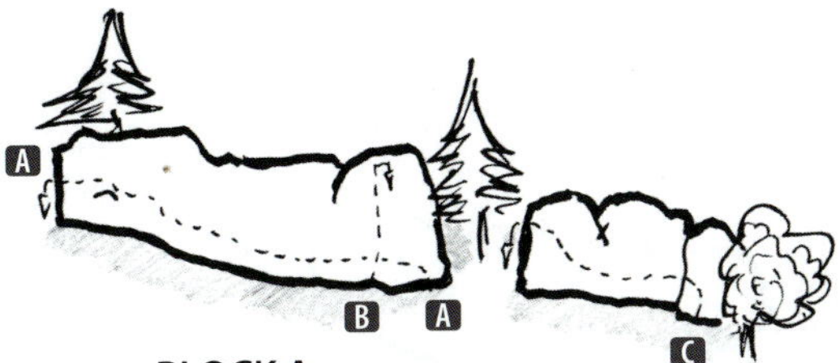

BLOCK A:

A DER ERSTGEBORENE 6b
Diffiziler Quergang

B TOUCH YOUR FEAR 5b

C DON`T BE AFRAID 6a+

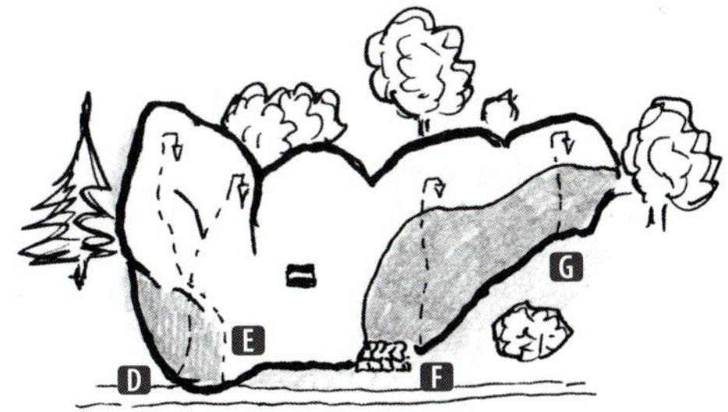

BLOCK B:

D PED XING sd Sehr definiert

E NAMENLOS 5b sd

F NAMENLOS 6c+ sd
Genialer Lochüberhang - ohne den Henkel links, oben noch auf die Kante ziehen

G NAMENLOS 7a sd
Toller Dachboulder, bis oben klettern

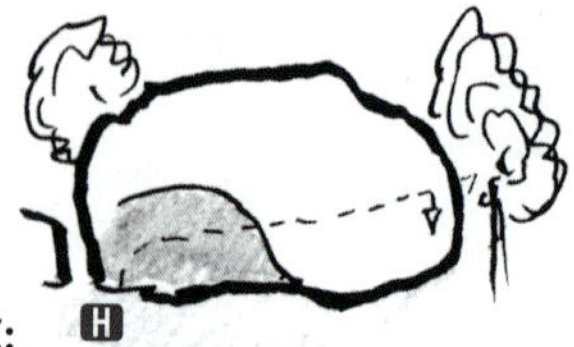

BLOCK C:
H IM SUMPF 7b Diffizil, oft feucht

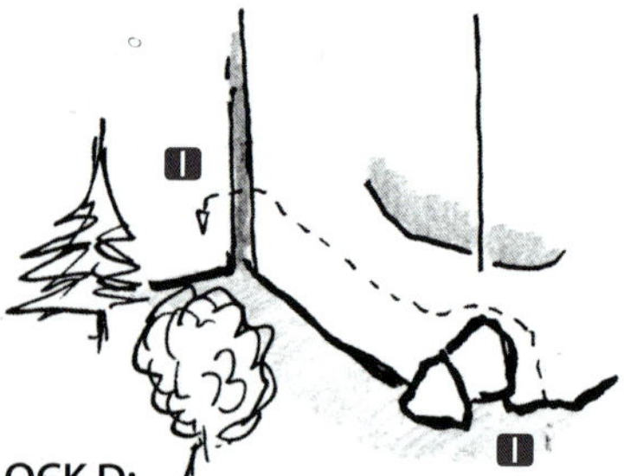

BLOCK D:
I NAMENLOS 6a+ sd
Übles Absprunggelände

BLOCK E:
J KREISLAUFKOLLAPS 6b+
Lustig um den Block herum

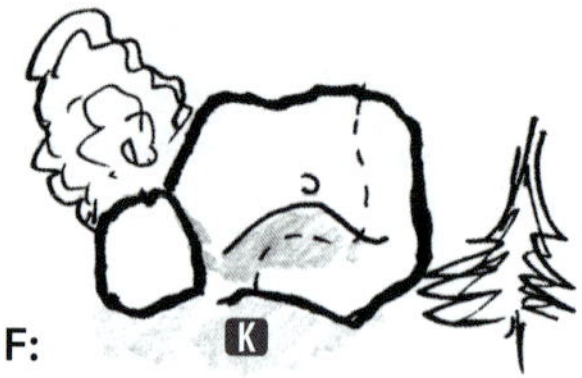

BLOCK F:
K XS 5c sd Nett

BLOCK G:
L DO WHAT YOU WANT 5b Guter Lochfels

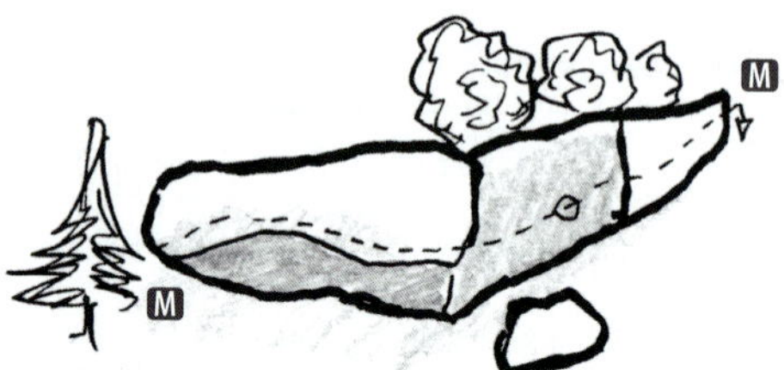

BLOCK H:
M HART ABER SCHMERZLICH 7a sd
Ausdauerquergang, leider recht schmutzig

DÜRNBACHTAL

Das Dürnbachtal ist ein Seitental des Piestingtales und bildet die nördliche Begrenzung (Hinterseite) der Hohen Wand. Es ist rasch zu erreichen (Stichstraße von Waldegg) und weist auch - im Gegensatz zum Piestingtal - überraschenderweise einen großen landschaftlichen Reiz auf. Die Hinterseite der Hohen Wand wird von zwei großen, tiefeingeschnittenen Felsschluchten durchfurcht, welche von einfachen versicherten Anstiegen benützt werden:

Die Große und Kleine Klause. Hier wird schon lange geklettert, seit einigen Jahren gibt es hier auch bestens eingerichtete Klettergärten: Ganz neu sind die „Hohe Stube" in der Großen Klause und die zahlreichen Sportkletterrouten im Talschluß der Kleinen Klause, welche hier erstmals vorgestellt werden. Weitaus bekannter ist die „Schatzinsel", welche zwischen den beiden Schluchten liegt. Sie gehört mittlerweile wohl zu den beliebtesten Felsen im Wiener Umkreis - auch hier sind einige neue Touren dazugekommen.

ZUFAHRT PKW: Von Wien über die A2 (Südautobahn) bis zur Abfahrt Wöllersdorf und über die Schnellstraße Richtung Pernitz/Gutenstein ins Piestingtal einwärts. Bei Waldegg endet die ausgebaute Schnellstraßenstrecke, hier zweigt links (Tafel) das Sträßchen ins Dürnbachtal ab. Nach etwa 2 Kilometer beginnt links die Felsschlucht der Großen Klause (Tafel, Auffahrt zum Wopfinger Steinbruch, Tafel, am Straßenrand parken), 500m weiter (nach einer Steigung) befindet sich bei einem Parkplatz der aufgelassene Gasthof „Nazwirt“ (Ausgangspunkt für „Schatzinsel).Verfolgt man die Straße noch 2km weiter, gelangt man zum Talschluß bei einigen Häusern. Links befindet sich ein Trafo, hier parken (Ausgangspunkt für die Kleine Klause).

ZUFAHRT Öffis:
Mit der Bahn von Wr. Neustadt nach Waldegg. Zu Fuß über die Straße ins Dürnbachtal.
Gehzeit ca 30 – 50min zu den jeweiligen Ausgangspunkten.

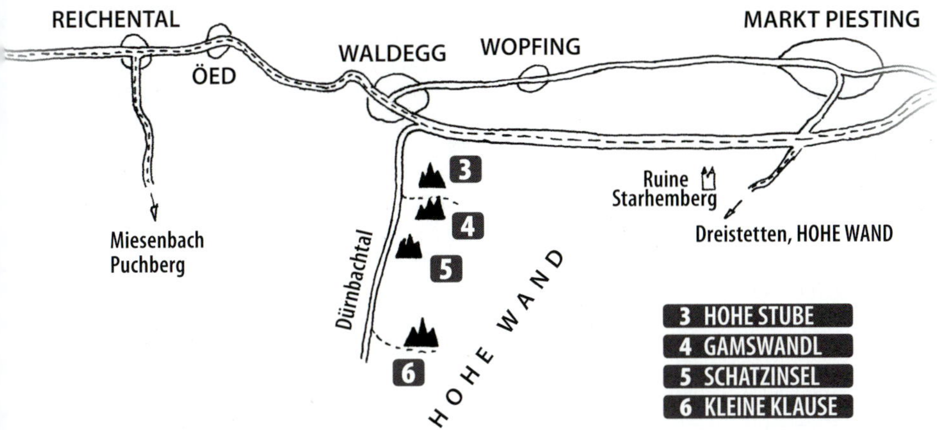

Hias Woitzuck | JUMPING AROUND 10- | Foto: Tom Bartl

HOHE STUBE

Das „Gamswandl" in der Großen Klause mit seinen harten, technisch anspruchsvollen Routen gibt es schon seit einigen Jahren. Nur einen Katzensprung davon entfernt liegt die neuentdeckte 20 bis 25m hohe Wand der „Hohen Stube" mit 20 Sportkletterrouten zwischen 6 und 9, welche im Frühjahr 2006 von Thomas Behm eingerichtet und erstbegangen wurden. Das ansprechende Wandl liegt südwestseitig orientiert im lichten Föhrenwald und zeichnet sich durch abwechslungsreiche Klettereien aus: Senkrechte, dunkelgraue Platten mit kleinen Löchern, leicht überhängende und sehr raue Leistenklettereien, ein paar kleine Sinter und im rechten Teil eine obskure, eindrucksvolle Höhle mit überhängenden Lochklettereien in braunem Fels. Insgesamt ist der Fels unglaublich strukturiert, ein paar splittrige Passagen dürften sich nach einigen Besuchen von selbst erledigen. Die Absicherung ist sehr gut mit Klebehaken, Schwerlastankern und Sauschwänzen, mancher erste Haken wurde jedoch bewußt hoch gesetzt, und manche schwierige Stellen sind zwingend eingebohrt.

ZUGANG: Vom Dürnbachtal durch die „Große Klause" aufwärts (Tafel, bez. Steig). Nach der ersten Leiter weitet sich allmählich der Graben für ein kurzes Stück, ehe er sich wieder klammartig schließt (ein kurzes Stück weiter befindet sich das Gamswandl). Vorher in Kürze links aufwärts zur versteckten Wand. Gehzeit ca 15min.

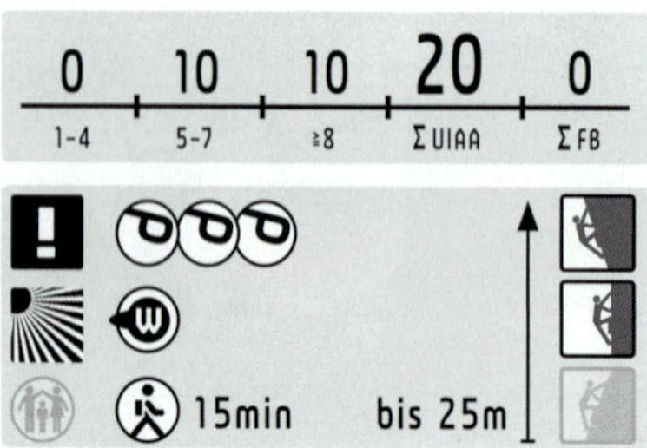

BESTE JAHRESZEIT: Die Hohe Stube ist westseitig ausgerichtet und bekommt ab etwa 14 Uhr Sonne. Am Wandfuß herrscht lichter Nadelwald. Beste Jahreszeiten sind Frühling und Herbst bzw. Sommervormittage, wobei man im Sommer mit dem Schatten der Bäume wandern kann und so immer ein halbwegs erträgliches Plätzchen findet.

1 NEMESIS 6 (RP Behm 2006)
Im unteren Teil übelsplittrig

2 DOPPELWITZ 6+ ✱✱ (RP Behm 2006)
Ganz unten noch splittrig, dann gute graugelbe Henkelei

3 VOGELFREI 8 ✳ (RP Behm 2006)
Stark überhängender, grauer Bauch

4 GOTTLOS 8- ✱✱✱ (RP Behm 2006) Sehr gute Wandkletterei über zwei graue Bäuche

5 ABTRITT 9 ✱✱
(RP Rottensteiner 2006) Beinharte Boulder mit Größenstelle im Mittelteil

6 PAOLO PINKEL 8+/9- ✱✱
(RP Rottensteiner 2006)
Sehr schöner Bauch, kleingriffige Schlüsselstelle am Ende

7 RABENKAMPF 8- ✱✱ (RP Rottensteiner 2006)
Harte züge an rauem, etwas fragilem Fels

8 WALDTEUFEL 8- ✳ (RP Behm 2006)
Rauer Loch- und Leistenüberhang, Schlüsselstelle am Schluß

9 DAS SCHWARZE SCHAF 7/7+ ✱✱✱
(RP Behm 2006) Steile Kletterei an rauen Leisten, oben Henkelschuppen

10 ÄSTHETISCHE MOBILMACHUNG 7 ✱✱✱
(RP Behm 2006)
Schöne, steile und griffige Wandkletterei

11 8/8+ ✱✱✱
(RP Fuchs 2006) Anspruchsvolle, senkrechte Wandkletterei mit kl. Löchern und einem Ohrwaschl (nicht abbrechen!)

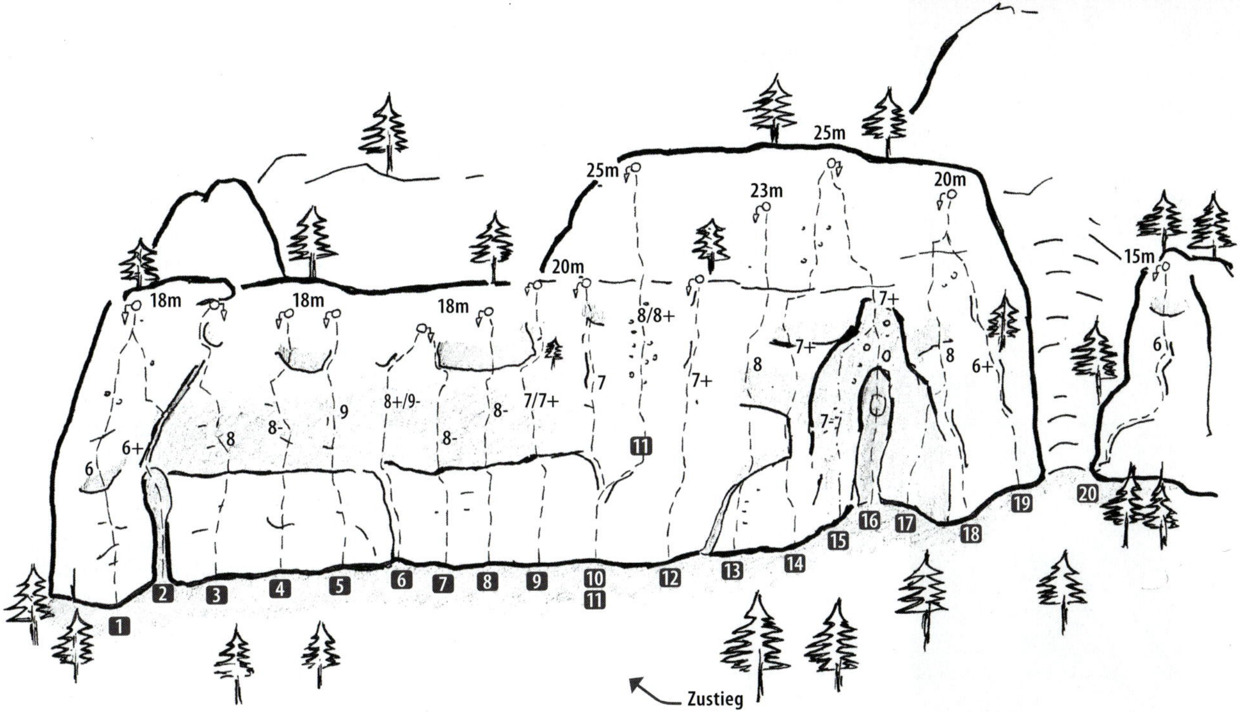

12 STURMPERCHT 7+ ✱✱✱
(RP Behm 2006) Homogene Wandkletterei an schönem, kleingriffigem Fels

13 MARSCH DER WAMPELREITER 8 ✱✱✱
(RP Behm 2006) Harter Einstieg, dann geniale senkrechte Wand

14 SPREU UND WEIZEN 7+ ✳
(RP Behm 2006) rau und lang

15 REVIER UND STUBENREINIGUNG 7- ✱✱✱ (RP Behm 2006)
Weißer Tropffels am linken Rand der Höhle, mündet dann in **16**, weiter oben 7+

16 DIE HOHE STUBE 7+ ✳ (RP Behm 2006)
Äußerst originell über das Höhlendach. Nicht von dieser Welt und phänomenal!

17 MÄCK DRECK 8/8+ ✱✱✱
Direkter Einstieg zu **18**

18 8 ✱✱✱ (RP Behm 2006)
Leicht überhängende Wandkletterei

19 STUBENREIN 6+ ✱✱ (RP Behm 2006)
Mittelmäßige Wandkletterei, oben witzige Platte

20 EINHEITSBREI 6 ✱ (RP Behm 2006)
Kurz und mittelmäßig am rechten Block

Michael Erbstein | KANE HÄND KANE KEKS 9- | Foto: Tom Bartl

GAMSWANDL

Unmittelbar am beliebten Schluchtwanderweg durch die Große Klause befinden sich in der 2. Engstelle der Schlucht links und rechts des Weges steile und kompakte, bis zu 30m hohe Felswände aus bestem, tw. sehr glattem, tw. auch durchlöchertem Kalkfels. Hier wurden bereits vor über 10 Jahren von der Wiener Neustädter Sportklettergilde einige Sportkletterrouten eingerichtet, die sich allesamt durch technisch sehr anspruchsvolle Kletterstellen auszeichnen. Dies mag vielleicht auch der Grund sein, warum sie nie besonders beliebt wurden - wer mag schon in Konsumzeiten wie diesen sich stundenlang an einem „Plattenneuner" die Zähne ausbeißen, wenn er in den Adlitzgräben zB viel schneller „zu haben" ist...
Nichtsdestotrotz sind die Routen am Gamswandl sehr lohnend: Vor allem die am rechten, weißdurchlöchertem Gemäuer sind tw. wahre Perlen, während der Fels am linken Wandl oft etwas glatt und reibungsunfreundlich ist. Die rechte Wand ist bis spätnachmittags schattig, die linke bekommt früher Sonne. Landschaftlich ist es hier sehr nett und ruhig, nur an Wochenenden herrscht „Wanderverkehr". Außerdem ist das neue Gebiet der „Hohen Stube" nur 3 Minuten entfernt.

ZUGANG: Vom Dürnbachtal durch die „Große Klause" aufwärts (Tafel, bez. Steig). Nach der ersten Leiter weitet sich der Graben allmählich für ein kurzes Stück, ehe er sich wieder klammartig schließt. Hier befinden sich unmittelbar links und rechts des Weges die Touren. Gehzeit ca 15min.

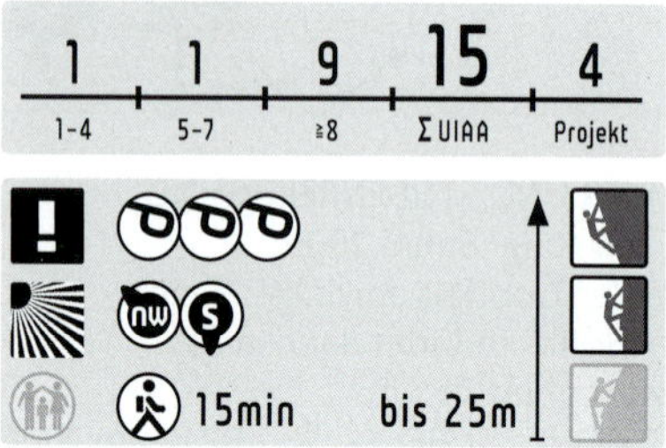

BESTE JAHRESZEIT: Die Routen am linken Rand der Schlucht sind an sich südseitig exponiert, bekommen aber im Hochwinter wegen der Enge des Grabens kaum Sonne, dafür ist es im Sommer zu heiß. Optimal an heißen Sommertagen sind die Touren in der rechten Wand. Sie liegen bis etwa 15 Uhr im Schatten.

1 Projekt

2 EIERTANZ 9- ✱✱✱ (RP Erbstein)
Toller Überhang, wilde Platte und genialer Ausstiegsriß

3 BREZLGRIFF 9-/9 ✱✱
(RP Erbstein) Harte Einzelstelle, oben etwas splittrig

4 NIX IS FIX 8 ✱✱ (RP Erbstein)
Entlang des schmalen Risses mit harter Einzelstelle - kein geschenkter Achter!

5 NONSTOP 9+ ✱✱✱ (RP Erbstein)
Senkrechte, technisch anspruchsvolle Wandkletterei

6 REIWALATA 9-/9 ✱✱✱
(RP Erbstein 1995) Ebenso

7 HOPPALA 7/7+ ✱✱
(RP Erbstein 1995)
Anspruchsvolle Aufwärmtour, oben besser zum linken Stand

8 NAMENLOS 8- ✱✱
(Erbstein, Gansberger)
Oben bei der Höhle, etwas schmutzig

8a ZWEIFREUNDEGRAT 4 ✱✱ 3SL
Sanierter Klassiker, gestufte und geputze Gratkletterei

9 Projekt

10 LANGER WEG ZUM FEUCHTEN SCHLITZ 8+ ✳
(RP Erbstein) fantastische Linie mit genialer Raufasertapete am Beginn

11 LOCHSTREIFEN 8+ ✱✱✱
(Erbstein, Gansberger)
Ebenso der geniale Locheinstieg, dann nach rechts

12 KANE HÄND KANE KEKS 9- ✳
(RP Erbstein 1995)
Die Toptour hier - grenzgeniale Linie an mehr oder weniger guten Löchern durch kompakte Wand!

13 Projekt

14 Projekt

15 bis **17**: Am Zustieg befindet sich rechterhand noch ein mickriges Wandl mit ein paar Klebehaken von Jörg Tentschert

SCHATZINSEL

Die Schatzinsel trägt ihren Namen zurecht: An der Nordwestseite der Hohen Wand befindet sich diese geniale, blaugraue, fast etwas „britisch“ anmutende Wand, einer versteinerten „Nordmeerwelle“, aus dem flachen Waldboden emporwachsend, gleich!
Kurzer Zustieg, bequeme Einstiege, schattige Lage bis etwa 15 Uhr und eine Vielzahl an Routen und Bouldern machen die Schatzinsel zu einem sehr beliebten Klettergebiet, an dem man an Sommerwochenenden kaum alleine ist. Die Routen sind zwar nicht allzulang, die Felsqualität jedoch ist ausgezeichnet: Viele Aufleger und seichte Löcher sind sehr untypisch für die Gegend und machen die Kletterei recht spezifisch, die Schwierigkeiten werden meist durch harte boulderartige Stellen bestimmt. Die Wand wurde 1997 von Alex Meder entdeckt und perfekt mit Klebehaken abgesichert. Besonders für Kletterer der oberen Schwierigkeitsgrade findet sich hier ein reiches Betätigungsfeld. Neuerdings wurde „expandiert“: Thomas Schifer entdeckte 50m weiter rechts ein kleines, aber feines Wandl, wo er weitere (leichtere) Touren einrichtete, und im Sommer 2007 kamen am rechten Rand der Hauptwand einige neue Anstiege durch Thomas Behm hinzu. Und das alles spielt sich in einem wunderschönen, mysthischen Mooswald ab.

ZUGANG: Vom Parkplatz beim ehem. Nazwirt (siehe Zufahrtsbeschreibung) NICHT ÜBER DIE WIESE zu den Felsen (es gibt Probleme mit dem Grundstückseigentümer!), sondern etwa 100m über den bez. Stangelsteinweg (Beginn direkt beim Nazwirt, Tafel) aufwärts, und oberhalb der Wiese auf einem (mit weißen Ringen bez.) Steiglein durch den Wald nach links zur Wand queren. Gehzeit ca 10min.

BESTE JAHRESZEIT: Die Schatzinsel ist westseitig ausgerichtet, daher sind heiße Sommervormittage zum Klettern durchaus geeignet - die Sonne erreicht etwa um 14 Uhr die Felsen, wobei sie nur teilweise durch den eher dichten Wald dringt. Beste Jahreszeit sind jedoch Frühling und Herbst, wobei es durchaus auch etwas kühler sein kann, da dann die charakteristischen Auflegergriffe die beste Reibung haben. Im Hochwinter ist es jedoch in der Regel zu kalt.

1-4	5-7	≥8	Σ UIAA	Σ FB
0	4	21	25	16

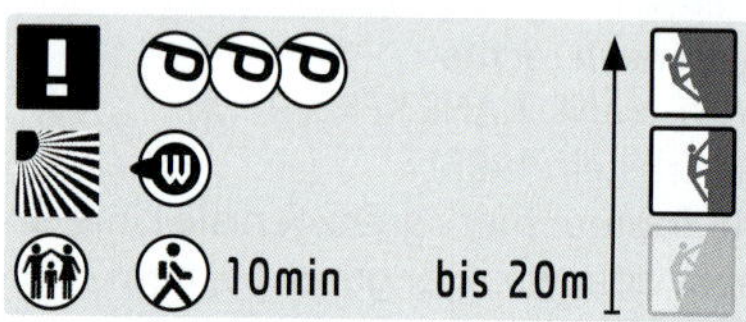

1 BATIDA DE COCO 9+ ✱✱ (RP Schifer)
Ganz kurze Bouldertour übers Dach - gute Züge

2 Projekt BACHER

3 ROLLIN ON CHROME 9-/9 ✱✱
(RP Schifer) Wilde Auflegerkletterei

4 TAT TWAM ASI 9+/10- ✱✱✱ (RP Schifer)
Senkrechte Wandkletterei fast ohne Strukturen, technisch wertvoll!

5 JUMPING AROUND 10- ✱✱✱
(RP Schifer) Fast gleich geartet wie 4, eine tolle Linie!

6 THE LOST WORLD 8/8+ ✱✱ (RP Schifer)
Übler Bouldereinstieg, aber auch noch eine harte Stelle oben am Überhang

7 MEI THAI 8- ✱ (RP Meder)
Fantastische Route über den fetten blauen Sinter und ein paar kleine Dächer. Eine der besten Routen im Wiener Raum! Bereits deutliche Begehungsspuren.

8 DEI THAI 9- ✱✱ (RP Schifer)
Gemeinsam mit 7 über den Sinter, oben harte, kleingriffige Boulderstelle zum Abseiler

9 TANZ DER SCHATTEN 10- ✱✱✱
(RP Schifer) Weiter Schlüsselzug, tolle Linie

10 TOTENTANZ 9+ ✱✱✱ (RP Schifer)
Tolle Ausdauerkletterei mit kleingriffiger Schlüsselstelle zuletzt

11 ENG ABER SEXY 8- ✱✱ (RP Haberl)

12 SKYWALKER 10- ✱✱✱ (RP Meder)
Gleich schwer, trotz Ausbruch der Nase

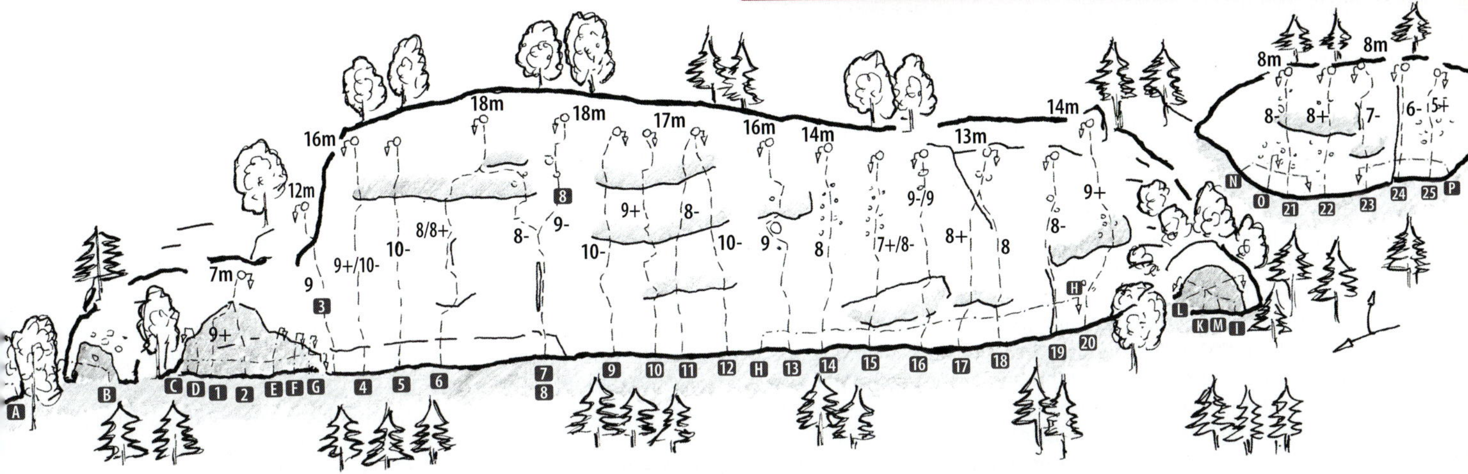

13 LA GRANDE FIN 9 ✱✱✱ (RP Meder) Geniale Lochkletterei im 8ten Grad, zuletzt folgt noch eine kleingriffige Boulderstelle

14 KÄPTN IGLO 8 ✱✱ (RP Schifer) Schöner Lochstreifen, wobei nicht alle Löcher gut sind

15 VIA MARIA 7+/8- ✱✱ (RP Meder) Anspruchsvolle, gute Lochkletterei

16 HÄNDE FALTEN GOSCHN HALTEN 9/9- ✱✱ (Behm 2007, RP Kubista)

17 ZWISCHEN PEST UND CHOLERA 8+/9- ✱✱ (RP Behm 2007) Technische Wandkletterei

18 PHÖNIX AUS DER ASCHE 8 ✱✱✱ (RP Behm 2007) Sehr gute, technisch anspruchsvolle, kleingriffige Wandkletterei

19 BOANDLKRAMER 8- ✱✱ (RP Behm 2007) Kurze Rißspur, dann Lochkletterei-Aufwärmtour

20 WIE DIE GEIER 9+/10- ✱✱ (Behm 2007) Kurzer Überhang - sieht viel einfacher aus! Harte Boulderstelle!

21 FLUCH DER SCHWULEN PIRATEN 8- ✱✱ (RP Haberl) Lochkletterei, zuletzt Schnapper auf Aufleger

22 NAMENLOS ca 8+

23 MOZZIES LIVE 7- ✱✱ (RP Hejduk) Der Abschlußgriff ist links über dem letzten BH

24 LA VIE EN ROSE 6- ✱✱ (RP Sabine Schifer) Technische Platte

25 ESPERANZA CLANDESTINA 5+ ✱✱✱ (RP Sabine Schifer) Kurze, aber sehr schöne Lochkletterei

BOULDER:

A GLEICHGEWICHTSSTÖRUNG 7a Plattenquerung

B FANTASMA DE LUXE 6c Querung im „Scheißhaus"

C YOU FEEL GOOD 6a Guter Quergang

D ROMANTISCH STERBEN 6c bloc

E CALLISTO 6c bloc

F SQUEEZING MY IBANEZ 6c bloc

G LIKE AN EGYPTIAN 6a bloc

H SACRED SPIRIT 8a Toptraverse an kleinen Leisten und Auflegern

I MÜLLHALDE 6c trav Besser als der Name vermuten läßt

J THINGS I`VE SEEN 7a+ sd bloc Beginnt nach der Crux von **H** bei einer markanten Schrägleiste - gerade rauf zur Rampe mit Sanduhr

K NO JUSTICE 7b+ sd bloc Aus dem Loch am Ende von **I**, ohne die großen Griffe rechts (mit diesen 6a)

L SAUER 6c Start li. unten nach re. oben

M JUSTICE 6b

N ZECKENATTACKE 6a trav

O ZECK MUSS WEG 6a

P TRAVERSE 6b+

KLEINE KLAUSE

Am Straßenende des Dürnbachtales tut sich linkerhand die geräumige, im Vergleich zur Großen Klause offenere Schlucht der Kleinen Klause, am Nordwestabfall der Hohen Wand, auf. Unzählige, bis zu 60m hohe Felsbildungen befinden sich in dieser landschaftlich sehr reizvollen Gegend. Am markantesten sticht der sogenannte Badener Turm mit seiner braunbrüchigen Westwand ins Auge. An diesem und auch in der Umgebung wird schon seit langer Zeit geklettert. 1995 wurden von Thomas Behm die ersten Sportkletterrouten eingerichtet, welche sich jedoch nicht allzu großer Beliebtheit erfreuten.
In den letzten Jahren jedoch begannen Lorenz Holzer und Jo Friedl einige Felsbildungen konsequent mit Bohrhaken zu versehen. Für diesen Führer haben wir hier die zwei besten herausgegriffen: Den imposanten Überhang am Talschluß mit Ausdauerrouten (leider in nicht immer ganz festem Fels) im 8ten und 9ten Grad, und etwas links oberhalb eine wunderschöne graue Lochwand mit herrlichen Genußklettereien im 7ten Grad!
Die anderen Felsgebilde und der Badener Turm weisen nur vereinzelt Sportkletterrouten auf und werden im neuen „Sportkletterführer Hohe Wand" (Thomas Behm 2009) beschrieben.

ZUGANG: Vom Ende des Dürnbachtales (Trafohäuschen) am bez. Weg Richtung „Waldeggerhaus" bzw „Naturfreundesteig" (Tafel) linkshaltend aufwärts in die Schlucht der Kleinen Klause und zu deren Talschluß, wo sich neben dem Einstieg des versicherten „Naturfreundesteiges" auch unmittelbar der Sektor „Überhang" befindet. Gehzeit ca 20min. Der Sektor „Platte" befindet sich 2min links oberhalb.

1-4	5-7	≥8	Σ UIAA	Σ FB
0	11	7	18	0

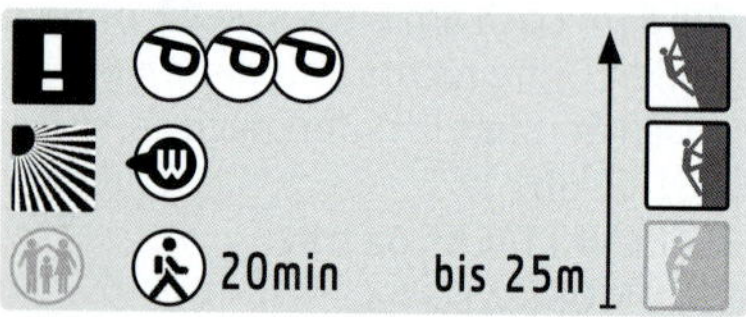

BESTE JAHRESZEIT: Die hier vorgestellten Sektoren sind westseitig ausgerichtet und einerseits am besten in den Übergangszeiten, jedoch auch an Sommer-vormittagen zum Klettern geeignet. Die Sonne erreicht um etwa 14 Uhr die Felsen, der Baumbewuchs am Wandfuß ist eher licht. Im Winter herrscht hier ein raues Klima und es ist in der Regel viel zu kalt zum Klettern.

1 MORDSTRUM 6+ ✱✱ (RP Holzer)
Überhängender Einstieg, oft etwas naß

2 ZWITTERTÄUFER 7+/8- ✳ (1. Beg. unbek, saniert Holzer) Alte Tour - schwieriger E-Überhang, dann geniale Ausdauer-kletterei in sehr rauem, griffigem Fels

3 HINTENRUM 7/7+ ✱✱✱ (RP Friedl 2006)
Toller, kräftiger E-Überhang, schöne Ver-schneidung, zuletzt noch die Schlüsselstelle

4 TEE MIT RUM 7+ ✳ (RP Holzer 2006)
Fantastische Lochkletterei! Unten Steil, dann grau und geneigt, zuletzt noch steile weiße Lochwand

5 SEISDRUM 7-/7 ✳ (RP Holzer 2006)
Wunderschöne, löchrige Wandkletterei! Ein weiter Zug am E-Überhang, dann perfekte Genußhenkelei

6 MEMORANDOM 6 ✱✱✱ (RP Holzer 2006)
Sehr schöne, löchrige und genußreiche Wandkletterei, zuletzt sogar grenzgenial!

6a JÄGERSLUST 6 ✱✱ (RP Behm 2011)

7 DIRTY DANCING 6+ ✱ (RP Müller)
Am äußerst linken Rand mit unschöner Linienführung

8 MARTIALISCHE KUNST 7+ ✱✱
(RP Holzer 2006) Anspruchsvolle Verschneidung mit Überhang

9 WOPFINGER TOPFINGER 8 ✱✱
(RP Holzer 2006) Überhängende Wandkletterei

10 DER FELSINATOR 9- ✱✱
Überhängende Wandkletterei

11 STEINERSPROJEKT 8 ✱✱✱
(RP Holzer 2006) Altes Projekt von Franz Steiner durch die angedeutete Verschneidung. Anspruchsvolle Absicherung

12 NAMENLOS 9- ✱
Bühlerhaken - die erste und beste Tour am Überhang: geniale Ausdauerkletterei und technische Platte zum Schluß im Superfels!

13 JOS PROJEKT 9+ ✱✱

14 ICH ROQUE 8+/9- ✱✱
Überhängende Ausdauerkletterei, tw. etwas splittrig

15 AUSDRUCKSTANZ 7+ ✱✱ (RP Holzer 2006) Recht lange, überhängende Wandkletterei mit etwas „alpinem" Charakter, aber nicht schlecht

16 HENKELDISCO 6+ ✱✱
Kurztour - geputzt, aber ohne Bohrhaken! Toprope!

17 DISCO TEAM 7+ ✱✱
(RP Holzer 2006) Geneigte, löchrige Wandkletterei in etwas glattem, leider oft feuchtem Fels

HIRSCHWÄNDE

1-4	5-7	≥8	Σ UIAA	Σ FB
2	61	39	108	100

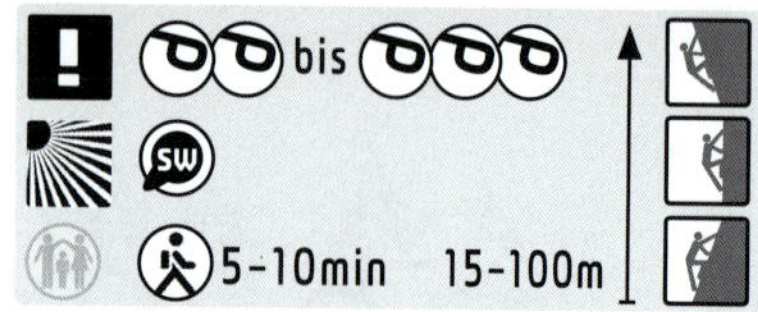

Wenige Kilometer nördlich von Pernitz befindet sich, am Weg zum „Naturschneeskigebiet“ (ja so etwas gibt es noch!) Unterberg, die kleine Ortschaft Muggendorf. Die unmittelbare Umgebung von Muggendorf weist einige touristische Attraktionen auf: Die Steinwandklamm oder die Mirafälle, eine Folge von kleinen Wasserfällen, welche durch Holzstiegen begehbar gemacht wurde (Eintrittsobolus) und die an Wochenenden zu den beliebtesten Ausflugszielen in ganz Niederösterreich zählen.

Links und rechts der Mirafälle befinden sich, in der wunderschönen, naturbelassenen Voralpenlandschaft verstreut, eine Vielzahl an bis zu 100m hohen Felswänden aus grauem festem Kalk.
Die markantesten sind die knapp oberhalb der Bundesstraße gelegenen Hirschwände, welche auf den ersten Blick gar dem viel berühmteren Peilstein ähnlich sehen. Obwohl die Felsen großteils aus bombenfestem, grauem Plattenkalk bestehen und südseitig ausgerichtet sind, konnten sie dem eben erwähnten Modegebiet nie das Wasser reichen. Das hat folgende Gründe: Die Erschließung begann um 1975 im Gedanken der „Free Climbing“ Bewegung (einige wenige hakentechnische Anstiege wurden schon in den 40er Jahren vom Pernitzer Extremkletterer Sepp Bauer eröffnet) und die erste Sportklettererschließergilde ist stark mit dem Namen Christian Enserer verbunden: Das heißt, das sich ein Großteil der Anstiege durch extrem anspruchsvolle Plattenkletterei an seichten Dellen und durch oft verteufelt weite Abstände zwischen den (alten 8mm) Bohrhaken sowie durch oftmaligen Gebrauch von Klemmkeilen auszeichneten. Erst Anfang 1990 wurden im linken Bereich durch Ch. Hacker und E.Reicher einige besser abgesicherte Anstiege mit Klebehaken erstbegangen. Doch auch das half nicht, die Hirschwände aus ihrem Dornröschenschlaf zu holen.

Erst die letzten Jahre sah man etwas mehr Kletterer im Bereich der Hirschwände, aber komischerweise alle ohne Seil und mit fetten Matten auf ihrem Rücken: Die Boulderer hatten die Blöcke am Fuße der mächtigen Wände, gelegen in einem wunderschönen Mooswald, für ihre Obsession entdeckt. Diese und auch die genialen Boulder in der Großen und Kleinen Gamshöhle (im Bereich der Hauptwände) werden hier ebenfalls beschrieben. Die ersten Boulder, meist „Traversen der alten Schule“, wurden Anfang der 90er von Robert Gruber eröffnet, ehe die Poharez Brüder zur „Gesamterschließung“ ansetzten.

Heute stellen die Hirschwände ein recht beliebtes Bouldergebiet in Niederösterreich dar (es kommen sicher mehr Boulderer als Routenkletterer!) - im Anschluß an den Routenteil folgen hier Topos und Beschreibungen fast aller Blöcke - einzelne Blöcke weiter westlich werden hier nur erwähnt!

Die über 100 Routen oberhalb genießen noch immer einen herben Ruf, das ist allerdings schade und auch fast ausnahmslos nicht mehr gerechtfertigt, denn im Laufe der letzten Jahre wurden fast alle Routen vom „Schwammerl Sepp“ mit neuen Haken (Schwerlastankern und Klebehaken) versehen, wilde Runouts entschärft und auch einige bestens abgesicherte neue Routen im mittleren Schwierigkeitsbereich eröffnet. Freilich, die Art der Kletterei ist die selbe geblieben (anspruchsvolle Platten, tw. wilde Risse) und es gibt auch noch Anstiege im Urzustand, aber eigentlich bedarf es keiner Ausreden, um hier zu klettern.

Ein Spielplatz für Einsamkeits- und Naturliebhaber, die noch eine etwas traditionelle Einstellung zum Klettersport haben (im Gegensatz zum Kletterkonsum a la Gräben) sind die Hirschwände geblieben!

ZUFAHRT KFZ: Von Wien kommend auf der Südautobahn (A2) bei der Abfahrt Wöllersdorf abfahren und auf der Bundesstraße Richtung Gutenstein. In Pernitz zweigt man nach rechts ab (Richtung Unterberg) und folgt der Straße wenige Kilometer bis zur Abzweigung nach Muggendorf nach links. Hier jedoch nicht nach links in den Ort hinein, sondern gerade weiter bis unmittelbar unter die bereits sichtbaren Hirschwände. Hier Parkbuchten am linken Straßenrand. Man kann auch noch ein kurzes Stück bis zum Ghf. Karner (Spielplatz, Parkplatz, Stausee) weiterfahren und das kurze Stück die Straße zurückgehen.

ZUFAHRT Öffis: Mit der Bahn von Wr. Neustadt nach Pernitz (stündlich) und mit dem (selten verkehrenden) Bus zum Karnerwirt.

ZUGANG: Von der ersten Parkbucht (vis a vis ein Trinkbrunnen) beginnt hinter dem Brunnen ein Steiglein, das in Kürze zum Sektor 7 (Rechtsaußen) führt. Ca 5min. Von hier führt ein Steiglein am Wandfuß nach links bis zum Sektor 1 (Calimero Wall).

Zu den Sektoren 1-3 ist es besser, wenn man von der ersten Parkbucht die Straße noch wenige Meter bergauf verfolgt, und dann nach rechts dem bez. Wanderweg Richtung „Jagasitz“ und „Türkenloch“ ganz kurz folgt. Nach 3min führt der Wanderweg unmittelbar am Sektor 1 vorbei. Hier beginnt auch wieder der Wanderweg, der am Fuße der Felsen nach rechts führt.

BESTE JAHRESZEIT: Die Hirschwände liegen auf etwa 700 Meter Meereshöhe und sind südwestseitig ausgerichtet, das heißt, das hier vom frühen Nachmittag bis zum Abend die Sonne scheint. Allerdings befinden sich fast alle Einstiege im dichten Laubwald, daher sind die optimalen Jahreszeiten Frühling und Herbst an nicht zu kalten, aber auch nicht zu heißen Tagen. Im Hochsommer ist es zu heiß, im Winter kann nur an wenigen Plätzen gut geklettert und gebouldert werden:
Einzig in den Bereichen von „Links Außen“, „Rechts Außen“ und der „Großen Gamshöhle“ kann man halbwegs gut an Winternachmittagen klettern, da hier der Einstiegsbewuchs weitgehend fehlt.

BESONDERHEITEN: Nur die beschriebenen Zustiege benutzen! Keinesfalls oben aufs Plateau aussteigen!

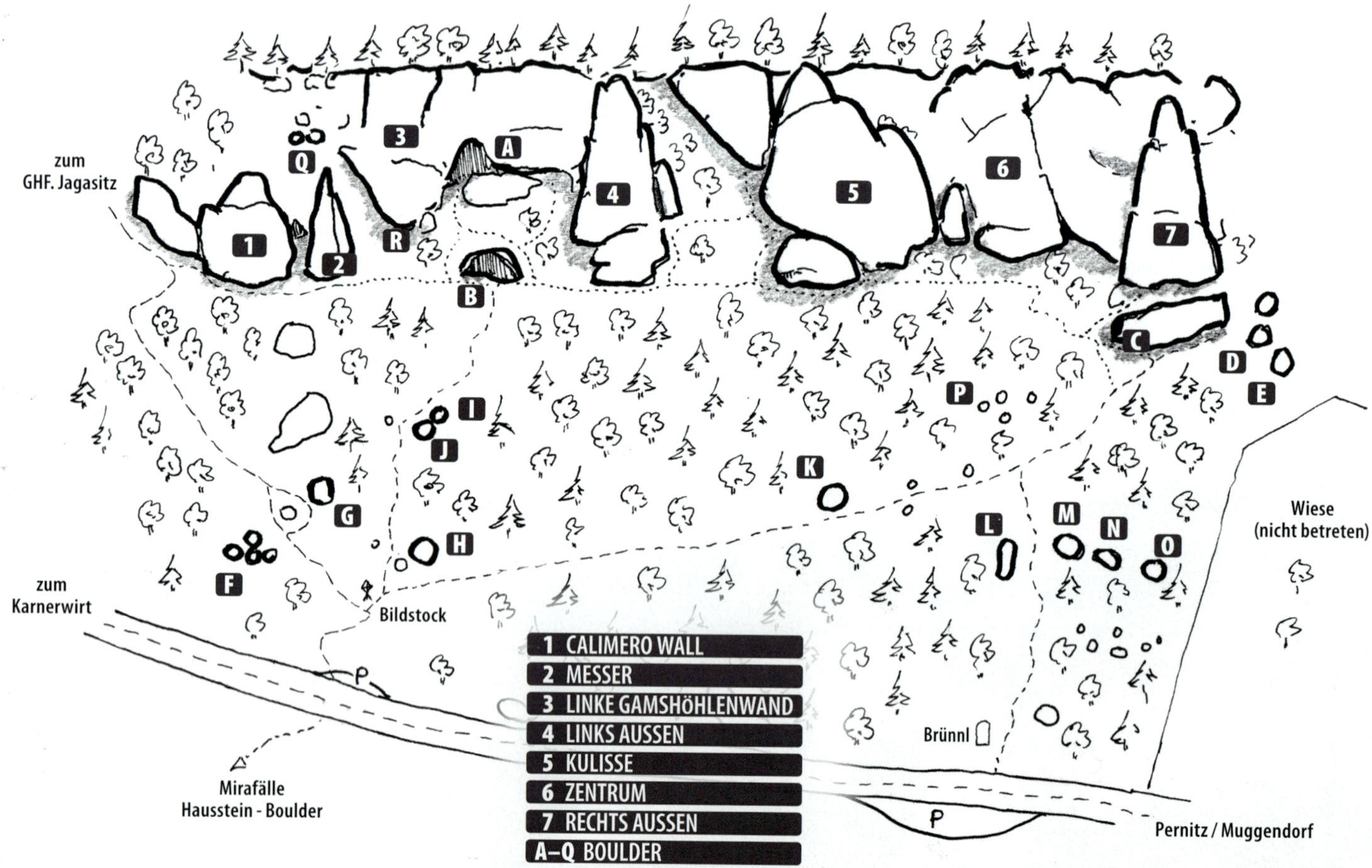
zum
GHF. Jagasitz
zum
Karnerwirt
Bildstock
Mirafälle
Hausstein - Boulder
Brünnl
Wiese
(nicht betreten)
Pernitz / Muggendorf
P
P
1 2 3 4 5 6 7
A B C D E F G H I J K L M N O P Q R
1 CALIMERO WALL
2 MESSER
3 LINKE GAMSHÖHLENWAND
4 LINKS AUSSEN
5 KULISSE
6 ZENTRUM
7 RECHTS AUSSEN
A–Q BOULDER

Martin Jansenberger | DAS OBSZÖNE WERK 8B BL SD | Foto: Jakob Schrödel

SEKTOR 1: CALIMERO WALL

In den bisherigen Führern wird die „Calimero Wall" als eigenständiger Bereich gehandelt, dies ist jedoch irreführend, da sie eindeutig der linkeste Ausläufer der Hirschwände ist. Die „Calimero Wall" ist mit wenigen Schritten zu erreichen und teilt sich in zwei Bereiche: Direkt oberhalb des Wanderweges eine steile, anspruchsvolle Plattenwand mit technisch anspruchsvollen Routen, etwas weiter rechts befindet sich eine geneigte, graue, rißdurchzogene Platte mit dunkelgrauem, eher glattem Fels und „typischen Hackertouren" - viele Bohrhaken, ein ziemlich dichtes Routennetz. Obwohl alle Anstiege sehr gut mit Bohrhaken gesichert sind und die Einstiege familienfreundlich sind, wird hier selten geklettert.

1 DIE WELT IST SO UNGERECHT 5+ (Hacker)
Wenig lohnender Riß ganz links

2 IMMER AUF DIE KLEINEN 7- ✱ (Hacker)
Hübsche Route in rauem Fels

3 GEISTESBLITZ 7+ ✱✱ (Reicher 93)
Kräftiger, steiler Riß

4 CALIMERO 8+ ✱✱ (Reicher 93, RP Reicht)
Steil, rau und kleingriffig - guter Fels

5 HIRSCHEN UND PIRSCHEN 8+ ✱✱ (Reicher 93, RP Reicht)
steiler, rauer Fingermörder

6 HOCHZEITSNACHT 8- ✱✱ (Reicher 93, RP Kubista) Gute, steile Plattenkletterei, leider etwas „grün". Direkte Variante 8+

7 STOTINA GODINE 5+ ✱ (Weiss, Gelbmann 2004) Gestufter, etwas erdiger Riß

8 TROMMELFELL 6 ✱ (Hacker)
Glatter Fels, aber „echte" Rißkletterei

9 BUSHSNAKE 7+ ✱✱ (Simek, Hacker)
Sehr schöne Platte im oberen Teil

10 TRANSKEI 7+ ✱ (Simek, Hacker)
Schwerer Beginn

11 DRAKEN DIREKT 8- ✱ (Hacker)
Sehr glatt und definiert

12 DRAKENSTOUR 7 ✱ (Simek, Hacker)
Mehrere Varianten möglich

13 SOWETO 6+ ✱ (Simek, Hacker)
Hübsche Wandkletterei

SEKTOR 2: MESSER

Nur wenige Schritte rechts der „Calimero Wall" befindet sich in den linkesten Ausläufern der Hirschwände das „Messer", ein markanter, eigenständiger, etwa 40m hoher, grauer Pfeiler mit ein paar wirklich hübschen und gut abgesicherten Touren in rauem, zerfressenem Kalk! Alle Touren sind saniert!

13a FRISS ODER STIRB 7 ✱✱ (Weiss 2005)
Kurze Neuroute am linken Wandrand

14 HOUR OF POWER 7 ✱✱ (Jentzsch, Hacker) Schöne, steile und abwechslungsreiche Wandkletterei

SEKTOR 3: LINKE GAMSHÖHLENWAND

Ziemlich versteckt liegt rechts oberhalb des Messers die „Große Gamshöhle", eine eindrucksvolle Halbhöhle an einem tollen Platz. Von Seiten des Grundstückseigentümers ist es nicht erwünscht, daß hier Routen eingebohrt werden, man halte sich bitte daran (immerhin gibt es hier ein paar Boulder). Allerdings kann man durch eine etwas grasig-schrofige Querung nach links die „Linke Gamshöhlenwand" mit ein paar kurzen, ganz netten Touren in gutem Kalk erreichen.

15 HERR DER RINGE 7+ ✱✱ (Jentzsch, Hacker) Steiler Einstieg, genial zerfressene Platten im Mittelteil und steiler Ausstieg - sehr schön!

16 LEATHERMAN TOOL 7+ ✱✱ (Simek) Relativ weit abgesicherte Route entlang der stumpfen Kante mit schon etwas „deutlicherem Hirschwandcharakter"

17 ETWAS STUMPF 7+ ✱✱ (Enserer, Kromer) Über tollen Plattenfels anspruchsvoll links an die Kante, auch oben noch eine schwere Einzelstelle

18 CENTERFOLD 7 ✱ (Enserer, Skone) Diffizile Einstiegsplatte, auch oben etwas alpiner Charakter - endgültig im „Reich der Hirschwände" angelangt

19 DOPINGTEST 7- ✱✱ (Jentzsch, Hacker) Schöne Platte mit schwierigem Schluß

20 MASTERPIECE 7 ✱✱ (Jentzsch, Hacker) Sehr schöner Plattenfels!

21 RAP THE ROCK 6+ ✱✱ (Jentzsch, Hacker) Ebenfalls schöne Platten und Rißkletterei

22 EXIT 5 ✱ (Jentzsch, Hacker) Kurze Verschneidung an abgelegenem Ort

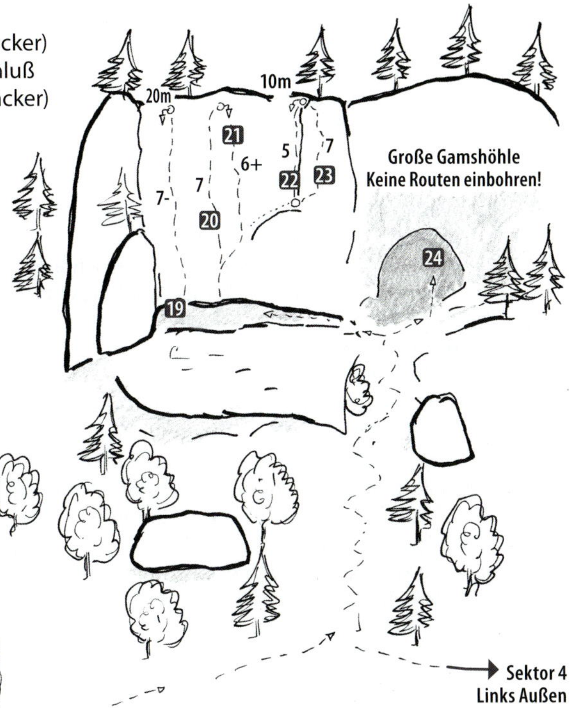

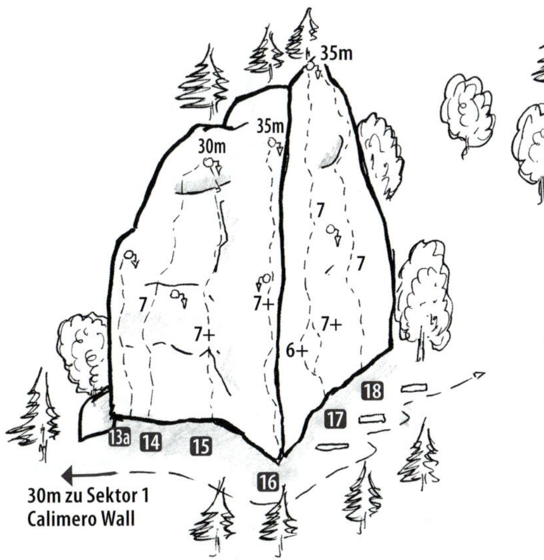

23 BAT BITCH 7 ✱✱ (Jentzsch, Hacker) Kurze Kante mit gutem Fels und scharfen Löchern, sehr abgelegen

24 Projekt

SEKTOR 4: LINKS AUSSEN

Bis zu 80m hoher kompakter Felsturm im zentralen Teil der „Hirschwände" mit eher steileren, etwas „hirschwanduntypischen" Touren: Entweder klassische Linien durch Risse alpinen Zuschnittes oder steile Wandklettereien in grauem, griffigem Fels - dabei finden sich auch ein paar Gustostückerl. Recht sonnige Einstiegsplätze! Alle Touren (bis auf 36) sind saniert!

25 I WAS NET 7+ ✱✱ (Enserer, Reicher) Schöne, lohnende Zweiseillängentour mit sehr guter Klebehakenabsicherung! Die 2. SL führt durch sehr schönen Fels!

26 NICHT MEIN PROBLEM 8 ✱✱✱ (Enserer/Reicher, RP Enserer) Sehr lohnende Linie durch eine tolle, unübersichtliche Lochtapete!

27 CURETTAGE A VIF 7+ ✱✱ (Enserer) Schöne, lohnende Leistenkletterei!

28 SCHARFE SACHE 7- ✱ (Enserer, Reicher) Nette Fünferverschneidung, oben Schlüsselstelle gemeinsam

29 KLASSISCHER RIß 6 ✱✱✱ (1. Beg. unbek) 1. SL unlohnend, oben dann eine gut mit BH gesicherte tolle Rißkletterei mit alpinem Anstrich. Besser über 30 einsteigen!

30 STERNSCHNUPPERER 6+, 9- ✱✱✱ (Enserer) 1. SL schöne 6+ Genußkletterei, 2. SL harte Sportkletterroute mit schwerer Einzelstelle

31 BRÖSELMAIER 5+ ✱✱ (Enserer) Kurze Aufwärmroute

32 ALTE TECHNOTOUR (Bauer)

33 LES PETITS RIENS 5+ ✱✱ (Enserer) Sehr hübsche, aber kurze Platte

34 SAND IN SICHT 5 ✱ (Enserer) Ebenfalls hübsche, aber kurze Route

35 VIVANT SEQUENTES 8 ✱✱ (Enserer) Im unteren Teil hübsche Fünferkletterei (Abseilen möglich), oben dann gute athletische und überhängende Lochkletterei!

36 HENKELVERSPRECHUNG 8/8+ ✱✱✱ (Enserer, Reicher) Schöne, lohnende Route in tollem Fels - technisch anspruchsvoll!

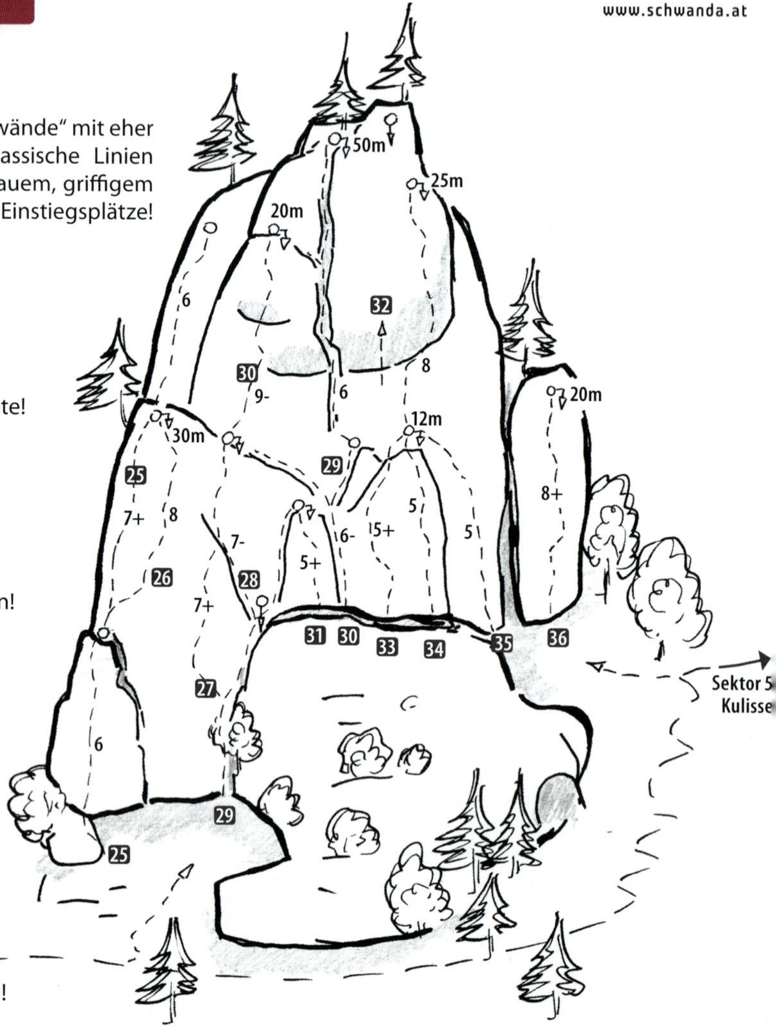

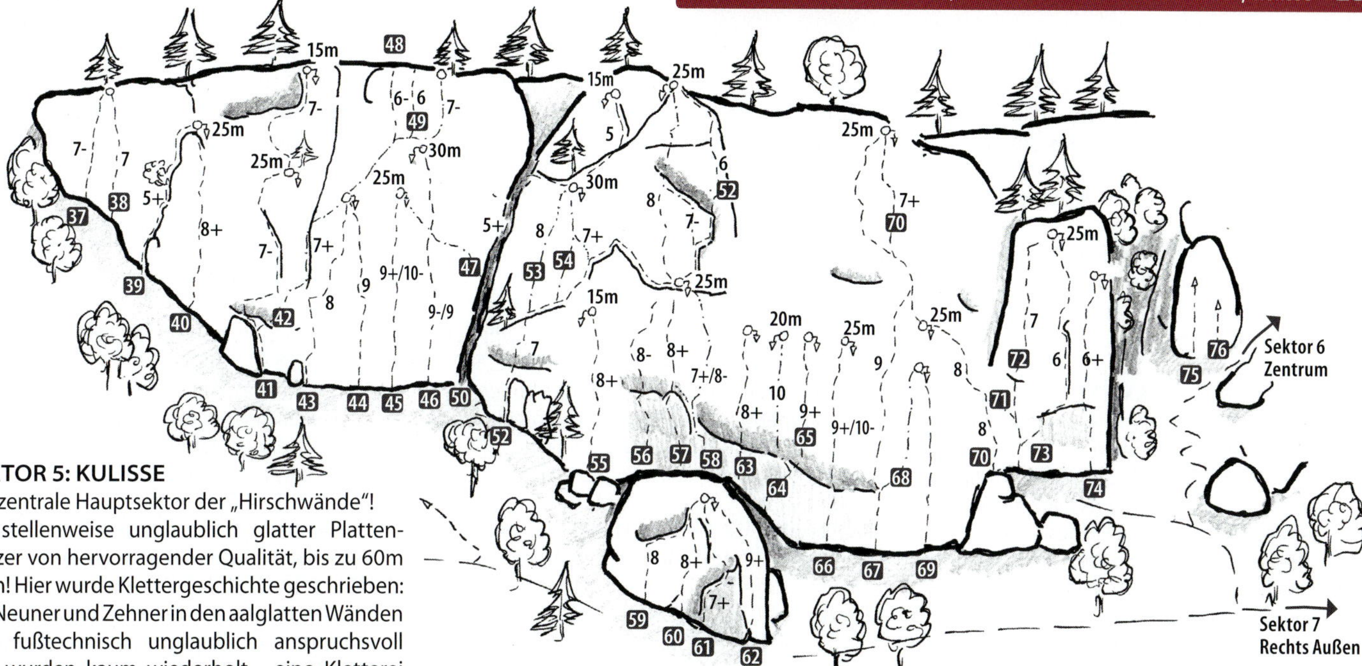

SEKTOR 5: KULISSE

Der zentrale Hauptsektor der „Hirschwände"! Ein stellenweise unglaublich glatter Plattenpanzer von hervorragender Qualität, bis zu 60m hoch! Hier wurde Klettergeschichte geschrieben: Die Neuner und Zehner in den aalglatten Wänden sind fußtechnisch unglaublich anspruchsvoll und wurden kaum wiederholt - eine Kletterei fernab aller Trends, wo sich Spreu und Weizen scheiden!

An der linken und rechten Begrenzung finden sich auch einige lohnende Genußklettereien, wobei die Sechsertouren am rechten Rand wohl zu den besten Hirschwandtouren für Normalsterbliche gehören. Zu allem Überfluß gibt es noch am vorgelagerten Klapf athletische Überhänge zu bewältigen! Fast alle Touren sind saniert und nun bestens mit Bohrhaken ausgestattet (Ausnahmen sind angegeben!).

37 MORIA 7- (Enserer, Reicher) Kurz, grün, schlecht gesichert und wenig lohnend

38 GOMPHIDIUS 7 ✱ (Enserer, Reicher) Kurz, aber ganz ok. Alte BH!

39 SEMIROUGH 5+ ✱ (Skone, Kromer) Schöne, markante Schuppe, etwas alpin, aber neuerdings gut mit BH gesichert

40 SADISTENBEHELF 8+ ✱✱ (Enserer) Kaum begangene (daher etwas grüne), aber sehr interessante anspruchsvolle Tour mit tollen Zügen! Alte BH!

41 SONNENDIAGONALE 7- ✱✱ (Skone/Hauger/Wohlschlager 1975) Ein Klassiker (szt. nur mit KK), heute hervorragende BH Absicherung. Sehr gute Wand- und Rißkletterei!

42 BARBITOUR 7+ ✱ (Skone, Kromer) Klassiker, der immer schräg re. quert. Kaum begangen, weniger schön

43 SCHERZPFEIFERL 8 ✱✱ (Enserer) Anspruchsvoll, aber sehr gut: Fingerlochzug unten, oben fußtechnische Kante!

44 IMMER NUR LÄCHELN 9 ✱✱✱ (Enserer)
Platte mit seichten Löchern - hohe Schule!

45 ZWERGENFALLE 9+/10- ✱✱✱ (Enserer)
Dasselbe - sehr hohe Schule!

46 SINGT MIR EIN LIED 9-/9 ✱ (Enserer)
Nicht ganz so genial

47 MIR IS WURSCHT 7- ✱ (Enserer) Aus dem Kamin nach links queren - gute Möglichkeit zum Einhängen der vorigen Touren

48 VARIANTE 6- ✱

49 VARIANTE 6 ✱

50 RIESENKAMIN 5+ ✱✱ (1.Beg. unbek)
Eindrucksvoller Kamin, neuerdings gut mit BH abgesichert - nicht im Trend!

51 JÄGERMEISTERKAMIN 3 ✱✱ Im Prinzip derselbe Kamin, allerdings ganz hinten im Kamingrund. Auch mit BH gesichert.
„Wie aus einer anderen Welt" (Ch. Hacker)

52 PLATTENSPIELE 7- ✱✱✱ (Skone, Enserer 82)
Eine der ersten Routen der Hirschwände! Zwei Längen mit etwas komplizierter, aber logischer Linie über Platten und herrliche Risse! Mit BH neu abgesichert, KK sind nicht mehr nötig. Toller Bogenriß in der 2. SL, den man nach re verläßt

53 ORIGINALTRICK 8 ✱ (Enserer, Reicher)
Steile schwere Wandkletterei, alte BH

54 JOYFIGHT 8 ✱ (Enserer, Reicher)
Etwas definierte Variante zu 55, alte BH, schwierige Plattenkletterei

54a JOYRIDE 7+ ✱✱✱ (Enserer, Reicher)
Neu abgesichert und sehr lohnend! In einer Rechtsschleife in 54 hinein - weite Züge an guten Griffen!

55 ZAUBERNUSS 8+ ✱ (Enserer) Kurzroute mit harter Einzelstelle. Alte BH, etwas zugewachsen

56 STRENGER AUFRISS 8 ✱ (Enserer)
Zweiseillängentour, nur tw. saniert.
Unten alte Haken. In der 2. SL eine beinharte Reibungsplatte direkt in den Bogenriß

57 FAITES VOUS JEUX 8+ ✱✱ (Enserer)
Steil, schön und plattig. Nicht saniert

58 SAME PLAYER TRIES AGAIN 7+/8- ✱✱✱ (Enserer) Sportkletterklassiker! 1. SL sehr gut abgesichert und interessante Stellen, 2. SL auch saniert durch den gesamten Bogenriß und super, aber ev. Friends zu empfehlen

59 B-BOULDER 8- ✱✱ Raue, gar nicht schlechte, jetzt mit BH abgesicherte Kurzroute am unteren Klapf

60 DENKEN KANNST DA SCHENKEN 8+ ✱✱✱ (Enserer) Überhängende Lochkletterei mit guten Zügen und scharfen Griffen

61 HAPPY BIRTHDAY DR. KROMER 7+ ✱✱ (Kromer, Enserer) Stark überhängende, braune Lochkletterei mit tw. scharfen Griffen

62 AMASAKE 9+ ✱✱ (RP Dinse)
Kurz, anspruchsvoll, abdrängend

63 SCHNURZILEIN 8+ ✱✱ (RP Enserer) Überhängende Wandkletterei knapp re von 58

64 PROCAINE 10/10+ ✱✱✱ (RP Helma)
Dach mit goldenen BH

65 CIERNE DNI 9+ ✳ (RP Würzl)
Genial entlang der alten Technoroute „Moosstreifen A3" (Sepp Bauer)

66 ANARCHOPRAK 9+/10- ✱✱✱ (Enserer, RP Reicht) Überhängende Rißspur und extrem technische graue Löchleinplatte, anhaltend

67 PULVIS ET UMBRA 9 ✱✱ (RP Enserer 88)
Extrem anspruchsvolle Reibungskletterei an Dellen. Die 2. SL ist durch Griffausbruch wieder ein Projekt geworden

68 CHAOSGASSE 92 9 ✱✱ (RP Enserer)
Ebenfalls extrem anspruchvolle Reibungskletterei

69 ODE PROFANUM VULGOS ET ARCEO 9+ ✱✱ (RP Enserer)
Plattig, extrem, harte Einzelstellen

70 SCHRÄGES GELÄNDE 8 ✱✱✱ (RP Enserer)
Der Extremklassiker im 8ten Grad an der Kulisse: Zwingend, technisch wertvollst - auch so können Achter ausschaun!
Die 2. SL wird selten begangen

71 ORIGINALEINSTIEG 8 ✱✱
Man erspart sich den schönen Direkteinstieg, die Schwierigkeiten bleiben gleich

72 HOLDE TÄUSCHUNG 7 ✱✱ (Enserer, Reicher) Im unteren Teil abdrängende Wandkletterei, oben geniale Genußkletterei

73 LIEBSTLING 6 ✳ (Enserer, Reicher)
Ein Klassiker! Neu und besser abgesichert!
Wunderschöne Wandkletterei in kompakter zerfressener Lochplatte!

74 UT ALIQUID FIERI VIDEATUR 6+ ✳ (Enserer, Reicher) Fast genauso schön über die zerfressene Kante rechts von 73
Neu und besser abgesichert

75 MACH DICH LEICHT 9 ✱✱ (Enserer, RP Reicht) Kurze Bouldertour, nicht mehr beg. - Ausstieg verwachsen

76 NO WAY BACK 8+ ✱ (Enserer, RP Reicht)
Ebenso

SEKTOR 6: ZENTRUM

Im rechten Teil der „Hirschwände“ liegt das „Zentrum“ - der wohl beeindruckendste und wildeste Bereich: Ein ziemlich düsterer Felskessel mit alpinen, teils brüchigen Rissen und beachtlichen Wandhöhen. Man wähnt sich hier kaum in einem Klettergarten, dieser Bereich könnte auch gut zur Rax passen. Neben wilden, selbst abzusichernden brüchigen Rissen im rechten Teil gibt es ganz links noch ein paar berüchtigte schwere Plattentouren, die nur tw. saniert sind. Dazwischen jedoch - kaum zu glauben - wurden am alten „Schluchtpfeiler“ im Jahre 2005 vom Schwammerlsepp ein paar hübsche Henkeltouren ausgegraben, die bestens abgesichert sind und zu den leichtesten und gemütlichsten Routen hier zählen, durchaus auch anfängertauglich!
Alle Routen außer den angeführten sind mit neuen Bohrhaken saniert!

77 ERDE DORNEN UNDSOWEITER Ein paar neue BH in der total verwachsenen Schlucht - unlohnend!

78 GUSCH KRAMPEN 1. SL 6 ✱ (Enserer, Kromer)
Hübsche, aber verwachsene Rampe nach links. Saniert!

79 DOPPELT GEREBELT 7 ✱ (Enserer, Kromer)
2. SL zu 78. Wilder Riß - KK nötig

80 GUSCH KRAMPEN 2. SL 6 ✱✱ (Enserer, Kromer)
Lohnender, gutgriffiger Riß - Saniert

81 DE OIDE PLESCHN 5- ✱ (Weiss, Gelbmann 2006)
Ganz hübscher Zustieg über markante Rißschuppe, viele BH

82 PEINIGL 8- ✱ (Enserer) Rau und kleingriffig, weit gesichert!

83 GUCKI WUCKI 8- ✱✱ (Enserer)
Tolle, aber höchst anspruchsvolle 2 SL Tour - weit gesichert!

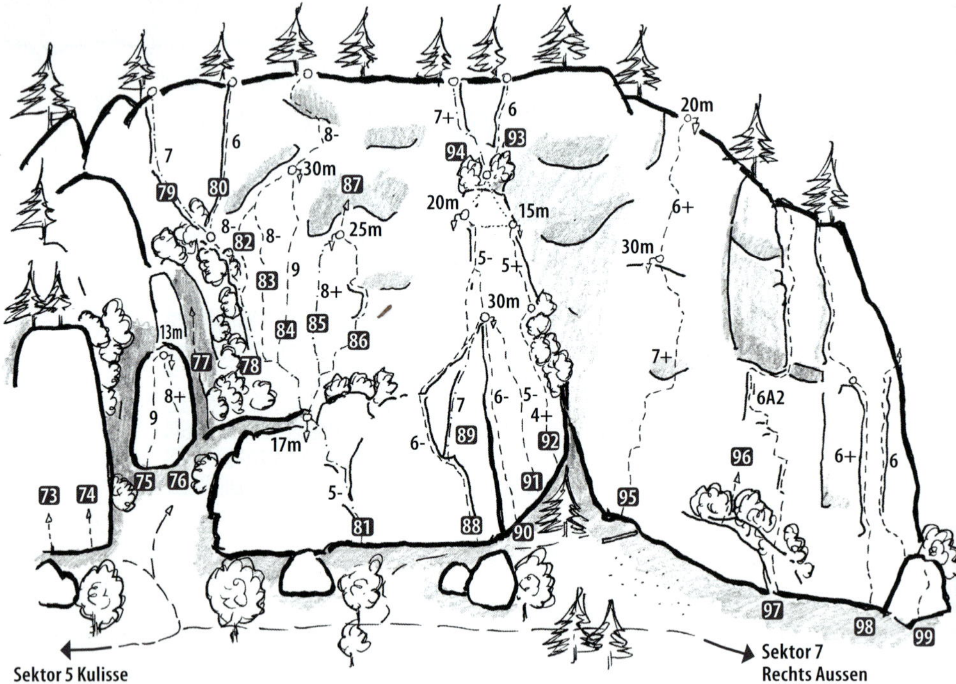

84 SAXA LOQUUNTUR 9 ✱✱✱ (Enserer)
Tolle Ausdauertour durch kompakte, feinerosionierte Wand, bis zum Stand eng saniert, in der 2. SL nur mehr Sticht BH

85 DESIDERIO DESIDERAVI 8+ ✱✱✱
(Enserer) Sehr gute Wandkletterei an tw. sogar guten Löchern. Exzellenter Fels. Alte BH, tw. sehr weit gesichert 1. BH fehlt !

86 CALGONIT CADDY 7+Ao ✱ (Enserer)
Unten hübscher 6+, dann AO (frei ca 8-9, flechtig!). Komische Tour, aber saniert und sehr eng gesichert!

87 TECHNOTOUR (Bauer) Uralte Sticht BH

88 OSTARIT 6- ✱ (Weiss 2005) Verwachsene Rampe, enge BH Absicherung

89 CRNO MACKA 7 ✱✱ (Weiss 2005)
Unten toller 6- Piazriß, oben schwieriger Fingerriß. Sehr enge BH Absicherung

90 BIS ZUM BITTEREN ENDE 6- ✱✱✱
(Weiss 2005 bzw. Skone, Kromer)
Neu geputzt und nun bestens mit BH gesichert. Sehr schöne löchrige Wandkletterei am Pfeiler

91 PARADIES 5- ✱✱ (Weiss 2005)
Hübsche Henkelkletterei, etwas verwachsen

92 MADELENE 4+ ✱ (Weiss 2005)
Henkelkletterei, bestens gesichert, wuchert aber total zu

93 SCHLUCHTPFEILER 2.SL 6 ✱
(Skone, Kromer) Keine Absicherung

94 WAIDMANNSLOCH 7+ ✱
(Skone, Enserer) Ausstiegsvar. Alte BH!

95 DIE ALTEN WILDEN 7+ ✱✱
(Skone, Fessler 1985) Eindrucksvolle 2 SL Tour. Mit Klebehaken saniert und sehr gut abgesichert, aber tw. brüchig. Dennoch nicht unlohnend!

96 TECHNOTOUR (Bauer)
Alte Haken rechts von **95**

97 ZENTRALRISSE 7+ ✱ (Skone, Kromer)
Wilder alpiner Anstieg! Keine BH! KK und Haken nötig!

98 GELBER PFEILER 6+ ✱ (1. Beg. unbek)
Wilder alpiner Anstieg! KK nötig!

99 PFEILERRISSE 6 (1. Beg. unbek) Wilder alpiner Anstieg, tw. splittrig! KK nötig!

SEKTOR 7: RECHTS AUSSEN

Die Hirschwände werden rechts von einem mächtigen, grauen, 100m hohen Plattenturm begrenzt: Von einem Schrofensockel weg starten hier einige schöne Routen, die als „Hirschwandklassiker" zu bezeichnen sind und großteils saniert (Ausnahmen sind angegeben!) und nun sehr gut mit Bohrhaken abgesichert sind. Die Felsqualität ist nicht ganz so perfekt wie zB an der „Kulisse", oft dominieren aber auch hier graue, mehr oder weniger griffige Platten und kurze, anspruchsvolle Risse. Dazwischen gibt es aber auch etwas Splitter und insgesamt weisen alle Anstiege einen leicht alpinen Anstrich auf.

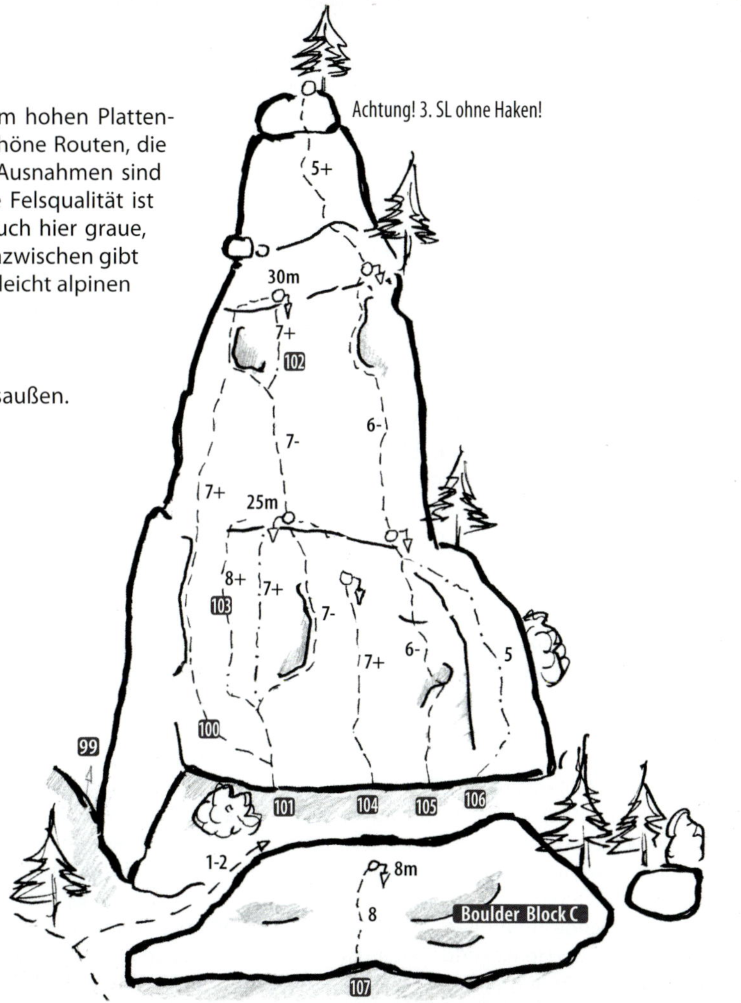

100 MAY GODS LOVE BE WITH YOU 7+ ✱✱✱ (Enserer, Skone 1988)
Neben dem 101 (Sunset Boulevard) die zweite Pflichtroute am Rechtsaußen. Eine sehr lange, tolle SL an Platten und Rissen. Saniert!

101 SUNSET BOULEVARD 7- ✱✱✱ (Enserer)
Eine der besten Hirschwandtouren! Kompakter, löchriger Fels. Saniert und gut abgesichert. 2 kurze SL

102 UT ALIQUOD FIAT 7+ ✱✱✱ (Enserer)
Elegante, gefinkelte Linie in bestem Fels

103 UND TÄTE GERNE WAS ER MÖCHTE 8+ ✱✱ (Enserer)
Glatte Plattenkletterei

104 SKIDROAD 7+ ✱ (Enserer)
Kurze Sportkletterroute „typisch Hirschwand": eine 7+, nicht zu vergleichen mit solchen in den Gräben oder sonstwo ...

105 DIREKTER OSTGRAT 6- ✱✱ (1. Beg. unbek)
Hirschwandklassiker! Szt. hakenlos und moralisch, jetzt gut mit BH abgesichert und eine lohnende Dreiseillängentour mit alpinem Anstrich. Tw. sehr schöner Fels, aber auch etwas brüchige Stellen - Achtung bei der Schuppe der 2. SL, 3. SL ohne Haken!

106 ALTER OSTGRATEINSTIEG 5 ✱✱
Keine Haken! Wird nicht mehr begangen.

107 EINTRITT FREI 8 (Reicher, Schall)
Ganz kurze, harte und unlohnende Route am vorgelagerten (Boulder) Block. Alte BH!

A: GROSSE GAMSHÖHLE

Im oberen Teil der Hirschwände, eingelagert zwischen den Sektoren „Linke Gamshöhlenwand" und „Linksaußen" befindet sich das eindrucksvolle Portal der „Großen Gamshöhle" an einem landschaftlich wunderschönen, aussichtsreichen Platz. Die Felsqualität hier ist ausgezeichnet und würde sich auch für tolle Sportkletterrouten eignen - bis auf ein paar alte Sticht BH Leitern gibt es hier jedoch keine Touren - und das aus Gründen des Vogelschutzes, wie mit dem Grundstückseigentümer vereinbart wurde!

Das Bouldern ist hier jedoch erlaubt, da die vielen Löcher mit den Vogelnestern nicht berührt werden. Die Boulder im linken Teil der Höhle verlaufen über stark überhängenden, kompakten gelben, tw. versinterten Fels, jene im rechten Teil in einer ebenfalls überhängenden grauen Wand mit tollen Strukturen!

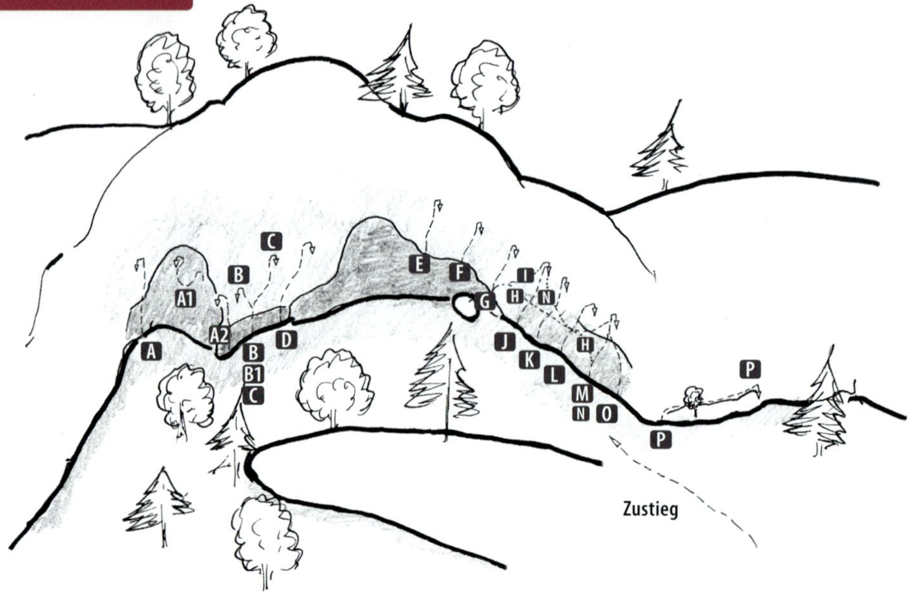

A SANNE IM SONNE 6a+ bl
A1 DARK ZONE 7a+ bl sd
A2 DER GUSSEISERNE DACKEL 8a+ sd
B DAS DING 7b bl / 7c+ bl sd
Genial! Ohne die kleine brüchige Sinterfahne links oben!
B1 OBSZÖN-ER-GUSS 8a sd
Sd wie **B**, oben links zu **A2**
C DAS OBSZÖNE WERK 8a bl / 8b bl sd
Wie **B** (Das Ding), vorm Abschlußsprung aber re weiter um die Kante zu Henkel
D BODENKULTUR 7a tr sd
Beide Hände auf großem Knopf, re ums Eck, hoch zu Henkel und weiter nach re zum Ende. Sehr gut!

E DIE DURCH DIE HÖHLE GEHN 7a bl sd
Taschenlampe mitnehmen!
F Projekt
G Projekt
H SCHWINGER CLUB 7a+ tr sd
Wie **I** (Total Fäkal), rechts aussteigen
I TOTAL FÄKAL 7a bl sd re
Auf seltsamem Griff, li Untergriff knapp überm Boden, li Schulterleiste, re Ende wie **J** (Die in der Scheiße sitzen)
J DIE IN DER SCHEISSE SITZEN 6c bl sd
Auf gr. Seitgriff, gerade rauf zu verstecktem Henkel

K RISS 6b bl sd
Den Riss gerade hoch zu Loch sd 6b bl sd im großen Riss, diesen hinauf zum Untergriff, und rechts zum Ende von **M**
L DIE UNNATÜRLICHSTE SACHE DER WELT
7c bl sd Def: Li Untergriff, re kl Loch, mit re weit auf Leiste, dann li rauf zum Untergriff und Ende von **J**
M 6b bl sd Hoch auf Henkel in Querriss
N 6c tr sd Einstieg über **M** und nach li zum Ende von **J** (Die in der Scheiße sitzen)
O 6a bl sd Hoch auf Henkel in Querriss
P 4b tr Hübsche leichte Hangel bei Bäumchen vorbei

B: KLEINE GAMSHÖHLE

Einer der besten und größten Boulder der Hirschwände: Am Fuß der Wände, zwischen den Sektoren „Messer" und „Linksaußen", etwa in gleicher Höhe mit den Messer-Einstiegen, etwas versteckt im Wald gelegene Halbhöhle: Ausgezeichnete Felsqualität: Stark überhängende Boulder an besten grauen Leisten und Sinterstrukturen!

Der beschriebenen Boulder sind es viele angesichts der „Kleinheit" der Höhle, und es sei bemerkt, daß die meisten Boulder hier sehr sehr definiert sind!

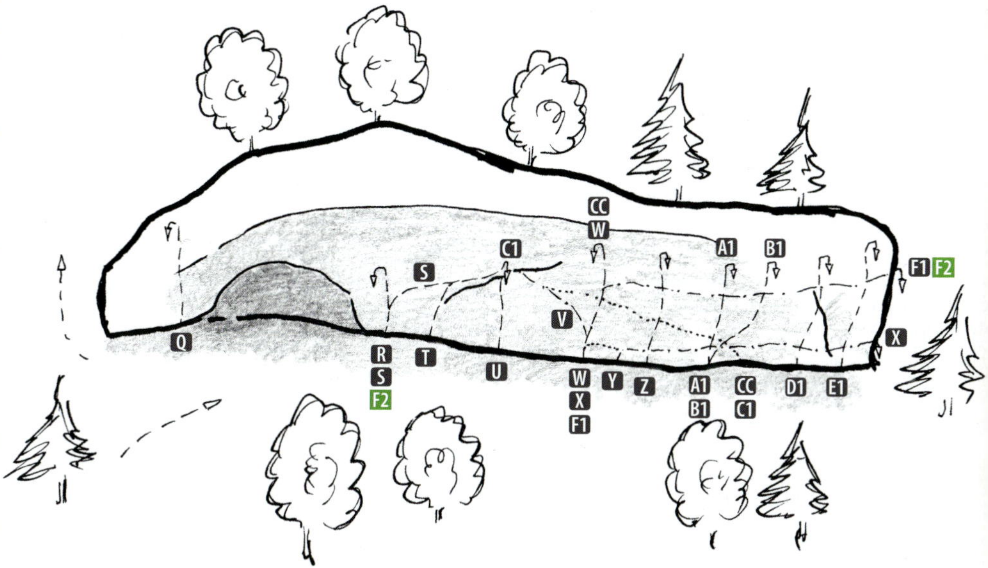

- **Q** DER HÜPFER 7a bl sd
- **R** CAPITAIN HOOK 7b bl sd
  Gerade rauf, Ende auf 3 Fingerloch
- **S** DAS BIEST 7c bl sd
  An Sinterfahne, re weg, Ende auf gr Henkel
- **T** DOWN RODEO 7a+ bl sd
  Rechts an Zange, mündet in **S** (Das Biest)
- **U** HIRSCHFÄNGER sd 5 bl Gerade zu Henkel
- **V** DER BRUTALE 7a+ bl sd
  An zwei Leisten, dann li weg zum gr Henkel
- **W** DER GUTE 7b bl sd
  Wie **V** (Der Brutale), dann Rechtsschleife und Sprung in gr Loch
- **X** TIEFENSCHÄRFE 8a tr sd
  Vorverlängerung zu **Y** (Grundzüge)
- **Y** GRUNDZÜGE 7b tr sd
  Tiefe Rechtsquerung
- **Z** MR BOMBASTIC 7b+ bl sd
  Auf Untergriff, re auf gr Knopf und gerade weiter
- **A1** OPEN END 6c bl sd
- **B1** FREE CELL 6c bl sd Wie **A1** (Open End), dann re weiter, aber ohne den Riß
- **CC** MUGGENMANIA 7b tr sd Ausstieg bei **W**
- **C1** MUGGENMANIAC 7b+ tr sd
  Wie „Muggenmania", dann nach li traversieren bis zum Ende von **T** (Down Rodeo)
- **D1** SAN SEE OFT IM GROBM 6c bl sd Gerade rauf
- **E1** BLINDGÄNGER 6a+ bl sd Leicht re der Verschneidung
- **F1** DIE SCHÖNE 7c tr Entlang **W** bis zum Sprung, dann nach re queren
- **F2** DIE SCHÖNE UND DAS BIEST 8a tr Kombiniert **S** (DAS BIEST) und weiter nach rechts **F1** (DIE SCHÖNE) bis zum Ende

BLOCK C: RECHTS AUSSEN

Unterhalb des Sektors „Rechtsaußen" der Hirschwände befindet sich ein vorgelagerter, etwa 10m hoher Block, an dem sich eine alte Route und ein altes Projekt befinden, die nie beliebt wurden. Beliebt wurden hingegen die netten Boulder, die hier eröffnet wurden: Dunkelgrauer, leicht überhängender kompakter Kalk mit meist sehr kleinen Leisten und völlig ebenem Untergrund. Und auch an den Blöcken rechts davon gibt es noch ein bißchen was.

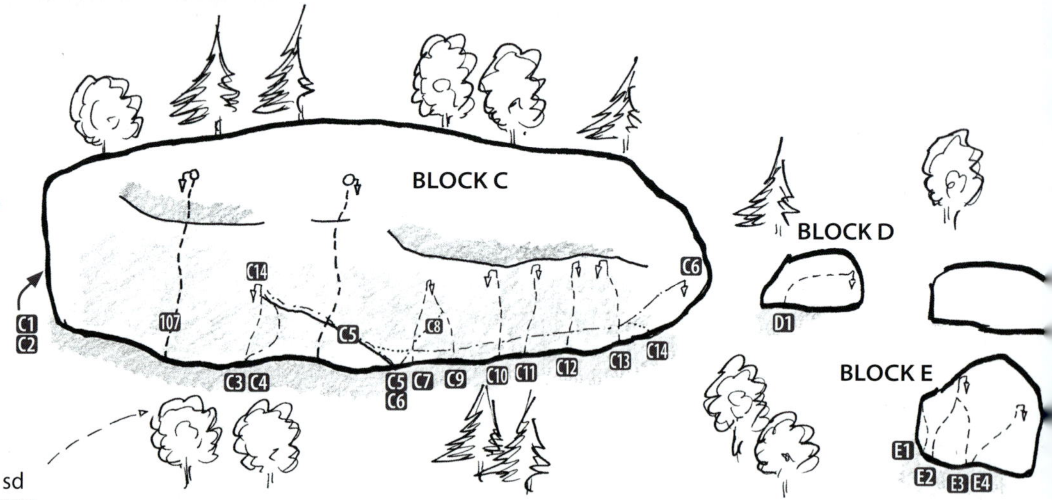

- C1 NUDELPUMPENMECHANISMUS 7a/b sd
- C2 PSYCHEDELISCHE FRAUENGESCHICHTEN 7a+ sd
- C3 LAMBRUSCO 7a sd
- C4 BARBARESCO 7a+ bl sd
  Auf Leiste, Dynamo re auf Bankerl
- C5 MORTICIAN 6b sd tr
  Weiter Zug zum Schluß
- C6 HELVETE 6c+/7a sd tr
- C7 VEGO KNACKWURST 7b+ sd bl
  Leistenzüge zu Henkelloch
- C8 VEGETARIAN OCCUPATION 7b+ sd bl
- C9 FIXE ANSTELLUNG 7c+ sd bl
  Re an Henkel, dann schräg li auf Henkel
- C10 FLATLINE 7b sd bl
  Die schwach ausgeprägte Kante aufs Band - sehr gut!
- C11 6a sd bl
- C12 MITTENDRIN STATT NUR DABEI 6c sd bl
  Grauer Streifen
- C13 6a sd bl
- C14 SCHLEIFSPUR 7a+ sd tr, C6 (Helvete)
  Retour und Ausstieg über C5 (Mortician)

BLOCK D:

- D1 INQUANOK 6a+ tr

BLOCK E:

- E1 OANO BET NO 6a+ sd
- E2 EL HUMO NEGRO 7a+ sd bl
- E3 GRINDKRETZNHIKE 7c sd bl li
  Leiste, re Loch, kl Leisten li zu Henkel
- E4 HUPF IN GATSCH 6b sd bl li
  Leiste, re Loch, Sprung gerade rauf

BLOCK F (o. A.):

Knapp oberhalb der Straße und knapp links vom bez. Wanderweg befinden sich im lichten Unterholz ein paar kleine Blöcke mit einigen kleinen überhängenden Bouldern.

BLOCK G (o. A.):

Direkt neben dem bez. Wanderweg befindet sich dieser große Block mit nur einem Boulder, näheres ist uns nicht bekannt. Auch die großen Blöcke oberhalb (die größten der Hirschwände überhaupt!) eignen sich nur sehr bedingt zum Bouldern!

E9

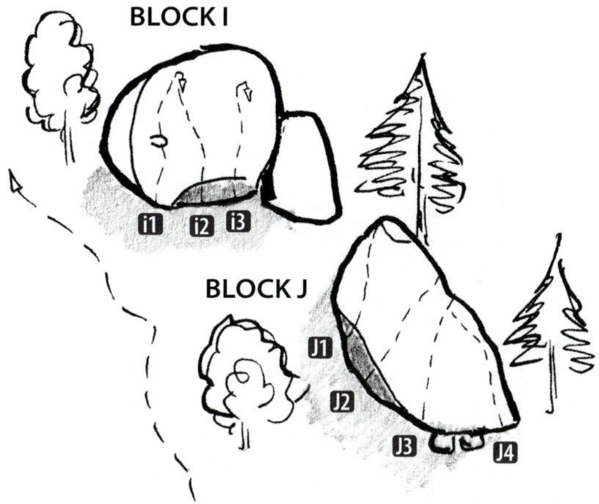

BLOCK H

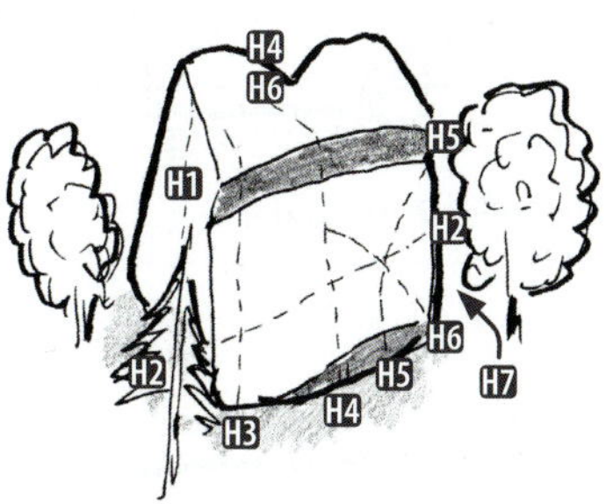

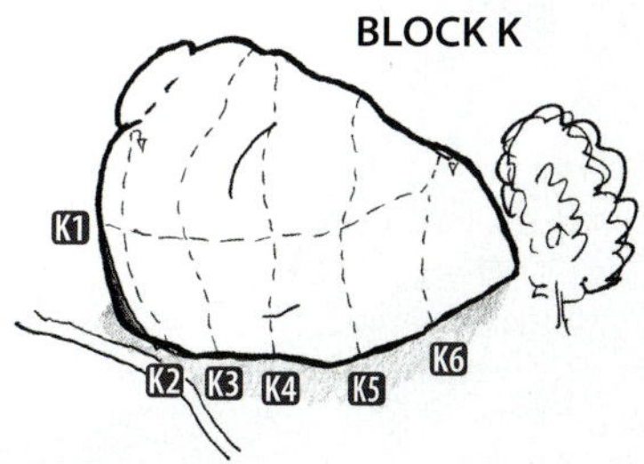

BLOCK H:
Relativ großer Boulderblock knapp über der Straße:
Sehr guter Fels, harte Züge!

- H1 OHNE ZEHENSPITZEN 6A
- H2 ACHTUNG KROGA 6a+ v.li.n.re.
- H3 SITZEN HEISST SITZEN 7b sd
- H4 BACKSIDEDESASTER 7c sd
- H5 DIE KROCHA - BAM OIDA 7c sd
- H6 AMPUTATOR 7b+ Definiert
- H7 ALMDUDLA 6b sd ganz rechts ums Eck

BLOCK I:
Am Zugang zur Kleinen Gamshöhle (Block B) befindet sich dieser kleine Block

- i1 KANTE 6a sd
  Start mit beiden Händen an der Kante
- i2 BIGGER IS BETTER 6b sd
- i3 NAMENLOS 6b+ sd Start mit beiden Händen auf Aufleger

BLOCK J:
Direkt neben Block I, am Zugang zur Kleinen Gamshöhle

- J1 5 sd links Zapfen
- J2 HUPFA 6a+ sd
  Mit 2 Seitleisten starten und direkt an der Kante
- J3 6a+ sd ohne die rechte Kante
- J4 SCALINA 6a traverse

BLOCK K:
Einer der besten Blöcke, optimal direkt am Weg gelegen, sehr guter grauer Fels!

- K1 GRÄULICH 6b+ traverse
- K2 KRATZLUST 6a sd
- K3 6a sd
- K4 NUR FÜR SPANISCHE BÄREN 6a+ sd
  Links Einfingerloch
- K5 6a+ sd, K6 5 sd

Flo Murnig | DAS DING 7C+ SD | Foto: Jakob Schrödel

BLOCK L

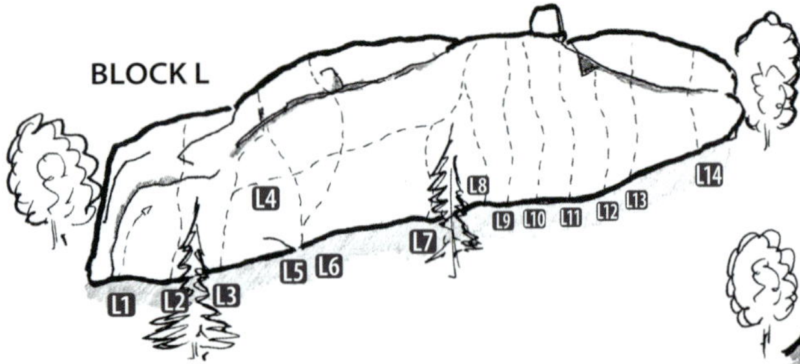

BLOCK L:

Unmittelbar am unteren Zugang zu den Hirschwänden gelegener Block, der auf den ersten Blick nicht so einladend wirkt, aber ein paar gar nicht so schlechte Boulder aufweist

- L1 DIE 6b+ tr
  Mit den Händen in der Rißspur bleiben
- L2 5 sd, L3 5 sd
- L4 GRÜNSPAN 6b+ tr
- L5 BLOOD BROTHERS 6a+ sd
- L6 METL 6b+ sd
- L7 VERSCHNEIDUNG 6a sd
- L8 GOOD BYE JELZIN 7b+ sd
  Von Startgriffen direkt auf Henkel
- L9 Projekt Links Minileiste, rechts Aufleger
- L10 PUSCHTRA METL 7c sd
  Links Minileiste, rechts Einfingerloch
- L11 WHAT THE FUCK AM I DOING HERE 6b sd
  Links Loch
- L12 NAJA sd 6a li Einfingerloch
- L13 RÖMISCHE ESSSTELLUNG 6c+ li
  Zweifingerloch, re Aufleger
- L14 5 sd

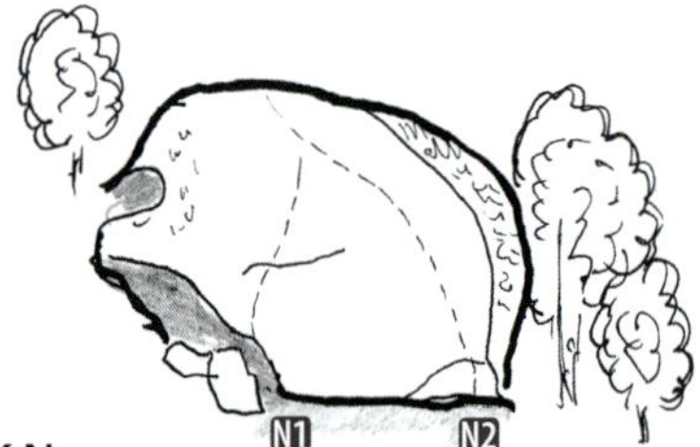

BLOCK N:

- N1 MÄRCHENPRINZ sd 6a def
- N2 EAV sd 5

BLOCK M

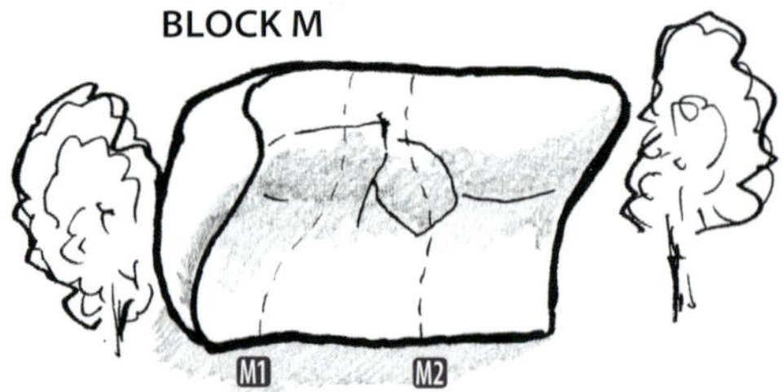

BLOCK M:

- M1 FEICHT sd 6a+
- M2 REGENTAGE 6c
  Re tiefes Loch,
  li Loch im Riss

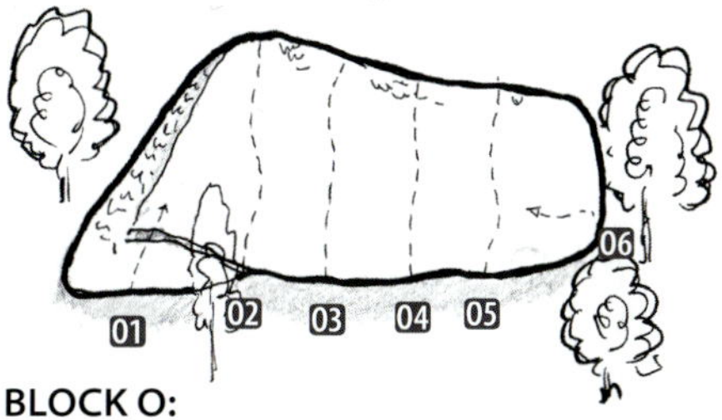

BLOCK O:
Hübscher, recht sonniger Block mit glattem Plattenfels - scharfe Löcher und fast keine Tritte!

01 4 sd
02 KLEIN MAL FEIN sd 6a+
03 CLUB DER GEILEN STIEFEL sd 6b+
04 TUNINGQUEENS 6b Kniestart!
05 5 sd Kniestart!
06 6c traverse

BLOCK P (o. A.):
Ein paar kleine Blöcke in der Umgebung des „eingemauerten Blockes“, aber nix lohnendes.

BLOCK Q (o. A.):
Oberhalb der Calimero Wall, in der Nähe des oberen Ausganges der Steinklopferhöhle, befinden sich noch ein paar Blöcke, wo es ein paar Boulder von S. Dekker und D. Strik, welche aber anhand deren Skizze eigentlich kaum auffindbar sind, da die Aufschriften nicht mehr vorhanden sind und die Putzbemühungen durch die wenigen Besuche einem Hauch der Vergänglichkeit angehören ...
Es suche sich also jeder das was er will - ganz gut ist jedenfalls ein leichter, überhängender Boulder mit tollen Auflegerbänken.

KALKOFENWAND

Unmittelbar neben der Straße, neben einem kleinen Stausee (Bademöglichkeit) und neben den Myrafällen, befindet sich dieser familienfreundliche Klettergarten in einem aufgelassenen Steinbruch, unmittelbar hinter einem ehemaligen Kalkofen. Die Anstiege hier bilden ein Kontrastprogramm zu den Hirschwänden: Bestens abgesicherte, übersichtliche Klettereien in grauem, mit Leisten und Rissen durchsetzter Fels - zwar nicht die Qualität der Hirschwände, aber für einen alten Steinbruch sehr passabel!

Wenige Meter rechts davon finden sich noch das Kraftwandl und die Shadowwall, sodaß es hier durchaus ein ausreichendes Routenangebot gibt. Der Klettergarten wurde zwischen 1992 und 1994 von Christian Hacker, Martin Simek und den Jentzsch Zwillingen eingerichtet und vor wenigen Jahren vom Schwammerlsepp generalsaniert! Der Felsen ist südwestseitig ausgerichtet, im Sommer oft zu heiß, im Hochwinter allerdings auch nicht geeignet, da der Hausstein dann seine große Schatten wirft.

ZUFAHRT: Siehe Hirschwände.

ZUGANG: Vom großen Parkplatz beim Karnerwirt die Straße kurz zurückgehen zum alten Kalkofen. Unmittelbar dahinter findet sich die Wand. Gehzeit ca 2min.

BESTE JAHRESZEIT: Die Kalkofenwand ist südwestseitig ausgerichtet und bekommt ab dem späten Vormittag Sonne, wobei die Einstiegsplätze im linken Teil weitgehend baumfrei sind. Im Sommer ist es hier meist zu heiß (obwohl der nahegelegene Stausee zur Abkühlung einlädt), im Hochwinter jedoch zu kalt, da der vorgelagerte Hausstein große Schatten wirft.

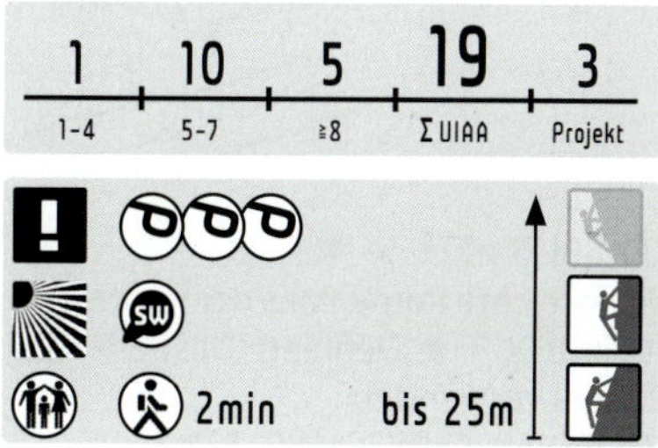

1 KRABBLPLATTE 5- ✱
Nette leichte Route links der Kante

2 SCHINIFIX 7 ✱ Definiert: Die Kante als Hangel verwenden

3 TODESVERSCHNEIDUNG 5 ✱✱
Hübsche Rißverschneidung mit anhaltenden Schwierigkeiten

4 CHALKING HEADS 7 ✱✱
Schöne, technisch anspruchsvolle Platte, kreuzt **3**

5 BLUFF 7 ✱✱ Lohnende Tour an feinen Rissen. Die Schlüsselstelle wird etwas über links geklettert, direkt 7/7+

6 SINTALI 8- ✱✱
Raue, fußtechnische Leistenkletterei!

7 OFENVERSCHNEIDUNG 6- ✱✱✱
Geschlossene Verschneidung mit Leisten - elegante Tour!

8 VARIANTE 5 ✱✱ Schöner Fels

9 OFENKANTE 7- ✱✱
Oben mehrere Varianten möglich

10 MAXI 5 ✱✱
Klassische Linienführung - im unteren Teil bester Sinterfels

11 RISS MIT BISS 6 ✱✱
Lohnender Direkteinstieg

12 KALKBRAND 9- ✱✱ Unten 7, oben ein brachialer Überhang

13 MORIZI 8 ✱ Weniger lohnende, etwas eigenartige Route im Überhang, momentan keine BH vorhanden

14 SCHWEINERNES MIT KRENN 8+ ✱
Unübersichtlich, Größenstelle, momentan keine BH vorhanden

15 **16** **17** Projekt

18 8+/9- ✱✱
Einzelstelle im Überhang

19 SCHATTENGRAT 2 ✱✱ Kurze, aber originelle und lohnende Gratkletterei am vorgelagerten Block! Regensicher!!!

KALKOFEN KINDERKLETTERWAND

Im rechten Teil der Kalkofenwand (siehe links) befindet sich der liebe „Schattengrat". Dass dieses 10m hohe Wandl sich gut für Übungszwecke eignet, war uns schon immer klar …

2010 richtete Martin Simek hier eine Übungswand für Kinder ein, und zwar mit folgenden Attributten: Klebebügeln an den Ausstiegen (welche alle über den „Schattengrat" erreicht werden können, (zumindest momentan) keine Zwischenbohrhaken zum Vorsteigen (was ja auch nicht wirklich notwendig ist), und letztens: unzählige geschlagene Griffe, um den Kleinen das Emporkommen zu ermöglichen.

Wir möchten hier nicht auf Ethik-Exkurse einsteigen, jeder teste es selbst (Auf Sternchenbewertung wurde in diesen Routen verzichtet).

Ja noch was: Der Einstiegsplatz wurde bequem hergerichtet, der Zustieg ist extrem kurz (3min), die Anstiege sind sogar durch den darüberliegenden Überhang weitgehend regengeschützt, und das sehr beliebte „Familiengebiet" der Myrafälle ist auch in unmittelbarer Nähe.

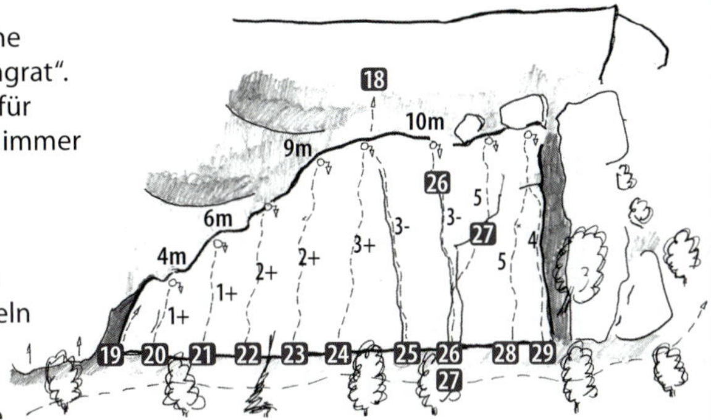

19 SCHATTENGRAT 2 ✱✱ Kurze, aber originelle und lohnende Gratkletterei am vorgelagerten Block! Regensicher!!!

20 1+ ganz kurz, was für Babys

21 2

22 2+

23 2+ 1 Zwischenbohrhaken

24 GELBE KANTE 3+

25 LINKER RISS 3-

26 RECHTER RISS 3-

27 GELBE PLATTE 5 ✱✱ oben definiert direkt durch die Tropflochplatte, wenn man rechts in den Riss ausweicht: 4-

28 PLATTE 5 ✱ definiert, direkt durch die schleimige Platte, 1BH

29 RECHTE KANTE 4- ✱✱ schöne Kante ohne geschlagene Griffe

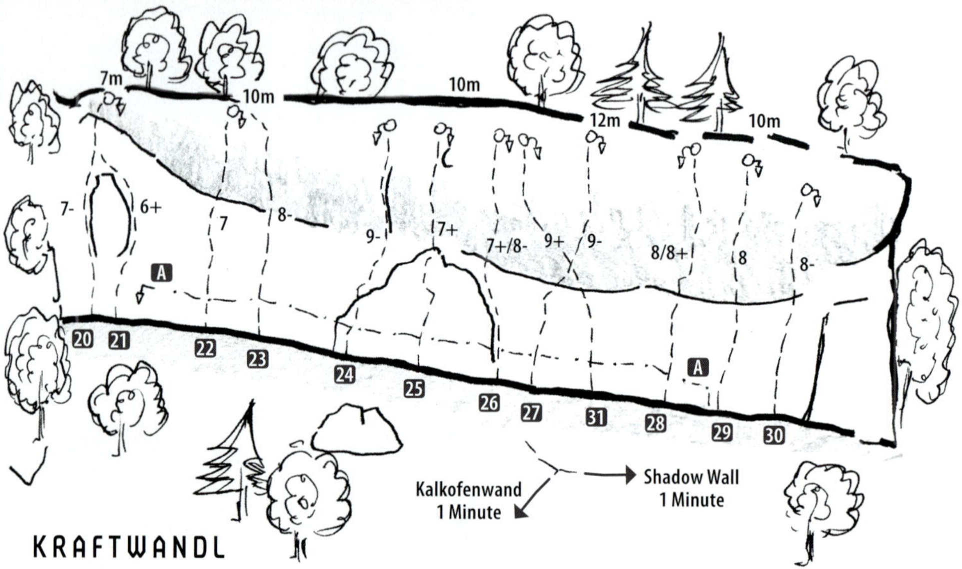

KRAFTWANDL

Gleich rechts des Kalkofenwandls befindet sich das Kraftwandl. Diese ist nur 10 – 12m hoch, dafür stark überhängend und mit meist guten Grifflöchern durchsetzt. Vor einiger Zeit noch hieß es, daß eine solche Wandhöhe viel zu niedrig sei, heute jedoch im Trendzeitalter der Kurzrouten müßte das Kraftwandl eigentlich ein Renner sein. Ist es aber nicht. Das mag vielleicht an den Tatsache liegen, dass es trotz der Südexposition im schattigen Wald liegt und nach Regen lange feucht bleibt. Für einen Besuch sprechen jedenfalls der kurze Zugang, die Nähe zu anderen Sportkletterwandln und nicht zuletzt ein paar wirklich gute Kraftmeiertouren! Die Wand wurde im Sommer 1991 von den Jentzsch Zwillingen, Lukas Stärker, Martin Simek und Christian Hacker eingebohrt.

ZUFAHRT: Siehe Hirschwände.
ZUGANG: Wie beim „Kalkofenwandl". Von diesem auf einem Steiglein nach re. um die Ecke zum Kraftwandl. Gehzeit ca 5min.
BESTE JAHRESZEIT: Das Kraftwandl ist zwar südwestseitig ausgerichtet, verbirgt sich aber hinter hohem, dichtem Buchenbestand. Daher kann man hier auch an heißen, nicht zu schwülen Sommertagen klettern. Im Winter ist es zu kalt.

20 NICHT WARUM FRAGEN 7- ✱ Dreckig
21 NICHT VERZAGEN 6+ ✱✱ Kaminriß
22 MUGGENDANCE 7 ✱
Überhängender Fingerriß, saniert!
23 POWER CONTROL 8- ✱
Überhängende Wandkletterei, saniert!
24 A RISS DER KANA IS 9-/9 ✱
Nomen est omen, saniert!
25 MEERSCHWEINE 7+ ✱✱
Kurz, gute Züge, saniert!
26 PROTEINMINISTER 7+/8- ✱✱
Überhängende Lochkletterei, saniert!
27 ACH WIE GUT DASS NIEMAND WEISS 9- ✱✱✱
Die beste Tour hier, stark überhängend.
O-Name: ... daß ich Jerry Moffat heiß.. tw. saniert!
28 NO PAIN NO GAME 8/8+ ✱✱
Schöne, aber schmerzhafte Züge, saniert!
29 HELMI 8 ✱✱ Kurz und überhängend, saniert! goldene BH
30 ARMAROCK 8- ✱ Auch fußtechnisch nicht ohne, saniert! goldene BH
31 PE JING EXPRESS 9+ ✱ (RP Bartl 2008)
Kompressionsboulder am E., dann Quer-Henkelei und knifflige Stelle zum Stand

A GEILE SAU 6b (Patlik) Guter Quergang

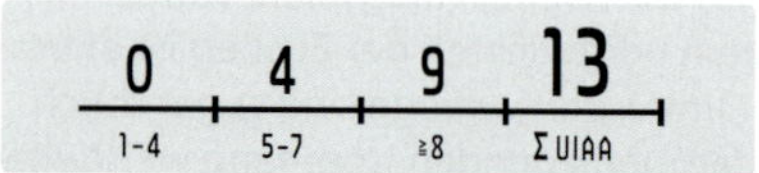

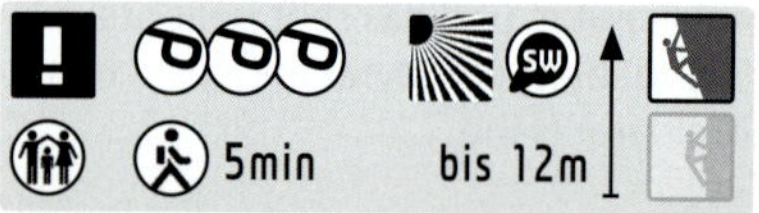

SHADOW WALL

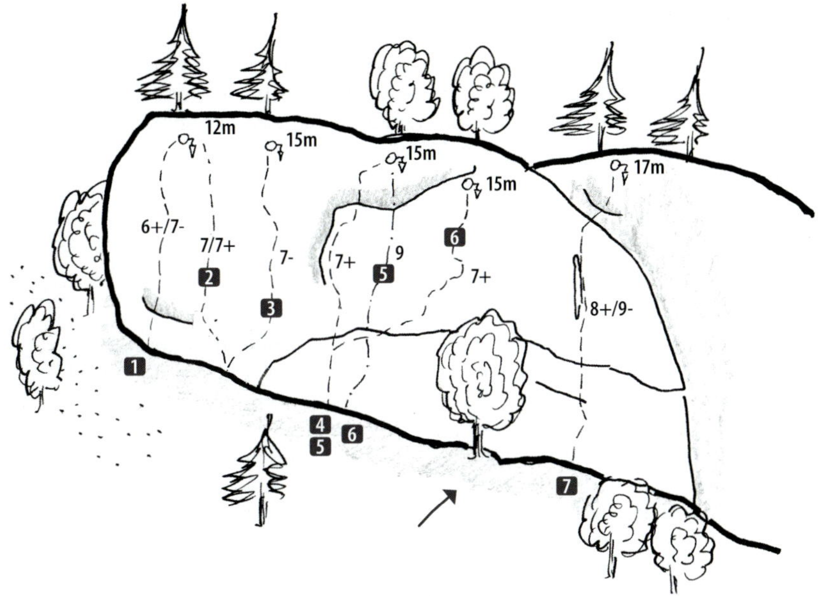

Plattenklettereien am Kalkofenwandl, Überhänge am Kraftwandl, wenige Meter rechts davon gibt es an der Shadow Wall senkrechte Wandkletterei in schönem, grauem, tw. sogar zerfessenem Graukalk. Zwar nicht allzu viele Touren, aber einen Abstecher sind sie allemal wert! Alle Routen wurden saniert und sind bestens abgesichert!

ZUFAHRT: Siehe Hirschwände. **ZUGANG:** Wie beim „Kalkofenwandl." Von diesem auf einem Steiglein nach re. um die Ecke zum Kraftwandl und noch 30m nach rechts weiter zur „Shadow Wall". 6-7min.

BESTE JAHRESZEIT: Wie der Name schon andeutet, dreht sich die „Shadow Wall" mehr nach Nordwest, das heißt, daß man hier auch an heißen Sommertagen ganz gut klettern kann. Die Sonne erreicht die Wand erst am späteren Nachmittag, im Winter ist es in der Regel zu kalt.

1 WALDQUELLE 6+/7- (Hacker)
Schöner Fels mit gut griffigem Einstiegsüberhang

2 NACHTSCHATTENGEWÄCHS 7/7+ ✱✱✱
(RP Reicher) Toller griffiger Fels am Beginn, die Griffe werden dann immer weniger. Var. 8- : den letzten BH direkt überklettern

3 SCHATTENSPENDER 7- ✱✱ (Simek,Hacker)
Genialer rauer und griffiger Fels am Beginn, kräftige Einzelstelle in den tiefen Abschlußriß

4 SCHATTENSPIELE 7+ ✱✱ (Reicher)
Schöne Tour an rauem Fels mit Seit- und Untergriffschuppen

5 SHADOW ON THE WALL 9 ✱✱ (Bacher)
Sehr kleingriffige Schlüsselstelle im oberen Teil. Definiert: Oben direkt klettern!

6 SCHATTENDASEIN 7+ ✱✱ (Jentzsch, Hacker) Hier gilt: Nicht direkt klettern! (sonst erhöhen sich die Schwierigkeiten)

7 BALANCE OF POWER 8+/9- ✱✱✱
(RP Poharec) Altes Projekt im rechten Teil, das endlich RP geklettert wurde. Supersinterstange im unteren Teil, oben harte Boulderstelle, weite Absicherung!

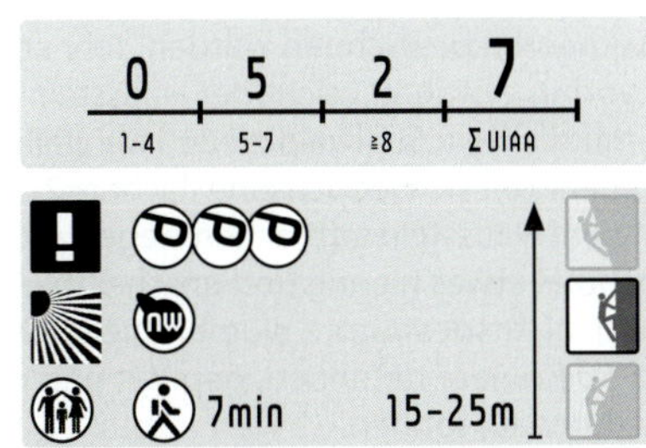

HAUSSTEIN

Fährt man von Pernitz Richtung Muggendorf, erblickt man alsbald rechts die Hirschwände. Links davon sticht jedoch ein markanter Felsklapf ins Auge, der bereits von der Ferne wie ein „ungehobelter Rohling" (Ch. Hacker) wirkt. Sein Gipfel ist vom Karnerwirt in 15min erreichbar und ein sehr lohnender, auch geschichtlich interessanter Aussichtspunkt: Denn zu Zeiten der Kelten war er ein „Schutzberg", von dem aus man sich vortrefflich gegen die im Tal ansässigen Römer wehren konnte. Noch heute zeugen Mauerreste und Wallanlagen von dieser Zeit.

Nach Norden bricht der Hausstein mit dichtem Steilwald gegen die Mirafälle ab, nach Süden hingegen mit einer mächtigen, 70m hohen und 300m breiten Wand, welche von etlichen Kletterrouten durchzogen wird. Doch was für die Hirschwände gelten mag, gilt für den Hausstein umso mehr: Trotz der mittlerweile sehr guten bis hervorragenden Absicherung sind die Kletterrouten allesamt von etwas „eigenem" Charakter: Kein genüßliches Dahinschleichen auf zerfressenen Platten, nein, vielmehr ruppige Risse, betonglatte Wandstufen, ausgesetzte Dachquergänge und und und …
Manche Kletterstellen am Hausstein würden auch in den Dolomiten etwas Eindruck schinden. Ein Besuch dieses Mikrokosmos der Andersartigkeit sei hiermit allen, die sich selbst nicht als 0815 Sportkletterkonsumenten bezeichnen würden, sehr ans Herz gelegt.
Wie vorhin erwähnt, bricht der Hausstein nach Norden (und auch Osten) mit dichtem Steilwald zu den Mirafällen ab - in eben diesem Steilwald befindet sich jedoch eine flachere Zone, wo die vielen Blöcke, die einst vom Hausstein abbrachen, liegengeblieben sind. Diese sind zwar manchmal etwas niedrig und unscheinbar (und oft nicht ganz leicht zu finden), nichtsdestotrotz wurden hier 1998 von den Poharez Brüdern etwa 50 Boulder gefunden, geputzt und geklettert, welche einen Besuch durchaus lohnen.

Berhard Fiedler | SCHNEEGLÖCKCHEN 11- | Foto: Tom Bartl

ZUFAHRT: Siehe Hirschwände. Parken am großen Parkplatz beim Karnerwirt.
ZUGANG: Beim Karnerwirt über den Bach (Brücke), hier der Tafel "Hausstein" folgend über ein Weglein aufwärts zu einer Wiese, wo man bereits links vorne die mächtige Südwand erblickt. In Kürze zu deren Fuß. Gehzeit ca 10min. Zu den Bouldern ist auch der alternative Zugang vom Parkplatz der Hirschwände möglich - siehe Skizze (etwas kürzer).
BESTE JAHRESZEIT: Der Hausstein ist südsüdwestseitig ausgerichtet und bekommt ab dem späten Vormittag Sonne. Am Wandfuß herrscht relativ dichter Mischwald, daher klettert man auch hier am besten im Frühjahr und Herbst.

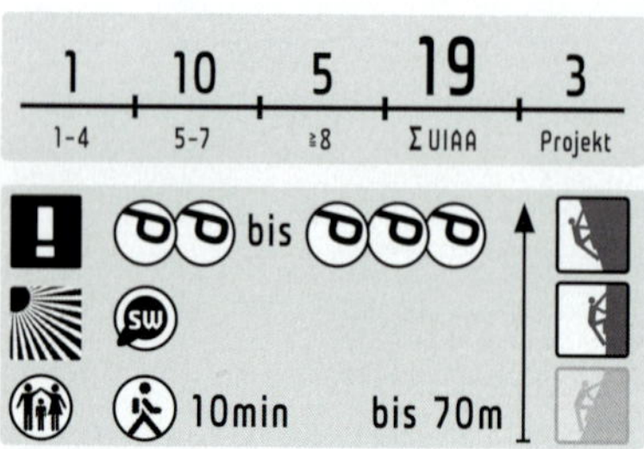

1 PHILLIP 8 * (Hacker)
Links des Kamins über die überhängende Kante empor. Im unteren Teil fehlen Haken

2 KAMIN 5 ** (1. Beg. S. Bauer)
Mit Klebehaken bestens abgesicherter, wirklich "klassischer" Klemmblockkamin

3 GHADAFFI GRÜSST KREISKY 8-/8
(Gruber, Holy 1993) Schöne Wandkletterei. Einzelstelle in Wandmitte, zuletzt Superfels

4 RADARFALLE 8+ ** (Schwammerlsepp)
Unten mittelmäßig, oben gute steile Wandkletterei

5 TORTURPLATTE 8- * (Hacker 1989)
Kurze, aber recht üble Platte

6 JAGASIMMERL 7- * (Hacker 1989)

7 INOX 8- ** (Simek, Burkhard 1991)
Unten Platte, am Band ZS möglich.
2. SL in sehr rauem Tropffels.
Klebehaken aus geripptem Stahl

8 ALLES IST MÖGLICH 8A0 *
(Hacker, Hristovski 1989)
Tolle gerade Linienführung, leider noch nicht ganz frei möglich

9 E-VARIANTE 7+ * (Hacker) Etwas splittrig

10 HUSCH HUSCH INS KÖRBCHEN 7 **
(Gruber, Holy) Gute klassische Linie mit Dachquergängen. Mit Klebehaken bestens gesichert, drei kurze SL!

11 SCHNEEBERGBLICK 7 **
(Sperlich, Simek 1986)
Gemeinsam mit **10** ein genialer, eindrucksvoller Rechtsquergang

12 HAUSSTEIN I 10- **
(RP Helma 1996)

13 SCHWAMMERLDIRETTISSIMA A0
(Schwammerlsepp 2006) Da die Technobohrhakenleiter die umliegenden Anstiege "beleidigt", wurde sie von einem namhaften Kletterer wieder entfernt

14 HAUSSTEIN II 9+/10 ** (RP Helma 1996)
Einstiegsboulder, danach braune abdrängende Rißspur

15 KERZLSCHLICKA 9- * (Weiss, Schnabl 2000)
Die längste Route am Hausstein: 5 kurze, tw. recht eindrucksvolle Seillängen! Gut abgesichert, ruppige Risse, leider tw. sehr splittrig!

16 ANGRIFF RRT 7 ** (Tentschert, Fischer, Trawnicek 1988) Keine schlechte Länge an tropfrauem Fels, aber alte BH!

17 FLEDERMAUSDACH 8+ *** (1. Beg. unbek, verm. S. Bauer um 1940) Anspruchsvolle 3 SL Tour, gut mit BH unterschiedlicher Qualität gesichert! 1. SL stark überhängend, auch danach noch sehr ruppige Rißkletterei. Für Alpinfanatiker kein schlechtes Ding!

18 HAUSSTEIN III 9+ *** (RP Helma)
Sehr gute überhängende Verschneidung

19 SCHNEEGLÖCKCHEN 11- * (RP Fiedler 2006)
Nach Griffausbruch Projekt!
Beachtliche, optisch sehr herausfordernde Linie mit markanter Größenstelle!

20 DACH ÜBERM KOPF 7+ **
(Holy, Gruber, Gauster 1993)
Nette, lohnende Dreiseillängentour, sehr gute Klebehakenabsicherung! Routenführung großteils gemeinsam mit der "Clean" Route "Bolschewik"! Oben noch eine schwere Plattenstelle, sonst relativ gutmütige Risse

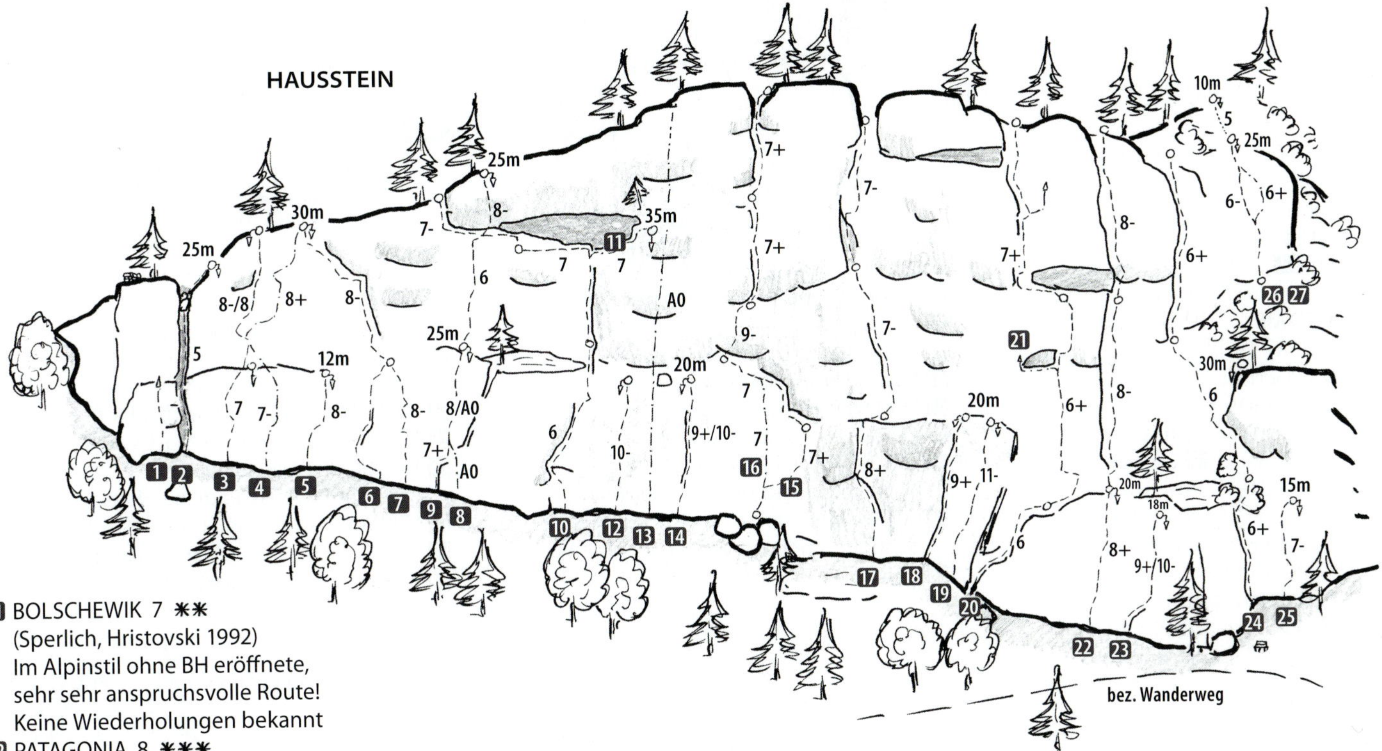

21 BOLSCHEWIK 7 ✱✱
(Sperlich, Hristovski 1992)
Im Alpinstil ohne BH eröffnete, sehr sehr anspruchsvolle Route! Keine Wiederholungen bekannt

22 PATAGONIA 8 ✱✱✱
(Simek, Burkhard 1994)
Lohnende Dreiseillängentour, bestens mit Klebehaken gesichert! 1. SL sehr harte Wandkletterei, oben rauer, schöner Fels!

23 SCHANKHOLZ 9+/10- ✱✱
(RP Helma 1994)
Sehr kleingriffige harte Wandkletterei in reibungsunfreundlichem Fels!

24 HAPPY HAKI HOUR 6+ ✱✱
(Hacker, Simek 1992)
Die gemütlichste Dreiseillängentour am Hausstein, sehr gute Klebehakenabsicherung! Bereits etwas zugewachsen, dennoch empfehlenswert!

25 BAUMBLADE 7- ✱ (Simek 1993)
Kurze Plattenkletterei

26 RUNSE 6- ✱ (Hacker 1994)
Wasserrillenplatte! Nur von oben zu erreichen, im Gemüse versteckt! Für Wasserrillenfetischisten, allerdings sehr zugewachsen ...

27 STILLE WASSER 6+ ✱ (Hacker 1994)
Direkte Variante, auch mit Gemüse

HAUSSTEIN BOULDER

1 SCHLIMMER FINGER 7b+ tr
Start an Auflegerleiste,
weiter zu Mikroloch

3 MINI EI sd 4b bl

3 sd 5 bl, **4** sd 4 bl

5 STAMMHALTER sd 6a bl

6 NICE TO MEET YOU sd 7b bl

7 KANTE sd 4+ bl

8 HIER LIEGEN SIE RICHTIG
sd (Liegestart!) 6a

9 EIERTANZ 6a tr v.li.n.re.

9a CLIMERO 6b+ tr **9** v.re.n.li.

10 BARBARA STREUSAND sd 7a+ tr

11 WURZELSEPP 6a bl Platte

12 MIMÖSCHEN sd 6c+ tr

13 DORNRÖSCHEN sd 7c tr
Kleine Leisten, genial

14 KATE MOOS sd 6b+ bl Oben raus

15 ZECK ECK sd 7a bl Oben raus

16 ALARMSTUFE ROT sd 6c tr Etwas brüchig

17 MAKI 7b+ tr

18 LOOKS LIKE GRANDMA COULD DO THIS
sd 6c bl Oben raus - start re auf Leiste
und links in Einfingerloch

19 LEIDENSCHAFT ZUR PERFEKTION sd
7b+ bl Harte Platte, oben raus

19a BORA BORA 6b+ sd
Kante auf den Block links von **20**

20 GÖTTER IM EXIL sd 6b+ bl
Nette Kante, oben raus

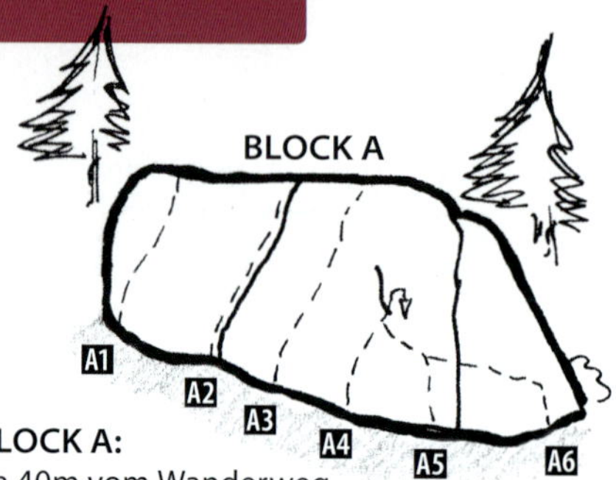

BLOCK A:
Ca 40m vom Wanderweg
entfernt - ungutes Absprunggelände

A1 RL 6a+ sd
Ohne Riß und oben raus

A2 RISS sd 5 bl Oben raus

A3 FLY OVER sd 7a+ bl
Ohne Riß und oben raus - super

A4 GIB GUMMI sd 7b+ bl
Mit rechts direkt rauf auf Seitgriff

A5 SATANISCHE FERSE sd 7b bl Start auf
Schuppe, Ende auf verstecktem Henkel

A6 DER SATANISCHE PERVERSE sd 7c bl Genial

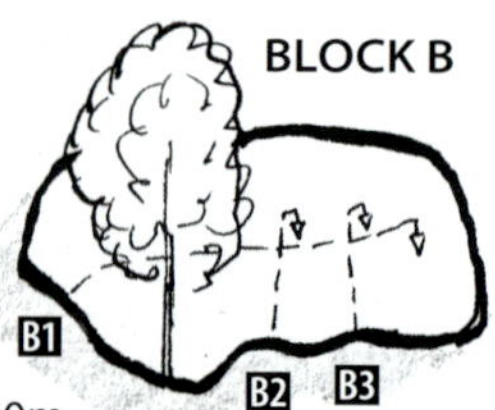

BLOCK B: Ca 30m
vom Weg entfernt, 20m
neben Block A - ungutes Absprunggelände

B1 DER SCHLÜPFER sd 6c tr

B2 DER SCHNAPPER sd 7a bl

B3 DER FLAPPER sd 6c bl

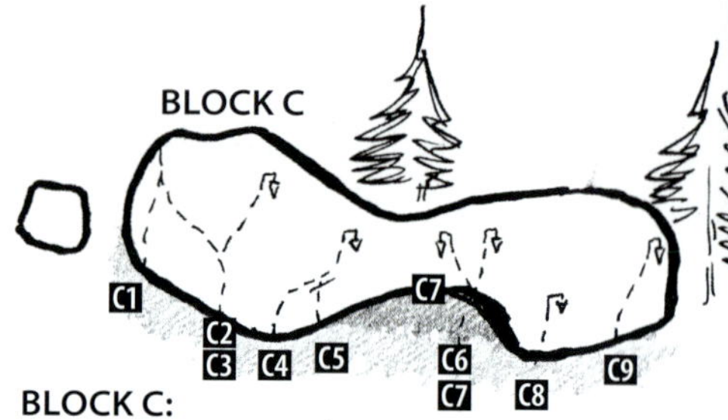

BLOCK C:
Etwa 80m schräg rechts von Block A

C1 ROCKY 6c sd

C2 ROCK THE HOUSE sd 7b tr

C3 KURZ UND BÜNDIG sd 4+ bl
Gerade hoch auf Bankerl

C4 HIER KOMMT DIE MAUS sd 7b tr Harte Leistenzüge

C5 BRAINSUCKER 7b+ bl Start auf 2 Untergriffen

C6 HOUSE OF PAIN sd 8a bl
Start auf Sikaloch, Ende bei Henkel - super

C7 LEIWAND sd 8b Tiefer sd zu **C6** + Ausstieg lin

C8 HAUSSCHWEIN 7c bl Sehr kleingriffig

C9 BLEHU sd 6a+ tr Start auf großem Loch

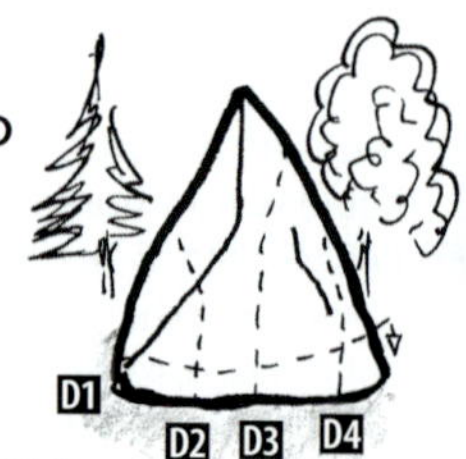

BLOCK D:
Neben Block C

D1 QUERULANT sd 6c tr
Oben raus

D2 STRAUCHPLATTE sd 5 bl
Oben raus

D3 BLEAU DE GSCHICHT sd 6b bl
Oben raus, lustiger Aufrichter

D4 KANTE sd 4+ bl Ohne Riß

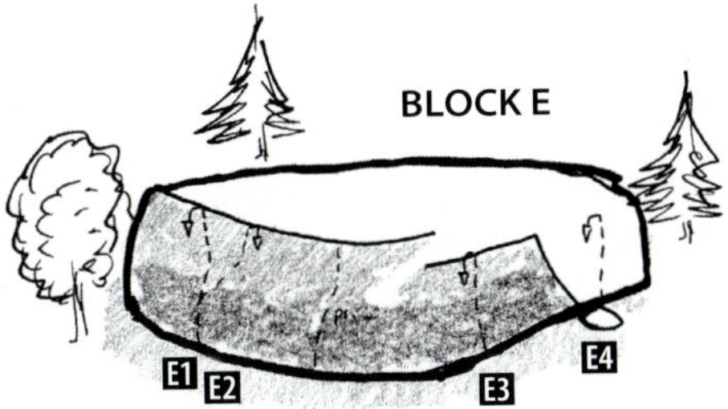

BLOCK E: 10m neben Block D

E1 FLUGHUND sd 7a bl
Dynamo von Leiste auf Aufleger

E2 HUNDIANER sd 6c bl

E3 DOPPELWUMMER sd 7b+ bl
2 schmerzhafte Züge

E4 SCHIACHER RESTERSCHLIESSER sd 6a+ bl

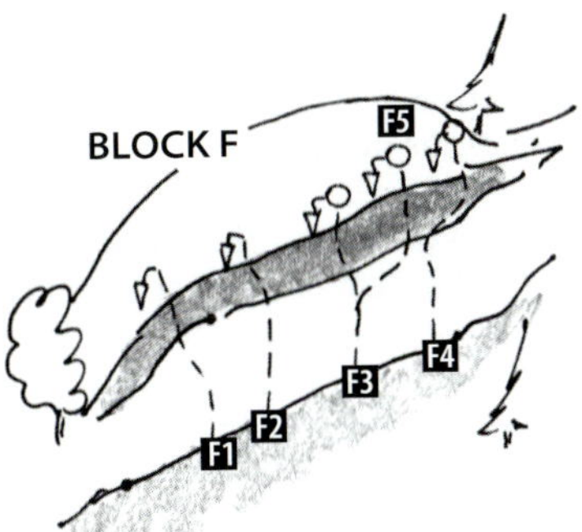

BLOCK F: Kurz vor der Brücke über den Bach und steil den Hang ca 80m rauf

F1 GENUSS DER VERZAUBERT sd 7b bl Durchs Dach auf Querriß

F2 GRAN TORINO sd 8a+ (F. Wenter)

F3 GOOD BYE VIENNA sd 8a (F. Wenter)

F4 NAMELESS sd 7b bl Dach auf Leiste, nach rechts auf Henkel

F5 DER KONCHENMANN 7c

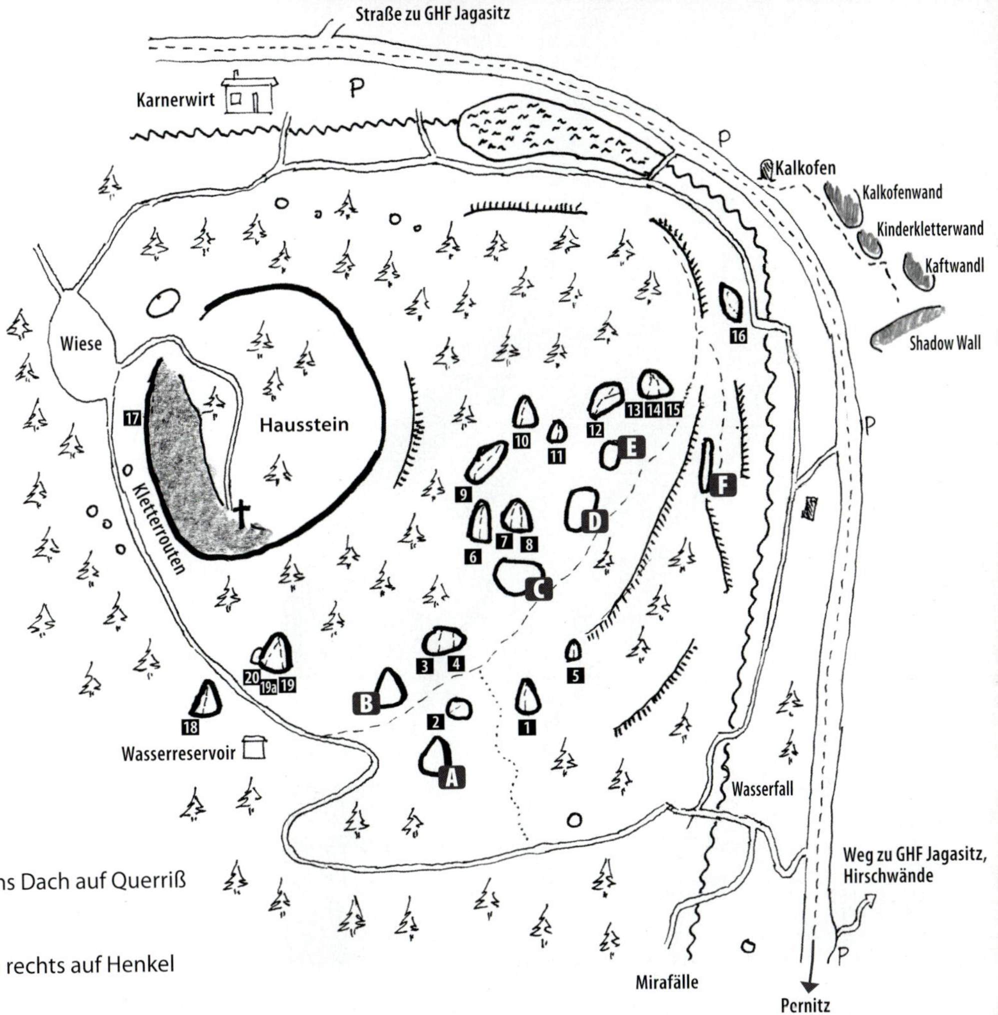

Matthias Woitzuck | READY OR NOT 9- | Foto: Tom Bartl

STEINWANDKLAMM

Unweit der Mirafälle entfernt befindet sich die durch etliche Holzstiegen und Leitern gangbar gemachte Steinwandklamm, eine der schönsten Klammen im Umkreis von Wien und ebenso wie die Mirafälle – ein sehr beliebtes Ausflugsziel. Knapp oberhalb das Türkenloch, eine kleine Durchgangshöhle, und am Ausgangs- und Endpunkt je ein gutes Wirtshaus – das sind die Zutaten für eine der beliebtesten Familienwanderungen im Wiener Umkreis! Ja, und Felsen stehen Unzählige herum. Bereits bei der Anfahrt über Furth passiert man die Teufelsbrücke und die Götzensteine, die in den Anfangszeiten des Sportkletterns mit Haken bestückt wurden und an sich wunderschöne Klettergebiete wären – aber hier gab und gibt es massive Probleme mit dem Grundstückseigentümer, das Klettern ist ausnahmslos verboten und dieses Verbot wird auch streng (!) überwacht…
Als Ersatz sozusagen gibt es nun seit einigen Jahren hinten in der Steinwandklamm ein eingerichtetes Wandl, das wahrlich nicht von schlechten Eltern ist: 20-25m hoch, kompakt, überhängend und mit tollem Fels: Griffig, rau (die Felsoberfläche allerdings eher glatt) und genial strukturiert! Der Ersterschließer Niki Wagner stellte gar Vergleiche mit dem rechten Wandteil des „Niemandslandes" auf der Rax an.
Seit der letzten Auflage hat sich hier Einiges getan: Fast alle Projekte wurden befreit, neue Touren eingerichtet – im Moment gibt es hier 16 Touren zwischen 7 und 10- zu klettern, die fast alle sehr sehr fein sind – an dieser Stelle auch vielen Dank an Tom Bartl, der mit Infos unterstützend zur Seite stand! Die Wand selbst liegt sehr schattig unmittelbar neben dem Bach und markierten Wanderweg der Steinwandklamm und ist trotz des engen feuchten Grabens meist überraschend trocken!

ZUFAHRT KFZ: Von Wien über die A2 (Südautobahn) bis zur Ausfahrt Leobersdorf. Auf der Bundesstraße Richtung Hainfeld weiter bis Weissenbach/Triesting. Hier links abzweigen Richtung Furth, bei einer Straßenteilung nach links und noch einige Kilometer bis zum Talschluß am Eingang der Steinwandklamm.

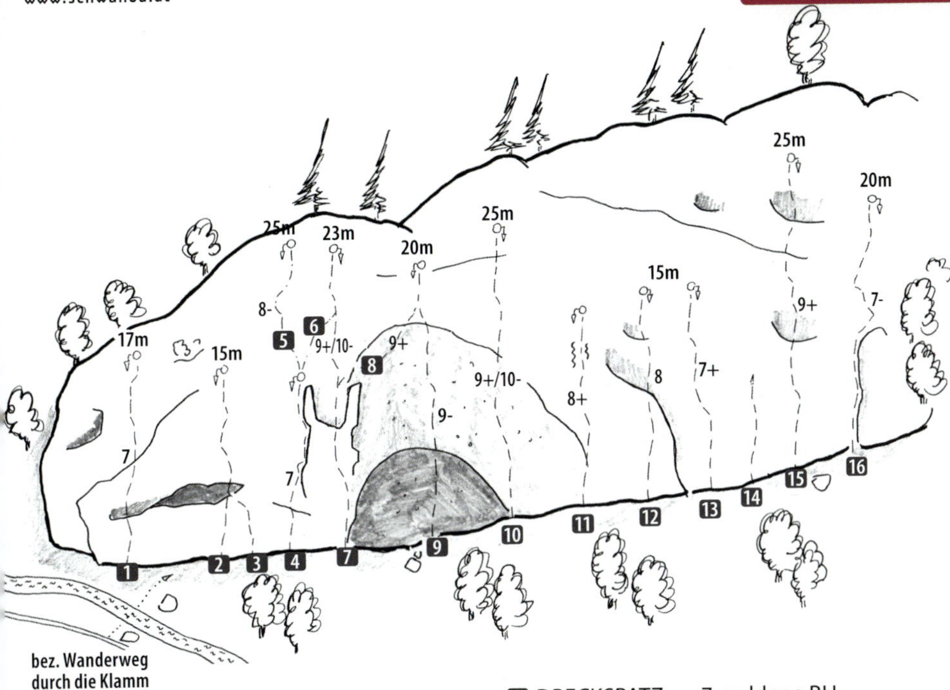

0	5	7	16	4
1-4	5-7	≥8	Σ UIAA	Projekt

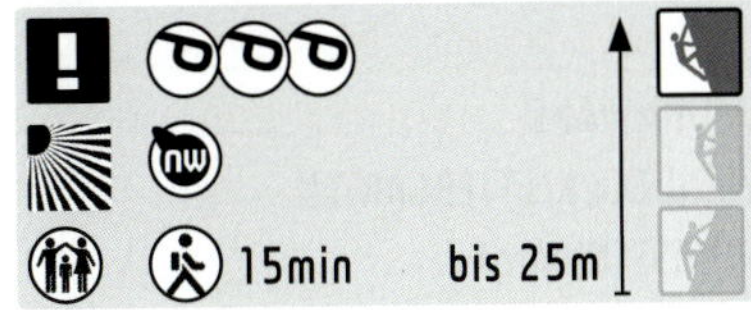

ZUFAHRT Öffis: Sehr kompliziert, daher erfolgt hier keine Beschreibung.
ZUGANG: Durch die Steinwandklamm (geringer Obolus) in etwa 15min zum Ende der Felsschlucht, hier befindet sich wenige Meter links des Weges die Wand.
BESTE JAHRESZEIT: Die Wand liegt in einem tiefen, schattigen Graben und ist nordwestseitig ausgerichtet, beste Jahreszeit ist eindeutig der Sommer!

1 DRECKSPATZ ca 7 goldene BH
2 PROJEKT
3 PROJEKT
4 NOT-AUS 7+/8- ✱✱✱
Tolle Riesenschuppe
5 NOT-GEIL 8- ✱✱✱ (RP Haberl 2007)
tolle Verlängerung
6 PROJEKT
7 SADOMASO 9+/10- ✳ (RP Mayer 2008)
Geniale Tour vom Holzschlag Hias – wenig Tritte, fette Griffe!
8 READY FOR SM 9+ ✱✱✱
(RP Mayer 2008)
sehr gute Verbindungsvariante
9 READY OR NOT 9- ✳
(RP Wagner 2007) Geniale Ausdauerroute durch den großen Überhang
10 ALL GIRLS ARE 18 9+/10- ✳
(RP Mayer 2007) Supertour, Boulderstelle in der Mitte, hoher 1. Bolt
11 DIE WELLE 8+ ✱✱✱ (RP Wagner 2006)
Kleingriffiger Beginn, auch oben noch unübersichtlich
12 SPEICHELFÄDEN IN DER BUTTERMILCH 8 ✳
(RP Haberl 2008) geniale Wasserrillen!
13 PUSH ME INTO A CAGE 7+ ✱✱
(RP Haberl 2007)
14 PROJEKT
15 DIRTY SANCHEZ 9+ ✱✱✱
(RP Woitzuck 2008) Boulder in der Mitte, gemeiner Schlussüberhang
16 DER BRAUNE ANASSAZI 7 ✱✱
(RP Weiss 2010) Hübsche Tour mit Einstiegsriss ganz rechts

1 DROBILWAND
2 WANDECK KLETTERGARTEN
3 STRASSENWAND
4 UNTERER ALMFRIEDEN
5 ÖTK KLETTERGARTEN
6 HOCHKOGEL
7 NAGLPLATTEN

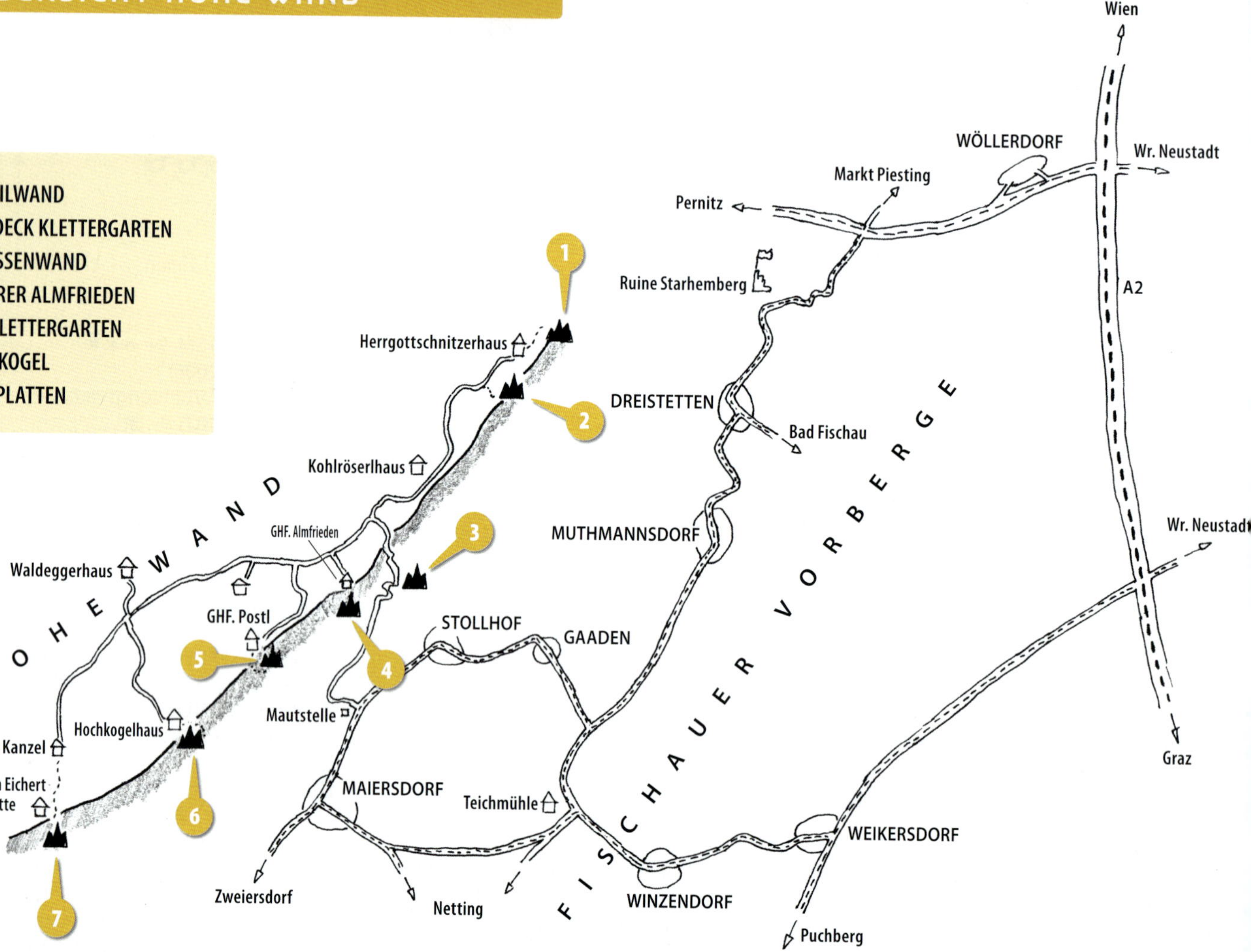

HOHE WAND

„Hohe Wand" wird jener mächtige Plateauberg am äußersten Ostrand der Alpen genannt, der mit einer kilometerlangen, süd- und südostseitig exponierten, durch etliche Gräben und Vegetationszonen unterbrochenen, bis zu 200m hohen Felswand ins Wiener Becken abbricht. Von ihrer landschaftlichen Exklusivität nimmt die Hohe Wand unter Österreichs Klettergebieten eine Sonderstellung ein. Seitlich den oft noch schimmernd weißen 2076m hohen Schneeberg, in den angenehm warmen Felsen kletternd, wird häufig der Blick frei zum Neusiedlersee." schreibt Thomas Behm im 1996 erschienenen „Kletterführer Hohe Wand".
Nachdem Ende der 70iger Jahre der Freikletterboom am Peilstein einsetzte, begann man sich auch der Hohen Wand sportklettermäßig zu widmen. Allen voran Karl Kosa mit seinen leistungsstarken Gefährten gebührt die Krone der Bohr-Erschließung. Allerdings handelt es sich bei diesen Routen vielfach noch um tw. anspruchsvolle Mehrseillängentouren, keine Rede von heutigen „Konsumtouren", und verfielen tw. in einen Dornröschenschlaf.
Der erste „richtige" Klettergarten, der auf der Hohen Wand entstand, war das Wandeck, das sich bis jetzt großer Beliebtheit erfreut.

ZUFAHRT KFZ: Von Wien kommend über die A2 (Südautobahn) Richtung Graz, bei der Abfahrt „Wiener Neustadt West" abfahren und auf der Bundesstraße Richtung Puchberg/Schneeberg bis Weikersdorf fahren. Hier nach rechts (Tafeln „Naturpark Hohe Wand") über Winzendorf, Gaaden und Stollhof zur Mautstelle der Hohe Wand Straße (Gebührenpflicht nur an Wochenenden und Feiertagen). Über die Mautstraße aufs Plateau fahren zu einer Straßenteilung. Zum „Klettergarten Wandeck" und „Drobilwandl" gelangt man über den rechten Ast, den man bis zum Ende beim „Herrgottschnitzerhaus" verfolgt. Dies ist der Ausgangspunkt fürs „Drobilwandl", der Parkplatz für den „Wandeck Klettergarten" befindet sich etwa 200m davor.
Verfolgt man den linken Mautstraßenast, folgt in Kürze eine Stichstraße zum Almfrieden. Ebenfalls vom linken Mautstraßenast etwa 1km danach nach links, gelangt man zum Ghf. Postl (großer Parkplatz) - dies ist der Ausgangspunkt für den ÖTK Klettergarten. Verfolgt man den linken Mautstraßenast noch etwas weiter, gelangt man nach ca 3km zur Abzweigung einer weiteren Stichstraße nach links, die zum Hochkogelhaus führt. Dies ist der Ausgangspunkt für den „Hochkogel".

ZUFAHRT Öffis: Leider sehr schlechte Verbindungen, daher wird auf eine Beschreibung verzichtet.

In diesem Auswahlführer sollen daher stellvertretend für die über 1000 Anstiege (!!!) der Hohen Wand nur einige der „richtigen" Klettergärten vorgestellt werden, für Kletterer, die sich eingehender mit der Hohen Wand auseinandersetzen wollen, wird auf folgende Führerwerke verwiesen:

FÜHRER AUF DIE HOHE WAND
800 Anstiege von 1 bis 6+
von Thomas Behm (Neuauflage 2012!)

SPORTKLETTERN HOHE WAND
700 Sportkletterrouten von 6 bis 10
Thomas Behm (2009)

Beide Kletterführer sind im gut sortierten Fachhandel erhältlich oder direkt beim Autor: thomas@behm.at

Thomas Behm | RENTNERTURM | Foto: Bernd Schwanda

DROBILWAND

Unweit des Wandeck-Klettergartens nahm sich der unermüdliche Hans Müller in den letzten Jahren diesen im Wald versteckten, noch etwas nördlicher gelegenen, bis zu 20m hohen Felsformationen an. Sie werden - wie auch das Wandeck - in kurzem Abstieg vom Plateau erreicht und bieten kurze Wandklettereien in schattiger Lage.
Die Felsqualität ist an sich sehr gut: rau, löchrig, gut strukturiert, die Absicherung ist ebenfalls sehr gut. Allerdings sei hier darauf hingewiesen, daß fast alle Routen leider sehr schlecht geputzt sind und so die Schönheit beeinträchtigt wird. Aber auch genau darum wollen wir diese Wand hier vorstellen, denn nach ein paar Besuchen dürfte sich dieser Eindruck (anfangs Bürste mitnehmen!) wohl ändern - das Zeug zu einem netten Klettergarten hat das Gebiet nämlich schon.

ZUFAHRT: Herrgottschnitzerhaus, siehe Einleitungsteil „Hohe Wand“

ZUGANG: Vom Herrgottschnitzerhaus am Ende des rechten Mautstraßenastes über den bez. Herrgottschnitzerweg linkshaltend ein kurzes Stück Richtung Dreistetten absteigen zu einer Verzweigung. Rechts über den bez. Drobilsteig (ein paar harmlose Versicherungen) in Kürze abwärts zum Fuße der versicherten Wandzone. Hier weglos etwa 50m nach rechts zum Drobilwandl, das man bei der rechtesten Tour erreicht. Gehzeit ca 10min.

BESTE JAHRESZEIT: Die Drobilwand ist ostseitig ausgerichtet und liegt auf etwa 800m Seehöhe, außerdem ist sie im dichten Wald versteckt, sodaß hier das Klettern von Frühling bis Herbst gut möglich ist.

1-4	5-7	≥8	Σ UIAA	Projekt
0	9	6	21	6

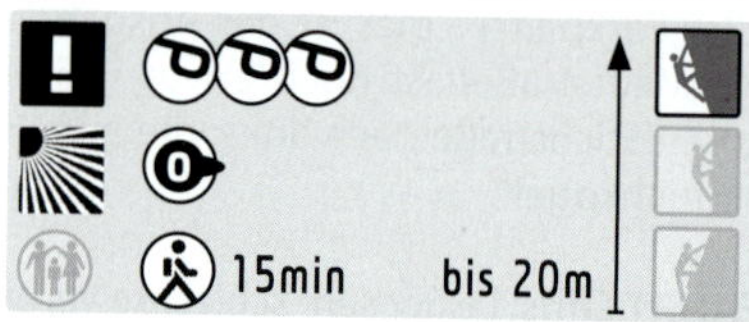

1 Projekt
2 Projekt 6
3 MAX 6 Kurze dreckige Platte
4 Projekt
5 TIGERLILY 7+/8- ✱✱ RP Müller)
Scharfe Löcher, leider etwas dreckig
6 RENTNERTURM 7/7+ ✱✱ (RP Müller)
An sich eine tolle Lochkletterei, aber extrem schmerzhafte Griffe!
7 Projekt
8 EFEUKANTE 6+ ✱ (RP Müller)
Am Beginn schöne Löcher, oben leider total zugewachsen und dreckig
9 ROTKÄPPCHEN 7+/8- (RP Rosenberger)
Sehr flechtig und schmutzig - kein Spaß
10 DER BÖSE WOLF 8+ ✱✱ (RP Rosenberger)
Unten etwas dreckig, oben jedoch eine harte, gute Boulderstelle - beim Sichern aufpassen!
11 MÄRCHENWALD 7+ ✱✱✱ (RP Müller)
Unten hübsch, oben tolle, saubere Lochkletterei
12 PAULI PANTER 6 ✱ (RP Müller)
Kurze nette Wandkletterei
13 Projekt ROSENBERGER etwa 9-
14 DORNRÖSCHEN 8 ✱✱✱ (RP Rosenberger)
Leider auch hier: dreckig! Wenn das geputzt wäre, wäre es eine perfekte überhängende Lochkletterei a la Frankenjura
15 HOLLER 7+ ✱ (RP Müller)
Unten total zugewachsen
16 Projekt
17 FURZ 6- (RP Müller) Total zugewachsen
18 SILBERPLATTE 7+ ✱ (RP Müller)
Gar nicht so schlechte dunkelgraue Lochplatte
19 RAPUNZEL 7+/8- ✱
(RP Rosenberger) Ebenso
20 Projekt
21 ERLKÖNIG 6 ✱ (RP Rosenberger)
Ganz kurze Platte

WANDECK KLETTERGARTEN

Die verstreuten, im Wald versteckten Felsen im ganz rechten Bereich der Hohen Wand Abstürze bilden einen der schönsten und beliebtesten Klettergärten am Alpenostrand. Die Felsqualität ist sehr gut: Besonders im mittleren und unteres Sektor findet sich bester, grauer und griffiger, teils wasserzerfressener kompakter Kalk, durch welche insgesamt über 50 Sportkletterrouten - vorwiegend in den Schwierigkeitsgraden 6 bis 7 gelegt wurden. Die Routendichte ist sehr hoch, die Einstiegsplätze bis auf wenige Ausnahmen bequem, der Zustieg ist kurz.
All diese Vorzüge ziehen verständlicherweise an Wochenenden oft recht viele Kletterer an, die sich an den schönen Routen erfreuen. Das führt allerdings auch dazu, daß manche Anstiege schon einige Begehungsspuren aufweisen. Die Absicherung ist generell quantitativ ausgezeichnet, tw. sogar sehr üppig; die Bohrhaken selbst jedoch sind älteren Datums und manchmal nicht mehr die Allerbesten - bei der Menge ist die Situation allerdings nicht als gefährlich einzuschätzen. Gute Abseilstände sind überall vorhanden, die Routennamen meist angeschrieben!

ZUFAHRT: Herrgottschnitzerhaus, siehe Einleitung „Hohe Wand".

ZUGANG: 200 Meter bevor der rechte Ast der Mautstraße am Plateau beim Herrgottschnitzerhaus endet, befindet sich rechts eine kleine Parkbucht (wenige Schritte davon entfernt eine markante Sendeanlage).
Direkt beim Parkplatz beginnt ein mit alten weißen (teilweise weißblauen) Ringen bez. Steiglein, das steil abwärts (bei Nässe unangenehm rutschig) zum Wandfuß der einzelnen Sektoren führt. Gehzeit ca 5 – 10min.

BESTE JAHRESZEIT:
Der Wandeck-Klettergarten ist ostseitig exponiert und liegt auf etwa 800m Seehöhe. Die meisten Sektoren befinden sich im dichten Wald, nur der „Sektor Wild at Heart" weist sonnige Einstiegsplätze auf.
Hier ist das Klettern auch an sonnigen Wintervormittagen (bis etwa 13 Uhr) möglich, ansonsten empfehlen sich die Übergangszeiten. Aber auch an heißen Sommertagen kann (meist thermikbedingt) gut ab dem späteren Nachmittag geklettert werden.

1-4	5-7	≥8	Σ UIAA	Projekt
2	34	13	53	4

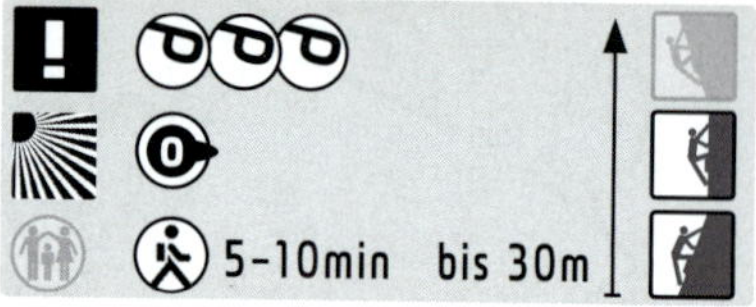

SEKTOR „MOTZWANDL"
Als „Sportkletterziel" nicht so lohnend wie die anderen Sektoren, allerdings ein gutes alpines Übungsgelände!

1. DRESCHERBANDPFEILER 6- ✱✱
(Hoffmann, Brown 1997)
Hübsche graue Wandkletterei
2. OH DU MEIN HÜTTENWIRT 6 ✱✱
(Brown, Morales 1998)
Ebenso, aber deutlich kraftraubender
3. SURVIVAL OF THE FITTEST 10- ✱✱✱
(RP Gsenger 1997) Nach Griffausbruch Projekt! Selten wiederholte Sportkletterroute über den großen grauen Bauch
4. MOTZSTEIGLEIN 3+ ✱✱
Kurze Übungsverschneidung bis zur Motzhöhle, bestens mit BH gesichert
5. KNOLLVERSCHNEIDUNG 5+ ✱✱ (Brown 1997) Ebenso, nur deutlich schwieriger
6. DIE KLEINEN UND DIE BÖSEN 8 ✱✱
(Gansterer, Prenner) anspruchsvolle graue Wandkletterei, alte goldene Ring-BH

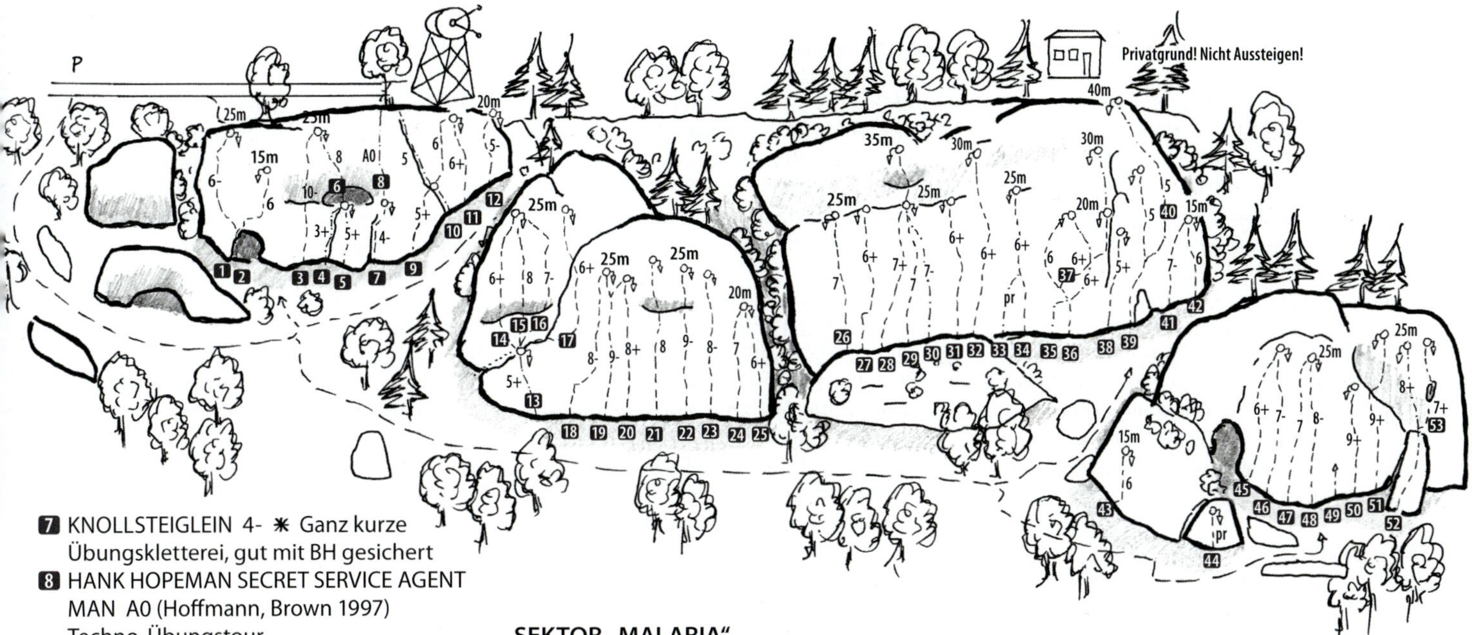

7 KNOLLSTEIGLEIN 4- ✱ Ganz kurze Übungskletterei, gut mit BH gesichert

8 HANK HOPEMAN SECRET SERVICE AGENT MAN A0 (Hoffmann, Brown 1997) Techno-Übungstour

9 MY HOME IS MY HITTN 6 ✱ (Schrom, Brown 1997) 2 kurze Seillängen schräg re aufwärts

10 VOX HUMANA 5 ✱ (Labe, Brown 1997) Hübscher Diagonalriß

11 CARESSING THE TIGER 6+/7- ✱✱ (Brown, Hoffmann 1997) Hübsche graue Wandkletterei, Bühlerhaken, etwas verwachsen

12 SCHICKSALSSYMPHONIE 5- ✱ (Labe, Brown 1997) Mäßig lohnende Wandkletterei

SEKTOR „MALARIA"

Graue löchrige Platten links oben, im unteren Stock leicht überhängende, tw. etwas glatte, recht lange Ausdauerrouten an Löchern und Leisten mit sehr schönem, schattigem Einstiegsplätzchen hinter großen Buchen.

13 ESPANDRILLO 5 (Müller, Kirnbauer 1990) Kurze Tour, um den oberen Stock zu erreichen, zum Selbstzweck nicht lohnend

14 TOP DOG 6+ ✱✱ (Müller 1990) Hübsche Route mit etwas seltsamer Einzelstelle

15 TOD UND TEUFEL 8 ✱✱✱ (Müller 1990, RP Dinse) Schöne Wandkletterei in tollem Graukalk

16 ESCALIER C 7+ ✳ (RP Müller 1990) Traumhaft rauer, wasserzerfressener Fels

17 OSTWANDKURTI 6+ ✱✱✱ (Müller 1990) Rechtsschleife in die sehr schöne graue Lochplatte

18 MANDELA FREE 8- ✱✱✱ (RP Müller 1990) Sportkletterklassiker! Steil, diffizil und anhaltend!

19 MORBUS PARKINSON 9- *** (RP Dinse 1990) Supertour: Unten geniale Züge, dann irgendwie üble „Peilstein"-Steigerei!
20 TEN YEARS AFTER 8+ *** (RP Müller Jakob 1990) Sehr schöne, steile Wandkletterei
21 MALARIA 8 ✳ (RP Kosa 1990) Ausdauerklassiker in gelbgrauem Fels. Kleine Rechtsschleife in der Schlüsselstelle
22 FOOL ON THE HILL 9- ** (RP Müller Jakob 1990) Weite Blocker und glatte Platte zum Schluß
23 HUNTER 8- * (RP Leitgeb 1991) Glatte, schleimige und weniger lohnende Platte
24 EAT THE RICH 7 ** (RP Müller) Ebenso
25 HOOTCHIE GOOTCHIE MAN 6+ * (Müller 1990) Weniger lohnende Kurzroute an schleimig glattem Fels

SEKTOR „WILD AT HEART"

Hier finden sich in sonniger, baumfreier Lage auf engstem Raum viele der schönsten und beliebtesten Touren am Wandeck: Grauer und griffiger Fels, sehr gute Absicherung und sehr homogene Genußsportklettereien im 6ten und 7ten Grad! Einziges Manko sind die unbequemen, abschüssigen Einstiegsplätze im linken Wandteil.

26 EIERTANZ 7 * (RP Leitgeb 1991) Nicht so lohnend wie der Rest und etwas bröselig
27 FLEISCHWOLF 6+ *** (RP Müller 1991) Sehr schöne Ausdauerkletterei
28 BERGSPORTZENTRUMWEG 8- *** (RP Müller 1992) Hervorragende, 35m lange Route! bis zum 1. Abseiler 7+
29 WILD AT HEART 7-/7 *** (RP Müller 1991) Sehr schöne steile Wandkletterei
30 NAMENLOS 7- *** (Müller) ebenso
31 ZARATHUSTRA 6+ *** (RP Müller 1991) Tolle griffige Wandkletterei
32 LUCKYS STREIK 6+ *** (RP Müller 1991) Lange, homogene Genußroute, zuletzt gelber Henkelfels!
33 Projekt
34 HANKY PANKY 6+ ✳ (Müller 1991) Wunderschöne graue Henkelkletterei
35 STEIG DER SCHMIEDE 6+ *** (RP Müller 1994) Ebenso toller Fels, aber etwas definierte Linienführung
36 STEIG DER MECHANISCHEN WERKSTÄTTE 6 *** (RP Müller 1991) Kleine graue, aber interessante Verschneidung
37 FLUXUS 6+ *** (RP Müller 1991) Graue Bierhenkelei mit diffiziler Reibungsplatte zu Beginn
38 FLEISCHESSER 5+ ✳ (Müller 1994) Grenzgeniale, üppig abgesicherte Henkelkletterei
39 SKINY 5 ✳ (Müller,Riggler 1991) Ebenso
40 HERRGOTTSCHNITZERWEG 5 *** (Müller 1994) 40m lange schöne Tour, oben gestufter
41 AST IM RÜCKEN 7- *** (Müller) Kurz, aber toller Fels, BH fehlen!
42 TIME AND AGAIN 6 ** (Brown, Hoffmann 1997) Kurz, aber toller Fels mit Bühlerhaken

SEKTOR „FUGAZI"

Rechts unterhalb der bisher beschriebenen Sektoren befindet sich noch diese wirklich schöne und kompakte graue Plattenwand mit nicht gar so steilen, dafür umso technischeren Touren. Die Felsqualität ist ausgezeichnet, im rechten Teil gibt es noch ein paar schwere Fingerkrafttouren.

43 FUGAZI 6 * (Müller) Kurz und wenig lohnend
44 Projekt
45 HENKEL TROCKEN 6+ *** (RP Müller) Schöne graue Wandkletterei
46 GRAN FURY 7- *** (RP Müller) Ebenso
47 ZWISCHENZEIT 7 *** (RP Müller) Markante gar nicht so leichte Einzelstelle
48 BIGTIME 8- *** (RP Müller) Anspruchsvolle Steigerei in glatter Platte
49 Projekt
50 SCHNEUZELCHEN 9+ ** (RP Dinse)
51 WOHIN UND ZURÜCK 9+ *** (RP Gsenger 1995)
52 NAMENLOS 8+ ** (RP Holzgethan)
53 RED HOT CHILI PEPPERS 7+ ** (RP Müller 1995) Gute steile Tour, oben jedoch etwas zugewachsen

BOULDER:

FIRST CERTIFICATE 7c+ tr
Traverse von 25 bis 18

Wandeck Zustieg | Foto: Simone Zipper

Andy | HANKY PANKY 6+ | Foto: Simone Zipper

STRASSENWAND

Bereits 1988 entdeckte Karl Kosa die bis zu 50m hohen, vorwiegend grauen Plattenwände unmittelbar unterhalb der Kehren der Hohe Wand Mautstrasse zum Sportklettern: Er schuf 5 schöne Routen, die nur durch Abseilen zu erreichen waren und der damaligen Zeit entsprechend weiter abgesichert und „etwas alpin" eingerichtet wurden. Lange blieb es hier ruhig, ehe 2008 und 2009 das Gebiet erweitert und mit einem neuen, „bequemeren" Zugang versehen wurde. Momentan gibt es hier 23 Routen zu klettern, mit sehr kurzem Zustieg, 15-30 m lang und mit sehr unterschiedlichem Stil: Braune Überhänge im linken Teil, rechts daneben tolle Risse, in der Mitte raue, graue Wandklettereien in sehr schönem Fels, weiter rechts die (noch nicht sanierten) Kosatouren und auch dazwischen ein paar ganz liebe Schmankerl. Alles gut bis sehr gut abgesichert, das Meiste startet auf einer Sonnenterrasse mit kurzem Fixseilzustieg; vorwiegend gibt es hier „Genusssportkletterrouten" im 6ten und 7ten Grad, aber auch ein paar lässige „Hämmer". Durch den extrem kurzen Zugang hat sich das Gebiet bereits zu einem sehr beliebten entwickelt!

1-4	5-7	≥8	Σ UIAA	Projekt
0	16	6	23	1

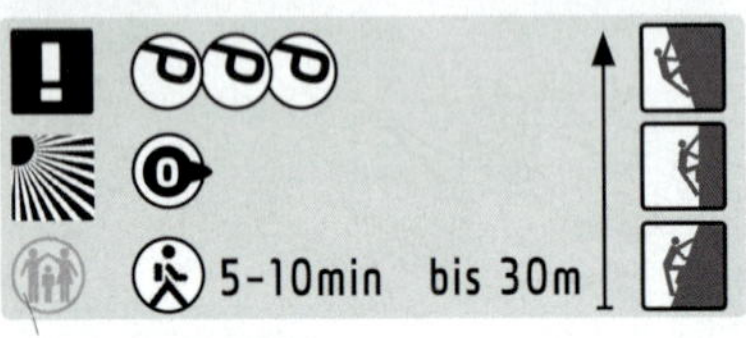

ZUFAHRT: Parkmöglichkeit für ca 5 Kfz am Beginn der Galerie.

ZUGANG: Zu Fuß durch die Galerie und mit wenigen Schritten zur ersten Rechts-Links Kurve. In dieser rechts über die Leitplanke steigen und in einer Rechtsschleife (Steinmänner) zum Wandfuß hinab. 5min.

BESTE JAHRESZEIT: Ganzjährig. Im Winter Sonne bis über Mittags, im Sommer ab etwa 15 Uhr Schatten.

1 LAUSBUBENRISS 6 ✱
(RP Behm 2009) Kurzer brauner Riss

2 LAND DER LAUSBUBEN 7 ✱✱
(RP Behm 2009) ganz nette, leicht überhängende Leistenkletterei

3 ZWEI BOMBERL MEHR 8- ✱✱✱
(Behm 2009) großgriffige braune Ausdauerkletterei, tw sehr rau

4 PUCHBERGER PRÄSENT 9+/10- ✳
(Behm 2009; RP Georg Gsenger)
Geniale Boulderei oben – Superfels!

5 Projekt (freigegeben)

6 MÜLLERRISS 7+ ✱✱✱ (RP Müller 1999)
sehr schöner grauer Piazriss

7 HAMMERSTURM 7+ ✳ (RP Behm 2009)
noch genialerer Piazriss an buntem Superfels

8 SCHWEINSGALOPP 7 ✱✱✱ Behm 2009, RP Rottensteiner) Lustiger Einstiegsüberhang, dann graue und raue Wandkletterei

9 MORBUS 68 6+ ✱✱✱ (RP Behm 2008)
schöne Wandkletterei und Risspuren in rauer Platte

10 HELLY HANNSEN 7+ ✱✱✱
(RP Behm 2008) schöne Wandkletterei an Leisten und Tropflöchern, ev kleiner Friend für den Einstiegsriss

11 REIN ODER NEIN 6+ ✱✱
(RP Behm 2008) schmaler rauer Riss, weit gesichert, dazwischen ev KK und Friends

12 EICHENLAUB 8 ✱✱✱
(Behm 2008, RP Rotensteiner)
Kurze, aber tolle Tropflochkletterei durch das gelbe Schild

13 PERSONA NON GRATA 7/7+ ✱✱✱
(RP Behm 2008) kurze, arge Kante

14 JÖRGL GEDÄCHNTNISWEG 6 ✱✱✱
(RP Behm 2008) etwas abgestuft, dafür lang: sehr schöne Genusstour!

15 SPHINX 7+ ✱✱✱ (RP Kosa 1988)
Harte Platte, dann Genuss.
Update 2011: Route saniert!

16 RUHIG BLUT 7 ✱✱✱ (RP Kosa 1988)
Durch die steile braune Wand mit arger Schlusskante. Update 2011: Route saniert!

17 MUSIKANTENSTADL 7- ✱✱✱ (RP Behm 2009) schöne Verschneidung, braun und grau

18 GOLDBLUT 7 ✱ (RP Behm 2009) geniale Leisterlkletterei durch kompakte graue Platte

19 BLUTMAUER 9+ ✱✱✱ (Behm, RP Georg Gsenger 2009) sehr gut und steil durch die rotgraue Harnischplatte

20 ZANG TUMB TUMB 8- ✱✱ (Behm 2009) Schlüsselstelle am Beginn bei rauem Überhang, mittendrin Splittrig und weniger schön, oben Superkante!

21 SPLIT 7+ ✱✱✱ (RP Kosa 1988) Plattenkletterei mit Schlussüberhang. Alte BH, kein AS Stand!

22 SPÄTLESE 7+ ✱✱ (RP Kosa 1988) Schwierige Einzelstelle, alte BH, kein AS Stand!

23 RUHELOS 8- ✱✱ (RP Kosa 1988) Am rechten Pfeiler, alte BH, kein AS Stand!

UNTERER ALMFRIEDEN

1-4	5-7	≥8	Σ UIAA	Projekt
0	10	8	19	1

5-10min bis 30m

Die „Untere Almfriedenwand" oder im Kletterjargon schlicht „Oimfriedn" genannt, gehört gewiß zu den allerbesten Klettergärten nicht nur der Hohen Wand! Nicht umsonst war sie auch bereits im legendären „Hackerführer" enthalten. Nach einem kurzen und unkomplizierten (wenngleich auch erdig-steilem und bei Nässe sehr rutschigem) Zustieg von oben, vom Plateau her, gibt es hier von einem gemütlichen, schattigen Band weg bis zu 35 Meter lange Ausdauerrouten an Löchern und Leisten in bestem, rotgrauem, tw. etwas konglomeratähnlichem Kalk zu klettern, die an Ästhetik und Homogenität, speziell im Bereich des 7ten und 8ten Grades, auf der Hohen Wand ihresgleichen suchen. Die meisten Routen stammen von den berühmten Jentzsch Brüdern und sind mit oranger Farbe angeschrieben, aber auch in jüngster Zeit kamen noch einige Neutouren hinzu. Leider war das Klebehakenmaterial in fast allen Routen von schlechter Qualität mit hohem Risikopotential, 2002 wurde die Wand generalsaniert, sodaß nun dem unbeschwerten Sportklettergenuss kaum noch etwas entgegensteht. Den Klettertag ausklingen lassen tut man vorteilhaft beim gleichnamigen Wirtshaus am Ausgangspunkt- mit einem herrlichen Blick hin bis zum Neusiedlersee!

ZUFAHRT: zu Ghf Almfrieden, siehe Einleitung.

ZUGANG: Vom Ghf Almfrieden am Promenadenweg Richtung Ghf. Postl etwa 150 Meter entlang; bei einem kleinen Hüttchen am linken Wegrand zweigt nach links der „Stollhofer Steilabstieg" ab (keine Tafel, gelbe Punkte bald sichtbar), der durch die markante steile Schlucht abwärtsführt. Diesen (unangenehm erdig, leicht schrofig) abwärts und nach links zur bereits sichtbaren Wand. 10 min.

BESTE JAHRESZEIT: Im Sommer ab etwa 14 Uhr Schattig; im Winter wegen der Einstiegsbäume eher ungeeignet; am besten im Frühling und Herbst

1. BAT BITCH 8/8+ *** (RP Jentzsch 1992) Schöne Ausdauerkletterei mit Schlüsselstelle am Schluss
2. ROBIN HOOD 8 * (RP Jentzsch 1992) Tolle Ausdauerkletterei mit zwei harten Einzelstellen. Schon recht glatt, dennoch genial!
3. GUT DING BRAUCHT WEILE 8- * (RP Jentzsch 1992) ebenso toll mit kniffligem Beginn
4. Projekt
5. IM SCHATTEN DES SEQUOIA 8- ** (RP Kosa 1992) nicht ganz so toll wie der Rest; auf Sturzraum (Baum!) Achten!
6. TURBO DIESEL 8- *** (RP Jentzsch 1992) Tolle Route mit crux am unteren Bauch
7. CONDORMAN 8 * (RP Jentzsch 1992) Geniale Route mit kleingriffiger, technisch anspruchsvoller Schlüsselstelle
8. FLUG DES KOLIBRI 7/7+ * (RP Membier 1990) Sehr langer, gutgriffiger und genialer Klassiker! Weite Absicherung!

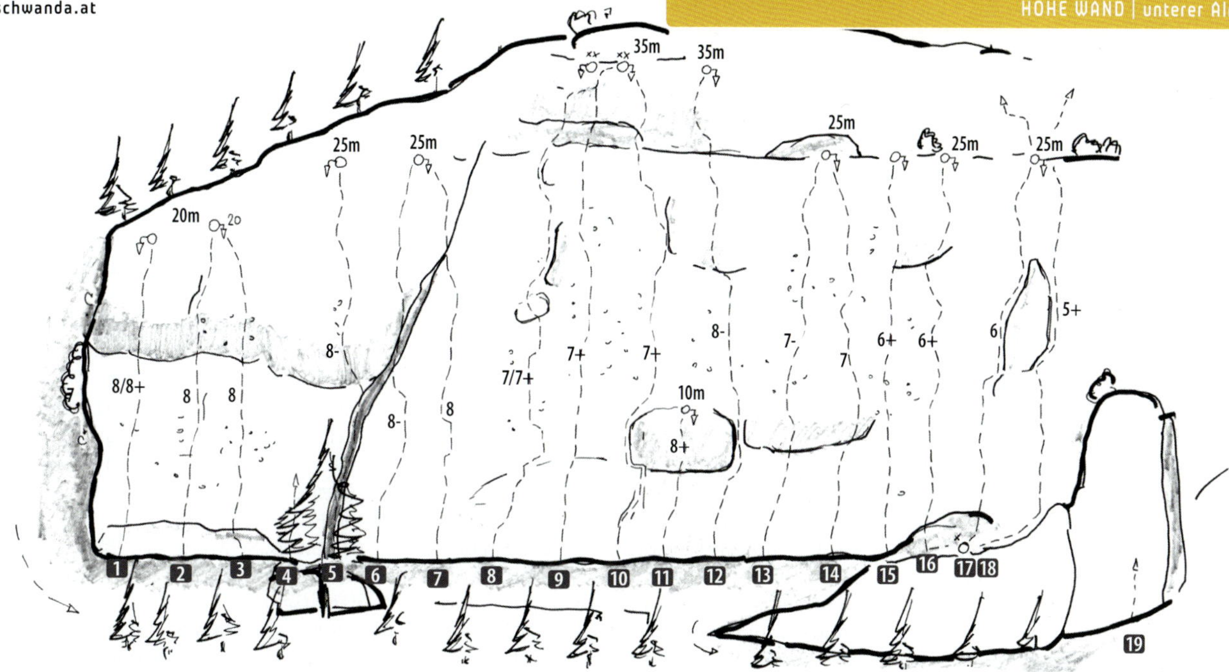

9 ÖKO HANF 7+ ✱✱✱
(RP Riedl 2009) Sehr schöne neue Route, tw. etwas eng zu **8** und **10**

10 IM REGENWALD 7+ ✱ (RP Membier 1990)
Sehr lange Sensationstour!
Nicht ganz so steil und kräftig wie **8**, dafür technisch anspruchsvoller!
Weit gesichert

11 TIME OUT 8+/9- ✱✱ (RP Jentzsch 1993)
Boulderartige Kurzroute

12 ARKTISCHER STURM 8- ✱✱✱
(RP Jentzsch 1992) sehr schöne lange Route mit Crux am Schluss

13 FROSCHKÖNIG 7- ✱
(RP Jentzsch 1993) sehr schöne graue Genussroute mit schwierigem Beginn

14 MÄRCHENPRINZ 7 ✱✱✱
(RP Jentzsch 1993) schöne graue Wand- und Plattenkletterei

15 ZWERG NASE 6+ ✱✱✱
(Kupfer 2010; RP Seiwerth)
schöne Neutour im selben Stil

16 ZWIELICHTIG 6+ ✱✱✱
(RP Riedl 2007)
schöne neue Tour – goldene BH

17 PAPAMOBIL 1. SL 6 ✱✱✱ (RP Riedl 2007)
schöne steile Wandkletterei

18 STEINFEDER ROSE 1. Sl 5+ ✱✱✱
(RP Riedl 2007) steile rötlichgraue Henkelkletterei

19 UMWEG ZUM ALMFRIEDENWIRT 1. SL 7- ✱✱
(RP Riedl 2007) 3SL Tour; zum Umlenken nicht geeignet

ÖTK KLETTERGARTEN

Sehr hübscher, für Kletteranfänger empfehlenswerter Klettergarten im unmittelbaren Nahbereich des Hohe Wand Wochenendtrubels - stark frequentiert!
Wandhöhe bis 25 Meter, schöner, tw. aber recht abgeglätteter Fels, was vor allem die etwas schwierigeren Sportklettereien betrifft. Sehr sonnige Südlage mit wunderbarem Ausblick und die rasche Erreichbarkeit vom Plateau lassen den kleinen Klettergarten wieder zu neuem Glanz aufleben, besonders seit der Sanierung durch Thomas Behm 1999.
Die Routenauswahl ist sehr vielfältig: Von den leichten Übungstouren im linken Teil über den grauen Lochbauch (mit den schwierigeren Touren) im Mittelteil, über die herrliche Zweierlänge der „Wilden Völlerin" bis zur hübschen Sonnenuhrverschneidung und dem extremen versicherten Klettersteig „Blutspur".

Besonders an sonnigen Wintertagen mit Inversionswetterlage, wenn unten im Tal ein riesiges Nebelmeer sich ausbreitet, ist das hier ein schöner Platz zum Klettern und Genießen.

ZUFAHRT: zu Ghf Postl, siehe Einleitung.

ZUGANG: Vom Ghf Postl kurz abwärts zum Drachenflieger-Startplatz. Dort wenige Schritte nach links zur Tafel des grün bez. Völlerinsteiges. Diesen kurz abwärts und nach links unter die Wand (große Tafel). Gehzeit ca 5min.

BESTE JAHRESZEIT: Der ÖTK-Klettergarten ist absolut südseitig ausgerichtet, die Einstiege sind baumfrei. Daher handelt es sich hier um ein optimales Winterklettergebiet, trotz (oder gerade wegen) der Höhenlage von 850 Meter. Im Sommer ist es viel zu heiß, außer es ist bewölkt.

1-4	5-7	≥8	Σ UIAA
6	11	6	23

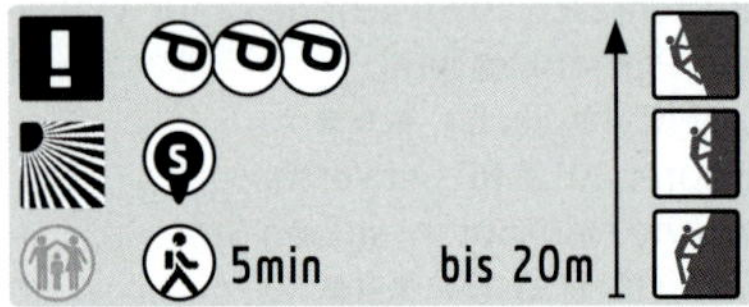

1 VATER MOND 4+ ✱ (Behm 1999)
Kurze Wandkletterei
2 NEUE SONNE 3 ✱ (Behm 1999)
Oben kurze Platte
3 ROTES DREIECK 4 ✱ (1. Beg. unbek)
Kurze Übungskletterei
4 SONNENFINSTERNIS 7 ✱ (Halbweis)
Kurze, steile, nicht unlohnende Route
5 MENTAL FUNERAL 9+ ✱✱
(RP Helma 1990) Beinharte Lochblocker im Dach, sehr boulderartig
6 QUELLENKANTE 8 ✱ (RP Halbweis)
Unschöner Beginn
7 SACRAMENTO 7+/8- ✱✱
(Halbweis, Schwanerer 1988)
Plattige Schlüsselstelle am Beginn, dann Genuß
8 RUCKZUCK 7 ✱✱✱ (RP Halbweis 1988)
Eigentlich ein Sportkletterklassiker! Steil, löchrig, kräftig; leider poliert
9 SANTA FEE 7+/8- ✱✱✱ (RP Halbweis 1988) Gute Tour mit ziemlich diffizilen Wand- und Plattenstellen
10 ALLER ANFANG IST SCHWER 6+ ✱
(RP Halbweis 2007)
Nette Kurzroute mit goldenen BH
11 KURZER KAMIN 5 ✱
12 RECHTE VARIANTE 4+ ✱
13 WILDE VÖLLERIN 3- ✳
(RP Wildenauer 1916) Für diesen Grad Superfels, sehr ausgesetzt und genial

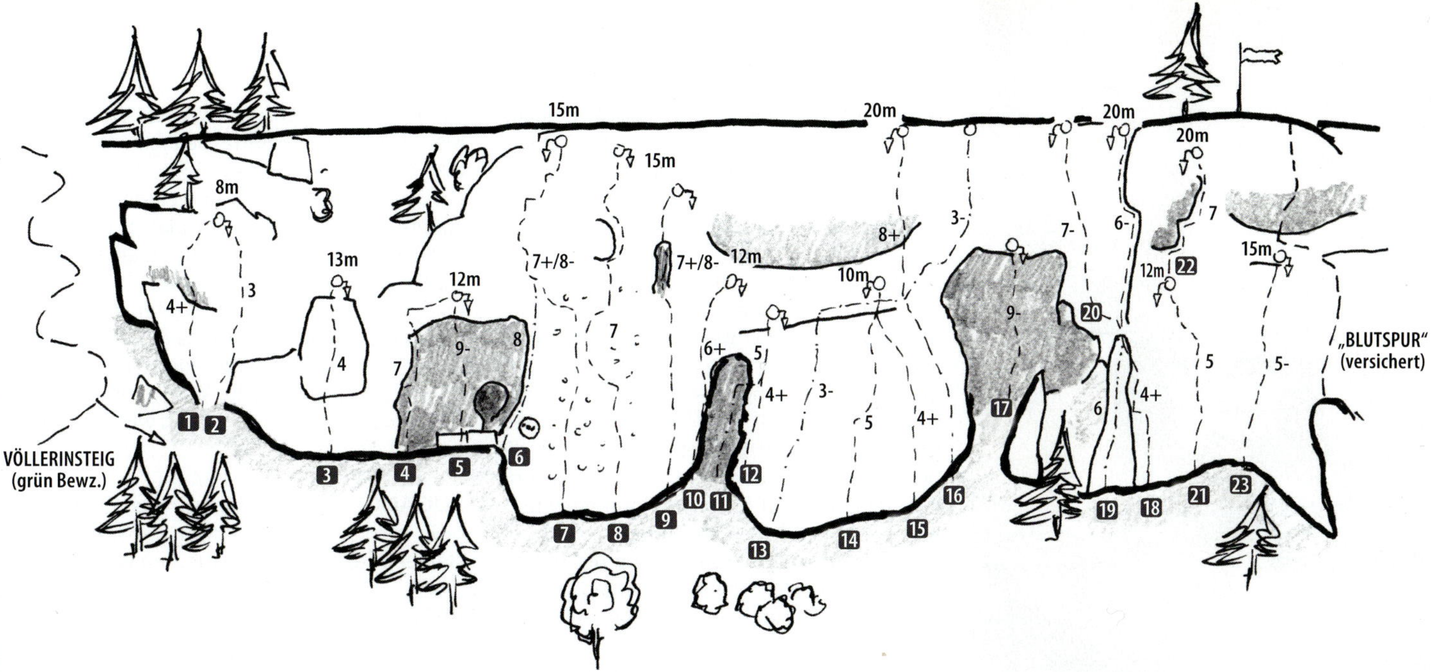

14 LINKER VÖLLERINPFEILER 5 ✱
(Behm 1999) Eine ungute Stelle, eher über rechts klettern

15 VÖLLERINPFEILER 4+ ✱
(Weber 1988)
Hübsche kurze griffige Kletterei

16 BEIN HART 8+ ✱ (Halbweis 2007)
Unten nette 7- Kletterei, oben ein technisch anspruchsvoller Überhang

17 DER STRENGE GERUCH NACH MERKAPTHAN 9+ ✱✱ (RP Helma 1989)
Wilde Dachkletterei mit beinharten Boulderzügen

18 SONNENUHRVERSCHNEIDUNG NEU 6- ✱✱✱
Mit dem neuen Einstieg nun eine der besten Touren im ÖTK Klettergarten

19 PFEILEREINSTIEG 6 ✱ (Halbweis 1988)
Schwere Einzelstelle

20 ÜBERHANGVARIANTE 7- ✱
(RP Halbweis 2007)
Einzelstelle, dann nette 5er Kletterei

21 NEBELREISSEN 5 ✱✱ (Behm 1999)
Kurze Tour in schönem, rauem Fels

22 MILUPPA 7 ✱✱ (RP Halbweis 1988)
Gute, überhängende Fortsetzung von **21**

23 NEBELGRAUEN 5- ✱✱✱ (Behm 1999)
Kurze, aber schöne Tour - Steil und großgriffig

Barbara Raudner | FINSTERERKANTE 10- | Foto: Hannes Raudner

HOCHKOGEL

Direkt unter dem Berghotel Hochkogelhaus, an der Abbruchkante des Hohe Wand Plateaus gelegen, zählt die Hochkogelwand zu den besten harten Wänden im Osten Österreichs (und wohl auch darüber hinaus!)!

Leicht bis stark überhängende Wandklettereien in grauem, aber auch - optisch sehr ansprechend - rotem Fels mit unzähligen Löchern und Taschen bestimmen das Geschehen - und das in homogener, konstanter Wand fast ohne Rastpunkte! Dementsprechend beliebt geworden ist die Wand bei den Wiener Spitzenkletterern und dementsprechend hoch die Routendichte in den oberen Schwierigkeitsgraden. Trotz all der Ausdaueranforderungen sind die Touren, vor allem in den grauen Ausstiegsplatten, auch technisch sehr anspruchsvoll!

Leichtere Routen (soll heißen bis 9-) haben allerdings schon einiges an Speck angesetzt, was an schwülen Tagen unangenehm sein kann.

Die Absicherung ist nur mehr tw. älteren Datums und besteht aus 10mm-Kronendübeln, welche jedoch durchaus noch vertrauenserweckend scheinen. Viele Routen sind bereits saniert. Außerdem hängen teilweise fixe Expresschlingen in der Wand, „Trainingsschlingen" der Wiener Neustädter Klettergilde. Diese bitte belassen, egal was man davon halten mag...
Die Hochkogelwand ist in wenigen Minuten zu erreichen, die Einstiegsplätze sind sehr bequem, und die beste Jahreszeit kann als „ganzjährig" angegeben werden: Im Sommer an Spätnachmittagen, im Winter bis 14 Uhr, dann verschwindet die Sonne aus der Wand.
Wer harte Ausdauerlochklettereien liebt, ist hier goldrichtig - die Wand könnte auch irgendwo im Süden stehen und wäre genauso beliebt!

ZUGANG: Vom Hochkogelhaus über den grün bez. Straßenbahnerweg (Bzw. Koppensteinerweg) in 5min abwärts zum Wandfuß.

BESTE JAHRESZEIT: Die Hochkogelwand befindet sich auf 900 Meter Meereshöhe und ist südostseitig ausgerichtet. Am Wandfuß befindet sich ein lichter Laubwald, dessen Blätter im Winter abfallen. Daher kann hier ausgezeichnet an sonnigen Wintertagen (bis etwa 14 Uhr) geklettert werden. Im Hochsommer kann meist ab dem späten Nachmittag und am Abend gut geklettert werden, dann ist die Wand im Schatten und es bläst meist ein kühler Wind. Die Übergangszeiten freilich sind auch nicht zu verachten.

Peter Emberger | MISSING LINK 9- | Foto: Tom Bartl

Lucki Zipper | RED BULL 9-/9 | Foto: Herbert Mayerhofer

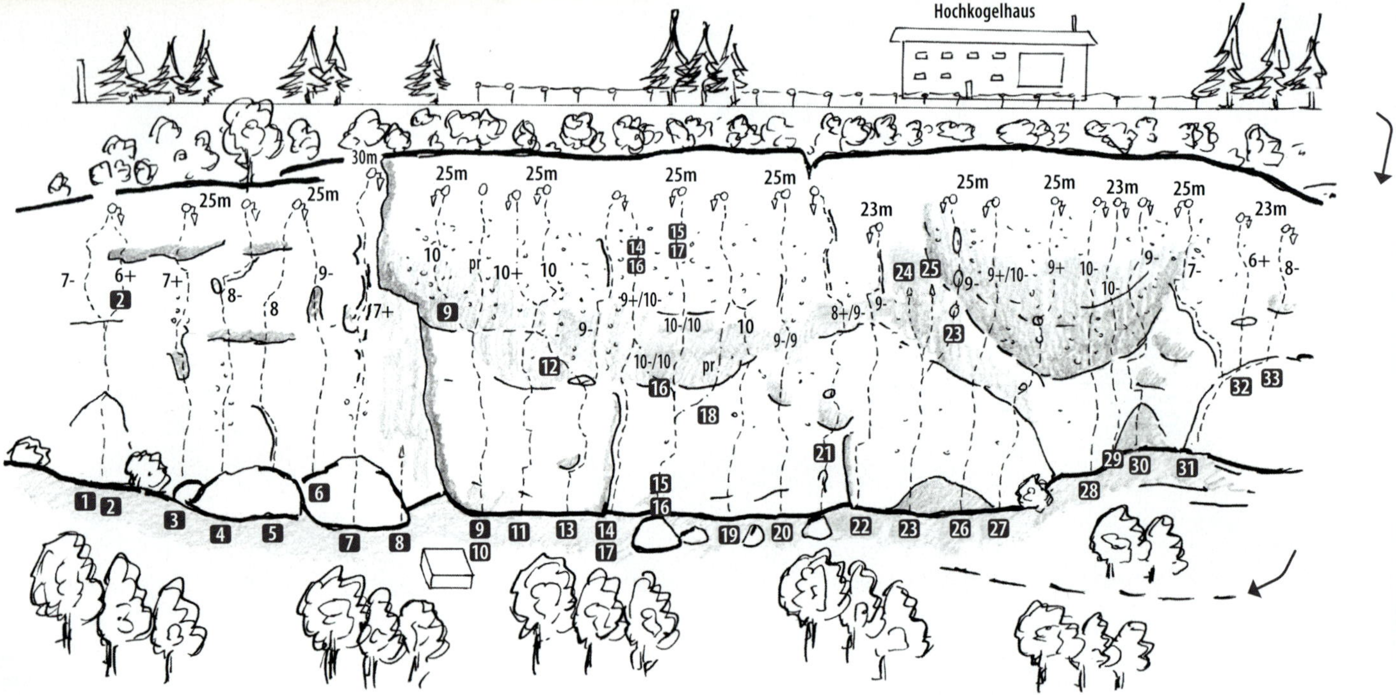

1 WILDHONEY 7- ✱✱ (RP Behm 2001)
Etwas steilere Variante zu **2**, Klebehaken

2 HONEYMOON 6+ ✱✱ (RP Behm 2001)
Hübsche Aufwärmtour in plattigem, oben steilem Fels - Klebehaken

3 UOVOPECCARE 7+ ✱✱
(Gansterer, Prenner 1990)
Goldene Ring-BH, weit gesichert, aber schön - Crux zum Schluß

4 GEILSPECHT 8- ✱✱✱ (RP Riedl 1989)
Sehr schöne, nicht allzu steile Route. Schlüsselstelle oben bei Ring-BH

5 CONDOR 8 ✱✱ (RP Kosa 1990)
Mäßig lohnend, ganz oben eine harte Einzelstelle

6 KÖNIG UHU UND DIE GIER 9- ✱
(Klein, Krejci 1989)
Staubig und oft naß, kaum begangen

7 URQUELL 7+ ✱ (RP Kosa 1989)
An sich nicht so schlecht - guter Fels, aber kaum begangen und wieder zugewachsen

8 Projekt (Gansterer alt)

9 FINSTERER TOUR 10 ✳
(RP Georg Gsenger 1994) Stark überhängende Ausdauerkletterei über die Kante, vielleicht die beste Linie am Hochkogel!

10 Projekt

11 DIE PHILOSOPHIE IST EIN GURKERL IM KNIE 10 * (RP Helma 1990) Toptour! Keine aufgebohrten Griffe! Komplizierte Linie!

12 BACK TO THE ROOTS 10+ *** (RP Georg Gsenger 2006) Momentan die schwierigste Tour am Hochkogel: E über Manitou, dann die Philosophie kreuzend

13 MANITOU 9- * (Kosa/Reicht, RP Wolf 1989) Geniale Toptour mit no hand rest im Loch, danach Schlüsselstelle am Wulst und leichter zum Stand

14 NOBODI 9+/10- * (Kosa/Reicht, RP Reicht 1989) Absoluter Sportkletterklassiker!!! Lochkletterei - eine der besten 8a`s im Wiener Raum!

15 1000 LITER FEUERWASSER 10-/10 * (Kosa/Wolf, RP Helma 1989) Tolle Linie - die erste Route dieses Grades im Wiener Raum!

16 TSCHO TSCHI 10-/10 *** (RP Georg Gsenger 1997) Kombination: Einstieg über 15 weiter über 14

17 TSCHI TSCHO 19+/10- *** (RP Franz Steiner 2008) Kombination: Einstieg über 14 weiter über 15

18 Projekt SCHURL ca 10+/11- (Georg ist knapp dran...)

19 VERLIEBTER LEICHNAM 10 * (RP Helma 1991) Extremer Einstiegsboulder, dann Ausdauerkletterei - auch dies ein Markstein im Wiener Raum!

20 RED BULL 9-/9 * (RP Kosa 1990) Grenzgeniale Ausdauerkletterei, großgriffig im roten, kleinlöchrig im grauen Fels. Mit Klebehaken saniert - Ein Muß!

21 NIRVANA 8+/9- * (RP Kosa 1989) Trotz Speck der Klassiker schlechthin! Ausdauerkletterei im roten und grauen Fels vom Feinsten; sehr homogen!!!

22 WINNITOU 9 *** (RP Kosa 1990) Unten schön, oben unangenehme Züge - nicht geschenkt!

23 BALLISTO VERTIKAL 9- * (Erbstein/Dinse, RP Reicht 1988) Diffiziler Einstieg, mittendrin die Crux: Dynamo auf Aufleger, oben stark überhängende perfekte Lochreihe!

24 Projekt HELMA/DINSE

25 Projekt BACHER Um diese Route rankten sich Gerüchte: Es sollte die erste 9a im Wiener Raum sein, aber die Locals entdeckten nicht die geringsten Begehungsspuren ...

26 HAKOAH 10- * (RP Helma 1993) Geniale Ausdauertour mit harter Einzelstelle. Oben ein perfekter grauer Lochwulst!

27 IMPOPOSANT 9+ * (Erbstein/Müller, RP Wolf 1989) Eine der besten Lochklettereien im Wiener Raum - stark überhängende graue Lochtapete!

28 REX THE RUNT 9+/10- *** (RP Helma 1993) Saniert! Tolle Züge Neuer Einstieg (T. Bartl): 2m li ohne Kunstgriffe!

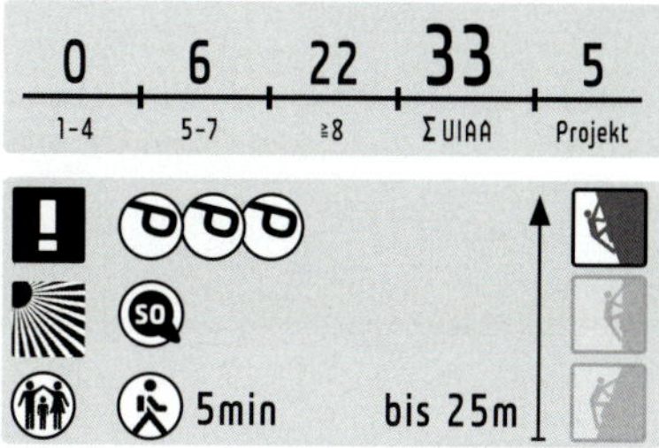

29 COLD TURKEY 10- *** (RP Helma 1990) Klassiker mit schwerer Einzelstelle unten, dann tolle Lochwampe

30 MISSING LINK 9- *** (Erbstein/Gansterer, RP Aigner 1990) Schwere Tour mit weitem Einstiegszug, dann Technik!

31 LUCY IN THE SKY 7- *** (RP Müller 1990) Schöne, schräge Aufwärmroute in tollem Fels!

32 LEDERSTRUMPF 7 ** (RP Müller 1990) Harte Einzelstelle, nicht so genial - Alte BH

33 SUPER MARTIN 8C 8- * (RP Gsenger) Die ultimative Verorschungstour am rechten Rand...

Blick von der oberen Nagelplatte zum Schneeberg | Foto: Bernd Schwanda

NAGLPLATTE

1-4	5-7	≥8	Σ UIAA
1	39	3	43

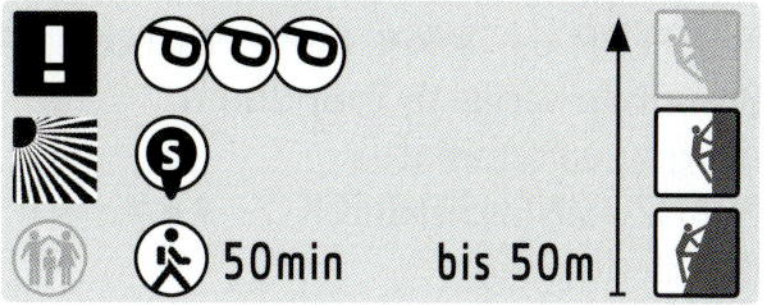

Die Naglpatte ist mit Abstand eines der schönsten und beliebtesten Genußsportklettergebiete! Es handelt sich um zwei schräg übereinander liegende, südseitig exponierte und jeweils etwa 50m hohe Plattenwände, welche von einer Vielzahl an Routen zwischen dem 5ten und 7ten Grad durchzogen werden. Fast alle Routen sind nun saniert und mit Bohrhaken und Abseilständen bestens ausgerüstet. Die Felsqualität ist ganz hervorragend und erinnert an südfranzösische Verhältnisse - unzählige Erosionslöcher und Strukturen in sehr kompaktem, silbergrauem Kalkfels!
Der Zustieg ist jedoch etwas länger und die Einstiege sind nicht mit dem Kinderwagen zu erreichen, bisweilen sogar ausgesetzt und abschüssig. Die Einstiege der Unteren Platte sind sogar nur durch Abseilen zu erreichen, deswegen ist hier auch immer weniger los.
Das Tüpfelchen auf dem **i** bildet dazu noch die landschaftliche Lage mit freiem Blick zum Schneeberg, manchmal - im Herbst - ist es so, daß man mit kurzem T-Hemd knapp über einem wallenden Nebelmeer in der Sonne schwelgt, oder - im Frühjahr - dasselbe tut, während vis a vis am Monarchen die Skifahrer ihre Spuren in die Breite Ries legen!

ZUFAHRT: Über die A2 (Südautobahn, von Wien kommend) Abfahrt bei Wr. Neustadt West, weiter Richtung Hohe Wand fahren, über Stollhof zur Mautstelle und weiter aufs Plateau; auf diesem linkshaltend zum Ende der Mautstraße beim Kleinkanzelhaus.

ZUGANG: Vom Kleinkanzelhaus auf der Fahrstraße (allgemeines Fahrverbot!) zur W. Eichert Hütte und in Kürze am bez. Plateauweg nach links zur unbew. Naglhütte. Hier in wenigen Schritten nach rechts, zum Naglkreuz, am Plateaurand. Die Einstiege der Oberen Platte erreicht man in einer Linksschleife (etwas schrofig, abschüssig), jene der Unteren Platte durch Abseilen (schrofige Querung von der Naglhütte nach links zum Abseilstand). Gehzeit etwa 50min.

BESTE JAHRESZEIT: Die Naglplatten sind absolut südseitig exponiert, die Einstiege sind baumfrei, und liegen auf etwa 1000 Meter Seehöhe. Beste Jahreszeit sind Frühling, Herbst und Winter.

BESONDERES: Zum Umlenken ist ein 80m Seil teilweise vorteilhaft!

Lisa Fally | VIEL SPASS UND VERGNÜGEN 6+ | Foto: Simone Zipper

OBERE NAGLPLATTE:

1 SONNENKREIS 6 ✱✱ (RP Behm 2006)
Henkeliger Einstiegsüberhang und schöne Plattenkletterei

2 HEILIGTUM 7- ✱✱✱ (RP Behm 2006)
Schwieriger Einstieg, dann Genußkletterei

3 DER EIERMANN 7- ✱✱ (RP Behm 2006)
Hübsche Lochplatte - Achtung auf hohle Schuppe rechts der Tour!

4 OBERE NAGLKANTE 6 ✳ (Machacek, Kosa 1980) Perfekter rauer Plattenkalk und beste Absicherung!

5 OBERE NAGLPLATTE 6- ✳ (Bednarik 1964) Sanierter Klassiker - tolle Linie mit herrlicher Lochplatte im unteren Teil

6 LP-AUSSTIEG 5+ ✱✱ (RP Schrom 2006)
Neue Ausstiegsvariante, sehr schön und steil

7 STURZAUSSTIEG 5+ ✱✱✱ (Machacek, Kosa 1981)
Schöne, steile Ausstiegsvariante

8 VAR 6+ ✱ Weniger lohnend

9 ANWANDLER 6+ ✳ (Riedl, Krejci 1986)
Supertour über löchrige Platte mit goldenen Ringbohrhaken

10 SCHACKLTOUR 7- ✳ (Schackl, Bruckner 1983)
Herrliche Plattentour - etwas weit zum 1. BH

11 MISTER X 7+ ✱✱✱ (RP Riedl 1986)
Kleingriffige Plattenkletterei

12 PUPPISTEIG 7- ✱✱✱ (Mach 1961)
Sanierter Klassiker durch den feinen, abgespeckten Riß

13 DIRTY LAUNDRY 6- ✱✱✱ (RP Fachet 1983) Nette Wandkletterei, etwas grasig, aber nicht störend - Oben linkshalten

14 STURZNUMMER 7- ✱✱ (RP Fachet 1983)
Ausstiegsvariante - Einzelzug

15 FLIP FLOP 6+ ✱✱✱ (Kosa, Machacek 1982)
Brandneu sanierte Tour durch die graue Lochplatte

16 FRANZÖSINENSCHRECK 7- ✱✱✱ (RP Riedl 1999)
Neue, lange und sehr schöne Tour!

17 ELFISTEIG 5+ ✳ (Kosa, Bollek 1967)
Wunderschöne, lange Linie!
Bestens saniert! Einer der besten Fünfer weit und breit!

18 NEUE ELFI 6+ ✱✱✱ (RP Kosa 1990)
Schöner, technisch anspruchsvoller Direktausstieg

19 HÖHLENQUERUNG 6 ✱✱✱ (Hoffmann, Schattauer 1969)
sehr schöner, spannender Klassiker, bestens mit BH gesichert!

20 SIMEKTOUR 6+ ✱✱✱ (Simek, Hacker 1999) Schöne Lochkletterei, nun besser abgesichert

21 DYNAMISIERT 8+ ✱✱✱ (RP Wolf 1987)
Beinharter Bouldereinstieg, dann toller 7+

22 HÖHLENUNFUG 8 ✱✱✱ (RP Gauster) Gemütlichere Einstiegsvariante über rechts

23 EINE HAB ICH NOCH 7+ ✳ (RP Wolf)
Harter Einstieg - genialer, unübersichtlicher Lochfels

24 NACH LUST UND LAUNE 7/7+ ✱✱✱ (RP Enserer) Tolle Lochkletterei mit hartem Einstiegsüberhang

25 FENSTERLGALERIE 5 ✱✱✱ (Kosa 1985)
Sehr schöne Genußkletterei, sehr gute Klebehakenabsicherung - auf den genauen Routenverlauf achten!

26 OPEN WINDOW 7 ✱ (Hacker 1994)
Zuletzt eine definierte Plattenstelle

27 HACKERVARIANTE 7- ✱✱✱ (Hacker 1994)
Zuletzt eine schwere Platte, die man sich ersparen kann

28 VIA NELLY 4- ✱ (Behm, Katschal 1988)
Rißverschneidung, etwas grasig und nicht abgesichert!

29 NOTNAGL 7+ ✱ (Bilik 1988)
Alte BH, nicht mehr begangen

UNTERE NAGLPLATTE:

30 LINKSDRALL 7- ✱✱✱ (Kosa, Machacek 1983) Schöne Kletterei, sehr gut mit goldenen Ring-BH gesichert

31 NAGLVERSCHNEIDUNG 6 ✱✱ (Kosa)
Hübsche, alpine Kletterei - viele alte Normalhaken!

32 UNTERE NAGLKANTE 6+ ✳ (Machacek, Kosa 1981) Wunderschöne Route in zerfressenem, unverbrauchtem Fels - viele NH und SU vorhanden

33 MEGAFILOU 7 ✳ (RP Libicky 2001)
Geniale Lochkletterei

34 FILOU IM GUMMISCHUH 6- ✳ (RP Enserer 1983) Wunderschöne Plattenkletterei in zerfressenem Fels, beste Klebehakenabsicherung!

35 VIEL SPASS UND VERGNÜGEN 6+ ✳ (RP Holy 1994) Traumhafte, perfekt mit Klebehaken gesicherte Tour, auch in zwei kurzen SL zu klettern. Zerfressen und großgriffig - Grüße in die Halle der Asen!

36 CHAOS DIREKT 7- ✳ (RP Libicky 1999) Wunderschöne, perfekt gesicherte Tour - Traumkalk!

37 HELISTEIG 6+ ✳ (Kosa, Drachsler) Ebenso Genialer Fels! NH und BH in großer Anzahl und gemischter Qualität!

38 ALTE NEUE DIREKTE 7- ✳ (Mach/Lukan 1961, RP Enserer 1984) Traumfels, super Absicherung

39 EILE MIT WEILE 7 ✳ (RP Enserer 1984) Ebenso

40 PLATTENABSCHIED 6 ✳✳✳ (RP Libicky 2001) Schöne, nicht allzu steile Plattenkletterei in bestem Fels

41 UNTERE NAGLPLATTE 6 ✳ (Bednarik 1964) Äußerst schlechte, alpine Absicherung - nicht mehr begangen!

42 BIBI BLOCKBERG 7 ✳✳✳ (RP Behm 2009) Schwierige Plattenstelle an kleinen Löchern

43 HEIMATTREU 6 ✳ (RP Behm 2009) Sensationelle Löcher und Strukturen.

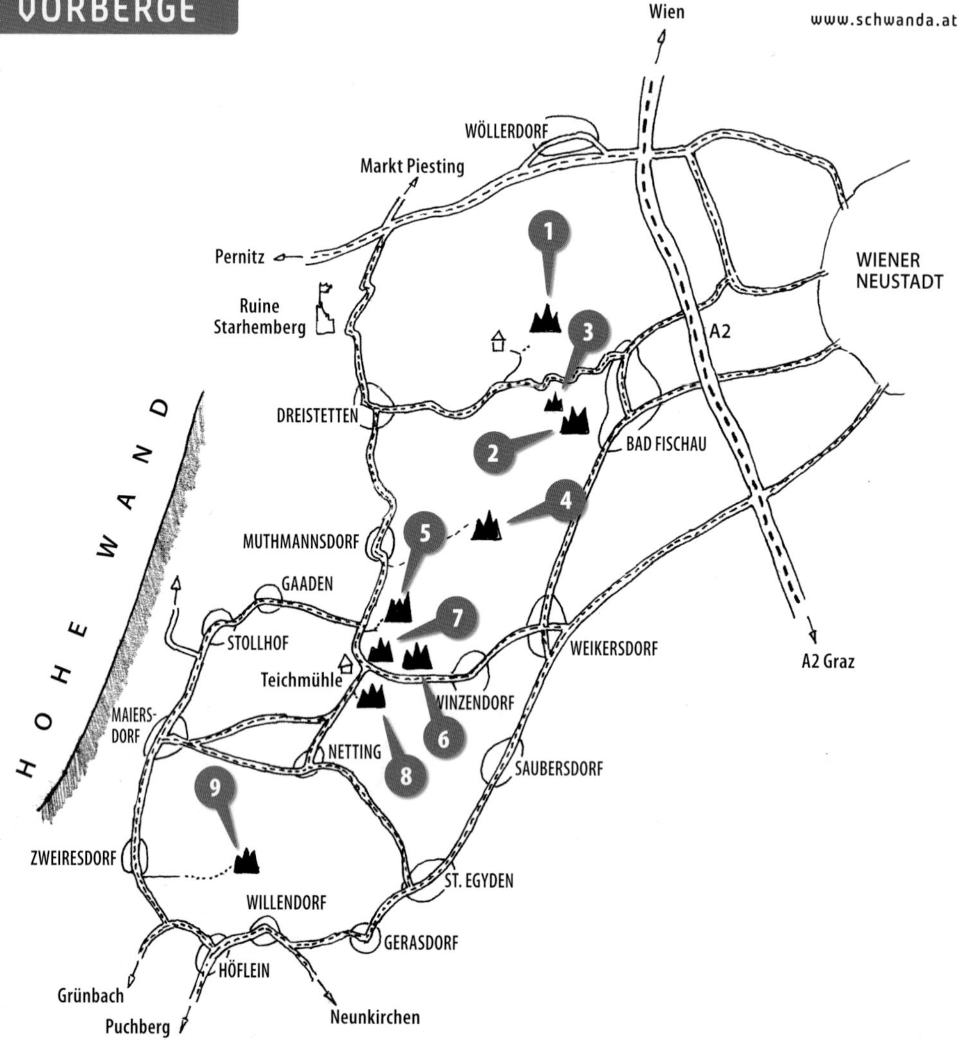

1 STEINERER STADL
2 KLETTERGARTEN BAD FISCHAU
3 KINDER KLETTERGARTEN
4 ENGELSBERG
5 KOLLERWAND
6 PROSSETWÄNDE
7 TEICHMÜHLE
8 FREIBEUTER WANDL
9 KIENBERGTURM

STEINERNER STADL

Der Steinerne Stadl in den weiten Steineichenwäldern der Fischauer Vorberge ist geschichtsträchtiges Gebiet. Kelten und Römer hinterließen ihre Spuren, Hügelgräber, Flachgräber, Opferschalen. Vor Urzeiten saßen hier unsere Ahnen vor der Opferschale, wärmten sich am Lagerfeuer in dieser natürlichen Steinbrücke mit einer gewaltigen Bogenspannweite von 20 Metern. Auch heute noch ist und bleibt dieser unglaublich mysthische Platz Anziehungspunkt von Rutengängern, Esoterikern und .... Heiden!
Und... Boulderern..... aber lassen wir Thomas Schifer, den Erschließer des Stadls (ab 1998) und Erstbegehers fast aller Boulder, zu Wort kommen: „Als reines Bouldergebiet stellt der sogenannte Steinerne Stadl doch etwas einzigartiges in Niederösterreich dar. Zwar kann er von der Anzahl der Boulder oder der Gesteinsqualität nicht mit Merkenstein konkurrieren, trotzdem lohnt sich ein Besuch.
Der eigentliche Stadl ist eine Naturbrücke mit einer Spannweite von 20 Metern, einer Breite von ca 10m und einer max. Höhe im eigentlichen Brückenbereich von 2m. Der Boden ist eben, nur hie und da ist er mit lästigen Steinen gepflastert, die Boulder schwindeln sich jedoch so gut wie möglich dazwischen durch. Das Gestein ist mit vielen Löchern (oft schmerzhaft) versehen.
Die Beschreibung mag nicht gerade einladend klingen, doch kenne ich in NÖ keine, auch nur annähernd so geniale Boulder. Zwischen 30 und 90 Grad überhängend ist alles zu haben und bei manchen Problemen klettert man sogar bergab. Die Züge wechseln zwischen athletisch und artistisch und verlangen fast immer eine gehörige Portion Körperspannung. Auch eine ausgefeilte Dachklettertechnik mit sämtlichen Varianten von Fußklemmern, Handklemmern, Knieklemmern, Rotationen um die Körperachse, usw. sollte man als Vorraussetzung mitbringen, um in diesem Gelände bestehe zu können. Für die extrem langen Quergänge, die die gesamte Brücke queren, ist die Bezeichnung Ausdauergerät noch milde formuliert, denn nach 30 horizontalen Klettermetern ist man an der crux gar nicht mehr frisch und hat garantiert keine Haut mehr an den Fingern, den Händen, Füßen und sonstwo. Glücklicherweise kann man hier jedoch sehr gut Ausdauer auftrainieren, vor allem bei Regen kann man unbeirrt Versuche starten und sich total auspowern. Freunde kleingriffiger Klettereien können sich auf der Rückseite an ein paar harten bis extraharten Nüssen die Finger langziehen."
Wie dem all auch sei, bei allen Großartigkeiten sei festgehalten, daß dies ein „alter" Ort ist - wo die Bäume und Steine noch Augen und Ohren haben.

ZUFAHRT: Von Wien über die A2 (Südautobahn) zur Abfahrt Wöllersdorf. Beim Kreisverkehr links Richtung Wr. Neustadt halten. Nach wenigen Kilometer rechts nach Bad Fischau abbiegen. Am Beginn von Bad Fischau nach rechts Richtung Dreistetten (alles beschildert) abzweigen und auf kurvenreicher Straße bis zu einer großen Wiese. Rechts führt hier ein kleines Sträßchen zum Finkenhaus (ehem. Gasthaus). Hier VOR!!! der Fahrverbotstafel parken. Es gibt Anzeigen!

ZUGANG: Der asphaltierten Straße Richtung Finkenhaus folgen bis zu einer Wiese. Vor dieser am bez. Weg (re. von einem Gehege vorbei) ein kurzes Stück steil aufwärts. Der bez. Hauptweg führt hier gerade weiter nach Wöllersdorf, wir wenden uns aber nach li (Tafel) und gelangen in Kürze, leicht absteigend, zum Stadl. 15min.

BESTE JAHRESZEIT: Am Steinernen Stadl kann man ganzjährig und bei jedem Wetter bouldern. Selbst nach sintflutartigen Regenfällen bleiben manche Boulder im riesigen Dach trocken. Und im Hochsommer klettert man sowieso im Schatten. Die einzige Ausnahme bilden kalte Wintertage mit scharfem Nordwestwind - dieser bläst dann durch die Halbhöhle wie durch eine Düse, und dann verkühlt sich wohl auch der abgehärtetste Bouldermann seine Nieren.

Micheal Karner | LORELEI 7A+ BL SD | Foto: felsfetisch.at

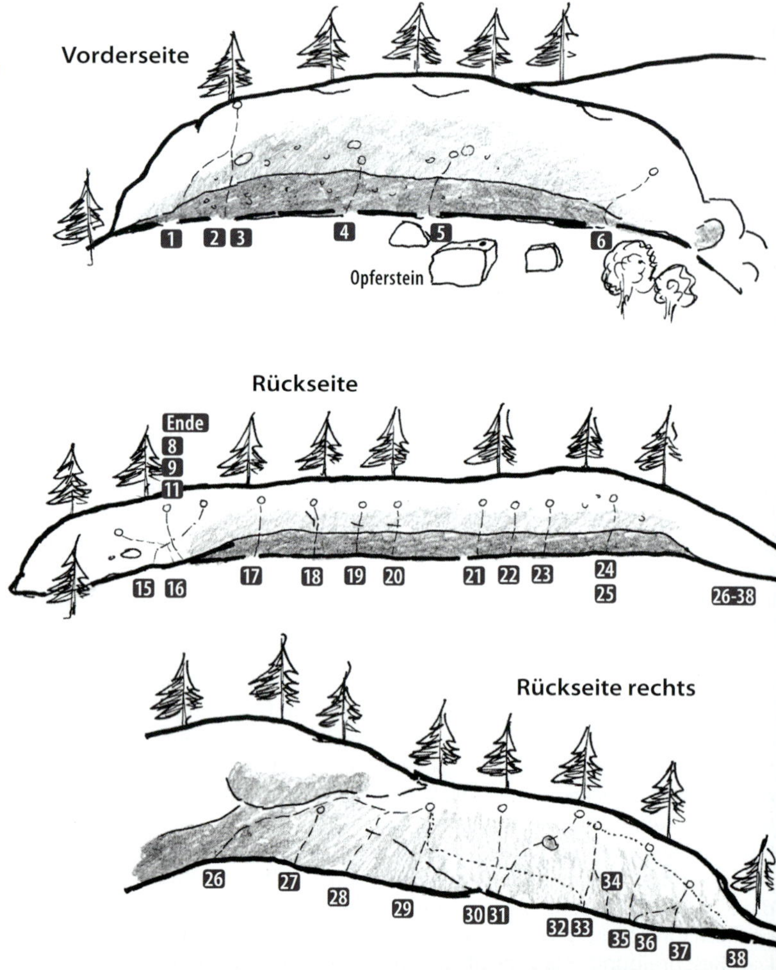

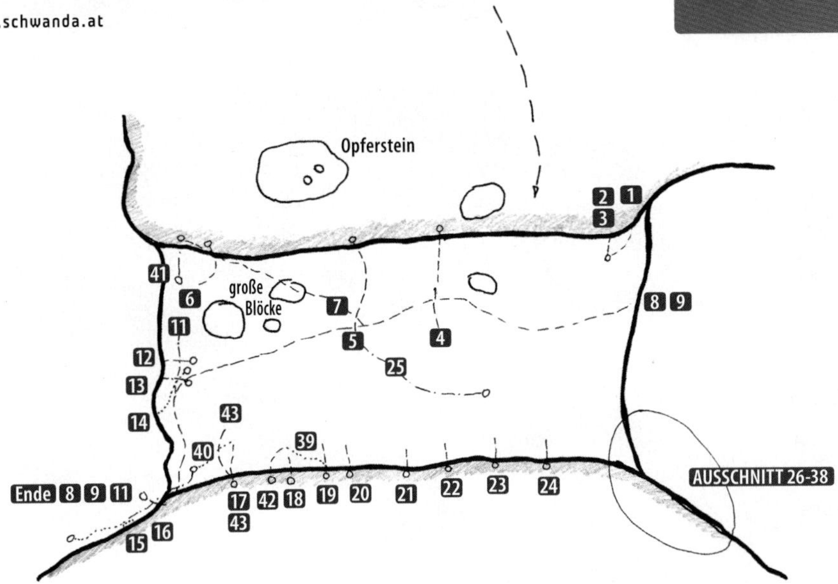

1 COOL CASSU 7a bl sd Genialer Kreuzzug
2 HERBSTMOSAIK IM 1.STOCK 7b+ bl
3 HERBSTMOSAIK 7c+ bl sd
4 STONY BARN 7a bl sd Ein weiter Zug
5 AN UNIQUE EVENT 7a bl sd Gute Züge
6 R.O.I. 6c+ bl sd
7 CHECK IN TO ANOTHER WORLD 8a tr sd
Schlechtes Absprunggelände
8 OUTER LIMITS 7c+ tr
Absolut beeindruckender Ausdauerboulder - ewig lang. Ein Markstein im Wiener Raum!
9 OUTER LIMITS sd 8a
Zu dem ganzen noch ein kretziger Sitzstart

11 OUT OF THE DARK 7b tr
12 IMMER WENN ES REGNET 6b+
13 REGENTAGE 6b Henkeldach, genial
14 UNBENANNT 6b+ sd bl
15 DOWN UNDER 6c bl sd
16 TIGGER 5a tr
17 UNBENANNT 6a+ bl
18 DAISY 5c bl Klimmzugeinstieg
19 NOGGER 5c bl detto
20 UNBENANNT 6a+ bl Ein schwerer Zug
21 GÜLLE 5c bl
22 UNBENANNT 6b bl
23 SPRICH DEI LETZTES GEBET 5c bl

24 TAPE SEI DANK 6b bl
25 NONCHALLENCE 7c bl
Verlängerung zu 5 im Dach
26 PAINREMAIN 6c sd tr Untergriffschuppe
27 ANETO 8a bl sd Zwei Leistenzüge
28 CHIMÄRA 7b bl Wilde Leistenzüge
29 AOEDE 6c bl
30 SIREN DIREKT 7c+ bl sd
31 SIREN 7b bl sd
32 VIDA LOCA 8a+ tr sd
33 LORELEI 7a+ bl sd Scharfe Griffe
34 ...AUS DEM UNTERGRUND 7b bl sd
35 UNDERGROUND 6c bl sd
36 WYSIWYG 7b bl sd
37 BONUS TRACK 6b bl sd
38 SONNENTAGE 5c tr Nett
39 RODRIGUEZ HOLE 6a bl sd
40 KYRILL 7a/a+ bl Verlängerung von 15
an der Kante entlang
41 MOSTLY HARMLESS 6a+ bl sd
Rechts von 6 sd aus dem Loch heraus
und links zur Felsnase
42 LIEBE SONNE 6c
43 DR. SOMMER 6c

STEINERNER STADL | Foto: Tom Bartl

KLETTERGARTEN BAD FISCHAU

Am Rande des Ortsgebietes von Bad Fischau befindet sich der seit fast 20 Jahren hochbeliebte Fischauer Klettergarten - hier ist fast immer etwas los, an Wochenenden meist zu viel.

Das hat seine guten Gründe: Die bis zu 20m hohe Wand ist in 1min vom Auto erreichbar, die Einstiege sind total bequem und absolut familientauglich und die Touren sind sehr gut abgesichert (wenn auch die Haken Marke Eigenbau manchmal etwas dubios wirken; die Abseilstände wurden tw. saniert. Hinzu kommt noch die Nähe eines wunderschönen Thermalbades und die Tatsache, das in Bad Fischau immer ein guter Heurigen „ausgesteckt" hat. Manch einer hat hier seine ersten Kletterschuhe abgewetzt (auch ich…).

Der Klettergarten wurde von Hans Müller (und seinen HTL Schülern) erschlossen (seinerzeit fanden hier sogar Wettkämpfe statt!) und nimmt in diesem Führer eine kleine Sonderstellung ein: Es handelt sich hier nicht um Keltenkalk, sondern um durchaus etwas gewöhnungsbedürftiges Konglomeratgestein, daß in eine Sandstein Matrix eingelagert ist. So bewegt man sich entweder an Kieselsteinen, oder aber auch an Löchern (von ausgebrochenen Kieselsteinen) fort, teilweise ist der Fels mit einer schwarzen kristallinen Schicht überzogen und sehr rau. Teilweise sind die Tritte aber auch schon abgeschmiert und sehr glatt - jedenfalls ist hier eine gute Technik vonnützen!

ZUFAHRT PKW: Von Wien über die A2 (Südautobahn) nach Wöllersdorf; beim Kreisverkehr nach li Richtung Wiener Neustadt fahren. Nach wenigen km nach rechts abbiegen nach Bad Fischau. Im Ortszentrum nach rechts zur Kirche. Vor der Kirche re auf einem schmalen Sträßchen weiter. Bei einer Teilung nach re in die Blumentalgasse, durch diese zu ihrem Ende bei einem Schotterparkplatz. ACHTUNG: Hier besteht Parkverbot, also vorher auf der schmalen Straße parken (keine Einfahrten verstellen!) oder - besser - unten im Ort parken und die paar Minuten zu Fuß gehen.

ZUFAHRT Öffis: Von Wiener Neustadt mit der Bahn nach Bad Fischau. Durch den Ort zur Kirche und weiter wie oben. 20min.

ZUGANG: Die ersten Routen befinden sich direkt beim Parkplatz, der Rest ist in 1min auf einem Traktorweg zu erreichen.

BESTE JAHRESZEIT: Der Klettergarten Bad Fischau liegt klimatisch begünstigt auf der Thermenlinie in nur etwa 300m Meereshöhe im lichten Föhrenwald. Manche Einstiege sind sonniger, andere schattiger - so kann in Bad Fischau bis auf kalte Wintertage eigentlich immer geklettert werden, die Wände sind süd bis westseitig ausgerichtet.

1-4	5-7	≥8	Σ UIAA	Projekt
8	32	13	55	2

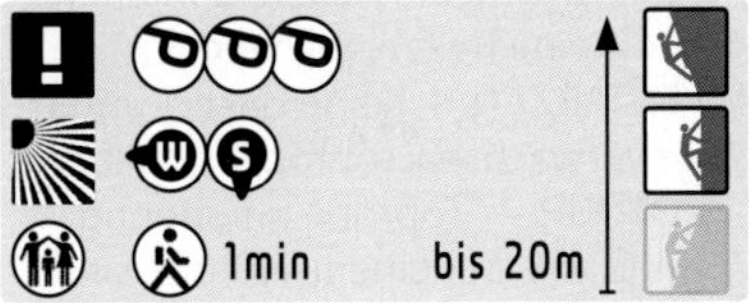

1 NORMALWEG 1 Keine Haken, unlohnend

2 BLOCKRINNE 1+ Keine Haken, unlohnend

3 ÜRX 3 ✱ Keine Haken; kurzer Piazriß, ganz nett, toprope an Bäumen möglich

4 VARIANTE 3 Keine Haken, unlohnend

5 KRX 4 Keine Haken, toprope

6 ALPENTARZAN 4 Keine Haken, unten nett, oben verwachsen; toprope möglich

7 LUPOTOUR 7- Toprope unlohnend

8 WAMPE 8-9 Mit einem toprope sind diverse Aufwärtsboulder möglich

9 HANSI HOPP 7- ✱ Kurz, nett

10 WEG DURCH DEN FISCH 6 ✱ Welch hochtrabender Name für diese kurze, aber ganz nette Tour

11 MUHRIRISS 6- ✱✱ Hübsche Rißkletterei

12 SIMAPLATTE 7 ✱✱ Eine der besten Routen in Fischau: senkrechte, technisch anspruchsvolle Wandkletterei

13 DIREKTER EINSTIEG 7- ✱

14 LÄCHELT VIEL 8- ✱ Sehr definierte Variante, die direkt über den BH zu klettern ist

15 WILDE WELT 7+ ✱✱ Beeindruckendes Rißdach mit Bohrhaken, dann nach links in die Simaplatte queren

16 KANTKA 8-/8 ✱✱ (RP Manhart) Gefinkelter Einstieg, danach etwas ungute Wandkletterei

17 ZAPPA 7+ ✱✱ Klassiker! Gutes Dach mit Schnapper danach

18 SCHÖNE TAGE 5- ✱✱✱ „Der" Klassiker durch die perfekte Verschneidung - hier lernt man Piazen!

19 KOBIS WEINKRAMPF 8- ✱✱ Schöne, schwarze Platte

20 SCHRÄGE 6 ✱✱ Die leichteste Möglichkeit, um in die schöne schwarze Platte zu gelangen

21 SILBERPFEIL 8 ✱✱ (RP Manhart) Sehr hineingepreßte, definierte Route

22 CHEAP THRILLS 7 ✱✱✱ Sehr eindrucksvolles Aushängeschild in Fischau! Verschneidung, Hangel, Dach und tolle Platte! Leider unterm Dach recht schmierig

23 ACHTERNBUSCH 8- ✱✱ Noch ein eindrucksvolles Dach mit Hangel an der Dachkante und Überstieg als crux

24 INTERJEKTION 9- ✱✱✱ (RP Manhart) Direkt übers Dach, **23** kreuzend

25 PIZZA 8 ✱✱ Senkrechte Wandkletterei mit geschlagenen Löchern

26 SCHLIESSMUSKEL 7- ✱ Kurz und ungut

27 MIRINDA ORANGE 8 ✱✱ Verlängerung von **26**; geschlagene Löcher

28 FUTLOCHWANDL 7- ✱✱ Gar nicht einfache, recht glatte Wandkletterei

29 DIREKTER EINSTIEG 8+ ✱ Kurz, aber sehr glatt

30 LAUSBUA 5 Keine Haken, weniger lohnende Kante, toprope möglich

31 KROATISCH ÖSTERR. FREUNDSCHAFT 4 ✱ Klassiker mit interessanter Stelle; der 1. Haken ist sehr hoch und die Schlüsselstelle ist davor!

32 DJANGO 7- ✱ Kurze Wandkletterei
33 CHIEN FATIGUE 7+ ✱ Kurze Wandkletterei, ohne der rechten Kante
34 GENUSSTOUR 4+ ✱
Kurze, aber sehr schöne Kante
35 STAY HUNGRY 7+ ✱✱
Interessantes, eindrucksvolles Dach
36 ELEFANTENSCHWANZCOCKTAIL 7- ✱
Unglaublich glatte Einstiegsplatte
37 SALZBURGER NOCKERL 5- ✱✱
Hübsche, homogene Wandkletterei
38 VAMPIRELLA 6+ ✱ Sehr nah am Efeu und immer in der Gefahr zuzuwachsen 39 COMEBACK 7- ✱✱ nette Tour
40 PIAZKING 5+ ✱✱
Sehr schöner Rißanstieg mit Laschen-BH

41 DREIECKSDACH 6+ ✱✱ Schön, kreuzt 40
42 WERWOLF 6+ ✱✱✱
Tolle Lochkletterei, glatte Einstiegsplatte
43 MC DONALDS MASSAKER 7 ✱✱✱
Glatter Einstiegsboulder, oben tolle Lochkletterei
43a Verschneidung 5 ✱ (1. Beg. unbek.)
nette Verschneidung, 1 BH neu, dann 1 BH von 43 einhängen
44 PFEILER 7 ✱ (1. Beg. unbek.) weit gesichert
44a TRAD IST TREND 8 ✱ (RP G. Gsenger 2011)
Achtung: keine Haken! Schlüsselstelle E-Boulder, dann SU, oben Keile in den Rißschuppen und ganz raus zu Bäumen
45 AFRIKA 8- ✱ Laschen BH, weniger schön

46 HÖDLMOSER 5+ ✱
Mittelmäßige Verschneidung
47 ENDZEIT 6+ ✱
Keine Haken, Lochwand
48 LIVE FREE OR DIE 7- ✱
Schlecht abgesichert; sehr nah zu 49
49 METEORA 6 ✱✱✱
Eine der besten Touren in Fischau; steile Lochkletterei
50 AXELSCHWEISS 8- ✱✱ Kurz, aber gut. definiert: ohne nach rechts auszuspreizen
51 GULLYRiSS 6+ ✱
Schleimig und nicht so lohnend
52 WHITE RUSSIAN 8+ def (mit Kante 7+) ✱
(RP Georg Gsenger 2003)
53 MOBUTU 6 ✱✱
Gute Wandkletterei mit herrlicher schwarzlöchriger Schlußplatte
54 LUMUMBA 6+/7- ✱✱✱
Ebenso, nur einen Tick schwerer
55 Projekt

BOULDER:

A ELCHTEST 6c Stark überhängender Quergang an der Wampe außerdem sind viele weitere Boulder möglich, die seit langer Zeit zu Übungszwecken geklettert werden: Vor allem Quergänge entlang der Wand, in Etappen oder zur Gänze - die Schwierigkeiten reichen bis zum 8ten Grad.

BAD FISCHAU KINDERKLETTERGARTEN

Nur wenige Gehminuten vom altklassischen Fischauer Klettergarten entfernt befindet sich ein kleinerer Steinbruch aus Kalksandstein in ruhiger idyllischer Lage inmitten im Walde. Bereits vor 20 Jahren wurden hier von Th. Behm einige leichte Boulder geklettert (an der 5-7m hohen grauen Platte im linken Teil des Steinbruches), in den letzten Jahren erschloß der umtriebige Hans Müller im rechten Winkel ein paar ganz kurze Routen in sehr gutem, rauhem Leistenfels, welche sich hervorragend für erste Kletterversuche bzw. für kleinere Kinder eignen.

Alle Routen sind sehr gut mit Laschenbohrhaken in geringen Abständen abgesichert; an den Ausstiegen finden sich im Moment nur tw. Rapidglieder zum Umlenken, aufgrund der geringen Nähe der Routen kann man aber ganz gut selbst für Umlenker sorgen.
Aufgrund der Kürze der Anstiege und der ausgeprägten Charakteristik als Kurstouren wurde hier auf eine Schönheitsbewertung verzichtet.

ZUGANG:
Vom Klettergarten Bad Fischau den Traktorweg im Grabengrund weiter verfolgen, nach ca 300m biegt er scharf nach links (div Abzweigungen). Dem Hauptweg nach li nun flacher nochmals ca 300m weiterfolgen, bis man rechts (etwa 50m vor einem verfallenen Haus am li Wegrand) in den Steinbruch gelangen kann. Die beschriebenen Routen finden sich im rechten Teil des Bruchs (10min).

ZUFAHRT PKW/Öffis:
Wie Klettergarten Bad Fischau

BESTE JAHRESZEIT:
Ganzjährig; das Wandl ist westseitig ausgerichtet und bekommt ab mittag Sonne

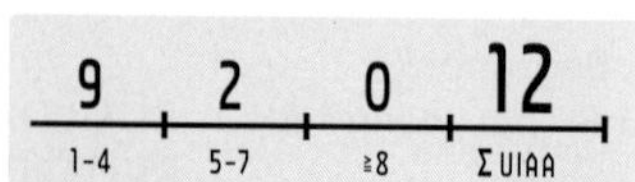

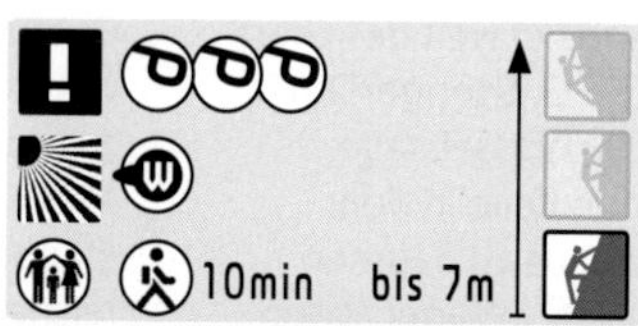

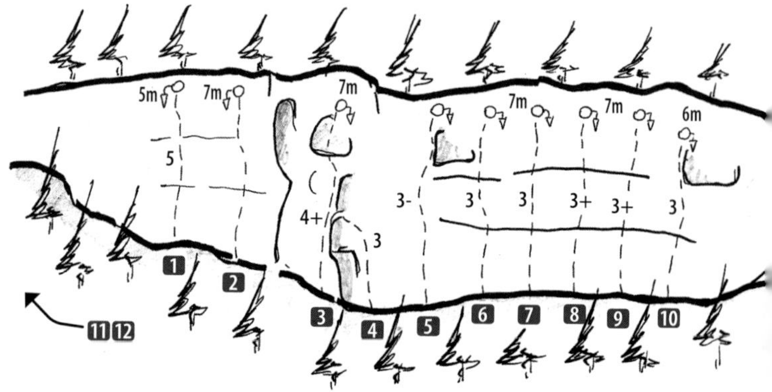

1. FRAU HÜLLER 5 steile Leisten in rotgelber Wand
2. Projekt
3. MÜLLERVERSCHNEIDUNG 4+ steil und griffig
4. E-Var 3 unlohnend
5. LINKER MÜLLER 3- gestuft, hübsch
6. DER BRÜLLER 3 nett
7. DER KNÜLLER 3 nett
8. MÜLLERMITTE 3+ nett
9. MÜLLERMILCH 3+ nett
10. RECHTER MÜLLER 3

ca 30 Meter weiter links befindet sich eine weitere graue Plattenwand von 5-7m Höhe, welche hübsche leichte Aufwärtsboulder (Behm 1986) aufweist, die allesamt nicht schwerer als 5 sind (tw. rote Aufschriften); H. Müller eröffnete hier unlängst eine skurille Route:

11. MÜLLERTRAVERSE 5+ quert die gesamte Wand von re nach li und erreicht so eine Routenlänge von 20 Metern; abgebaut kann die Route jedoch nur durch Zurückklettern werden!
12. Noch weiter links: Projekt

ENGELSBERG

Inmitten der weiten Wälder der Fischauer Vorbergen befindet sich - weithin sichtbar - der Marmorsteinbruch, der mit seinen rötlichen Harnischflächen und von einem Bildhauersymposium stammenden Steinfiguren ein beliebtes Wanderziel darstellt. Am Weg dorthin kommt man bei einem „neueren" Steinbruch vorbei. Hinter diesem liegen, im Wald verstreut, die Felsformationen des Engelsberges. Es handelt sich um max 20m hohe Wandbildungen aus gutem Kalk in schöner ruhiger Umgebung. Von den Ausstiegsplätzchen im rechten Teil hat man zudem einen wunderschönen Ausblick zur Hohen Wand und zum Schneeberg.

Die Wände teilen sich grob in drei Sektoren: Im linken Teil eine sehr kompakte Wand mit technisch anspruchsvollen Touren in teils sehr glattem, tw. aber auch genial tropfrauem Fels, im Mittelteil gibt es ein paar eher „alpin angehauchte" Sechsertouren, die nicht immer fest und tw. selbst abzusichern sind, und ganz rechts noch ein kleines, max 13m hohes, aber sehr steiles Wandl aus bestem löchrigen Kalkfels mit kurzen, aber knackigen Sportkletterrouten. Die ersten Routen am Engelsberg wurden bereits vor etlichen Jahren von Hans Müller und Gefährten eingebohrt, der Rest stammt von Thomas Behm 2002 und 2003.

Peter Puchecker schuf 2010 und 2011 etliche neue Kurzrouten und Boulder. Die meisten davon befinden sich im Moment noch im Projektstadium.

Die Wände sind nordseitig ausgerichtet und eignen sich gut im Sommer und in den Übergangszeiten zum Klettern, aufgrund der ruhigen Lage ist hier auch besonders „ruhiges" Verhalten angesagt.

ZUFAHRT KFZ: Von Wien über die A2 Südautobahn bis zur Abfahrt „Wiener Neustadt West". Hier der Bundesstraße Richtung „Hohe Wand" folgen. Über Weikersdorf und Winzendorf und die Prossetschlucht gelangt man in die „Neue Welt". Die Straße zur Hohen Wand (über Gaaden und Stollhof) biegt hier nach links ab (rechts oben die Ruine Emmerberg mit der Kollerwand), wir fahren jedoch gerade weiter Richtung Muthmannsdorf. Nach etwa 2km (ein kleines Stück vor der Ortseinfahrt nach Muthmannsdorf) befindet sich rechts ein Wegweiser, der den Weg zum Marmorsteinbruch ankündigt. Hier am Waldrand (nicht vorher) Parken. Nicht weiterfahren, auch nicht wenn der Schranken offen ist!

ZUFAHRT Öffis: Vom Bhf Wiener Neustadt verkehrt ein Bus nach Muthmannsdorf (unregelmäßige Fahrzeiten).

ZUGANG: Dem bez. Forstweg Richtung Marmorsteinbruch etwa 15min leicht bergauf bis zu einem flachen Sattel folgen. Links führt ein Weg hinab nach Bad Fischau, wir gehen aber gerade weiter Richtung Marmorsteinbruch, bis in Kürze rechts eine hohe rote Steinbruchwand auftaucht. Die Felsen befinden sich links und rechts oberhalb davon und werden in wenigen Minuten erreicht (siehe Skizze). 20 – 25min.

BESTE JAHRESZEIT: Der Engelsberg liegt auf etwa 600m Seehöhe und ist nord- bis nordwestseitig ausgerichtet. Alle Einstiege befinden sich im dichten Wald. Der linke Sektor bekommt erst am späten Nachmittag etwas Sonne, der rechte Sektor kriegt ab etwa 14 Uhr ein paar Strahlen. Beste Jahreszeit: Frühjahr bis Herbst, und an nicht zu heißen Sommertagen.

1-4	5-7	≥8	Σ UIAA	Projekt
0	19	10	45	16

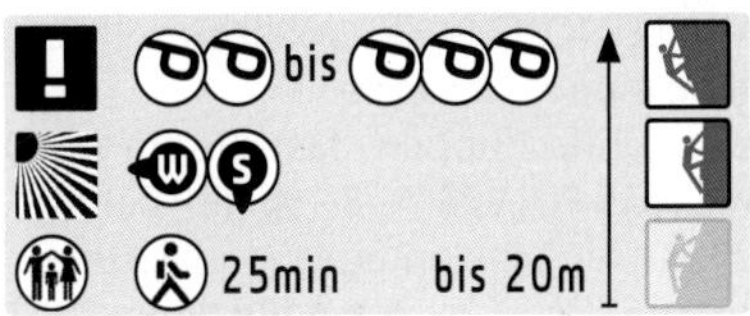

BOULDER:
- A WALDPFAD 5b tr
- B TRAKTOR 6c tr
- C 5c bl
- D 5c bl
- E 5c bl

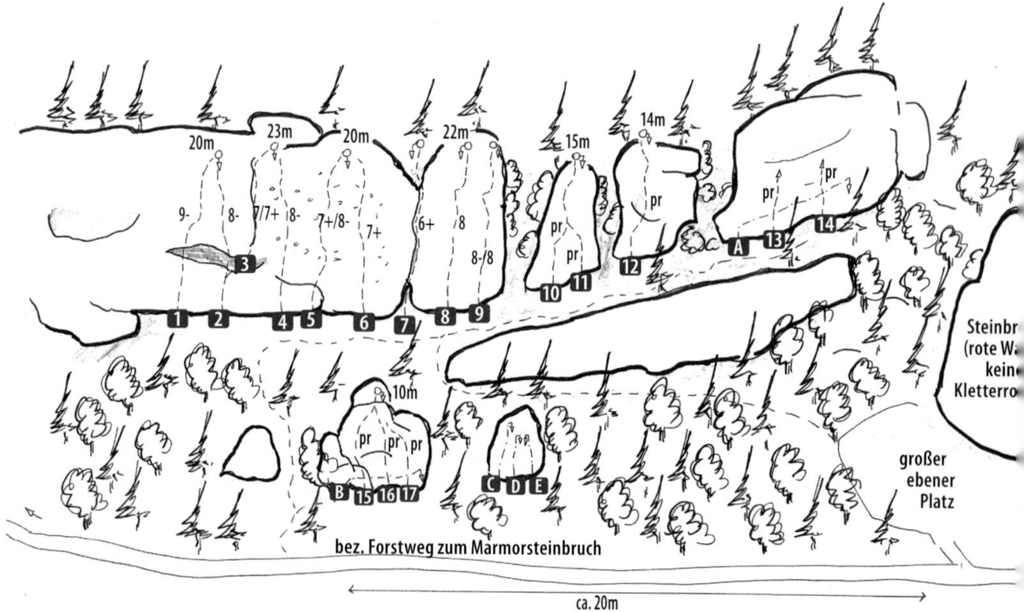

1 ZWINGHERR 9- ✱✱ (Behm 2003)
Dach und üble Wandkletterei, am Beginn genau sichern. Bodensturzgefahr!

2 8- ✱✱ (Behm, RP Membier 2003)
Dach und Rißspuren

3 GRISCHNACK 7/7+ ✱✱✱ (Behm, RP Membier 2003)
Dach und guter Piazriß

4 MÜLLERTOUR 8- ✱ (Müller um 1993)
Tolle raue Kletterei an Untergriffschuppen - fast wie am Wahütu!

5 WEISSES PULVER 7+/8- ✱ (RP Behm 2003) Herrliche griffige Wandkletterei

6 KRIEGSKUNST 7+ ✱✱✱ (RP Behm 2003)
Sehr schöne griffige Wandkletterei

7 SCHASIPRASI 6+ ✱ (RP Behm 2003)
mittelmäßiger Riß - nur 2 BH! Rest muß mit kl. KK und Fr 3 abgesichert werden!

8 8 ✱✱ (RP Behm 2003)
Schleimige Wandkletterei

9 8-/8 ✱✱✱ (RP Behm 2003) Technisch sehr anspruchsvolle Steigerei in glattem Fels

10, **11**, **12**, **13**, **14** Projekte die offen sind und beklettert werden können

15, **16**, **17** Projekt Puchecker 2011

18 NAMENLOS 6 kurz und unlohnend, Absicherung durch Normalhaken

19 NAMENLOS 6- alte BH und NH

20 ALPINIST 6- ✱ (RP Behm 2003)
tw. hübsche Kletterstellen

21 PESTPFEILER 6+ ✱ (RP Behm 2003)
Nette Platte und steile Kante; gute BH Absicherung

22 NAMENLOS 6 ✱ (1. Beg unbek) Alte NH und 8mm BH, am Gipfel fand ich ein total durchnässtes und leider unleserliches Buch der Erstbegeher

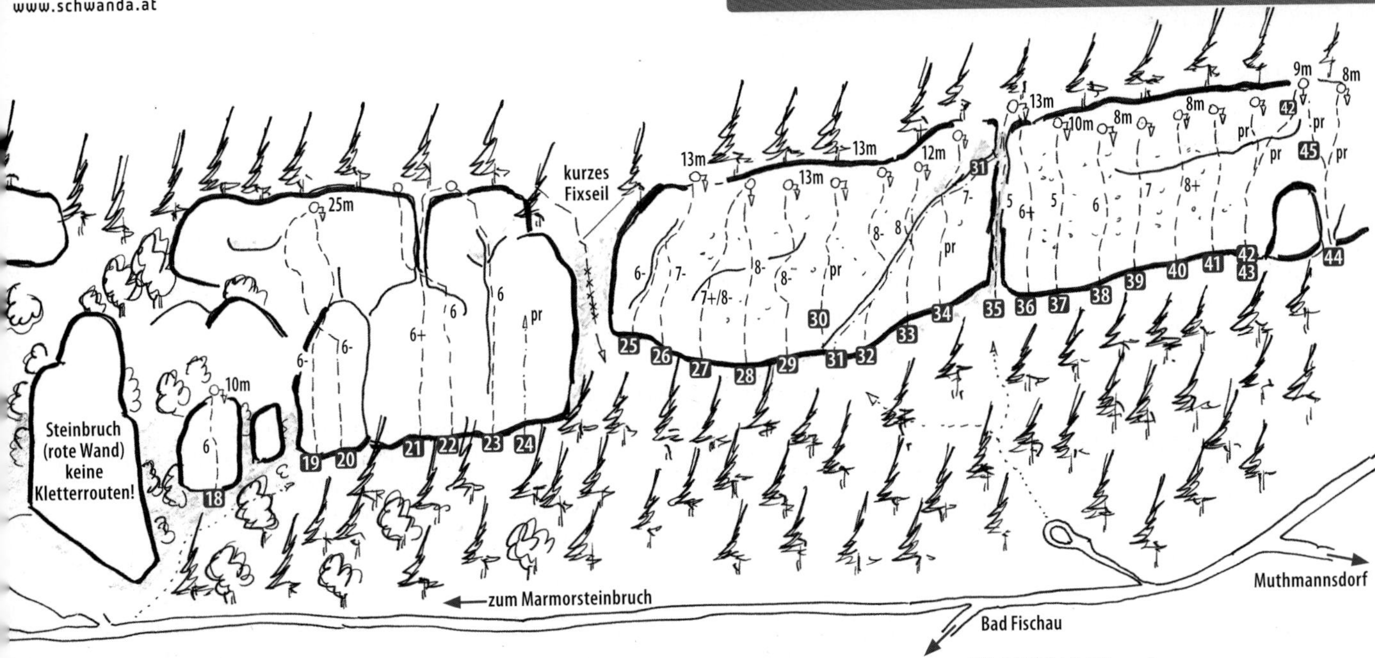

23 WOLFSRISS 6 ✱✱ (RP Behm 2003)
Als KK- Anstieg erstbegangen, von P. Puchecker versehentlich eingebohrt und nun gute Absicherung

24 Projekt Puchecker

25 E-VAR. 6- ✱ (RP Puchecker 2010)

26 MUSS MAN HALT MÖGEN 7- ✱
(RP Puchecker 2010) interessanter Platteneinstieg, dann naja

27 UND TÄGLICH GRÜSST DAS MURMELTIER 7+/8- ✱✱ (RP Puchecker 2010) schöne Züge und guter Fels, aber lästiger Baum

28 8- ✱✱✱ (Behm, RP Gruber 2003)
kurze aber tolle Lochkletterei

29 8- ✱✱ (RP Behm 2003)
weiter Blocker und unguter Querriß

30 KALIUM 9- ✱✱✱ (RP Puchecker 2011)

31 FELIX TRAVERSE 6+/7- ✱✱✱
(RP Mawatil 2010) Traverse für Liebhaber

32 8- ✱✱✱ (Behm, RP Gruber 2003)
tolle stark überhängende Henkeltour

33 LITHIUM 8 ✱✱✱ (RP Puchecker 2010)
E-Boulder, dann Ausdauer, super!

33a LITHIUM DIREKT 8+ noch proj

34 BERYLLIUM proj

35 KURZER KAMIN 5 ✱ (1. Beg. unbek)
kurzer Kamin mit alten NH

36 DROMEDAR 6/6+ ✱✱
(RP Puchecker 2010) netter E., oben leicht

37 5 ✱ (RP Behm 2003)
kurze graue Wandkletterei

38 6 ✱ (RP Behm 2003) ebenso

39 7 ✱✱✱ (RP Behm 2003)
kurze aber sehr schöne graue Steilwand

40 MC GEPP 8+ ✱✱✱ (RP unbek) super Fels

41, 42, 43, 44, 45 Projekt Puchecker

KOLLERWAND

Genau vis a vis der Hohen Wand, unweit der markanten, aber verfallenen Ruine Emmerberg, in der langgezogenen Hügelkette der Fischauer Vorberge gelegen, sticht die Kollerwand jedem Besucher der Hohen Wand, auf der Hin- wie auf der Rückfahrt, ins Auge.
Mit einer Wandhöhe bis zu 60m und der starken Zergliederung (Risse, Kamine, Türme, Scharten...) bildet die Kollerwand nicht nur die höchste, sondern sicherlich auch „alpinste" Formation der Fischauer Vorberge und kann nur in manchen Bereichen als Klettergarten bezeichnet werden. Dafür hat sie Geschichte: Die ersten Routen wurden bereits um die vorige Jahrhundertwende begangen. 1905 wurde der kühne Kollerturm erstbestiegen, später besuchten damalige Kletterheroen wie Dr. Alois Wildenauer oder Franz Dangl gerne das Gebiet. Im Zuge der Sportkletterbewegung wurde das Gebiet neu entdeckt: M. Erbstein, Ch. Hacker, H. Müller, K. Kosa und Th. Behm begannen einige Routen zu erschließen.

Aber trotz des schönen Gesteins und der guten Absicherung hielten sich die Besucher anfangs in Grenzen - die Felsen waren für richtige Klettergartenkletterer einfach zu unübersichtlich, und viele Anstiege wiesen und weisen immer noch tw. grasigen und brüchigen Fels, alpine Risse und alte Rostgurken auf. In den Sportkletterrouten ist der Fels an manchen Stellen sehr rau und wasserzerfressen, an anderen aber wieder glatt und reibungsunfreundlich. Vor einigen Jahren wurden die Anstiege im rechten Wandteil saniert, durch St. Libicky kamen einige neue Routen hinzu, das alles wurde recht beliebt, mehr Kletterer fanden sich ein.

Doch der uralte Streit zwischen der Forstverwaltung der Herren von Emmerberg (ein habsburgisch/spanisches Adelsgeschlecht…) und deren vollziehendes Organ, Lohndiener M. (wer kennt ihn nicht…), machten schließlich kurzen Prozeß: Seit dem Sommer 2006 sind fast alle Bohr- und Klebehaken aus dem rechten Wandteil mittels Akkuflex entfernt worden, sodaß diese Routen nunmehr entweder Geschichte sind oder - von dementsprechend eingestellten Alpinkletterern - durchaus noch mit Klemmgeräten und Normalhaken wiederbegangen werden können.

Denn eines muß hier festgestellt werden:
Mag nach der aktuellen Gesetzeslage zwar das Setzen von Bohrhaken rechtlich problematisch sein, das Klettern selbst und das Schlagen von Normalhaken haben auch die Herren von und zu Emmerberg und deren Lohnsklaven zu dulden.

Freilich, die Auswüchse der modernen Kletterszene („Kaffeehauspartys" am Einstieg des Orientexpresses und wildes Herumplärren) seien durchaus mit Skepsis zu betrachten (vor allem aus Warte des Grundbesitzers! Das sei den Damen und Herren Kletterkonsumenten auch einmal ins Gesicht gesagt), aber die Problematik von Emmerberg fußt ganz woanders, und dem ist entschieden entgegenzutreten!
Nun, wie dem auch sei, in den linken Wandbereichen können nach wie vor nicht nur die Klassiker, sondern auch fast alle Sportkletterrouten mit bestehenden Haken begangen werden, und wenn es auch Herr M. und seine Geldgeber nicht kapieren wollen, möchten wir mit den folgenden Zeilen aus Th. Behms „Kletterführer Fischauer Vorberge" von 1994 schließen: „Abgesehen davon ist die Kollerwand ein Gebiet geblieben, wo sich weniger die rein leistungsbezogenen Athleten daheim fühlen, sondern eher die Genußkletterer, die auch eine Liebe für die Landschaft und ein Auge für die Umwelt mitbringen, und die, nachdem sie sich den Orient Express hinaufgenußspechtelt haben, noch eine halbe Stunde in der Standkette hängenbleiben und über die ruhige „Neue Welt" hinweg die hinter dem Schneeberg untergehende Sonne auskosten."

ZUFAHRT PKW: Über die A2 (Südautobahn) zur Abfahrt „Wiener Neustadt West" und der Beschilderung zur Hohe Wand folgen. Man passiert Weikersdorf und Winzendorf, ehe man nach der Talenge der Prossetschlucht in die Senke der „Neuen Welt" gelangt. Hier erblickt man sogleich rechts oben die Ruine Emmerberg und links daneben die markante Formation der Kollerwand. Knapp bevor sich die Straße teilt (gerade weiter nach Muthmannsdorf, links zur Hohen Wand führt), zieht rechts eine schöne Kastanienallee hoch. **LINKS PARKEN!!!** (keineswegs auf der Allee, dort werden alle ausnahmslos angezeigt!)

ZUFAHRT Öffis: Mit der Bahn von Wr. Neustadt nach Winzendorf. Von hier zu Fuß durch die Prossetschlucht, an der Teichmühle (Pizzeria) vorbei, der Straße weiter folgen bis zur markanten Allee. Gehzeit ca 25min.

ZUGANG: Die Allee aufwärts, an ihrem Ende beim Schranken und den vielen Verbotsschildern links am breiten Wanderweg weiter Richtung Ruine Emmerberg. Bei der ersten Kehre nach links in den Wald und einem Steig zu den Felsen folgen. 10min.

BESTE JAHRESZEIT: Die Kollerwand ist, im Gegensatz zur Hohen Wand, west- bis nordwestseitig exponiert und bietet so ein optimales Ziel für heiße Sommervormittage: Bis etwa 14 Uhr klettert man im Schatten und der lichte Nadelwald läßt kühles Klima zu. Die Routen rund um den „Orient Expreß" sind (oder waren) etwas nach Süden gerichtet und ermöglichen auch ein Klettern an Winternachmittagen.

1-4	5-7	≥8	ΣUIAA	ΣFB
8	36	8	52	1

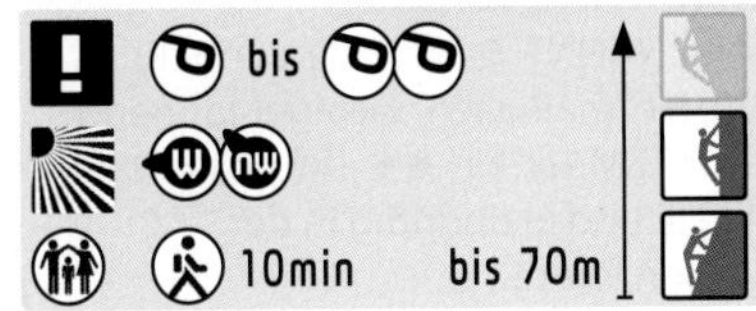

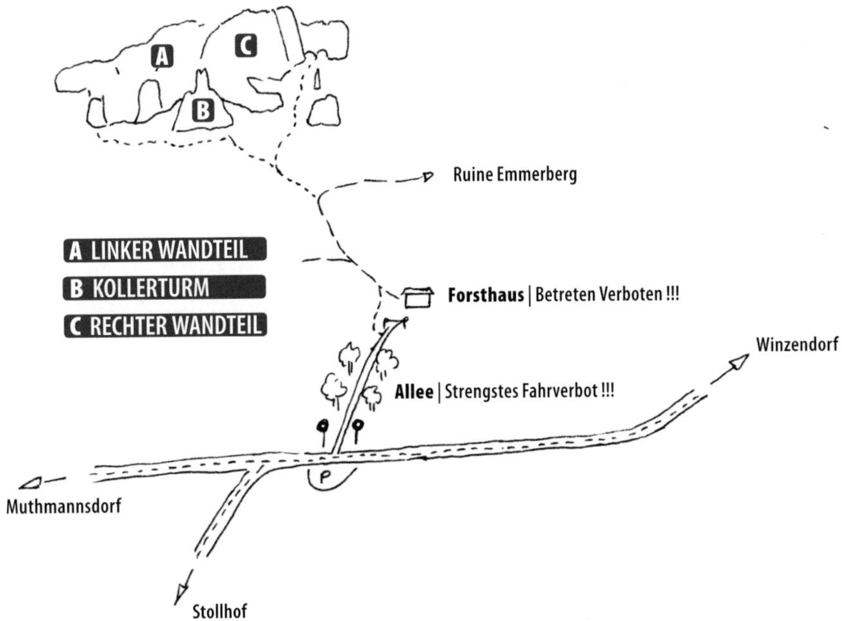

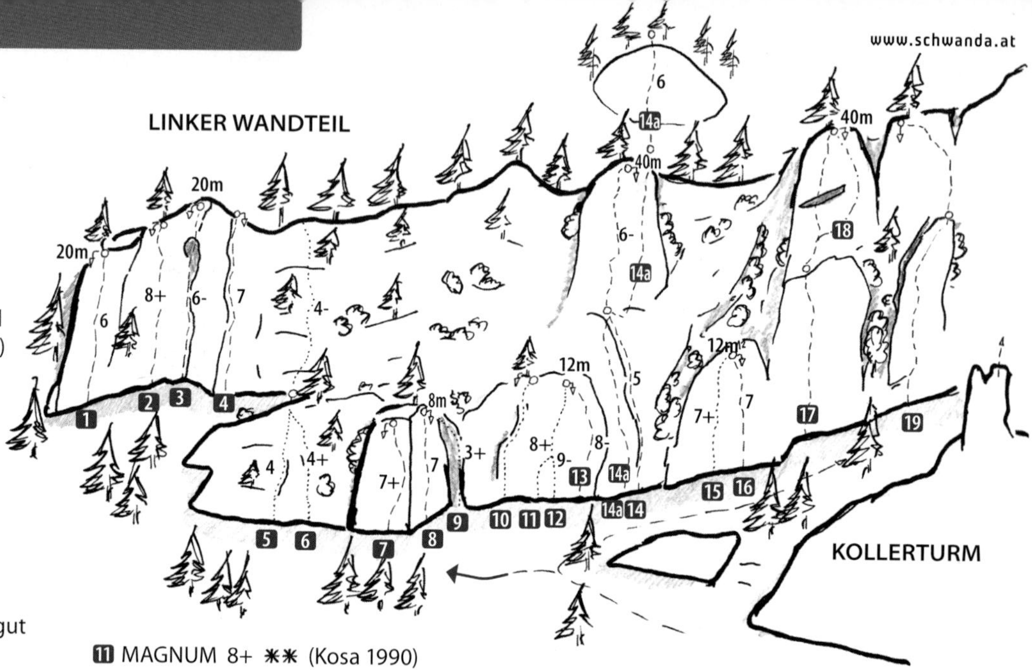

LINKER WANDTEIL:

1 UNBENANNT 6 ✱ (1. Beg unbek)
Alte Normalhaken, weniger lohnend

2 SPORTSMAN 8+ ✱✱ (RP Kosa 1990)
Diffizil und kleingriffig in der weißen Platte

3 MILCHBUBI 6- ✱✱
(Pixner, Rahm 1990) Hübsche Verschneidung, mit Klebehaken neu abgesichert

4 SCHNAPSERL 7 ✱✱ (RP Kosa 1990)
Nette weiße Kante

5 ROTER WEG 4 ✱ (1. Beg. unbek)
Alte rote Punkte, keine Haken, aber gut selbst abzusichern

6 GRÜNER WEG 4+ ✱ (1. Beg. unbek)
Alte grüne Punkte, sonst wie oben

7 KLEINER DYNAMO 7+ ✱✱
(Würzl, Hruby 1989)
Kurzroute mit Pep, saniert Hacker 98

8 IT`S BOCK BEER TIME 7 ✱✱
(Fischer, Neuwirth) Ebenso

9 SEIBERTKAMIN 3+ ✱ (Kralik 1928)
Kurzer lohnender Kamin (keine Haken), Fortsetzung unlohnend

10 FRITZ SCHNEEWEISS STEIG 6 ✱
(Dangl, Gruber 1929) Alte Normalhaken, aber rauer schöner Fels

11 MAGNUM 8+ ✱✱ (Kosa 1990)
Kurze harte Platte, tw. fehlen Haken!

12 MAGNUM DIREKT 9- ✱✱
(Gansterer, Prenner 1990) Tw. fehlen Haken

13 UNBENANNT 8- ✱✱ (Müller)
Rauer Fels, Einzelstelle, BH fehlen!

14 WEISS WIE SCHNEE 6- ✱✱ (Hacker 1995)
Kurze schöne Zweiseillängentour mit perfekter Klebehakenabsicherung

14a URINSTINKT 6 ✱✱ (Behm, Pöttschacher 2010) Hübsche 3 SL -Tour, einige SU-Schingen und alte NH, sonst selbst abzusichern

15 HANSIS LINKE 7+ ✱ (Müller)
Kurz, rau, hübsch - einige Haken fehlen!

16 HANSIS RECHTE 7 ✱✱ (Müller)
Kurz, rau, hübsch, Haken gibt es!

17 REVOLUTION BABY 7+ ✱✱
(Würzl/Sinngraber 1989, RP Würzl)
Keine schlechte, aber sehr anspruchsvolle, sparsam gesicherte „Alpinsportkletterei“; Einstieg bei Aufschrift „Barblsteig“

18 HALLELUJAH 6+ ✱✱ (Würzl 1989)
Ebenfalls sehr anspruchsvolle Ausstiegsvariante

19 ZENTRALPFEILER 6+ ✱✱
(RP Behm 1992) Gute Zweiseillängentour mit goldenen Ring BH

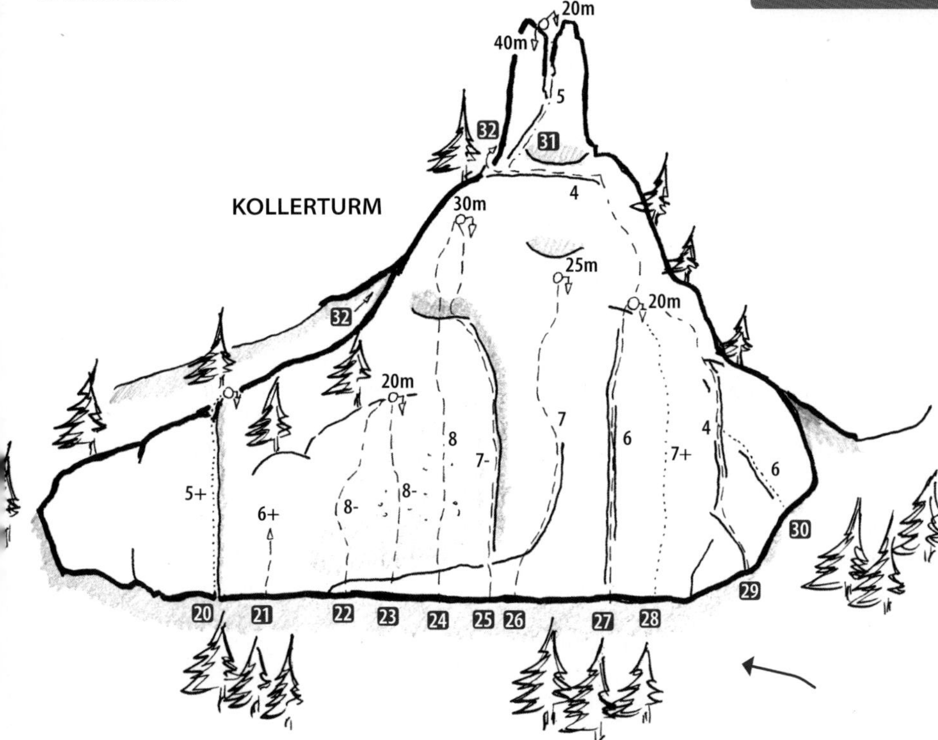

KOLLERTURM:

20 GRAMMELRISS 5+ ✱ (1. Beg. unbek)
Hübscher Klemmkeilübungsriss - keine Haken!

21 UNBENANNT 6+ ✱ (Hristovski)
Alte Tour mit nur 1 Sticht BH - sehr herb

22 GÖSSNDIBBL 8- ✱✱ (Erbstein, Dinse 1988) Goldene Ring BH - Kleingriffige Schlüsselstelle, gute Tour

23 PUSSYCAT KILL KILL 8- ✱✱✱
(Würzl, Hruby 1988) Tolle Kletterei über grauen Lochbauch, aber: alte 8mm BH, wobei der erste leider fehlt...

24 DOPPELMALZ 8 ✱✱✱
(Erbstein, Dinse 1988)
Goldene Ring-BH, vor allem im unteren Teil tolle Kletterei in Superfels

25 KARLS 60er 7- ✱✱ (1. Beg unbek)
Logische Rißlinie - keine schlechte Tour, aber irgendwie ziemlich alpin: alte 8mm BH, tw. brüchig

26 ZORNBINKL 7 ✱✱ (Erbstein, Dinse 1988)
Schöne Wandkletterei, Schlüsselstelle oben; goldene Ring BH

27 SPEED 6 ✱✱ (ehem. Technotour, saniert Hacker) Steile, schwere Rißkletterei, sehr gut mit Klebehaken gesichert

28 ALTE WÜRZLTOUR 7+ ✱✱ Lochbauch in glattem Fels, leider fehlen fast alle BH

29 PAULINENSTEIG 4 ✱✱✱ (Grabner 1908)
Absoluter Klassiker! Drei kurze SL! 1. SL Riß, 2. SL tolle Hangel. 3. SL gem. mit Normalweg. Gute Klebehakenabsicherung!

30 H und T 6 ✱✱ (1. Beg. unbek)
Kurze, aber tolle E-Var. Keine Haken, gut mit KK zu sichern! VAR BEHM: Vom 1. KK gerade über die Platte 7-, kleine KK nötig - sehr anspruchsvoll!

Lisa Fally | ORIENTEXPRESS 6+ | Foto: Bernd Schwanda

RECHTER WANDTEIL:

31 DIREKTAUSSTIEG 5 ✱✱ (1. Beg. unbek)
Steiler, etwas splittriger Riß mit Klebehaken

32 KOLLERTURM NORMALANSTIEG 4- ✱✱✱ (Koller 1905)
Beginn in der Scharte hinterm Turm; 15m hoch - gute Klebehakenabsicherung; alpine Rißkletterei zu genialem Gipfel. Ein Muß!

33 OSKARSTEIG 3+ ✱✱ (1. Beg unbek)
Beginn in der Scharte hinterm Turm - schöner, logischer Wanddurchstieg, an der crux ein Bohrhaken, sonst selbst zu sichern. Lohnend!

34 SCHNUCKTOUR 6- ✱✱ (Behm, Karnthaler 1991)
3 SL messender, inhomogener Wanddurchstieg. Gute BH Absicherung, tw. schöne Stellen, aber auch grasige und splittrige Passagen

35 VOGELFLUG DER ROMANTIK 5-, am Zustieg bis 6- ✱✱ (Behm 1993)
Hübsche 3 SL-Tour, gute BH Absicherung. 1. SL gem. mit 34 oder 36, dann li 33 kreuzend - hübsche Schlußplatte!

36 UNBENANNT 4+ ✱ (1.Beg 2006, unbek)
neue, bez. und gut mit NH gesicherte Einstiegsvariante in gutem, etwas grasigem Fels

37 SLOGGY 6- ✱ Kurzer Riß - keine Haken, gute Keilübungstour

38 SCHLOGGY 5 ✱ Ebenso

39 PANK SEI DANK 6- ✱✱✱ (Behm 1990)
Schöne Tour, im oberen Teil ein genialer rauer Riß; goldene Ring BH, fehlen tw., aber sehr gut mit KK zusätzlich zu sichern

40 7+ ✱✱ (RP Libicky 2002)
Schöne, raue Wandkletterei

41 PERVERTED TASTE 4+ ✱✱ (Libicky 2002)
Hübsche, griffige Übungskletterei, im Moment alle BH vorhanden

42 DIAGONALRISS 6 ✱✱ (1. Beg. unbek)
Im oberen Teil tolle Rißkletterei; Klassiker, war saniert - nun fehlen alle BH! Mit Keilen halbwegs zu sichern!

43 STEFANKAMIN 6 ✱✱ (1. Beg. unbek)
Originelle, lohnende Kaminkletterei - wurde 1995 von Ch. Hacker saniert, seit 2006 abgeflext!
Mit Keilen halbwegs zu sichern

44 MANDINKA 8+ ✱ (Singgraber 1989)
Sehr anspruchsvolle 2 SL-Tour mit unguter Wandkletterei, BH fehlen meist

45 FÖRSTERZORN 7- ✱✱
(Behm, Forster 1994) 1. SL gem mit 44, 2. SL genialer, anspruchsvoller Piazriß. Fast alle BH fehlen! 2. SL gut mit Friends zu sichern!

46 ALTPFEILER 6 ✱✱✱ (1. Beg. unbek, saniert Hacker) sehr schöne steile Risse, 40m lang - alle H und BH wurden entfernt!!! Absicherung mit KK halbwegs gut möglich

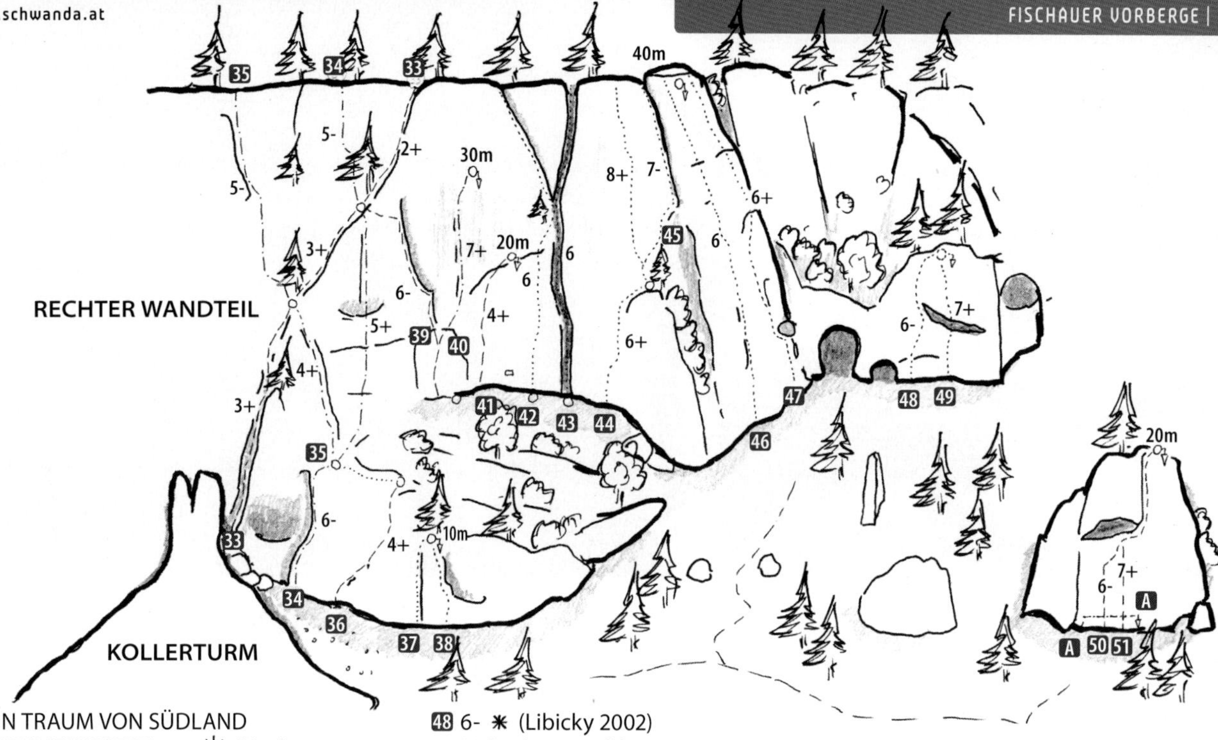

47 EIN TRAUM VON SÜDLAND (ORIENTEXPRESS) 6+ ✳ (Hacker, Burkhard 1987) Die beste Tour der Kollerwand und einer der schönsten 6er im Wiener Raum - herrliche, 40m lange, etwas abgestufte Wandkletterei in bestem, grauem, strukturiertem Kalk, landschaftlich ein Traum! Neuer, völlig legaler NH AS Stand und 2 - 3 Zwischenhaken vorhanden. Mit KK, Friends und Schlingen einigermaßen gut abzusichern.

48 6- ✳ (Libicky 2002)
Hübsche Wandkletterei, es wurden alle Haken entfernt!

49 EINSAMER CHRIST IM KERKER 7+ ✳ (Libicky 2002) Kurze, überhängende Wandkletterei, alle BH entfernt!

50 KLEIN ABER FEIN 7+ ✳✳ (Hacker, Burkhard 1989)
Kurze Wandkletterei mit hartem Einstieg am rechten unteren Klapf - sehr gut mit Klebehaken gesichert

51 E-VAR 6- ✳✳

BOULDER:

A GRÜSSI ARSCHLOCH 6a ✳
Kurzer kretziger Quergang

Bernd Schwanda | KELTENKALK 6+ | Foto: Robert Holoubek

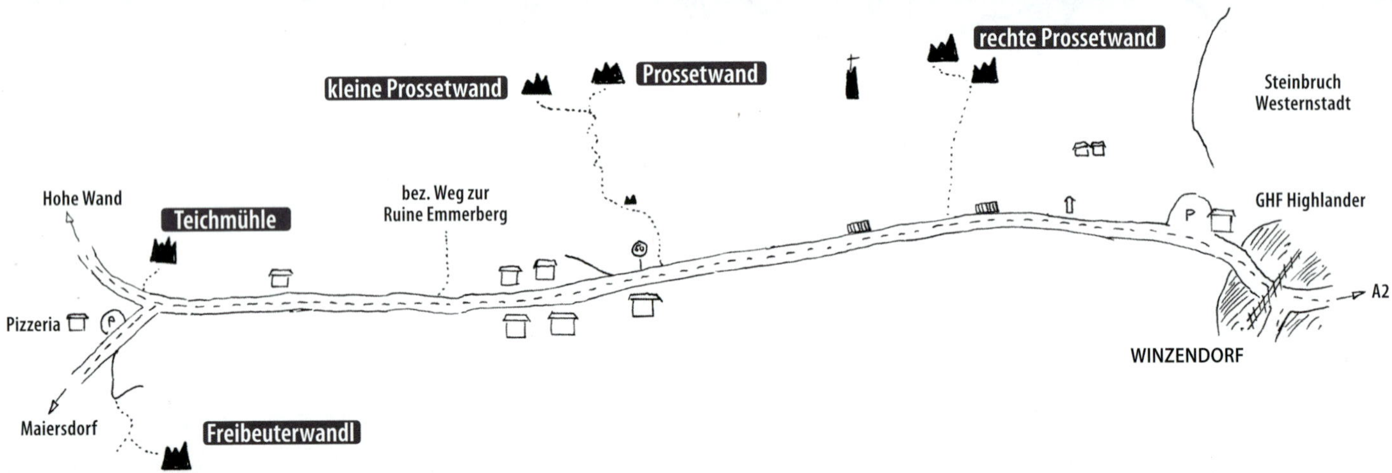

PROSSETWÄNDE

Hoch über der Prossetschlucht liegen einige kleine Wände im dichten, eichendurchsetzten Unterholz versteckt, die einige kleine Routenedelsteine offenbaren: Die Felsqualität an den verstreuten Sonnenwandln ist nämlich wahrlich exzellent, Tropflöcher im grauen kompakten Kalk erinnern an Urlaube in Südfrankreich oder sonstwo.
Die eigentliche Prossetwand ist schon seit etlichen Jahren eingebohrt: Hier gibt es auch die besten Routen: 20 Meter lange Tropflochklettereien in einer perfekten grauen Wand mit einem wunderschönen Einstiegsplätzchen - hier nach getaner Arbeit zu sitzen und den Sonnenuntergang zu beobachten, den Blick gen Schneeberg und Hohe Wand gerichtet, die Flaumeichen im milden Licht, kann einen ins Träumen geraten lassen..
Links unterhalb gibt es noch die Kleine Prossetwand mit kürzeren, aber ebenfalls sehr schönen Routen und ebenfalls einem herrlichen Einstiegsplätzchen; die Anstiege hier können sehr gut mit denjenigen in der eigentlichen Prossetwand kombiniert werden.
Weiter östlich fällt noch ein Felsturm mit Gipfelkreuz auf, die „Gspitzte". Hier gibt es klettermäßig aber nix Gescheites zu holen. Noch ein Stückchen gen Winzendorf jedoch wurden vor einigen Jahren weitere kleine Felsen eingerichtet, die zwar der Hauptwand nicht ganz das Wasser reichen können, jedoch oft den ebenso genialen Tropflochfels aufweisen und die gleichen landschaftlichen Schönheiten. Sogar eine Mehrseillängentour gibt es hier, welche einige unzusammenhängende, übereinander liegende Wandln geschickt miteinander verbindet. Der Zustieg zu diesen Wänden ist ein anderer und auch nicht ganz leicht zu finden. Die Prossetwand selbst wurde von Hans Müller 1992 eingebohrt, die restlichen Routen ein paar Jahre später von G. Röbaz. In fast allen Routen stecken Klebehaken in geringen Abständen.

Im Winter 2010/11 wurden aufgrund der Straßensicherheit im gesamten Bereich der rechten Prossetwand lose Felsschuppen abgeräumt. Die Einstiegs- und Zustiegsbereiche haben sich dadurch etwas verändert und weisen viel losen Geröll auf. Vorsicht! Die Routen selbst weisen nach einem Lokalaugenschein keine Veränderungen auf. Im Winter 2011/12 wird auch der Bereich der Prossetwand/kleine Prossetwand dementsprechend „behandelt" werden!

BESONDERES:
Der Bereich der Prossetwände liegt am selben Grundstück wie die Kollerwand und nennen den selben Forstverwalter ihr Eigen.
Es hat hier auch schon Zusammenstöße gegeben, allerdings nicht so intensiv wie bei der Kollerwand.

Daher wird hier um folgendes ganz besonders ersucht:

1. Kletterverbot November bis März!
2. Kein Lärmen, kein Müll!
3. Keine neuen Routen einbohren!
4. Nicht oben aufs Plateau aussteigen da Wildruhezone!

ZUFAHRT KFZ: Von Wien über die A2 (Südautobahn) bis zur Abfahrt Wiener Neustadt West, dort der Beschilderung Hohe Wand folgen. Über Weikersdorf gelangt man nach Winzendorf. Nach der Bahnübersetzung befindet sich rechts die Pizzeria „Highlander". Daneben ein großer Parkplatz. **NICHT** bei den Häusern direkt in der Prossetschlucht parken!

ZUFAHRT Öffis: Von Wr. Neustadt mit dem Zug nach Winzendorf und in 1min zum eben erwähnten Parkplatz.

ZUGANG: siehe bei den einzelnen Sektoren!

BESTE JAHRESZEIT: Die Prossetwände sind südseitig ausgerichtet und die Einstiege weitgehend baumfrei, daher wäre sie ein optimales Winterklettergebiet. Leider besteht hier von November bis März ein Kletterverbot, daher am besten im Frühjahr oder Herbst klettern. Im Sommer ist es in der Regel viel zu heiß.

2	29	2	33
1-4	5-7	≥8	Σ UIAA

15min 10-25m

KLEINE PROSSETWAND

ZUGANG: Wie zur Prossetwand, knapp vor dieser jedoch mit wenigen Schritten nach links zur Kleinen Prossetwand.

1 IM WALD 3+ * Kurze Anfängerkletterei

2 MÄDCHENHIMMEL 4- **
Ebenso - Riß mit tollem Graukalk!

3 STARKE WEIBER 5- **
Schöne graue Kante neben dem Riß

4 Z.N.S. 7 ** Kurze, aber diffizile Wandkletterei in bestem Graukalk

5 KELTENKALK 6+ ***
Kurze, aber wunderschöne und griffige Wandkletterei

6 STEINEICHE 7- *** Genauso gut

7 UPZOCKER 8- **
Interessante Einzelstelle mit weitem Blocker, bester Fels

8 IRGENDWAS 6+ **
Schöne Wandkletterei

9 GRINDLOCH 7/7+ *
Etwas mäßige Einstiegsvariante über das große Loch

10 SOULSEARCH 7- * Diffizile Wandkletterei an kleinen Tropflöchern

11 EIN HAUCH VON SÜDLAND 6+ ***
Feine Tropflochkletterei, unten grau, oben weiß

12 TROLLSTORM 7/7+ **
Tolle E-Var über den schmalen schrägen Riß

PROSSETWAND

Zugang: Vom Parkplatz die Straße in die Prossetschlucht etwa 400m einwärts. Etwa 50m vor den ersten Häusern auf der rechten Seite bei einer Verkehrstafel rechts auf einem Steiglein aufwärts, das in 15min zur Prossetwand führt.

13 BLUE MONDAY 7 ✱✱
Nicht ganz so toll wie der Rest und etwas kürzer, aber ebenfalls lohnend!

14 AKIM 7+ ✱✱✱
Steiler Beginn, auch oben noch interessante Wandkletterei in bestem Fels

15 RISS 7+ ✱✱✱
Markanter, genialer Riß mit tollen Löchern

16 FIRST LOVE AFFAIR 7 ✳
Grenzgeniale Wandkletterei an kleinen scharfen Griffen - am E etwas über rechts; direkt 8-

17 E-VAR 5+ ✱✱✱ Oben trotzdem noch 7-

18 EDIKA 7- ✱✱✱
Wunderschöne Wandkletterei an Tropflöchern, aber Achtung:
Im Moment keine Haken! Toprope gut möglich

19 NOVA EXPRESS 7+ ✳
Grenzgeniale kretzige Wandkletterei mit Schlüsselstelle oben. Im Moment keine Haken, gut Toprope möglich!

20 UNBENANNT 8- ✱✱
Im Moment keine Haken!

Robert Holoubek | FIRST LOVE AFFAIR 7 | Foto: Bernd Schwanda

RECHTE PROSSETWAND

ZUGANG: Vom Parkplatz der Straße (bei GHF Highlander) in die Prossetschlucht gehen. Es folgen mehrere Straßenlaternen - unmittelbar nach der vierten Laterne rechts auf Steigspuren (teilweise unkenntlich) aufwärts zu den Felsen. Ist nicht ganz leicht zu finden aber weit besser als der alte Zugang.

Zur Route **1** („Über den Dächern von Winzenheim“) folgt man der Straße noch ein Stück weiter einwärts, um nach einem roten Fels rechterhand in 5min durch Unterholz (schwierig zu finden!) zum Einstieg zu gelangen.

1 ÜBER DEN DÄCHERN VON WINZENHEIM 6 ✱✱
Mehrseillängenroute über versetzte Felsformationen - nur etwas für Liebhaber! sehr gute BH Absicherung. Nicht aufs Plateau aussteigen, sondern vom letzten Stand 1x 30m Abseilen und mit wenigen Schritten zu den Rechten Prossetwänden - ideale Kombinationsmöglichkeiten. 1. SL eher mäßig, oben dann jedoch sogar ein paar wirklich nette Stellen in bestem Tropffels!

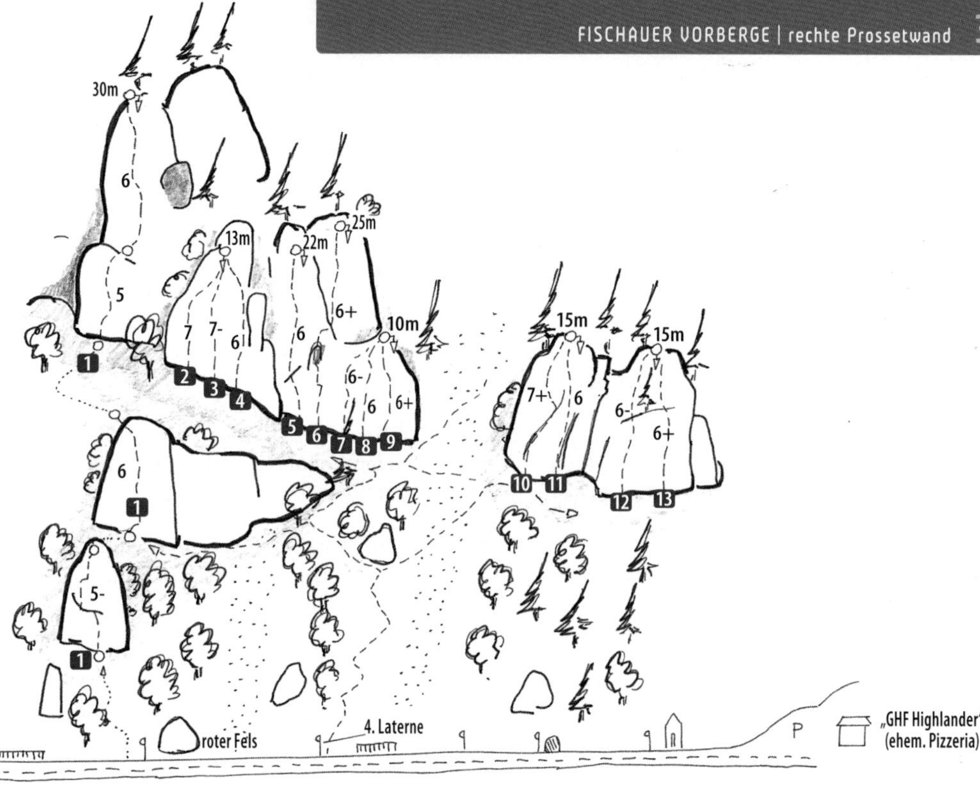

2 7-/7 ✱✱
Einzelzug am Beginn, dann schön

3 IM BANNE VON ISA 7- ✱✱✱
Perfekte, viel zu kurze Tropflochkletterei

4 6 ✱✱✱ Ebenso

5 MY PAGAN FATHERLAND 6/6+ ✱✱
Etwas abgestufte, aber schöne Wandkletterei in bestem Fels

6 6+ ✱✱
Ebenso, recht lang und abwechslungsreich

7 6- ✱
Hohler Block am Einstieg

8 PAGAN WINTER 6 ✱✱
Kurz, aber schöner rauer Fels

9 VELES 6+ ✱✱ Kurz mit schwierigem Einstieg, dann schöne Tropflöcher

10 PROPAGANDAWINTER 7+ ✱
Etwas splittrig

11 6 ✱✱
Kurze Platte, oben tolle Wandkletterei

12 VARGSRIKET 6- ✱✱
Hübsche Wandkletterei, oben steil

13 VINTERRIKET 6+ ✱
Ebenso, aber es fehlen einige BH!

TEICHMÜHLE

Direkt neben der Straße, gegenüber der Pizzeria Teichmühle gelegen, befindet sich dieser kleine Klettergarten und eignet sich aufgrund des minimalen Zustieges und der raschen Erreichbarkeit optimal für Kurzausflüge.

Für solche wird er auch immer wieder gerne genutzt, obwohl die Routen nichts allzu Besonderes bieten: Sie sind nicht allzulang, der Fels ist zwar großteils fest, aber doch sehr glatt und reibungsunfreundlich, was alle Touren technisch wertvoll macht.

Die Wand wurde 1988 durch Hans Müller und seine (Kletter)Schüler mit Bohrhaken und Einstiegsaufschriften versehen und sind allesamt sehr gut mit Bohr- und Klebehaken der Marke Eigenbau sehr gut und üppig abgesichert.

Die Wand ist westseitig orientiert, eignet sich gut an heißen Sommervormittagen, bleibt nach Regen jedoch länger feucht.

ZUFAHRT KFZ: Von Wien auf der A2 (Südautobahn) bis zur Abfahrt Wiener Neustadt West, dort der Beschilderung Richtung Hohe Wand folgen. Man passiert Weikersdorf und Winzendorf, und fährt dann durch die Prossetschlucht. An deren Ende befindet sich linkerhand die Pizzeria Teichmühle. Hier Parken.

ZUFAHRT Öffis: Von Wr. Neustadt mit dem Zug nach Winzendorf und zu Fuß in 20min zur Pizzeria Teichmühle.

ZUGANG: Vom Parkplatz die Straße überqueren und auf Steiglein zur bereits sichtbaren Wand. Gehzeit ca 1min.

BESTE JAHRESZEIT:
Die Teichmühle ist westseitig ausgerichtet, die Felsen befinden sich im lichten Föhrenwald und bekommen ab etwa 14 Uhr Sonne. Klettern ist gut an Sommervormittagen und in den Übergangszeiten möglich, im Winter bläst meist ein kalter Wind.

1-4	5-7	≥8	Σ UIAA
1	18	4	23

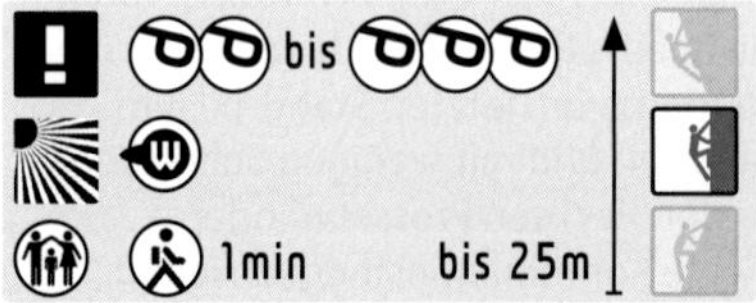

1. ZIPPERLEIN 7 ✱ (RP Pölzl 1990) Kurze Route mit Lochüberhang
2. UNBENANNT 5+ alte Normalhaken
3. SLIPPERY WHEN WET 6 ✱ (RP Pölzl 1990) Ring BH - Anfangs glatte Platte, oben Kante mit schönem Fels
4. Projekt
5. UNBENANNT 7+ ✱
6. TRIBUTE TO BB JOHNSON 7 ✱ (Müller 1988) Eine der besseren Teichmühltouren mit schwierigem Beginn
7. SCREAMING SILENCE 7 ✱ (Sinngraber 1989) Brüchiger, aber nicht gar schlechter Riß. Keine Haken!! Entweder anspruchsvoll mit Keilen oder toprope
8. LINKSTREND 7/7+ ✱ (Müller 1988) Sehr kurze, boulderartige Route in glattem Fels
9. LONGDONG SILVER 8- ✱ (Müller 1988) Ebenso

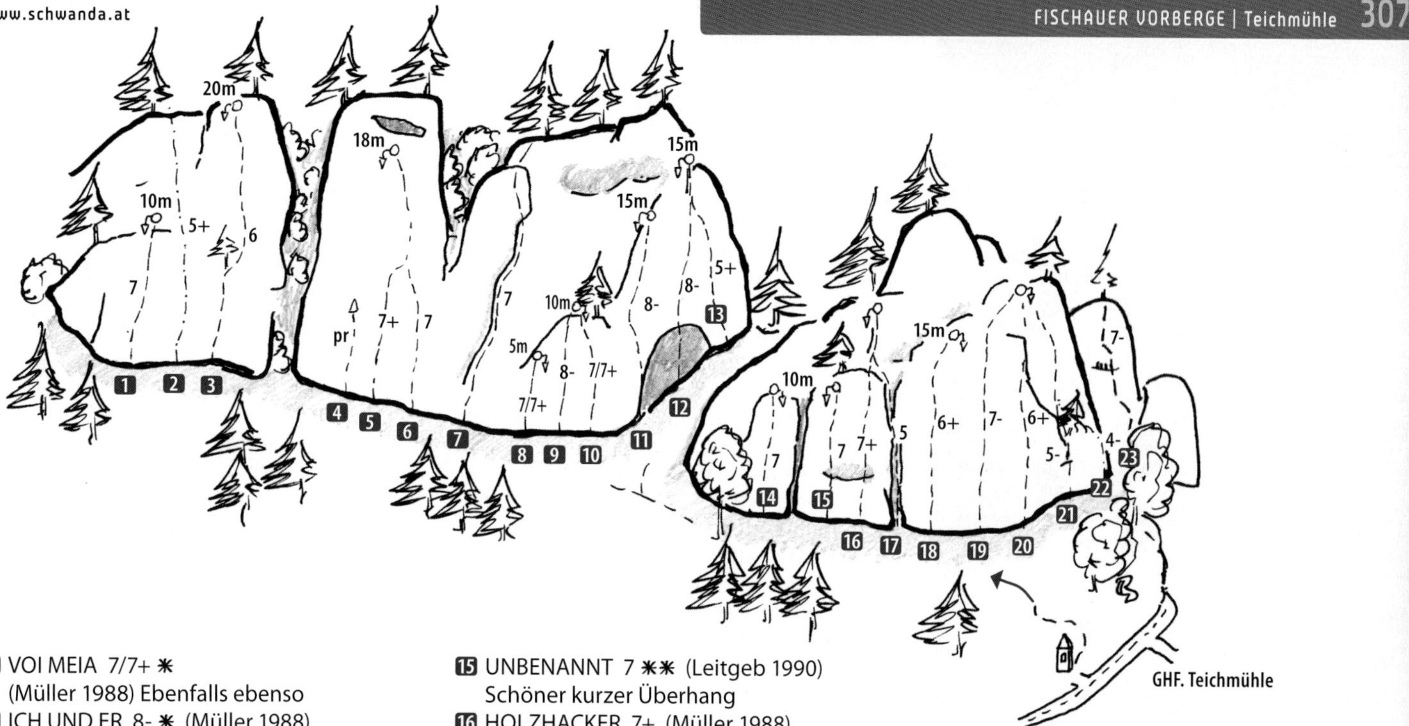

10 VOI MEIA 7/7+ ✱
(Müller 1988) Ebenfalls ebenso

11 ICH UND ER 8- ✱ (Müller 1988)
Lohnende, abwechslungsreiche Kletterei

12 NAMENLOS 8- ✱ (RP Halbweis 1990)
Nicht so schlechte Tour - größere BH Abstände

13 ALLES GUTE KOMMT VON OBEN 5+ ✱
(Müller 1988)
Nette Route - am letzten BH umlenken und nicht den brüchigen Kamin weiter

14 HEAVY METAL 7 (Müller 1988)
Sehr glatte, wenig dankenswerte Platte

15 UNBENANNT 7 ✱✱ (Leitgeb 1990)
Schöner kurzer Überhang

16 HOLZHACKER 7+ (Müller 1988)
Kurze, überhängende Tour mit guten Zügen

17 STYX 5 ✱✱ (Müller 1990)
Hübsche, gutgriffige Rißkletterei

18 STROHHALM 6+ ✱ (Müller 1988)
Gute, aber schon recht glatte Wandkletterei

19 GLUTEUS MAXIMUS 7- ✱✱ (Müller 1988)
Eine der besten Teichmühltouren. Wandkletterei in schönem, aber glattem Fels

20 PECTORALIS 6+ ✱ (Müller 1988)
Leider etwas hineingepreßt, aber auch nicht schlecht

21 GREENPEACE 5- ✱ (Müller 1988)
Hübsche, geneigte Wandkletterei mit Schlüsselstelle am Beginn

22 VARIANTE 4- ✱ Keine Haken, aber so kann man den schweren E umgehen

23 DIANA MIT MENTHOL 7- ✱ (Stangl, Strobl 1991) uralte, schlecht abgesicherte Route

FREIBEUTERWANDL | Foto: Thomas Behm

FREIBEUTERWANDL

Jedem Kletterer sind schon wohl auch die Felsformationen in den Fischauer Vorbergen aufgefallen, die weiter südlich der Kollerwand und Prossetschlucht sich in den grünen Hügelketten befinden. An den zwei markantesten, dem Kienbergturm und Freibeuterwandl, gibt es eingerichtete Sportkletterrouten der (fast) ersten Sportkletterstunde in unserer Gegend.
Das heißt, das es sich hier nicht um konsumgerechte Klettergärten mit Klebehakenraster und Sauschwänzen handelt, sondern um zwar gut abgesicherte, aber tw. etwas „alpine" Kletterrouten (nicht immer fester Fels, weitere Abstände, tw. alte BH). Deshalb werden sie auch sehr selten besucht.
Das Freibeuterwandl befindet sich unweit der Pizzeria Teichmühle, ist gar nicht ganz so einfach zu finden und gliedert sich in zwei Bereiche: Im rechten Teil Kurzrouten an einem kompakten grauen Bauch mit bestem Fels, links davon bis zu 40m lange, eher alpine Anstiege durch die hohe, abgestufte Wand.
Alle Routen sind gut mit Ring-BH abgesichert, wurden 1989 von den Pölzl Brüdern eingerichtet und erstbegangen. Für Einsamkeitsfanatiker und Leute, die abseits der Konsumrouten klettern wollen, durchaus einen Besuch wert!

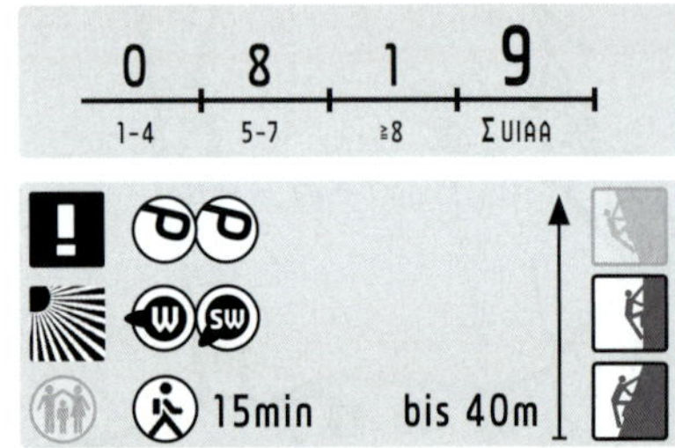

BESTE JAHRESZEIT:
Das Freibeuterwandl ist west- bis südwestseitig ausgerichtet, an den Einstiegen herrscht dichter Bewuchs. Nicht zu kalte Frühlings- und Herbssttage sind also optimal.

ZUFAHRT:
Wie zum Klettergarten Teichmühle. Bei der Pizzeria Teichmühle parken.

ZUGANG:
Ein Stück auf der Straße Richtung Maiersdorf. Nach 100m zwegt nach links eine Forststraße ab, dieser folgt man bis zur ersten Kehre. Hier zweigt man rechts ab und folgt gerade weiter einem bez. Wanderweg. Bei einer Weggabelung links und sogleich links auf Steigspuren steil und etwas mühsam zur Wand. Gehzeit ca 15min.

www.schwanda.at

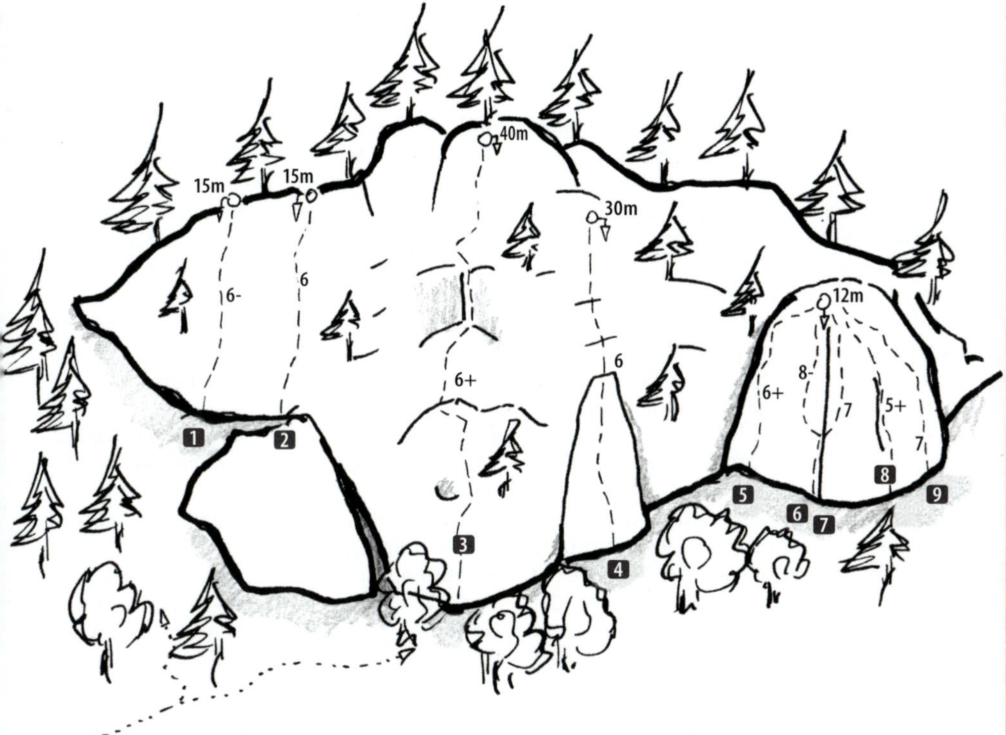

1 HENRY MORGAN 6- ✱ Kurz und ganz nett. Ausstieg brüchig, daher vom letzten BH wieder abseilen
2 UNBENANNT 6 ✱ Kurze graue Wandkletterei
3 FÜR EINE HANDVOLL DUBLONEN 6+ ✱ Lange, abgestufte Wandkletterei in großteils gutem Fels, weite BH Abstände
4 BRÜDER DER KÜSTE 6 ✱ Entlang des markanten Grates. Unten schön, oben brüchig und verwachsen
5 UNBENANNT 6+ ✱ nett
6 SANFTE BRISE 8- ✱✱ Gute Einzelstelle, fester Graukalk
7 FLYING TOUCHMEN 7/7+ ✱✱ Kurz, aber sehr schöner Fels
8 SCHRECKLICHER SVEN 5+ ✱ Für den Grad ganz schön kräftig
9 CAPTAIN SENSIBLE 7 ✱

KIENBERGTURM | Foto: Thomas Behm

KIENBERGTURM

In den südlichsten Ausläufern der Fischauer Vorberge, an der Westflanke des Kienberges, sticht jedem Kletterer ein schlanker, weißer Felszahn ins Auge. Es ist dies der Kienbergturm, für den ähnliches gilt wie für das Freibeuterwandl (vielleicht sogar noch verstärkt): Eine Handvoll Routen, allesamt im Jahre 1993 von Thomas Behm eingerichtet und erstbegangen, allesamt keine Konsumrouten: Ältere BH, tw. weitere Abstände, tw. sehr schöner kompakter, dann aber auch wieder grasiger und splittriger Fels, tw. unbequemes Schrofengelände an den Einstiegen, weiter Zustieg

„Als Juwel in einer intakten Naturlandschaft“ beschreibt Ch. Hacker den Kienbergturm: Und wahrlich: Die landschaftliche Lage ist berauschend: Hoch über der Talsenke der Neuen Welt überblickt man die gesamte Länge der Hohen Wand, ehe der Blick zum Schneeberg schweift...

Für Sportkletterromantiker der alten Schule, die nicht nur Zahlen im Kopf haben, ist ein Besuch also nicht unlohnend.

ZUFAHRT KFZ: Von Wien über die A2 (Südautobahn) zur Abfahrt Wiener Neustadt West. Hier der Beschilderung Richtung Hohe Wand folgen. Man passiert Weikersdorf und Winzendorf und gelangt dann durch die Talenge der Prossetschlucht zur Pizzeria Teichmühle. Hier folgt man der linken Straße bis nach Maiersdorf. In Maiersdorf wieder linkshaltend nach Zweiersdorf. Nach der Ortsdurchfahrt durch Zweiersdorf (etwa 200m nach dem Ghf. Moor) links in ein kleines Sträßchen einbiegen, das sogleich zu einem Feldweg wird. Auf diesem in Kürze zu einem Sattel. Hier vor dem Schranken parken.

ZUFAHRT Öffis: sehr umständlich, daher wird auf eine Beschreibung verzichtet.

ZUGANG: Hinter dem Schranken auf einem bez. Karrenweg nach links. Dieser führt leicht ansteigend zu einem Wegkreuz. Hier links am bez. Wanderweg Richtung Kienberggipfel. Nach dem Sattel (Wiese) den Weg verlassen und waagrecht weglos entlang des Hanges nach links queren, bis man unter den Kienbergturm gelangt. Gehzeit ca 20 – 25 Minuten.

BESTE JAHRESZEIT: Der Kienbergturm ist südwestseitig ausgerichtet, Sonne gibt es etwa ab Mittag. An den Einstiegen herrscht lichter Föhrenbewuchs. Die Übergangszeiten sind also zum Klettern optimal.

1-4	5-7	≥8	Σ UIAA	Projekt
0	4	2	7	1

! bis

SW

25min 15-30m

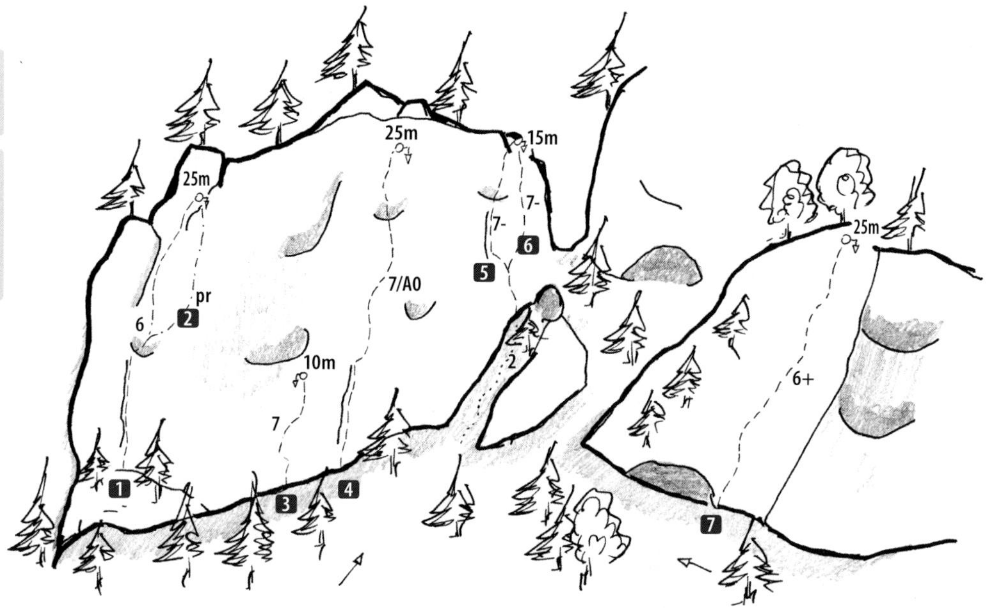

1 KLASSISCHE WESTKANTE 6 ✱
Gar nicht so schlechte Genußkletterei mit „klassischem" Anstrich: Weit gesichert, tw. brüchige Rißkletterei

2 Projekt

3 KURZER FURZER 7/7+ ✱
Kurze, sehr raue Kletterei an Tropflöchern, die mitten in der Wand endet. 1. BH sehr hoch

4 ALTE WELT 7/A0 ✱
Schöne Kletterei in sehr gutem Fels, leider unterbrochen von einer aalglatten Platte (Ao)

5 WINDSTÄRKE NEUN 7- ✱✱✱
Tolle Verschneidung mit Überhang in bestem Fels. Leider kurz und abschüssiger Einstieg

6 LUF UND LEE 7- ✱✱✱
Sehr schöner rauer Fels, leider ebenso kurz und abschüssig am Einstieg

7 KIENBERGPLATTERL 6+ ✱
Hübsche Reibungskletterei in etwas glattem Fels

1 SCHRATTENSTEIN
2 GRÜNBACHER HAUSSTEIN
3 KÖHLERSTEIN
4 WASSERFALLWIRT WANDL
5 WASSERFALL KLETTERGARTEN
6 STEINKLAUSE

SCHRATTENSTEIN

„Südlich von Grünbach erheben sich über den dunklen Bergwäldern nochmals felsige Zinnen und Zacken. Der Wanderer, der diese steinernen Gebilde aus der Ferne erschaut, denkt vielleicht nur an felsige Aufbauten der Waldkämme und ist daher erstaunt, etwa bei einer Wanderung zur nahen und besuchenswerten Ruine Schrattenstein im dichten Wald plötzlich Felsmauern von beachtlicher Höhe und Ausdehnung vor sich auftauchen zu sehen. Es sind dies die Felsen von Schrattenstein, ein kleines Klettergebiet abseitsderbevorzugtenZahlderKlettergebiete an der Hohen Wand., für Feinschmecker aus der Gilde vom Seil und Kletterschuh. Eine größere Anzahl von Klettersteigen der verschiedensten Schwierigkeitsgrade führt hier aus dunklem Waldesgrund hinauf zur lichten Höhe..." schrieb Dr. Robert Hösch 1971 in seinem Kletterführer Hohe Wand.
Und in der Tat, die Kletteranfänge reichen hier bis vor 1920 zurück. Seither blickte wohl so mancher von der Hohen Wand sehnsuchtsvoll zu den verheißungsvollen Felszacken hinüber, ahnend, daß man hier gut Sportklettern können muß. Besonders ein markanter gelber Turm sticht unübersehbar ins Auge - auf diesem wurden auch im Jahre 1993 die ersten Routen von Erich Holy und Robert Gruber eingerichtet.Dann blieb es lange ruhig, ehe sich im Jahre 2002 Thomas Behm und Arthur Membier dieses und der anderen Felsen annahmen. Thomas Behm hatte es besonders eine wunderschöne Wand direkt über einer Forststraße angetan, an der er 20 tolle Routen im 7ten und 8ten Grad einklebte.
Doch die Idylle sollte nicht lange währen: Die Forstverwaltung Stixenstein ließ die gesamte Wand abflexen und Thomas Behm bekam seine „Leichen" zurück. Dann setzte man sich an einen runden Tisch und vereinbarte, daß nur am Gelben Turm geklettert werden darf und weiter rechts alle Felsen nicht beklettert werden sollen (und ja auch nicht mehr können..).
Dennoch sei hier dazu gesagt, daß man sich auch am „Gelben Turm" und auf den anderen Felsen in „sensiblem" Gebiet befindet: Ruhiges Verhalten ist daher angesagt und es wird gebeten, die Gebiete mindestens 1 Stunde vor Sonnenuntergang zu verlassen!

BESONDERHEITEN:

1) Das Klettern und Einrichten von Neurouten rechts des GELBEN TURMS (oberhalb der Forststraße) ist verboten!
2) Das Gebiet spätestens 1 Stunde vor Sonnenuntergang verlassen!

1-4	5-7	≥8	Σ UIAA	Projekt
3	13	10	28	2

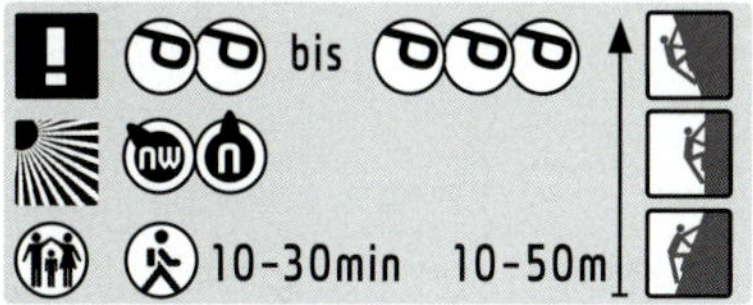

ZUFAHRT PKW: Von Wien über die A2 (Südautobahn) bis zur Ausfahrt Wiener Neustadt West. Dort die Autobahn verlassen und auf der Bundesstraße nach links weiter Richtung Puchberg am Schneeberg. Man passiert mehrere kleine Ortschaften, knapp vor Grünbach verläßt man die Bundesstraße (unmittelbar nach einem Bahnübergang) nach links Richtung Schrattenbach und Rosental.
Nach ca 3km teilt sich die Straße. Rechts geht es Richtung Rosental, wir aber folgen der kleinen Straße gerade aus weiter und gelangen in Kürze zum Ghf Schloßteich. Kurz danach zweigt nach links bei einem Wildghehege der bez. Wanderweg zur Ruine Schrattenstein ab. Kleiner Parkplatz.

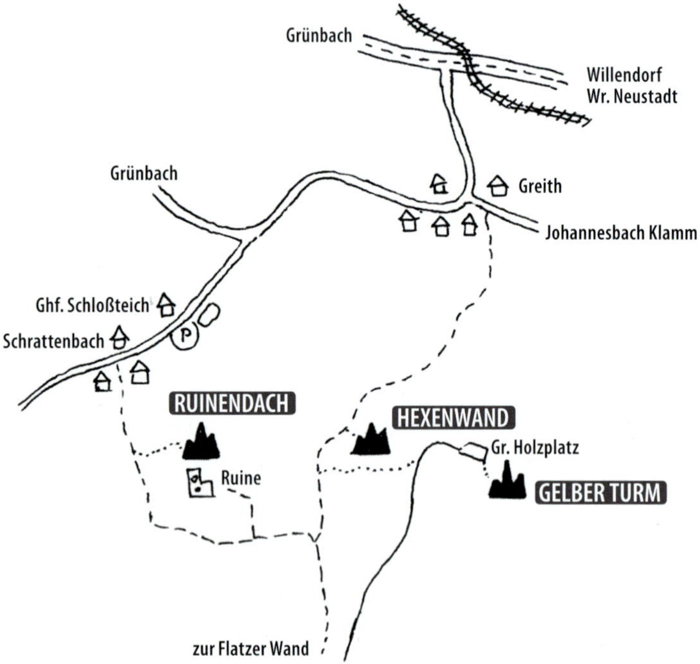

ZUFAHRT Öffis: Von Wr. Neustadt mit dem Zug nach Grünbach. Vom Bahnhof Grünbach wandert man durchs Rosental und nach Schrattenbach. Gehzeit ca 45 – 50min.

ZUGANG: Man folgt dem bez. Hohlweg bergauf Richtung Ruine Schrattenstein (beschildert). Wenn man knapp vor der ersten markanten Felsenge 200m nach links am Wandfuß abwärts geht, erreicht man den SEKTOR RUINENDACH (10min).

Weiter dem Weg Richtung Ruine folgend, passiert man rechterhand eine große Metalltonne. Knapp danach geht es links hoch zur Ruine (Tafel, lohnender Abstecher). Wir aber folgen dem bez. Weg kurz gerade weiter, bis er markant nach rechts biegt (Wegteilung, Tafel). Dem linken, bez. Weg folgend gelangt man eben in einen Sattel. Jenseits am bez. Weg kurz absteigend erreicht man den unmittelbar am Weg gelegenen SEKTOR HEXENWAND (20min).

Vom eben erwähnten Sattel zweigt nach rechts ein unbez. Steiglein ab, das in wenigen Minuten steil aufwärts zu einem Hochsitz führt. Dahinter eine Forststraße, der man bergauf bis zu ihrem Ende bei einem großen Umkehrplatz folgt. Von dort gelangt man in Kürze nach rechts weglos durch Wald zum SEKTOR GELBER TURM (30min).

BESTE JAHRESZEIT: Die Sektoren „Ruinendach" und „Hexenwand" sind nordseitig exponiert, man klettert hier als am besten im Sommer bzw. an nicht zu kalten Tagen im Frühling oder Herbst. Der „Gelbe Turm" zeigt nach Westnordwest und bekommt ab etwa 14 Uhr Sonne. Er steht frei im lichten Wald und ist stark den Nordwestwinden ausgesetzt. Hier ist es an Sommervormittagen optimal bzw. an nicht zu kalten Frühlings- und Herbsttagen.

SEKTOR RUINENDACH

Unterhalb der Burgruine gibt es eine Vielzahl an kleinen, im Wald versteckten Felsen. Einer davon ist das Ruinendach, dessen 20m hohe Felswand nicht über die Baumwipfel hinausreicht. Zudem ist es nordseitig ausgerichtet und der Zustieg ist kurz. Insgesamt also ein ideales Sommerwandl. Die Einstiege sind bequem. Es gibt zwar nur wenige Routen, die jedoch fast alle durch ein gewaltiges Felsdach führen. Dies läßt diese wenigen Anstiege ein bißchen was Besonderes sein, zudem die Felsqualität ausgezeichnet ist! Alle Routen wurden 2005 von Thomas Behm eingerichtet.

1 HIRSCHBRUNFT 9 ✱✱✱
(RP Gamsjäger 2006)
Unten harte Leistenblocker in weißem Fels, dann henkeliges Doppeldach, braune Superwandkletterei und zuletzt die Schlüsselstelle!

2 UNTERNEHMEN DREIZACK 8-/8 ✳
(RP Rottensteiner 2006)
Fantastische Dachkletterei, eine der besten in weitem Umkreis!

3 Projekt

4 HELGRIND 7+ ✱✱✱ (RP Behm 2005)
Diffizile dunkelgraue Wandkletterei an Kretzen, endet unterm Dach

5 HELREID 7- ✱✱✱ (RP Behm 2005)
Schöne weiße Wandkletterei an Tropfgriffen und Auflegern, endet unterm Dach

6 WEH DEM DER KEINE HEIMAT HAT 9+ ✱✱
(RP Kubista 2007)
Harte Boulderstelle nach dem Dach

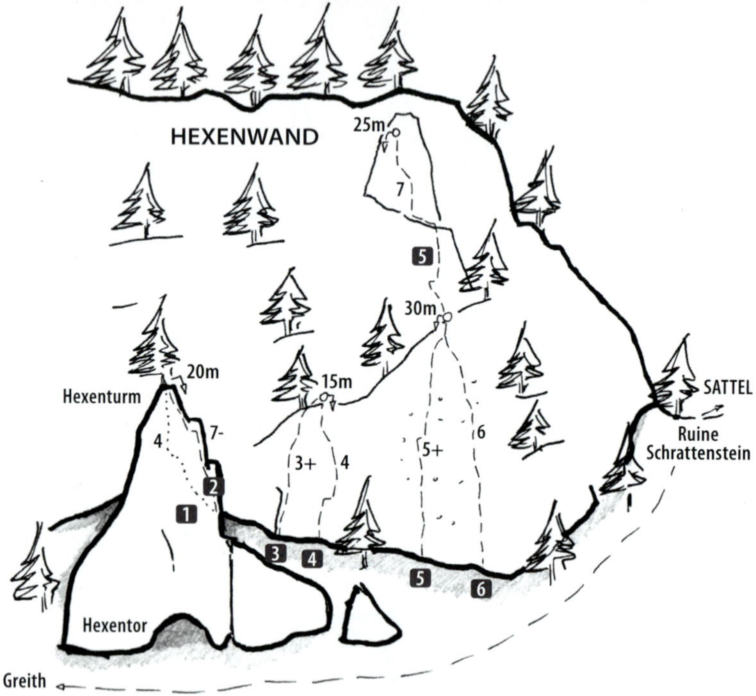

1 HEXENTURM NORMALANSTIEG 4 ✱✱ (Wildenauer)
Netter Gipfelanstieg mit schwierigem Einstieg. Alte Normalhaken!

2 HEXENFICK 7- ✱✱ (RP Pöttschacher 2010)
Schöne, aber völlig selbst abzusichernde Route, keine BH!

3 HEXENTOR 3+ ✱ Kurze Übungskletterei, Klebehaken

4 SCHWARZER ORDEN 4 ✱ Kurze Übungskletterei, Klebehaken

5 MIM 5+ ✱✱✱ Sehr schöne, übermäßig gut gesicherte Henkelroute

6 FEGEFEUER 7 ✱✱✱ Schöne 2 SL-Tour in tw. (aber nicht immer) sehr schönem weißem Plattenkalk

SEKTOR HEXENWAND

Weiter östlich, unmittelbar am markierten Wanderweg, der von Greith heraufkommt (Zugang auch über diesen möglich), befindet sich das „Hexentor", eine auffallende Nische, um welche sich eine Sage rankt. Darüber thront ein schlanker Felsturm, der „Hexenturm", der bereits vor fast 100 Jahren erstbestiegen wurde. Dahinter befindet sich eine recht hohe, allerdings stark gegliederte Wand, in welcher Thomas Behm 2002 ein paar wenige Routen ausgegraben hat. Obwohl eine Route sogar 2 Seillängen mißt und die zentrale Platte im Mittelteil mit ihren zwei Routen wirklich schöne Henkelklettereien bieten, ist die Wand nichts allzu Besonderes. Andererseits ist die Absicherung sehr bis übertrieben gut, die Lage ist schön und ruhig, und in Verbindung mit einer Besteigung des Hexenturms lassen sich hier für einen Kletterer des 4-6 Grades einige schöne Stunden verbringen.

SEKTOR GELBER TURM

Der mächtige Felsturm mit seinen mauerglatten, gelbgrauen Wänden thront unübersehbar über dem weiten Land und sticht bald einmal ins Auge. Seine 40m hohe Westwand besteht aus meist exzellentem, grauem Plattenkalk: Feinziseliert und strukturiert. Im linken Wandteil ist der Fels auch überhängend und braun, dort ist er nicht immer ganz fest.

Alle Routen sind sehr lang und ausdauernd, dazu technisch gehörig anspruchsvoll. Das ist in der heutigen Zeit nicht mehr so aktuell, der Zustieg ist (relativ) lang, darum ist man hier heroben meist alleine. Und das ist auch gut so. Alle Anstiege sind sehr gut abgesichert, die Einstiegsplätze sind recht gemütlich. Ein Stück weiter rechts befindet sich noch ein kleineres Wandl, das sich allerdings nicht mit „dem Turm" messen kann.

All diesen Routen gemein ist allerdings die herrlich ruhige, landschaftlich hervorragende Lage über dem Tal, mit Blick zum Schneeberg.

GELBER TURM

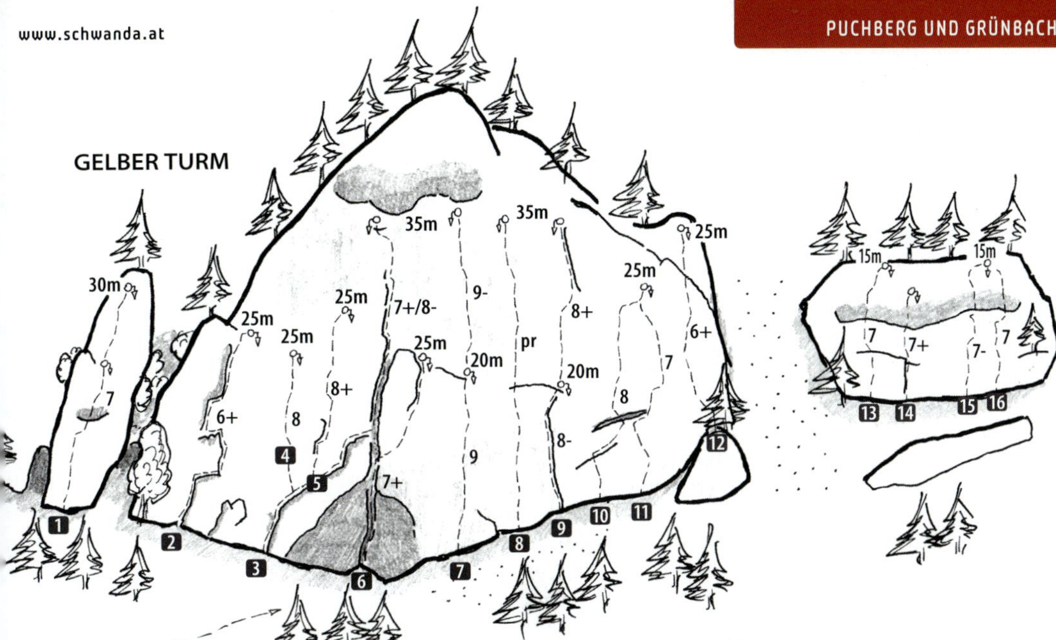

1 HOLY PILLAR 7 ✱✱
(RP Holy 1990) Steile Lochkletterei, allerdings wieder etwas splittrig geworden

2 A BLEDE GSCHICHT 6+ ✱✱✱
(Tanzer, Holy 1990) Geniale Piazschuppe im ersten Teil, oben etwas grasig und splittrig

3 HOLY SUPERFURCHE 7+/8- ✱✱✱
(RP Behm 2002) Sehr lange, „alpin angehauchte" Kletterei im markanten Riß. Nicht immer ganz fest und eigen, aber genial

4 UNBENANNT 8-/8 ✱✱
(RP Membier 2002) Schöne Tour durch kompakte Wand, allerdings sehr reibungsfeindlicher Fels

5 FUTLAPPERL 8+ ✱✱✱
(Behm 2002) Gute Wandkletterei mit technisch sehr anspruchsvoller Schlüsselstelle

6 GOTTESFINSTERNIS 7+ ✱✱✱
(RP Behm 2002) Schön, tw. weit gesichert. Der untere, stark überhängende Riß kann auch gut mit **5** kombiniert werden

7 CAMOUFLAGE (IN BLACK) 9+ ✳
(Behm 2002; RP Georg Gsenger) Besonders im unteren Teil (9) geniale überhängende Wandkletterei mit Superzügen an kleinen rauen Griffen, die Fortsetzung weist etwas fragilen Fels, aber auch gute Züge auf

8 Projekt

9 TOTES GEBIRGE 8+ ✳
(RP Holy 1993) Grenzgeniale, sehr lange Tour in perfektem Fels; unten ein steiler, griffiger Riß, oben graue Wandkletterei vom Feinsten! Ausdauernd!

10 STEINERNES MEER 8 ✳
(RP Gruber 1993) Fantastische Wandkletterei an senkrechtem, grauem und wasserzerfressenem Kalk

11 WILDER WILDERER 7 ✳
(Holy, Gruber 1993) Wunderschöne, graue Wand- und Plattenkletterei

12 TUSSITURNEN 6+ ✱✱✱
(RP Behm 2002) Ebenfalls schöne Plattenroute in grauem Superfels

13 BIBELHURE 7 ✱
(RP Behm 2002) Harter Einzelzug am Schlußüberhang

14 IM OASCH DAHAM 7+ ✱
(RP Behm 2002) Komplizierte, unschöne Schlußzüge

15 NECRODAEMON 7- ✱✱
(RP Behm 2002) Hübsche, steile und raue Wandkletterei

16 TERRORSATHAN 7 ✱✱✱
(RP Behm 2002) Sehr schöne raue Wandkletterei mit tollem Schlußüberhang

GRÜNBACHER HAUSSTEIN

Genau vis a vis des Schneeberges, sozusagen des K2s von Niederösterreich, befindet sich hoch überm Puchberger Becken in den westlichen Ausläufern des „Gländs" der baumbestandene Felsturm des Grünbacher Haussteines, der durch seine geneigte, schneeweiße Plattenzone ins Auge sticht.
Auch dies ist - wie viele Klettergebiete in Niederösterreich - historisch bedeutsames Gebiet: Auf dem festungsähnlichen Gipfelplateau befand sich eine frühzeitliche Siedlung, und auf der Wiese unterhalb fand man allerhand Tonscherben.
Kletterversuche gab es am Grünbacher Hausstein auch schon früher, davon zeugen zB die Sticht-Bohrhaken in der „Big Haus Kante", der Puchberger Bergführer Hannes Rottensteiner eröffnete 1991 in den erwähnten Platten eine sehr kühne Normalhakentour, und eben diese Platten zogen auch Thomas Behm an, der 1999 aus den Tiefen des Höllenthales kommend, hier ein paar Genußkletterrouten eröffnete:
Die Routen messen 2-3 kurze SL, sind perfekt mit Klebehaken abgesichert, wenig ausgesetzt, weisen wunderschönen kompakten grauen Plattenkalk auf und bestechen nicht zuletzt durch ihren hervorragenden Ausblick zum Schneeberg. Also ein lohnendes Genußkletterziel, besonders an sonnigen Frühlingsabenden, vielleicht nach einer Schneeberg - Frühjahrsskitour…

ZUFAHRT PKW: Von Wien über die A2 (Südautobahn) bis zur Abfahrt Wiener Neustadt West. Von dort über die Bundesstraße Richtung Puchberg. Nach Grünbach führt die Straße über einen Sattel hinüber ins Puchberger Becken. Am Sattel selbst befindet sich rechterhand ein Gasthof, danach rechts parken.

ZUFAHRT Öffis: Von Wr. Neustadt mit der Bahn Richtung Puchberg, in Grünbach aussteigen. Zu Fuß in etwa 20 min entlang der Straße auf den erwähnten Sattel

ZUGANG: Am markierten Forstweg auf den bereits sichtbaren Hausstein zu; nach etwa 10min zweigt rechts ein bez. Weg Richtung „Gelände" ab. Diesem folgend bis unter den Hausstein und nach links mit wenigen Schritten zum Fuß der Routen. Gehzeit ca 20min.

ABSTIEG: Entweder über die Routen abseilen (50m Einfachseil nötig) oder hintenrum über den Gipfel (sehr lohnend, Stellen 1, etwas verwickelt) zurück zur Wiese.

BESTE JAHRESZEIT: Der Grünbacher Hausstein ist südwestseitig ausgerichtet, Sonne gibt es etwa vom späten Vormittag bis zum Abend; die Einstiege sind relativ baumfrei. An sonnigen Frühlings- und Herbsttagen ist es hier am schönsten.

1-4	5-7	≥8	Σ UIAA	Projekt
0	5	0	7	2

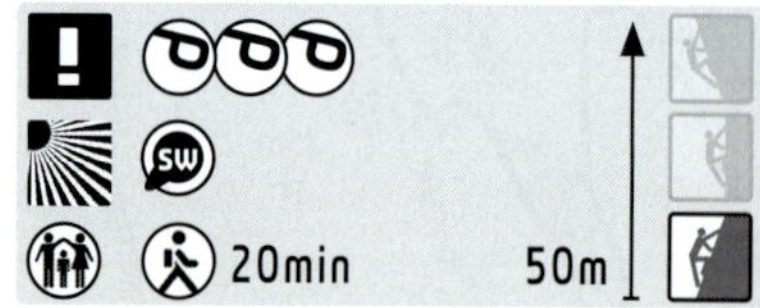

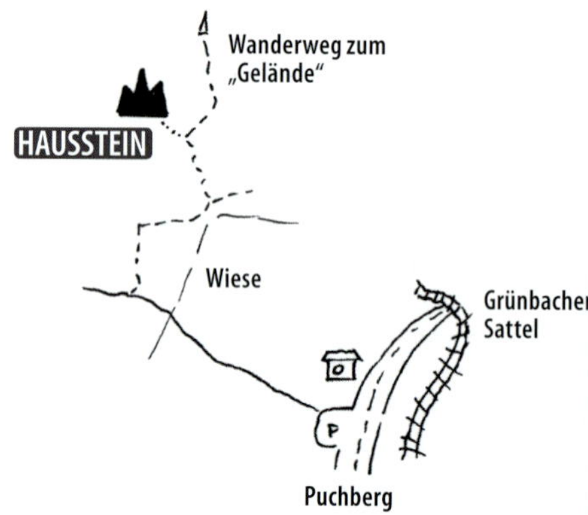

1 GENUSSKLASSIKER 5 ✱✱✱ (Th. Behm, S. Piribauer 1999)
Erste Seillänge gestuft und gesucht, zweite SL hübscher Riß, dritte Länge tolle Platte und Pfeiler

2 FUSSREISE NACH DEM SCHNEEBERGE 6+ ✱✱✱
(Th. Behm, S. Piribauer 1999) Sehr schöne Wand- und Plattenkletterei mit einer schwierigeren Stelle

3 ZUCKERBERG EXTREM 6+ ✳ (Th. Behm, S. Piribauer 1999)
Herrliche Plattenkletterei an genialem Hochgebirgskalk

4 NEUHAUSKANTE 7- ✱✱✱ (Th. Behm 1999)
Über rechts einsteigen, dann schöne Wandkletterei

5 PK HAUSSCHWEIN 7- ✱✱ (Th. Behm 2011)
1. SL super, 2. SL mäßig, 3. SL kurz, toll und knackig

6 Projekt Pöttschacher

7 Projekt Behm, vis a vis auf kl. Türmchen

PUCHBERG

„Zu Fußen des höchsten Niederösterreichers, des 2076m hohen Schneeberges, gibt es auch ein paar Klettergärten, welche sicher nicht zu den Topgebieten dieses Führers zählen, aber trotzdem einen Besuch lohnen - vielleicht nach einer Frühjahrsabfahrt am Schneeberg" schrieb Robert Gruber in der 1. Auflage.

Nach wenigen Jahren muß einiges revidiert werden:
Der „Wasserfall Klettergarten" ist wohl der BESTE (!) Anfängerklettergarten in weitem Umkreis.

Der „Köhlerstein", in der 1. Auflage fälschlicherweise als „Hühnerbühel" bezeichnet, hat sich zu einem Hochsommerextremsportkletterwandl erster Güte gemausert, in der „Steinklause" sind etliche Routen dazu gekommen, die auch nicht schlecht sind, und auch sonst wurden ein paar neue, gar nicht schlechte Wandln eingerichtet. Hauptantriebsfedern waren und sind die Puchberger Bergführer Peter Groß und Hannes Rottensteiner.

Alle Wandln werden in diesem Auswahlführer nicht vorgestellt - die hier nicht veröffentlichten sind im „Kletterführer Höllenthal; 1500 Routen von 2 bis 11" (Thomas Behm 2006) enthalten.

Und auch sonst lohnt sich ein Aufenthalt im Puchberger Becken - es ist einfach schön und erholsam hier, zu Fußen des Monarchen!

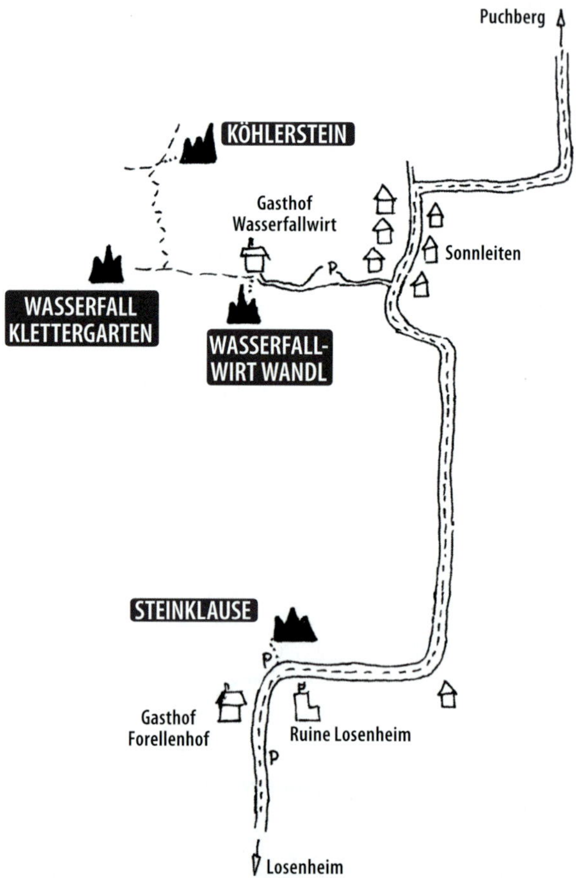

KÖHLERSTEIN

„Köhlerstein" benannt nach dem Köhlergewerbe in dieser Gegend, einem beinahe ausgestorbenen Handwerk.
Die Wand selbst ist beeindruckend: Wie eine „versteinerte Nordmeerwelle" ragt dieses 100m breite und bis zu 25m hohe blaugraue Monstrum aus dem völlig flachen Waldboden, und das absolut nordseitig und in absolut ruhiger Lage.
Doch zum Paradeklettergebiet mußte es sich diese Wand erst mühsam erarbeiten: Zu glatt und strukturlos erschien sie, erst langsam wuchs die Routenanzahl und mehr und mehr Spitzenkletterer, die nicht nur primitiv stark überhängend Löcher ziehen wollen, sondern sich auch mit Fußtechnik und abartigen Boulderzügen beschäftigen wollen, fühlten sich zu ihr hingezogen.
„Back to the Old School" lautet ein Routenname und dieser ist Programm: Hohe Schule ist hier angesagt, nichts für „Warmduscher" - eine der besten harten Sommerwände in diesem Buch!

ZUFAHRT PKW: Über die A2 (Südautobahn) bis zur Ausfahrt Wiener Neustadt West und über die Bundesstraße nach Puchberg am Schneeberg. Durch Puchberg hindurch und der Beschilderung weiter Richtung Losenheim folgen. In der kleinen Ortschaft Sonnleiten biegt man bei der Tafel „Wasserfallwirt" nach rechts ab und folgt der Straße noch etwa 300m bis zu einem größeren Parplatz rechterhand. (Nicht weiterfahren bis zum Ghf Wasserfallwirt, der dortige Parkplatz ist sehr klein und Gästen vorbehalten).

ZUFAHRT Öffis: Von Wr. Neustadt mit der Bahn nach Puchberg und mit dem Postbus (verkehrt unregelmäßig) nach Sonnleiten. In Kürze nach rechts zum erwähnten Parkplatz.

ZUGANG: Über das Sträßchen in wenigen Minuten aufwärts zum Wasserfallwirt und am Promenadenweg 2min weiter Richtung Wasserfall (Klettergarten), knapp davor zweigt nach rechts der bez. Weg Richtung Mamauwiese ab. Diesem folgt man mäßig steil hoch zu einem Sattel, wo man eine Forststraße erreicht. Hier befindet sich wenige Schritte rechts unübersehbar der Köhlerstein. Gehzeit ca 15min.

BESTE JAHRESZEIT: Der Köhlerstein ist nordseitig ausgerichtet und meist den Winden ausgesetzt; hier ist es oft auch an heißen Sommertagen unglaublich kühl - beste Jahreszeit ist daher eindeutig der Sommer (allerdings mit einer Einschränkung: schwül soll es nicht sein!).

Volker Lukas | AZRA 10/10+ | Foto: Tom Bartl

Matthias Woizuck | BACK TO THE OLD SCHOOL 10- | Foto: Tom Bartl

1-4	5-7	≥8	Σ UIAA	Projekt
0	5	14	22	3

! bis

25min 15-25m

1 LA ENVERGADURA 9+ ✱✱ (RP Lukas)
Kurzer knalliger Überhang

2 RISS 8/8+ ✱ (RP Lukas)
Brachialer, wenig schöner Riß

3 FUCK HER GENTLY 9- ✱✱✱
(RP Rottensteiner 2007) tolle Wandkletterei

4 Projekt ROTTENSTEINER ca 10

5 PICHLERTOUR 8+ ✱ (Pichler 1990) Erster Teil

6 DIETRICH 9 ✱✱ (RP Würzl 2004)
Zwar kurz, aber irgendwie extrem lang - fußtechnisch, man kommt kaum vom Fleck

7 PUCHBERGMEISTER 10- ✱✱✱
(RP Lukas 2010) Sehr lässig, technisch und kleingriffig zum linken Stand.

8 AZRA 10+ ✱✱✱ (RP Lukas 2010)
Beinharte, ewig lange Boulderei

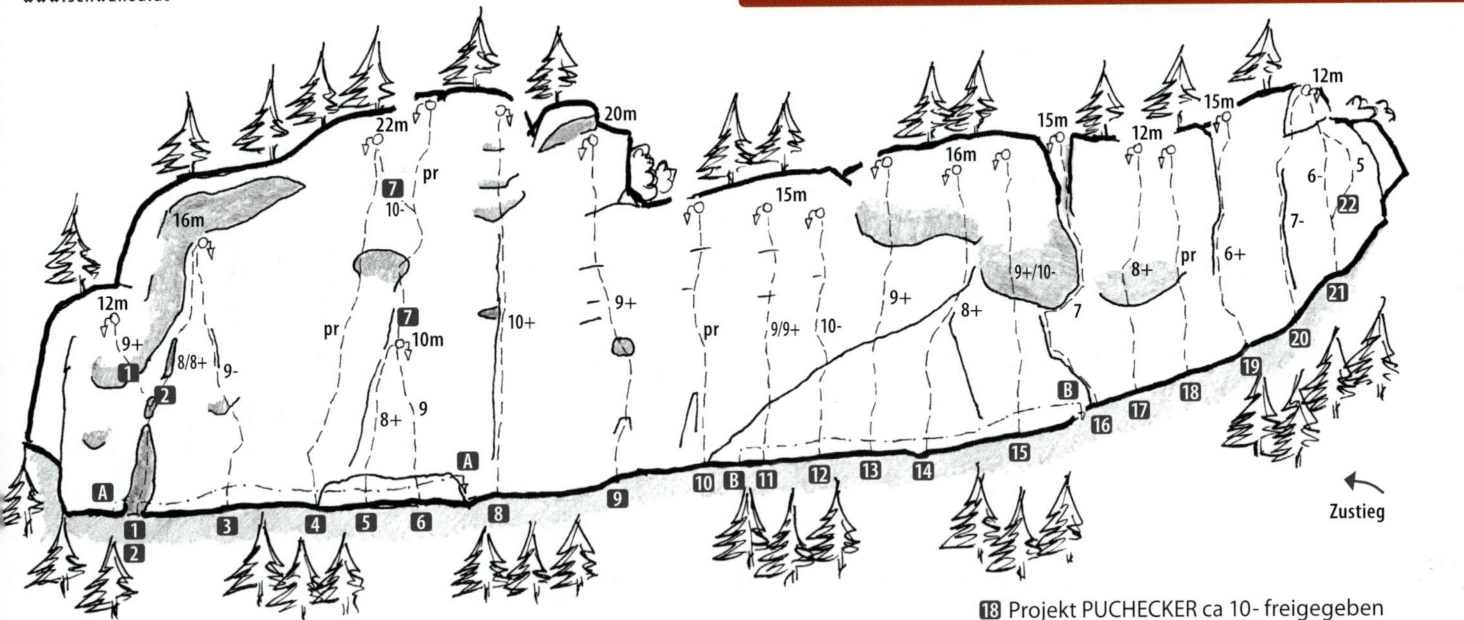

9 GIERIGE SAU 9+ ✱✱
(Bartl, RP Jansenberger 1999) Gute Ausdauertour über die großen flachen Löcher

10 Projekt BARTL freigegeben!

11 WASH MY SOUL 9/9+ ✱✱✱
(Bartl, RP Jansenberger 1999) tolle, technisch anspruchsvolle senkrechte Wandkletterei

12 BACK TO THE OLD SCHOOL 10- ✱✱✱
(RP Bartl) der Name ist Programm, Supertour!

13 LANGSEITSPAZIERGANG 9+ ✱✱✱
(RP Rottensteiner 2006) Auch eine tolle Tour, zuerst hoffnungslos unterbewertet

14 SPIEL DER GEISTER 8+ ✱✱
(RP Rottensteiner 2006) Verschneidung und Überhang, weit gesichert

15 BOMBING BASTARD 9+/10- ✱✱✱
(Bartl, RP Reicht 2006) sehr guter Überhang

16 SCHWARZER BLITZ 7 ✱✱ (Hausmann 1990)
Silberne Ringe, guter Fels, aber irgendwie seltsame ungute Verschneidungskletterei

17 SCHEISS AUF DIE SONNE ALTE 8+ ✱✱
(RP Rottensteiner 2005) Harte Züge im Überhang, weit gesichert - ein Originalzitat von Max „Gorgoroth" Wille mußte herhalten

18 Projekt PUCHECKER ca 10- freigegeben

19 PILZWUCHS 6+ ✱✱ (RP Behm 2005)
Schöne Wandstelle zu Beginn, dann mäßig; Aufwärmtour

20 BERGRETTERRISS 7- ✱ (RP Behm 2005)
Unguter Riß, ungut gesichert

21 DIREKTE BERGRETTERPLATTE 6- ✱✱
(RP Behm 2005) Nette kurze Platte

22 BERGRETTERPLATTE 5 ✱ (Hausmann um 1990) Eher grasig und weniger lohnend

BOULDER:

A SOFT SHOULDER 7b+ trav ✱✱✱

B DEMIAN 6b+ trav ✱✱

WASSERFALLWIRT WANDL

Unmittelbar gegenüber des Wasserfallwirtes befindet sich eine etwa 25m hohe, eher schattige Wand, an welcher Peter Groß 2005 einige Routen einrichtete. Diese weisen an sich guten, soliden Fels auf, sind tw. aber etwas inhomogen, flechtig und recht glatt, also ehrlich gesagt nichts Besonderes. Andererseits ist der Zustieg minimal, die Absicherung bestens, und die Kombinationsmöglichkeit mit dem Wasserfallklettergarten (oder als Ausweichziel, wenn dort ein Kurs ist) liegt auf der Hand.

ZUFAHRT:
wie zum Wassserfallklettergarten.

ZUGANG:
Wie beim Wasserfallklettergarten zum Wasserfallwirt, mit wenigen Schritten nach links zum unübersehbaren Wandl. Gehzeit ca 5min.

BESTE JAHRESZEIT:
Das Wasserfallwirtwandl ist nordseitig ausgerichtet, im Sommer erreicht die Sonne die Wand erst zwischen 15 und 16 Uhr.

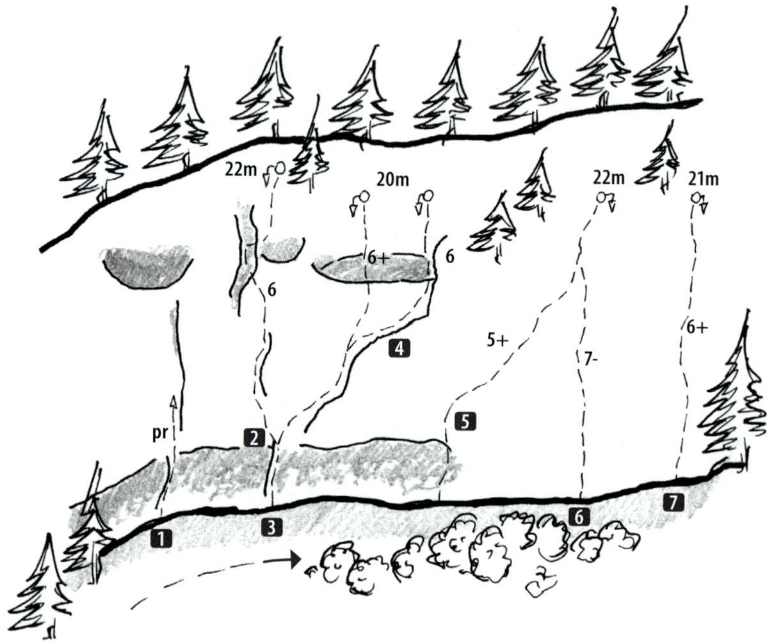

1 Projekt
2 BACKHENDLSALAT 6 ✱✱ Steil und kräftig
3 FORELLE MÜLLERIN 6+ ✱✱ Kräftiger Überhang
4 FORELLENFILET 6 ✱✱ Inhomogen, oben etwas ungut
5 RECHTSHALTEND 5+ ✱✱ Geneigte Platte mit grasigen Griffen
6 WURZELSTOCK 7- ✱ Glatte flechtige Platte
7 AUS DEM DSCHUNGEL 6+ ✱✱ Glatte Platte mit grasigen Griffen

1-4	5-7	≥8	Σ UIAA	Projekt
0	6	0	7	1

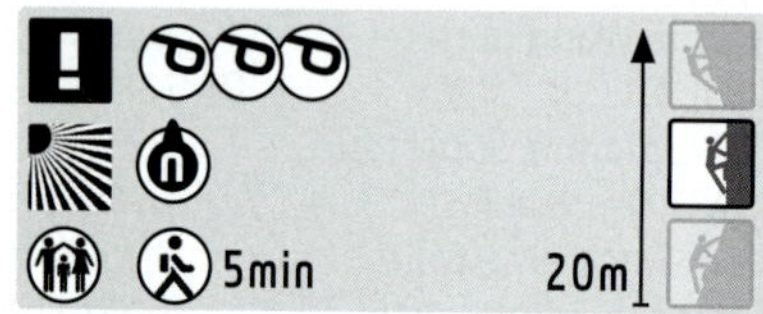

WASSERFALL KLETTERGARTEN

Der Losenheimer Wasserfall zählt wohl zu den beliebtesten Ausflugszielen im südlichen Niederösterreich: In einem heimeligen Talwinkel stürzen (besonders im Frühjahr) die Wassermassen in einer 30m hohen Kaskade zu Tale, die (besonders in unseren Breitengraden) wohl auch etwas Eindruck schinden kann. Dieses touristische Schaustück unmittelbar gegenüber des mächtigen Schneeberges wurde schon vor 200 Jahren (!!) als Ausflugsziel beschrieben und erkannt. Rechts neben dem Wasserfall befindet sich eine gegliederte Felswand - diese wurde schon 1974 als Übungsgelände der Ski- und Bergsteigerschule Puchberg/Schneeberg von Hans Groß (+) eingebohrt und zu Kurszwecken benutzt. Schon damals erkannte man den extrem griffigen und trotzdem kompakten Kalk als optimales Kursgelände. Im Laufe der Jahre jedoch wucherten die Griffe wieder zu und die Haken verrosteten.

Erst im Jahre 2004 nahm sich Peter Groß, der Sohn von Hans Groß und nunmehrige neue Leiter der Ski- und Bergsteigerschule, der Wand an und begann mit der Generalsanierung: Alle bestehenden Routen wurden übermäßig gut mit Klebehaken abgesichert, außerdem kam noch eine Vielzahl an neuen, perfekt abgesicherten Routen hinzu, sodaß man nun von einem optimal eingerichteten Klettergarten sprechen kann, und zwar mit über 30 (schönen!) Routen im 4ten bis 6ten Schwierigkeitsgrad. Der Fels ist bombenfest, kompakt, und meist unglaublich griffig, die Wiese am Wandfuß ist flach und bequem, und der Wasserfall bietet kühles Naß an heißen Sommertagen. Einen optimaleren Platz für Familien und Kletterkurse gibt es kaum. Bei so viel Licht ist natürlich auch der Schatten nicht fern: Im Sommer 2007 wurden aufgrund all der Vorzüge der Besucher zu viele, sodaß die Wiese am Wandfuß zu schwinden begann, was dem Grundstückseigentümer mißfiel. Außerdem gab es bald keinen Platz mehr für Kurse der ortsansässigen Bergsteigerschule (von welcher der Klettergarten eingerichtet wurde!), sodaß es auch hier (nicht zuletzt aufgrund des uneinsichtigen Verhaltens mancher „Privatkletterer“) zu unschönen Situationen und Mißstimmungen kam, was dazu führte, daß der mittlere Teil des Klettergartens vorübergehend gesperrt wurde, damit ua das neuangepflanzte Gras wieder wachsen kann.

Daher ergeht die dringende Bitte an alle Besucher:

1) **Kurse der örtlichen Alpinschule haben Vorrang und die benötigten Routen sind freizumachen!**
2) **Wenn möglich kein Massenauflauf!**
3) **Kein Drytoolen in den Kletterrouten!**
4) **Auch Zigarettenstummel sind Abfall und sollen mitgenommen werden, das gilt auch für schmutzige Socken, T-Shirts, Taschentücher, etc..**
5) **Infos zu Kursbetrieben unter: 0664 4014579**

ZUFAHRT PKW: Über die A2 (Südautobahn) bis zur Ausfahrt Wiener Neustadt West und über die Bundesstraße nach Puchberg am Schneeberg. Durch Puchberg hindurch und der Beschilderung weiter Richtung Losenheim folgen. In der kleinen Ortschaft Sonnleiten biegt man bei der Tafel „Wasserfallwirt“ nach rechts ab und folgt der Straße noch etwa 300m bis zu einem größeren Parplatz rechterhand. (Nicht weiterfahren bis zum Ghf Wasserfallwirt, der dortige Parkplatz ist sehr klein und Gästen vorbehalten).

ZUFAHRT Öffi: Von Wr. Neustadt mit der Bahn nach Puchberg und mit dem Postbus (verkehrt unregelmäßig) nach Sonnleiten. In Kürze nach rechts zum erwähnten Parkplatz.

ZUGANG: Über das Sträßchen in wenigen Minuten weiter zum Ghf. Wasserfallwirt und dem Promenadenweg in Kürze zum Wasserfall inkl. Klettergarten folgen. Gehzeit ca 5 – 10min.

BESTE JAHRESZEIT: Der Wasserfall Klettergarten ist südostseitig ausgerichtet und liegt in einem windstillen Winkel. Sonne gibt es hier vom mittleren Vormittag bis zum mittleren Nachmittag.

Im Hochsommer ist es generell zu heiß (allerdings bietet der Wasserfall reichlich Abkühlung), im Winter schaut die Sonne nur kurz vorbei.

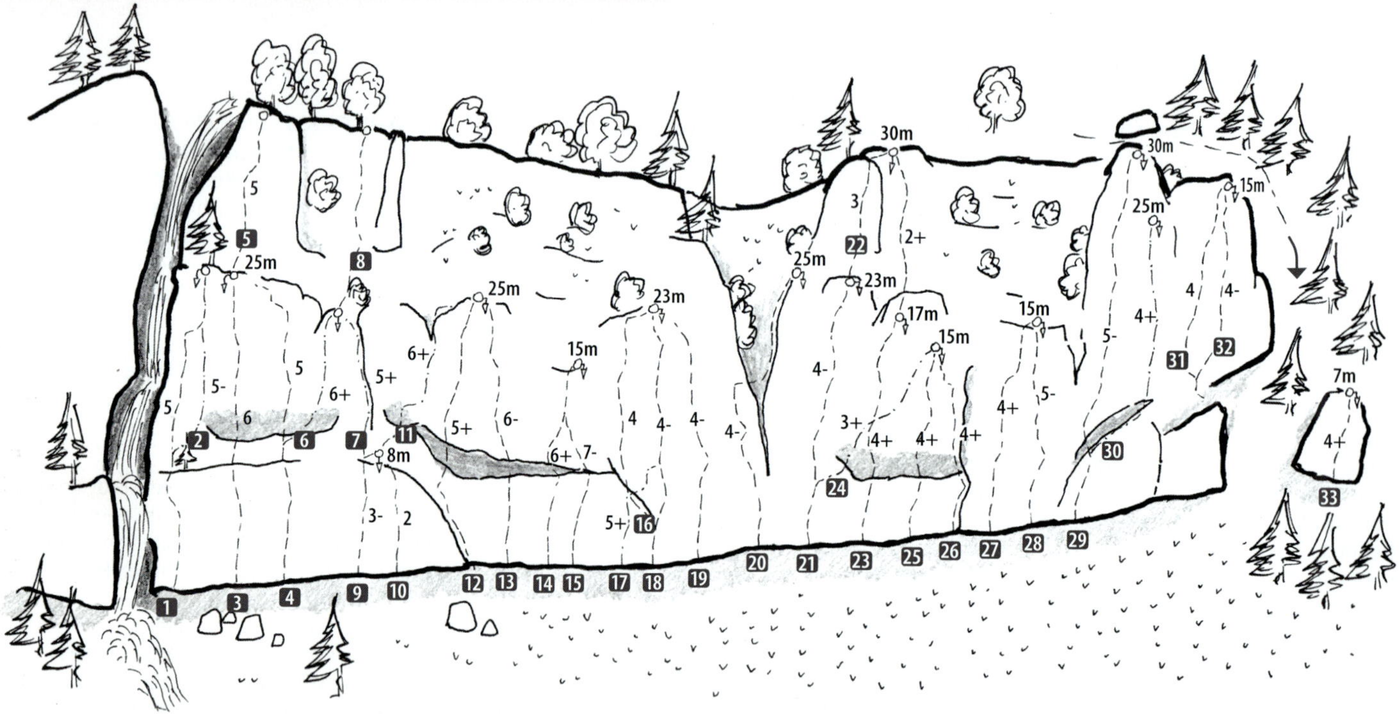

1 DIREKTE WASSERFALLKANTE 5 ✱✱✱
Geniale, steile und raue Route; eindrucksvoll direkt neben dem Wasserfall; bei Hochwasser unkletterbar!

2 WASSERFALLKANTE 5- ✱✱✱
Ebenso schön, aber nicht ganz so aufregend nahe am Wasserfall

3 WASSERFALLPLATTE 6 ✳ Wunderschöne Wand- und Plattenkletterei, sehr rau

4 RAUHER TRAUM 5+ ✳ Wunderschöne Wand- und Plattenkletterei, sehr rau

5 VERLÄNGERUNG 5 ✱✱
Nett, aber oben kein Abseilhaken

6 SCHLANGENPLATTE 6+ ✳
Unten geneigte Platte, oben steil und zerfressen

7 SCHLANGENRISS 5+ ✱
Etwas grüner und unangenehmer Riß

8 SCHLANGENWEG 3+ ✱
Keine H, aber mit KK und Schlingen gut zu sichern

9 WASTI 3- ✱✱ Vorstiegstraining für Kinder

10 BASTI 2 ✱✱ Ebenso

11 1:0 TIROL 6+ ✳ Mit Laschen gesichert; tolle originelles Dach, weiter oben grasig

12 HENKELPARTIE 5+ ✱✱✱
steil, griffig, schön

13 LINKE DACHVARIANTE 6- ✱✱
Unten etwas schmierig, oben Genußhenkelei

14 DACH DIREKT 6+ ✱✱✱
Relativ großes witziges Dach mit Fußhakler

15 UNTERGRIFF 7- ✱✱
Etwas unangenehme, definierte Boulderstelle am Beginn

16 WASSERRILLENPLATTE 4 ✱✱✱
Schön, nach 15m Zwischenstand möglich

17 DÜRRE WURZEL 4 ✱✱✱
Lang und schön, viele SU, nach 10m Zwischenstand möglich

18 DIREKTER EINSTIEG 5+ ✱✱✱

19 SANDUHRENWEG 4- ✱✱✱
Unzählige Sanduhren; schön, aber etwas grün

20 RAUH WIRDS OBEN 4- ✱✱
Knapp li des schluchtartigen Kamins

21 GROSSER PFEILER 4- ✳
Wahrhaft makellose Henkelkletterei

22 VERLÄNGERUNG 3 ✱✱
Oben kein Abseilstand

23 KLEINER PFEILER 4+ ✳
Fantastische Henkelkletterei

24 DIAGONALE 3+ ✳ Entlang der Riesenhenkel nach rechts; genial

25 SANDUHRÜBERHANG 4+ ✳
Geniale Henkelei übers kleine Dach

26 VERSCHNEIDUNG 4+ ✱✱

27 FLUCHT DER WEBERKNECHTE 4+ ✱✱✱

28 HEIMAT DER WEBERKNECHTE 5- ✱✱✱

29 RACHE DER SPINNE 5- ✱✱✱
Schöne lange Tour

30 AUS DEM NETZ 4- ✱✱✱

31 DURCH DAS NETZ 4- ✱✱✱
Kurz, aber lohnend

32 ÜBER DIE UHR 4- ✱✱✱
Über die Sanduhr einsteigen

33 NAMENLOS 4+ ✱✱✱
Kleiner Pfeiler weiter rechts

1-4	5-7	≥8	Σ UIAA
18	15	0	33

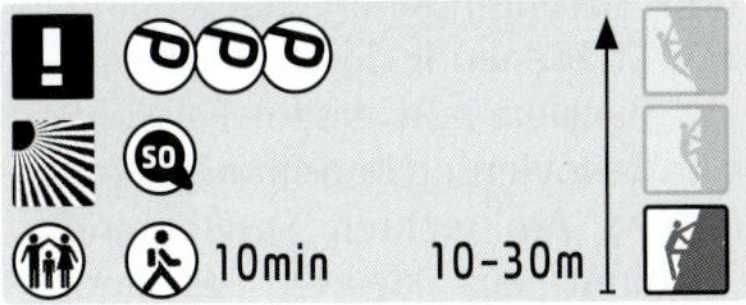

Robert Buttinger | DIETRICH 9 | Foto: Tom Bartl

STEINKLAUSE

Nach Losenheim fährt man am ehesten zum Skifahren und Skitourengehen, dabei fährt man kurz vorm Straßenende durch eine kleine Talenge, links flankiert von einem Felskopf, auf dem die (in Renovierung begriffene) Ruine Losenheim steht. Am rechten Straßenrand hingegen beginnt ein kleines Felsband, an welchem in den letzten Jahren etliche Sportkletterrouten eingerichtet wurden. Zugegebenerweise, allesamt nichts allzu Besonderes, aber so schlecht auch wieder nicht: Es handelt sich um senkrechte bis leicht überhängende Wandklettereien in gutem, tw. sogar hervorragendem grauem Kalk, die technisch ganz schön anspruchsvoll sind und fast durchgehend eine hervorragende Klebehakenabsicherung aufweisen. Manchmal weist der kompakte Kalk ungeahnte Griffmöglichkeiten und überraschend raue Leisten auf, die das Herz erfreuen. Und der Blick zum Monarchen ist sowieso dabei. Insgesamt also ein durchaus lohnendes Ziel, optimal nach einer Frühjahrsskitour durch eine der Schneebergrinnen.

1-4	5-7	≥8	Σ UIAA	Projekt
0	12	7	20	1

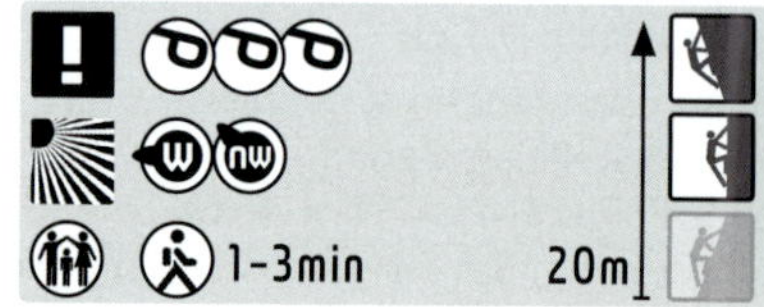

Hannes Rottensteiner | AGAMEMNON 8+

ZUFAHRT KFZ: Über die A2 (Südautobahn) bis zur Ausfahrt Wiener Neustadt West. Dort auf der Bundesstraße nach Puchberg/Schneeberg. Durch den Ort hindurch und der Straße nach Losenheim folgen, bis man 1km vor Straßenende eine kleine Felsenge und danach den „Forellenhof" passiert. Direkt in der Felsenge oder beim Forellenhof parken:

ZUFAHRT Öffis: Mit der Bahn nach Puchberg und mit Autobus nach Losenheim, bis zur Haltestelle Forellenhof.

ZUGANG: Am Ende der Felsenge an der Strasse Puchberg-Losenheim (kurz vorm Ghf Wanzenböck) mit wenigen schritten rechts zur Felswand hinauf.

BESTE JAHRESZEIT: Die Steinklause ist west- bis nordwestseitig ausgerichtet. In der Hauptwand erreicht die Sonne gegen 15 Uhr die Wand, direkt an der Straße um ca 2 Stunden früher. Man kann also hier an Sommervormittagen sehr gut Klettern, zudem das Klima ein eher raues ist.

1 PUMMERIN STATT MUEZZIN 6+ ✱
(RP Behm 2005) Kurzer Piazriß, etwas seilschädigender Abseiler

2 KAMPF UM DIE SONNE 9 ✱✱
(Behm; RP Rottensteiner 2007) Wilde, sehr maximale und weite Boulderzüge!

3 CHICKEN HEAD 8-/8 ✱✱✱
(RP Puchegger um 1990) Tolle, leicht überhängende Leistenkletterei an Superfels

4 BLACK VELVET 7+ ✱✱
(RP Pichler um 1990) Unten steil und henkelig, dann ungute Plattenquerung

5 THIS IS EUROPE, NOT L .A.! 8-/8 ✱✱
(Behm; RP Rottensteiner 2005) Unten leicht überhängende Leistenkletterei, dann tolle Warzenplatte - Interessant!

6 OASCHPARTIE 8 ✱
(RP Puchegger um 1990) Ganz kurze Boulderstelle, sonst einfacher

7 AGAMEMNON 8+ ✱✱✱
(Puchegger, RP Rottensteiner 2005) Schmale wilde gelbe Verschneidung

8 HEIMATSCHOLLE 7+ ✱✱✱
(RP Behm 2005) Sehr schöne graue Wandkletterei in bestem Fels

9 BLOODY SUNDAY 7-/7 ✱✱✱
(RP Pichler um 1990) Sehr schöne graue Wandkletterei, Superfels

10 HERBSTZEIT 6 ✱✱ (RP Rottensteiner 2005) Schöne Wand- und Plattenkletterei in gutem Fels

11 TRICK SIEBZEHN 8 ✱✱
(RP Puchegger um 1990) Unten „Plattendynamo", oben Genußkletterei

12 KOPFWEH 7- ✱ (RP Groß 2005) Etwas seltsame, weniger lohnende Linie

13 ZWISCHEN LINKS UND RECHTS 8 ✱✱
(RP Rottensteiner 2005) Etwas definiert

14 NAMENLOS 6+ ✱ (RP Puchegger um 1990) Abwechslungsreiche Tour: Platte, Riß, Dachl - nicht immer fest

15 Projekt

16 NAMENLOS 6- ✱ (RP Puchegger um 1990)

17 NAMENLOS 6+ ✱ (RP Puchegger um 1990) Etwas brüchige, leicht alpine Kletterei

18 WEG DER SPINNEN 7- ✱
(RP Pichler 1989) Kurz, etwas verwachsen; direkt bei den BH 7+/8-

19 V-RISS 7+ ✱ (RP Pichler 1989) Komische Einzelstelle, guter Fels

20 PROSIT 90 7- ✱✱ (RP Pichler 1989) Lohnende Route in schönem grauem Fels

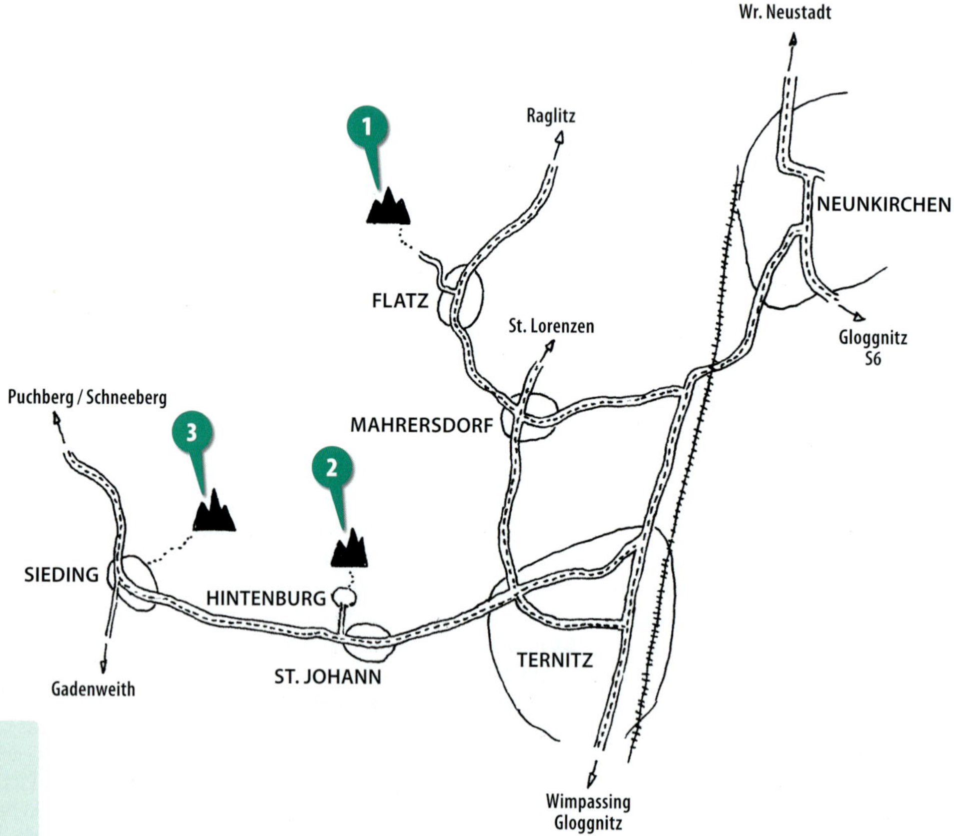

1 FLATZER WAND HAUPTSEKTOR
2 HINTENBURG
3 SIEDINGER PECHERWANDL / GÖSING

FLATZER WAND

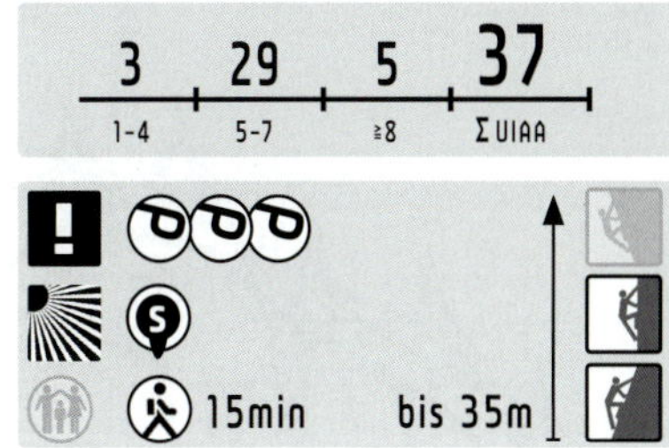

Wahrscheinlich braucht man die Flatzer Wand hier nicht sonders vorstellen, denn das Gros der Leser wird diese sonnigen, hellen Kalkklippen im südlichen Niederösterreich eh kennen und schätzen: Bis zu 40 Meter hoch sind die zahlreichen Felsgruppen, die zwischen Schwarzföhren und Hartlaubgewächsen verstreut sind und im ruhigen, entspannten Talkessel optimal nach Süden blicken.
Daher ist es hier oft sehr warm und windstill - oft kann man auch optimal im Winter klettern. Auch an der Flatzer Wand wird schon sehr lange geklettert, treffend wird sie auch als „kleines Abbild der Hohen Wand" bezeichnet. In den meisten Beschreibungen taucht außerdem das Wort lieblich" auf, und das trifft die Sache auf den Punkt:
Denn lieblich ist hier eigentlich alles. Der Fels ist durchwegs fest und kompakt und weist unzählige Löcher auf, sodass hier vor allem Genußsportkletterer des 6ten und 7ten Schwierigkeitsgrades auf ihre Kosten kommen, dazu sind fast alle Routen auch bestens abgesichert! In den letzten Jahren setzte ein rasanter Neuerschließungsboom ein, sodaß momentan über 200 Kletterrouten (neuerdings auch einige in den oberen Schwierigkeitsgraden!) beklettert werden können.

In diesem Auswahlführer wird nur der „Hauptsektor" mit seinen herrlichen Genußklettereien vorgestellt, die tw. altbekannt, tw. brandneu sind. Für alle anderen Routen und Sektoren gibt es einen liebevoll aufgemachten, brandneuen kleinen Kletterführer, der alle neuen Routen beinhaltet und im Fachbuchhandel erhältlich ist.

ZUFAHRT PKW:
Von Wien über die A2 (Südautobahn) bis zur Abfahrt Wiener Neustadt Süd/Neunkirchen. Hier abfahren und auf der Neunkirchner Allee nach Neunkirchen. Nach einer Links-Rechts Schleife zweigt rechts die Straße Richtung Ternitz/ Puchberg am Schneeberg ab. Dieser folgt man. Knapp vor Ternitz überquert die Bundesstraße die Bahn, gleich danach nach rechts abbiegen und über Mahrersdorf nach Flatz . In der kleinen Ortschaft nach einer markanten Rechtskurve links in ein enges Gässchen, das aufwärts zum letzten, verlassenen Bauernhof im Talkessel führt. Parkplatz.

ZUFAHRT Öffis:
Südbahn bis Neunkirchen oder Ternitz. Von dort verkehren Busse nur sehr unregelmäßig nach Flatz, zu Fuß dauert es etwa 1 Stunde, mit dem Fahrrad etwa 30min.

ZUGANG:
Vom Parkplatz beim letzten Bauernhof im Talgrund geht man die Zufahrtsstraße etwa 200m zurück und steigt über eine Wiese gerade hoch (in Richtung der bereits sichtbaren Felsen). Man überquert eine Forststraße und folgt der grünen Markierung (Tafel) des „Jubiläumssteiges" in Kürze zu den Felsen. Gehzeit ca 15min.

BESTE JAHRESZEIT:
Die Flatzer Wand ist absolut südseitig ausgerichtet und liegt in einem windstillen, vom Wetter begünstigten Kessel. An den Einstiegen herrscht lichter Föhrenwald, manche Einstiege sind jedoch auch voll der Sonne ausgesetzt. Man klettert am besten im Frühjahr, Herbst und auch im Winter, wenn es nicht zu kalt ist. Im Sommer ist es meist zu heiß.

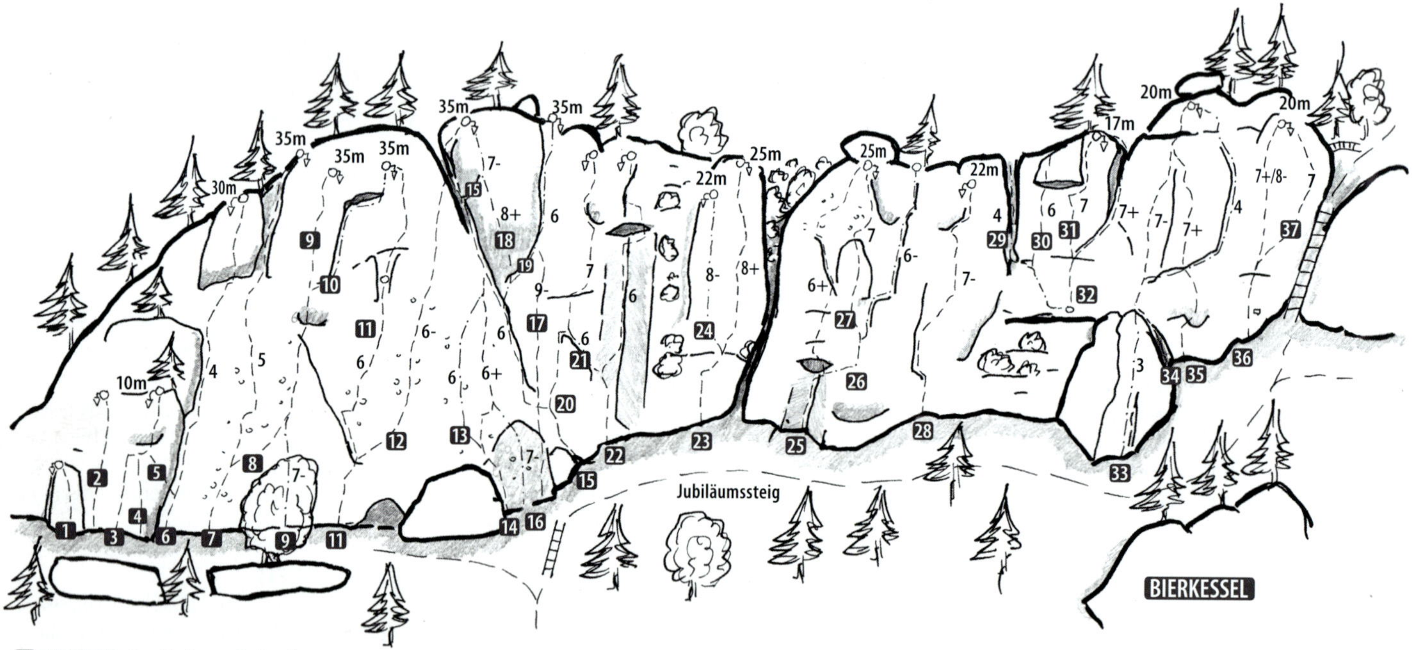

1 MATIKA 6- * (san. Behm)
Ganz kurz, aber guter Fels

2 KLAPSMÜHLE 5 ** (Behm 2010)
Kurz, aber steil und griffig

3 VORREITER 6 ** (RP Hacker 1994)
Kurzroute, san. Th. Behm

4 SÖLDNER 8- ** (Behm 2011)
technische Boulderstelle

5 HEUCHLER 6+ ** (Behm 2011)
kurze Verbindungsvariante

6 KARLIS TRAUM 4 * (Rumpler 1987)
Eine der schönsten leichten Routen in Flatz, graue Henkelkletterei

7 MOONSHINE 5 * (Simek 2001)
Ebenso schöne Henkelkletterei, oben kurze Verschneidung

8 SUNSHINE 6 * (Rumpler 1986)
Genialer Klassiker an Löchern und Leisten in bestem Graukalk

9 SUNSHINE DIREKT 7- **
(Jedlicka, Schiek 1986) Direkteinstieg über sehr scharfes Loch und sehr glatte Tritte

10 DACHL 6+ * (Preslmayr 1986)
Wunderschöner Ausstieg über Piazriß und das kleine Dachl

11 GRAU UND RAUH 7- * (Preslmayr, Rumpler 1988) Eine der besten Routen! Fantastischer Fels mit feinziseliertem Graukalk

12 MAXSTEIG 6- ✳ (Rumpler, Janouschek 1985) Die erste moderne Route in Flatz! Steile Wandkletterei an großen Griffen, heute wird über den "Bierhenkeleinstieg" (angeschrieben) eingestiegen

13 HARTLWEG LINKE VARIANTE 6 ✳✳ (Rumpler 1998) Schöne Einstiegsvariante

14 HARTLWEG 6+ ✳ (Stickler 1986) Toller Klassiker mit unzähligen Löchern

15 DÜLFERRISS 6 ✳ (1.Beg. unbek) Sehr schöne Plattenverschneidung - tolle Linie!

16 SATANSBRATEN 7- ✳✳✳ (Preslmayr, Vollnhofer 1988) Überhängender Einstieg, dann gemeinsam mit 15, oben noch ein toller selbständiger Ausstieg

17 SCHINDERSCHURL 9- ✳✳ (RP G. Gsenger 2010) Beinharte Plattenstelle im Mittelteil

18 DIREKTER PFEILER 8+ ✳✳✳ (RP Gsenger 2005) Kurze, aber sehr harte Variante über den gelben Pfeiler. Einzelstelle.

19 MUNDLAUSSTIEG 6 ✳✳✳ (Rumpler 2004) Netter Ausstieg durch ein kleines Rissystem rechts des Gelben Pfeilers

20 SCHINDERHANNES 7 ✳✳✳ (Rumpler 1987) Sportkletterklassiker! Tolle Wand- und Plattenkletterei mit harter Schlüsselstelle

21 RISS VARIANTE 6 ✳✳ (Rumpler 1987) weniger Lohnende kurze Variante

22 BIERRISS 6 ✳✳✳ (Rumpler 1987) Schöne Route durch die rechtwinkelige Verschneidung

23 BEHIND BLUE EYES 8+ ✳✳✳ (RP Gsenger 2006) Tolle, technisch extrem anspruchsvolle Wandkletterei - eine der besten schweren Touren in Flatz!

24 MANCHILD 8- ✳✳ (Hacker 1989) Momentan verwachsen, Haken fehlen! Soll aber saniert werden!

25 RUMPELSTILZCHEN 6+ ✳ (Preslmayr, Woldran 1986) Sportkletter-Urgestein! Toller Schrägriß und Superplatte! Aber irgendwie eine ruppige Tour!

26 WESTKANTE 6- (1.Beg. unbek) ✳✳ Schöne, abwechslungsreiche Kanten- und Rißkletterei

27 7. HIMMEL 7 ✳✳✳ (Preslmayr 1988) Unten mäßig, oben eine perfekte graue Lochplatte! Update 2011 Saniert!

28 GEILE PLATTE 7- ✳✳ (Rumpler 1988) Glatte Plattenkletterei, nicht ganz so toll

29 SEPPLKAMIN 4 ✳ (1.Beg. unbek) Etwas verwachsene Kaminkletterei in gutem Fels, keine Haken!

30 RUSSKI 6 ✳✳ (Behm 2006) Nahe des Kamins über schönen steilen Lochfels

31 ALF 7 ✳✳✳ (Strobl, Seidel 1988) Beste Lochkletterei an leicht überhängendem, gelbgrauem Fels.

32 HF RISS 7+ ✳ (1.Beg. unbek) Genialer Fingerriß, etwas weit abgesichert

33 SCHWARZATALER STEIG 4 ✳✳ (1. Beg. R. Fürst) Schöner Klassiker, tw. mit Klebehaken abgesichert, auch sind einige Eisenstifte vorhanden

34 EKHNATON 7- ✳✳✳ (RP Behm 2005) Schöne Wandkletterei in weißem Schlitzfels

35 ILLUMINATION 7+/8- ✳✳✳ (RP Behm 2005) Steile Wandkletterei an weißem Fels, Schlüsselstelle ist der Einstiegsüberhang

36 NEUES RENNEN 7+/8- ✳✳✳ (RP Gsenger 2007) Ausdauerkletterei mit schwerer Einzelstelle an kleinen Leisten und Löchern. Tolle Linie

37 KANTENRENNEN 7 ✳✳ (RP Gsenger 2007) Gar nicht schlecht und ziemlich steil

HINTENBURG

Unweit der Flatzer Wand, einen „Hügel weiter südlich", befindet sich an den Ausläufern des Gösing die kleine, liebliche Ortschaft von Hintenburg.
Ein kleiner Talkessel, etwas ähnlich der Flatzer Wand, aber mit weitaus weniger Felsen. Nichtsdestotrotz finden sich in den harzigen Schirmföhrenwäldern einige kleine Wandln, welche vor einigen Jahren zum Klettern eingerichtet wurden und ein beschauliches, gemütliches Klettervergnügen ermöglichen. Bislang gibt es drei kleine, im Wald versteckte Sportkletterfelsen, welche unterschiedlicher nicht sein könnten:
Eine graue, löchrige Plattenwand (als einzige vom Tal aus sichtbar) mit Klettereien ähnlich jenen in Flatz, rechts davon ein mächtiger, im Wald versteckter Überhang mit schweren, boulderartigen Kurzrouten und noch weiter rechts (mit anderem Zustieg), die „Heanakräuln", ein winziger Felskessel mit ein paar wunderschönen Kurzrouten in leicht überhängendem, buntem Lochfels.

ZUFAHRT KFZ:
Von Wien über die A2 (Südautobahn) bis zur Abfahrt Wiener Neustadt Süd/Neunkirchen. Über die Neunkirchner Allee nach Neunkirchen.
Nach einer Links-Rechts Kurve zweigt rechts die Bundesstraße nach Ternitz/Puchberg ab. Dieser folgend , die Bahn überquerend (gleich danach die Abzweigung nach Flatz) bis ins Ortsgebiet von Ternitz.
Hier jedoch gleich rechts der Bundesstraße Richtung Puchberg folgen. Man gelangt nach St. Johann, gleich danach folgt nach rechts die Abzweigung nach Hintenburg (alles gut ausgeschildert). Am besten vor dem Ort am Straßenrand parken.

ZUFAHRT Öffis:
Südbahn bis Ternitz, mit Bus nach St. Johann, von dort zu Fuß nach Hintenburg (ca 25min).

ZUGANG:
siehe Skizze; zu „Platte" und „Überhang" etwa 15min, zur „Heanakräuln" 20min.

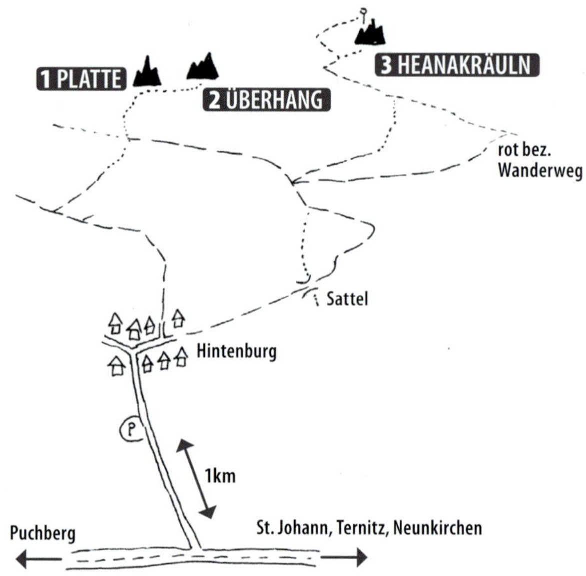

BESTE JAHRESZEIT:
Die Felsen in Hintenburg zeigen mehr oder weniger nach Süden und sind wind- und wetterbegünstigt. Im Sektor „Platte" scheint die Sonne bis etwa 14 Uhr, die Einstiege liegen im lichten Wald, im Sektor „Überhang" sind die Felsen so niedrig, daß sie über den relativ dichten Wald nicht hinausragen, sodaß man hier eher im Schatten klettert, und auf der „Heanakräuln" gibt es Sonne ab etwa 11 Uhr bis zum späten Nachmittag. Letzterer Sektor eignet sich also am ehesten bei kalten Temperaturen, ansonsten sind Frühling und Herbst die optimalen Jahreszeiten.

BESONDERHEITEN:
1) Vor dem Ort parken - im Ort sind die Parkplätze begrenzt und es gibt Probleme mit Anrainern!
2) Das Gebiet 1 Stunde vor der Dämmerung verlassen - jagdlich sensibles Gebiet!

1	9	15	36	1
1-4	5-7	≥8	Σ UIAA	Projekt

15-20min

20m

SEKTOR 1: PLATTE

Als einziger Sektor vom Ort aus sichtbar: Hinter den grünen Föhren schimmert ein kleines graues Wandl durch.

Dieses ist knapp 20 Meter hoch und bietet steile Wandklettereien in sehr gutem grauem und löchrigem Fels (a la Flatz). Alle sind bestens mit Klebehaken abgesichert, der Wandfuß ist eben und bequem.

Fast alle Routen wurden 1998 von Michl Preslmayr eingebohrt.

1 KLASSIKER 6 ✱✱ (Preslmayr)
Hübscher Piazriß

2 CASANOVA HANSIS FLUCHT INS FLACHLAND 7+ ✱✱ (Preslmayr)
Schöne, diffizile Plattenwand

3 REBELL 7 ✱✱✱ (Preslmayr)
Tolle steile Wandkletterei

4 SUPERMODELL 8- ✱✱✱ (RP Preslmayr)
Kleingriffige Schlüsselstelle am Wulst, auch danach noch sehr gut

5 PARTISAN 7+ ✱✱ (Preslmayr) Gewußt wie

6 KNACKIG 8+ ✱ (RP Gsenger)
Gegen Ende direkt klettern - technisch anspruchsvoll, im Moment keine BH!

7 TOYOTA 6+ ✱ (Preslmayr) Steil und griffig

8 SUMMER BLUES 6+ ✱ (Preslmayr) Steil, griffig

9 DEIN KAFFEE MEIN BIER 6+ ✱✱
(Preslmayr) Steil, griffig, rau und schön

10 KOMM SCHNELL 7- ✱✱ (Preslmayr)
Im unteren Teil überhängend

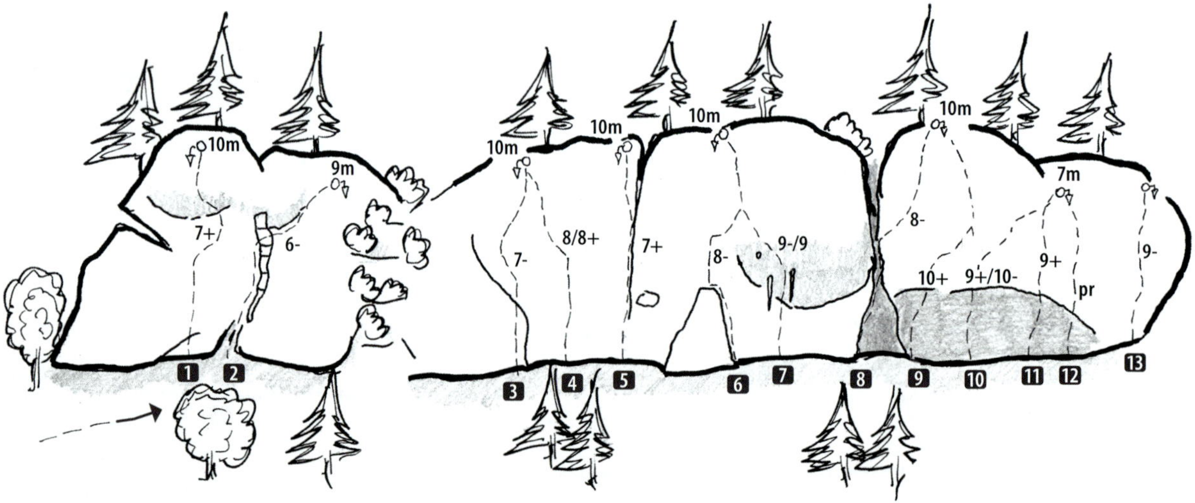

SEKTOR 2: ÜBERHANG

Nur 100 Meter rechts der "Platte" befindet sich ein langgestrecktes, kaum 10 Meter hohes, dafür jedoch sehr überhängendes Wandl. Früher hätte man so etwas garantiert nicht eingebohrt, heute zählt dieser Sektor vielleicht zum Beliebtesten in Hintenburg: Denn der Fels weist zwar kleine, aber immerhin Löcher auf. Bouldern und Kurzrouten liegen im Trend, und so gibt es hier ein paar sehr knackige Routen in perfektem, griffigem Keltenkalk, mit teilweise verdammt harten Einzelstellen!

1 MANTLE ZUR WUCHTL 7+ ✱ (RP Gsenger) Sehr kurz
2 SINTERSÄULE 6- ✱ (Preslmayr) Schöner Fels und wirklich: Sinter!!!
3 PEILSCHWEIN 7- ✱ (RP Preslmayr)
4 STICKY 8/8+ ✱✱ (RP Gsenger) Überhängender Beginn
5 TOMASIO 7+ ✱✱ (RP Gsenger) Irgendwie übler Riß
6 IDEALLINIE 8- ✱✱ (RP Preslmayr)
7 FEDERLOSER STURZPILOT 9-/9 ✱✱✱ (RP Georg Gsenger) Sehr guter Überhang
8 VIBRATOR 8- ✱ (RP Preslmayr) Irgendwie wilder Riß
9 HINDENBURG 10-/10 ✱✱✱ (RP Georg Gsenger) das Teststück hier!
10 AUSN LETZTN LOCH 9+/10- ✱✱✱ (RP Georg Gsenger) Tolle Wampe
11 YETI 9+/10- ✱✱ (RP Georg Gsenger) Fast ebenso
12 Projekt BACHER
13 HEILIGE KUH 9- (Bacher) Weniger lohnend

SEKTOR 3: HEANAKRÄULN

"Heanakräuln" - so wird eigentlich nicht der schon lange bekletterte Durchschlupf an der Südflanke des Gösings benannt, sondern die "hühnerkrallenartig" auseinanderlaufenden Wege oberhalb, wie uns der Macheinerwirt in Hintenburg mitteilte.
Die Wand darunter ist eigentlich recht mickrig, nur 10 – 12 Meter hoch, und liegt in einer ruhigen Föhrenlandschaft. Mickrig ja, allerdings: Südseitig, total windgeschützt und ein bunter, leicht überhängender Superfels wie aus Arco oder so importiert: Rau, mit vielen Strukturen und Löchern und Versinterungen versehen. Alle Routen wurden 1999 von Thomas Behm eingebohrt und geklettert und sind sehr gut abgesichert (Schwerlastanker, Klebehaken an den Abseilständen); alle Routennamen sind angeschrieben.

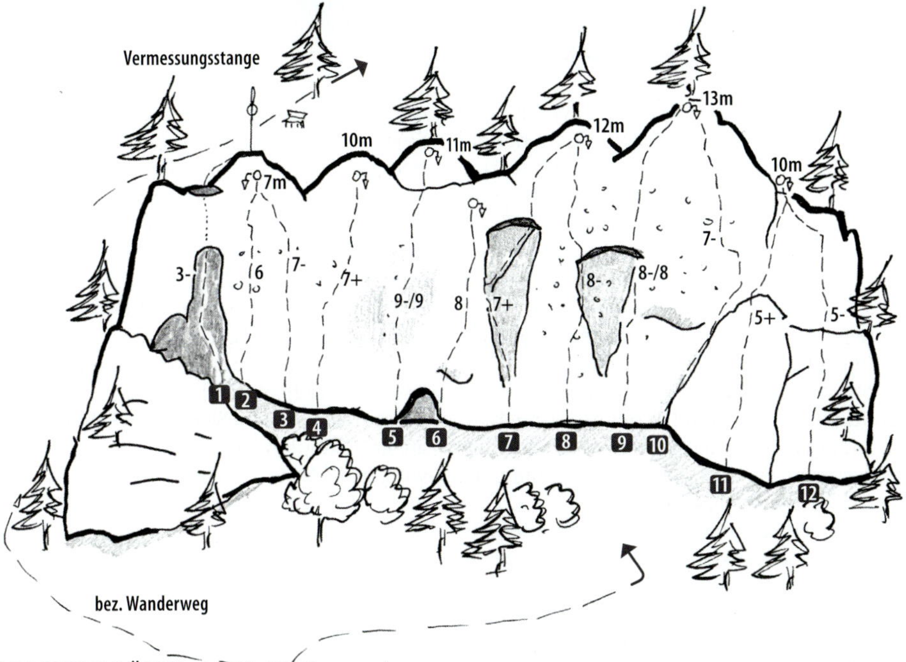

1 HEANAKRÄULN 3- ✱
Keine Haken, aber witzig durch die Schlothöhle

2 OASCHKRÄULN 6 ✱ (RP Behm) Naja

3 ZAKARION 7- ✱✱ (RP Behm)
Kurze steile Route mit Löchern in braunem Fels

4 BERGE OHNE NAMEN 7+ ✱✱ (RP Behm)
Brauner Fels, weite Blocker an guten Griffen

5 DIE SUCHE NACH DEM SILBERSCHLÜSSEL 9-/9 ✱✱ (RP Gsenger)
Unten superrau und versintert, oben ein sehr weiter Blockierzug

6 SILBERSCHLÜSSEL 8 ✱✱ (RP Gsenger)
Unten extrem rau, oben schöne Blocker im Überhang

7 MACHEINER 7+ ✱✱✱ (RP Behm)
Überhängende, großgriffige Ausdauertour durch den braunen Streifen

8 EINHERJER 8- ✳ (RP Behm)
Wunderschöne Lochkletterei im grauen Sinterstreifen

9 WILBUR 8 ✳ (RP Behm) Geniale, leicht überhängende Tour im grauen Lochstreifen

10 BLUT AUS NORD 7- ✱✱ (RP Behm)
Wunderschöner Fels

11 DIREKTER HANSISTEIG 5+ ✱✱ (Piribauer)
Hübsch, oben steil und rau

12 REISEFROSCH 5- ✱ (Piribauer)
Kurz und mittelmäßig

12a KOMBINATION **5** + **6** 9 ✱✱✱
(RP Georg Gsenger)
Vorm letzten Haken nach rechts
Sehr gute Routenkombination!

SIEDINGER PECHERWANDL

„Gösing" heißt der markante Waldbuckel hinter der Flatzer Wand (bzw. gegenüber der Felsen), der auf seiner Nordseite einen sanften Hang bildet, auf der anderen Seite aber, gegen den Schneeberg hin, mit weitläufigen, bis zu 100 Meter hohen Felsabbrüchen nach Sieding abbricht, Blickrichtung Schneeberg. Besonders auffällig wirkt dieser 892m hohe Voralpenberg, wenn man auf der S6 gen Wien fährt und nach links übers weite Land blickt, oder - noch eindrucksvoller - wenn man auf der Bundesstraße von Puchberg/Schneeberg Richtung Neunkirchen unterwegs ist und unter den grauen, einladenden Plattenfluchten, die hoch oben thronen, vorbeifährt.
„Hier muß man doch gut klettern können!" dachten und denken sich viele. Man kann: In insgesamt 5 Sektoren gibt es an die 100 Routen, tw. bis zu drei Seillängen lang, zu klettern, alle mit Bohrhaken gut gesichert (noch Jahre früher war der Gösing als „brüchig und unlohnend" verschrien): Ganz links das kleine, im Wald versteckte „Styx Wandl", dann die linken, tw. gelben Wandbereiche, und schließlich, hoch oben, die Gipfelplatten mit ihrem makellosen Plattenkalk. All diese Sektoren weisen relativ weite, unübersichtliche Zustiege auf und werden wegen einem JAGDPROBLEM im Einvernehmen mit den Erschließern hier nicht beschrieben (Interessenten steht es natürlich trotzdem frei, hinaufzugehen und die Routen zu probieren - am Wandfuß der Sektoren „Gipfelplatten" und „Flammendes Inferno" findet sich jeweils ein Routenbuch mit Beschreibungen und Bewertungen!).
Der Gösing ist eindeutig das Heimatgebiet des Michl Preslmayr, der am Fuß der Felsen wohnt und hier seit fast 20 Jahren Routen einbohrt. Seine neueste Entdeckung befindet sich in den ganz rechten Abstürzen des Gösing, dort, wo die Felsen nur mehr vereinzelt sind und beginnen, sich im Wald zu verlieren: Seit 2003 bohrte Michl an den „Siedinger Pecherwandln" an die 30 Routen ein, welche wir hier erstmals vorstellen: An fünf nebeneinanderliegenden, bis zu 35m hohen Felsen entstanden hier - hoch oben und mit ebenfalls weitem Zustieg - jene Gösingrouten, die einem „wirklichen Klettergarten" am nächsten kommen: Bestens abgesichert, bequeme Einstiege, übersichtliche Linien....
Der Großteil der Routen bewegt sich im 7ten und 8ten Schwierigkeitsgrad und zeichnet sich durch steile, griffige, und teils sehr raue Wandklettereien in teilweise wasserzerfressenem Fels aus. In manchen Routen ist der Fels noch etwas splittrig, in anderen hingegen dominiert erstklassiker Hochgebirgskalk. Die Einstiege liegen alle im dichten Wald, aber von den Ausstiegen genießt man, hoch über dem Tal, einen herrlichen Blick zum Schneeberg!
Wie gesagt, die „Pecherwandln" sind das neueste Gebiet am Gösing und das einzige, das wir hier beschreiben - allerdings ergeht die Bitte der Erschließer, sich an die nachstehend angeführten BESONDERHEITEN zu halten.

BESONDERHEITEN:

1) **das Gebiet spätestens 1 Stunde vor Beginn der Dämmerung verlassen**
2) **nur den angegebenen Zustieg benutzen**
3) **keine Veröffentlichung der anderen Sektoren**

ZUFAHRT KFZ: Von Wien kommend über die A2 (Südautobahn) bis zur Ausfahrt Wiener Neustadt Süd, von dort weiter über die Neunkirchner Allee nach Neunkirchen, im Ort eine Links-Rechts Kurve und danach nach rechts Richtung Ternitz abzweigen. Man verläßt Neunkirchen, überquert die Bahn (gleich danach nach rechts die Abzweigung nach Flatz) und folgt der Straße weiter nach Ternitz. Gleich am Ortsbeginn nach rechts weiter auf der Bundesstraße Richtung Puchberg/Schneeberg. Man durchquert St. Johann (danach die Abzweigung nach re nach Hintenburg) und gelangt nach einigen Kilometern in die Ortschaft Sieding. Am Ortsbeginn rechts die Kirche. Dort Parken.

ZUFAHRT Öffis: Mit der Bahn nach Ternitz und mit dem Bus nach Sieding.

ZUGANG: Im Gebüsch neben dem Haus an der Gösingseite (in Blickrichtung zum Gösing rechts der Kirche) beginnt ein Steig, der, erst entlang eines Zaunes, steil durch den Wald aufwärts führt. Nach 5min bei einem großen Stein nach links (aus einem kleinen Graben heraus) hinauf auf eine Bergschulter mit Salzlecke. Dort vorbei und rechtshaltend weiter Richtung Hauptwände hoch. Ca 50 Meter nach der Salzlecke erreicht man einen Steig, der schräg rechts in einen Graben führt. Im Graben ca 30m steil weiter, dann aber auf gutem Steig linkshaltend hoch auf ein lichtes Waldstück, das auf Steigspuren linkshaltend schwach steigend traversiert wird.
Man erreicht gleich danach einen Felskopf mit einem alten Jagdstand. Dahinter kommt von links der breite Jagdsteig von Stixenstein herauf. Diesen verfolgt man nach rechts (östlich) in einen deutlichen Sattel (bis hierher 30 – 40min). Nun in gleicher Richtung immer ansteigend und immer oberhalb kleinerer Felsköpfe östlich weglos zu den Pecherwandln (Gesamt 40 – 50min).

BESTE JAHRESZEIT: Die Pecherwandln liegen in etwa 800m Seehöhe und sind südseitig ausgerichtet.
Allerdings befindet sich an den Einstiegen meist hoher, recht dichter Wald, sodaß es bis in etliche Meter Höhe schattig ist. Im Winter ist es daher zu kalt zum klettern, im Sommer meist zu heiß. Am besten eignen sich warme Tage im Frühling und Herbst.

1-4	5-7	≥8	Σ UIAA	Projekt
0	23	8	32	1

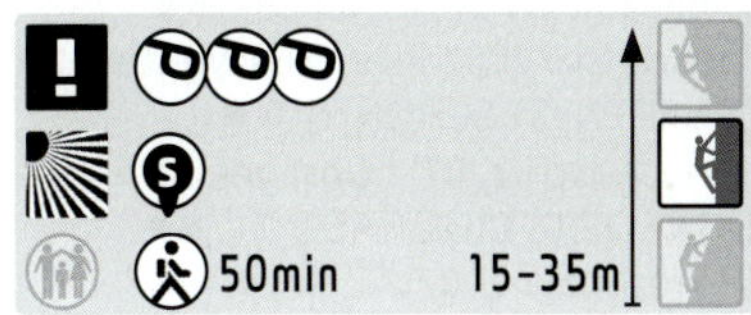

SEKTOR 1: STAHLSTADT

Bis auf eine Route wurden alle anderen von den Natschbacher Kletterern zum "Drytoolen" eingerichtet. Ob dieses Wandl aber nicht besser zum eigentlichen Sportklettern geeignet wäre und ob es nicht andere (brüchige, vereiste Höhlen - siehe im Höllental oder frage den Scheimpflug!) Areale gäbe, wo dies sinnvoller gestaltet werden könnte, bleibe einmal dahingestellt. Aber jedem Schäfer sein Schäfchen…

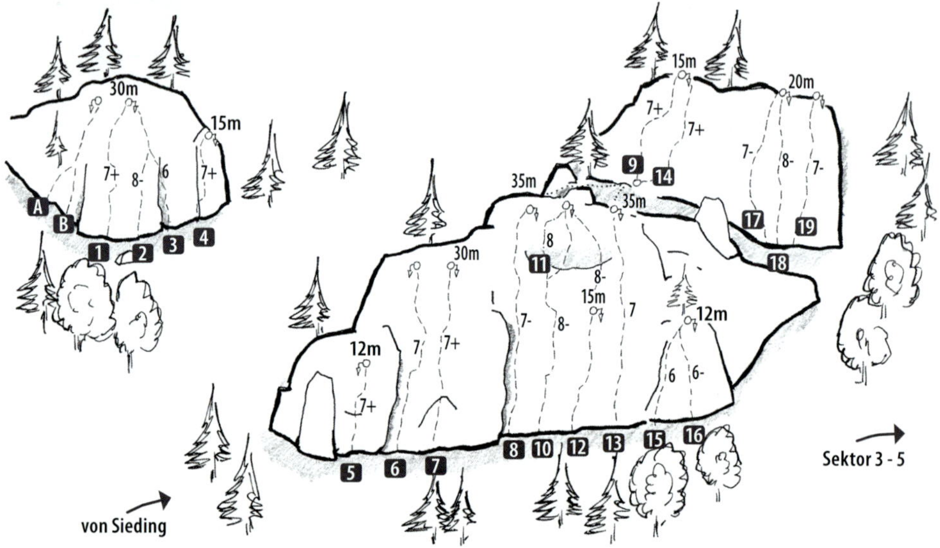

A KILIAN IS WAITING 6 ✱✱✱ (Thamer 2011) schöne Linie durch graue Plattenwand

B E. VAR. BRUNI 6 -7 (Hortschitz 2010) über kleinen Bauch

1 LA RUTA DE LOS JABALIES 7/7+ ✱✱ (Hortschitsch 2007) hübsche, steile und kleingriffige Wandkletterei

2 STREICHEN IST SCHÖNER 8- ✱✱ (Hortschitsch 2007, RP Preslmayr) steile Platte

3 SCHLEIFEN IST SCHÖN 6 ✱✱ (Hortschitsch 2007) hübscher Riß

4 SÖHNE DER STAHLSTADT 7+ ✱✱ (RP Preslmayr 2007)

SEKTOR 2: GÖSING TOTAL

Der Hauptsektor: Im zentralen Teil 30m hohe, senkrechte und unübersichtliche Kletterei in sehr rauem, manchmal auch etwas splittrigem, aber extrem kletterfreundlichem Fels, rechts oberhalb ein paar kürzere Touren in sehr gutem, kompaktem Hochgebirgskalk!

5 OSTBLOCK HANSI 7+ ✱✱ (RP Sam 2004) Kurze, steile Wandkletterei

6 ZUKUNFT IN SCHLUCHTEN 7 ✱✱ (RP Preslmayr 2004) Nette Wandkletterei in gutem Fels

7 ABSEITS DER PROMENADE 7+ ✱✱✱ (RP Preslmayr 2004) Sehr schöne graue Wandkletterei, Schlüsselstelle zum Schluß

8 AM HÜGEL UND WEIT WEG 7- ✱✱✱ (RP Preslmayr 2004) Sehr schöne, lange, steile und raue Wandkletterei - super!

9 AM HÜGEL - 2.SL 7+ ✱✱ (RP Preslmayr 2004) Selten geklettert. Kurz, aber sehr guter Fels

10 GÖSING TOTAL 8- ✱✱✱ (RP Preslmayr 2004) Steile, ausdauernde Wandklettterei, nach oben hin immer schwerer

11 DIREKTVARIANTE 8-/8 ✱✱ (RP Preslmayr 2004) Etwas unlogische Variante mit harter Schlußquerung

12 ARIZONA PFEILER 8- ✱✱ (RP Preslmayr 2007) Neue Tour, etwas knapp, mit tw. etwasfragilem Fels, aber guten Zügen

13 CRUISING 7 ✱✱✱ (RP Preslmayr 2004) Raue, schöne, steile und kraftraubende Wandkletterei

14 CRUISING-2.SL ✱✱ (RP Preslmayr 2004) 2. SL In kompaktem Fels, aber sehr kurz

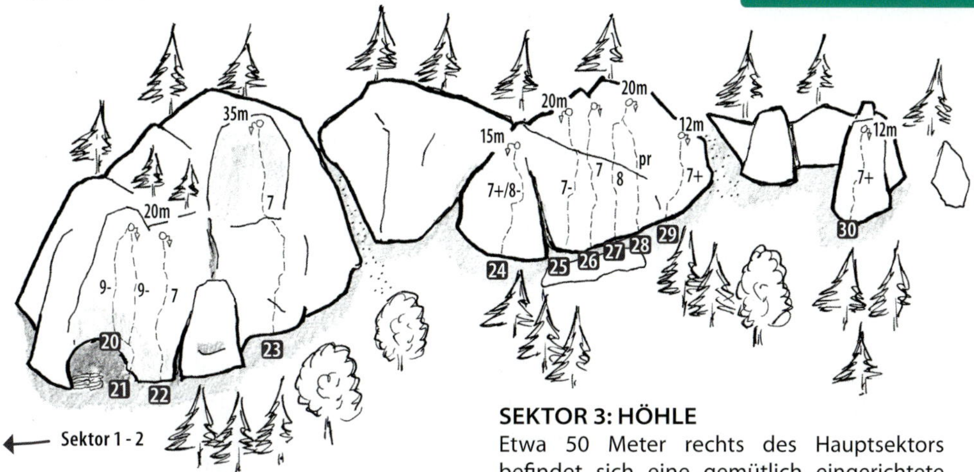

23 EVERLONG 7 ✱✱✱ (RP Preslmayr 2007)
Im unteren Teil gesuchte und mäßige graue Wandkletterei, oben sensationell griffig durch die gelbe Wand - 35m lang!

15 SHARPNESS AT NOON 6 ✱✱
(RP Gsenger 2007)
Kurze Kletterei in sehr gutem Fels, von Baum abseilen!

16 HAMMERLMAN 6- ✱✱ (RP Gsenger 2007)
Kurze Wandkletterei an genialem, kompaktem Tropflochfels!

17 DIE GLÜCKLICHEN 7- ✱✱
(RP Preslmayr 2004)
Schöne hellgraue Wandkletterei

18 DIE ZWEI AUGEN 8- ✱✱✱
(RP Preslmayr 2004) Tolle Wandkletterei an kompaktem, grauem Hochgebirgskalk

19 SIEDINGER PECHERSTEIGERL 7- ✱✱✱
(RP Preslmayr 2004)
Schöne Wandkletterei an Hochgebirgskalk

SEKTOR 3: HÖHLE

Etwa 50 Meter rechts des Hauptsektors befindet sich eine gemütlich eingerichtete Pecherhöhle. Darüber bäumt sich eine leicht überhängende graue Platte auf, die die härtesten Touren an den Pecherwandln bieten: Der Fels ist ausgezeichnet: Rau, kleingriffig, mit viel Struktur. Technisch und dennoch ausdauernd!

20 HOW A MAN LOVES 9- ✱✱✱
(RP Preslmayr 2006)
Stark überhängender Einstiegsüberhang, dann graue, kleingriffige Ausdauer - geniale Tour!

21 FIVE A DAY 9- ✱✱✱ (RP Georg Gsenger)
Gemeinsamer Einstieg, dann noch direkter durch die graue Wand

22 11 UHR SPREITZGRABNER ! 7 ✱✱
(RP Preslmayr 2007) Etwas labiler Beginn, dann schöne graue Wandkletterei mit einer unguten Plattenstelle

SEKTOR 4: NEUES WANDL

Noch etwa 50m weiter rechts oben blitzt dieses kleine Wandl mit seinem weißgrauen Plattenfels durch die Bäume. Die Klettereien sind zwar nicht allzu lang, die Felsqualität und die Routen aber sind sehr schön!

24 DIE THERAPIE 7+/8- ✱✱✱ (RP Preslmayr)

25 PINUS NIGRA 7- ✱✱ (RP Preslmayr 2007)

26 BIR DEGERLI TAS 7 ✱✱✱
(RP Preslmayr, Silanoff 2007)

27 THIS IS WHAT I REALLY LIKE 8 ✱✱✱
(RP Preslmayr 2007)

28 Projekt

29 KOORDINATOR IS DA GRUABA 7+ ✱✱
(RP Preslmayr, Silanoff 2007)

SEKTOR 5: GESCHENK

Bislang eine kurze nette Tour auf einem Pfeiler noch weiter rechts:

30 EIN GESCHENK 7+ ✱✱✱
(RP Preslmayr 2007)

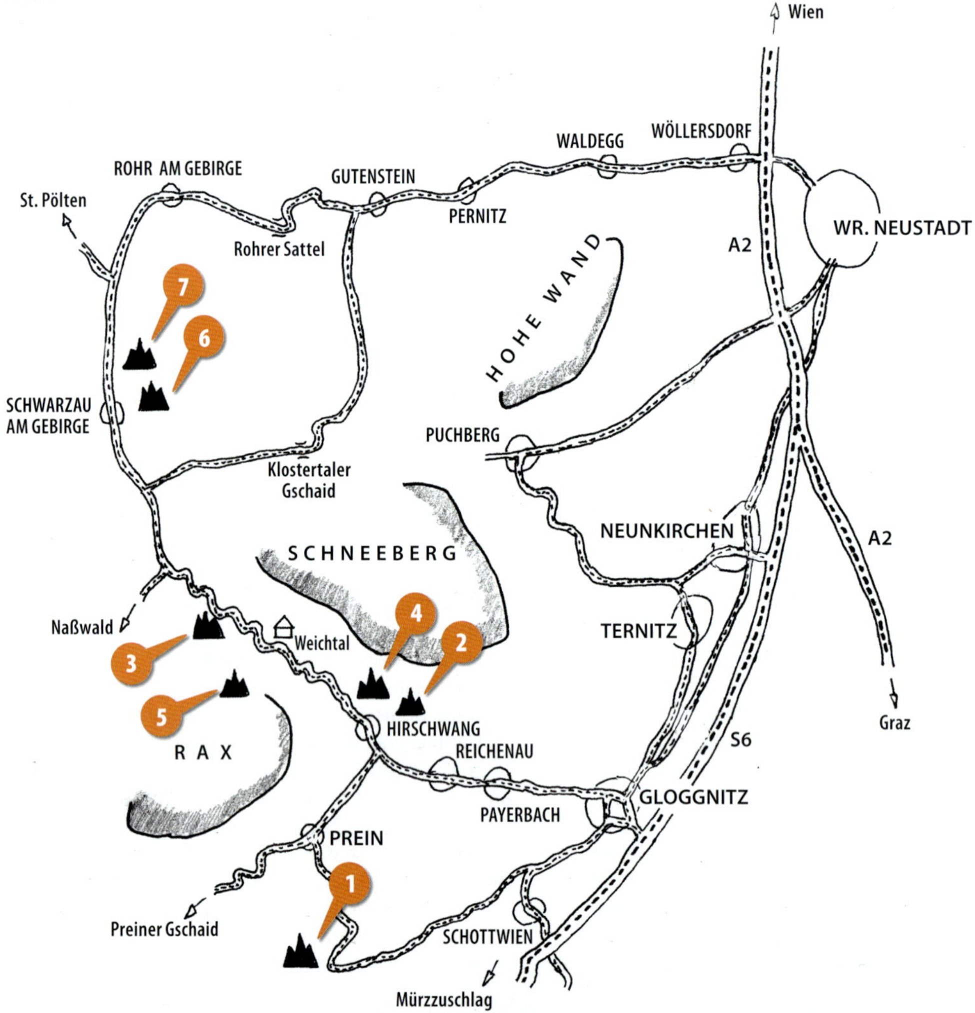

1 ADLITZGRÄBEN
2 FUCHSLOCHGRABEN
3 NIEMANDSLAND
4 SCHATTENREICH
5 WEISSE WAND
6 HANDLESBERG
7 FRISBEEPLATTE

ADLITZGRÄBEN

Lange Zeit war in der Gegend der Wiener Hausberge Rax, Schneeberg und das Höllental das Maß aller (Kletter)-Dinge. Dem alpinen Charakter dieser Berge entsprechend, wurden eher längere Routen geklettert, das Sportklettern fristete ein Mauerblümchendasein. einzig zwei Kletterer aus Gloggnitz, Lukas Matasovsky und Ronny Bilik, entdeckten für das moderne Klettern diese riesige Wand, auch Falkenstein genannt, und richteten einige Routen ein. Das war 1986, und lange Zeit sollten diese wenigen Routen die einzigen in dem Gebiet bleiben. Eine davon, „King Kong 8", ließ aber schon erkennen, welches Potential diese Wand bot.
Peilsteingewohnte Kletterer, geübt im eleganten Tänzeln auf glatten senkrechten Platten, mußten erkennen, daß hier ganz andere Qualitäten gefragt waren. In der ganzen Route befindet sich kein Griff, dem man nicht das Attribut „Bierhenkel" zuerkennen würde. Trotzdem ging den meisten der Saft in der 45° überhängenden Wand aus, so daß die Route vorerst mit 8+ bewertet wurde. Jeder Besucher war sich trotz leichter Verzweiflung ob seines minder ausgeprägten Lattisimus bewußt, daß sich hier ein Routenpotential anbot, das keinen Vergleich mit südfranzösischen Klettergebieten zu scheuen brauchte.
Die Idee ist das eine, die Umsetzung die restlichen 95 Prozent. Erich Holy, 19 jähriger Wiener, war der richtigeMannfürdieseAufgabe.AlsSchwerschlosser bei den Wiener Verkehrsbetrieben war er es gewohnt, Nägel mit Köpfen zu machen." schrieb Christian Hacker 1995 in seinem Kletterführer „Kletterfelsen von Wien bis Semmering" und fuhr weiter fort: „Jetzt, da eine große Bandbreite an Schwierigkeitsgraden da war und sich die Schönheit des Gebietes herumgesprochen hatte, setzte eine interessante Entwicklung ein. Erstmalig in der Ära des Sportkletterns im Wiener Raum bot ein Klettergebiet einer größeren Gruppe die Möglichkeit der Kommunikation und des Vergleichs. Die Klettermöglichkeiten sind aufgrund der Felsstruktur so vielfältig, daß jeder, ob groß oder klein, „Maximalkraftreißer" oder Ausdauerkletterer auf seine Art glücklich werden konnte. Konkurrenten, die sich bis dato vielleicht zweimal im Jahr zufällig begegneten, hatten plötzlich die Gelegenheit, sich dem kritischen Auge des Publikums zu stellen.
Bei so viel Sonne ließ der Schatten nicht lange auf sich warten: Der Grundstückseigentümer, bislang den Erschließern wohlgesonnen, änderte verständlicherweise seine Meinung, als eines schönen Wochenendes im Frühjahr 1993 gar viele Kletterer kamen, die sich aber auch gar nichts um seine Rechte scherten, ihn zB beschimpften, als er in seinem eigenen Wald Holz machen wollte. Müll, Schreierei und Mißachtung der Forstgesetze wie Lagerfeuermachen und unerlaubtes Nächtigen taten das ihre dazu, daß es auch dem Jagdpächter zuviel wurde. Die Erschließer suchten anfangs das Gespräch, der AV intervenierte, erfolglos, die Tür war zugeschlagen. Schilder „Klettern Verboten" tauchten auf, rechtlich im Moment nicht haltbar (die Betonung liegt auf „Im Moment")....
Schade, daß es soweit kommen mußte, bei der neuzeitlichen Entwicklung des Sportkletterns und der optimalen Eignung dafür seitens dieses Klettergebietes aber auch logisch...
Über 20 Jahre sind nun vergangen seit den ersten Routen hier und der Status ist folgender: Die Adlitzgräben zählen gewiß zu den allerbesten Sportklettergebieten in Österreich:
Knapp 200 Routen auf engstem Raum, fast alle in „trendigen" Lochüberhängen (aus der Halle kommend kann man hier am ehesten bald „Siege" ernten), bestens mit Klebehaken abgesichert, und fast alle in sehr steilem Gelände: „Vorherrschend ist überhängender Fels mit löchriger Struktur. Die Löcher, ob Fingerlöcher oder Riesenhenkel, sind fast alle hinterschnitten und können in den meisten Fällen als normales Loch verwendet werden, dann seitlich angepiazt werden und schließlich als Untergriff dienen, um armspannenweite grifflose Stellen zu überwinden.
Diese kletterfreundlichen Löcher sind ein Hauptgrund für das gewaltige Potential an Routenmöglichkeiten. Dort wo der Fels nicht überhängt, hat die Erosion ganze Arbeit geleistet. Hier findet man grauen wasserzerfressenen Kalk mit Tropf-

Kazu Chiba | BLOC ROCKIN BEATS 10- | Foto: Jakob Schrödel

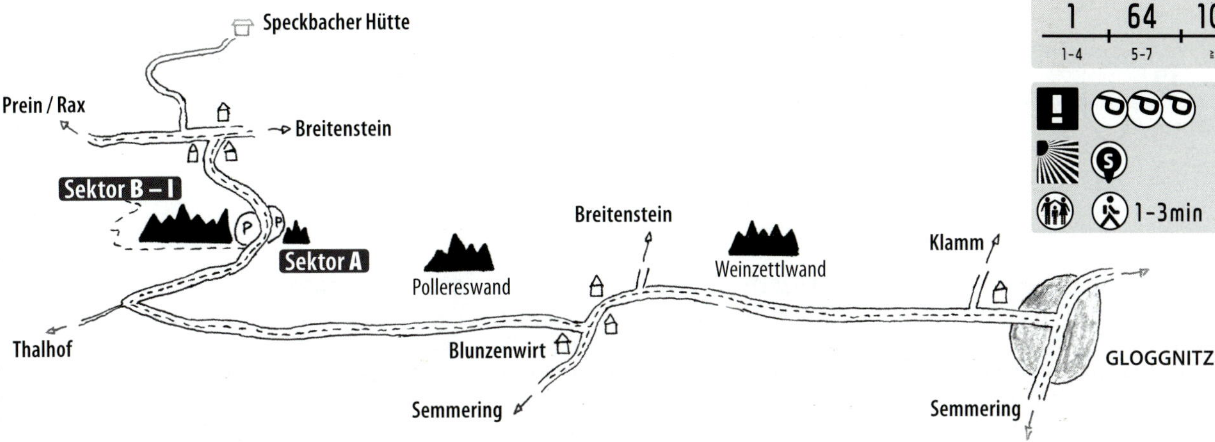

1-4	5-7	≥8	Σ UIAA	Projekt
1	64	106	177	6

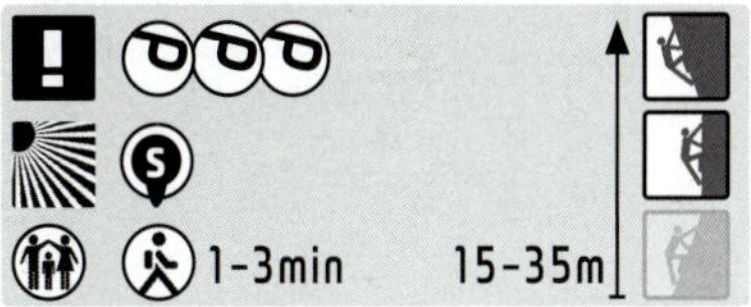

wasserlöchern." schreibt Christian Hacker und trifft die Angelegenheit wieder auf den Punkt. 2008 präsentieren sich die „Gräben", wie sie liebevoll genannt werden, als Klettergebiet übernationalen Formates, mit fast 200 Kletterrouten von 6+ bis 11, mit minimalstem, bequemem Zustieg, in herrlich ruhiger abgeschiedener Lage, mit einer Wandhöhe bis zu 70 Metern:

Für viele Routen benötigt man ein 70 Meter Seil, Experten arbeiten sogar mit noch längeren Seilen, um einzelne SL zusammenzuhängen und so endlose Ausdauerhämmer zu schaffen. Die Felsoberfläche ist wie gesagt extrem strukturiert und tw. recht bunt: grau, gelb, braun, wobei in manchen Bereichen der Fels nicht ganz fest ist bzw. war - denn durch die vielen Begehungen sind fast alle Routen „sauber" geworden. Ja sauber, allerdings haben etliche Anstiege schon einiges an Speck angesetzt - im braunen Fels des Sektors „Tschakbumm" etwa bewegt man sich tw. bereits auf massone-ähnlicher Schmierseife.

Bezüglich der Kletterverbotsgeschichte kann man zwar noch die Schilder sichten, aber trotz der (besonders an Frühlings- und Sommerwochenenden) massenhaft auftretenden Kletterern (aus aller Herren Länder) gibt es diesbezüglich seit einigen Jahren keine bekanntgewordenen Probleme mehr. Erwähnt sei in diesem Zusammenhang noch, daß das Klettern im Sektor „Straßenwand" eigentlich WIRKLICH verboten ist, und zwar aus Gründen der Verkehrssicherheit - hier gab es schon mal Interventionen seitens der Polizei und auch Anzeigen! Allerdings ist auch dies schon einige Jahre her und seither ist nichts mehr bekannt geworden, wird also scheinbar geduldet.

Am Ende dieser langen Einleitung appellieren wir daher besonders, das Verhalten an die geschilderten Gegebenheiten anzupassen:

1) Keinen Müll hinterlassen, keine Tschick wegwerfen!
2) Keinen unnötigen Lärm, kein unnötiges Geschrei !
3) Im Sektor Straßenwand nicht die Autos beim Vorbeifahren hindern!
4) Nächtigen im und um Gebiet Verboten!
5) Kein Lagerfeuer machen - forstgesetzliches Verbot!

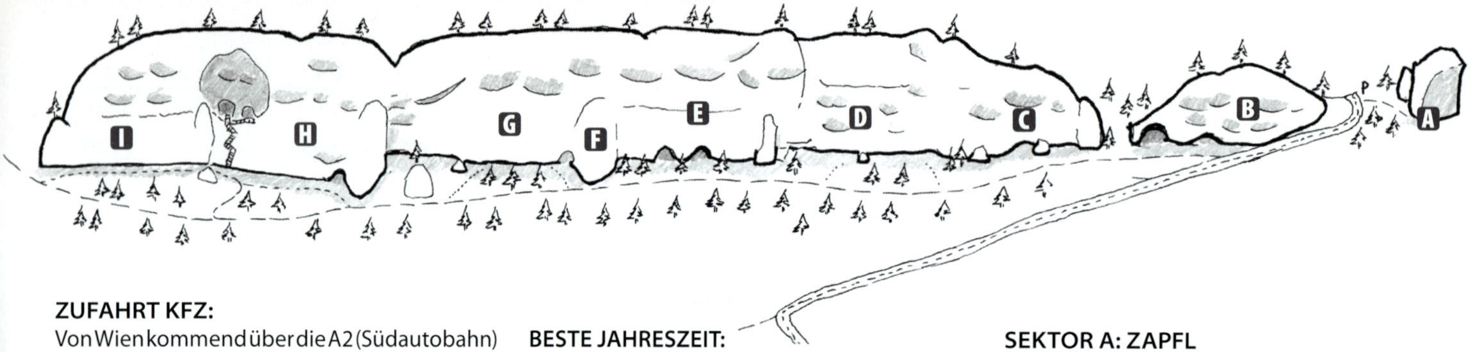

ZUFAHRT KFZ:

Von Wien kommend über die A2 (Südautobahn) und S6 (Semmeringschnellstraße) bis zur Abfahrt Gloggnitz, auf der Bundesstraße weiter nach Schottwien. Hier rechts in die Adlitzgräben abzweigen. Nach Kürze eine Straßenteilung. Rechts gehts nach Klamm, wir fahren durch die Schlucht gerade weiter. Bei der nächsten Abzweigung nach rechts, man gelangt zu einer Häusergruppe. Rechts geht es nach Breitenstein, ein kurzes Stück weiter beim „Blunzenwirt" eine weitere Straßenteilung. Gerade geht es zum Semmering, wir fahren rechts durch die Schlucht weiter. Schließlich folgt eine scharfe Rechtskurve und nach wenigen Metern führt die Straße bereits unterm Sektor Straßenwand vorbei. Kurz danach eine Kehre mit Parkmöglichkeiten.

ZUFAHRT Öffis:

Mit der Südbahn nach Breitenstein, von dort zu Fuß die Straße entlang in etwa 45min zur Wand. **ZUGANG:** Die Wand beginnt direkt bei der Straße. Siehe Skizze. 0 – 3 Minuten!

BESTE JAHRESZEIT:

In den Adlitzgräben kann fast ganzjährig geklettert werden: Die Wand liegt auf knapp 1000 Meter Meereshöhe und ist südseitig exponiert. Meist befindet sich lichter, aber hoher Fichtenbewuchs an den Einstiegen, einige Einstiege sind aber auch baumfrei und der Sonne ausgesetzt. Die besten Jahreszeiten sind Frühling und Herbst, aber auch im Sommer kann gut (wenn es nicht zu heiß ist) geklettert werden, ZB am späteren Nachmittag am Zapfl und der Straßenwand (dort dann schattig) bzw. in jenen Routen, die sich mehr im Wald befinden. Im Hochwinter sind die Adlitzgräben nur sehr bedingt geeignet, denn von Ende November bis Anfang Februar steht die Sonne so tief, daß der Schatten des gegenüberliegenden Berges bis in einige Meter Wandhöhe reicht - dann sind nur die oberen Seillängen sonnig.

Gut geklettert werden kann auch im Herbst bei Nebelwetterlagen - oft hört der Hochnebel einerseits nach Schottwien bzw. andererseits auf der steirischen Seite des Semmerings auf.

SEKTOR A: ZAPFL

Das Zapfl gehört nicht zur Hauptwand des Falkensteins, sondern steht als mächtiger, 30m hoher Felsklapf isoliert eine Gehminute vom Parkplatz entfernt in östlicher Richtung. Der markante, riesige Überhang weist deutlich weniger Löcher auf als die Hauptwand und beherbergt so naturgemäß einige absolute Spitzenrouten, welche bei der Kletterelite hoch im Kurs stehen.

1 FAHRKARTE INS JENSEITS 7+ * (Gauster) kurz, plattig, weniger lohnend

2 PAS DE PANIQUE 8- ** (Matjasovsky, Bilik) überhängende Kante

3 MEINE KUH TRÄGT HIMMELBLAUE SOCKEN 8+/9- *** (Matasovsky, Bilik) schöne Tour, Schlüsselstelle oben

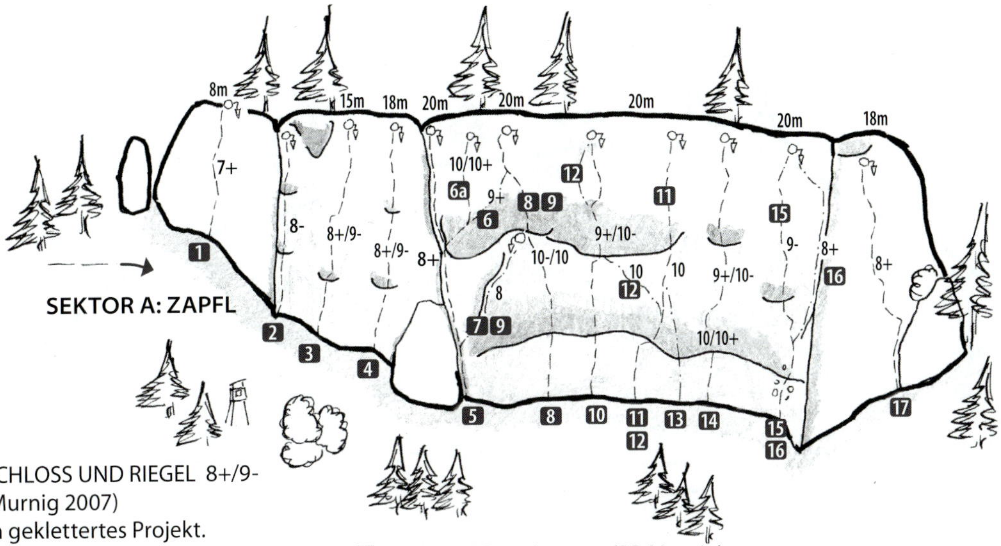

4 HINTER SCHLOSS UND RIEGEL 8+/9- ✱✱ (RP Murnig 2007)
Altes, nun geklettertes Projekt.
Wenn man links ausweicht: 8

5 ZWEIFREUNDERISS 8+ ✱✱
(Matasovsky, Bilik) Überhängende, etwas seltsame Rißkletterei

6 DREI TAGE RUNDER MOND 9+ ✱✱✱
(RP Finsterer) Anspruchsvoller Überhang

6a GOTT GEGEN LISA SIMPSON 10/10+ ✱✱
(RP Fiedler 2007) Toller Direktausstieg zu **6**: 2 BH, dann Abseiler - insgesamt eine geniale, immer härter werdende Linie!

7 MACHO CHEESE 8 ✱ (RP Bilik)
Endet unterm Überhang

8 BIST EULEN 10-/10 ✱✱✱ (RP Helma 1992)
anspruchsvolle Tour über feine Rißspuren und Überhang

9 BLAUAUGE 8+/9- ✱✱ (RP Murnig)
Kombination aus **7** und **8**

10 DIE HÄNGENDEN GÄRTEN DER SEMIRAMIS 9+/10- ✳ (RP Kubista 1993)Unten direkt bei den BH klettern, sonst leichter. Ausdauerklassiker mit genialen Zügen!

11 DIE RÜCKKEHR DER SAMURAMAT 10 ✱✱✱
(RP Kubista 1995)
Harter Einstieg, dann harte Ausdauer

12 SCHWEINE IM WELTALL 10 ✳
(RP Kubista 1996) Kombination aus **11** und **10** mit Linksschleife am Ausstieg

13 DOUBLE OVERHEAD 10/10+ ✱✱✱
(RP Fiedler 2004) Direkte und schwierigere Einstiegsvariante zu **11**

14 ARBITRAGE 9+/10- ✱✱✱
(RP Kubista 1993) Kleingriffige Stellen in genialer überhängender Wand

15 ODINS RACHE 9- ✳ (RP Membier)
Einst von E. Holy eingebohrt und von anderen Stars geklettert, aus Zorn abgeschraubt und mit einem Fluch belegt, jetzt neu eingebohrt

16 UNBENANNT 8+ ✱✱ (RP Membier)
Nicht ganz so schön wie die geniale Kante von **15**

17 AUFGLEGT IS 8+ ✱✱ (RP Holy)
Senkrechte Wandkletterei, technisch sehr anspruchsvoll

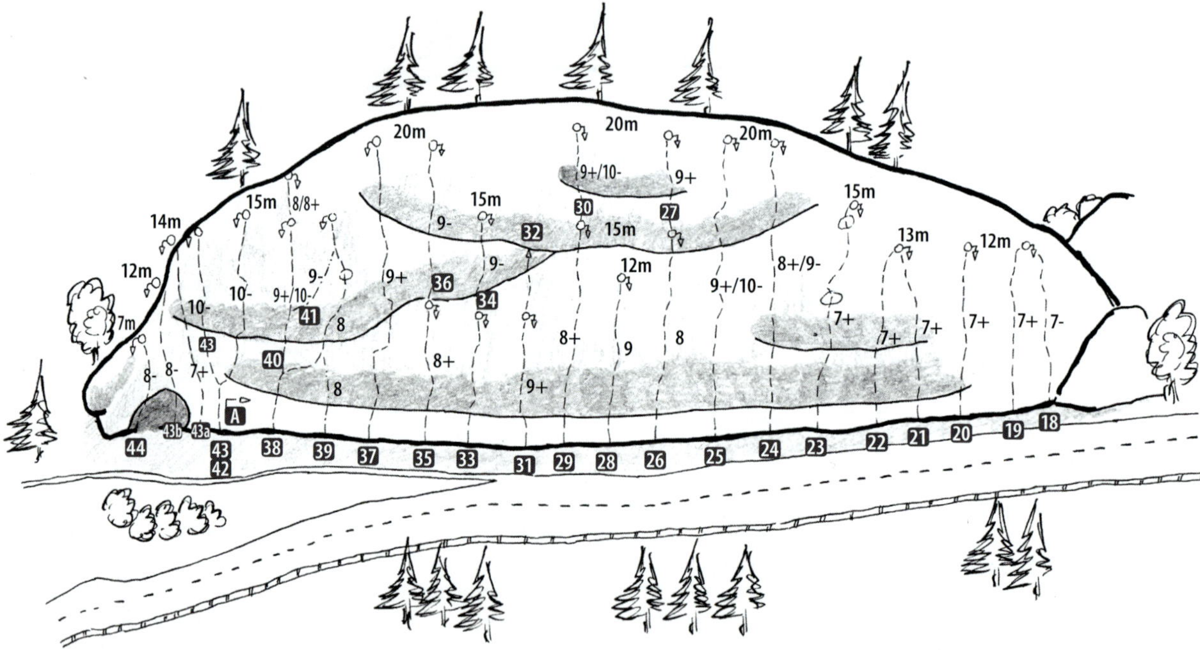

SEKTOR B: STRASSENWAND

Unmittelbar oberhalb der schmalen Zufahrtsstraße erhebt sich dieses erste Prunkstück der Gräben. Auch der Zweitname „Monster" ist zutreffend, denn monströs schießt der 20 Meter hohe Überhang aus dem ebenen Schotter- und Asphaltboden - die Neigung ist wahrlich konstant entsaftend, der Fels von unzähligen, oft auch scharfen und schmerzhaften Löchern durchsetzt. Jeder, der sich den ganzen Winter lang in der Halle auftrainiert hat, wird hier wohl rasch Erfolge ernten.

BESONDERES:

Eigentlich ist das Klettern oberhalb der Straße (also fast im ganzen Sektor) aus straßenverkehrstechnischen Gründen verboten, aber es wird in den letzten Jahren toliert. Das weitere Toleranzpotential hängt wohl auch vom Verhalten der Sportkletterer ab!

Katja Barrueto | KING KONG 8 | Foto: Jakob Schrödel

18 RECHTSAUSSEN 7+ ✱ (RP Holy)
Kurze Lochkletterei

19 MITTELSTÜRMER 7+ ✱✱ (Holy, Gruber)
Kurze Lochkletterei

20 WÜSTENSTURM 7+ ✱✱ (Holy, Gruber)
Kurze Lochkletterei

21 SZ FURY 7+ ✱✱ (Holy, Gruber)
Kurze Lochkletterei

22 ALLTAG IN FRANKEN 7+ ✱✱ (RP Gruber)
Etwas weiter gesichert

23 FRISCH GESCHOTTERT 7+ ✱✱✱
(RP Matjasovsky) Eine der ersten Routen in den Gräben - tolle Ausdauerkletterei!

24 FIEBERWAHN 8+ ✱ (RP Höglinger)
Eine der weniger lohnenden Routen an der Straße, etwas splittrig

25 SHUFFLE TOWN 9+/10- ✳ (RP Höglinger)
Äußerst geniale Ausdauertour, oben etwas weiter gesichert

26 EXISTENTIALMINIMUM 8 ✱✱✱ (RP Holy)
Klassiker mit Schlüsselstelle am Beginn

27 VERLÄNGERUNG 9+ ✳ (RP Würzl)
Insgesamt eine geniale Ausdauertour

28 STREETFIGHTER 9 ✱✱ (RP Holy)
Kurze Maximalausdauertour

29 HAU DEN LUKAS 8+ ✱✱✱ (RP Klein)
Kurze Ausdauertour, der 1. BH fehlt, macht aber nicht sonderlich viel

30 WENIGSTENS FLÜGEL 9+/10- ✳
(RP Fenzl 2006) Die Verlängerung ist eine der begehrtesten 8a`s der Gräben!

31 SUHGURIM 9+ ✱✱ (Holy; RP Helma 1995)
Kurze Maximalausdauer

32 Projekt

33 ORA ET PRASERVA 8+/9- ✱✱ (Matjasovsky)
Weit gesichert, ungute Einzelstelle

34 VERLÄNGERUNG 9- ✱✱✱ (RP Höglinger)
Perfekte Verlängerung an Sintergriffen

35 PANEM ET CIRCENSES 8+ ✱✱ (Martjasovsky, Bilik) Einzelstelle, etwas weit gesichert

36 ORKRIST 9- ✱✱✱ (RP Höglinger) Sehr gute Verlängerung durch sintrigen Überhang

37 CHEAP SUNGLASSES 9+ ✳ (RP Höglinger)
Ausdauergerät mit prägnanter Einzelstelle

38 KING KONG 8 ✳ (RP Matjasovsky 1986)
Der Überhang-Klassiker in weitem Umkreis! Einfach genial!

38a VERLÄNGERUNG 8/8+ ✱ (RP Gasser 2010)

39 WOLKEN IM KAFFEE 8 ✱✱ (RP Gruber)
Nicht ganz so tolle Einstiegsvariante

40 OUT OF WORK 9+/10- ✱✱✱ (RP Reicht 1992) Boulderstelle im Überhang - Supertour

41 GOZILLA 8+/9- ✱✱✱ (RP Murnig 2005)
Verbindungsvariante von Out of Work zum King Kong

42 BACK TO WORK 10- ✱✱✱
(RP Reicht 1992) Trickreicher Überhang

43a WORKING POOR 7+ ✱✱✱
(RP Gauster 2010) Schöne Neutour

43b A LOT OF WORK 8- ✱✱✱
(RP GAUSTER 2010) Ebenso hübsch

43 BLOC ROCKIN BEATS 10-
(RP Jansenberger 2003)
Stark überhängende Maximalkrafttour

44 LIEBLING DER SCHWERKRAFT 8- ✱
(RP Bilik) Schmerzhafter Bohrhakenboulder am linken Rand

A AUTOBAHN CHRISTL 7c+ tr
Boulderquergang

SEKTOR C: FINGERSCHINDER

Dieser Bereich bildet den äußerst rechten Rand der eigentlichen Falkensteinwand, dort, wo sie bereits niedriger wird, um dann in einen schmalen Waldgürtel überzugehen, der dann die Begrenzung zur Straßenwand bildet. Dieser Wandbereich ist unnahbar kompakt, aber auch hier von Löchern - mehr oder weniger - durchsetzt. Eher wenig besucht, es finden sich aber auch hier Toprouten!

45 SON OF A BITCH 7- (Matjasovsky 1986) Eine der schlechtesten Touren in den Gräben

46 HARDROCKZOMBIE 8- *** (RP Matjasovsky 1985) Klassiker! Sehr gute Lochkletterei!

47 Projekt

48 HOLLARÄÄÄDULIÖÖ 7+/8- *** (RP Matjasovsky, Bilik 1987) Kurze Route, aber ein toller, kräftiger Klassiker an großen Löchern!

49 VERLÄNGERUNG 9- * (RP Höglinger 2003) Sehr gute, zwingende Züge am Wulst

50 Projekt

51 CATENACCIO IM CATINACCIO 10 *** (RP Kubista 1994) Gute Ausdauertour mit etlichen schweren Stellen, scharfe Löcher!

52 KREUZZUG INS GLÜCK 9- *** (RP Gruber 1992) Einzelstelle, danach Ausdauer

53 HEIL HOLY HEIL 8 *** (RP Holy) Erichs Abschiedstour von den Gräben - kurze, überhängende Wandkletterei

54 Projekt

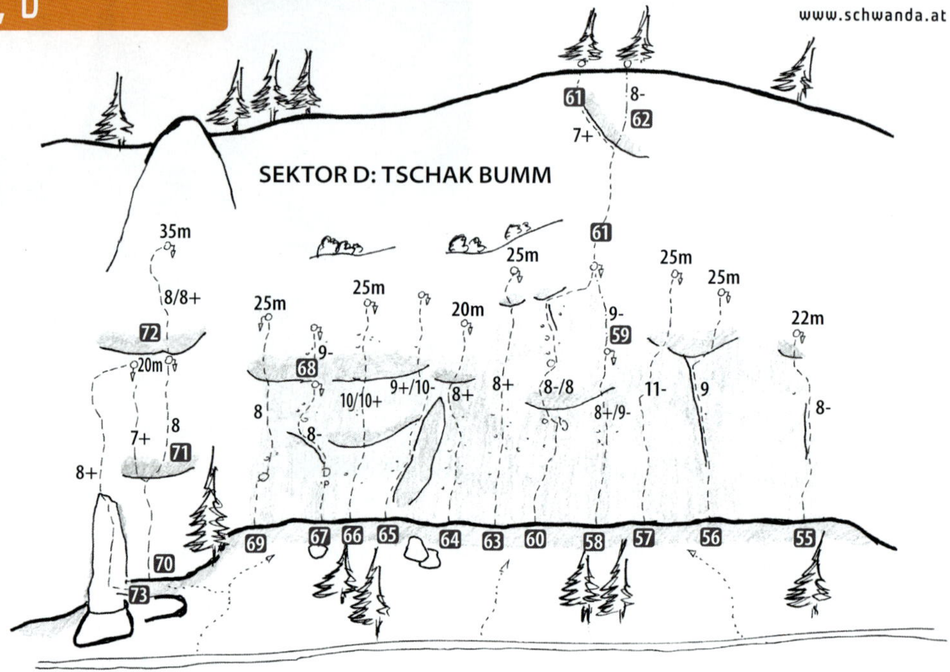

SEKTOR D: TSCHAK BUMM

Einer der beeindruckendsten Wandbereiche in den Gräben: Die dunkelbraune, stets leicht überhängende Wand bildet ein imposantes Halbrund, der Fels ist auch hier von unzähligen Löchern durchsetzt und es finden sich sowohl Ausdauerklassiker im 8ten Grad wie auch Spitzenrouten! Leider ist der braune Fels rasch abgeschmiert - manche Routen sind schon glatt wie in Massone, bei eher feuchtem Wetter wird man hier also eher weniger Freude haben!

55 ZENTRUM DER LUST 8- ** (RP Holy 1992) Nicht ganz so steile Tour an der rechten Begrenzung, Schlüsselstelle am Schluß

56 KAIN UND ABEL 9 ** (Gasser 1992) Adlitzuntypische Tour: diffizile Verschneidung, sehr anspruchsvoll, wenig Löcher, Schlüsselstelle zuletzt

57 SELBST IST DAS KIND 11- *** (Kind, RP Vogler 2006) Das alte Projekt von Martin Kind ist nun eine der Spitzenrouten im Wiener Raum!

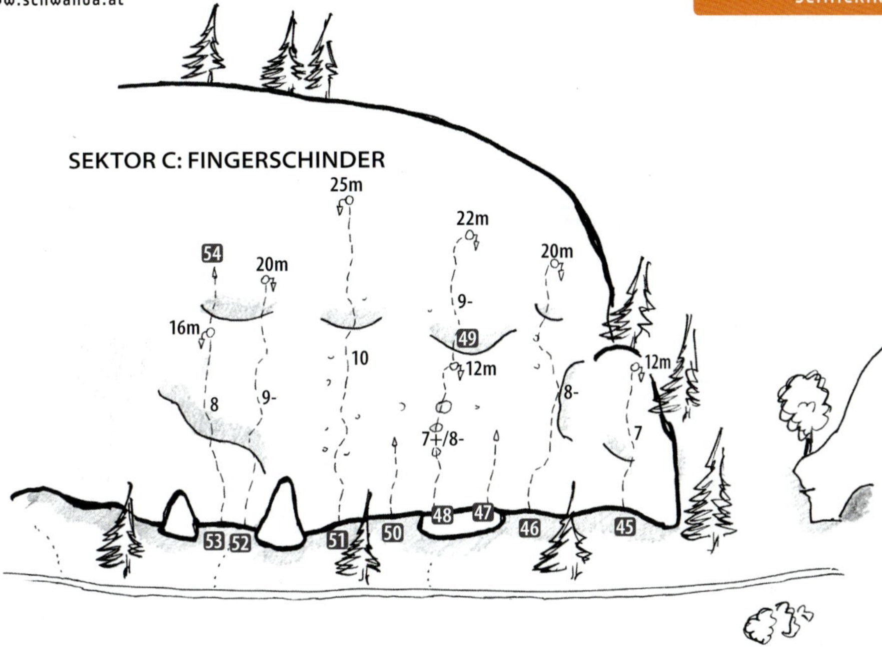

58 AUCH EIN PHILOSOPH ERNÄHRT SICH HETEROTROPH 8+/9- ✱✱
(RP Holy, Gruber 1992) An sich eine Superlochkletterei, aber schon grauslich abgeschmiert

59 VERLÄNGERUNG 9- ✱✱ (RP Kind 1995)
Sehr weit abgesicherte, moralische Verlängerung von 58

60 TSCHAK BUMM 8-/8 ✱
(RP Membier 1992)
Trotz Speck eine grenzgeniale, sehr henkelige Ausdauertour!
Die erste Route in diesem Bereich!

61 2. SEILLÄNGE 7+ ✱✱✱ (RP Membier 1992) Ungleich rauer und nicht so steil - schöne Wandkletterei, kaum begangen

62 WUPP 8- ✱✱✱ (RP Membier 1992)
Überhängende Ausstiegsvariante zu 61

63 IM SCHATTEN DER FLEDERMAUS 8+ ✱✱
(RP Holy 1992)
An sich geniale, homogene Ausdauerkletterei, leider schon Schmierseife pur

64 BIS ZUM BITTEREN ENDE 8+ ✱✱
(RP Holy, Rotter 1992) Der Name sagt alles, leider auch schon extrem glatt

65 SELF DESTROYING PROPHECY 9+/10- ✱✱✱ (RP Helma 1993)
Schlüsselstelle ganz oben, bis dahin tolle Kletterei im 8ten Grad

66 OHNE ERFOLG KEINE MISSGUNST 10/10+ ✱✱✱ (RP Kubista 1996) Die Route ist beim letzten Zwischenhaken noch nicht zu Ende!!! Die Schlüsselstelle folgt danach.

67 STYX CROSS OVER 8- ✱✱✱
(RP Tentschert 1993) Sehr schöne, empfehlens-werte Tour, überraschend rau!

68 VERLÄNGERUNG 9- ✱✱ (Tentschert 1993)
Der graue Überhang sieht toll aus, bietet aber eine sehr ungute Einzelstelle

69 THE DAY THE DEVIL COMES TO GETTCHA 8 ✱✱✱ (RP Holy, Höglinger 1995)
Sehr schöne, nicht ganz so steile Ausdauertour an Löchern

70 EISBEIN FÜRS STEISSBEIN 7+ ✱✱
(RP Klein 1993) Schöne graue Wandkletterei, etwas komisch eingebohrt

71 EISBEIN MIT SAUERKRAUT 8 ✱✱
(RP Klein 1993)
Lohnende, kleingriffige Wandkletterei

72 DER STEILE PFAD ZUR TUGEND 8 ✱✱✱
(RP Holy 1993) Tolle, überhängende Verlängerung)

73 LANGSAME HEIMKEHR 8+ ✱✱
(RP Holy 1993) Kleingriffige Platte

SEKTOR E: ERITIS

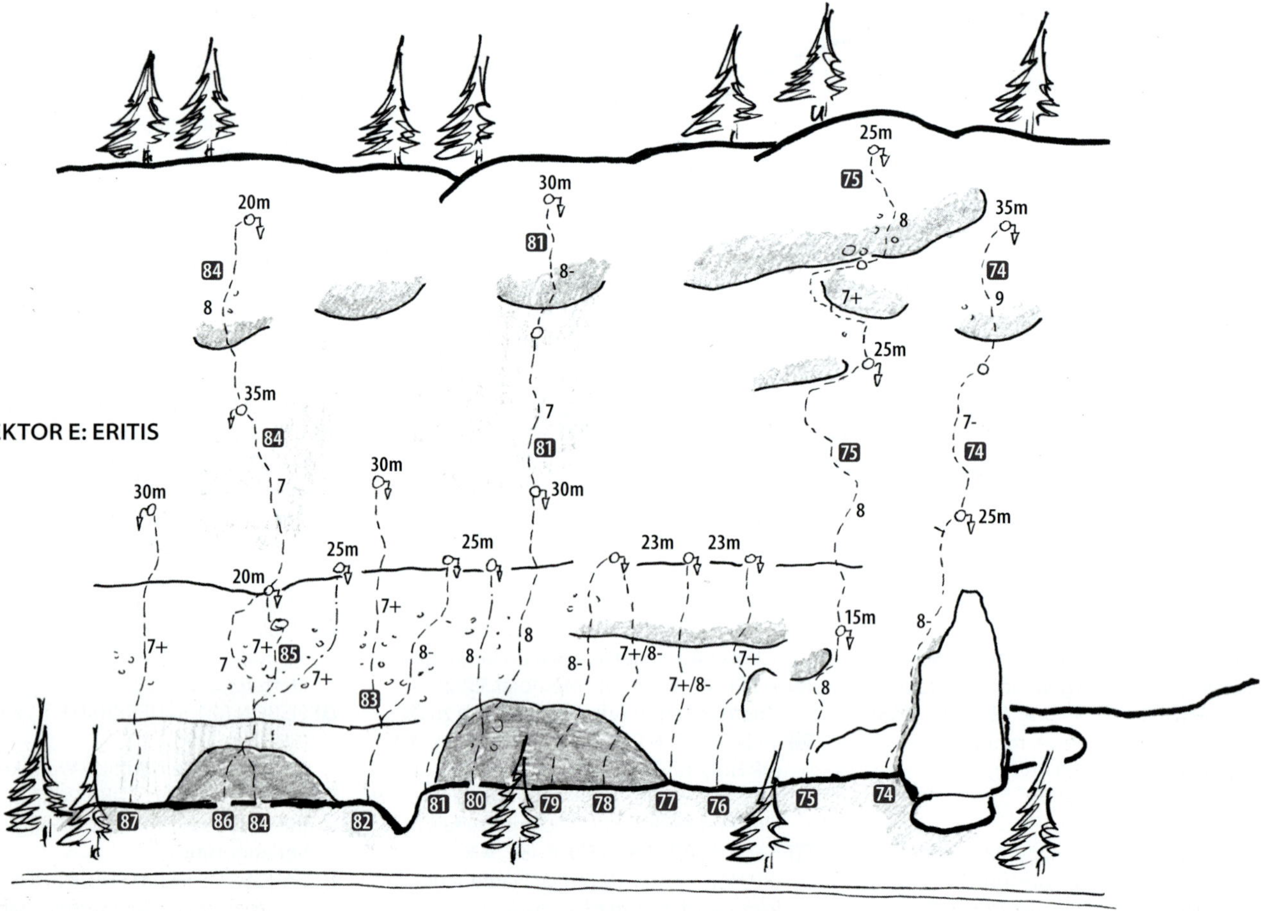

SEKTOR E: ERITIS

Mit fast 70m Wandhöhe einer der höchsten und beeindruckendsten Wandbereiche: Pralle Lochüberhänge sind übereinander gelagert, dazwischen gibt es graue Wandzonen und gelbe Tropflochplatten. Hier gibt es mit bis zu drei Seillängen die längsten Routen in den Gräben zu klettern. Dennoch vergnügt man sich in der Regel in den Einseillängenrouten, welche - hinter hohen Bäumen gelegen - eher zu den schattigeren zählen. Diese Einseillängentouren zeichnen sich zwar auch durch kräftige Lochüberhänge aus, aber auch durch technisch anspruchsvolle Passagen in makellos grauen Platten. Nichtsdestotrotz sind die selten begangenen oberen Seillängen allesamt sehr fein und empfehlenswert!

74 LANGE GARDIEN 9 ✱✱
(Holy, Gruber 1993) Selten begangene, mäßige Dreiseillängentour - letzte überhängend und noch Projekt

75 ERITIS SICUT DEUS 8 ✱✱✱
(RP Matjasovsky 1987)
Erste SL kurz, hart und abgeschmiert, die oberen SL sind sehr schön, rau und eindrucksvoll. Letzte SL grenzgenial!

76 EINSTÜRZENDE NEUBAUTEN 7+ ✱✱
(RP Gruber, Gauster 1991) hübsche Route mit anspruchsvollem Schlußüberhang

77 NIX CHAUVI 7+/8- ✱✱
(RP Holy, Matjasovsky 1990) Elegante, leicht überhängende Wandkletterei

78 SPANISH INQUISITION 7+/8- ✱✱
(RP Gansterer 1990) Lohnende, leicht überhängende Wandkletterei

79 NAMENLOS 8- ✱✱
(RP Höglinger, Membier 2003)
Schöne, überhängende Lochkletterei

80 TANZI TANZI 8 ✱✱✱
(RP Membier 2003)
Geniale graue, kleingriffige und zwingende Platte im oberen Teil

81 GOTTES VERGESSENE KINDER 8 ✱✱✱
(RP Holy 1993) Geradlinige Dreiseillängentour, 1. SL abwechslungsreich mit 3 schweren Stellen,
2. SL braunsplittrig,
3. SL geniale Lochkletterei

82 NAMENLOS 8- ✱✱✱ (RP Höglinger 2003)
Tolle Lochkletterei

83 SCHWESTERLEIN KOMM TANZ MIT MIR 7+ ✱✱ (RP Höglinger 2003)
Lange Lochkletterei, etwas weiter gesichert

84 TANZ IN DEN HIMMEL 8 ✳ (RP Holy 1992)
Geniale Dreiseillängentour! 1. SL schöne Lochkletterei, 2. SL gelbe Tropflochschleicherei, 3. SL toller grauer Überhang

85 ZEIT OHNE FLÜGEL 7+ ✳ (RP Holy 1992)
Perfekte graue Lochkletterei!

86 ICH TANZE NICHT 7+ ✱✱✱
(RP Höglinger 2003)
Ebenfalls sehr schöne graue Löcher

87 NAMENLOS 7+ ✱✱ (RP Höglinger 2003)
Im unteren Teil splittrige Wandkletterei

Philip Hoffmann | SELBST IST DAS KIND 11- | Foto: Jakob Schrödel

Andrea Maruna | KRUPS 10- | Foto: Claudia Ziegler

SEKTOR F: BAUCH

Jeder Sechserkletterei, der am Promenadenweg unter der Wand vorbeiwandert, legt anfangs ob der dräuenden braunen Überhänge ehrfurchtsvoll den Kopf in den Nacken. Erst, als der Weg erstmals aus dem Wald herausführt, senkt er den Kopf: In der Sonne strahlt ein imposanter grauer Plattenbauch, der augenscheinlich leichtere Klettereien ermöglicht: In der Tat - der Bauch ist „der" Genußklettersektor in den Gräben:

Ein knappes Dutzend wunderschöner grauer Wandklettereien in bestem Lochfels gibt es hier zu klettern, alles im 6ten und 7ten Grad!

Nur oberhalb des Bauchs bäumt sich die Wand wieder auf: Hier gibt es als zweite Seillängen mit einige der allerbesten Neunerlängen in weitem Umkreis:

Imposant, anhaltend, in genialem Lochfels - aber aufgrund der Lage werden sie nur selten geklettert.

88 JOSEF TRIPPEL WEG 6 ✱✱
(RP Matjasovsky 1996)
Hübsche Wandkletterei etwas rechts hinter den Bäumen

89 MARIA TRIPPEL WEG 6 ✱✱
(RP Matjasovsky 1996) Ebenso

90 BLAUBAUCH 6+ ✱✱✱
(RP Holy, Matjasovsky 1990)
Senkrechte graue Wandkletterei mit blauen Haken

91 HARTER BAUCH 7- ✱✱
(RP Matjasovsky 1990)
Senkrechte graue Wandkletterei mit einer diffizilen Stelle

92 BAUCHSCHUSS 6+ ✱✱✱
(RP Holy, Matjasovsky 1990)
Schwieriger Einstiegsüberhang, dann Genußkletterei durch graue Runse

93 ZWISCHENBAUCH 6+ ✱
(RP Matjasovsky 1995)
Wunderschöne graue Lochkletterei mit grauen Bohrhaken

94 BIERBAUCH 6+ ✱
(RP Holy, Matjasovsky 1990)
Genialer Lochklassiker in der Mitte vom Bauch

95 SCHLAUBAUCH 7- *
(RP Holy, Matjasovsky 1990)
Ebenso genial - gemeinsamer Beginn, ober dem Überhang nach links

96 VOLLER BAUCH 7 ** (RP Holy 1991)
Überhängende Einstiegsvariante

97 JAGDHEIM 7+ ** (RP Behm 2003) Ebenso

98 HÄNGEBAUCH 7 ** (RP Holy 1990)
Nach dem brüchigen Einstieg folgt tolle graue Lochkletterei

99 SAUBAUCH ÖAV 7 ** (RP Matjasovsky 1990)
Der linke Ausstieg von 98

100 LABILBAUCH 7- ** (RP Matjasovsky 1990)
Der mittlere Ausstieg von 98

101 BAUCHWEH 6+ ** (RP Matjasovsky 1990)
Der rechte und angenehmste Ausstieg von 98

102 VERBINDUNGSLÄNGE ZUM OBEREN STOCK 5 *

103 HYDRATOR 9 * (RP Höglinger)
Lange Überhängende und ausgesetzte Wandkletterei an Löchern und Leisten

104 GIBANIZA 9 * (RP Höglinger)
Ebenso mit toller, kleingriffiger Schlüsselstelle

105 AVIOPHOBIE 9+ * (RP Höglinger)
Ebenso eine lange, tolle und anspruchsvolle Wandkletterei

106 AZAK THOTH 8+ *** (Holy)
Am Fixseil zum linken Stand, dort beginnt eine sehr schöne, leicht überhängende Wandkletterei an Löchern und Leisten

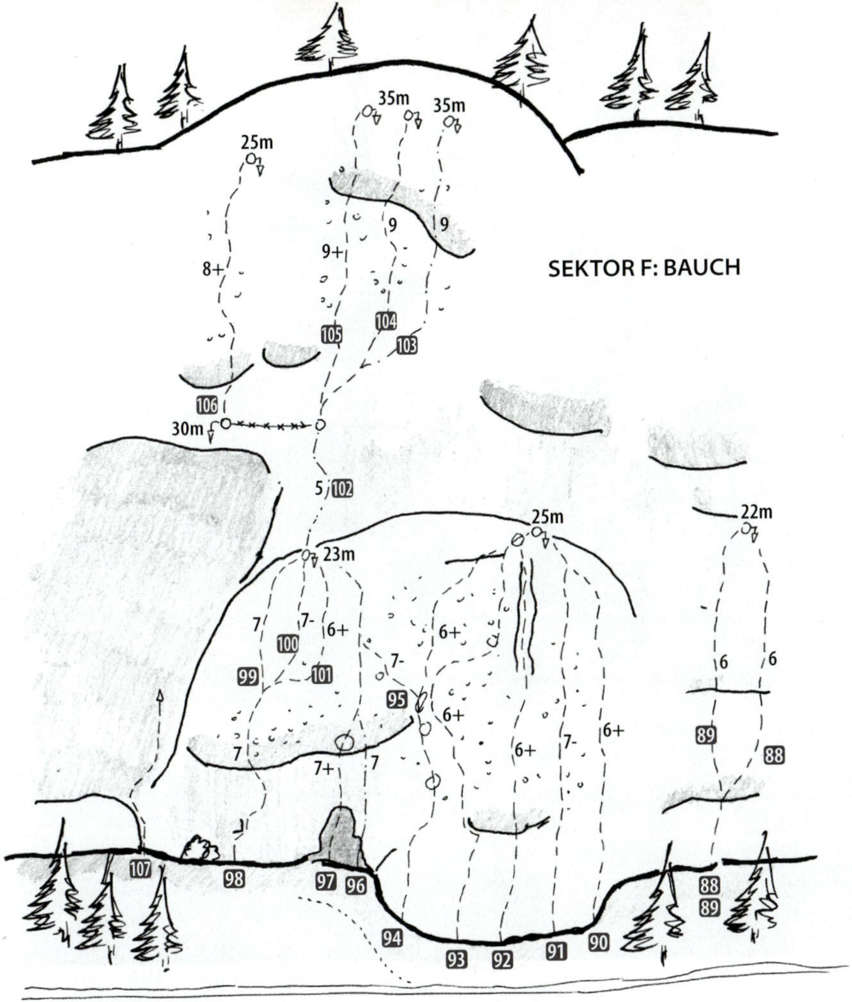

Sigi Putz | DOUBLE OVERHEAD 10/10+ | Foto: Jakob Schrödel

SEKTOR G: LARIFARI

Knapp links der Bäuche befindet sich der gemeinsam mit dem Bauch wohl beliebteste Bereich der Gräben: Die pralle, weiße Wand ist mit unzähligen Löchern garniert und ermöglicht nicht allzu schwere Ausdauerklettereien erster Güteklasse, teilweise von beachtlicher, pumpender Länge!

Durch die vielen Begehungen ist der Fels schon recht glatt (aber nicht so arg wie im Sektor Tschak Bumm), aber die 35 Klettermeter von Larifari I+II muß man einfach geklettert sein (und immer wieder klettern!).

107 TRAUM EWIGER FINSTERNIS 6+ ✱✱✱
(RP Behm 2001)
Sehr schöne, gemäßigte Lochkletterei

108 100 JAHRE EINSAMKEIT 7- ✳
(RP Holy 1991) Noch schönere Lochkletterei mit überhängender Einstiegswuchtel (rechts umgehbar)

109 DER LANGE WEG ZUR MÜDIGKEIT 7 ✱✱✱
(RP Holy 1991) Kerzengerade Lochlinie mit kleingriffiger Schlüsselstelle am Schluß

110 TOHUWABOHU 8-/8 ✱✱ (RP Holy 1994)
Ausdauernde Wandkletterei an Löchern und Leisten mit Schlüsselstelle ganz oben

111 UILENSPIEGEL 7 ✱✱✱
(RP Matjasovsky 1986)
Kurze Henkelkletterei im braunen Fels

112 FENRIR 8 *** (RP Matjasovsky, Holy 1989) Die Verlängerung von 111: lange Ausdauerkletterei an Löchern und Leisten mit Schlüsselstelle ganz oben

113 KENOSIS 8 * (RP Matjasovsky, Holy 1990) Der Lochklassiker schlechthin: perfekter, aber schon ziemlich glatter Fels

114 VARIANTE MATJASOVSKY * Unlohnend

115 LARIFARI 7+ * (RP Matjasovsky, Bilik 1990) Grenzgeniale Lochlinie, 1. + 2. SL werden meist in einer geklettert (35m), die dritte SL ist 8 und wird kaum begangen

116 ZICK ZICK ZYLISS 9+/10- *** (RP Höglinger 1995) Geniale, 40m lange Route mit Boulderstelle im Mittelteil

117 KASUKI 7 * (RP Holy 1991) Herrliche Lochkletterei mit rauem Abschluß

118 GRUMMELGRIESGRAM 7 *** (RP Holy 1991) Etwas ungute Einzelstelle am Beginn, dann herrliche, raue Genußkletterei

119 KRUPS 10- *** (RP Helma 1995) Harte Verlängerung zu 118

120 BLIZZARD 8 *** (RP Höglinger, Holy 1994) Imposante 2 SL Tour! Der untere Teil ist braun und mäßig hübsch, aber das perfekte Zweimeterdach (nicht die Crux!) macht alles wett!

121 Projekt BARTL

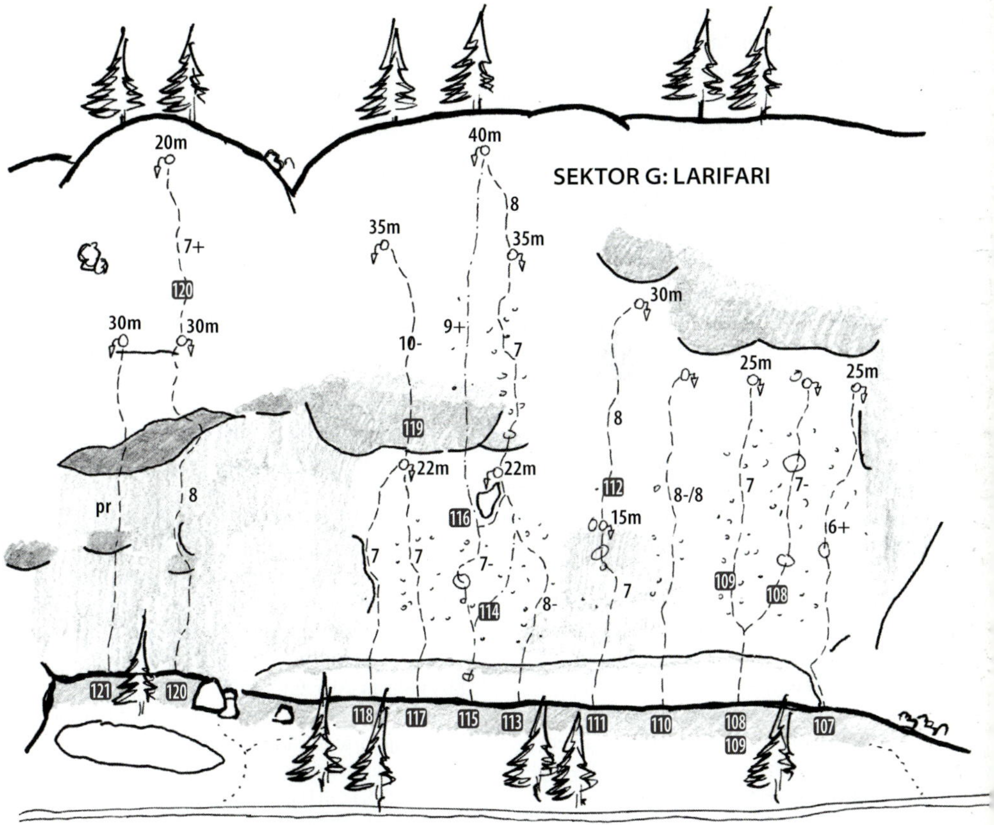

SEKTOR H: HÖHLE

Ein Wandbereich mit immens vielen und sehr unterschiedlichen Routen: Ganz im rechten Teil eine gelbgraue, senkrechte Platte mit eher fußtechnischen Routen, darüber (als 2te SL) bäumt sich die Wand grau und löchrig auf, links davon eine leicht überhängende graue Wand mit etlichen Routen im 7ten Grad (aber alle recht kräftig und komplex), manche Touren gehen ganz hinauf und sind 35 Meter lang (dieser Bereich ist einer der besten Spielplätze für stolze Besitzer eines 70 Meter Seils und einer guten Portion Ausdauerkraft!). Weiter links nähern wir uns des imposanten Portals der Falkensteinhöhle. Unterhalb von dieser finden sich eine Vielzahl an kurzen, aber hübschen senkrechten Wandklettereien im 6ten und 7ten Grad (allerdings schon recht poliert).

Aus der Höhle selbst führen zwei der momentan schwersten Routen Österreichs empor: Ungemein imposante, ewig lange Ausdauerrouten im 11ten Grad!

122 DIE ZWEI SEITEN 8 ✱✱ (RP Holy 1993)
Selten begangene 2 SL-Tour; 1. SL etwas seltsam, 2. SL toller grauer Überhang

123 ZWEI SEITEN VARIANTE 7- ✱✱
(RP Höglinger 2004) Durch diese kurze Verbindungsvariante ergibt sich eine geradlinige, nicht allzu schwere hübsche Länge

124 THRONE OF AHAZ 8- ✱✱✱
(RP Behm 2003)
Senkrechte Wandkletterei an Löchern

125 BODY ENCOUNTER 8- ✱✱✱
(RP Jahoda 1993)
Senkrechte Wand- und Plattenkletterei, kleingriffig und technisch. Sehr schön!

126 PER ASPERA AD ASTRA 7 ✱✱✱
(RP Holy, Tanzer 1992) Zweiseillängenklassiker in diesem Bereich:
1. SL Wandkletterei,
2. SL leicht überhängende geniale Henkelei

127 IMMER WENN ER PILLEN NAHM 8+ ✱✱✱
(RP Höglinger 2003) Sehr lange Wandkletterei: unten technisch anspruchsvoll, oben harte Züge im Überhang

128 NECRO SANCT 8+/9- ✳ (RP Holy 1995)
Sehr lange und geniale Kletterei: unten 7+, oben geniale harte Züge im grauen Überhang

129 GMAHDE WIESN 7 ✱✱ (RP Holy 1992)
Überhängender Beginn, dunkelgraue Wandkletterei

130 NAMENLOS 7 ✱✱ (1.Beg unbek.)
Recht neue Tour mit goldenen BH, sehr ähnlich den umliegenden Routen

131 LUX LINE 7 ✱✱✱ (RP Holy, Tanzer 1992)
Überhängender Beginn, danach schöne etwas geneigtere Genußkletterei

132 HIMMEL AUF ERDEN 7+ ✱✱✱
(RP Holy 1986) Lohnende, lange SL über einige graue Bäuche. Anspruchsvoll!
2. SL auch lohnend und noch rau!

133 FORTES FORTUNA ADIUVAT 7 ✱✱
(RP Holy 1986) Kurze gute Tour an Löchern und Leisten, aber schon sehr abgeschmiert

134 NAMENLOS 8 ✱✱✱ (RP Höglinger 2002)
Die Fortsetzung von 133 bietet eine sehr lange SL, technisch anspruchsvolle, raue Wandkletterei

135 SCHUPPE ADE 7 ✱✱ (RP Holy 1992) Kurze Tour durch glatte, stumpfe Verschneidung

136 THE BUZZ 8- ✳ (RP Membier 2002)
Die Fortsetzung von 135: erst genial durch den grauen Henkelstreifen, Einzelstelle, dann rechtshaltend im rauen Superfels weiter. Lang!

137 THE BUZZ VARIANTE 8- ✱✱✱
(RP Membier 2002)
Nach der Schlüsselstelle von 136 nach links zu 134 und über diese zum Stand

138 PIEF TARTAR 7- ✱✱ (RP Holy, Tanzer 1992)
Unten großgriffig, oben kurze kleingriffige Wandstelle

139 DENK ANS ENDE 7 ✱✱ (RP Holy 1992)
Kurze Wandkletterei, abgeschmiert

140 GRENZBLOCKADE 7+ ✱✱ (RP Holy 1992)
Schwieriger Übergang in die Platte, abgeschmiert

141 GRAUZONE 7+ ✱✱ (RP Holy 1992) Ebenso

142 LA LINEA 9- ✱✱✱ (RP Höglinger 1992)
Fortsetzung von 141: Erst ein harter Überhang, dann lange überhängende Wandkletterei.

143 REISE DURCHS KUCKUCKSNEST 7+ ✳
(RP Holy, Tanzer 1992)
Genialer 2 SL-Klassiker im 7ten Grad! Durchwegs großgriffig und kräftig, mit 70er Seil in einer SL zu klettern

SEKTOR H : HÖHLE

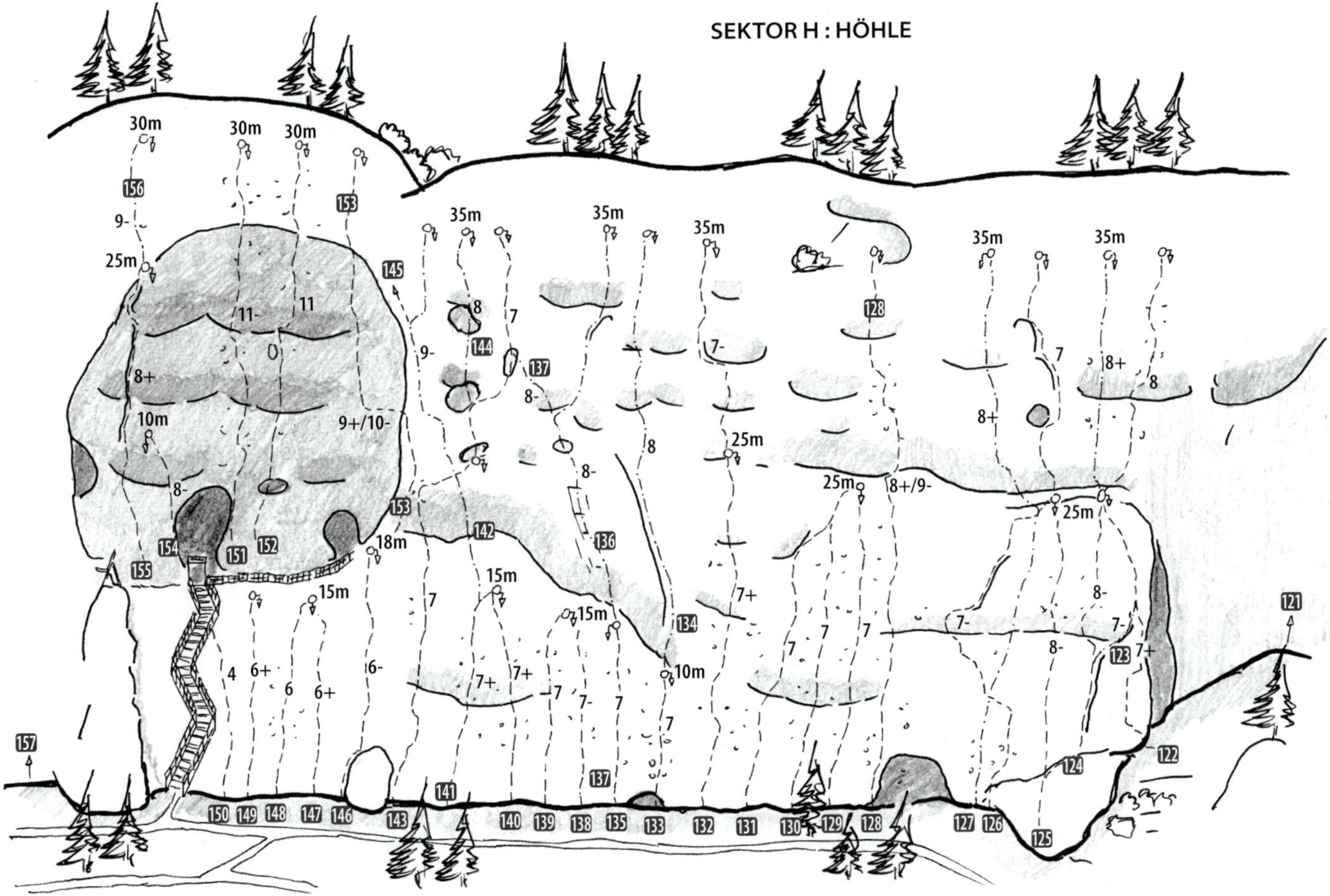

144 SPIELPLATZ DER HELDEN 8 *** (RP Holy 1998) Genial über zwei weitausladende Überhänge! Große Griffe, perfekter grauer Kalk!

145 Projekt

146 MIMELITT 6- *** (RP Holy 1986) Die schönste der leichteren Routen unter der Höhle: steile, raue Wandkletterei

147 DAT 6+ * (RP Bilik 1985) Steiler Beginn, dann geneigte Wandkletterei, sehr glatt

148 ROSTIGER BH 6 * (RP Bilik 1985) Ebenso

149 AFFENTANZ 6+ * (RP Bilik 1985) Steiler Beginn, sehr abgeschmiert

150 ZULU 4 (RP Bilik 1985) Unlohnend knapp neben der Holzstiege

151 NAPALM IN THE MORNING 11- ✳ (RP Fiedler 2002) Das zweite Projekt von Christoph Helma sieht noch unmöglicher aus und hat dieser schließlich freigegeben. Auch dies eine unglaublich lange, extrem überhängende Route mit abartigen Bewegungsabläufen. **Nach Griffausbruch wieder Projekt!**

152 ERFOLG IST TRAINIERBAR RECLIMBED 11 ✳ (RP Fiedler 2005) Eine der schwersten und eindrucksvollsten Sportkletterrouten nicht nur in Ostösterreich, hier aber ein Meilenstein der Sportklettergeschichte: Nach unzähligen Versuchen wurde der gewaltige Überhang 1995 von Christoph Helma RP geklettert und mit 10/10+ bewertet, nach einem Griffausbruch galt sie als unkletterbar, bis 2005 Bernie Fiedler das Meisterstück gelang. Der 14 jährige Tscheche Adam Ondra punktete 2007 die Route nach nur wenigen Versuchen!

153 BAM OIDA 9+/10- ** (RP Bartl 2008) Technisch anspruchsvolle Kletterei meist einem alten Höglinger Projekt folgend

154 AUSZUCKTE GFRASTER 8- ** (RP Gruber) Kurzroute am linken Rand der Höhle, kombinierbar mit 154

155 WORKING LIKE A DOG 8+ ** (RP Gruber, Holy 1994) Stark überhängende Verschneidung mit Einzelstelle am Schluß - sehr eindrucksvoll!

156 VERLÄNGERUNG 9- *** (RP Höglinger) Auch hier gilt: wer noch nicht genug hat, kann noch ein paar tolle Meter dranhängen!

SEKTOR I : VANITAS

Links der riesigen Einbuchtung der Falkensteinhöhle setzt sich die Wand noch ein kurzes Stück fort, ehe sie markant niedriger wird und schließlich sich im Wald verläuft. Aus völlig ebenem Waldboden bäumt sich die Falkensteinmauer noch einmal gehörig auf: Die ersten 20 Meter senkrecht (und gar nicht so löchrig), oberhalb dräuen wieder die altbekannten Überhänge, auch hier von unzähligen großen und kleinen Löchern durchsetzt. Die Routen unter den Überhängen sind technisch ganz schön anspruchsvoll, ein Hochlicht sind auf alle Fälle die 35m langen Ausdauerklettereien, die bis ganz hinauf führen.

157 NAMENLOS 7- ** (1. Beg unbek) Recht neue Route mit goldenen Laschen, etwas splittrig, aber gar nicht schlecht

158 Projekt

159 AUCH SPASS MUSS SEIN 7 ** (RP Holy, Gruber 1989) Technisch anspruchsvolle, senkrechte Wandkletterei

160 VIELHARMONIKER 7+ ** (RP Bilik 1986) Senkrechte Wandkletterei mit diffiziler Schlüsselstelle im Mittelteil

161 ULLI MAYER GEDÄCHTNISWEG 8- *** (RP Holy 1994) Insgesamt eine lange, tolle SL mit rauer Schlüsselstelle ganz hoch oben

162 PASCHDI PASCHDI 9- ✳ (RP Höglinger 2003) Geniale lange Route, Schlüsselstelle ist der Schlußüberhang, bis dorthin max 8-!

163 VANITAS 7+/8- ** (RP Matasovsky, Bilik 1986) Senkrechte Wandkletterei im braunen Fels, schon recht abgeschmiert

164 ANARCHIE 9- * (RP Matasovsky, Bilik 1990) Wenig Lohnende Route an großteils gebohrten Fingerlöchern

165 GUGGUGG 7+ ✳ (RP Matasovsky 1990) Sportkletterklassiker! 2 kurze SL vom Band weg: extrem überhängend und griffig! Mit 70er Seil vom Boden in einer SL möglich!

166 DURCHGESTRICHENES FRAUENZEICHEN 8- ** (RP Matasovsky 1990) Lohnende Ausstiegsvariante: graue überhängende und raue Wand!

167 LUCY TUSSY Keine Haken, gebohrte Griffe, unlohnend

168 AJA 8 *** (RP Höglinger 1994) Schöne lange Route mit tollen Schlußzügen im Überhang

169 VIELSEITIGKEITSPRÜFUNG 8- ** (RP Gruber, Holy 1993) Hübsche Route durch raue Runse

SEKTOR I : VANITAS

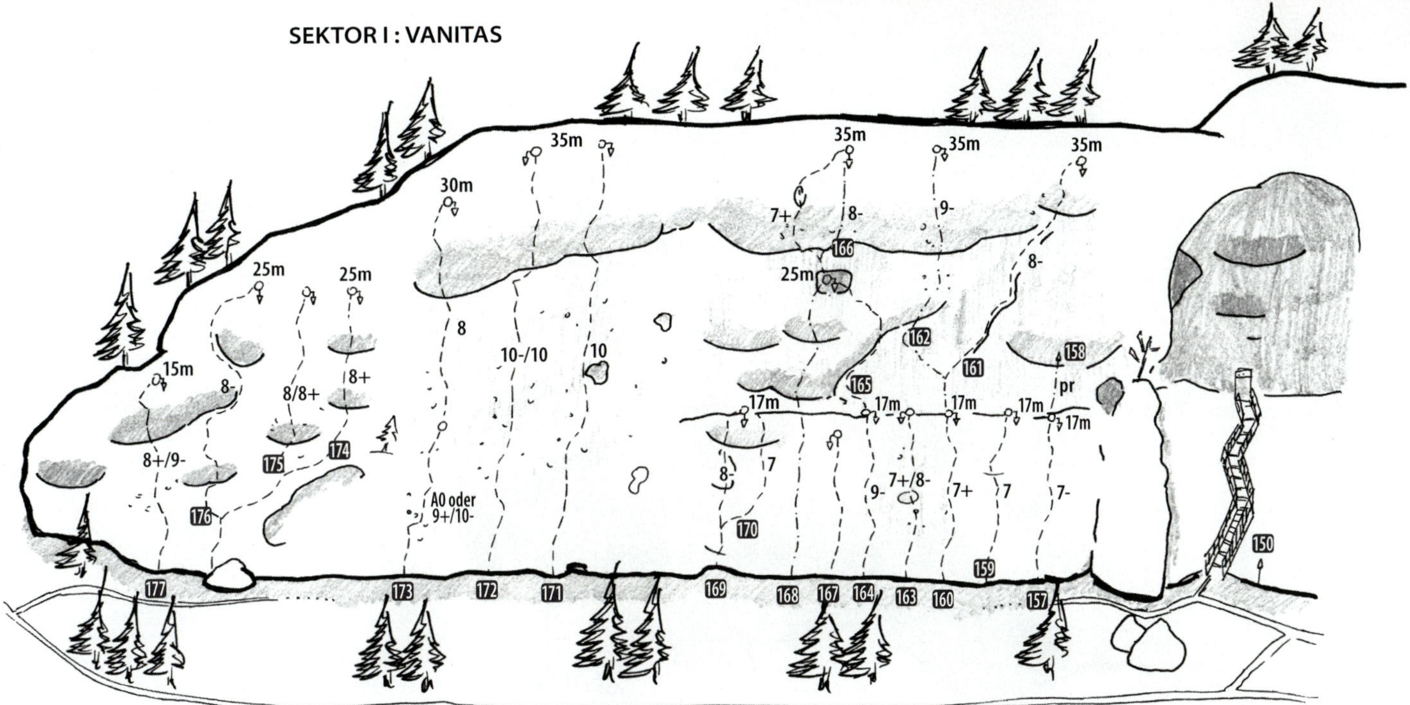

170 SCHLEICH DICH 7 ✱✱ (RP Gruber, Holy 1993) Raue Wandkletterei

171 MICRO TOYS FOR JUMPY BOYS 10 ✱✱✱ (RP Kubista 2002) Ewig lange Ausdauerroute mit genialer Linie

172 ANGEL HEART 10-/10 ✱ (RP Helma 1995) Ewig lang, dazu noch sehr anspruchsvoll mit kleingriffigen Passagen

173 LUFTSCHNAPPER 9+/10- ✱✱✱ (EB Holy, Höglinger 1993, RP Peter Putz 2011) Unten harte brüchige Einzelstelle (A0 möglich) - oben geniale Ausdauerkletterei im 8. Grad an Sinterhenkeln!

174 GEILO 8+ ✱✱✱ (RP Membier 2003) Raue, leicht überhängende Wandkletterei

175 WIELADA 8/8+ ✱✱✱ (RP Höglinger 2003)

176 WENIGER WÄRE MEHR 8- ✱✱ (RP Gruber, Holy 1993) Schöne, abwechslungsreiche Tour; selten begangen, aber lohnend!

177 UNDER PRESSURE 8+/9- ✱✱ (RP Gruber 1993) Leicht überhängende Route mit kleingriffiger Boulderstelle

Barbara Raudner | GOTT GEGEN LISA SIMPSON 10/10+ | Foto: Claudia Ziegler

BONUS: ADLITZBOULDERWANDL

Etwa 100 Meter vor der letzten Serpentine der Zufahrtsstraße, wo die Straße nach rechts direkt unter die Wand biegt, befindet sich 5 Meter rechts der Straße ein kleines, stark überhängendes Wandl, wo einige Boulder von Thomas Schifer eröffnet wurden. Sie sind allesamt stark überhängend und zeichnen sich - wie oben in den Routen auch - durch gute, aber schmerzhafte Löcher aus.

Als Selbstzweck lohnt sich ein Besuch vielleicht nicht wirklich, im Anschluß an einem Besuch in den „Gräben" kann man aber durchaus einmal vorbeischaun - das Boulderwandl liegt zwar südseitig, aber tief unten schattig in der engen Schlucht und bekommt eigentlich keine Sonne ab.

Fanz Steiner | ANGEL HEART 10-/10 | Foto: Tom Bartl

- **A** 7a tr
- **B** 7a+ bl sd
- **C** HUMMELN IM HINTERN 6b+ bl sd
- **D** WALD WILDER WURZELWÜHLER 6b bl sd
- **E** AUF DEN BODEN 7a bl sd
- **F** 6c bl sd
- **G** PROFESSIONAL SERIES 7b bl sd
- **H** 6c+ bl sd
- **I** 7a bl sd
- **J** STIELAUGENWEIDE 6a bl sd

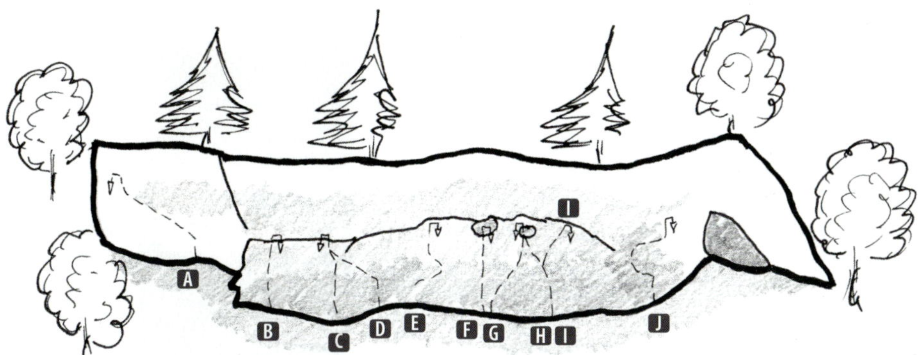

HÖLLENTAL

„Schneeberg und Rax, die beiden östlichsten Alpengipfel, die über die begehrte 2000 Meter Marke hinausragen, sind dank der 1. Wiener Hochquellenwasserleitung, die hier entspringt, ein relativ unberührtes und wildes Berggebiet geblieben. Manche Kletterrouten oberhalb der Baumgrenze brauchen den Vergleich mit Gesäuse- oder Kaiserrouten nicht zu scheuen. Doch auch das romantische Höllenthal mit seiner tobenden Schwarza, das die beiden Gipfel trennt, geizt nicht an Reizen bez. Felsqualität, guter Absicherung und großer landschaftlicher Vielfalt.

Der Versuch, über ebendieses Tal und seine Trabanten objektiv zu schreiben, ist zum Scheitern verurteilt, da ich jedesmal aufs Neue begeistert bin, wenn ich von der grauen Stadt in das enge Tal komme: Grüne Föhren, helle Kalkwände, unten rauscht die glasklare Schwarza, die an manchen Stellen herrliche Mäander und Sandstrände bildet", schreibt Thomas Behm in seinem „Kletterführer Höllenthal, Rax und Schneeberg", der im Jahre 2006 bereits in der 6ten Auflage erschien. Das liebevoll gestaltete, handgeschriebene Buch beschreibt 1500 Routen vom 2ten bis zum 11ten Schwierigkeitsgrad, von der kurzen Klettergartenroute bis zur 17 Seillängen messenden alpinen Sportkletterei.

Früher war das Höllenthal in der Tat die Hochburg der alpin angehauchten Kletterer, heutzutage ist es bei Sportkletterern ebenso beliebt:
Eine Vielzahl an Klettergärten wurde eingerichtet, von denen manche zu den schönsten in diesem Buch und auch in weiterem Umkreis zählen. Vor allem im Hochsommer tummeln sich nun etliche Kletterer an den meist schattigen Wänden, gönnen sich nach getanem Tagwerk ein erfrischendes Bad in der Schwarza und ein kühles Bier im Kletterzentrum Weichtalhaus. Auch die Schwierigkeitsspirale wurde gehörig nach oben gedreht: Vor allem Arthur Kubista und Bernie Fiedler eröffneten in den letzten Jahren Sportkletterroute bis zum Schwierigkeitsgrad 11- !

Von der Vielzahl an Wänden und Sportklettergebieten (alle im oben erwähnten Höllenthalführer beschrieben) sind in diesem Auswahlführer 4 herausgegriffen, welche den Idealen eines „Klettergartens" am ehesten entsprechen:

Der **Fuchslochgraben**, das **Schattenreich**, die **Weiße Wand** und das **Niemandsland** - diese Gebiete kamen seit dem Erscheinen des Höllenthalführers neue Routen hinzu, welche hier nun auch beschrieben werden. Jedoch sei noch erwähnt, das es sich bei diesen beiden Gebieten um ein Bruchteil an genialen Klettergärten handelt. Da gibt es noch das sagenumwobene Atlantis mit seinem Sensationsfels (40 Touren), die Weichtalklamm (80 Touren), den Kadath (30 Touren), den Wachthüttelturm (80 Touren), die Schönbrunnerstiege (30 Touren), den Kesselgrabenwächter (20 Touren), sowie viele weitere Gebiete …

Andrea Maruna | VEGAS BABY 10/10+ | Foto: Claudia Ziegler

FUCHSLOCHGRABEN

Am Eingang des Höllenthales zweigt nach rechts ein schluchtartiger Graben ab, der bis zum Mittagstein hochzieht. In seinem untersten Teil finden sich an beiden Seiten des Grabens unzählige Felsformationen, welche ab dem Jahre 2000 zum Sportklettern entdeckt wurden: In einigen unterschiedlichen Sektoren gibt es nun 40 Sportkletterrouten mit einer Länge bis zu 35 Metern, vorwiegend im 6ten bis 8ten Schwierigkeitsgrad, zu klettern, welche alle bestens abgesichert sind. Zumeist handelt es sich um senkrechte bis leicht überhängende Wandklettereien in grauem, oft wasserzerfressenem Fels. Der Zustieg ist kurz und bequem, die Lage im Graben ruhig und romantisch, und am Ausgangspunkt findet sich eine tolle Sandbank zum kühlen Bad im Hochsommer. Sonnige und schattige Sektoren liegen dicht beieinander, sodaß man problemlos hin- und herwechseln kann.

Nach der ersten Erschließungsphase durch Thomas Behm und Stephan Libicky nahmen sich Martin Bauer und Barbara Deuerlein des Gebietes an, eröffneten etliche Neutouren, sogar einen neuen Sektor, verbesserten die Einstiegsplätze und fabrizierten äußerst liebevoll gestaltete Einstiegsbezeichnungen. Ein kleines, gar nicht unfeines Boulderwandl am Grabeneingang rundet das Ganze noch schmackhaft ab.

Fast wie in Arco, möchte man meinen - in der Tat handelt es sich jetzt um einen der besteingerichteten Klettergärten im südlichen Niederösterreich; mit einer Einschränkung vielleicht: Da oberhalb der Sektoren Schrofenzonen und Schuttfelder liegen, poltern manchmal Steine herab: Ein Steinschlaghelm ist daher wirklich anzuraten!

ZUFAHRT KFZ:
Von Wien über die A2 (Südautobahn) und die S6 (Semmeringschnellstraße) bis zur Ausfahrt Gloggnitz. Man folgt der Beschilderung Richtung Höllental, passiert Payerbach, Reichenau, Hirschwang und erreicht den Eingang des Höllenthales bei der Talstation der Raxseilbahn. weiter der Straße durchs Höllenthal noch ein kurzes Stück folgen bis zur 1. Brücke (Rechenbrücke). Davor rechterhand ein großer Parkplatz. Anfahrtsplan auf Seite 342.

ZUFAHRT Öffis: Mit der Bahn bis Payerbach/Reichenau und dem Bus zur Talstation der Raxseilbahn (verkehrt regelmäßig).

ZUGANG KFZ: Vom Parkplatz Rechenbrücke über die Brücke und rechtshaltend am Wasserleitungsweg (ausgeschildert) wenige Minuten entlang zum Auslauf des markanten Grabens (bevor der Weg in Kehren ansteigt). Nun auf Steiglein im Grabengrund einwärts zu den einzelnen Sektoren (10 – 15min).

ZUGANG Öffis: Kommt man mit den öffentlichen Verkehrsmitteln, geht man von der Bushaltestelle Raxseilbahn übers Wehr und folgt dem ausgeschilderten Wasserleitungsweg etwa 15min, bis man ebenfalls (nach einigen Abstiegskehren) zum Grabenauslauf gelangt (Gesamt 20 – 30min).

BESTE JAHRESZEIT: Die Sektoren am rechten Rand des Grabens sowie das Boulderwandl sind absolut nordseitig ausgerichtet, bekommen nie Sonne und sind so optimal für den Sommer geeignet. Die Sektoren am linken Rand des Grabens sind südseitig ausgerichtet: Durch die Enge des Grabens bekommt man hier aber nur zwischen April und September genug Sonne ab, im Winter bleibt es hier schattig. Hier klettert man also am besten im Sommer, wenn es etwas kühler oder bewölkt ist.

1-4	5-7	≥8	Σ UIAA	Projekt
0	25	12	40	3

10-15min 15-35m

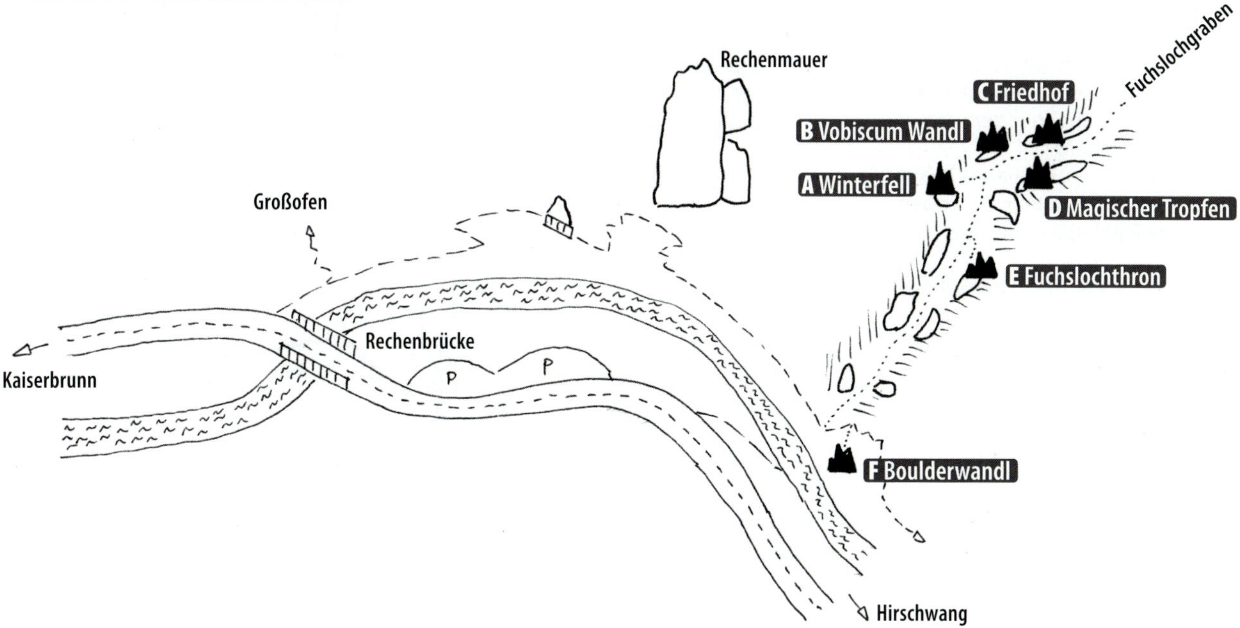

SEKTOR A: WINTERFELL

Der neueste und sonnigste Sektor im Fuchslochgraben: Vorwiegend Touren im 6ten und 7ten Schwierigkeitsgrad, teils in eher brüchigen Rissen, teils an grauen Platten, teils in perfektem Tropflochfels!

1 DER WINTER NAHT 6+ ✱ (RP Bauer 2006)
Rustikale Riß- und Verschneidungskletterei an etwas brüchigem (aber gut geputztem) Fels. Bestens abgesichert!

2 ZEIT DER KRÄHEN 6+ ✱ (RP Bauer 2006)
Unten Verschneidung in tollem Fels, oben derbe, brüchige Rißkletterei. Bestens abgesichert!

3 STORMBORN 7+ ✱✱✱ (RP Bauer 2006)
Eine der schönsten neuen Touren: steile Wandkletterei an perfektem Tropflochfels!

4 DUNKLE SCHWINGEN 9- ✱✱✱
(RP Bauer 2006) Beeindruckende Linie - tolle Lochausdauerkletterei! Weit abgesichert, manche BH schwer zu klinken!

5 WINTERFELL 7/7+ ✱✱ (RP Bauer 2006)
Hübsche graue Platte mit tollem, steilem Ausstieg

6 SCHATTENWOLF 7 ✱✱ (RP Bauer 2006)
Kurze graue Wandkletterei, oben sehr schön!

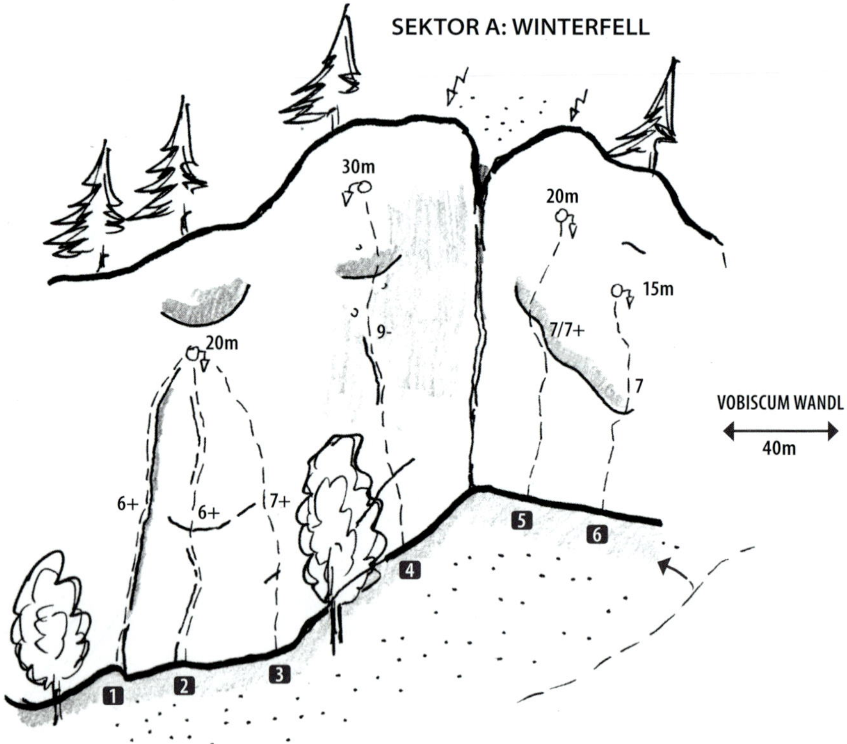

SEKTOR B: VOBISCUM WANDL

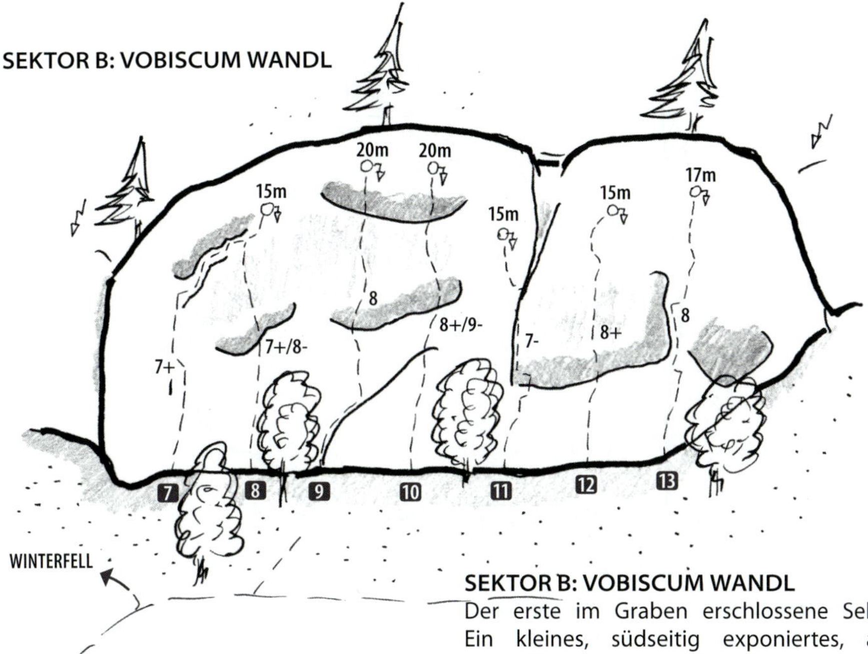

SEKTOR B: VOBISCUM WANDL

Der erste im Graben erschlossene Sektor: Ein kleines, südseitig exponiertes, aber recht überhängendes Wandl mit etwas untypischem Fels- schwarzweißer Kalk, der recht koksig ausschaut, aber im großen und ganzen sehr solid und vor allem unglaublich rau (bisweilen nadelig!) ist. Alle Touren sind bestens abgesichert, weisen gute Löcher und Tropfgriffe auf und sind trotz der Kürze ganz schön kräftig und sogar ausdauernd!

7 MINAS ANOR 7+ ✱✱ (Behm 2000, RP Membier) rauer, löchriger Überhang

8 GONDOLIN 7+/8- ✱✱ (RP Behm 2000) rauer Überhang und toller Dachriß

9 IN DEN MAUERN VON ERYX 8 ✱✱✱ (Behm, RP Membier 2000) Sehr rauer Fels - anstrengend

10 HALTIUM 8+ ✱✱✱ (RP Membier 2000) Goldene Laschen: die längste und beste Tour am Wandl. Oben tolle Züge an grauen Leisten

11 POLARIS 7- ✱✱ (RP Behm 2000) Raue, steile Lochkletterei

12 DAMPFENDE DUMMHEIT 8+/9- ✱✱ (Behm 2000, RP Höglinger) Technisch anspruchsvoll

13 TRÄNEN UND STAHL 8 ✱✱ (Behm 2000; RP Höglinger) Arge, ungemein technische Verschneidung

SEKTOR C: FRIEDHOF

Eigentlich sticht dieser Bereich gleich ins Auge: Ein markanter, 50m hoher Pfeiler aus grauem, aber auch schwarzem und rosa Fels. Bis vor kurzem gab es hier nur eine Zweiseillängentour, in den letzten Jahren wurden hier etliche Neurouten erschlossen. Der Fels ist nicht immer ganz fest, aber unglaublich rau (tw. fast zu rau zum Klettern), die Routen sind bis zu 35m lang und nicht von schlechten Eltern! Zumeist handelt es sich um senkrechte Wand-, aber auch Riß- und Verschneidungskletterei.

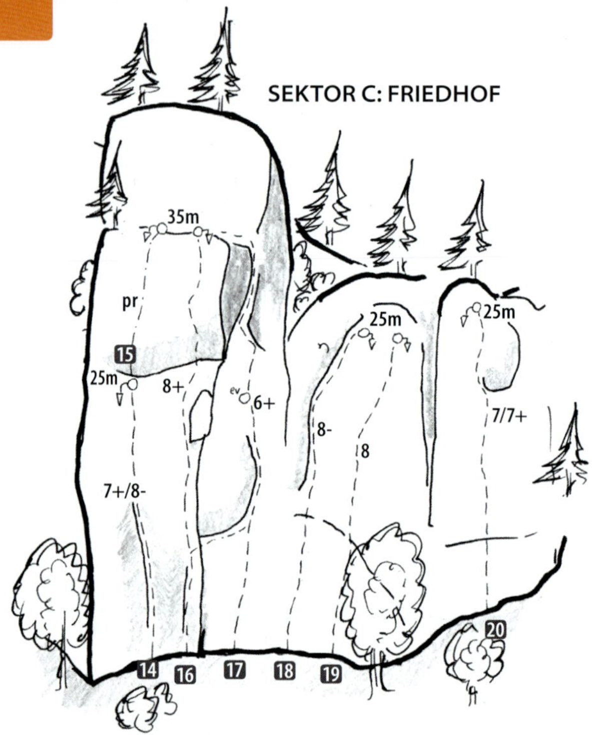

14 THE CUTTIN EDGE OF SILENCE 7+/8- ✱✱
(RP Bauer 2007) Unten tolle, rechtwinkelige Verschneidung in Superfels, oben etwas unangenehm. Moralisch abgesichert!

15 Projekt BAUER
Die Fortsetzung durch die glatte graue Platte

16 ZENTRALFRIEDHOF 8+ ✱✱✱
(RP Bauer 2007) Lange, geniale Linie über die schiffsbugartige überhängende Kante. Extrem rau! Oben tolle Züge, mittendrin etwas großblockig

17 FRIEDHOF DER MAMENLOSEN 6+ ✱✱✱
(Libicky, Trawnicek 2000) Tolle 35m-Länge durch Superrisse - neuer direkter Einstieg!

18 RONIN Projekt

19 GRIPPER IN OSTUMLAND 8 ✱✱
(RP Bauer 2007) Unten grasig und brüchig, aber leicht, oben tolle graue Wandkletterei - technisch sehr anspruchsvoll!

20 BIG FAT MONSON 7/7+ ✱ (RP Bauer 2006)
Nicht so schlechte Tour, aber teilweise ziemlich labiler Fels

SEKTOR D: MAGISCHER TROPFEN

Bis zu 30m hohe und 80m breite Wand, vorwiegend senkrechter grauer Fels, tw. stark erosioniert und wasserzerfressen. Der beliebteste und vielleicht auch schönste Sektor im Fuchslochgraben!

21 ALTE VERSCHNEIDUNG 6+ ✱
(RP Behm 2001) Glatte Verschneidung, weniger lohnend!

22 IM TAL DER NAGELKEULE 8-/8 ✱✱
(RP Behm 2000) Achtung - alle Haken fehlen!

23 HÖLLENTANZ 9+ ✱✱
(Behm, RP Reicht 2005)
Technisch ungemein anspruchsvolle Tour in senkrechter, sehr kompakter Platte

24 MINAS ITHIL 7+ ✳ (RP Behm 2000)
Wunderschöne Route in sehr kompaktem, griffigem weißem Fels!

SEKTOR D: MAGISCHER TROPFEN

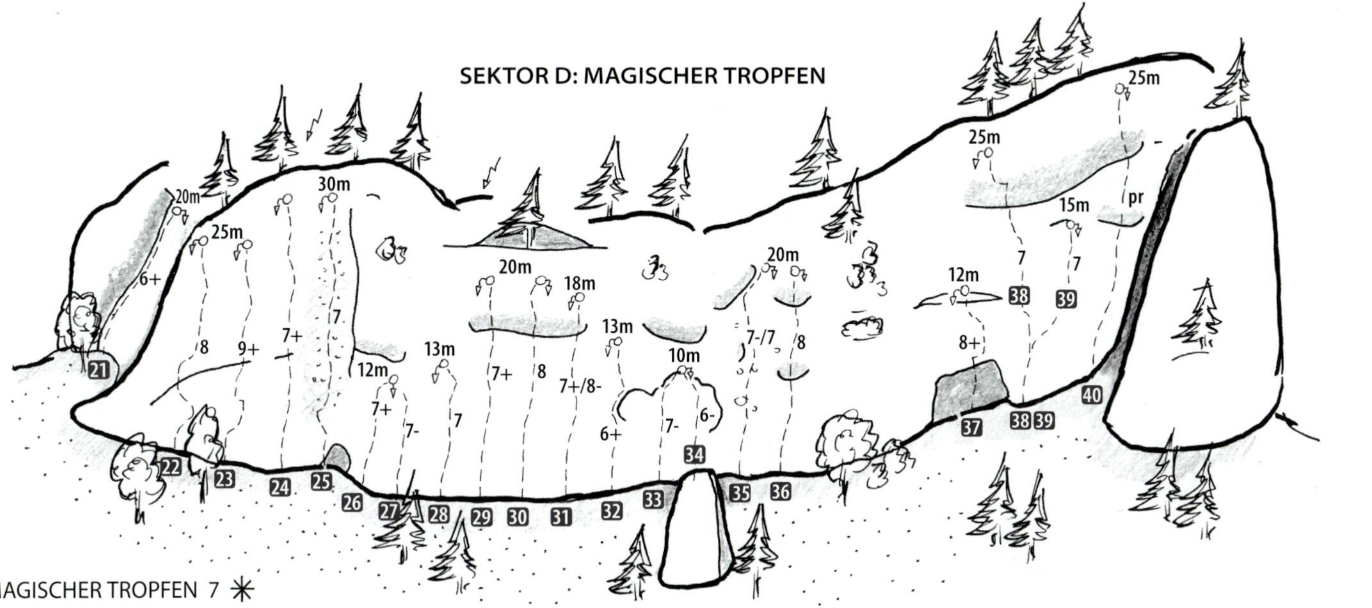

25 MAGISCHER TROPFEN 7 ✳
(RP Libicky 2000)
Wunderschöne, sehr markante Lochrunse

26 DER WÜRTHIGE NACHFOLGER 7+/8- ✳✳
(RP Libicky 2000) Kurze weiße Kante

27 ERDNUSSHUHN 7- ✳ (RP Libicky 2000)
Kurz und mäßig

28 DIE WINTERKRIEGER 7 ✳✳✳
(RP Libicky 2000) Schön und zerfressen

29 DIE NEUE DIMENSION DES BOHRENS
7+ ✳✳ (RP Libicky 2000)
Hübsche löchrige Tour

30 GRAVELAND 8 ✳✳✳ (Behm 2000, RP Fidi)
Zuletzt ein genialer Leistenüberhang

31 SCHATTEN AUS DER ZEIT 7+/8- ✳✳✳
(RP Behm 2000) Etwas leichterer, aber genauso toller Leistenüberhang am Schluß

32 ANGBAND 6+ ✳ (RP Behm 2000)
Etwas brüchige Schuppe

33 DAGORLAD 7- ✳✳ (RP Behm 2000)
Guter Fels, diffizil und kurz

34 DRAUGLUIN 6- ✳ (RP Behm 2000)
Kurz und mittelmäßig

35 WASSERGEBORENE 7-/7 ✳✳✳ (RP Bauer 2006) schöne Kletterei an großen Löchern - Schlüsselstelle am Schlußüberhang

36 ERDGEBORENE 8-/8 ✳✳ (RP Bauer 2006)
gute Lochkletterei mit hartem Schluß

37 SPACE CAVE 8+ ✳✳ (RP Behm 2001)
Kurze, stark überhängende Bouldertour aus dem Loch; guter Fels

38 BLACK METAL IST KRIEG 7 ✳✳✳
(RP Behm 2001) Schöne raue Wandkletterei in Superfels, tolles Schlußdach

33 SEVEN TEARS 7 ✳✳ (RP Behm 2001)
Nette kurze Wandkletterei, endet unterm Dach

40 ALLE LUST WILL EWIGKEIT Projekt

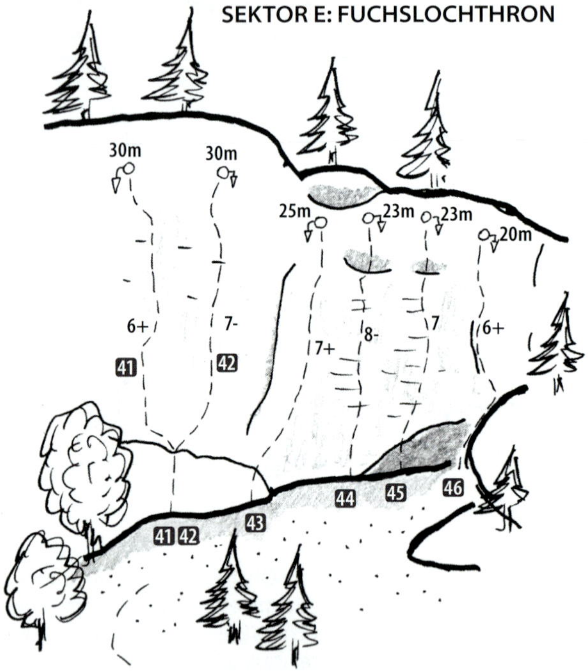

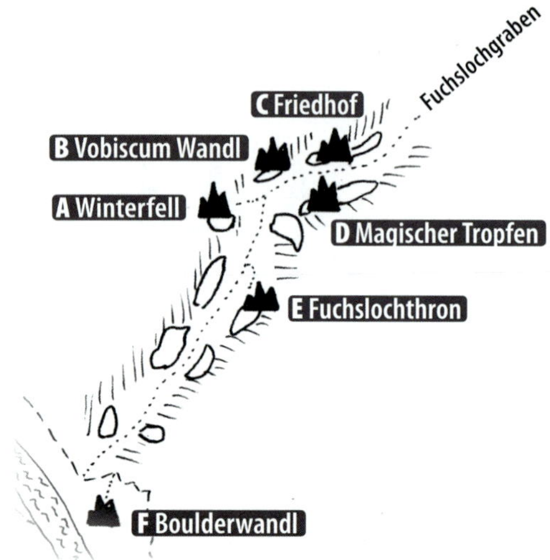

41 SUARZAHA 6+ ✱✱ (RP Behm 2000)
Lange, senkrechte Wandkletterei mit vielen versteckten Henkeln

42 RIGER 7- ✱✱✱ (RP Behm 2000)
Schöne, sehr konstante und lange senkrechte Henkelei. Schlüsselstelle am Schluß

43 HLIDSKJALF 7+ ✱✱✱ (RP Behm 2000)
Tolle, leicht überhängende Wandkletterei mit schrägen grauen Leisten

44 MOON IN THE SCORPIO 8- ✳
(Behm 2000, RP Fidi) Hervorragende, großgriffige, teils versinterte Ausdauerkletterei

45 FUCHSLOCHTHRON 7 ✳ (RP Behm 2000)
Geniale Ausdauerkletterei in Spezialhenkellandschaft

46 GRÜNE HÖLLE 6+ ✱✱ (RP Behm 2000)
Nicht ganz so toll am rechten Rand

SEKTOR E: FUCHSLOCHTHRON

Überraschung: Das unscheinbarste, schattig hinter Bäumen versteckte Wandl befindet sich irgendwie in einem finsteren Winkel und schaut auf den ersten Blick nicht besonders aus. Aber: Die 25m hohe, weiße und konstant leicht überhängende Wand bietet überraschenderweise ziemlich genialen, einzigartigen Fels mit meist großen, hinterschnittenen Auflegerkanten. Die Touren sind daher alle ganz schön ausdauernd und sehr schön zu klettern!

Barbara Raudner | DERELINQUAD 10- | Foto: Hannes Raudner

SEKTOR F: BOULDERWANDL

Ganz am Ausgang des Fuchslochgrabens, jenseits des Wasserleitungsweges, nur wenige Meter oberhalb der Schwarza, befindet sich ein kleines, gar nicht schlechtes (für Höllenthalverhältnisse) Boulderwandl: 25m breit, bis zu 6m hoch und relativ flaches Absprunggelände in Kombination mit leicht überhängenden, technisch anspruchsvollen Bouldern an meist kleinen Leisten können einen hier etwas verweilen lassen. Besonders genial natürlich im Hochsommer, in Kombination mit einem Badetag an der Schwarza: Durch den Fluß watend erreicht man das Wandl in 2 Minuten!

Von rechts nach links:

- **A** 7a bl sd
- **B** 7a bl sd (beide Boulder in einer kleinen Höhle 30m rechts der Hauptwand)
- **C** DIE FÜNF ELEMENTE 7b+ trav
  Steigt über **I** aus
- **D** 6b+ bl sd
- **E** WASSER 6c bl sd
  Gute Leistenzüge
- **F** METALL 6c bl sd
  Gute Leistenzüge
- **G** HOLZ 6c bl sd
- **H** FEUER 6b+ bl sd
- **I** ERDE 6c bl sd Technisch
- **J** 7a bl sd Glatter Fels

SEKTOR F: BOULDERWANDL

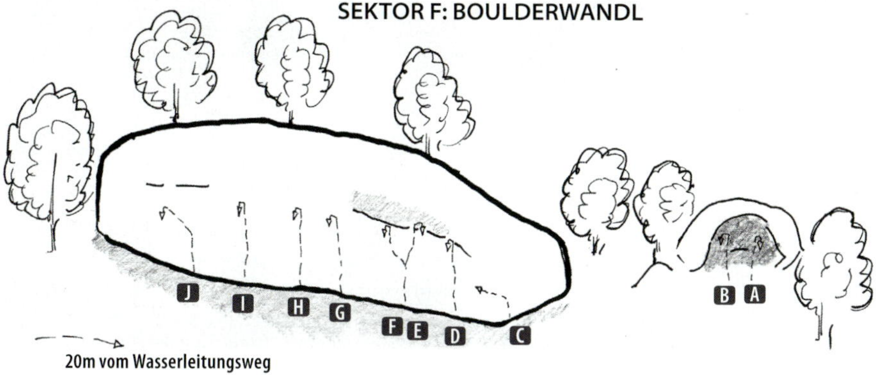

Arthur Kubista | BASILISK 11- | Foto: Robert Lasar

SCHATTENREICH

1-4	5-7	≥8	Σ UIAA	Projekt
0	4	30	44	10

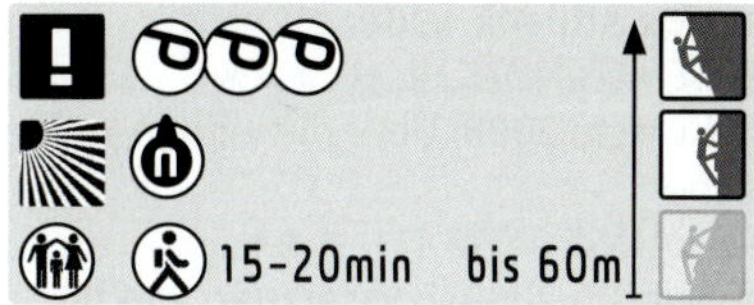

In den letzten Jahren entwickelte sich das herrlich ruhige und abgeschiedene (dennoch leicht erreichbare) Schattenreich zu einem der „härtesten" Sommer-Klettergärten des Höllenthales.
Vornehmlich Arthur Kubista zogen die monströsen Dächer in seinen Bann und er beging eine Vielzahl an tw. unwiederholten Routen im obersten Schwierigkeitsbereich. Insgesamt gibt es hier mittlerweile über 40 Routen, bis zu 30m lang, sehr gut abgesichert, mit dem Schwerpunkt zwischen 8 und 9!
1997/1998 wurde das Schattenreich von Thomas Behm entdeckt und die rasch auftretenden Probleme mit Jagd und Grundeigentümer wurden in einem runden Tisch vorbildlich gelöst (siehe auch Einleitung im „Kletterführer Höllenthal" und der nachfolgende Appell).
Die Felsqualität im Schattenreich reicht von „grenzgenial" (löchrig, rau) bis etwas durchwachsen (in den braunüberhängenden Bereichen). In den ganz schweren Touren wurde tw. auch mit Klebstoff nachgeholfen. Die Einstiege sind sehr bequem und schön gelegen (mit herrlichem Blick zum Klosterwappen), und das Gebiet ist trotz des kurzen Zustieges auch nie wirklich überlaufen.

ZUFAHRT KFZ:
Anfahrtsplan auf Seite 342.

ZUGANG:
Von Kaiserbrunn (P beim Gratiscampingplatz) am Ghf vorbei eben taleinwärts zu einem Sperrgatter. Hier rechts (Tafel) über den bez. Wanderweg Richtung Hallerhaus aufwärts. Nach 4 Kehren folgt eine längere ebene Wegstrecke. Hier noch ca 150 Meter weiter und rechts (meist Steinmann) schräg auf Steiglein aufwärts unter die Wand. 15-20 min.

BESTE JAHRESZEIT:
Hochsommer – die Sonne scheint erst gegen Abend in die Wand

ACHTUNG!
- **Bitte nur von Anfang Juni bis Ende Oktober klettern!**
- **Das Gebiet 2 Std vor Sonnenuntergang verlassen!**

(Vereinbarung mit dem Grundeigentümer zum Fortbestand dieses Klettergebietes)

Andrea Maruna | DERELINQUAT 10- | Foto: Claudia Ziegler

1 WALDSCHRAT 8- ✱✱
(Membier, RP Behm 1998) Gelbbraune, etwas splittrige Ausdauertour

2 Projekt Behm - freigegeben

3 TOPFPFLANZEN GEHT'S SPAZIEREN 7+ ✱✱
(RP Gasser 1998)
kurze nette graue Plattenkletterei

4 MERCEDES SOSA 8+/9- ✱✱
(Gasser 1998, RP Aigner 1999)
diffizile kleingriffige Wandkletterei

5 SCHATTENFANTASIE 9- ✱
(RP Neumüller) nicht ganz so schön wie 4

6 7 beide Projekt Behm – freigegeben

8 ORTHANC 8- ✱
(Behm 1998; RP Fidi) stark überhängende Henkelei, aber flechtig und dreckig

9 TATZELWURM GAB FERSENGELD 10- ✱✱✱
(RP Kubista 2003) Einstiegsboulder und sehr übrhängende Ausdauerkletterei

10 Projekt Behm – freigegeben, leider oft nass

11 MAITRE VAUBAN UND DER BASILISK 11 ✳
(RP Kubista 2003) 12 Meter überhängende, völlig natürliche Linie! Sensationelle Bewegungen, viel Dynamik, alles da: Leisten, Löcher, Zangen, Aufleger, Sinter…

12 BELLE VUE 8/8+ ✱✱ (Seidel, RP Kubista 2003)
Unten Dynamo, oben etwas trickreich

13 OISOFINDESUPA 9+ ✳ (RP Kubista 2004)
Viel besser als sie aussieht!
Unten 7+, oben Boulder und Ausdauer

14 FICHTENKUSCHLER 10- ✳
(RP Kubista 2004) Trickreiche Route, harte Einzelstelle, weit gesichert

15 I WEAR MY SUNGLASSES AT NIGHT 9-/9 ✱✱✱ (Woitzuck 2009)
Sintrige Athletik, leider oft nass

16 VERSEHRTENDACHL 11- ✱✱✱
(RP Kubista 2008) Über die wilden weißen Dächer

17 DER LANGE ATEM 11+ ✱✱✱
(RP Kubista 2009) Fortsetzung von 16, schwerste Tour im Höllental

18 19 Projekt

20 UTOPICS 8+/9- ✱✱✱
(RP Membier 1998) Tolle Ausdauertour mit Bühlerhaken; Crux am Beginn, dann Sinterhenkeln, lässig!

21 AKTION TALON 10/11- ✳

22 DACHBODENPARTY BEI TOM 10/10+ ✳
(RP Kubista 2004) Spektakuläre Dachkletterei, einzigartig im Wiener Raum!

23 DAS KLEINE ARSCHLOCH 9-/9 ✳
(Membier 1998; RP Fidi) Geniale Lochkletterei über die wilde Kante!

24 KÖNIG LAURIN 8 ✱✱ (RP Membier 1998)
Guter Einstiegsüberhang, dann mittelmäßig

25 LITHOMANIA 7+ ✱✱✱ (RP Membier 1998)
Gute Aufwärmtour; unten flechtig, oben geniale Struktur

26 OTTO FIND ICH GUT 8 ✳
(RP Höglinger 1998)
Oben geniale Strukturen!

27 TAKE IT EASY 8+/9- ✳
(Membier, RP Höglinger 1998)
Gute Linie über tolle Struktur, steil!

28 Projekt

29 DERELINQUAT 10- ✳
(Gasser; RP Kubista 2004)
Harte Boulderpassage

30 SCHWÄCH DE RECHTE 9-/9 ✳
(RP Kubista 2004) Superfels, Bühler, markante Einzelstelle

31 32 33 Projekt

34 FIDIFLINK 8+/9- ✱ (Behm 1998, RP Fidi)
Zwei kleine Dächer

35 ALDARON 8 ✱ (Behm 1998; RP Fidi)
Einzelstelle an Untergriffohrwaschl)

36 DES SATANS NEUE KLEIDER 7+/8- ✱✱✱
(RP Behm 1998)
Schwarze enge Verschneidung

37 VIKINGLAND 8-/8 ✱✱✱
(RP Behm 1998) schöne Wandkletterei, harte Einzelstelle, guter Fels!

38 FLIEGENTREK M.B.H. 9-/9 ✱✱✱
(RP Kubista 2004) def: immer links bleiben; oben sehr plattig!

39 FIMBULWINTER 8-/8 ✱✱✱
(RP Behm 1998) Geniale weiße Kante!

40 RITUAL 8- ✱✱✱ (RP Behm 1998)
Schöne Wand- und Risskletterei

41 YGGDRASIL 8+ ✱✱
(Behm; RP Kubista) Einstiegsboulder

42 VAR. 9+/10- unlohnend

43 Abruptum 8 ✱✱ (Behm; RP Gamsjäger 1998) harter Einstieg

44 GAMSBARTOLYMPIADE 6+ ✱✱
(RP Behm 1998)
Einstiegsboulder, dann nette Henkelei

Arthur Kubista | DER LANGE ATEM 11+ | Foto: Beate Loinger

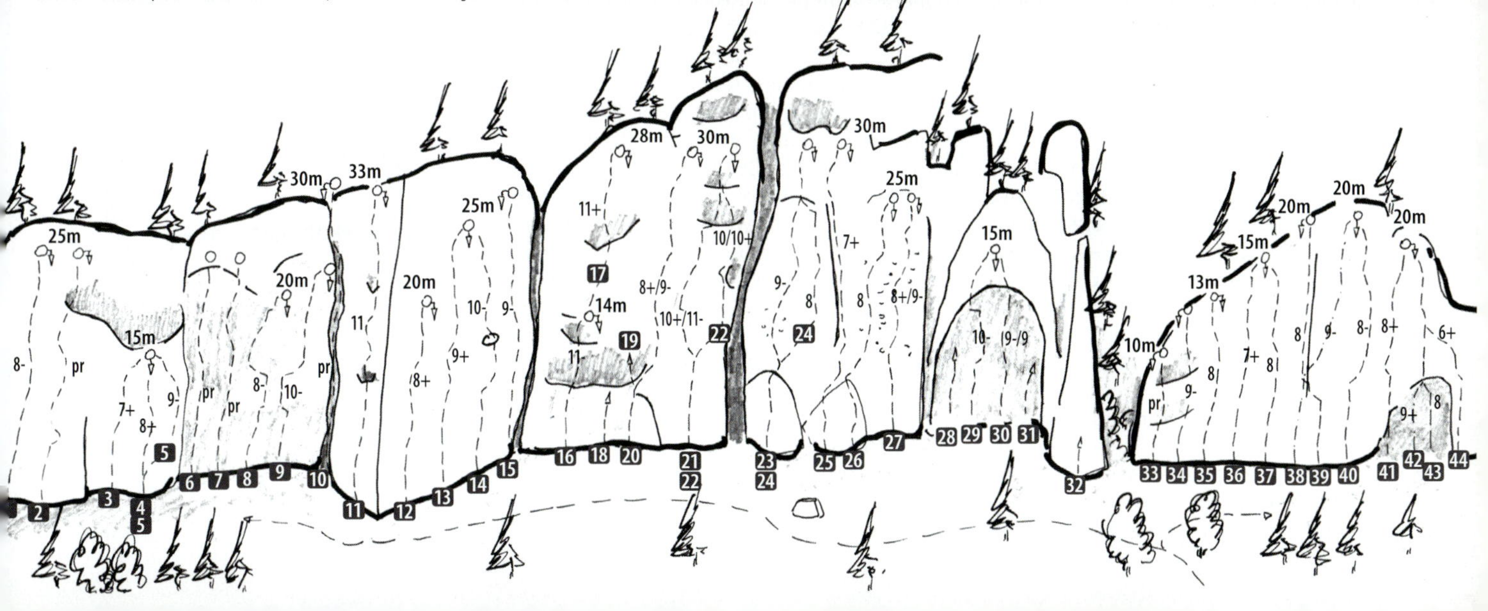

WEISSE WAND (BLECHMAUER)

1-4	5-7	≥8	Σ UIAA	Projekt
0	13	17	30	0

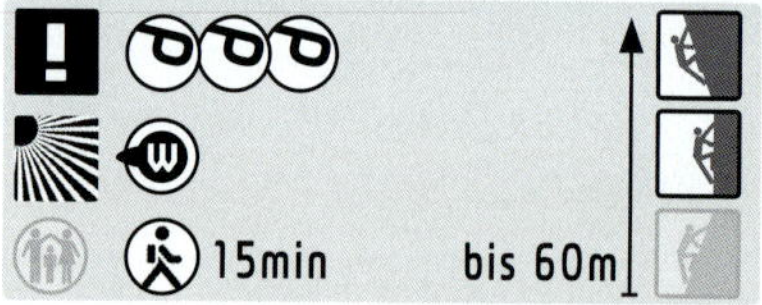

E9

Das Grosse Höllenthal, ein altes Gletscherbecken, das jetzt als das gewaltigste „Schaustück" der Rax sich darbietet, jener fast 1000m tiefe Einschnitt mit dem gewaltigen Felsenkranz ringsum, gehört gewiß zu den landschaftlichen „Highlights" im Wiener Raum!
Geklettert wird hier schon seit ewigen Zeiten, im extremeren Bereich auch seit 100 Jahren in der bis zu 300m hohen Blechmauer am Taleingang linkerseits- seit zwei Jahrzehnten ziehen hier auch viele bohrhakengesicherte Mehrseillängentouren vom Feinsten empor (siehe „Kletterführer Höllenthal").
Daß sich am „Wandfuß" dieser gewaltigen Wand auch ein sehr guter und „benutzerfreundlicher" Klettergarten befindet, wissen nur die Wenigsten:
Die „Weisse Wand" (im rechten Teil der Wand unter gewaltigen Überhängen gelegen) bietet zwei Dutzend sehr schöne und meist bestens gesicherte Sportkletterrouten von 6-9, mit einer Länge von 10-30 Metern. Die Routennamen sind meist angeschrieben, der Fels ist meist schneeweiß, extrem kompakt und wird von vielen guten, aber schlecht sichtbaren Leisten und Löchern durchzogen, was die Kletterei durchaus technisch anspruchsvoll gestaltet. Die landschaftliche Lage ist einfach nur als „erhaben" oder „sensationell" zu bezeichnen, der Zustieg ist kurz, die Einstiege sind sehr bequem und generell als steinschlagsicher zu bezeichnen; durch das „Dach" der Überhänge kann hier sogar bei leichtem Regen gut geklettert werden! Vor allem für Kletterer des 7.-8. Grades ein schönes Ziel!

ZUFAHRT KFZ:
Anfahrtsplan auf Seite 342.

ZUGANG:
Vom großen Parkplatz kurz nach dem mit einem großen Gitter versperrten Eingang des Großen Höllentales (von Hirschwang kommend etwa 300m nach dem Lawinentunnel) auf der Straße 50m zurück zum Eingang des Großen Höllenthales. Nach dem Gitter (links ein offizieller Durchlaß) auf der Forststraße taleinwärts in Kürze unter die Blechmauer. Bevor die Forststraße (nach einem langen ebenen Stück) wieder anzusteigen beginnt, auf Steiglein links abzweigen und (den breiten Wanderweg, der von der Schönbrunnerstiege kommt) überquerend, zuletzt durch Schutt steil aufwärts zum tiefsten Punkt der Blechmauer und mit wenigen Schritten nach links zur bereits länger sichtbaren „Weissen Wand" (15min)

BESTE JAHRESZEIT:
Im Hochsommer bis 15 Uhr schattig! Im Frühling und Herbst nur bei warmer Witterung, im Winter zu kalt.

Lisa Fally | MASSADA 1.SL 6+ | Foto: Bernd Schwanda

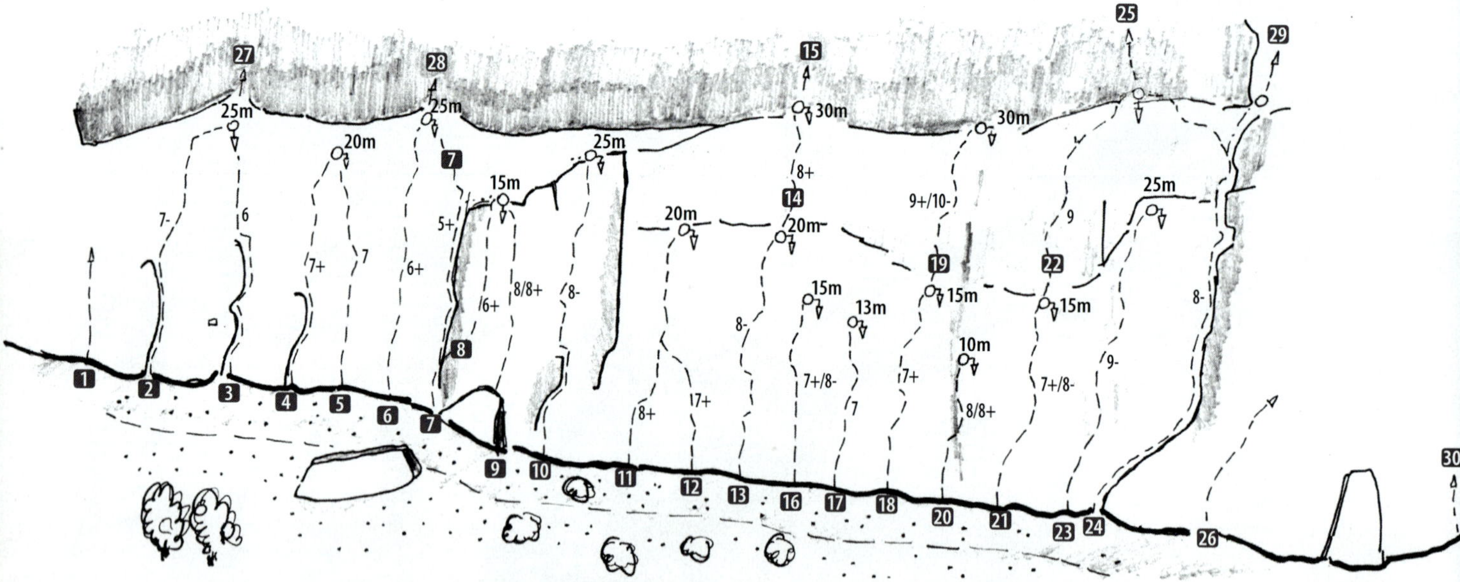
25
29
27
28
15
25m
25m
30m
30m
20m
7
25m
15m
8+
14
25m
9+/10-
7-
6
20m
20m
9
5+
7+
7
6+
8/8+
8-
19
22
15m
15m
15m
13m
6+
8-
10m
8-
8
7+
9-
7+/8-
17+
7+/8-
8+
7
8/8+
1
2
3
4
5
6
7
9
10
11
12
13
16
17
18
20
21
23
24
26
30

1 SATYRICON 9+
Mehrseillängentour, 1. SL unlohnend

3 RAUCHQUARZ 7- ✱
(RP Behm 1990) Die erste Kurzroute hier! Sehr schlechte, gefährliche Absicherung!

3 HIEBLPLATTE 6 ✱
(Kapfenberger, Braun 1984)
Ebenfalls schlechte Absicherung!

4 GOLLUM 7+ ✱✱
(RP Behm 1997) Klebehaken; mittig eine hübsche Lochplatte

5 BACK TO THE ROOTS 7 ✱✱
(RP Behm 1997) Plattige, ganz nette Route im grauen Fels

6 MASSADA 1. SL 6+ ✱✱
(RP Gsenger 2001) 1. SL der langen Extremtour; schwieriger Einstiegszug, dann Genußhenkelei

7 NEUER REHARISS 5+ ✱
(RP Behm 1999) Etwas ruppige Kletterei im altklassischen Riß + Verlängerung nach links zum Abseilstand.

8 DIE DUNKLE BRUDERSCHAFT 6+ ✱✱
(RP Behm 1998) Schöne graue Henkelei, Gruß dem Erich!

9 BLOCKBUSTER 8/8+ ✱✱
(Libicky 1998; RP Höglinger) Größenstelle am Beginn, dann schöne 8- Kletterei

10 WO DIE SCHWARZEN VÖGEL ZIEHN 8- ✱✱✱
(RP Holy 1999) Sehr schöne und abwechslungsreiche Kletterei mit unübersichtlicher Schlüsselstelle

11 BATTLES IN THE DUSK 8+ ✱✱✱
(Behm 1998; RP Holy)
Harte Boulderstelle am Baucherl

12 GORGOROTH 7+ ✱✱✱ (RP Behm 1998)
Rauhe abwechslungsreiche Tour!

13 KNOBBI 8- ✱✱✱ (RP Gsenger 1991 Überraschend raue, tolle weisse Wandkletterei

14 WHITE PUNKS ON SOAP 8+ ✱
(RP Membier 1999) Runde, glitschige und mäßige Verlängerung

15 REHAWEG 9+/10- ✳
(RP Würzl 2003) Fantastischer Überhang: Die Sticht BH Leiter der alten Kapfenbergertour wurde (minimal saniert!) freigeklettert!

16 DIE UNERTRÄGLICHE WEISHEIT DES GESTEINS 7+/8- ✱✱✱
(Libicky 1998; RP Behm) Sehr schöne Leisterlkletterei, Crux am Schluß

17 SEIDELTOUR 7 ✱✱✱
(RP Seidel 1997) Schöne Kletterei in weißem, rauem Leisterlfels!

18 DIE FORMVOLLENDETE 7+ ✳
(RP Behm 1997) Ursprünglich ein Technoprojekt von A. Kapfenberger; jetzt eine kraftvolle und sehr ästhetische Kurztour!

19 BLACK BABY IS DANCING ON FIRE 9+/10- ✱✱✱ (RP Würzl 2007) die Fortsetzung des Kapfenbergerprojektes wurde von Christoph Würzl freigeklettert – tw. alte Stichthakln, tw. neue BH, anspruchsvoll!

20 BÖSE MENSCHEN GUTE LIEDER 8/8+ ✱✱✱ (RP unbek) Altes Behmprojekt; kurz und anspruchsvoll!

21 DER KLEINE SPANNER 7+/8- ✱✱
(RP Membier 1997) Kurze ästhetische Lochkletterei in schwarzem, leider oft nassem Fels

22 PAGODE,DACH,UND WANNE 9 ✱✱✱
(RP Schwarz 2009) Tolle Verlängerung vom Spanner!

23 ZWISCHEN DEN STREIFEN 9- ✱✱✱
(RP Schwarz 2007) Schöne kleingriffige Wandkletterei

24 KARURISS 8- ✱✱✱
(RP Membier 1997) Einstiegsriß des alten KARU Weges (Kapfenberger) – schöne überhängende und lange Rissverschneidung!

25 DUFT DER BERGE 9- ✳
Mehrseillängentour

26 KEINE CHANCE FÜR GUTE GEISTER 9 ✱✱
Mehrseillängentour

27 HIEBLWEG
Mehrseillängentour, Technotour

28 MASSADA 10 Mehrseillängentour

29 SEIDENSTRASSE 8 ✱✱
Mehrseillängentour

30 DIE KUNST DES PIRSCHENS 9- ✱✱✱
Mehrseillängentour

NIEMANDSLAND

Als vierten herausragenden Klettergarten im Höllenthal wollen wir hier das Niemandsland auswählen:
Die 200m breite und bis zu 60m hohe Wand gehört mittlerweile zu den allerbesten Hochsommerzielen am Alpenostrand, mit einer gewaltigen Routendichte in den oberen und obersten Schwierigkeitsbereichen. Kein Wunder also, daß sich an heißen Sommersonntagen hier allzu oft die „Creme de la Creme" der Wiener Kletterszene einfindet.
Bereits zu legendären Zeiten hatte Alfi „Horror" Fachet, das enfant terrible der Wiener Sportkletterszene der ersten Stunde, in dieser dunklen Wand oberhalb des Höllenthales vier Routen eröffnet, die gerüchteweise zu wahren Perlen zählen sollten. Einige Jahre später, 1996, begann dann Arthur Membier systematisch die langgestreckte dunkle Wand zu erschließen. Etliche hervorragende Routen im 8ten Grad entstanden und das Niemandsland wurde immerbeliebter, Thomas Höglinger schuf einige Kunstwerke im rechten, stark überhängenden Bereich, und die Spitzenkletterer trudelten ein. In den letzten Jahren dann wurde in eben diesem Wandbereich die Schwierigkeitslatte von Karl Reicht und Bernie Fiedler noch ein Eck hochgeschoben, sodaß es nun keine Ausreden mehr geben kann.
Die dunkle, schwarze (nach starken Regenfällen lange nasse!) Wand ist in kurzer Zeit von der Bundesstraße erreichbar und weist bequeme, flache Einstiege auf.
Im linken Wandteil dominieren senkrechte bis überhängende Wandklettereien an schwarzem, mit unzähligen Löchern und Taschen garniertem Fels, der rechte Wandteil wird von einem riesigen, 50m hohen Überhang gekennzeichnet. Hier ist der Fels etwas heller, gar nicht staubig (in wenig oft begangenen Routen weiter links ist dies manchmal der Fall), ebenso von unzähligen Löchern und auch Sintern bestimmt: Ausdauerklettereien par excellence, einige davon sind Schmuckstücke der Sonderklasse!
Alles ist bestens abgesichert und unten am Parkplatz findet sich einer der schönsten Badeplätze im Höllenthal …

ZUFAHRT KFZ:
Von Wien über die A2 (Südautobahn) und die S6 (Semmering Schnellstraße) bis zur Ausfahrt Gloggnitz. Dort der Beschilderung „Höllental" folgen, man fährt durch Payerbach/Reichenau und Hirschwang und erreicht das Höllenthal bei der Talstation der Raxseilbahn. Knappe 10 Kilometer folgt man noch der Straße durchs Höllenthal, man passiert das Weichtalhaus; einige km weiter überquert man schließlich die nächste Brücke (Frohnbachbrücke). Etwa 300m davor befindet sich rechterhand ein Parkplatz. Anfahrtsplan auf Seite 342.

ZUFAHRT Öffis:
Mit der Bahn nach Payerbach/Reichenau und mit dem Bus Richtung Schwarzau/Gebirge (verkehrt nur wenige Male am Tag). Beim Weichtalhaus aussteigen und etwa 25min die Straße entlang zum erwähnten Parkplatz.

ZUGANG:
Vom Parkplatz etwa 100m die Straße zurück Richtung Weichtalhaus. Hier beginnt rechts im Dickicht ein Steiglein, das (im Sommer urwaldmäßig und zeckengefährdet) in 10min zur bereits sichtbaren Wand führt.

BESTE JAHRESZEIT:
Hochsommer! Die Wand ist absolut nordseitig ausgerichtet und bekommt keine Sonne!

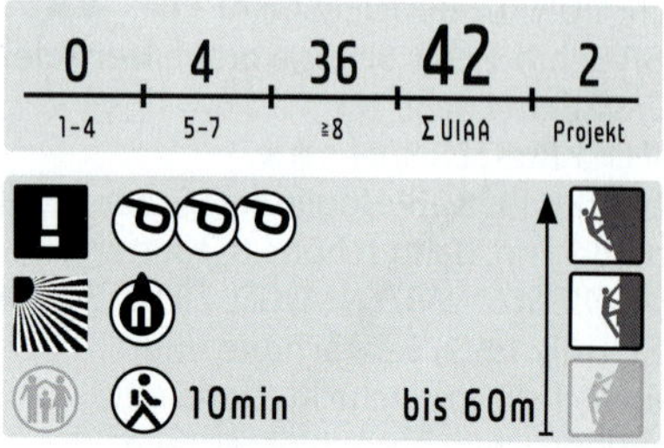

Barbara Raudner | INDOTIMES 10+ | Foto: Jakob Schrödel

1 FLUSS DER ZEIT 8+ ✱✱
(RP Membier 1997)
Ganz links: harte Boulderstelle am Beginn; selten geklettert

2 Projekt

3 HAUCH VON EWIGKEIT 8 ✱✱✱ (RP Membier)
Schöne Route mit einer ästhetischen Schlüsselstelle an Löchern und Leisten

4 GASTON 8+/9- ✱✱
(RP Höglinger 2000)
Trickreiche Route mit übler, irgendwie unguter Boulderstelle im unteren Teil

5 RUN FOR FUN 7 ✱✱✱
(RP Membier 1996)
Löchrig, plattig und schön über die linke Rampe

6 FATBURNER 8+ ✳
(RP Membier 1999)
Phänomenale Lochkletterei

7 BLACK PLANET 7+ ✱✱✱
(RP Membier 1996) Die rechte Rampe. Schlüsselstelle am Einstieg, dann schöner Piazriß

8 BLUE PLANET 8 ✳
(RP Membier)
Geniale Ausdauerkletterei an Löchern

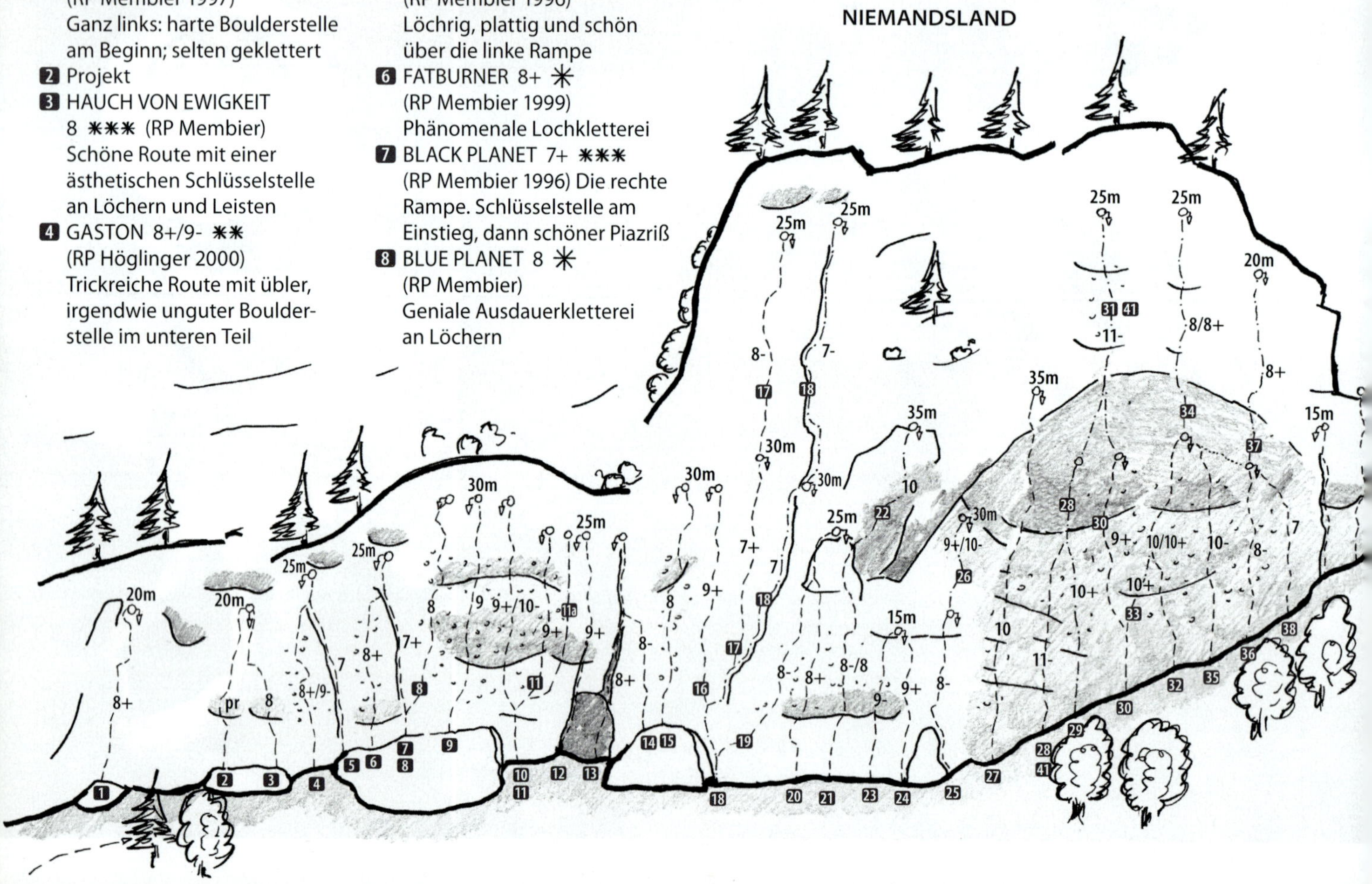

9 ZECKENJAGD 9 ✳ (RP Gsenger 2003) Hervorragende Ausdauerkletterei mit größenabhängiger Schlüsselstelle

10 URSPRUNGBUAM FT. QUASIMODO 9+/10- ✳ (RP Georg Gsenger 2003) Sehr schöne Ausdauertour mit knackigen Stellen

11 PAPPENSCHLÖCHER 9+ ✳ (RP Höglinger 1998) Geniale Linie über die Lochwampe, sehr ausdauernd, sieht viel leichter aus. Sportkletterklassiker!

11a Projekt L. Volker

12 BELANGLOS 9+ ✳✳ (RP Reicht 2001) Etwas ruppige, riß- und dachartige Kletterei

13 SONGLINE 8+ ✳✳ (RP Membier) Wenig begangen, ruppig und schmutzig über Dach und Riß

14 PAPALAGI 8- ✳✳ (RP Membier) Wenig begangen, aber nicht so schlecht

15 NIEMANDSLAND 8 ✳ (RP Membier) Geniale Ausdauerkletterei, geniale Strukturen

16 ROSETTENKAVALIER 9+ ✳✳✳ (RP Woitzuck 2007) Sehr anspruchsvolle, senkrechte Wandkletterei!

17 HYMNS TO THE LIGHT 8- ✳✳ (RP Membier 1999) Selten beg. 2 SL-Tour mit harter Plattenstelle im oberen Teil

18 HUT AB MUTTERTAG 7 ✳✳✳ (RP Fachet 1987) 2 SL Rißklassiker! Schön und lohnend! Früher ohne BH, jetzt bestens abgesichert

19 PYCHIATERS ERBSCHAFT 8- ✳✳ (RP Membier) schwieriger Beginn, dann Platte

20 SIDDHARTA 8+ ✳✳✳ (RP Membier 1999) Schön, Schlüsselstelle am Beginn

21 GLASPERLENSPIEL 8-/8 ✳ (RP Fachet um 1987) Genialer, griffiger Sportkletterklassiker, schon etwas abgeschmiert

22 DER KÜBELREITER 10 ✳✳ (RP Lukas 2007) überhängende Verlängerung

23 STEPPENWOLF 9- ✳ (Fachet 1987, RP Höglinger) Maximalausdauer! Tolle Tour mit Superzügen!

24 DEMIAN 9+ ✳✳ (Höglinger, RP Jansenberger 2001) Kurze, aber üble Boulderstelle. Gefährlich gesichert!

25 ANIMAL FARM 8- ✳✳ (RP Fachet 1987) Schuppe und etwas schleimige Plattenstelle

26 KNEISSL WHITE STAR 9+/10- ✳✳✳ (RP Würzl 2000) Steile, weiße Verlängerung, Einzelstelle

27 TEARS OF HEAVEN 10 ✳✳✳ (RP Reicht 2003) 35m lange, abwechslungsreiche Ausdauertour

28 JENSEITS DES LUSTPRINZIPS 11- ✳✳✳ (Reicht, RP Fiedler 2003) 4 Boulderstellen, dazwischen „leichter"

29 INDOTIMES 10+ ✳✳ (RP Fiedler 2006) Knapp re. von 28, mündet in diese ein

30 BIG SLEEP 9+ ✳ (RP Höglinger) Wunderbarer Ausdauerklassiker an Löchern und Sintern - absolute Toptour!

31 HONIG 11- ✳ (RP Fiedler 2007) Verlängerung von 30 (in einer SL zu klettern!) Ein 50 Meter Ausdauergerät!!!

32 STEINFEDER 10/10+ ✳ (RP Höglinger 2001) Fantastische Ausdauertour an kongenialen Löchern! Ein wahres Meisterwerk! Klassiker!

33 VEGAS BABY 10/10+ ✳ (RP Fiedler 2007) Einstieg über 30 (Big Sleep), Verbindung, Ausstieg über 32 (Steinfeder)

34 NE PERSONNE LA.. 8/8+ ✳ (RP Fachet 1987) 2. SL zu 35, wunderschöne 7er Kletterei mit einer Einzelstelle

35 AIN'T NOBODY SPECIAL 10- ✳ (Fachet 1987, RP Höglinger 1999) Geniale Ausdauertour! Der einst geschlagene Griff wurde zugemacht

36 RAINBOW WARRIOR 8- ✳✳✳ (RP Membier) Kurze, stark überhängende Henkelkletterei an weißem Fels, regensicher

37 DER KLEINE HUDINI 8+ ✳✳ (RP Membier) Brachiale Ausdauerkletterei, Verlängerung von 36

38 MACHTSPIEL DER GEFÜHLLOSEN 7/7+ ✳✳ (RP Membier) Kurze, stark überhängende Henkelkletterei

39 WHITE FALLOUT 8- ✳ (RP Membier) überhängende weiße Verschneidung

40 SHORT CUTS 9+ ✳✳ (Seidel, RP Würzl 2008) Harte Einzelstelle am Dach

41 BLUT UND HONIG 11 ✳ (RP Fiedler 2008) Kombination aus 28 und 31: Ein hartes 50m langes Ausdauergerät

Barbara Raudner | HONIG 11- | Foto: Claudia Ziegler

HANDLESBERG

Fährt man von Hirschwang durch das ganze Höllental Richtung Schwarzau/Gebirge, so öffnet sich nach etlichen Kilometern das schroffe Tal wieder und macht freundlicher Voralpenlandschaft Platz. Hier befindet sich die nette Ortschaft Schwarzau, rundherum unzählige große und kleine Felsen, mit im Gegensatz zum Höllenthal, hellem, freundlichen Charakter.
Am auffälligsten sind die Abbrüche des 1013m hohen Falkensteins, einem wunderschönen Aussichtsberg (der in gemütlicher einstündiger Wanderung erstiegen werden kann). An eben diesem Aufstieg passiert man jedoch eine optisch sehr eindrucksvolle Felswand - als „Handlesberg“ bekannt (obwohl der eigentliche Handlesberg woanders liegt). Aber egal: Die 50m hohe und 100m breite Wand wirkt wie aus Südfrankreich importiert:

Südseitig ausgerichtet, grauer, aber auch rotbrauner bunter Fels, unzählige Griffstrukturen, extrem kompakt und mit für hiesige Breitengrade riesigen Sinterstangen!

Das Gebiet wurde bereits 1990 entdeckt, Laurenz Trawnicek bohrte die ersten Routen ein; Thomas Schifer machte 1998 weiter, die „Kompletterschließung“ erfolgte ab 2001 durch Arthur Membier, Thomas Höglinger und Karl Reicht. Die Kletterei ist eine kongeniale Mischung aus Kraft und Technik, der Platz ist sehr warm (oft auch im Winter zu klettern), der Zustieg bequem und kurz, und der Blick zur schneebedeckten Schneealpe wunderschön. Mittlerweile ist die Wand gut bekannt und gut besucht, aber selten überlaufen: dafür dürften die technisch wertvollen Routen im 8ten bis 10ten Grad auch weiterhin sorgen!

ZUFAHRT KFZ:
Von Wien über die A2 (Südautobahn) und die S6 (Semmeringschnellstraße) bis zur Abfahrt Gloggnitz. Dort der Beschilderung „Höllental“ und „Schwarzau/Gebirge“ folgen. Nach Durchquerung des Höllenthales erreicht man Schwarzau im Gebirge. Man fährt durch den Ort hindurch (Richtung Rohr im Gebirge), unmittelbar danach befindet sich rechts der Naturpark. Ein kurzes Stück weiter (Vor einer Brücke) am linken Straßenrand parken. Anfahrtsplan auf Seite 342.

ZUFAHRT Öffis:
Mit der Bahn bis Payerbach/Reichenau und mit dem Bus nach Schwarzau/Gebirge.

ZUGANG:
Auf der Bundesstraße noch 100 Meter weiter (Richtung Rohr im Gebirge) bis zu einem Wegweiser „Handlesberg, Falkenstein“. Diesen Weg unmittelbar bis zum Wandfuß folgen. 15min.

ACHTUNG: Nicht über die Forststraße vis avis des Parkplatzes und nicht über die Wiese aufsteigen!

BESTE JAHRESZEIT:
Von 1. Jänner bis 31. Juni! Die Wand ist südseitig exponiert und sehr warm, die Einstiege sind weitgehend baumfrei. Außerdem ist Schwarzau ein Föhntal und oft wetterbegünstigt. So liegt oft Hochnebel im Wiener Becken, Schwarzau ist sonnig, am Parkplatz hat es rasante Minusgrade, oben herrscht T-Hemd Temperatur. Nach intensivem Regen und Schneefall jedoch nässt die Wand lange, da es von oben herab hineinsickert.

BESONDERES:
1) Kletterverbot von 1.7. bis 31.12.
2) Parkplatz und Zustieg genau einhalten!
3) Weiter rechts des Wanderweges keine neuen Routen einrichten!

1-4	5-7	≥8	Σ UIAA	Projekt
0	2	22	34	10

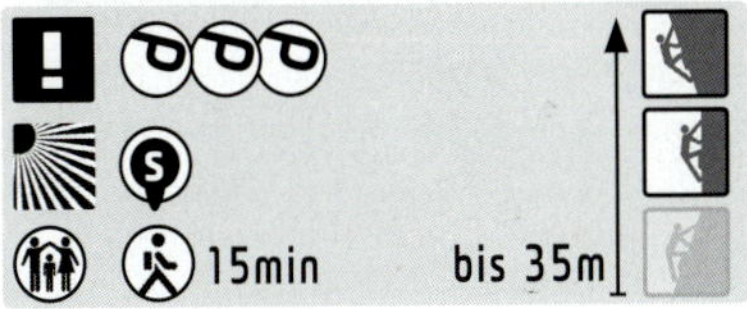

Manuel Pöttschacher | FELIX AUSTRIA 9- | Foto: Markus Gruber

1 SEIDELTOUR 7 *** (RP Seidel 2002)
Hübsche, zerfressene Aufwärmtour

2 ELEFANTLI 7+/8- *
(RP Membier 2001)
Grenzgeniale 35m lange Wandkletterei, zuletzt mit Sinter und irren Strukturen!

3 ELEFANTLI VARIANTEN 8- **
(RP Membier 2002)
Kurze Ein- und Ausstiegsvarianten. Toller Fels, aber irgendwie unnötig

4 HELDEN IN TIROL 9-/9 ***
(RP Höglinger 2001) Harte kleingriffige Einzelstelle, sonst tolle 7+ Kletterei

5 HOLA DI LA 9-/9 * (RP Membier 2002)
Fantastische gelb-überhängende Verschneidung - geniale Ausdauertour!

6 FELIX AUSTRIA 9- * (RP Reicht 2002)
Perfekte Ausdauertour, besser gehts nicht mehr - ein Göttergeschenk im grauen Traumfels!

7 Projekt

8 PIZZA HAPPY 8- * (RP Höglinger 2002)
Sehr schöne überhängende Ausdauer, gelbgrau mit Löchern

9 BENZINBRÜDER 8 * (RP Höglinger 2002)
Etwas splittriger Beginn, dann aber erlesene pralle graue Wand mit Fingerlöchern. Im Mittelteil links der BH klettern

10 SCHIFF AHOI 9+ *
(Schifer, RP Höglinger 2003)
Fantastische Linie über die schwach ausgeprägte Sinterwurst, Schlüsselstelle unten, oben geniale Lochkletterei

11 BUM SHIVA 8+ *
(RP Höglinger 2001)
Etwas kürzer, aber wunderschöne graue und raue Wandkletterei mit Leisten

12 SHORTY 9-/9 ** (RP Reicht 2001)
Kurze, beinharte Boulderei

13 14 15 16 17 Projekt

18 TROST & RAT 8- **
(RP Trawnicek 1990) Plattiger Einstieg, dann unübersichtliche Lochtapete

19 FOLKSTORM 9/9+ ***
(RP Reicht 2003)
Sehr anspruchsvolle technische Wandkletterei, Einstieg etwas zugewachsen

20 SHELLMARDINE 9- ***
(Trawnicek 1990)
Geniale graue Lochkletterei in leicht überhängender, kompakter Wand mit Schlüsselstelle am Schluß

21 CUORE SPORTIVO 9+/10- ***
(RP Meder 1999)
Maximalkraftausdauer mit Boulder-einstieg, sehr kurz

22 SPONSORED BY FAMILY 10 *
(RP Reicht 2002)
Stark überhängende Verschneidung, sehr wilde, brachiale Ausdauerkletterei

23 24 Projekt

25 WASSERSPIEL 10- *
(Schifer, RP Woitzuck)
Einstieg über die geniale Sinterwurst, dann sehr überhängende Ausdauerkletterei

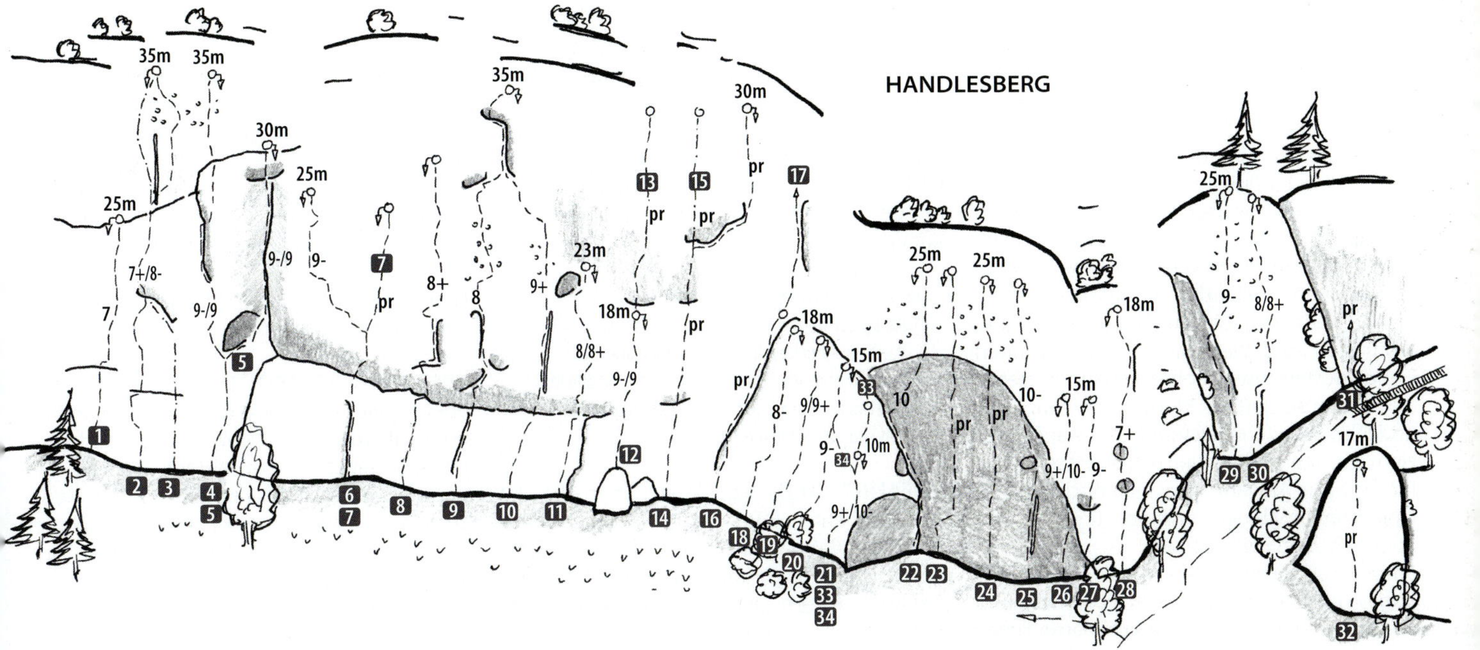

26 AUS DER MITTE ENTSPRINGT EIN FLUSS 9+/10- ✱✱✱ (RP Schifer 2000) Stark überhängende Wandkletterei mit harter Boulderstelle

27 DEUS EX MACHINA 9- ✱✱ (RP Schifer 1998) Kurze Maximalausdauertour

28 SMARTIES 7+ ✱✱ (RP Trawnicek 1990) Mäßig lohnende Route über große flache Löcher

29 KA IDEE 9- ✱ (RP Reicht 2002) Sehr schöne, weit abgesicherte graue Lochkletterei

30 ZUFLUCHT DER SÜNDER 8/8+ ✱✱✱ (RP Membier 2000) Sehr schöne Ausdauertour an großen und kleinen Löchern

31 **32** Projekt

33 JUMP-STYLE OIDA! 10- ✱✱✱ (RP Woitzuck 2008) Verlängerung von Cuore Sportivo bis zu Stand von **20**, Boulderstelle mit weitem Sprung

34 KOMBI 10- ✱✱✱ (RP Karl Reicht 2001) Kombination der schweren Stellen aus **21** unten und **20** oben

FRISBEEPLATTE

Ja, eigentlich gehört die Frisbeeplatte auch in diesen Auswahlführer, obwohl sie wohl jedem Genußkletterer im Osten Österreichs ein Begriff ist: Die markanten grauen Plattenfluchten im linken unteren Teil der Abbrüche des Falkensteins wurden bereits 1986 zum Sportklettern entdeckt. Nachdem Christian Hacker und seine Freunde im schönen Höllenthal begonnen hatten, wandten sie sich diesen Abstürzen zu und eröffneten eine Vielzahl an wunderschönen Genußkletterrouten: Bohrhakenabgesicherte, bestens ausgeputzte Kletterrouten im 4ten und 5ten Schwierigkeitsgrad - das war damals ziemlich neu in der Wiener Kletterszene und fand großen Anklang, kam man doch in erster Linie von brüchigen, grasigen und schlecht abgesicherten Raxklassikern!

8mm – Bohrhaken galten damals als „bestens abgesichert“, heute sind sie es nicht mehr, und vor einigen Jahren widmete sich Martin Simek der Generalsanierung des Gebietes: Nun sind fast alle Routen perfekt mit Klebehaken abgesichert (wobei die Anstiegsverläufe entgegen der Erstbegehung tw. deutlich verändert wurden), hinzu kamen noch einige schwere neue Plattenrouten im rechten oberen Wandteil von Thomas Behm, sodaß man nun auch in paar härtere Züge machen kann. Aber in erster Linie sind die Frisbeeplatten ein fantastisches Genußklettergebiet: Wunderschöne, kaum anstrengende Plattensteigereien in kompaktem, tw. zerfressenem Hochgebirgskalk, perfekt durch Klebehaken abgesichert. Und freilich liegen auch die Frisbeeplatten (wie der „Handlesberg“) in der gleichen schönen und ruhigen Voralpenlandschaft.

BESONDERHEITEN:

1) **Parkplatz genau einhalten!**
2) **Weiter rechts oberhalb fallen noch andere beeindruckende Felswände auf. Sie sind alle im „Kletterführer Höllenthal, Schneeberg und Rax“ von Thomas Behm, beschrieben.**

ZUFAHRT KFZ: Von Wien über die A2 (Südautobahn) und die S6 (Semmeringschnellstraße) bis zur Abfahrt Gloggnitz. Dort der Beschilderung „Höllental“ und „Schwarzau/ Gebirge“ folgen. Nach Durchquerung des Höllenthales erreicht man Schwarzau im Gebirge. Man fährt durch den Ort hindurch (Richtung Rohr im Gebirge), unmittelbar danach befindet sich rechts der Naturpark. Ein kurzes Stück weiter (Vor einer Brücke) am linken Straßenrand der Parkplatz für den „Handlesberg“. Ca 1km weiter führt die Straße über eine alte Steinbrücke. Knapp davor zweigt nach rechts die Zufahrt zu einem Gehöft ab. Hier am LINKEN (!!!) Straßenrand parken!!! Anfahrtsplan auf Seite 342.

ZUFAHRT Öffis: Mit der Bahn bis Payerbach/ Reichenau und mit dem Bus nach Schwarzau/ Gebirge und zu Fuß in etwa 20min zur oben erwähnten Steinbrücke.

ZUGANG: Zu Fuß am Gehöft über eine Forststraße links vorbei. 100m danach zweigt nach re ein Steig ab, der durch einen steilen Graben und über einen Waldhang in direkter Linie zum Wandfuß führt. 20 – 25min.

BESTE JAHRESZEIT: Die Frisbeeplatte ist ebenso wetterbegünstigt wie der Handlesberg, allerdings nach Westen ausgerichtet. Im Sommer ist es bis Mittags schattig und gut zu klettern, im Winter ist es in der Regel zu kalt (an warmen Nachmittagen geht es aber manchmal doch). Am optimalsten sind sicherlich Frühjahr und Herbst.

1-4	5-7	≥8	Σ UIAA	Projekt
1	15	11	32	5

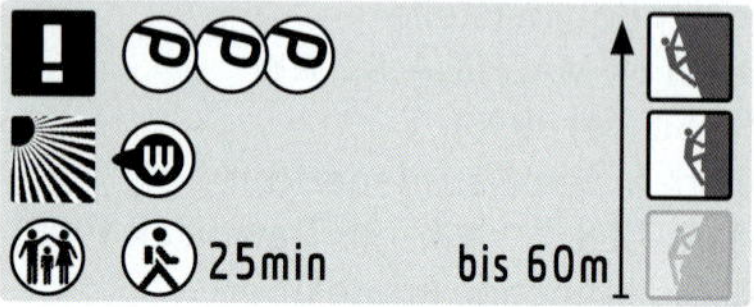

Robert Holoubek | HERBSTGOLD 7- | Foto: Bernd Schwanda

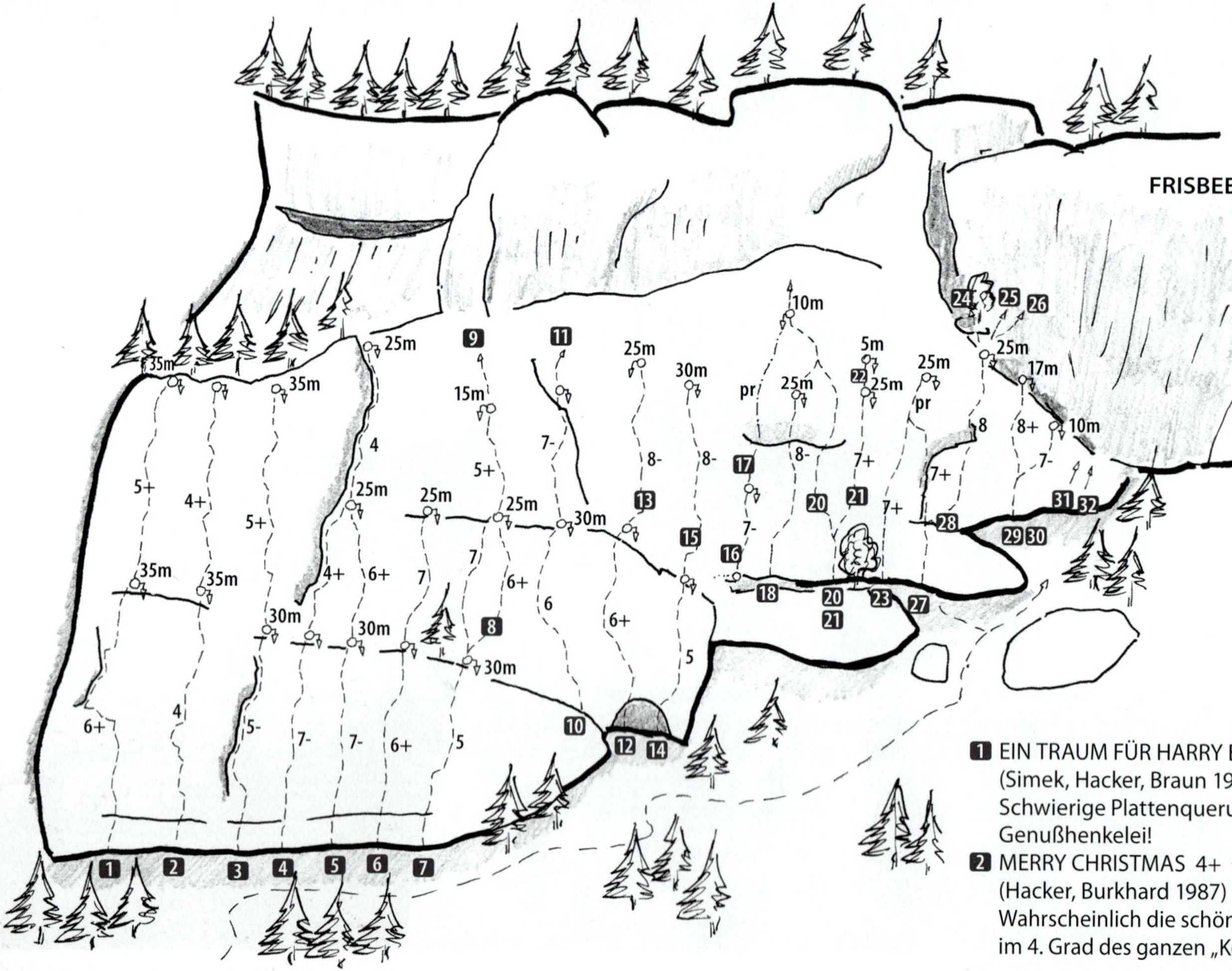

1 EIN TRAUM FÜR HARRY BRAUN 6+ ✱✱✱
(Simek, Hacker, Braun 1987)
Schwierige Plattenquerung, dann herrliche Genußhenkelei!

2 MERRY CHRISTMAS 4+ ✱
(Hacker, Burkhard 1987)
Wahrscheinlich die schönste Henkelkletterei im 4. Grad des ganzen „Keltenkalk-Gebiets“

3 KUH ROSL IN DER MATERIALSEILBAHN 5+ ✱✱✱ (Hacker, Kammerer, Burkhard 1987) 1.SL schöner Riß, 2.SL geniale Henkelei auf neuer Linie

4 EINSATZ DES PROTOTYPEN 7- ✱✱✱ (Simek, Hacker 1988) Neue Wegführung! Schöne schwierige 1. SL, dann große Verschneidung im 4ten Grad (früher „Kuh Rosl..")

5 EINE HAB ICH NOCH 7- ✳ (Hacker, Simek 1988) Wunderschöne Wand- und Plattenkletterei mit zwingenden Passagen, etwas weiter abgesichert

6 HAPPY BIRTHDAY KURTL 7 ✳ (Hacker, Schall 1986) In der neuen Wegführung nur mehr 2 SL, die sind aber absolut perfekt

7 HERBSTGOLD 7- ✳ (Hristovski, Hacker 1988) Tolle Genußkletterei mit fantastischer „Spritzbetonplatte" in der 2. SL

8 REICHER-VARIANTE 6+ ✳ (Reicher 2000) Sehr schöne Platte

9 ALTE AUSSTIEGSLÄNGE ZU „HAPPY BIRTHDAY KURTL" 7/7+ ✱ Alte BH, tw. splittrig, nicht mehr begangen und weniger lohnend

10 TIRAMISU LIGHT 7- ✱✱✱ (Simek bzw. Melchart) 1. SL sehr schöne Platten und kurzer Riß, 2. SL steiler und etwas splittriger Fels

11 ALTE AUSSTIEGSLÄNGE VON „TIRAMISU" 8+ ✱ Alte BH, splittrig, weniger lohnend

12 TIRAMISU NEU 6+ ✳ (Reicher 1999) Fantastische Wand- und Plattenkletterei an absolutem Bombenfels!

13 TIRAMISU 8- ✱✱✱ (Hacker, Burkhard, Tentschert 1987) Sehr schöne Wand- und Plattenkletterei am linken Rand des kompakten Plattenbauches

14 KILLINGFIELDS-1.SL 5 ✱✱✱ Schöne, griffige Plattensteigerei

15 KILLING FIELDS 8+/9- ✱✱✱ (Hacker, Burkhard 1987) Tolle Kletterei mitten durch den kompakten Plattenbauch, mittendrin aber ein gebohrtes Fingerloch

16 KURZBART 7- ✱✱✱ (RP Behm 2005) Kurzer Riß mit verdonesken Strukturen

17 LANGBART Projekt - die Fortsetzung; immens glatt - freigegeben

18 FRISBEEPLATTE 8- ✳ (Hacker, Schall 1986) Herrliche Wandkletterei mitten durch den Bauch. An der Schlüsselstelle saniert, sonst (viele) alte 8mm-BH

19 OBERE FRISBEEPLATTE 8 ✱✱ Alte 8mm-BH, tw. splittrig und verwachsen

20 8 ✱✱✱ (RP Behm 2005) Sehr schöne steile Wandkletterei mit harter Steigerei an der Schlüsselstelle

21 7+ ✱✱✱ (RP Behm 2005) Sehr schöne steile Wandkletterei und abschließende Henkelschuppe

22 Projekt Glatte, flechtige und unschöne Verlängerung

23 QUATTRO BIRTHDAY 7+/8- ✱ (Hacker, Simek 1987) Alte BH! tw. grasig und splittrig!

24 QUATTRO 2.SL 6 ✱✱ Schöne alpine Rißverschneidung; alte BH!

25 Projekt

26 Projekt

27 VOLKSMUSIK 7+/8- ✱✱ (RP Behm 2005) Etwas alpine und nicht ganz feste Rißkletterei, zuletzt anspruchsvolle Platten

28 KRAFT UND FREUDE 8 ✱✱✱ (RP Behm 2005) Unten schöne Lochplatten, oben steile raue Leistenkletterei

29 HAURUCK 8+/9- ✱✱ (Behm 2005) Seichte Verschneidung, dann gelbe Loch- und Leistenkletterei ohne Tritte

30 HONOR 7- ✱✱ (RP Behm 2005) Kurze Plattenkletterei mit Löchern und rauen Stellen

31 Projekt, **32** Projekt

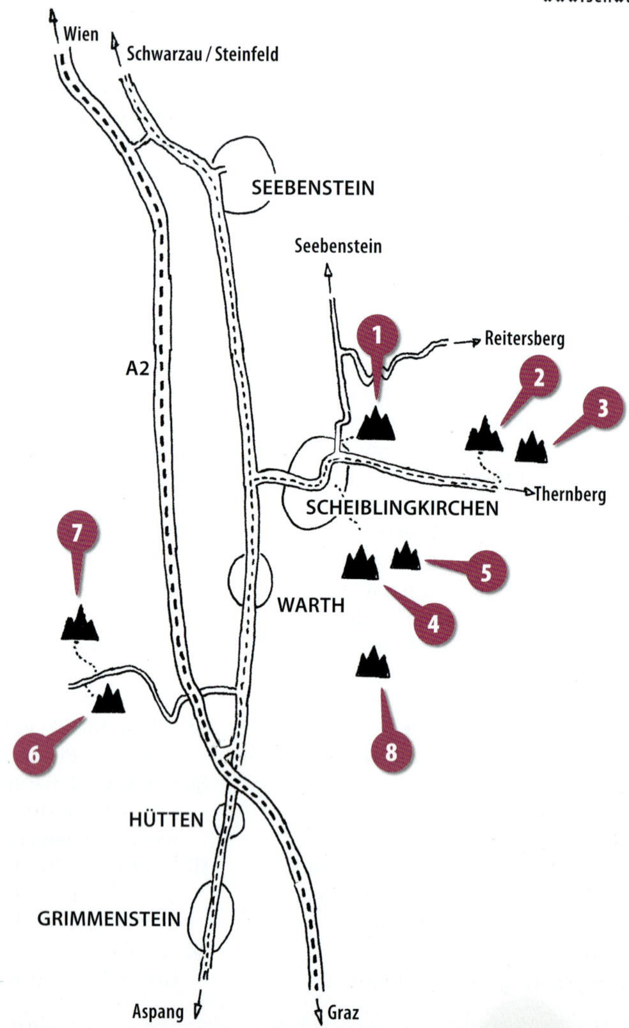

1 SCHEIBLINGKIRCHNER WANDL
2 WALDMARK WANDLN
3 BLACK METALL (BOULDER)
4 GRETLWAND
5 OFENBERG (BOULDER)
6 KULMRIEGEL
7 GEGENÜBER (BOULDER)
8 FINSTERBURG

BUCKLIGE WELT

„Bucklige Welt" wird jene liebliche Hügellandschaft im Südosten Niederösterreichs genannt, welche durch ihre zahlreichen Mostwirtshäuser und ihre landschaftliche Schönheit Bekanntheit erlangte. Bis vor wenigen Jahren noch glaubte kaum jemand, daß man hier auch Klettern könnte. Freilich, der Türkensturz mit seiner fast 100 Meter hohen Felswand fällt jedem auf, der auf der A2 Richtung Süden unterwegs ist. Aber bis auf den „Pittentaler Steig", einem schönen versicherten Klettersteig, gab es nichts zu holen: Zu brüchig ist der Fels!

Als vor einigen Jahren dann Thomas Behm auf der Felsensuche und aus den Tiefen des Höllenthales kommend, hier vorbeischaute, traute er teilweise seinen Augen nicht: Etliche kleine und größere (bis zu 20m Höhe) Felsen tauchten in den herrlichen Mischwäldern auf, und diese aus meist unglaublich löchrigem Triaskalk, jenem weichen Kalk, den man zB auch in Finale Ligure findet.

Parallel zu den Bohraktivitäten, an denen sich bald auch andere Kletterer beteiligten, wurden (und werden) auch unzählige Boulderblöcke und -höhlen gefunden, die für hiesige Breitengrade und Kalkgestein wahrlich nicht von schlechten Eltern sind. Da viele dieser Gebiete erst ganz neu sind, andere in sensiblen Bereichen liegen und im Einvernehmen mit den Erschließern nicht veröffentlicht werden sollen, beschränken wir uns hier auf die Umgebung von Scheiblingkirchen, wo die meisten und besten Felsen liegen: Scheiblingkirchen ist eine nette, rasch zu erreichende Ortschaft mit allem, was man braucht: Gute Bäckerei, guter Fleischhacker... und im Umkreis von 20 Gehminuten finden sich hier gleich drei gute Klettergebiete:

Das mittlerweile sehr beliebte Scheiblingkirchner Wandl mit seinen genialen Überhängen (im Umkreis ein paar neue, gute Boulder), dann das mittlerweile beliebte Waldmarkwandl (30 Touren zwischen 6 und 9), die senkrechte Gretlwand (mit 6er und 7er Lochklettereien wie in Finale, und einigen Neutouren), und dann noch, auf der gegenüberliegenden Talseite, der Kulmriegel mit zwar nur wenigen kurzen, aber sehr schönen Touren und etlichen Bouldern.

Oberhalb von Peterbaumgarten liegt die Finsterburg, ein schon älteres Gebiet, das wir hier erstmals vorstellen. Nach einem etwas längeren Zustieg und nicht ganz leicht zu finden hat man es dort mit toller überhängender Lochkletterei zu tun. Und wenn einem dann die Finger glühen, sollte man unbedingt eines der hervorragenden Wirtshäuser der Umgebung oder eben einen der legendären Mostheurigen aufsuchen.

Christoph Zink | GRETLWANDL | Foto: Thomas Behm

SCHEIBLINGKIRCHNER WANDL

1-4	5-7	≥8	Σ UIAA	Σ FB
1	10	13	27	14

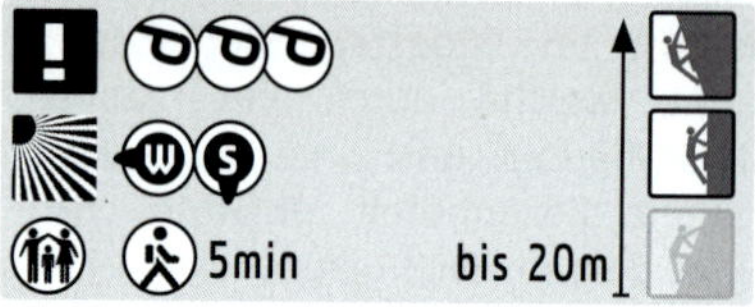

Nur wenige Gehminuten von Scheiblingkirchen entfernt befindet sich diese, erst im Frühjahr 2001 entdeckte und erschlossene Wand, die zwar nicht hoch ist, jedoch mit genialen überhängenden Lochklettereien im 8ten und 9ten Grad aufwartet. Links und rechts davon befinden sich noch mehrere Touren von 5 bis 7, der Einstieg ist eben und bequem. Einzig und allein der gelbe und weiche Fels am Wandfuß läßt Boulder unmöglich machen. Die Absicherung ist perfekt mit Klebehaken, alles Zutaten, die das Wandl an Wochenenden vielbesucht machen. Rechts oberhalb gibt es auch noch eine eindrucksvolle Wand mit wenigen Touren, außerdem runden einige schöne Boulder das Ganze wohlschmeckend ab.

ZUFAHRT KFZ:
Von Wien über die A2 (Südautobahn) bis zur Abfahrt Seebenstein. Dort auf der Bundesstraße weiter und links nach Scheiblingkirchen einbiegen. Am besten im Ortszentrum parken.

ZUFAHRT Öffis:
Mit der Bahn bis zur Station Scheiblingkirchen und zu Fuß in 3min ins Ortszentrum.

ZUGANG:
Vom Ortszentrum der Straße Richtung Thernberg folgen, nach der Kurve aber gleich links in die Straße Richtung Gleißenfeld einbiegen. Nach wenigen Schritten gleich rechts in einen Hohlweg einbiegen, der bei einem Haus vorbeiführt. Vor dem Haus links den Hang hinauf zum Wandfuß. Gehzeit ca 5min. Die Boulderblöcke und das Parapluiwandl erreicht man in wenigen Minuten, indem man am Wandfuß weiter nach rechts geht (bzw. siehe Skizze).

BESTE JAHRESZEIT:
Das Scheiblingkirchner Wandl liegt klimatisch begünstigt auf etwa 300m Meereshöhe und ist westseitig ausgerichtet. Sonne gibt es ab Mittag, die Einstiege weisen lichten Föhrenbestand auf. Die Boulderblöcke und das Parapluiwandl blicken nach Süden und sind absolut wintertauglich.

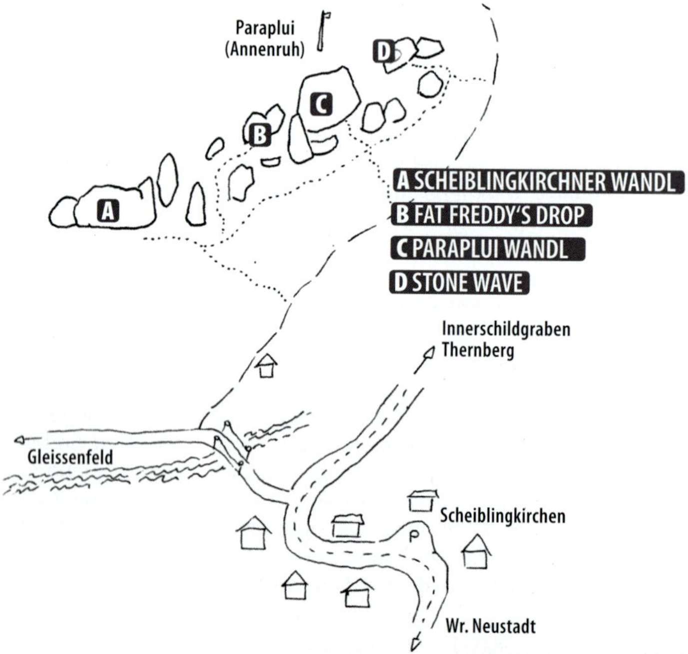

SCHEIBLINGKIRCHNER WANDL

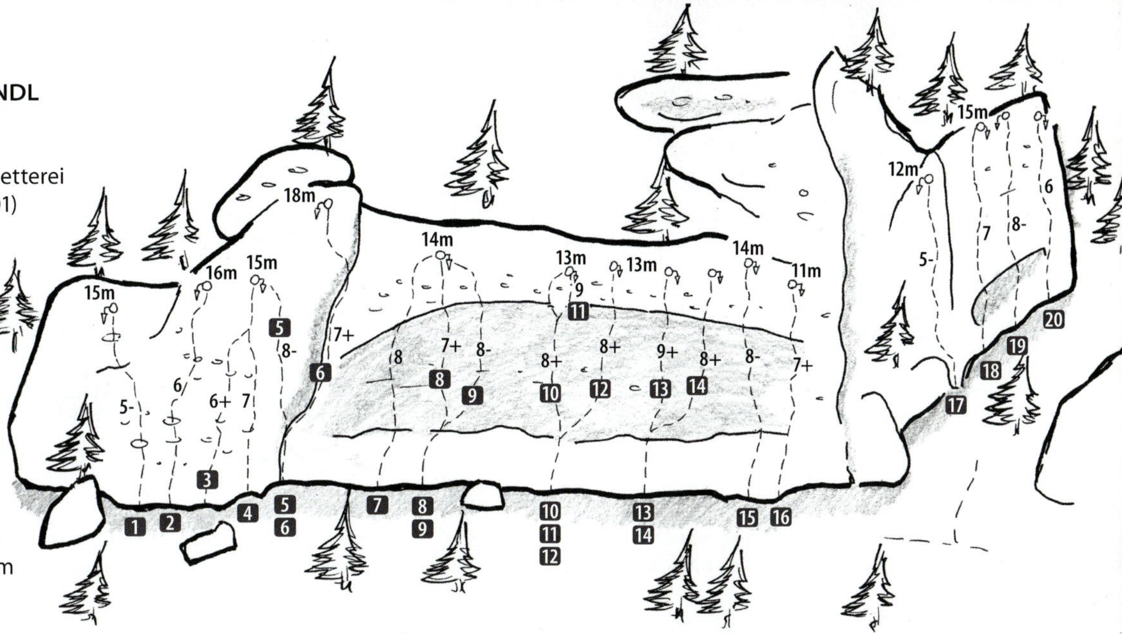

1 HERBSTLEYD 5- ✱✱
(Behm 2001) Kurze Henkelkletterei

2 MAYHEM 6 ✱✱ (Behm 2001)
Schöne löchrige Wandkletterei mit kleingriffiger Einstiegsplatte

3 IM TREND DER ZEIT
6+ ✱✱✱ (RP Behm 2001)
Tolle, steile Wandkletterei mit crux bei feiner Rißspur

4 TOD DURCH PENTAGRAMM
7 ✱✱ (RP Behm 2001)
Schöne Henkelkletterei

5 QUINTESSENCE 8-/8 ✱✱
(Behm, RP Gamsjäger 2001)
Boulderartige Einzelstelle am Schluß

6 MERLINS CRACK 7+ ✱✱✱
(RP Libicky 2001) Wider Erwarten eine Super Verschneidungsspreizerei

7 PANZERDIVISION MARDUK 8 ✱
(RP Behm 2001)
Super Lochzüge im hellgrauen Streifen

8 WADI RUM 7+ ✱ (RP Behm 2001) Geniale Ausdauertour an abartigen Leistenbänken

9 ISILI 8- ✱ (RP Behm 2001)
Genauso genial, nur etwas härter, mit kleinen Leisten zum Schluß

10 MIDIAN 8+ ✱ (RP Behm 2001)
Auch genial, zuletzt kleine Linksschleife

11 MIDIAN DIREKT 9 ✱ (RP Gamsjäger)
Zuletzt direkt am Haken klettern

12 MORTICIAN 8+ ✱ (Behm, RP Gruber 2001) Grenzgenial - „eine Orgie an brachialen Ästhetenzügen"

13 ALLES PORNO 9+ ✱✱✱ (Behm, RP Georg Gsenger 2002) Weite, harte Blocker

14 JUDAS ISCARIOT 8+ ✱✱ (RP Behm 2001)
Weiter Sprung, dann Ausdauer

15 DAGFIN 8- ✱✱ (RP Gsenger 2004)

16 MOONFOG 7+ ✱ (RP Behm 2001)
Kurz, aber gemein und brachial

17 WABENKANTE 5- ✱✱✱ (Behm 2001)
Gemütliche Kante

19 PARAPLUI 7 ✱✱✱ (RP Behm 2001)
Einstiegsboulder, dann senkrechte Wandkletterei

19 PFEIFT 8- ✱✱✱ (1.Beg. unbek)
Gute senkrechte Wandkletterei

20 MERLIN LIBICKY ✱✱ (Libicky 2001) Hübsch

21 LETZTE AUSFAHRT DAGFIN 10- ✱✱✱
(RP Georg Gsenger 2006)
Beim 2. BH von **7** nach rechts queren und über **15** aussteigen

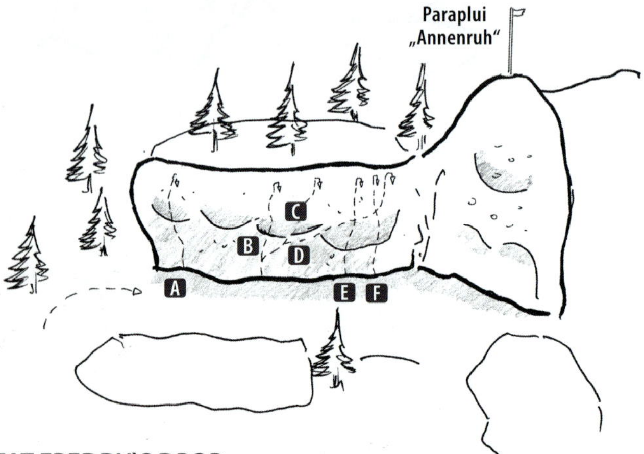

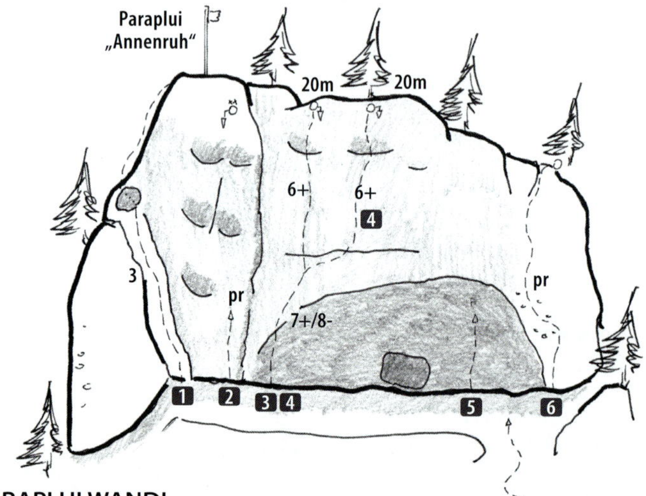

FAT FREDDY`S DROP

Etwas rechts oberhalb des Scheiblingkirchner Wandls, gut versteckt im schrofigen Waldgelände, findet sich diese hübsche Bouldernische. Zugang siehe Skizze.

A WARM UP 6a (Handler)
sd am Doppelhenkel, weiter Zug, re. weiter auf versteckte Leiste

B HUI LUFT UND ZIAG 6c (Handler) selber Start wie **C**, hoch auf zwei Seitgriffe, Sprung re auf Henkel, li weiter Blocker auf Kante

C FETTE QUALLE 6c (Handler) sd Bei Seit- und Untergriff, re u. li Aufleger, weiter nach re in 2er Loch, re auf Kante raus

D KARLIS TRAVERSE 7b (Reicht) selber Start wie **B** und **C**, dann über die 2 Sinter ganz nach re ums Eck

E IN SCHUTT UND ASCHE 7a (Handler) sd Unter re. Überhang, gerade hoch, re und li Sinter, Sprung auf gr. Loch mit re, weiter auf Kante

F EYE OF THE HURRICANE 7a+ (Gamsjäger) sd, re auf Bröselhenkel, li Zwicker, weit nach re auf Leiste. Sprung li auf gr Loch, re dazu und raus

PARAPLUI WANDL

Rechts oberhalb des Scheiblingirchnerwandls befindet sich diese über 20m hohe Wand, die eigentlich das optimale Winterdomizil wäre: Südseitig, Supereinstiegsplatz, baumfrei, gelbbraune Überhänge... Wäre..., weil das Gestein selbst für hiesige Verhältnisse dermaßen weich und sandig ist, daß die Möglichkeiten stark begrenzt sind.

1 RAMPE 3 ✱✱ (1. Beg unbek)
Schöne feste Plattenrampe mit anschließendem Grat, keine Haken!

2 Projekt

3 HÄRTETEST 7+/8- ✱ (Behm 2001)
Überhängender Einstieg, dann gute Wabenkletterei; vertrauensbedürftiger Fels

4 WEICHLING 7+/8- ✱ (Behm 2001)
Gemeinsame Schlüsselstelle am Einstieg, dann wabige Variante

5 Projekt Im Sand begraben

6 Projekt Alte 8mm BH, Keine Ahnung von wem

STONE WAVE (Boulder)

Knapp rechts des Parapluiwandls, ebenfalls etwas versteckt (Zugang siehe Übersichtsskizze) liegt an wunderschönem, aussichtsreichem Platz diese „steinerne Welle“: Ein optimales Boulderwandl an bestem Leistenfels, stark überhängend, mit ebenem Einstieg.

A LEARN TO LET GO 6b (Handler)
B SCHLEIFE 6b+ (Handler)
C JEZ WAS I WIAS GEHT 7b (Reicht)
sd, links eindrehen, weit nach re zu Loch und raus
D SCHUBUMKEHR 7a (Handler) sd, markanter Seitgriff, weit rauf mit li auf Leiste, re auf Schulter, dann ins Loch und raus
E PEITSCHING 7c (Schifer)
F KATHRINS MOVE 6b (Baritsch) sd, Gleichgewichtsstelle, weiter Blocker nach li und re raus auf Henkel
G STONEWAVE 6b (Handler) sd, schräg nach li hinauf bis Beginn der Auflegerkante , diese ganz nach li und raus
H TRAVERSE 6a+ (Handler) sd, hübscher Aufwärmboulder

Andrea Maruna | WADI RUM 7+ | Foto: Tom Bartl

WALDMARKWANDLN

Es ist noch nicht so lange her, da die „Buckeln" aufgrund ihres Waldreichtums als Waldmark bezeichnet wurden. Eingedenk alter Zeiten wurden die hier vorgestellten, im Jahre 2003 und 2004 eingerichteten Wandln danach benannt. Es handelt sich eigentlich um das größte Klettergebiet der Buckligen Welt, zumindest um jenes mit den meisten Routen. Allerdings teilt es sich in zwei knapp nebeneinanderliegende, unterschiedliche Wandln auf:

Das linke, Waldmarküberhang benannt, ist 15 Meter hoch und weist neben senkrechten löchrigen Wandklettereien auch einen ziemlich guten Wabenüberhang auf, durch den Routen bis zum 9ten Schwierigkeitsgrad führen. Etwa 100 Meter weiter rechts befindet sich die sogenannte „Trutzburg".

Diese ist bis zu 18 Meter hoch, hat insgesamt gesehen noch besseren, weil raueren Lochfels, aber auch eher leichtere Touren, die tw. ziemlich kurz sind und sich alle doch ziemlich ähnlich sind. Ergänzt werden die beiden Sportkletterwandln noch durch einen kleinen, aber sehr hübsch gelegenen Boulderblock links oberhalb, den sogenannten Runenblock.

BESONDERHEITEN:
Nur die beschriebenen Parkmöglichkeiten und Zustiege benutzen!
Das Gebiet 1 Stunde vor Einbruch der Dämmerung verlassen!

ZUFAHRT KFZ:
Von Wien über die A2 (Südautobahn) bis zur Abfahrt Seebenstein, hier auf der Bundesstraße weiter Richtung Grimmenstein und nach einigen Kilometern links nach Scheiblingkirchen einbiegen. Durch den Ort hindurch und auf der Straße Richtung Innerschildgraben/Thernberg etwa 2 km weiter, bis links am Beginn einer Wiese scharf nach links eine Forsstraße abzweigt. Hier Parken

ZUFAHRT Öffis:
Mit der Bahn bis zur Haltestelle Scheiblingkirchen und zu Fuß wie oben beschrieben zum erwähnten Parkplatz. Gehzeit ca 30min.

ZUGANG:
Über die erwähnte Forststraße („Radax Forsstraße") scharf nach links leicht steigend aufwärts bis etwa 50 Meter vor ihr Ende. Hier auf Steigspuren rechtshaltend durch lichten Wald aufwärts zu den Wandln. 15min.

1-4	5-7	≥8	Σ UIAA	Σ FB
1	21	6	28	7

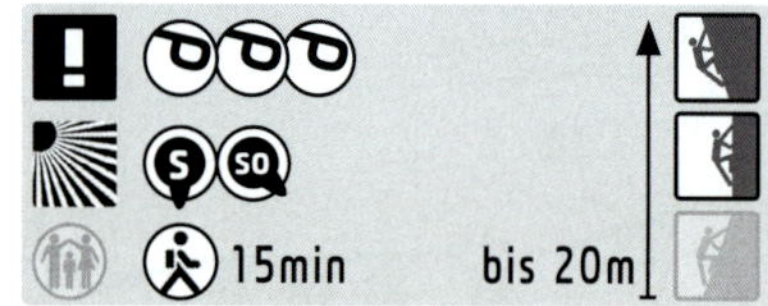

BESTE JAHRESZEIT:
Der „Runenblock" ist nach Süden ausgerichtet, relativ sonnig (hier kann also auch bei kälterem Wetter gut gebouldert werden), der „Waldmarküberhang" ist südostseitig exponiert und liegt in recht dichtem Laubwald. Hier ist es im Winter in der Regel zu kalt, in den Übergangszeiten meistens optimal, und im Sommer verschwindet die (durch den Baumbestand spärliche) Sonne um etwa 14 Uhr aus der Wand. Die „Trutzburg" ist südseitig ausgerichtet, allerdings herrscht am Einstieg dichter Baumbestand, ab der Wandmitte etwa ist es sonnig.

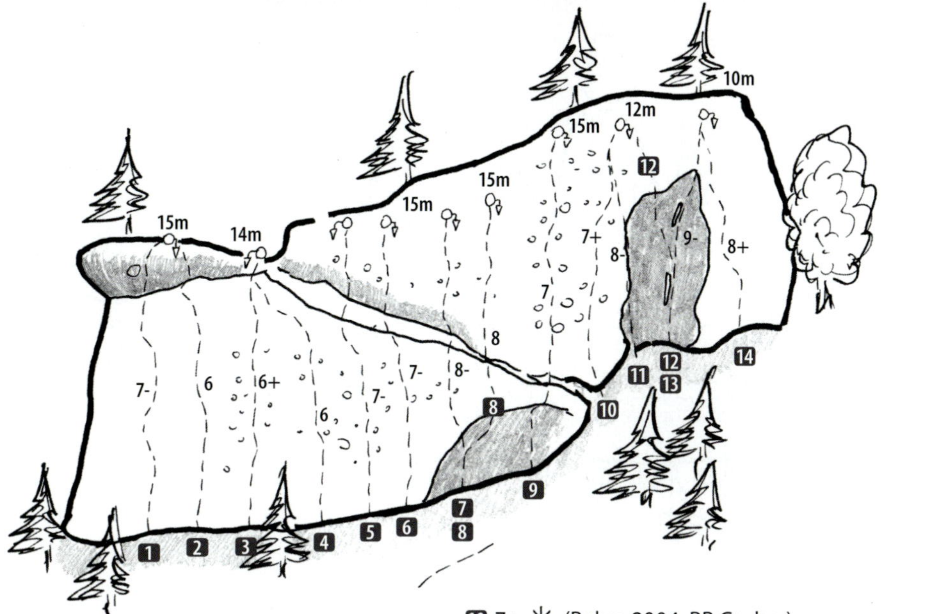

WALDMARKÜBERHANG

„Mitten im Triaskalkgetümmel der Waldmarkboulder und Wandln liegt ein eindrucksvoller Überhang, in schönem Mischwalde gelegen. Es offerieren sich hier nette bis sehr schöne Touren, von senkrechter, etwas glatter Wandkletterei im linken Teil, bis zu extremeren Wabenüberhängen im rechten Teil! Bereits vor einigen Monden setzten hier V. Kroner und L. Matjasovsky ein paar Stiftln, so richtig eingebohrt hat das Bollwerk (mit Klebehaken und Sauschwänzen) in den späten Monden des Jahres 2003, Thomas Behm" schreibt ebendieser in seinem (nur in geringer Auflage erschienenen und vergriffenem) Buckelbuch. Damit sei alles gesagt!

1 ASA TYR 7- ✱✱ (RP Behm 2004) Unten etwas gelb und mürb, oben tolles Dach!

2 WINTERBLUT 6 ✱✱✱ (RP Behm 2004) Schön, oben Sanduhrhenkelüberhang

3 6+ ✱✱ (RP Behm 2004) Unten griffig, mittig eine diffizile Stelle

4 TRYMHEIM 6 ✱✱✱ (RP Behm 2004) Schöne Wandkletterei mit seichten Waben

5 KREUZZUG GEN NORDEN 7- ✱ (RP Behm 2004) Irgendwie verzwackte Kletterei

6 MOONBLOOD 7- ✱✱✱ (RP Behm 2004) Schön und kräftig; gute, aber versteckte Löcher

7 8- ✱✱✱ (RP Behm 2004) Schwierige Lochzüge am Beginn

8 MÄCHTIGER WÄRTER 7+/8- ✱✱ (RP Behm 2005) Ebenso

9 TRIMONIUM 7 ✱✱✱ (RP Behm 2004) Stark überhängende, kurze Lochkletterei

10 7+ ✳ (Behm 2004, RP Gruber) Exzellenter, mächtiger Wabenüberhang

11 WEGENER KANNST DU MICH HÖREN 8- ✱✱✱ (RP Gsenger 2005) Schwieriger Beginn, dann über die Waben

12 HER MIT`N GWEHR 9+ ✱✱✱ (RP Gsenger 2005) Kurze, stark Überhängende sehr boulderlastige Tour

13 GNIPAHELLIR 8+ ✱✱✱ (Behm 2004, RP Gruber) Extrem überhängende, tolle Verschneidung

14 8+ ✱✱✱ (Behm 2004, RP Gsenger) Kurze, irgendwie arge Kletterei

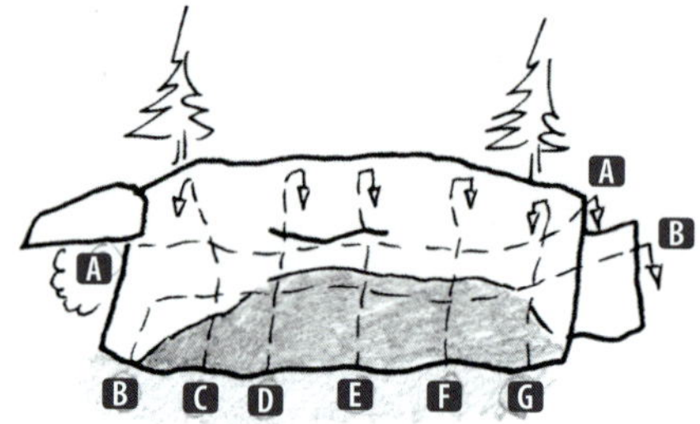

RUNENBLOCK (Boulder)

Schöner sonniger Block links oberhalb des Waldmarküberhanges auf einer aussichtsreichen Wiesenkanzel ober den Dächern von Scheiblingkirchen. Sämtliche Boulder wurden von Robert Gruber im Winter 2003/2004 geklettert und angeschrieben.

A OBERER QUERGANG 5b
B GERMANSK 6a, C MANNAZ 5b
D ISA 5b, E PERTHU 5b
F NAUTIZ 5b, G WUNJO 5c

TRUTZBURG

„Etwa 100m rechts des Waldmarküberhanges liegt recht versteckt die Trutzburg im dichten Waldmarkwald. Nur ihre höchste Zinne ragt über die Wipfel!"
Die Touren sind nicht allzu lang und spektakulär, der Fels allerdings ist ein sehr guter: Grauer und brauner Triaskalk, mit unzähligen Löchern und Waben versehen und sehr rau! Alle Touren sind hübsch, genußträchtig, sehr gut mit Klebehaken und Abseilschwänzen eingerichtet, allerdings nicht unkräftig! Alle Touren wurden 2004 von Thomas Behm eingerichtet und geklettert.

15 SCHWERTZEIT 5+ ✱✱
Griffiger Überhang mit witzigem Schlußhenkel
16 BEILZEIT 7- ✱✱ Kräftiger Überhang
17 WINDZEIT 6+ ✱✱✱ Schöne lange Lochkletterei, oben sehr genüßlich
18 WOLFSZEIT 6 ✱✱✱ Toller Einstiegsüberhang, dann herrliche Fünferkletterei
19 TEUTA 6+ ✱✱ Kurz und kräftig
20 SKOLL 7- ✱✱ Ebenso
21 SZRON 6 ✱✱ Ebenso
22 ISAZ 6 ✱✱ Auch so
23 AKERBELTZ 6 ✱ Kurze Variante
24 KREIDFEUER 6- ✱✱
Schöne Verschneidung, dann große Henkellöcher
25 PERMAFROST 7- ✱✱✱
Zwei geniale Überhangwellen mit Superlöchern
26 7- ✱✱✱
Über die gelbe Mauer: genialer Henkelausstieg!
27 RUNENSTEIN 6 ✳
Geniale raue Lochkletterei, einer der besten Buckelsechser - leider viel zu kurz!
28 WALDMARKKANTE 4+ ✱✱
Hübsche, löchrige Kante

Hannes Rottensteiner | ISILI 8- | Foto: Martin Fülop

BLACK METAL

AbseitsderbeschriebenenGebietegibtesinden Buckeln noch viel sonstigen Boulder (und auch –Kletter) fels, der aus verschiedenen Gründen hier nicht Eingang gefunden hat – ein kleines, aber feines Bouldergebiet, bestehend aus drei (einige Gehminuten auseinanderliegenden) Sektoren wird im Einvernehmen mit dem Erschließer hier preisgegeben – die „Black Metal Boulderlandschaft" am Zustieg zu den Waldmarkwandln – der erste geniale Block (bereits vor Jahren von Robert Gruber entdeckt und beklettert) liegt unweit des Parkplatzes, die beiden anderen Blöcke sind nicht ganz leicht zu finden und liegen weiter oben am Hang, bieten aber einige exzellente Linien an genialen ruhigen Sonnenplätzen im besten Buckelfels!

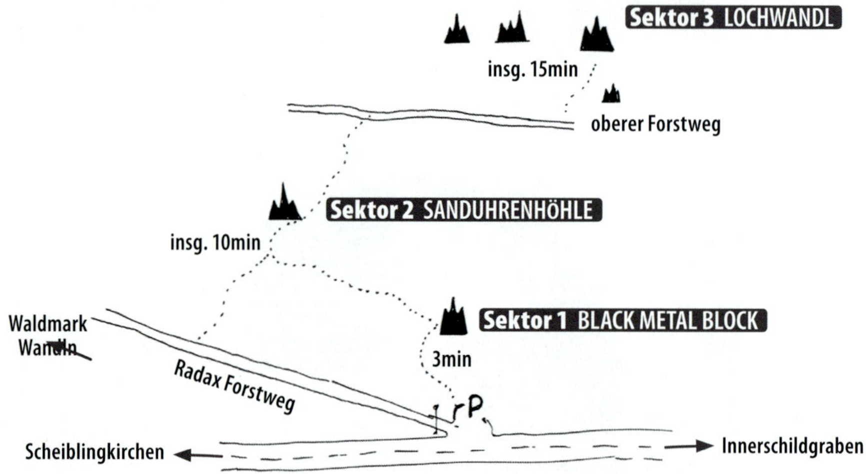

ZUFAHRT KFZ:

Parken wie beim Waldmark Wandl am Beginn der „Radax – Forststraße" (Tafel). Gerade hoch in den Wald zum (bei kahlen Bäumen bereits sichtbaren) „Black Metal Block" (2-3 Minuten); zu den anderen Sektoren siehe Skizze (etwas schwer zu finden; 15 Minuten)

BESTE JAHRESZEIT:

Frühling, Herbst und Winter

Lassen wir den Erschließer selbst zu Wort kommen:

„In den Jahren 2006 bis 2008 streifte ich von Witzelsberg aus durch die unendlichen Wälder der Buckeln,um - inspiriert durch Höhlenkarten, die ich von Thomas Behm bekommen hatte - nach den kleinen Felsen im Tal zwischen Scheiblingkirchen und Thernberg Ausschau zu halten.

Nach dem Motto „Wo a Höhle is da is auch a Überhang" graste ich an Herbst- und Wintertagen, immer in Begleitung von Hund Pauli und oftmals mit meinem Sohn Max in der Rückentrage alles nach Bouldermöglichkeiten ab. Und tatsächlich:

Es gab da einiges Brauchbares, manchmal sogar echt Geiles zu finden. Drei neue Spots aus dem „großen Buckelschatz" möchte ich hier vorstellen. Have fun out there but please respect the „Buckel Ghosts", otherwise they will kick your asses!!!" Peter Handler

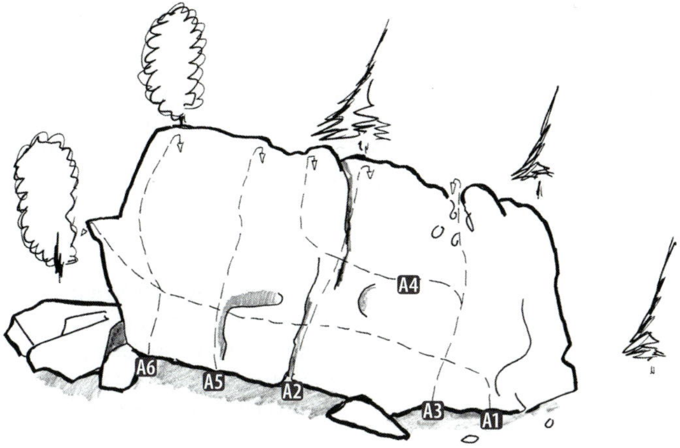

SEKTOR A (BLACK METAL BLOCK)

Genialer Block, einer der feinsten in den Buckeln; und das mit kurzem Zustieg, einem sehr schweren „Klassiker“ und einem neuen „Teststück“.

A1 BLACK METAL 7a tr (Gruber) extrem weite Züge an Untergriffen, knapp über dem Boden – noch keine Wiederholung bekannt!!

A2 ZORN 6b+ bl (Gruber) Superlinie mit hartem Start

A3 BLUT UND NIETEN 5b bl (Gruber) genialer Aufwärmboulder

A4 ANDERE BAUSTELLE NIX VERSTEHN 7a tr (Handler) Tolle Linie! Start wie **A3**, Kreuzer auf markantes Loch mit rechts, dann in die offenen Seitgriffe von **A2** – weiter harter Blocker auf markante Leiste nach links

A5 METAL BATTLE 8a bl (Schifer) Knallharte Linie – Start an Untergriffen und weite Züge auf Mikroleisten gerade hoch. Einer der härtesten Buckelboulder

A6 MEI TANTE IS A KANTE 7a+ bl (Schifer) Untergriffstart – weiter Schnapper an die Kante und über diese rauf zum Henkel

SEKTOR B (SANDUHRENHÖHLE):
Markante laubgefüllte Höhle rechts unterhalb des Waldmarkwandls mit zwei genialen Dachbouldern und, rechts oberhalb, einem leicht überhängenden Bouldereck aus Superfels.

B1 OUT OF THE STAUB – INTO THE LIGHT 7a bl (Handler) Genialer Dachboulder über die linke Seite; 7-8 Ausdauerzüge im großen Dach. Weite Züge an Leisten und oben raus

B2 THE GREEN MACHINE 7a+ bl (Gamsjäger) Start rechts über grüne Löcher im Dach; harter Kreuzer an schmerzhaftem Dreifingerloch und schwierige Beinarbeit, oben raus

B3 SWEAT MEAT 6b bl (Handler) Netter Boulder am linken Rand, Start an Löchern, oben raus

B4 BRONX RIVER PARKWAY 6c+ bl (Handler) Start wie B3, dann Blocker nach rechts auf kleine Leiste; li auf Leiste dazu. Dann Dynamo auf Aufleger an der Kante und über re. Block raus

B5 THE DEATH OF THE UNDERTAKER 6c sd (Gamsjäger) Beginn bei Loch, re großer Seitgriff, dann auf abgebrochenen Untergriff und „auffewurschtln" bis zum Schlußaufleger – für Kleinere deutlich schwerer!

B6 41 EIN HALB 6b+ bl (Handler) Fußklemmer mit li (41,5 passt genau!) – li an kl Kanterln und Auflegern hoch – trickreich!

B7 SHARP BULLS-EYE 6a+ (Handler) selber Start – mit re an die scharfe Kante des „Bulls Eye" und hoch

B8 SOFT BULLS-EYE 5c (Handler) leichtere Variante etwas weiter rechts

B9 MOEBIUS 5a bl (Handler) sehr schön an der rechten Kante

SEKTOR C (LOCHWANDL):
Tolle kleingriffige Welle mit bestem Absprunggelände noch etwas weiter oben. Die Boulder gehen alle etwa 4 Meter rauf, dann Abspringen! Hier gab es schon einige Boulder von Vinzenz Kroner.

C1 DOPPELSCHNECK 6a+" bl sd (Handler) netter Aufwärmboulder; Start von markantem „Doppelschneckenloch"

C2 HOLY BASTARD 7a+ bl sd (Prenner) Start an zwei Seitgriffleisten – später schmerzhafter Zug in markantes Einfingerloch und rauf auf Henkel

C3 Proj. Schifer

C4 CRUSH MODE 7b+ bl sd (Schifer) Start auf guten Löchern im rechten Teil des Überhanges – links auf abschüssiges Loch

C5 GEJAGTER JÄGER 7c tr sd (Schifer) geniale Traverse mit Grössenstelle am Ende

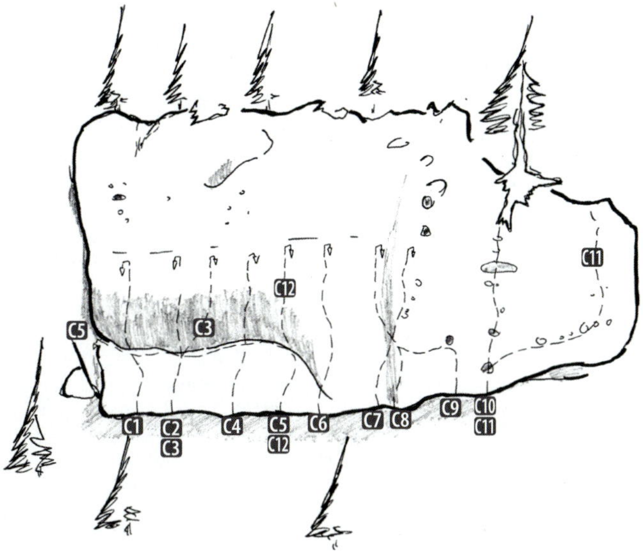

C6 COSMIC SHOP 7a+/b bl (Gamsjäger) toller harter Lochboulder an der Kante

C7 COYOTE UGLY 6a bl sd (Handler) Über gute Löcher re raus auf markanten guten Aufleger

C8 KUM OIDA PRESS 6c bl sd (Handler) Start unter überhängender Kante – re „rauspatschen" auf nicht sichtbares Loch – weiter auf „pressige Doppelzange" und rauf auf guten Aufleger

C9 LUSTWANDEL 6b bl sd (Handler) leichtere Einstiegsvariante über große Löcher von rechts

C10 HASI-BÄR 5b bl; sd (Handler) Aufwärmboulder über schöne große Löcher – oben kann rechts über den Baum auch ausgestiegen werden (hoch!)

C11 BABY-MAUS 5c bl sd Start wie C10, starke Rechtsschleife und oben raus

C12 CRUSH MODE 7b+

Thomas Schifer | LOCHWANDL | Foto: Peter Handler

Andrea Weghofer | OPYROS 7+ | Foto: Chris Forster

GRETLWANDL

Ist man auf der A2 Richtung Süden unterwegs und hat man linkerhand den markanten Türkensturz passiert, so taucht etwas später linkerhand für den aufmerksamen Beobachter ein weißes Felswandl, hinter Bäumen versteckt, auf.

Es ist dies „Die Gretl“, eine bis zu 20m hohe Felswand fast wie in Finale Ligure, mit unzähligen Löchern versehen. Im lichten Laubwald gelegen eröffnen sich hier mittlerweile 30 sehr hübsche und bestens abgesicherte Routen vom 5ten bis zum 7ten Grad, immens griffig, aber durchaus kraftbetont.

Kletterversuche wurden hier schon früher gestartet, so richtig erschlossen wurde die Wand in den Jahren 2001 und 2002 von Thomas Behm. Im Umkreis der Wand wurden außerdem einige passable Boulderblöcke entdeckt und im Jahre 2011 kamen sogar noch einige (erfreulicherweise leichtere) Neutouren hinzu, sodaß sich die Wand nun auch gut für Sportkletteranfänger und Kurse eignet.

Alles in allem also ein sehr sympathisches und beliebtes Gebiet mit etwas längerem Zugang, allerdings auch mit einem Nachteil: Der Lärm der auf der anderen Talseite vorbeiführenden Autobahn wirkt bisweilen störend!

ZUFAHRT KFZ:
Von Wien kommend über die A2 (Südautobahn) bis zur Abfahrt Seebenstein. Von dort auf der Bundesstraße weiter Richtung Grimmenstein, nach einigen km biegt man links nach Scheiblingkirchen ab. Im Ortszentrum hält man sich rechts und parkt bei der Schule.

ZUFAHRT Öffis:
Bahn bis zur Haltestelle Scheiblingkirchen und zu Fuß in wenigen Minuten ins Ortszentrum und zur Schule.

ZUGANG:
Bei der Schule beginnt ein markierter Weg, der auf den Ofenberg führt. Diesen mäßig steil etwa 15min aufwärts. Wo der Weg flach wird, rechts auf den Kamm hinüber, der felsig zum Pittental hin abbricht. Knapp vor dem höchsten Punkt rechts hinab zum Wandfuß. Gehzeit ca 25min.

BESTE JAHRESZEIT:
Die Gretlwand ist westseitig ausgerichtet und bekommt ab Mittags Sonne. Die Einstiege liegen im lichten Buchenwald und sind eher schattig. Beste Jahreszeiten sind Frühjahr und Herbst sowie im Sommer an Vormittagen. Im Winter ist es meist zu kalt.

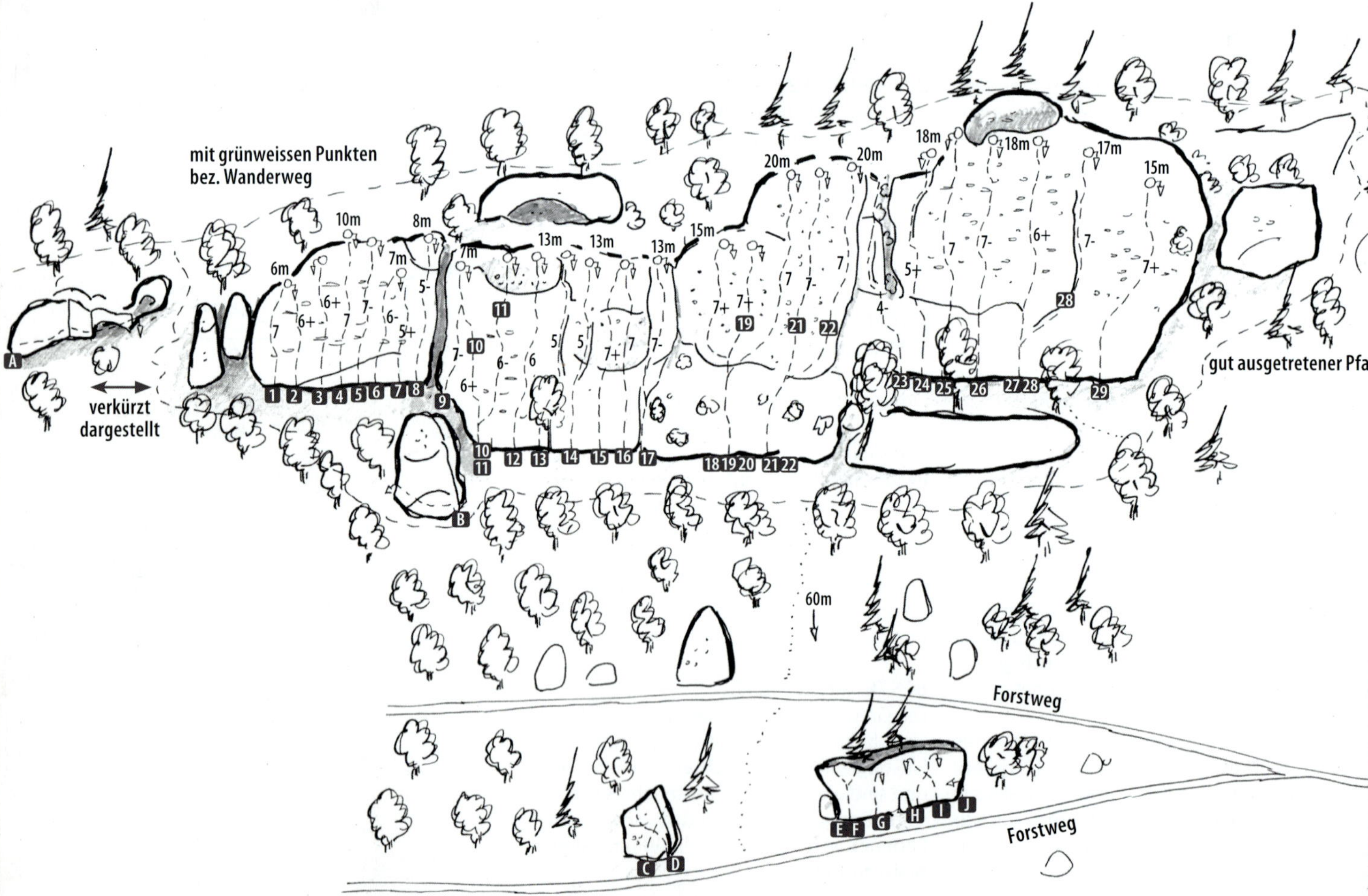
mit grünweissen Punkten
bez. Wanderweg
verkürzt
dargestellt
gut ausgetretener Pfa
60m
Forstweg
Forstweg
6m
10m
8m
7m
7m
13m
13m
13m
15m
20m
20m
18m
18m
17m
15m
A
B
C
D
E
F
G
H
I
J

1 RATS 7 * (RP Behm 2002)
Ganz kurze überhängende Lochkletterei

2 RABID 6+ * (RP Behm 2002) Ebenso

3 M16 6+ *** ((RP Behm 2002)
Hervorragende Wandkletterei an großen und kleinen Löchern

4 WEIRDCONG 7 ** (RP Behm 2002)
Schwieriger Einstieg an seichten Löchern

5 NAPALM IN THE MORNING 7- ***
(RP Behm 2002) Tolle Wandkletterei an Löchern und Leisten

6 DIE SCHWERE BEUTE 6- **
(RP Gauster 2004) kurz und schön

7 DIE LEICHTE BEUTE 5+ **
(RP Gauster 2004) ebenso

8 NAME UNBEKANNT 4+ ** (1.Beg. unbek)
gute leichte Lochkletterei

9 WILDERER 7- ** (RP Gauster 2004)
kurze überhängende Kante

10 ALTLAST 6+ ** (1.Beg. unbek)
die erste Tour hier; saniert 2011

11 HANDLER SEI DANK 6- ** (Behm 2011)
schwieriger Beginn, dann leicht; Putzarbeiten von P. Handler, dafür Dank!

12 BAUERNOPFER 6 ** (Behm 2011)
schwieriger Schlussüberhang

13 RESTMÜLLDEPONIE 5 ** (Behm 2011)
hübsche Verschneidung

14 BRÄUNUNGSDESASTER 5 **
(Behm 2011) steile henkelige Rissspur

15 DÖD 7+ ** (RP Behm 2002)
Die schwerste Tour hier – kleingriffiger grauer Überhang

16 SVART 7 ** (RP Behm 2002) Schöne löchrige, etwas unübersichtliche Kante

17 NAME UNBEKANNT 7- ** (1. Beg. unbek)
ganz nett rechts am Überhang vorbei

18 ORLOK 7+ *** (RP Behm 2002) Kräftiger grauer Überhang mit weiten Blockern

19 OPYROS 7+ ✳ (RP Behm 2002)
Sehr schöner graugelber Überhang

20 TRIASKALK 7 *** (RP Behm 2002) Lange gelbe Wandkletterei mit unzähligen Löchern

21 JUNGLE ROT 7- ✳ (RP Behm 2002) Zuletzt eine unübersichtliche, kleingriffige Stelle

22 FRISCH SAFTIG STEIRISCH 7 ** (Handler 2005) Neue nette Tour am rechten Rand

23 NAME UNBEKANNT 4 * (1. Beg. unbek)
steiler und griffiger, gut gesicherter Einstieg, dann hören die BH auf: Gerade durch Riss (KK) aufwärts und links zu Stand von 22

24 GRETCHEN CRACK 5+ **
(RP M. Trinkl 2010) Hübsche neue Route durch kleinen Riß zu Rostkette

25 SO WIE FREUNDE SIND 7 ***
(P. Handler 2005) Nette lange Wandkletterei, nicht nach links auskneifen

26 RUNENZAUBER 7- X (RP Libicky 2002)
Sehr schöne gelbe Wandkletterei

27 6+ ✳ (RP Behm 2002)
Tolle lange Lochkletterei

28 HERBSTHORST 7- *** (RP Behm 2002)
Interessante Piazschuppe

29 EINE ROTE SCHLAUFE 7+ **
(Ph. Handler 2005) Kurze Lochkletterei am rechten Rand

1-4	5-7	≥8	Σ UIAA	Σ FB
2	27	0	29	10

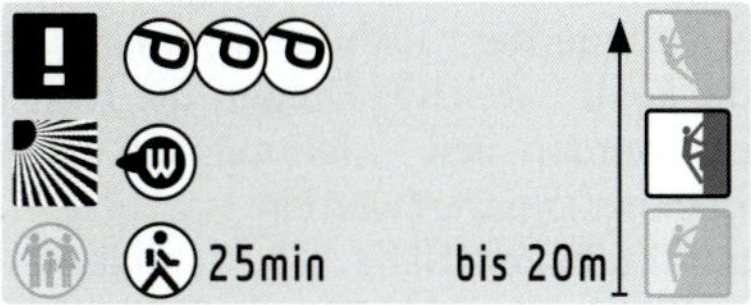

BOULDER:

A ALTE TRAVERSE 5c (Seidel)
Etwa 100m links der Gretlwand; sehr schöner 15m langer Quergang mit drei Teilen: Anfangs leicht, mittig technisch, und dann überhängend und griffig. Genial!

B GRETLBOULDER 4a (unbek)
kurzer mäßig lohnender Lochquergang

C FRED`S ARETE 6b (Seidel)
Start an guten Griffen, nach re an die Kante und raus – hoch!

D Projekt

E DIG IT 5c (P. Handler)
Netter Aufwärmboulder

F BORDERLINE 6a (P. Handler)
Blocker nach rechts und oben raus

G ZACHE SAU sd 7c (G. Gsenger)
Start an markanten Löchern, dann weiter Sprung auf flaches Einfingerloch

H UNDERTAKER sd 6b (P. Handler)

I CROSSING sd 6b (P. Handler) Ganz am re Eck; Kreuzzug nach li zu Henkel

J TRAVERSE proj.

OFENBERG

Im „Keltenkalk 2“ war ein Buckelfoto ohne nähere Ortsangabe enthalten, von einer sonderbar löchrigen, ominösen „Keltenkeule“, welches Einigen die Finger feucht werden ließ – hiermit soll diese „Geheimnis“ gelüftet werden:
In unmittelbarer Nähe (10 Gehminuten Entfernung) der (in diesem Buche enthaltenen) GRETLWAND befindet sich das größte Bouldergebiet der Buckligen Welt: Rund um den unübersichtlichen Gipfel des Ofenberges liegen unzählige Blöcke und niedrige Felswandln aus allerbestem löchrigem Triaskalk, welche sich hervorragend zum Bouldern eignen.

Bereits vor fast 30 Jahren hat hier Alfred Seidel damit begonnen; Robert Gruber nahm sich dem Gebiet vor 10 Jahren so richtig an und Peter Handler erschloß die Restflächen.

Die Schwierigkeiten liegen (fürs Bouldern) meist im sehr gemütlichen Bereich, der Fels ist einfach „zu griffig“; es lässt sich hier aber auch ein sehr schöner Kraxeltag mit der Familie verbringen und wenns zu regnen beginnt, verzieht man sich am besten zu den schönen Dachbouldern in der Bärenhöhle, wenn nicht grad Bär oder Wolf drin hausen…

ZUFAHRT KFZ:
Von Wien kommend über die A2 (Südautobahn) bis zur Abfahrt Seebenstein. Von dort auf der Bundesstraße weiter Richtung Grimmenstein, nach einigen km biegt man links nach Scheiblingkirchen ab. Im Ortszentrum hält man sich rechts und parkt bei der Schule.

ZUFAHRT Öffis:
Bahn bis zur Haltestelle Scheiblingkirchen und zu Fuß in wenigen Minuten ins Ortszentrum und zur Schule.

ZUGANG:
Zuerst wie zum GRETLWANDL: Bei der Schule in Scheiblingkirchen (grosser Parkplatz) beginnt ein blau bez. Wanderweg, der auf den Ofenberg führt. Dieser mündet nach ca 20min. Bei einer Tafel auf eine Forststraße. Auf dieser kurz nach links zum Bouldergebiet (siehe Übersichts- und Detailskizze) – nicht ganz leicht zu finden. Gehzeit ca 30min.

BESTE JAHRESZEIT:
Frühling, Sommer, Herbst – die Blöcke sind unterschiedlich ausgerichtet und liegen alle im Buchenwald.

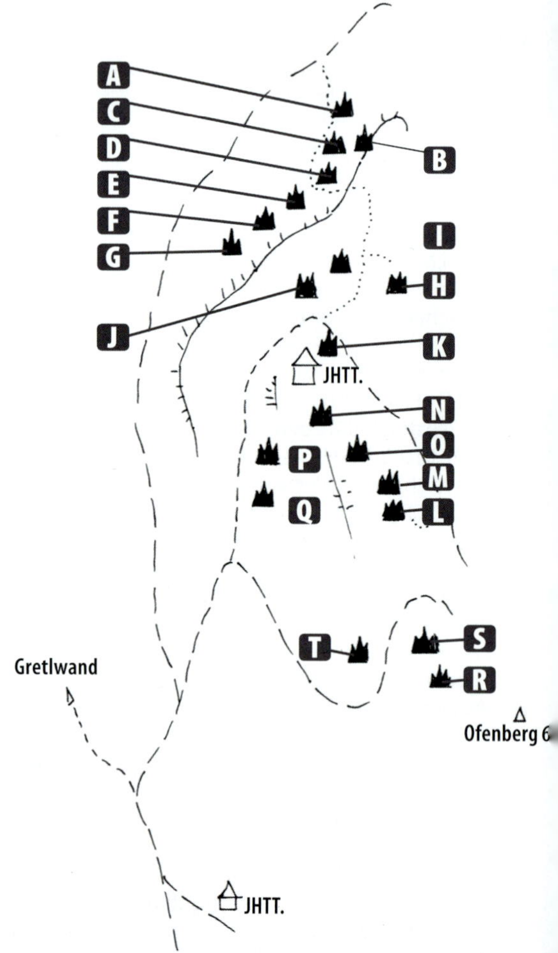

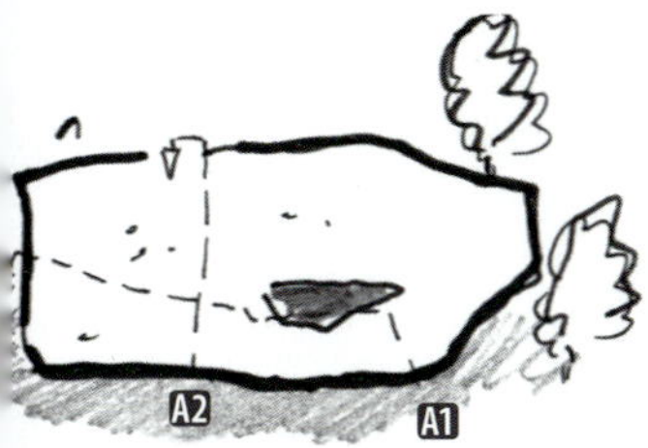

BLOCK A:

A1 HOHLER HUND 5b sd
Netter Quergang, gute Züge

A2 UNNÖTIGES WESEN 5a sd def:
Start auf Leiste links und Seitloch; Schnapper auf Riesenhenkel

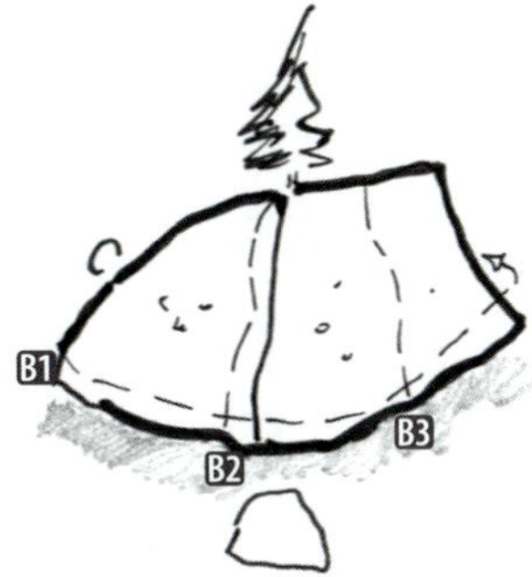

BLOCK B:

B1 BUCKLIGE WELT 4a trav
10m rund um den Block, schön

B2 KANTE 2

B3 WANDL 3

Thomas Dirnböck | KELTENKEULE 6B+/6C TRAV | Foto: Thomas Behm

BLOCK C:

C1 ZWEI GESICHTER 5a trav
zu Beginn weiter Zug, plattiges Finale

BLOCK D:

D1 WALDGRAB 4c trav
crux zu Beginn, dann leichter und bröslig

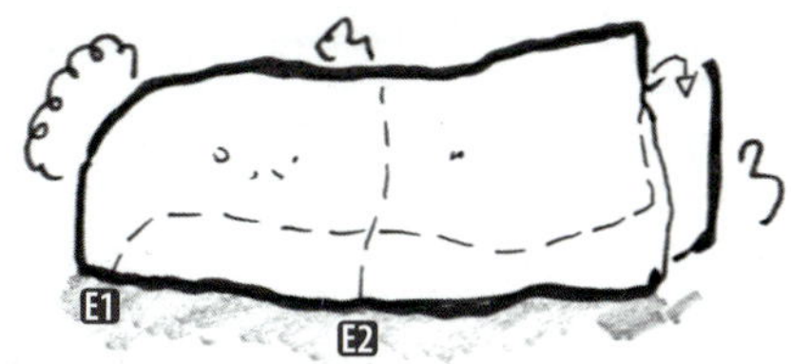

BLOCK E:

E1 GALAKTISCHER SCHLEIM 6a+
kurz, aber gut

E2 STERNENROTZ 6a sd
interessanter Start

BLOCK F:

F1 FORESTGLADE 5c trav Schön! Zuerst Henkeln, dann kleingriffig

F2 4c sd Seitgriff rechts, Untergriff links

F3 oB sd def. Ohne Henkel, Superfels

BLOCK G:

G1 ORGIE 4a viel zu kurz, Superhenkelei

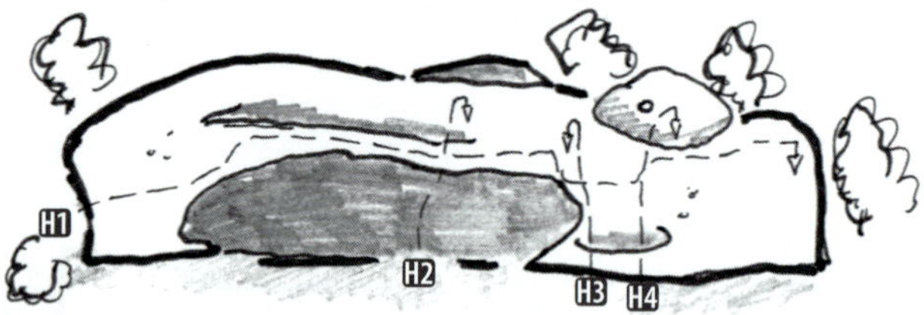

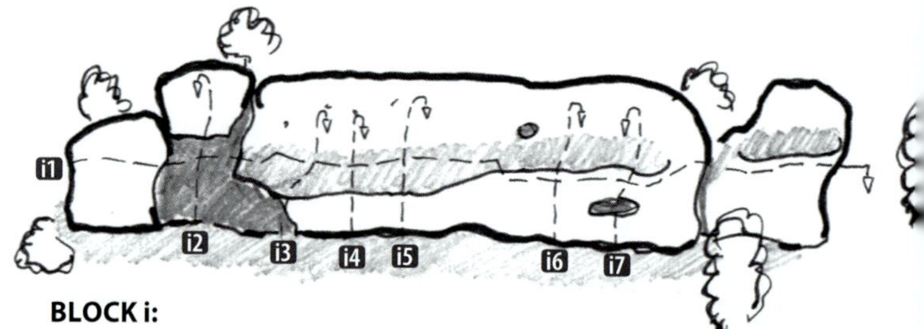

BLOCK H:

H1 STORMLORD 6c+ sd trav
12m langer Ausdauerquergang: nach ein paar Zügen guter Henkel, dann Löcher knapp unter der Dachkante. Weiter an Auflegern, dann weiter Zug zu gutem Griff und Riesenlöcher zum Ende

H2 Projekt Handler

H3 WILDWATZ 6a+ sd Start an Auflegerseitgriffen, weiter an die „Stange", hochsteigen und über den Rissüberhang.

H4 OBSZÖNER PILZ 5c sd
Start an zwei Auflegern, Schnapper auf Seitgriff

BLOCK i:

i1 LUGBURZ 6a+ trav, 6b+ sd
12m lange schöne Querung mit originellen Stellen

i2 REISSWOLF 6a sd sehr raues Rissdach; def: ohne Seitenwände!

i3 WUCKI 4c sd
über Untergriffe, 2 Löcher und schräge Leiste zum Henkel

i4 KUALA-UK 6a sd Untergriffstart, dann raue Löcher zum Henkel

i5 ALINO-UK 6a+ sd Blocker auf 2 Henkel, dann ungut aufrichten

i6 VINZENZ KRONER Projekt

i7 SPLOOSH 5b/5c sd
re in den Riß, li Auflegerloch, auf Seitgriffe, zu Henkel

BLOCK J (KELTENKEULE):
Prachtvoller Block, wie aus „Bleau" importiert. Die meisten Boulder wurden von A.Seidel und W. Gamsjäger geklettert, R. Gruber hat auch was gemacht und alles angeschrieben.

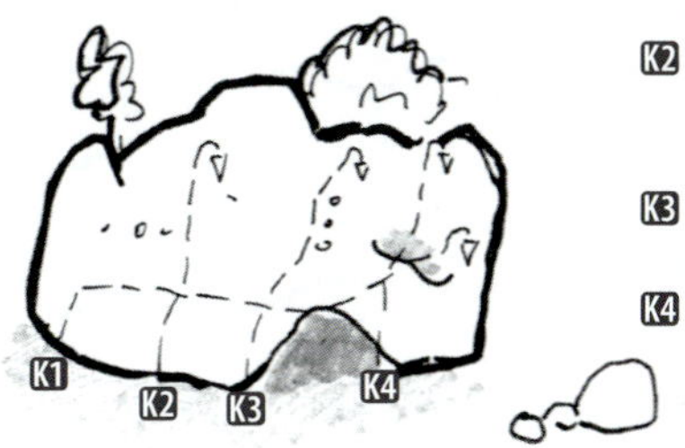

J1 KELTENKEULE 6b+/6c trav
perfekter Quergang an rauen Löchern und Leisten entlang der Überhangkante; tief bleiben!
J2 THOR 4a sd großgriffige Kante
J3 NJÖRD 6a+ sd schwerer Beginn über den Überhang, dann Henkeln
J4 ODIN 6a sd Start an Seit- und Untergriff, Umsetzer auf Leiste, Henkeln
J5 HEL 6c sd, J6 LOKI 6a sd
li. Aufleger, re. Auch. Zug auf Loch, Henkeln
J7 FENRIZ 5a sd
Start an Kante, li. In die Wand und direkt zum Gipfel

BLOCK K:
K1 BIBERBONUS 5c
Lochquerung, zum Schluß über den Wulst zum Henkel
K2 HOLLER 4a raues
Aufwärtsbouldern mit guten Löchern
K3 LÖCHRIGES LOCH 4c sd
rauh und löchrig
K4 SCHEISSAUFSWWW.AD 6b+/6c sd
Sd im Loch. Weite Spanner; ohne die linken Henkeln!

BLOCK L:
Noch nicht geputzter Quergang plus ein paar Aufwärtsboulder

BLOCK M (BÄRENHÖHLE):
„Kultige Kulthöhle", hoch oben in den weiten Ofenbergwäldern gelegen. Geniale, stark überhängende und immer regen- und windgeschütze Boulder an bestem, rauem Sinter- und Löcherfels, an einem mysthischen Ort!

M1 DARK ZONE 5c trav
10m, etwas staubiger Quergang
M2 CAVE SWING 5c li. Sinter, re. Seitgriff; Re. Untergriff, li. Schlitz und weiter auf gr. Loch; dann ins Dach u. li. zu gr. Henkel
M3 HÖHLENDRAMA 5c trav
15m lange Querung; herrliche Sintergriffe
M4 Projekt
M5 BLAUBÄR 5b sd an Schlitzen auf Henkel
M6 GRIMMENSTEINER 5c sd
2gr. Griffe, dann weiter Zug
M7 BÄRENSTARK 6b sd
weiter Blocker von Seitgriff auf Leiste, dann noch in den Sinteruntergriff
M8 BÄRENHÖLLE 6c+ sd
weiter Blocker zu Griffleiste und eine Etage höher als M3 in den Höhlenwinkel – stark überhängend und genial!
M9 KATATONIA 6b sd weiter Blocker an die Dachkante, an dieser nach links zu Henkel
M10 DÖD 6a sd überhängend am Höhleneingang; übles Absprunggelände!
M11 NAZGUL 5c sd Beginn mit M7 zur Leiste, dann M8 in Gegenrichtung zur Nische nach re

BLOCK N: Sehr hübscher Felskamm mit Durchgangsloch direkt hinter der Jagdhütte.

N1 XYZ 4c sd
über Bauch zur Schuppe

N2 UNFUG 5a sd
Kante mit Sitzstart, oben re. Zur Verschneidung

N3 WALDMEISTER 3 sd Kante mit staubigen Riesenwaben

N4 JAGDKRALLE 6a+ sd
Leiste; li Einfingerloch und auf Henkel re. – ohne die große Schuppe links!

N5 Projekt

N6 ALLERSEELEN 6b sd
bei gr. Loch und dann – rauf!

N7 MENHIR 6c+ komplizierter, 8m langer Quergang

N8 N9 Projekt

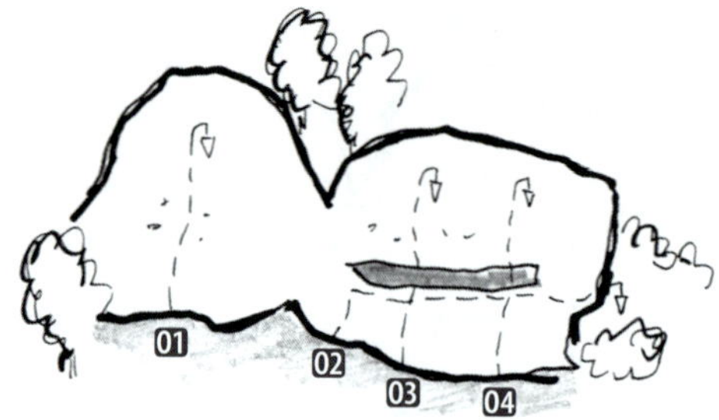

BLOCK O:

O1 BISSI RUND 4b

O2 KOSMISCHER STAUB 5b trav netter Quergang an runden Griffen

O3 BISSI ORSCH 5c sd komischer sd, dann über Wampe zu Henkel

O4 BISSI GLATT 7a neuer Boulder von Th. Schifer

BLOCK P:

P1 ALRAUNE 5a sd perfekter Fels!

P2 KANWULF 5b sd Löcher und Aufleger – genial!

P3 SCHWARZE PERLE 6a+ trav genialer Quergang an perfektem Fels

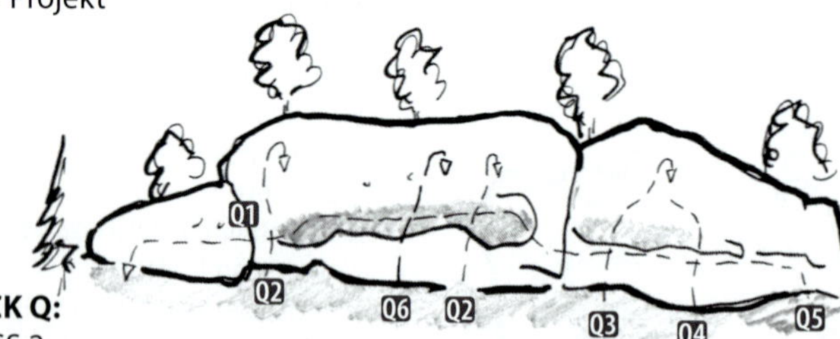

BLOCK Q:

Q1 RISS 2

Q2 SCHNAPSNASE 4b sd sd und 2 Züge über die Nase zum Henkel

Q3 DOPE CONTROL 5c sd sd an guten Löchern; re. Aufleger. Weit li. auf Zange, re. Auf Zange; Kreuzzug zu Henkel

Q4 INFINITE REGRESSION 6b gr. Aufleger; li. übler Bauch auf kl. Leiste; re. Zangengriff – weiter Zug li. auf Aufleger – re. Henkel. Super!

Q5 MUTTER ERDE 5c trav Ausdauerquergang an Henkeln, Q6 Projekt

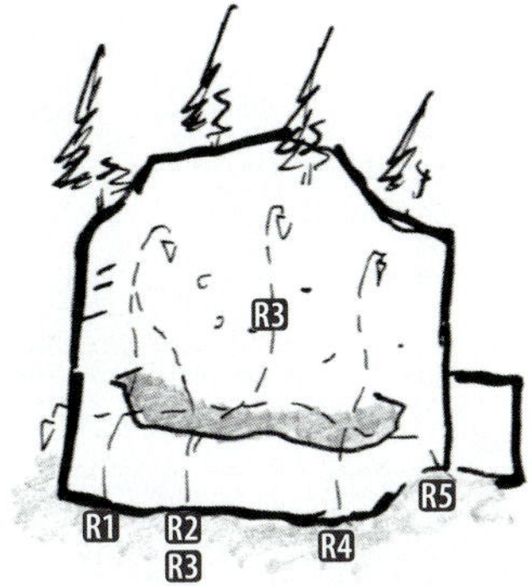

BLOCK R:

R1 JAGDHEIM 5c sd re runder Seitgriff, dann weiter Zug mit li. zu rundem Loch und noch 2 Züge zu Henkel. Ohne die linke Kante!

R2 STERNENJAGD 6a+ sd Start mit R3, dann li über offene Löcher zu R1

R3 NORDSTERN 6a sd re runder Seitgriff, mit li auf Zange, re in rundes Loch und leichter weiter!

R4 ONYX 4a sd gute Henkellöcher

R5 GOLDENER HERBST 5c trav schöner Quergang an runden Griffen

R6 FREERIDE oB toller Dreizugboulder mit Sprung

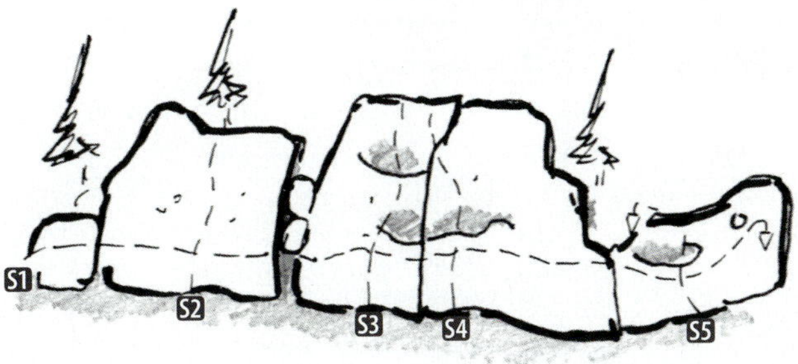

BLOCK S:

S1 SORIA MORIA 4b trav" 12m langer sehr schöner Quergang

S2 RAUHBEIN 4a gerade die raue Wand hinauf

S3 ELFENHAAR FÜR KATHRIN 5b/5c li. Seitgriff, re Loch; re über zwei „Klemmer"- Zug li. auf Loch. Aufleger zum Kamm.

S4 TROLLNASE 4c sd
toller Henkelüberhang, an der Nasenkante nach li. hangeln

S5 SCHAS 4b sd erdiger Überhang

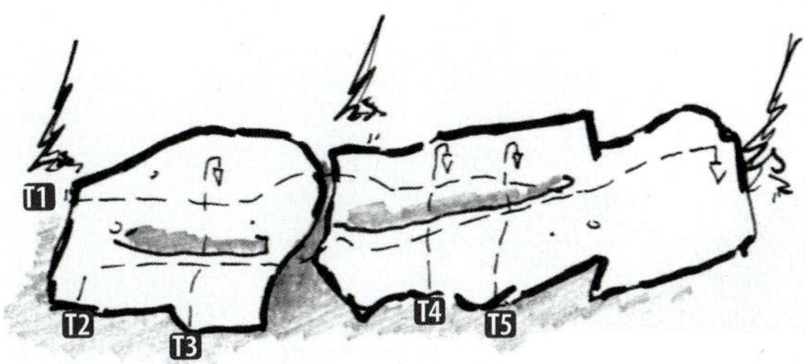

BLOCK T 20:

T1 FROSTFLUCH 6a trav
henkeliger Quergang mit weitem Zug in der Mitte

T2 ES LEBE DER UNTERGRUND 6a+ sd knapp über dem Boden queren; am Beginn schöne Löcher, dann geniale Untergriffschuppe

T3 NURMENUK 5b sd Ein Zug Boulder; Größenstelle!

T4 T5 Projekt

Projekt Handler an der GRETLWAND | Foto: Thomas Behm

KULMRIEGEL

Gegenüber des Ofenberges und der Gretlwand, auf der anderen Talseite, befindet sich der markante kegelförmige Kulmriegel. Auch hier bewegt man sich auf kulturhistorischem Boden: Eine alte Ruine am Gipfel und eine vorchristliche Kulthöhle (welche als Mariengrotte christianisiert wurde) künden von alten Tagen...
Diese Mariengrotte liegt am Nordhang des Berges und in ihrer Umgebung finden sich weiter unzählige Felsen, von Blöcken bis maximal 15 Meter Höhe. Seit einigen Jahren gibt es hier auch einige eingebohrte Routen. Diese sind zwar allesamt kurz, weisen tw. aber genialen Löcher- und Sinterfels auf. In Kombination mit den Bouldern ringsum läßt sich hier also auch ein ganzer Tag ganz nett verbringen.

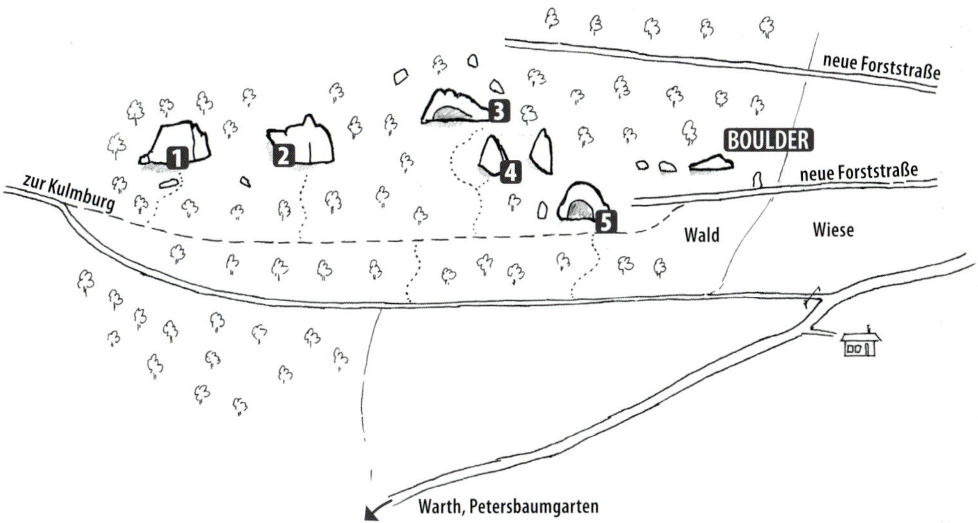

ZUFAHRT KFZ:
Von Wien kommend über die A2 (Südautobahn) bis zur Ausfahrt Seebenstein. Nun weiter auf der Bundesstraße Richtung Grimmenstein. Den Ort Scheiblingkirchen läßt man links liegen, gerade weiter erreicht man in Kürze Petersbaumgarten und Warth. Vor der Autobahnmeisterei biegt man rechts in eine schmale Asphaltstraße ein. Dieser folgt man Richtung „Grotte" aufwärts, bis die Straße aus dem Wald heraustritt. Kurz danach zweigt nach links eine Forststraße ab. Hier Parken (nur wenige Parkmöglichkeiten; sonst weiter unten parken).

ZUFAHRT Öffis:
Mit der Bahn von Wr. Neustadt bis zur Haltestelle Petersbaumgarten. Von hier in Kürze zur Autobahnmeisterei und zu Fuß über die Zufahrtsstraße aufwärts (bis zu den Felsen gute 30 Minuten).

ZUGANG: Der Forststraße kurz folgen und sogleich nach re. durch Wald hoch zu den bereits sichtbaren Felsen, die alle oberhalb des zu querenden Promenadenweges liegen. Gehzeit ca 5 – 10 Minuten.

BESTE JAHRESZEIT: Alle Felsen sind nach Norden ausgerichtet und gut im Sommer geeignet. Durch die milde, wetterbegünstigte Lage des Gebietes eignen sich aber auch Frühjahr und Herbst.

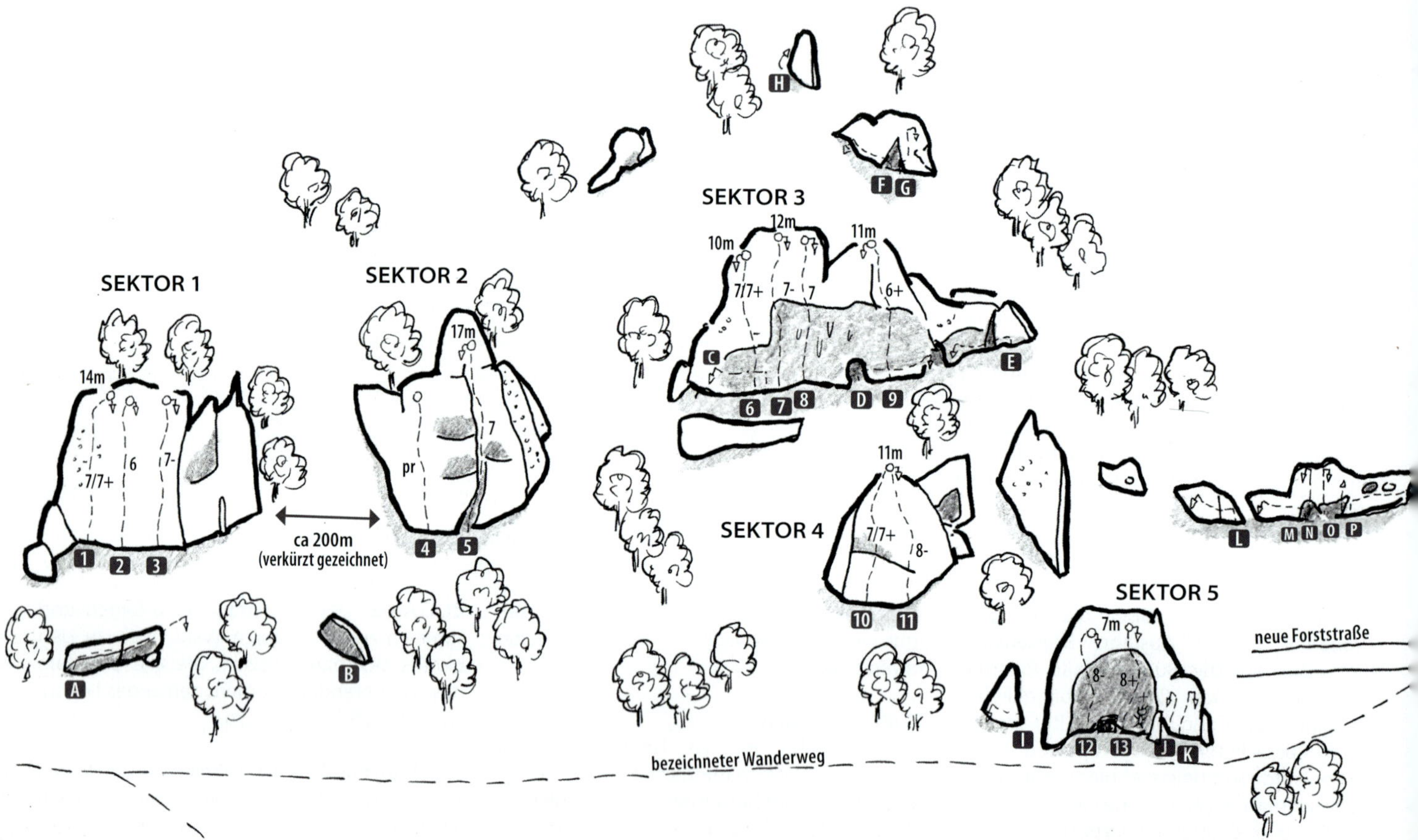
SEKTOR 1
14m
7/7+
6
7-
1
2
3
ca 200m
(verkürzt gezeichnet)
SEKTOR 2
17m
pr
7
4
5
A
B
SEKTOR 3
10m
12m
11m
7/7+
7-
7
6+
C
E
6
7
8
D
9
H
F
G
SEKTOR 4
11m
7/7+
8-
10
11
L
M
N
O
P
SEKTOR 5
7m
8-
8+
I
12
13
J
K
neue Forststraße
bezeichneter Wanderweg

SEKTOR 1:
Etwas abgelegene Platte mit ausgeputzten Löchern und diffzilen Stellen. Beste Klebehakenabsicherung.
YELLOW FEAR 7/7+ ✱✱
(RP Behm 2001) Schöne Wandkletterei
2 WOODS OF BELIAL 6 ✱✱ (RP Behm 2001)
Schöne henkelige Wandkletterei
3 IN THE WOODS 7- ✱ (RP Behm 2001) auch ok

SEKTOR 2:
Das höchste, leider auch unstrukturierteste Wandl am Kulm. Glatter Fels - harte Neutouren möglich
4 Projekt
5 SEIDELRISS 7- ✱✱ (RP Seidel)
Markanter Riß mit 12mm-Ankern

SEKTOR 3:
Recht kleine, aber sehr nette Wand mit schönem, etwas erhabenem Einstiegsplatz. Die Touren sind zwar kurz, aber dennoch Kraftausdauer fordernd; der Fels ist absolut perfekt: Versintert und löchrig! Beste Klebehakenabsicherung!
6 HOLY MOSES 7/7+ ✱✱ (RP Behm 2001)
Gutes Einstiegsdach, dann Wandkletterei
7 SODOMIST 7- ✱✱✱ (RP Behm 2001) stark Überhängende Ausdauerkletterei
8 HORDES OF NEBULAH 7 ✱✱✱ (RP Behm 2001) Stark überhängende Lochkletterei
9 ENTWEG 6+ ✱✱✱ (RP Behm 2001)
Überhängende Henkelei mit markantem Dachüberhang

SEKTOR 4:
Etwas unterhalb diese kleine Wand aus gutem, aber plattigem und etwas glattem Fels.
10 VOLVA 7/7+ ✱✱ (RP Behm 2002)
Witzige und kräftige Route
11 SKADI 8- ✱✱ (RP Behm 2002)
Unangenehme, plattige Einstiegsstelle

SEKTOR 5: Grotte
ACHTUNG: KLETTERN VERBOTEN!!!
Schade, denn das Loch ist zwar klein, aber fein: Eine waagrechte Dachdecke mit unglaublichen Löchern und Sintern. Die zwei eingebohrten Touren (8- und 8+) sind abgeschraubt, aber auch als (sehr hohe) Boulder zu klettern:
12 SURREAL 8-/8 ✱✱✱
13 SCHWARZE MADONNA 8+ ✱✱✱

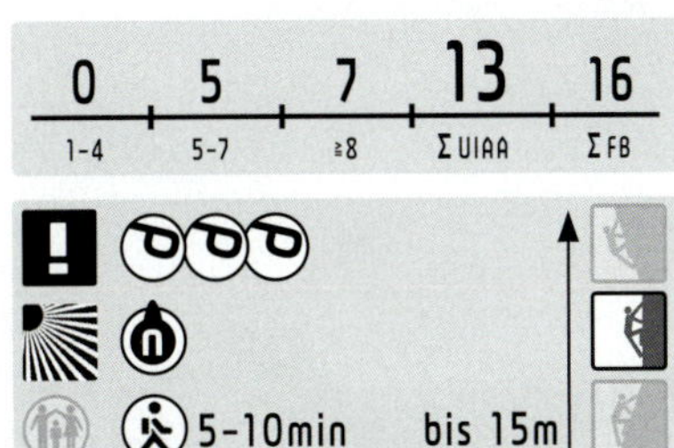

BOULDER (von links nach rechts):
A MISANTHROP 5c (Gruber)
Stark überhängende Henkelquerung (ohne den vorgelagerten Block) unterhalb von Sektor 1
B Projekt: Dachquerung weiter rechts
C NORDWAND 5a (Behm) Traverse in Sekt. 3
D KELTENSTRASSE 5a (Behm)
Traverse in Sektor 3
E GÜLLI 5a (Behm) Querung über den Spalt
F DAXI 6a (Behm)
G FUXI 5c (Behm)
H PEDA 6a (P. Handler)
Schöner Block, schaut nach Süden!
I BUCKELLORD 4c (Gruber)
Stark überhängende Henkelei
J LILITH 6b+ sd (Gruber) in Sektor 5:
Definiert: ohne Seitenwand links, ohne Lochleiste rechts
K ALTAR 5c sd (Gruber) in Sektor 5
L BUG 5a (Behm) Nette Querung um Kante
M LUG 5c sd (Behm)
Überhängende Querung
N BETRUG 5c (Gruber)
O HELY HANSEN 6b sd (Gruber)
Oben komisch
P LIEB 4a (Behm) Schöne Lochquerung

Mathias Woitzuck | VENDETTA 7C+ SD | Foto: Tom Bartl

DAS GEGENÜBER

Gegenüber des kleinen Kletter- und Bouldergebietes des Kulmriegels liegen, im schönen Buchenwald versteckt, einige ansprechende Boulderblöcke aus gewohnt gutem, löchrigem Buckelfels. Robert Gruber hat 2002 alle bestehenden Boulder geputzt und erstbegangen. Aufgrund der Südlage und der Tatsache, daß Laubbäume im Winter keine Blätter tragen, auch gut in kalten Zeiten zu besuchen. Und auch sonst natürlich eine nette Ergänzung zum nahen Kulmklettergebiet.

ZUFAHRT KFZ:
Anfahrt siehe Kulmriegel. Etwa 300m vor dem Parkplatz zum Kulmriegel zweigt nach rechts eine Forststraße ab. Dort parken.

ZUFAHRT Öffis:
Siehe Kulmriegel.

ZUGANG:
Der Forststraße kurz folgen und sogleich nach links. Gehzeit ca 10 – 15 Minuten.

BESTE JAHRESZEIT:
Durch die milde, wetter-begünstigte Lage des Gebietes eignen sich diese Boulder für alle Jahreszeiten.

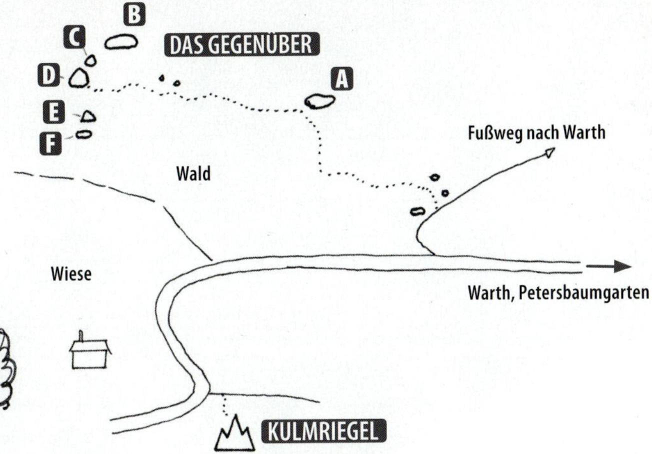

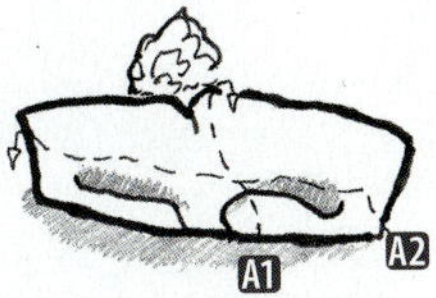

BLOCK A: MORSCHREUTH

A1 ORSCH HEUT 4c sd
Löcher bis zum dreckigen Erdhenkel

A2 MORSCHREUTH 4b tr
Morsche Querung

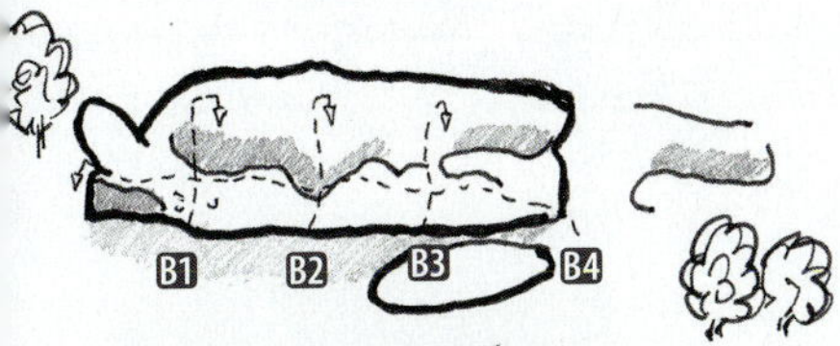

BLOCK B: OBERES DACH

B1 OCCULT 5b sd Markierte Einstiegsgriffe

B2 B3 Projekt, B4 NAMENLOS 7b

BLOCK C: WABENLAND

C1 WABENLAND 3 Superlöchrig

C2 WUNDERWAMPE 3 sd
Superlöchrig und Schlußwamperl

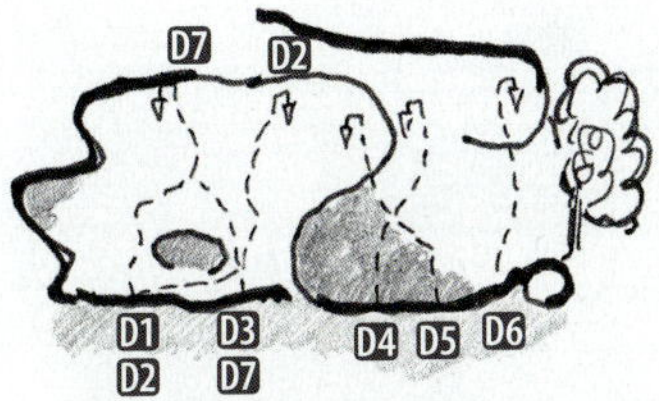

BLOCK D: NASHORN

D1 GOLDHUND 5a sd re
In die Wand und gerade hoch

D2 VENDETTA 7c+ sd Start über D1, weiter unterhalb des Wulstes zu D3

D3 JUDAS 7a sd
Recht runde Löcher im Überhang

D4 NASHORN LIGHT 5b sd
Weiter Linksblocker und rauf aufs Nashorn

D5 BLASHORN 5a sd
Weiter Zug ohne die rechte Kante

D6 TRAUMBUCKEL 3 sd
Henkelorgie a la Buckelwelt

D7 RAMBO RHINO 8a sd (Schifer)
Start wie D3, ohne den fetten Startgriffen von D1 als Tritte

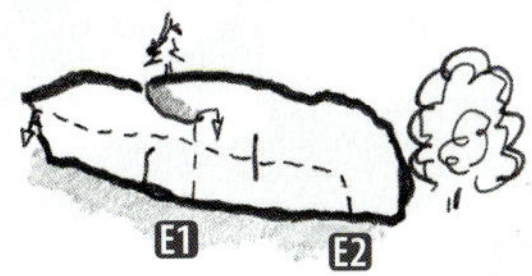

BLOCK E: CELEBRIMB

E1 CELEBRIMB ALINOR 3 Hübsch

E2 HAMPIAFFE 3 Superfels

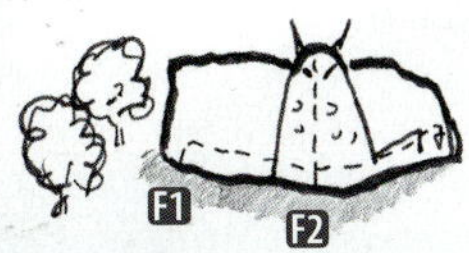

BLOCK F: BELIAL

F1 BELIAL 3 Superzerfressen

F2 KARIES 3 Superzerfressen

... unbekannte Boulder in unbekannten Keltenhöhlen ...

FINSTERBURG

„Versteckt in alten heidnischen Wäldern ragt eine Finsterburg empor. Kaum jemand nahm sie bisher wahr. Kein Wunder, unscheinbar im dichten Buchenwald versunken, ihre höchste Zinne nur als kleiner Felsblock vom bez. Wanderweg wahrzunehme - wage jedoch um die Ecke zu sehen:

Eine 23m hohe Festung bauet sich auf, nach innen gewölbet, mit allzu geräumigem Vorhofe. Aus Kalk wurde sie gebaut, in Zeiten des Trias, was uns geniale Löcher verspricht, grau, weiß und rot, bisweilen sogar braun und orange coloriert. Das schwere Schwert vermagst Du hier gut zu schwingen, selbst in nicht allzu hohen Schwierigkeitsbereichen, bis zu 7 Meter lädt der Wulst aus.....sodaß hier selbst in Regenzeiten gut gekämpft werden kann. Doch auch an sonnigen Tagen seyest Du vor Ihr geschützt, denn nach Norden blicket das Bollwerk. Und selbst den Schneeberge nehmet Ihr von Ihrem Gipfel wahr..."

Die „Finsterburg" zählt zu den lang- und bestgehütetsten Geheimnissen der Buckligen Welt. Da in einer etwas „sensiblen" Zone gelegen, wurde sie bisher nicht großartig veröffentlicht; geklettert wird hier jedoch nun problemlos schon seit 10 Jahren...daher erscheint sie nun auch in diesem Kletterbuch – mit der dringenden Bitte, sich sehr ruhig und leise zu verhalten und unbedingt den beschriebenen Zugang einzuhalten!

Die Kletterrouten stammen fast alle von Thomas Behm, die Boulder von Robert Gruber.

ZUFAHRT KFZ: Auf der A2 (Südautobahn bis zur Abfahrt Grimmenstein, danach links unweit nach Petersbaumgarten.

ZUGANG:
Beim Bahnhof in Petersbaumgarten parken. Hier beginnt eine Wegmarkierung Richtung Buchberg/Ofenberg, der man steil über einen Wiesenrücken aufwärts folgt. Unmittelbar vor dem Erreichen des Gehöfts „Buchberg" verlässt man die Markierung und folgt rechts einem unbez. Fahrweg, der bald zum Karrenweg wird und nach etwa 10min. wieder die Markierung erreicht. Am rot bez. Karrenweg rechts kurz und steil weiter – nach 5min. erblickt man knapp links des Weges eine ca. 5m hohe Felsformation. Es ist dies bereits die Hinterseite der „Finsterburg"; in einer Rechtsschleife (orographisch) absteigend erreicht man schließlich die Einstiege. 30-40 min.

BESTE JAHRESZEIT: Sommer (wenn nicht allzu heiss), Frühling und Herbst (wenn nicht allzu kalt). Lage ist absolut nordeitig.

ACHTUNG JAGDGEBIET!
Ruhig und unauffällig verhalten. Unbedingt den beschriebenen Zugang benützen!

Peter Königsberger | WOTANS DACH 7+/8- | Foto: Thomas Behm

1	3	8	12	9
1-4	5-7	≥8	Σ UIAA	Σ FB

30-40min bis 25m

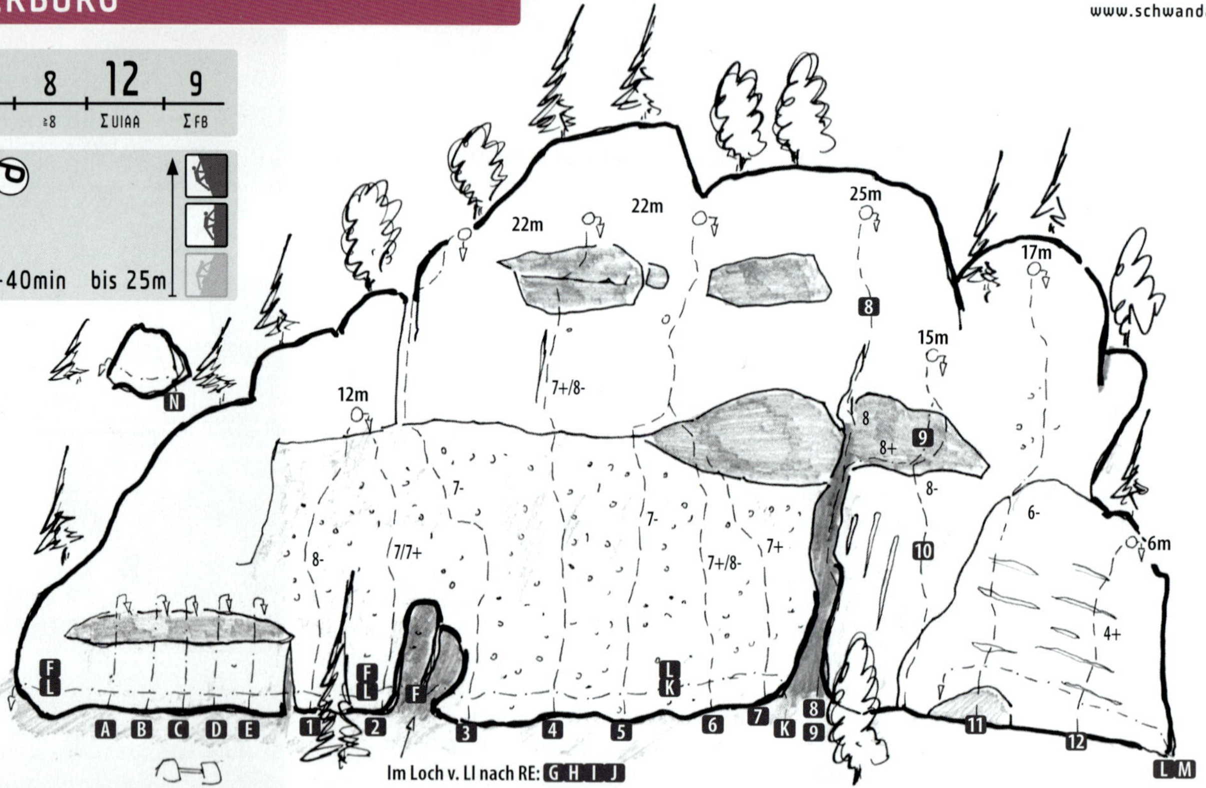

1 ERIK MAY YOU RAPE THE ANGELS 8- ✱✱ (RP Behm 2001) Blaue BH; schaut arg aus, ist aber nicht so schlecht-kräftige Lochkletterei!

2 DESTROYER 666 7/7+ ✳ (RP Behm 2001) Hervorragende, leicht überhängende Lochkletterei im gelben Fels; Bühler!

3 COMING OF ASATRU 7- ✱✱✱ (RP Behm 2001) Bühler; sehr schön mit Einzelstelle; oben leichter

4 WOTANS DACH 7+/8- ✳ (RP Behm 2001) Bühler; ganz oben ein sensationelles Dreimeterdach! Eine der besten Buckeltouren!

5 BAYHEM 7- ✱✱✱ (RP Behm 2001) Schön, steil und henkelig. Die erste Tour hier! HSA Anker.

6 HANS SISTE VINTER 7+/8- ✱✱✱ (RP Behm 2001) Im unteren Teil tolle Lochkletterei, HSA Anker.

7 7+ ✳ (RP Behm 2001) Bühler + grüne Anker. Geniale Lochkletterei im unteren Teil!

8 SINISTER 8 ✳✳✳ (Behm, RP Gruber 2001) Grüne Anker u. Bühler. Abartige, 7m überhängende „Wurmkletterei" durch den Rissspalt!

9 END OF TIME 8- ✳✳ (Behm, RP Gruber 2001) Blaue BH. Schwere Einzelstelle ober der Dachkante

10 WASSER FÜR WOTAN 8+/9- ✳ (RP Gruber 2002) Verbindungsvariante – geniale Kombination!

11 TAAKEFERD 6- ✳✳ (RP Behm 2001) Bühler; hübsche löchrige Aufwärmtour

12 BORKNAGAR 4+ ✳✳ (Behm, RP Piribauer 2001) HSA Anker; Kurztour

BOULDER:

A 6a+ Dach + Aufrichter – bis zum Band klettern!

B Projekt

C SONNENFEIND 5a Lochkletterei bis zum Henkelband

D BLENDWERK 6b+ sd direkt übers Sinterwandl zum „Schwert" und ins Loch

E THE BEST 5a sd über Sintergriffe zu Aufleger und ins große Loch

F BESESSEN 6b+ trav 12m lange interessante Querung – großgriffiger Genuß mit interessanter Einzelstelle am Sinterwandl

G LAUBLOCH 5a sd an großen Löchern zur Decke des Lochs

H RUNE 5b sd nur die kleinen Griffe an der feinziselierten Wand nehmen

I LEYD 4c sd gute aber schmerzende Sintergriffe bis zur Decke

J GHOUL 4a sd an scharfen Griffen bis zu Henkel bei Bohrhaken

K BLACK TRIP 5c trav 12m Ausdauerquerung zu Beginn etwas bröslig, dann aber Superfels bis ins Loch hinein

L FINSTERBURGMARATHON 6c trav 35m langer Quergang durch das gesamte Massiv. Schwerste Stelle bei **F**. Aufgrund der Rastmöglichkeiten nicht so interessant, wer aber zügig durchklettert, wird wohl im Bereich 6c unterwegs sein

M 5a trav 12m lange, großgriffige Querung, tief bleiben!

N SEUFZENDE FICHTEN 3 trav kurze aber liebe Querung links oberhalb

FINSTERBURG | Foto: A. Kubista

HÖLZLSTEIN

Klettern und Bouldern im Burgenland? Das Gros der Felsfetischisten mag wohl jetzt den Kopfschütteln, doch es ist kein Witz: Der „Ruster Hügel" bildet – von Westen kommend" – das letzte Bollwerk vor dem Neusiedlersee vor der Ungarischen Tiefebene und ist vor allem durch den Steinbruch St. Margarethen (in dem alljährlich die berühmten Opernfestspiele stattfinden) bekannt.

Etwas nördlich davon erblickt man, fährt man von Oggau Richtung Eisenstadt, links auf einem Hügel eine markante Felsklippe, den „Hölzlstein".
Dieser max. 7 Meter hohe Felsen aus löchrigem, sehr rauem Kalksandstein beherrscht wie ein gestrandetes Piratenschiff die Gegend und ist ein beliebtes Ausflusgziel – in herrlicher Lage über den Weingärten, auf der einen Seite der Neusiedlersee, auf der anderen Seite schweift der Blick zu Schneeberg und Rax in weiter Ferne.
Ja, und Klettern (bzw Bouldern) kann man hier auch ganz gut: Es gibt zwar keine eingerichteten Routen (aber das ist erstens aufgrund des besonderen Schutzes dieses Platzes nicht erlaubt und zweitens auch nicht notwendig: wem die Boulder zu hoch sind, der kann oben am Gipfel des Hölzlsteins mit ein paar Schlingen einen guten Sanduhrstand für Topropes in alle Richtungen anbringen), aber einige Boulder und „Trainingsrouten" der „Eisenstädter Klettergilde".
Manch einer mag jetzt nach wie vor den Kopf schütteln und der erfolgsorientierte Rotpunktkletterer tut dies auch zurecht; aber wenn man mal etwas völlig Anderes in der unmittelbaren Heimat erleben möchte oder einen entspannten Klettertag mit den Kindern (auch dafür ist der Hölzlstein bestens geeignet) verbringen möchte, vielleicht vorher ein Bad im Neusiedlersee und danach ein Heurigenbesuch, der ist hier keineswegs fehl am Platze.

ZUFAHRT / ZUGANG:
Von Wien bzw. Wr. Neustadt kommend fährt man auf der Südumfahrung von Eisenstadt bis zur Ausfahrt „Rust; St. Margarethen". Hier auf der Bundesstrasse bis Rust, links abzweigen nach Oggau. Nach der Ortsdurchfahrt von Oggau fährt man noch etwa 2 km Richtung Schützen. Kurz nach einer großen Kapelle linkerhand biegt man bei dem grünen Schild „Hölzlstein" links in einen Feldweg ein und fährt auf diesem (etwas holprig) bis auf eine Kuppe knapp vor dem bereits länger sichtbaren Felsen (Parken am Besten vor oder nach der Kuppe). In 1-2 Minuten zum Hölzlstein.

BESTE JAHRESZEIT:
Frühling, Herbst und Winter – im Sommer mangels Schatten viel zu heiß!

A KAMINKANTE 2
kurzer Kamin zum Gipfel
B INDIREKTE WESTWAND 3
C BEGRADIGTE WESTWAND 4b
D DIREKTE WESTWAND 4b
sehr schöne Griffe rechts des Risses
E FLIEGE 4b+
Superkletterei an scharfen Leisten
F EINTAGSFLIEGE 5a tr
toller Boulderquergang ums Eck
G VLASITSTOUR 5c grenzgenialer und hoher Boulder über den Schiffbug
H GALLIONSFIGUR 5a etwas definiert, aber toller Lochfels und hoch!
I DIREKTE OSTWAND 3
wunderschöne Lochkletterei
J INDIREKTE OSTWAND 2
ebenso – hervorragende Anfängertour!
K KAMIN 1+ Normalanstieg – super!

ACHTUNG!
Auch hier: Alle Anstiege nach FB-Bewertung!

ANMERKUNGEN:
Am Hölzlstein gibt es etwas weiter nördlich noch ein paar niedrige Bouldermöglichkeiten in ebenso schönem Fels.

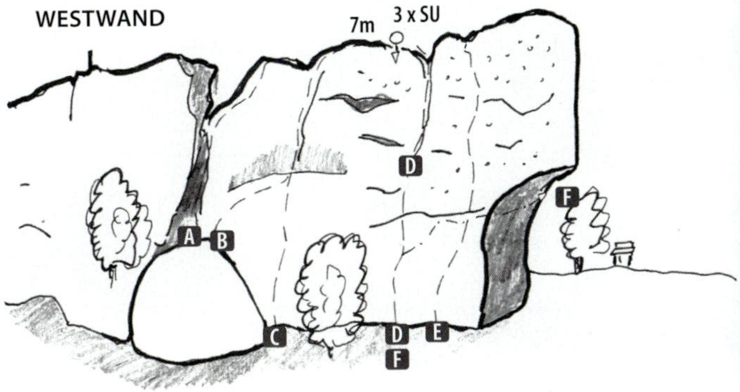

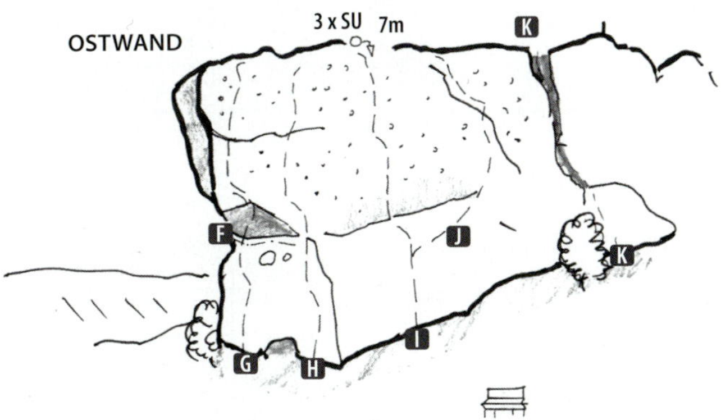

HÖLZLSTEIN | Foto: Thomas Behm

Babsi | KRIEGER | Foto: Lisa Fally

KLETTERN UND YOGA: ES GIBT VIELE PARALLELEN

Sowohl die vollen Kletterhallen, als auch die gut besuchten Yogastudios beweisen: Klettern und Yoga liegen beide voll im Trend. Auch beides – in Kursen wie privat – zu kombinieren, ist mittlerweile keine Seltenheit mehr, wie diverse Internetseiten beweisen. Gerade an den schönen, sonnigen Flecken der Erde, finden sich die Kletter-Yogis und Yoginis.

Zwischen den beiden Körperkunstformen Yoga und Klettern gibt es viele Überschneidungen: Zum Beispiel die Konzentration auf das Hier und Jetzt sowie situationsangepasste Atmung und volle Konzentration (Fokus) sind sowohl beim Klettern als auch beim Yoga wünschenswerte Attribute.

Der Kletterboom, den wir seit ein paar Jahren erleben, ist sicher nicht zuletzt dadurch ausgelöst, dass man sich beim Klettern einfach konzentrieren muss. Alles andere wird zweitrangig. Das hohe Tempo, welches das moderne Leben vorgibt, lässt uns oft schon einen Schritt weiter in der Zukunft sein. Klettern passiert im Hier und Jetzt. Konzentration ergibt sich automatisch. Denn man hat Angst: Angst zu stürzen und sich zu verletzen. Wir alle wissen, wie entscheidend es in einer schwierigen Route sein kann, einen klaren Kopf zu haben, um die Bewegungsprogramme ungestört ablaufen zu lassen und auch noch über dem Haken stehend eine gute „Perfomance" zu liefern.

Auch auf der Yogamatte wird Konzentration durch die spezielle Atmung und den Fokuspunkt fast „erzwungen". Durch das Richten der Aufmerksamkeit auf bestimmte Dristhi-Punkte (bestimmte Punkte, auf die man während des Ausübens einer Asana den Blick richtet) wird die Fähigkeit der Fokussierung geschult. Bei fortgeschrittenen Yoga-Asanas wie z. B. dem Rad kann ein unkonzentrierter Geist auch unangenehme Folgen haben: Der Fokus fehlt, die Atmung wird unruhig und die Stellungen können nicht lange gehalten werden. So kann es auch beim Yoga zu Verletzungen kommen.

Beim Klettern geht es nicht nur um den „Thrill" und schon gar nicht lediglich ums Oben-Ankommen oder das Bezwingen der Wand. Viele Kletterer schätzen an ihrem Sport insbesondere das meditative Erleben, in das die erforderliche Konzentration oft übergeht. Somit kann beim Klettern ähnlich wie bei der Asana-Praxis im Zuge bewussten Körpereinsatzes ein ruhiger, geklärter Geisteszustand eintreten, weshalb viele Kletterer, die Yoga praktizieren, beide „Disziplinen" in gewisser Weise als ähnlich empfinden.[1]

Es erfordert Disziplin und Durchhaltevermögen, ein angestrebtes sportliches Ziel zu erreichen, z. B. einen Grad besser zu klettern als im Vorjahr, das Level aus dem Vorjahr zu halten oder mehr alpine Routen zu klettern. Auch die (tägliche) Yogapraxis erfordert Disziplin. Es heißt sich täglich neu zu motivieren, konzentrieren und nicht nachzulassen. Wie beim Klettern, so gibt es auch im Yoga immer wieder „Rückschläge" und „schlechte Phasen". Willensstärke und Ausdauer sind da gefragt.

Menschen versuchen sich seit jeher übers Malen, Musizieren, Bildhauen, Gärtnern etc. auszudrücken. Andere benutzen den Körper, so z. B. im Tanz, beim Klettern oder auf der Yogamatte.

1 Bennewitz, D. (2011). "Yoga und...". Yoga aktuell, 4, S.44-45

WIE HATHA-YOGA DAS KLETTERN FÖRDERT

Yoga stellt eine Form von Mentaltraining dar, die Früchte einer regelmäßigen Yogapraxis können beim Klettern in Form von mehr Ruhe, Präzision in der Bewegung und hoffentlich bei vielen „Onsight-Erfolgen" geerntet werden.

Hatha-Yoga beschäftigt sich vor allem mit dem physischen Körper als dem Träger des Geistes. Durch das Praktizieren von Asanas und Pranayama (Atemübungen) wird der Geist zentriert und kann so schnell zu Konzentration und Meditation fortschreiten.

Yoga-Übungen haben u. a. folgende positive Wirkungen:

- Verbesserung der Flexibilität, Kraft, Kraftausdauer und Schnellkraft, des Gleichgewichts, der Körperkoordination, der Atmung und Sauerstoffaufnahme, der Körperspannung und der Kondition
- Verletzungsvorbeugung und Heilungsförderung
- Reduzierung von Stress, Training von Fokussierung
- Entspannung des Geisteshaltung
- Anhebung des Energielevels[2]

Die fünf Punkte des Yoga:

Yoga setzt sich zusammen aus

- der richtigen Körperübung (Asanas)
- der richtigen Atmung (Pranayama)
- der richtigen Entspannung (Savasana)
- der richtigen Ernährung (vegetarisch)
- positivem Denken und Meditation (Vedanta und Dhyana) zusammen.

Körperübungen/Asanas

Bessere körperliche Verfassung durch die richtigen Yogaübungen

Im Unterschied zum Klettern, bei dem meist gezogen wird, wird beim Yoga oft gedrückt, das heißt die Kraft kann komplementär entwickelt werden. Die Bewegungen gehen fließend ineinander über und die Endstellungen werden je nach Yogarichtung ein paar Sekunden bis einige Minuten gehalten. Das erfordert Kraft, Beweglichkeit und Koordinationsfähigkeit.

1. Mehr Bewegungsspielraum bei einzelnen Kletterzügen

Verschiedene Yogapositionen eignen sich hervorragend als Aufwärmübungen für das Klettern, allen voran der Sonnengruß (siehe Abbildung). Mit der Flexibilität, die durch die Asanas erreicht wird, kann „technischer", „leichtfüßiger" und anstrengungsloser geklettert werden.

Die Flexibilität und Öffnung der Hüfte ist immer wieder Thema: Wo in der Beweglichkeit eingeschränkte Hüften nicht gut rasten können, finden flexible noch immer gute Rastpunkte. Immer wieder wird beim Bezwingen einer Tour ein hohes Ansteigen oder spagatähnliches Ausspreizen gefordert. Kannst du dich an deine letzte Verschneidungskletterei erinnern, bei der dir die Grenze der Dehnbarkeit deiner Adduktorenmuskulatur schmerzhaft vor Augen geführt wurde? Abhilfe schaffen hier die unterschiedlichsten hüftöffnenden Yogaübungen:

Mit dem Dreieck (und dessen Varianten – siehe Abbildung) wird die Beweglichkeit der Hüfte trainiert, denn je besser du die Hüfte nach außen und das Becken nach oben rotieren kannst, desto näher bringst du den Schwerpunkt (deines Körpers) zum Felsen, somit lastet mehr Gewicht auf deinen Füßen und deine Arme sind entlastet (was einer guten Klettertechnick entspricht). Auch der geschlossene Winkelsitz (Schmetterling) und die sitzende Grätsche sind gute Hüftübungen.

2 Bennewitz, D. (2011). Durch Yoga fit für Sport. Yoga aktuell, 4, S.40-S.42

2. Ausgleichende Yogaübungen gegen einseitige Belastung beim Klettern

Die Vorwärtsbeuge, lässt Spannung aus der hinteren Oberschenkelmuskulatur los. Der Schulterstand stellt nach dem Klettern eine gute Gegenbewegung zum Nach-oben-schauen beim Sichern dar. Yoga fungiert so als Cool Down und Verletzungsprophylaxe.

Kennst du das Gefühl, am Morgen nach einem intensiven Klettertag die Finger kaum mehr aufmachen zu können? Auch hier ist die einseitige Belastung der Beugemuskulatur (Unterarmmuskulatur) der Grund des Übels.

Zahlreiche Positionen im Yoga sorgen hier für den nötigen Ausgleich und mobilisieren die Handgelenke in kletteruntypischer Art und Weise. Überanstrengte Kletterfinger, die richtig „Wandkrümmung" haben und kaum mehr zu strecken sind, sind z. B. mit der Krähe und dem Stütz zu dehnen.

Andere Übungen sind z. B. der Stütz oder aufschauender und abschauender Hund. Die „Krähe" ist andererseits auch eine gute Übung zur Entwicklung von Körperspannung, Balance und Kraft. Balance- und Konzentrationsübungen wie der Baum, der Adler und die Krähe helfen, sich besser konzentrieren zu können und das Gleichgewicht in Rastpositionen besser halten zu können.

Beim Klettersport wird die Rumpfmuskulatur gekräftigt und die gestählten Körper so mancher SportkletterInnen sind schön anzuschauen, jedoch führt dieser hohe Muskeltonus nicht selten zu einer Reduzierung der Mobilität des Rumpfes und der Wirbelsäule. Durch eine gezielte Yogapraxis kann die Flexibilität der Rumpfmuskulatur und die Mobilität der Wirbelsäule verbessert bzw. aufrecht gehalten werden (Drehsitz, alle Varianten der Vorwärts- und Rückwärtsbeugen).

Durch das Üben von Asanas wird der Rumpf auf eine ganz spezielle Weise gekräftigt. Die tiefsten Schichten der Bauch- und Rückenmuskulatur (z. B. M. transversus abdominis, M. erector spinae) bzw. auch der Beckenboden werden aktiviert und gekräftigt. Da der Rumpf eine wichtige Vermittlerrolle zwischen unseren Gliedmaßen spielt, wird so die Koordination zwischen Armen und Beinen verbessert und die Qualität von Bewegungsabläufen kann deutlich gesteigert werden.

Die ausschließlich flexorische Aktivität beim Klettern führt häufig zu verkürzten Bauch- und Brustmuskeln und es kommt beim Kletterer zu einer sehr sportspezifischen Fehlhaltung. Die Schultern stehen zu weit vorne und sind leicht nach innen rotiert. Außerdem kann bei Kletterbegeisterten oft ein Rundrücken bewundert werden, welcher durch die Haltung beim Sichern zusätzlich forciert wird (Überstreckung der Halswirbelsäule). Durch das Üben von Rückbeugen wird die gesamte Körpervorderseite gedehnt und geöffnet. Dies führt zu einer gesünderen Haltung und schafft die Voraussetzung für eine reibungslose Dynamik unserer Schultergelenke.

Durch ein einseitiges intensives Klettertraining kommt es des Öfteren zu einem Ungleichgewicht in der schultergelenksumgebenden Muskulatur, welches nicht selten zu Einklemmungsproblematiken (Impingement) im Schultergelenk führen kann. Weiters ist bei Sportkletterern ein Rasten im gestreckten Arm sehr beliebt und in höheren Schwierigkeitsgraden absolut obligatorisch. Jedoch werden die passiven Strukturen (Sehnen, Bänder, …) dabei stark belastet und im wahrsten Sinne des Wortes „ausgeleiert".

Dies kann bei langjähriger Ausübung des Klettersports zu Instabilitäten und im schlimmsten Fall zu Luxationen (Ausrenkung) im Schultergelenk führen. Im Yoga wird in zahlreichen Stützvarianten und auch durch eine häufige außenrotatorische Aktivierung der Muskulatur im Schultergelenk ein wunderbarer Ausgleich zum Klettersport geschaffen. Vorausgesetzt man übt Asanas richtig, kann durch Yoga eine bessere Zentrierung und eine erhöhte Stabilität im Schultergelenk erzielt werden.

Im Yoga nimmt die Aktivierung der Bandhas (Körperverschlüsse) eine zentrale Rolle ein. Dabei handelt es sich um eine spezielle Anspannung der Beckenboden- und tiefliegenden stabilisierenden Unterbauchmuskulatur. Dies führt zu einer stabilen und kräftigen Körpermitte und schützt gleichzeitig den oft geplagten unteren Rücken, wie ein natürliches tiefliegendes Korsett. Diese Aktivierung der Bandhas wird bei nahezu allen Körperhaltungen im Yoga miteinbezogen und sollte von einer Yogalehrerin vermittelt werden.

3. Training von Koordination und Gleichgewicht

Asanas haben genauso wie das Klettern viel mit Körperspannung, Balance und Konzentration zu tun. Mit den richtigen Yogaübungen (z. B. Krähe, Pfau, Kopfstand, Handstand, Stütz, Heuschrecke etc.) lässt sich die Spannung im Körper für das Klettern auch auf der Matte zu Hause trainieren. Balance- und Konzentrationsübungen wie der Baum, der Adler und die Krähe helfen, sich besser konzentrieren zu können und das Gleichgewicht in Rastpositionen besser halten zu können.
Denn Yoga nur am Fels ist freilich ein bisschen wenig. Merklichen Effekt spürst du vor allem, wenn du mehrmals pro Woche übst. Und wenn du die Asanas richtig ausführst:
Im Yoga ist die bewusste Atmung und die Atemkontrolle ein ganz wesentlicher Aspekt. Alle Yogapositionen stehen in Verbindung mit konzentrierter Atmung.

Atemübung/Pranayama:

Mehr Mut und Konzentration durch die richtige Atmung

Lebensenergie (Prana oder Qi) findet sich in allen Lebewesen. Wir nehmen Prana durch die Nahrung auf, die wir essen, durch das Wasser, das wir trinken, durch das Sonnenlicht. Die höchste und subtilste Manifestation des Pranas ist der Gedanke, die grobstofflichste Manifestation von Prana im menschlichen Körper ist die Bewegung der Lungen. Um also das feinstoffliche Prana (z. B. den Gedanken) zu kontrollieren, beginnt man mit der Kontrolle des Atems.
Im Yoga lernst du, die Atmung bewusst einzusetzen, die Atmung als Anker für die Konzentration zu entwickeln und mit körperlicher Tätigkeit zu verbinden. Diese Verbindung lässt sich auch beim Klettern einsetzen.
Die Rückbesinnung auf die Atmung lässt sich dann schneller abrufen und einsetzen. Die Gedanken drehen sich dann nicht mehr um das, was sein könnte (z. B. Absturz), sondern um das, was ist: die Möglichkeit weiter zu klettern. Der Kopf wird frei und kann dem Körper wieder klare, kletterspezifische Anweisungen geben.
Einfache Atemübungen können helfen die mentale Balance zu finden, den Geist zu beruhigen, zu fokussieren und Angst loszulassen. Es genügt, sich aufrecht an einen Tisch zu setzen, die Ellbogen aufzustützen, das rechte Nasenloch mit dem rechten Zeigefinger zu verschließen und dreimal aus- und einatmen. Anschließend wird das linke Nasenloch mit dem linken Zeigefinger zugehalten und wieder dreimal aus- und eingeatmet. Diese einfache Übung (vereinfachte Wechselatmung) kann bis zu fünf Minuten lang wiederholt werden.
Gerade im Klettersport ist Angst immer wieder ein Thema. Die richtige Atmung unterstützt die Entspannung und Harmonisierung der Bewegungen. Wenn du beim Klettern ins Stocken gerätst, Angst bekommst, beobachte einmal deine Atmung. Auch sie stockt. Durch gezielte Atemübungen, lässt sich Atemachtsamkeit schulen, d. h. es wird dir nach einiger Zeit der Übung schneller bewusst, wenn dein Atem unruhig wird oder du ihn ganz anhältst. Dann ist es möglich, den ruhigen Atemfluss wiederherzustellen und klar zu denken oder besser, klar zu sehen: den rettenden Tritt oder Griff!

„Ist der Atem in Unruhe, sind es auch die Gedanken, ruht der Atem, ruhen auch sie."
(Hatha Yoga Pradipika II.2)

Wichtig ist, dass du sowohl beim Klettern, als auch beim Yoga Schritt für Schritt herangehst. Am besten ist es, da wie dort eine(n) geeignete(n) LehrerIn zu suchen und einen AnfängerInnenkurs zu machen!

Entspannung/Savasana:

Schnellere Regeneration durch die richtige Entspannung

Erst in der Regenerationsphase können die gesetzten Trainingsreize greifen. Klettern, Klettern und nochmal Klettern führt zum Übertraining. Unter dem Übertrainingssyndrom versteht man in der Sportmedizin ein chronisches Missverhältnis zwischen hohen Leistungsanforderungen in Training und Wettkampf und im Verhältnis dazu relativ geringerem Leistungsvermögen bzw. geringerer Belastbarkeit.

Übertraining äußert sich nicht nur in einer Leistungsreduktion des betroffenen Sportlers, sondern auch begleitende Symptome wie Schlafstörungen, Kopfschmerzen, erhöhter Ruhe- und Belastungspuls, vermehrte Infekt- und/oder Verletzungsanfälligkeit sowie Beschwerden an Muskeln und Sehnen aber auch Depressionen sind typisch.

Beim Einnehmen der Yogapositionen steht der bewusste Umgang mit dem Körper im Mittelpunkt. Es geht darum, mittels Atmung, Konzentration und ruhiger, aber fokussierter Geisteshaltung bestimmte Muskelgruppen bewusst anzuspannen und andere wiederum zu entspannen, sodass der Körper geschmeidiger wird.

„Your body is precious. It is your vehicle for awakening. Treat it with care."
(Siddharta Gautama)

Wird Yoga regelmäßig geübt, bekommt man schnell ein Gefühl dafür, wo sich im Körper bzw. in der Muskulatur Stress und übermäßige Spannung befinden, welche sowohl der Flexibilität als auch der Regeneration im Wege stehen. Die Verbindung von Dehnungen, Atmung und bewusster Muskelrelaxation führt zu einer Tiefenentspannung, in welcher der Körper besser und schneller regenerieren kann.

Eine komplette Asanapraxis wirkt darüber hinaus wie eine Ganzkörpermassage. Über die Positionen und das Meridiansystem werden Dysbalancen im Körper ausgeglichen. Durch das sanfte Dehnen und Bewegen werden Verspannungen ausgeglichen und durch eine erhöhte Durchblutung wird der Stoffwechsel angekurbelt, was zu einer schnelleren Regeneration beitragen kann. Besonders wichtig in diesem Zusammenhang ist die Abschlusssequenz und Schlussentspannung. Durch die spezielle Anreihung von Umkehrhaltungen und der abschließenden Entspannung in Savasana wird der Lymphabfluss gefördert, welcher einen Abtransport von Stoffwechselendprodukten bewirkt. Vertiefend werden oft Autosuggestionen oder progressive Muskelrelaxation in die Anfangs- oder Endentspannungsphasen des Yoga eingebaut. Die ideale Ergänzung also zu einem harten Klettertraining.

Babsi | BAUM | Foto: Lisa Fally

Ernährung:

Mehr Power durch die richtige Ernährung

Die Yoga-Tradition empfiehlt eine laktovegetarische Ernährung ohne Fleisch, Fisch und Eier, mit nur wenig Milchprodukten. Gemäß der Philosophie des Yoga verletzt eine nichtvegetarische Lebensweise das Prinzip der Gewaltlosigkeit. Die Forschung zeigt, dass sich die vegetarisch lebenden Einwohner der reichen Industriestaaten einer bemerkenswert guten Gesundheit erfreuen und länger leben als ihre Fleisch essenden Zeitgenossen. Wie soll denn da der Eiweißbedarf gedeckt werden, wenn viel geklettert wird, werden da einige aufheulen?

Es ist ein Mythos, dass man bei körperlicher Betätigung viel Eiweiß benötigt – immerhin sind so manche der größten und stärksten Tiere der Erde Pflanzenfresser. Der Protein-Mythos geht auf einige im letzten Jahrhundert durchgeführte Experimente zurück, die sich auf den Eiweißbedarf von Ratten bezogen.

Der Eiweißbedarf des Menschen wurde in den 1950er Jahren ermittelt. Die Versuche zeigten, dass die meisten Lieferanten komplexer Kohlenhydrate (Hülsenfrüchte, Getreide und Gemüse) alle Aminosäuren liefern, die wir benötigen.

Laut Empfehlungen der WHO reicht es aus, wenn 5% der insgesamt zugeführten Kalorien aus Proteinen stammen. Praktisch alle Hülsenfrüchte, Nüsse, Samen, Getreide und Früchte liefern mehr bzw. wesentlich mehr als 5% der Kalorien in Form von Protein. Eiweiß ist außerdem keine besonders effiziente Energiequelle. Muskeln ermüden dann, wenn die Kohlenhydratspeicher deiner Leber geleert sind. Entsprechend verhindert eine Kost, die reich an Kohlenhydraten (aus Vollkorngetreide, Gemüse und Hülsenfrüchten) ist, Ermüdung und Muskelschäden.

Kurz: Solange du genügend Kalorien zu dir nimmst und dich nicht hauptsächlich von Fertigprodukten ernährst, kann eine laktovegetarische Ernährung deinen gesamten Proteinbedarf decken.[3]

Trotzdem empfiehlt Ernährungswissenschaftler, ehemaliger Kletterer und Yogalehrer Axel Dinse[4] aus dem Vegetarismus kein Dogma zu machen. Gerade zarte, feingliedrige Kletterer könnten v. a. im Winter Fleisch oder Fisch brauchen, um ihren Energiebedarf zu decken. Das Einzige, was die Yogapraxis wirklich stört, sei übertriebener Konsum von Milchprodukten und Zucker. Man kann es biochemisch nicht wirklich begründen, aber seiner Erfahrung nach blockieren Milchprodukte die Beweglichkeit. Sie verkleben sehr stark und erzeugen Feuchtigkeit im Körper. Zucker macht laut Dinse extrem labil und hyperaktiv. Das stört sowohl beim Klettern als auch beim Yoga. Denn für beide „Disziplinen" wird Konzentrationskraft benötigt.

Wir wissen, dass unser Gehirn auch essentielle Fettsäuren benötigt, um gut zu funktionieren. Diese findest du bereits in kleinen Mengen von Samen und Nüssen und den daraus hergestellten Ölen. Lein- und Hanfsamen sind besonders gute Quellen. Würze mit Rosmarin und Salbei, oder bereite einen Tee daraus zu. Rosmarin stimuliert das Gehirn, und Salbei löst emotionale Blockaden und fördert Gelassenheit und Klarheit.[5]

Meditation:

Mentale Stärke durch positives Denken und Meditation

Yoga kann dazu beitragen, die athletischen, besonders aber auch die mentalen Voraussetzungen des Sportlers zu stärken und zu verbessern. Durch die Körperübungen (Asanas) und Atemübungen (Pranayama) lässt sich ein hohes Maß an Konzentration aufbauen. Diese kann z. B. für kletterspezifisches Visualisieren hilfreich sein:

Ein aufrechter Sitz am Boden bzw. auf einem Sessel oder die Totenstellung (=Savasana; die Yoga-Entspannungslage) eignen sich gut, um den Geist zu beruhigen. Die vorgestellten Bilder, z. B. von einer ausgeboulderten Kletterpassage, „sinken" dadurch tiefer in das Bewusstsein ein und „wirken" überzeugender, als wenn sich ein gestresster Kopf in einem gestressten Körper ans Visualisieren macht. Wenn die geistigen Bilder noch mit positiven Formulierungen („ich schaff das", „now or never!") geschmückt werden, dann haben wir schon ein wenig kletterspezifisches positives Denken.

Funktioniert die Visualisierung gekoppelt mit den positiven Formulierungen einmal in entspannter Atmosphäre zu Hause, dann ist es leichter sie auch beim Fels oder in der Kletterhalle zu machen.

3 Sivananda Yoga Vedanta Zentrum (2010). Besser leben mit Yoga. London: Dorling Kindersley.

4 Axel Dinse ist Sportkletterlehrwart, Yogalehrer, Ernährungswissenschafter und heute selbstständiger Ernährungsberater mit Schwerpunkt ganzheitliche Ernährungsformen (www.chifactory.at).

5 Buchtipp: Temelie, B. (2010). Die fünf Elemente Ernährung. Oy-Mittelberg: Joy Verlag / Lesetipp: Dr. Derndorfer, E. (2011)."Die gesunde Kletterjause". Climax Magazin, 12, S. 86-90.

DER FEINE UNTERSCHIED-UND DOCH WIEDER GEMEINSAMKEITEN?

Das Wort Yoga bedeutet übersetzt so viel wie „Union, Einheit". Und Yoga wird grundsätzlich dazu gemacht, die individuelle Seele mit der göttlichen Seele zu vereinen und so Befreiung vom Geburt-Tod-Zyklus zu erreichen.

Auch das Klettern kann kurzfristig „befreien", wenn auch in etwas anderem Sinne: Das Ego verliert sich im Flow-Zustand. Du denkst weder an Vergangenes, noch an die Zukunft. Das Ego „stirbt" sozusagen für kurze Zeit. DU BIST. Gehst auf im Tun und Flow kann entstehen bei der Steuerung eines komplex ablaufenden Geschehens, im Bereich zwischen Überforderung (Angst) und Unterforderung (Langeweile).

Yoga ist eine Jahrtausende alte Lebensphilosophie, fern jeder Religion. Es kann weit mehr bewirken, als uns KletterInnen zu beflügeln. Yoga ist kein Sport. Yoga ist das zur Ruhe bringen der Gedanken im Geist. Das ist nicht nur für jede andere Sportart nützlich, sondern auch für das tägliche Leben.

Im Grunde dienen die „Verrenkungen" und das Atmen dazu, einen festen, stabilen Sitz für die Meditation zu haben und dort konzentriert zu sitzen, bis Befreiung erlangt wird.

Bis dahin ist es ein weiter Weg und wieso soll man dazwischen nicht auch ein bisschen klettern gehen, denn wie es ein Kletterpartner einmal formulierte: „es ist doch egal, was einen befreit!".

Um aussagekräftige Berichte zu liefern, bitten wir alle Kletter-Yogi(ni)s den Online Fragebogen zum Thema „Klettern und Yoga" auszufüllen :
www.sonnemond.at/yoga

Wir wünschen euch viel Spaß und Erfolg!
Lisa Fally und Heidi Neumann

weiterführende Links:
www.sonnemond.at
www.keltenkalk.at/kurse
www.yogaontherock.at
www.thailandyogaretreats.com
www.sivananda.org
www.andreajacomet.ch
www.yogaclasico.ch/klettern
www.oeav-events.at
www.wien.naturfreunde.at
www.koerperarchitektur.at

Literatur:
dé Marees, H. (2003). Sportphysiologie. Köln: Sport Verlag Strauß.
Csikszentmihalyi, M. (2001). Flow im Sport. Verlag: blv.
Coulter, D. (2009). Anatomie des Hatha Yoga. Wiggensbach: Yoga Verlag.
Sivananda Yoga Vedanta Zentrum (2010). Besser leben mit Yoga. London: Dorling Kindersley.

Babsi | GESTECKTE SEITLICHE WINKELHALTUNG | Foto: Lisa Fally

Diese Sequenz richtet sich ausschließlich an Personen, die bereits Yogaerfahrung gesammelt haben.
Blutigen AnfängerInnen raten wir dringend, einen Kurs zu besuchen.

Sonnengruß:
3 x rechts, 3 x links

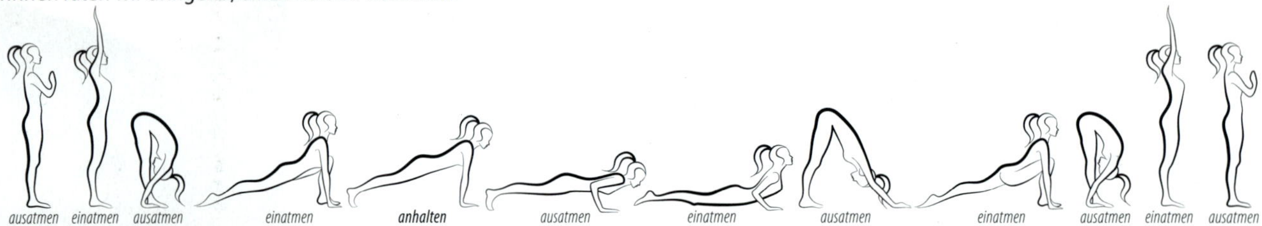

Übungsteil:
Jede der folgenden Haltungen sollte 3 - 5 Atemzüge gehalten werden
Dreieck
Gedrehtes Dreieck (keine Abbildung)
Gestreckte seitliche Winkelhaltung
Vorbeuge mit gespreizten Beinen
Baum und/oder Adler
Vorbeuge im Sitz (Zange)
Boot
Geschlossener Winkelsitz (Schmetterling)
Sitzende Winkelhaltung (Grätsche)
Heuschrecke
Rückbeugen: Bogen und/oder Rad
Halber Drehsitz
Kuhgesicht
Krähe (keine Abbildung)
Stützvarianten: Bretthaltung (keine Abbildung)

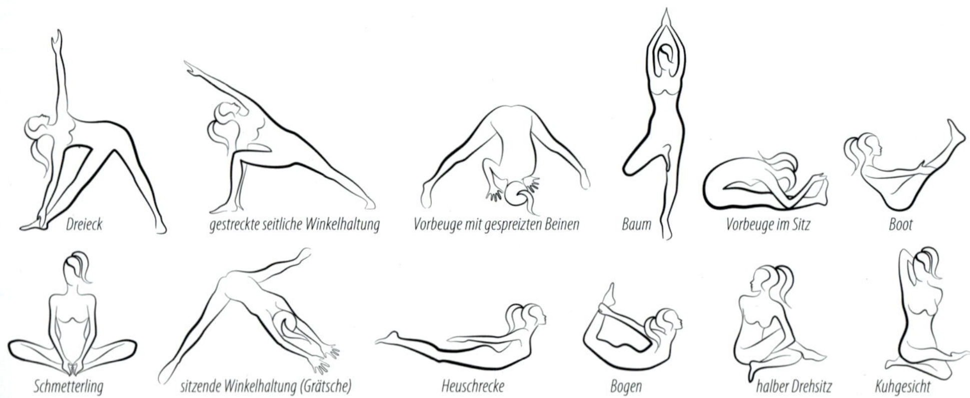

Abschlusssequenz:
Schulterstand, Pflug,
Fisch, Totenstellung (mind. 5 Minuten)

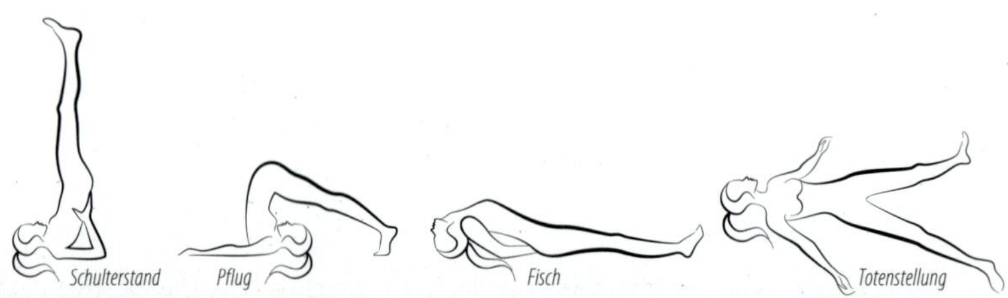

illu@beakraus.com

Foto: Y. Gotthardt
Wir geben dir Berge!
Alpenverein Austria – die erste Adresse für
Klettern, Bergsteigen, Outdooraktivitäten
• Klettern, Hochtouren, Skitouren,...
• Weltweiter Versicherungsschutz
• Sicher am Berg durch Ausbildung
• Servicestelle mit Leihausrüstung
• Auf über 1.800 Hütten günstiger übernachten
• Alpenverein: Anwalt der Alpen
• Familien-Bonus
• Hits für Kids
• Gutscheinheft für Neumitglieder
Aktiv 2012
Jahresprogramm
Symbolfoto ;-)
Aktivprogramm anfordern unter:
Servicestelle: +43 (1) 513 10 03
Alpenverein Austria, Rotenturmstraße 14, 1010 Wien
Tel.: +43 (1) 513 10 03, Mail: austria@sektion.alpenverein.at
www.alpenverein-austria.at
Alpenverein Austria

EDELRID PRESENTS
HANSJÖRG'S FINEST
SHIELD II
KILIAN'S FINEST
SMITH
ANGY'S FINEST
JUL
CREATIVE TECHNOLOGY.
EDELRID
WWW.EDELRID.DE